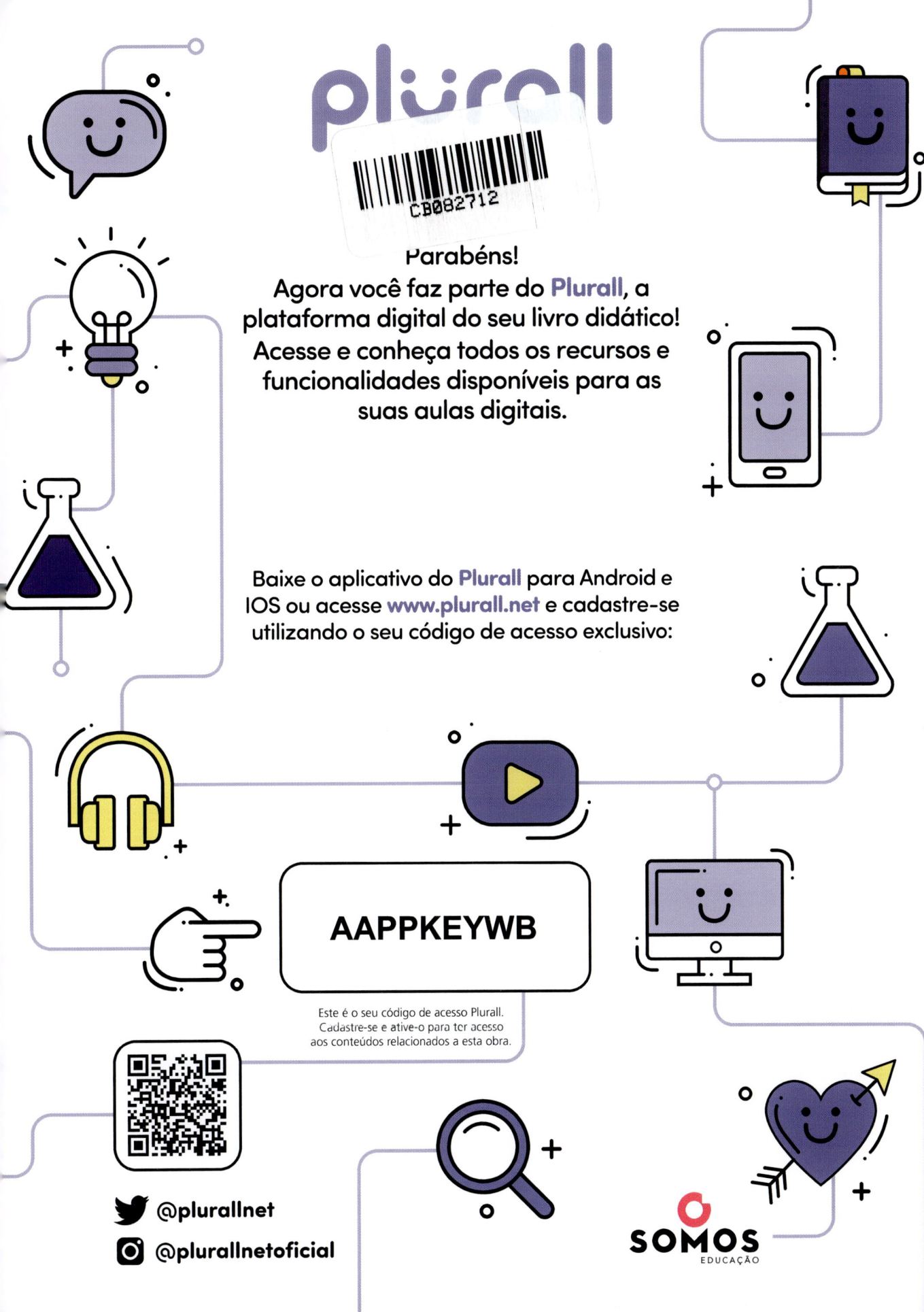

HISTÓRIA GERAL

CLÁUDIO VICENTINO

Bacharel e licenciado em Ciências Sociais pela Universidade de São Paulo

Professor de cursos pré-vestibulares e de Ensino Médio

Autor de várias obras didáticas e paradidáticas para Ensino Fundamental e Ensino Médio

editora scipione

editora scipione

Gerência editorial
Elizabeth Soares

Responsabilidade editorial
Heloisa Pimentel

Edição
Maria Teresa Porto

Assistência editorial
Deborah D'Almeida Leanza,
Vanessa Gregorut e
Beatriz de Almeida Francisco

Gerente de revisão
Hélia de Jesus Gonsaga

Preparação de texto
Roberto Belli

Revisão
Daniela Bessa Puccini, Viviane Teixeira Mendes
e Ivana Alves Costa

Supervisão de arte
Sérgio Yutaka Suwaki

Edição de arte
Didier D. C. Dias de Moraes

Coordenação de arte
Edson Haruo Toyota

Assistência de arte
Marisa Iniesta Martin

Programação visual de capa e miolo
Ulhôa Cintra Comunicação Visual e Arquitetura

Fotos: Escultura de Ramsés II/*Paul C. Pet/
zefa/Corbis/LatinStock*;
Soldado Russo (1941)/*The Dmitri Baltermants
Collection/Corbis/LatinStock*;
Escultura da Virgem Maria, de A. Duccio/
Arte & Immagini/Corbis/LatinStock;
Pintura rupestre, Caverna de Lascaux/*Gianni
Dagli Orti/Corbis/LatinStock*

Ilustrações
Sírio Cançado e
Cassiano Röda

Cartografia
Diarte

Pesquisa Iconográfica
Cristiane Marques e Vanessa Manna

Impressão e acabamento
Log&Print Gráfica e Logística S.A.

Av. Otaviano Alves de Lima, 4400
6.º andar e intermediário ala "B"
Freguesia do Ó
02909-900 – São Paulo – SP
Caixa Postal 007
DIVULGAÇÃO
Tel.: (0XX11) 3990-1810
VENDAS
Tel.: (0XX11) 3990-1788
www.scipione.com.br
e-mail: scipione@scipione.com.br

2021
ISBN 978-852628365-7=AL
ISBN 978-852628366-4=PR

Cód. da obra CL 734043

11.ª EDIÇÃO
(6.ª impressão)

Conforme a nova ortografia
da Língua Portuguesa

**Dados Internacionais de Catalogação na Publicação (CIP)
(Câmara Brasileira do Livro, SP, Brasil)**

Vicentino, Cláudio

História geral: ensino médio/Cláudio Vicentino. —
São Paulo: Scipione, 2006.

1. História (Ensino Médio) I. Título

06-3682   CDD-907

Índice para catálogo sistemático:

1. História: Ensino Médio   907

APRESENTAÇÃO

Caro aluno,

Você já ouviu falar de ordem monetária internacional, neoliberalismo, socialismo utópico, Estados absolutistas, humanismo, teocentrismo, Sítio da Pedra Furada? Não? Já ouviu falar mas não saberia explicar o que são? Bem, preste atenção: tudo isso e muito você precisa saber para entender a trajetória do homen ocidental, suas diversas manifestações, o mundo em que você vive.

Dê uma olhada no encarte **Guia da História**. Observe alguns fatos, personagens ou movimentos que marcaram a História humana. Esses são apenas alguns dos temas que você vai estudar neste livro.

Da Pré-História à era do capitalismo globalizado de nossos dias, o livro que você vai iniciar foi pensado para apresentar-lhe todo o processo histórico, fugindo do estudo factual e fragmentado, com amontoados de fatos, nomes e datas. Na busca de uma visão abrangente do processo histórico, cada período é estudado em seus aspectos socieconômicos vinculados à política e à cultura. Assim, ao longo do livro, estuda-se a instalação das sucessivas estruturas socioeconômicas que desembocaram no nosso mundo contemporâneo. Veja também as diversas fotos e mapas que ilustram o assunto em que se está trabalhando, bem como os pequenos textos complementares espalhados por toda a teoria que aprofundam e dinamizam diversos pontos do tema em estudo.

Sempre que necessário, retome o **Guia da História** – ele é seu quadro-resumo, que ainda permite avançar numa reflexão sobre as relações entre os períodos e eventos ali indicados. Dê um cuidado especial à bateria de **Questões e testes** de vestibulares das várias regiões do país que estão no final de cada unidade, pois acrescentam informações, questionam conceitos e servem de referencial para os atuais exames de ingresso nas melhores instituições universitárias do Brasil.

Acredito, e certamente você agora concordará comigo, que é através do estudo da História, fazendo um mergulho crítico e questionador neste imenso patrimônio humano, que podemos entender os impasses do mundo de hoje e, assim, apossarmo-nos de conhecimentos para acelerar mudanças imprescindíveis para um mundo melhor e mais justo. O nosso mundo. O seu mundo.

Cláudio Vicentino

SUMÁRIO

INTRODUÇÃO - PRÉ-HISTÓRIA 7

Introdução ao estudo da História 8
A Pré-história 10
Os primórdios da humanidade **10** • *Os períodos da Pré-história* **12**

UNIDADE I - A ANTIGUIDADE ORIENTAL 17

O fim do coletivismo primitivo 18
A civilização egípcia 22
O Antigo Império (3200 a.C.- 2000 a.C.) **23** • *O Médio Império (2000 a.C. - 1580 a.C.)* **24** • *O Novo Império (1580 a.C. - 525 a.C.)* **25** • *Economia, sociedade e cultura no Egito antigo* **29**
As civilizações da Mesopotâmia 32
Sumerianos e acadianos (antes de 2000 a.C.) **33** • *O Primeiro Império Babilônico (2000 a.C. - 1750 a.C.)* **33** • *O Império Assírio (1300 a.C. - 612 a.C.)* **35** • *O Segundo Império Babilônico (612 a.C. - 539 a.C.)* **36** • *Economia, sociedade e cultura de Mesopotâmia* **37**
A civilização dos hebreus 41
A Era dos Patriarcas **41** • *A Era dos Juízes* **43** • *A Era dos Reis* **43** • *Economia, sociedade e cultura hebraicas* **44**
A civilização fenícia 47
As cidades-Estados fenícias **47** • *Economia, sociedade e cultura fenícias* **49**
A civilização medo-persa 50
Economia, sociedade e cultura medo-persas **53**
Questões & testes 55

UNIDADE II - A ANTIGUIDADE CLÁSSICA 61

A civilização grega 62
As civilizações cretense e creto-micênica **63** • *O povoamento da Grécia* **64** • *Os tempos homéricos (do século XII a.C. ao século VIII a.C.)* **65** • *Os tempos arcaicos (do século VIII a.C. ao século VI a.C.)* **66** • *Os tempos clássicos (do século V a.C. ao século IV a.C.)* **73** • *A cultura grega* **76** • *O período helenístico (do século III a.C. ao século II a.C.)* **82**
A civilização romana 84
A monarquia (da fundação até 509 a.C.) **85** • *A República (de 509 a.C. a 27 a.C.)* **85** • *O Império (de 27 a.C. a 476 d.C.)* **92** • *A cultura romana* **97** • *Europa: do mundo clássico ao medieval* **98**
Questões & testes 100

UNIDADE III - A IDADE MÉDIA 109

O feudalismo e o período medieval 110
Feudalismo: economia e propriedade **112** • *A sociedade feudal* **113** • *O teocentrismo cristão* **115**
A Alta Idade Média 116
As migrações bárbaras **117** • *O Império Romano do Oriente* **118** • *A expansão árabe* **122** • *Os reinos germânicos da Europa feudal* **127** • *A Igreja: a maior instituição medieval* **132**
A Baixa Idade Média 136
O crescimento demográfico **136** • *O movimento das Cruzadas* **137** • *O renascimento comercial* **140** • *O renascimento urbano* **142** • *As corporações* **143** • *A formação das monarquias nacionais* **144** •

A grande crise dos séculos XIV e XV **158**
A cultura medieval europeia   159
Educação **160** • *Filosofia* **161** • *Literatura* **162** • *Música* **164** • *Arquitetura* **165** • *Ciência* **167**
Questões & testes 168

UNIDADE IV - A IDADE MODERNA   175

O Antigo Regime europeu   176
Economia e sociedade do Antigo Regime **177** • *O Estado no Antigo Regime* **178** • *O mercantilismo* **179**
A expansão marítima e a Revolução Comercial   183
A expansão marítima lusa **184** • *A expansão marítima espanhola* **185** • *As disputas ibéricas: os tratados ultramarinos* **186** • *A expansão marítima de outros países europeus* **187** • *A Revolução Comercial* **188**
O Renascimento cultural   189
Fatores geradores do Renascimento **190** • *Fases do Renascimento* **191** • *A expansão do Renascimento* **195** • *O Renascimento e a música* **198** • *O Renascimento científico* **199**
A Reforma religiosa   200
As principais causas da Reforma **200** • *A Reforma na Alemanha* **202** • *A Reforma na Suíça* **204** • *A Reforma na Inglaterra* **206** • *A Contrarreforma e a Reforma católica* **207**
O Estado moderno – o absolutismo   209
Teóricos do absolutismo **209** • *O absolutismo francês* **212** • *A monarquia absoluta na Inglaterra* **216** • *O absolutismo no restante da Europa* **220**
O mundo colonial   222
Os primórdios da América pré-colombiana **223** • *As principais civilizações pré-colombianas* **225** • *A América espanhola* **231** • *A América inglesa* **234** • *A colonização de outros países na América* **236** • *A Europa como centro do mundo* **238**
O Iluminismo e o liberalismo político   239
Os filósofos do Iluminismo **240** • *Os economistas do Iluminismo* **242** • *A Enciclopédia* **243** • *O despotismo esclarecido* **243** • *A música da Renascença ao Romantismo* **244**
A ruína do Antigo regime   246
A independência dos Estados Unidos **246** • *A primeira república da América* **250** • *Reflexos do "Século das Luzes" e da independência dos EUA* **251**
Questões & testes   252

UNIDADE V - A IDADE CONTEMPORÂNEA (SÉCULOS XVIII E XIX)   265

A Revolução Francesa (1789-1799)   266
Principais causas da Revolução **267** • *O início da Revolução* **269** • *As etapas da Revolução* **271**
A Era Napoleônica (1799-1815) e o Congresso de Viena   278
Napoleão e o Consulado (1799-1804) **279** • *Napoleão e o Império (1804-1815)* **280** • *Os Cem Dias (1815)* **284** • *O Congresso de Viena* **285**
A Revolução Industrial   288
Os avanços tecnológicos **290** • *Novas formas de trabalho* **292**
O liberalismo e as novas doutrinas sociais   294
Os economistas liberais **294** • *As doutrinas socialistas* **296** • *A cultura do século XIX* **303**
A Europa no século XIX   306
A Era Vitoriana na Inglaterra **306** • *A França no século XIX* **309** • *A política das nacionalidades* **316**
A América no século XIX   322
A independência da América espanhola **323** • *Os Estados Unidos no século XIX* **328**

Introdução à história africana   336
A matriz africana de todos os homens **337** • *África: da Pré-história aos diversos reinos* **340** • *Egito e Cartago* **341** • *Os reinos de Kush, Axum e Zimbábue* **342** • *Os reinos de Gana e Mali* **344** • *África: fornecedora de escravos e domínio europeu* **346**
O imperialismo do século XIX   352
O neocolonialismo **352** • *O imperialismo na África* **355** • *O imperialismo na Ásia e na Oceania* **356**
Questões & testes   362

UNIDADE VI – A IDADE CONTEMPORÂNEA (SÉCULO XX E INÍCIO DO XXI)   373

O século XX   374
A Primeira Guerra Mundial (1914-1918)   376
A Paz Armada e a política de alianças **376** • *A Questão Marroquina* **377** • *A Questão Balcânica* **377** • *O desenvolvimento do conflito* **379** • *Os tratados de paz* **381**
A Revolução Russa   383
Os antecedentes da Revolução Russa **383** • *O ensaio revolucionário de 1905* **385** • *A Primeira Guerra Mundial e o colapso do czarismo* **387** • *A Revolução Menchevique* **387** • *A Revolução Bolchevique* **388** • *O governo de Lênin (1917-1924)* **388** • *O governo de Stálin (1924-1953)* **389**
A crise de 1929 e o período entreguerras   392
A crise capitalista de 1929 **392** • *O totalitarismo nazifascista* **396**
A Segunda Guerra Mundial (1939-1945)   402
A expansão territorial e o início da guerra **402** • *A eclosão da guerra* **404** • *O fim da guerra* **406** • *Os acordos de paz* **409** • *A criação da ONU* **410** • *Os primeiros anos do pós-guerra* **411**
A Guerra Fria   415
A Doutrina Truman e o Plano Marshall **415** • *A consolidação dos blocos antagônicos* **416** • *A Revolução Chinesa (1949)* **417** • *A Guerra da Coreia (1950-1953)* **419**
Estados Unidos e União Soviética durante a Guerra Fria   422
A Coexistência Pacífica **422** • *Os presidentes norte-americanos de 1945 a 1969* **423** • *A União Soviética até 1964* **427**
O fim da Guerra Fria   430
Os Estados Unidos dos anos 1960 ao início do século XXI **431** • *A União Soviética de 1964 a 1991* **438** • *As mudanças do Leste europeu* **442** • *O fim da União Soviética* **444** • *Destaques dos ex-países socialistas na globalização capitalista* **446**
O socialismo na China e em Cuba   453
A China comunista **453** • *A Revolução Cubana* **459**
A descolonização afro-asiática   465
Destaques da Ásia **466** • *Oriente Médio* **474** • *Alguns destaques da África* **481**
A América Latina e as lutas sociais   488
México **488** • *Chile* **491** • *A América Central* **494** • *Outros destaques latino-americanos* **496**
A nova ordem econômica internacional   501
A globalização capitalista **501** • *O neoliberalismo e o "Estado mínimo"* **502** • *A ordem monetária internacional* **507** • *Norte e Sul: desigualdades e meio ambiente* **510**
A cultura explosiva do século XX   512
Questões & testes   521

Bibliografia   540
Respostas dos testes   543

INTRODUÇÃO

PRÉ-HISTÓRIA

INTRODUÇÃO AO ESTUDO DA HISTÓRIA

É no estudo do passado das sociedades, buscando resgatar e compreender suas realizações, que descobriremos as motivações e os efeitos das transformações pelas quais passou a humanidade, reunindo, assim, os elementos que ajudam a explicar a nossa atualidade. Um mecanismo didático que facilita este trabalho do historiador e do estudante, viabilizando a conquista deste patrimônio humano, é a periodização da história.

O fluxo histórico, no entanto, é contínuo e sem interrupções, assim a divisão do tempo em períodos vincula-se ao enfoque e à linha de análise de cada historiador, originando divergências entre eles. A origem, a formação e as opções analíticas do historiador determinam, desta forma, diferentes visões do processo histórico, além da valorização de alguns fatos em detrimento de outros. Mesmo assim, sem escapar destas limitações e dada a importância da periodização como recurso, utilizaremos uma de suas formas bem simplificada e ampla, de uso bastante generalizado. No entanto, ela deve ser encarada de forma crítica, pois trata-se de uma concepção da história que tem a Europa como eixo, denominada **eurocentrismo**. Além de tomar como marcos fatos relacionados à história europeia, essa concepção acredita no desenvolvimento linear da humanidade que caminharia de estágios mais "atrasados" para mais "avançados", numa trajetória evolutiva do mais simples para o mais complexo, tomando a Europa como modelo mais desenvolvido. Dentro disso, o termo Pré-história carrega a ideia errônea de povos anteriores à História, como se o conjunto de ações dos seres humanos, mesmo daqueles sem escrita, não fosse também História. Antes de apresentá-la, é imprescindível esclarecer alguns elementos ligados à questão do tempo.

Desde o final da Idade Média, utiliza-se, no Ocidente, a cronologia cristã, que substituiu outras como a árabe, por exemplo, que conta seus anos a partir da hégira (fuga de Maomé para Medina). Entre os povos americanos, a adoção do calendário cristão é consequência da colonização europeia.

No calendário cristão, os anos anteriores ao nascimento de Cristo – obrigatoriamente seguidos da sigla a.C. – têm contagem decrescente, enquanto os posteriores apresentam contagem crescente – seguidos da sigla d.C. ou A.D. (*Anno Domini* = Ano do Senhor), ou sem qualquer sigla. É importante destacar que a contagem parte do ano 1, considerado o ano do nascimento de Cristo, não existindo o ano zero. Verifique o gráfico abaixo:

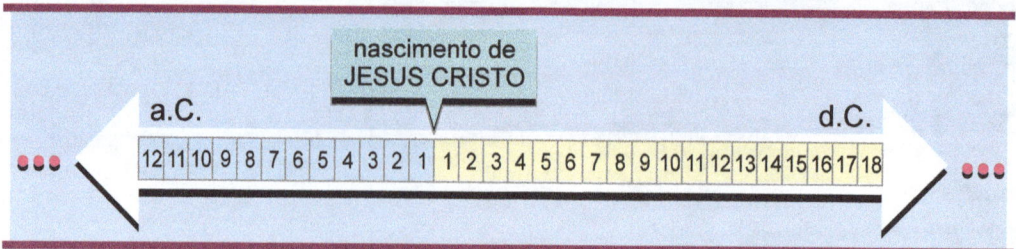

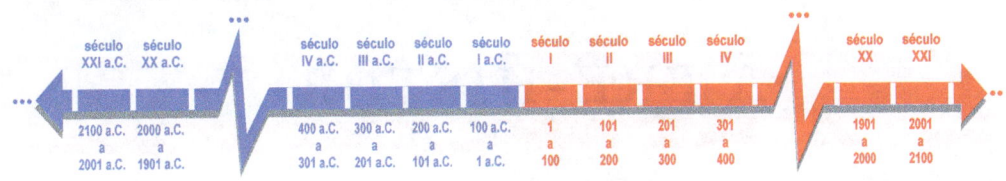

Vale observar também que, como a história lida com longos períodos de tempo, utiliza-se com frequência a unidade de tempo chamada século, equivalente ao período de cem anos. O mecanismo de contagem dos séculos é similar ao dos anos. Assim, o ano 2000 pertence ao século XX, enquanto o ano 1500 a.C. ao século XV a.C., o ano 476 ao século V e o ano 753 a.C. ao século VIII a.C.

A partir da escrita, veja a usual periodização que utilizaremos ao longo do livro:

- **Idade Antiga**: iniciando-se aproximadamente em 4000 a.C., com o advento da escrita, e estendendo-se até o fim do Império Romano Ocidental em 476. Durante esta fase, encontramos as estruturas de servidão coletiva, típicas do Oriente, e as estruturas escravistas do Ocidente clássico.

- **Idade Média**: iniciando-se em 476 e estendendo-se até 1453, quando terminou a Guerra dos Cem Anos, na Europa, e a cidade de Constantinopla caiu em mãos dos turcos otomanos. Durante o período medieval prevaleceu a estrutura socioeconômica feudal no Ocidente.

- **Idade Moderna**: iniciando-se em 1453 e estendendo-se até 1789, quando teve início a Revolução Francesa. Durante esta época, consolidou-se progressivamente uma nova estrutura socioeconômica que ainda conservava poderosos resquícios da ordem feudal medieval. Essa estrutura é comumente denominada capitalismo comercial.

- **Idade Contemporânea**: iniciando-se em 1789 e estendendo-se até os nossos dias. Em nosso século, o capitalismo atingiu a sua maturidade e plena dinamização, alcançando progressivamente a sua globalização.

Considerando que essa divisão da história tem função didática, isto é, a de facilitar e organizar o estudo do passado, utilizaremos ainda, sempre que necessário, outras subdivisões bastante simples e usuais para cada um dos grandes momentos da evolução humana.

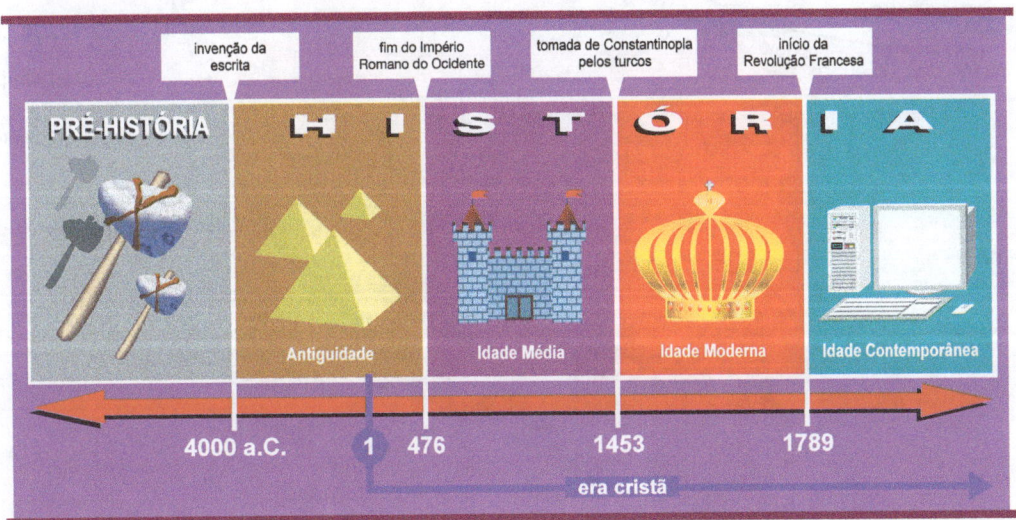

A PRÉ-HISTÓRIA

Os primórdios da humanidade

Os cientistas admitem, mesmo sem comprovação definitiva, que o nosso planeta tenha se formado há cerca de cinco bilhões de anos e que a vida, em sua forma mais primitiva, tenha surgido um bilhão de anos depois. Foi, no entanto, há apenas quinhentos milhões de anos que ocorreu a "explosão" da vida nos mares e, bem mais tarde, cerca de 250 milhões de anos, os primeiros vertebrados deslocaram-se para a terra firme, quando surgiram os répteis e os primeiros mamíferos.

No estudo da vida sobre a Terra, em seus primórdios, e das transformações operadas no decorrer do tempo, é comum recorrer-se aos gigantescos períodos denominados eras geológicas.

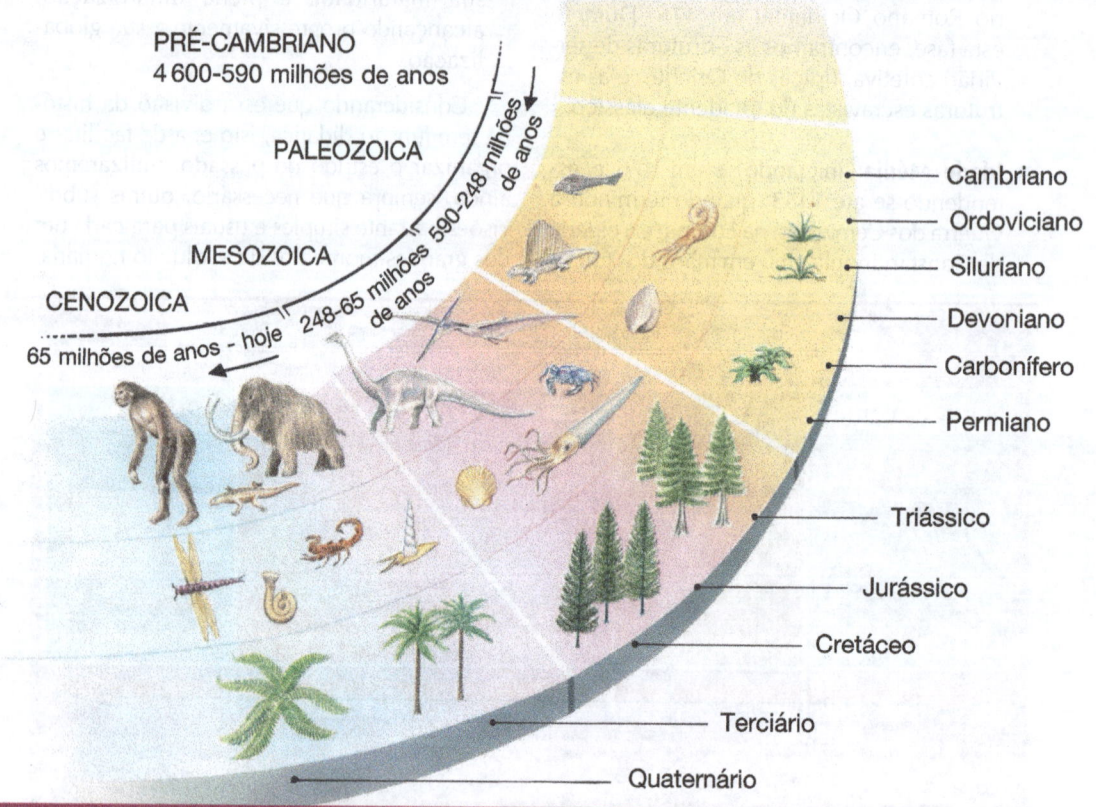

Apesar do desconhecimento de formas intermediárias que levaram ao surgimento dos répteis e dos mamíferos, as pesquisas científicas indicam que eles evoluíram para espécies que resultaram nos dinossauros e nos mamíferos modernos – nestes últimos, incluídos os primatas.

No curso de sua evolução, esses primatas adquiriram maior capacidade de mover os membros, de fazer uso dos dedos polegares – que garantiram maior eficiência e destreza no uso das mãos – e de manter o tronco ereto. Entretanto, os primatas apresentaram diferente desenvolvimento do cérebro, o que possibilitou o aparecimento de formas superiores, como a dos antropoides.

Registros fósseis indicam que um dos primeiros hominídeos – o *Australopithecus* – surgiu na África há, pelo menos, 4 milhões de anos. Suas características, que o diferenciavam dos outros ramos primatas, eram: um cérebro mais desenvolvido, uma dentição semelhante à do homem atual, o andar bípede e a postura ereta. O *Australopithecus* também era capaz de fazer uso de instrumentos rudimentares.

Outros registros apontam a existência, há cerca de 1,8 milhão de anos, do *Homo erectus*, cujos vestígios foram encontrados em diversos lugares do planeta, destacando-se o achado na ilha de Java, na China e na Tanzânia. Foi a partir do *Homo erectus* que, acredita-se, tenha evoluído o homem atual, passando pelo **homem de Neanderthal** e pelo **homem de Cro-Magnon**.

Nesse processo, o homem tornou-se cada vez mais hábil, aprendendo a utilizar as mãos como instrumento de trabalho, desenvolvendo a capacidade de raciocínio e a busca da domesticação do meio ambiente em que vivia, criando ferramentas que facilitassem as atividades, como caçar, preparar e consumir os alimentos. Foi a partir do achado e do exame de alguns desses instrumentos, bem como de outros indícios, que se construíram (e ainda se constroem) as hipóteses sobre o que aconteceu com nossos ancestrais. Assim, a evolução física contribuiu para que houvesse mudanças de comportamento e estas levaram a outras alterações físicas, num lento processo evolutivo até se chegar à espécie a que pertencemos, o *Homo sapiens sapiens*.

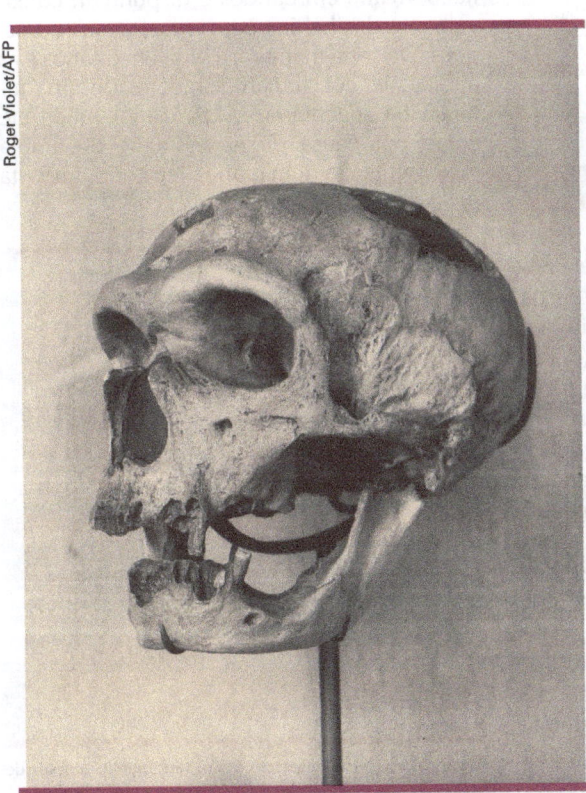

Crânio do homem de Neanderthal, do acervo do Museu Nacional de História Natural, localizado em Paris. Parte do DNA do *Homo neanderthalensis*, espécie extinta há cerca de 30 mil anos, foi sequenciada em 2004. Um grupo internacional de pesquisadores, sob a direção de Svante Pääbo, estudioso do Instituto Max Planck de Antropologia Evolucionária, localizado em Leipzig, Alemanha, apresentou a descrição de 1 milhão de pares de base do DNA, o que permitiu conhecer as alterações genéticas, a transição dos hominídeos ao homem moderno e a separação das espécies, que teria ocorrido há cerca de 516 mil anos. Em outro estudo, apontou-se que o ancestral comum às duas espécies teria vivido há cerca de 706 mil anos. Calculou-se que 99,5% dos genomas são idênticos e as características primordiais de diferenciação para o homem moderno estão no 0,5% restante.

> Donald Johanson, respeitado antropólogo da Universidade de Berkeley, Califórnia, nos Estados Unidos, e diretor do Instituto para Origem do Homem, em entrevista à revista *Veja*, de 18 de maio de 1988, afirmou: "Não resta dúvida de que todos os seres humanos tiveram a mesma espécie ancestral comum, e nesse sentido somos todos irmãos – independentemente da raça. [...] O *Homo erectus*, a última escala evolutiva antes do *Homo sapiens*, que somos nós, tinha a pele negra. Ele foi o primeiro ser de linhagem *Homo* a abandonar a África, o berço da humanidade. Do *Homo erectus*, que era preto, derivam todas as outras raças, dos europeus de olhos azuis e cabelos louros até os autóctones australianos. [...] Em alguns aspectos do coração das células, no DNA, o material genético, pode haver mais diferenças entre seres de uma mesma raça do que entre seres de raças distintas. Isso mostra como a raça é algo cosmético na linha de evolução da humanidade".

Os períodos da Pré-história

Literalmente, Pré-história quer dizer "antes da história", e a sua designação vem da ideia de que a história não poderia ser estudada e reconstituída sem fontes (documentos) escritas. Essa ideia, que tomou força na segunda metade do século XIX, só foi revista com o desenvolvimento da Arqueologia e da Paleontologia, entre outras ciências que buscam a reconstituição do passado através de fósseis e objetos encontrados em escavações, considerando a importância das fontes ágrafas (não escritas) na pesquisa histórica.

O primeiro e mais longo período do desenvolvimento humano, que se estendeu até perto de 10000 a.C., chamamos de **Paleolítico** ou **Idade da Pedra Lascada**. Comparados a ele, os tempos históricos posteriores representam apenas alguns minutos na longa trajetória da humanidade. Vale observar que não é raro encontrarmos uma subdivisão deste período em Paleolítico Inferior, até perto de 30000 a.C., seguido do Paleolítico Superior (30000 a.C. - 10000 a.C.).

No Paleolítico, a subsistência era garantida com a coleta de frutos e raízes, a caça e a pesca; para isso, empregavam-se instrumentos rudimentares, feitos de ossos, madeira ou lascas de pedra. Entretanto, nem sempre o meio natural era propício ao desenvolvimento dessas atividades: a escassez de alimentos ou a hostilidade do meio ambiente obrigavam os grupos humanos a viver como nômades, deslocando-se de uma região para outra, em busca de melhores condições. Um dos maiores avanços nesse período foi a descoberta e o controle do fogo, permitindo o aquecimento durante o frio, a defesa ao ataque de animais e a preparação de alimentos.

Sobrevivendo quase sempre em abrigos naturais, como cavernas, copas de árvores ou choças feitas de galhos, os homens do Paleolítico viviam em bandos e dispunham coletivamente das habitações, terras, águas e bosques. De certa maneira, a vida em bandos e as habitações constituíam sementes de uma futura vida sedentária, só não implantada até então por causa da necessidade de ampla movimentação num grande território, imposta pelas atividades de coleta e caça.

A transformação do sílex em pedra-ferramenta: objetos de pedra lascada do Paleolítico e machado de pedra polida.

Quanto às cavernas, muitas delas acabaram se transformando em recintos funerários e, a seguir, em centros cerimoniais, atraindo grupos pré-históricos, num movimento que indicava um germe das futuras cidades do período histórico.

Com a última glaciação, entre 100000 a.C. e 10000 a.C., aproximadamente, ocorreram profundas alterações climáticas e ambientais que estimularam a intensa migração de animais e seres humanos, levando os homens primitivos a ocupar, ainda que de maneira esparsa, as diversas regiões do globo: da África à Europa, da Ásia à América e à Austrália.

> "A duração da última glaciação, que obrigou os europeus a viverem em cavernas, significa que muitos de seus esforços artísticos sobreviveram à passagem do tempo, e muitos exemplos magníficos têm sido descobertos na França (mais de 60 cavernas conhecidas) e Espanha (até agora por volta de 30). Graças ao clima um tanto ameno na África, os indivíduos de lá não tiveram que se refugiar em cavernas. Isso significa, infelizmente, que a maior parte das pinturas pré-históricas da África ficavam nas superfícies expostas das rochas, que aos poucos se desgastaram pela ação do tempo. No entanto, existe uma exceção impressionante: no distrito de Cheke, na Tanzânia, há algumas superfícies de rochas que fizeram parte de abrigos rochosos pré-históricos, pintadas com cenas de animais e seres humanos, em grande parte no mesmo estilo e técnica de composição que os similares da Europa. [...]
>
> Ao tempo em que os povos da África e Europa estavam trabalhando em suas pinturas mais avançadas, a humanidade já tinha conquistado mais dois continentes, a Austrália e as Américas. Em ambos os casos, há o problema de como eles viajaram da massa de terra Europa-Ásia-África para o que hoje são ilhas. Como eles atravessaram os mares?"
>
> LEAKEY, Richard Erskine. Origens. Brasília, Universidade de Brasília, 1980. p. 141-2.

Paralelamente, ocorreram avanços tecnológicos, como a invenção do arco e da flecha, do arremessador de lanças e a obtenção de maior eficiência na utilização do fogo. Isso contribuiu para uma organização social cada vez mais ampla dos homens do período Paleolítico, até que se chegou a constituir aldeias.

Novos valores culturais e espirituais passaram a orientar a vida dos membros dessas comunidades de caçadores e coletores. As pinturas encontradas em cavernas, como as de Altamira, na Espanha, e Lascaux, na França, comprovam a existência de crenças e cerimoniais entre os homens primitivos, além de serem inegáveis exemplos de suas habilidades artísticas.

Pintura rupestre da caverna de Lascaux, na França, onde foram preservadas diversas pinturas executadas pelo homem há mais de 15 mil anos.

As transformações ambientais ocorridas nesse período favoreceram também a sedentarização de diversos grupos, fixando-os a uma determinada área. A abundância de vegetais em algumas regiões, especialmente aveia, trigo e cevada, estimulou o início do processo de desenvolvimento agrícola. Possivelmente, foram as ocupações duradouras em algumas áreas, com ampla oferta de alimentos, prolongadas por um período suficiente para acompanhar todo o ciclo de desenvolvimento de certas plantas, que fez com que aldeias pré-históricas conhecessem os processos naturais e passassem a reproduzi-los. Ao que tudo indica, as primeiras espécies cultivadas foram os cereais já citados, além de abóbora, feijão e outras. O papel das mulheres em meio a estas transformações passou a ser mais amplo, na medida em que elas eram encarregadas das tarefas agrícolas.

As grandes mudanças do final da época paleolítica constituem uma etapa denominada **Mesolítico**, a qual termina com o estabelecimento da sedentarização dos principais grupos humanos, inaugurando uma nova época denominada **Neolítico**. Este último período pré-histórico, também chamado de **Idade da Pedra Polida**, iniciou-se aproximadamente em 10000 a.C. e prolongou-se até 4000 a.C. As grandes transformações que se processaram nesse período, reformulando profundamente a forma de viver dos grupos humanos, como o desenvolvimento da agricultura e a domesticação de animais, constituíram a chamada **revolução neolítica**.

> "Aquilo a que chamamos revolução neolítica foi, muito possivelmente, antecedido por uma revolução sexual, mudança que deu predomínio não ao macho caçador, ágil, de pés velozes, pronto a matar, impiedoso por necessidade vocacional, porém, à fêmea, mais passiva, presa aos filhos, reduzida nos seus movimentos ao ritmo de uma criança, guardando e alimentando toda sorte de rebentos [...], plantando sementes e vigiando mudas, talvez primeiro num rito de fertilidade, antes que o crescimento e multiplicação das sementes sugerisse uma nova possibilidade de se aumentar a safra de alimentos.
>
> [...] A domesticação, em todos os seus aspectos, implica duas largas mudanças: a permanência e continuidade de residência e o exercício do controle e previsão dos processos outrora sujeitos aos caprichos da natureza. Ao lado disso, encontram-se os hábitos de amansamento, nutrição e criação. Nesse passo, as necessidades, as solicitações, a intimidade da mulher com os processos de crescimento e sua capacidade de ternura e amor devem ter desempenhado um papel predominante. Com a grande ampliação dos suprimentos alimentares, que resultou na domesticação cumulativa de plantas e animais, ficou determinado o lugar central da mulher na nova economia.
>
> As palavras 'lar e mãe' estão, certamente, escritas em todas as fases da agricultura neolítica e não menos nos novos centros de aldeamento, afinal identificáveis nos fundamentos das casas e nas sepulturas. Era a mulher que manejava o bastão de cavar ou a enxada: era ela que cuidava dos jardins e foi ela quem conseguiu essas obras-primas de seleção e cruzamento que transformaram espécies selvagens e rudes em variedades domésticas prolíficas e ricamente nutritivas; foi a mulher que fabricou os primeiros recipientes, tecendo cestas e dando forma aos primeiros vasos de barro. Na forma, também, a aldeia é criação sua: não importa que outras funções pudesse ter, era a aldeia o ninho coletivo para o cuidado e nutrição dos filhos."
>
> MUMFORD, Lewis. *A cidade na história*. Belo Horizonte, Itatiaia, 1965. p. 22-3.

Ao que tudo indica, o predominante papel da mulher durou até que foi inventado o arado e disseminada a propriedade privada da terra e dos rebanhos, o que acabou permitindo ao homem estabelecer o domínio sobre as atividades produtivas. Parece certo também que a cultura neolítica não substituiu por completo a cultura paleolítica e, talvez, muitas das aldeias tenham recorrido aos caçadores, hábeis nas armas e no enfrentamento, para garantir a segurança. Transformados em protetores das comunidades, mais tarde passaram a cobrar tributos e, provavelmente, se transformaram em líderes e até nos primeiros reis do final do período.

Seja como for, a importância da mulher durante as transformações neolíticas parece reforçada pela posterior escrita egípcia hieroglífica que, como ratificação de uma herança cultural, podia representar "casa" ou "cidade" como símbolos de "mãe".

A PRÉ-HISTÓRIA

Embora já conhecessem alguns metais, como o ouro e o cobre, os homens, no início desse período, tinham na pedra polida a matéria-prima básica para fabricação de armas e ferramentas de trabalho. O polimento da pedra tornava esses instrumentos mais resistentes, permitindo, por exemplo, sua utilização na derrubada de árvores, com as quais se podiam construir moradias, canoas, arados, etc.

O final do período Neolítico – chamado Idade dos Metais – caracterizou-se pela intensificação do uso dos metais, graças à descoberta e ao desenvolvimento de técnicas de fundição. Com a evolução da metalurgia, os instrumentos de pedra foram sendo lentamente substituídos por instrumentos de metal, especialmente de cobre, de bronze e, mais tarde, de ferro.

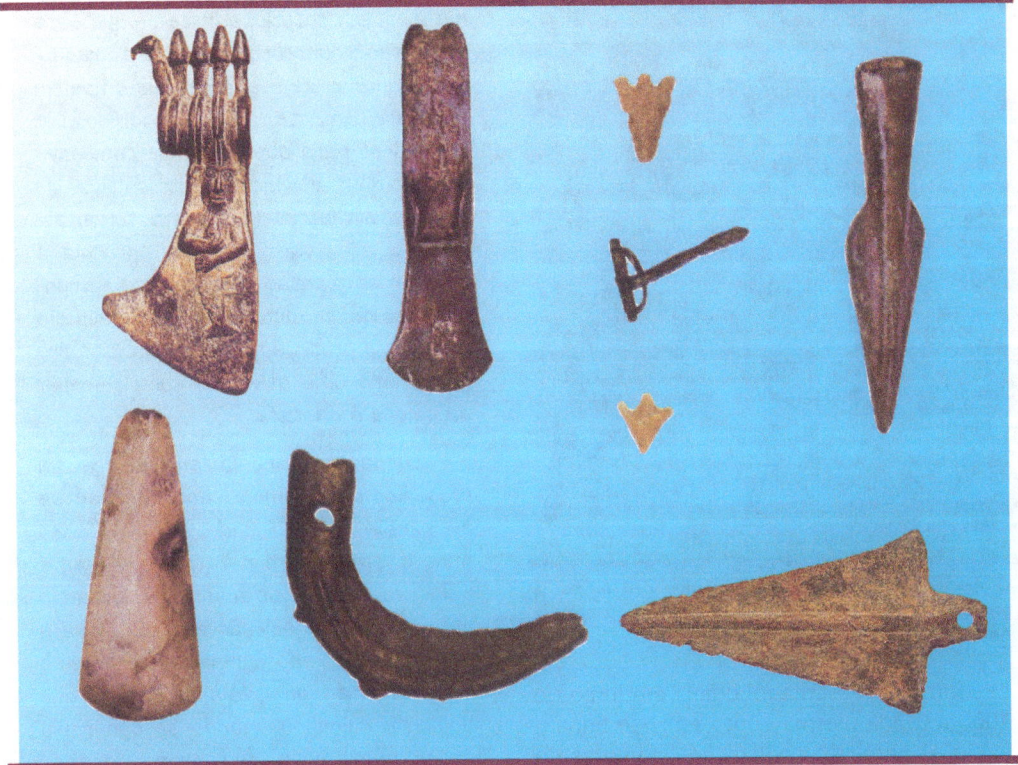

O bronze (liga de cobre e estanho) e, posteriormente, o ferro originaram instrumentos cada vez mais sólidos e cortantes.

No período Neolítico, as relações familiares foram se tornando cada vez mais complexas, ao mesmo tempo que se desenvolvia a noção de propriedade. Muitos homens deixaram de viver em cavernas e passaram a construir suas próprias habitações – palafitas, cabanas de madeira, de barro, ou, ainda, tendas de couro.

O progresso das técnicas de fundição levou ao aperfeiçoamento dos utensílios e das armas. Com isso, a ação do homem sobre a natureza tornou-se mais intensa, permitindo às comunidades mais desenvolvidas exercerem domínio sobre outras, tecnicamente inferiores.

Com a sedentarização humana, multiplicaram-se as aldeias, as quais garantiam a seus habitantes maior segurança contra as ameaças externas. Com o progresso das técnicas agrícolas, as colheitas tornaram-se mais abundantes, o que favoreceu o aumento populacional. Assim, formaram-se grupos familiares maiores – ou tribos – que constituíram o primeiro passo para a organização do Estado, já no final do período.

Embora seja praticamente impossível reconstituir com exatidão a cronologia dos avanços técnicos e culturais, há indícios de que o bronze surgiu no Oriente, por volta de 4000 a.C., alcançando o mar Mediterrâneo e difundindo-se pela Europa a partir de 2000 a.C.

O desenvolvimento técnico e produtivo deu origem a sociedades complexas como a egípcia. Na foto, templo de Abu-Simbel.

Também a escrita foi criada em torno de 4000 a.C., na mesma época em que tinham início as primeiras civilizações, como as do Egito e da Mesopotâmia, formadoras de grandes impérios.

Assim, as transformações ocorridas durante a Idade dos Metais promoveram a dissolução das comunidades neolíticas e de muitas de suas instituições – como a propriedade coletiva –, para substituí-las por formas de organização social mais sofisticadas.

Do Paleolítico ao Neolítico: mudança gradual ou repentina?

"Os historiadores acostumaram-se a separar a coleta e a agricultura como se fossem duas etapas da evolução humana bastante diferentes e a supor que a passagem de uma à outra tivesse sido uma mudança repentina e revolucionária. Hoje, contudo, admite-se que esta transição aconteceu de maneira gradual e combinada. Da etapa em que o homem era inteiramente um caçador-coletor passou-se para outra em que começava a executar atividades de cultivo de plantas silvestres (limpava a terra, arrancava as ervas daninhas, aprendia a cultivar as plantas a partir das sementes) e de manipulação dos animais (reunião e proteção). Mas tudo isso era feito como uma atividade complementar da coleta e da caça.

O passo para a agricultura foi precedido pela 'domesticação' de plantas e animais – escolhendo as variedades mais interessantes para reproduzi-las e para cruzá-las mais adiante –, iniciando um processo de seleção artificial. Mas a domesticação não é mais que uma das condições da transição à agricultura, que somente culminou quando se conseguiu obter uma dieta que proporcionasse todos os elementos nutritivos (cereais, carne e legumes) e que tornou possível depender por completo do abastecimento de plantas e animais domesticados."

FONTANA, Josep. Introducción al estudio de la historia. Barcelona, Crítica, 1999. p. 90-1.

unidade 1

ANTIGUIDADE ORIENTAL

O FIM DO COLETIVISMO PRIMITIVO

Na Antiguidade, a dissolução das comunidades primitivas resultou na criação de duas formas principais de organização socioeconômica: as sociedades baseadas nos regimes de servidão coletiva (sociedades asiáticas); e as sociedades escravistas (especialmente, as sociedades clássicas grega e romana).

Neolítico – fase de transição

O período Neolítico foi marcado pela transição do coletivismo do período pré-histórico à verdadeira noção de propriedade dos tempos históricos. Foi a transição das aldeias e vilas para as cidades e destas para o nascimento dos grandes Estados. A produção de grãos deu origem ao celeiro, e este, por sua vez, originou uma muralha de proteção.

Logo foi preciso formar-se um exército para defender o celeiro. Com isso, surgiu o poder para controlar o excedente e a figura do administrador, ao qual cabia fixar os impostos e registrar os sacos de trigo produzidos. Ao mesmo tempo, consolidava-se a existência do templo e do palácio. Erigiam-se assim os pilares de um mundo novo, bem diverso do da Pré-história.

Considerando vários indícios e até mitos conhecidos da Mesopotâmia e do Egito, é possível imaginar uma simbiose entre caçadores, pastores e agricultores, a qual acabou originando um poder dominante.

"Ambas as vocações exigem liderança e responsabilidade, no alto, e requerem dócil mansidão, embaixo. Contudo, a do caçador exaltava a vontade de poder e acabava por transferir sua perícia em matar animais de caça para a vocação mais altamente organizada de arregimentar ou matar outros homens; enquanto que a de pastor se movia no sentido de vencer a força e a violência e da instituição de certa medida de justiça, por meio da qual até mesmo o membro mais fraco do rebanho podia ser protegido e alimentado. Certamente a coesão e a persuasão, a agressividade e a proteção, a guerra e a lei, o poder e o amor, achavam-se igualmente solidificados nas pedras das mais antigas comunidades urbanas, quando estas finalmente tomaram forma. Quando surgiu a realeza, o senhor da guerra e o senhor da lei tornou-se também o senhor da terra.

Se é verdade que tudo isso constitui, necessariamente, uma extrapolação mítica com base em fatos conhecidos, ainda assim pode dar uma ideia de como as oferendas voluntárias vieram a se transformar em tributos, e de como os próprios tributos, mais tarde, se tornaram regulares, sob a forma de impostos, taxas, trabalho forçado, oferendas propiciadoras e até mesmo sacrifícios humanos."

MUMFORD, Lewis. A cidade na história, p. 38.

As aldeias e vilas neolíticas, especialmente onde havia agricultura intensiva, evoluíram para a formação de cidades e resultaram na formação das primeiras grandes civilizações da humanidade. Nos vales de importantes rios floresceram estas primeiras culturas, como a mesopotâmica, entre os rios Tigre e Eufrates; a egípcia, no rio Nilo; a indiana, no rio Indo; e a chinesa, no rio Amarelo.

Essas sociedades orientais da Antiguidade, especialmente a egípcia e a mesopotâmica, desenvolveram-se em regiões semiáridas, que necessitavam de grandes obras hidráulicas para o cultivo agrícola. Assim, a organização político-social acabou-se estruturando em torno da terra e dos canais de irrigação. O Estado organizava a produção comunitária das aldeias, controlando diques e canais, apropriava-se, por meio da tributação, dos excedentes produzidos e, em troca, realizava obras públicas e serviços administrativos.

Colheita de uvas para produção de vinho numa pintura egípcia feita em uma tumba na cidade de Tebas. O Estado constituía o eixo das primeiras civilizações asiáticas, devido à necessidade de controle das grandes obras de irrigação.

Nessas sociedades, onde predominava a servidão coletiva, o indivíduo explorava a terra como membro da comunidade e servia ao Estado, proprietário absoluto dessa terra, personificado, no Egito, pelo faraó e, na Mesopotâmia, pelo imperador. Nessas comunidades, o comércio e o artesanato tinham função secundária, apresentando-se pouco dinâmicos. A essa estrutura socioeconômica baseada no Estado despótico e no controle da produção agrícola comunitária, sustentada por grandes obras hidráulicas, damos o nome de **modo de produção asiático** ou **sistema de servidão coletiva**.

Diferentemente das sociedades da Antiguidade oriental, em sociedades como a grega e a romana, em que a metalurgia tivera grande desenvolvimento, a superação das comunidades coletivistas do Neolítico levou ao surgimento da propriedade privada e, consequentemente, à utilização da mão de obra escrava. O Estado constituía, nessas sociedades, o principal instrumento de poder do grupo privilegiado, assegurando e ampliando seu predomínio.

No período da chamada Antiguidade Clássica, em que se desenvolveram as sociedades grega e romana, as cidades tornaram-se grandes centros de prosperidade material e intelectual, além de importantes núcleos políticos. As bases desse progresso encontravam-se no campo, cujas atividades econômicas, principalmente a produção de trigo, azeite e vinho, enriqueciam os proprietários agrários e impulsionavam as atividades urbanas, como as trocas comerciais e o artesanato.

O comércio inter-regional de produtos agrícolas e objetos artesanais, como vasos, ânforas, estátuas, tornou-se muito dinâmico. A navegação, por consequência, adquiriu grande importância, passando o mar Mediterrâneo a constituir o mais importante canal de comunicação da Antiguidade.

A produção de excedentes, necessária para a intensificação das trocas comerciais e, portanto, para o progresso econômico dessas sociedades, era garantida pela ampla utilização da mão de obra escrava. O desenvolvimento do **modo de produção escravista**, que atingiu sua plenitude em Roma, está intimamente relacionado ao caráter expansionista das cidades-estados gregas e do Estado romano. Foi a conquista permanente de outros territórios e a escravização dos povos vencidos que possibilitaram a manutenção do modo de produção escravista nessas sociedades.

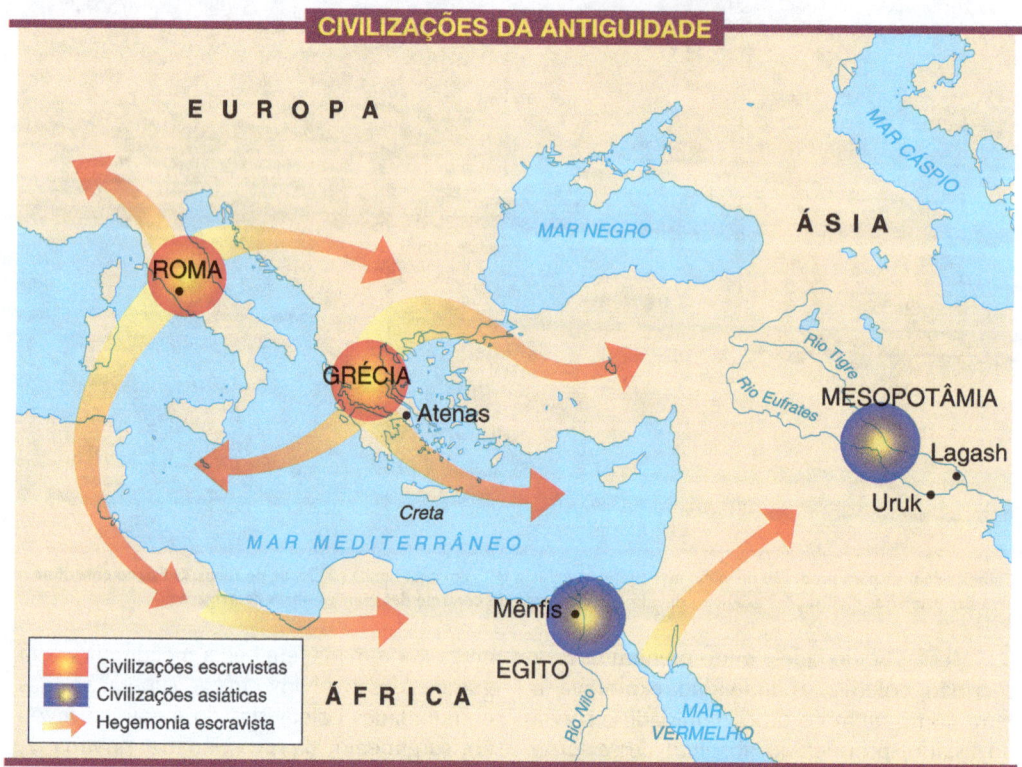

As civilizações asiáticas do Egito e da Mesopotâmia foram sobrepujadas, ao longo da Antiguidade, pelas civilizações escravistas grega e romana.

Vale destacar o uso do termo "ser civilizado" como sinônimo de educação, bons costumes e progresso que, por vários séculos, serviu como contraposição a outros povos, especialmente para aquelas culturas diferentes da europeia, consideradas incivilizadas ou atrasadas. Isso nos leva à questão de que a história depende de quem interpreta as fontes e as escreve.

A construção de um passado histórico estará sempre relacionada aos interesses e à posição daquele que olha o passado para poder justificar o seu presente. Por isso, se levarmos em conta as civilizações apresentadas nesta unidade – em detrimento de outras também importantes na Antiguidade –, não devemos esquecer que essas escolhas se devem principalmente à influência dessas civilizações para a posterior história europeia ocidental, de onde deriva a formação das histórias da América, e onde primeiro houve a preocupação de se escrever uma história universal. Da mesma forma, o termo "civilização" não quer dizer um estágio mais avançado, mas sim certas características como as apontadas a seguir:

Civilização

"Uma civilização, via de regra, implica uma organização política formal com regras estabelecidas para governantes e governados (mesmo que autoritários e injustos); implica projetos amplos que demandem trabalho conjunto e administração centralizada (como canais de irrigação, grandes templos, pirâmides, portos, etc.); implica a criação de um corpo de sustentação do poder (como a burocracia de funcionários públicos ligados ao poder central, militares, etc.); implica a incorporação das crenças por uma religião vinculada ao poder central, direta ou indiretamente (os sacerdotes egípcios, o templo de Jerusalém); implica uma produção artística que tenha sobrevivido ao tempo e ainda nos encante (o passado não existe em si, senão pelo fato de nós o reconstruirmos); implica a criação ou incorporação de um sistema de escrita (os incas não preenchem esse quesito, e nem por isso deixam de ser civilizados); implica, finalmente, mas não por último, a criação de cidades."

PINSKY, Jaime. *As primeiras civilizações.* São Paulo, Atual, 1987. (Coleção Discutindo a História, p. 45.)

A CIVILIZAÇÃO EGÍPCIA

Entre as primeiras civilizações orientais pertencentes ao modo de produção asiático, baseadas na servidão coletiva, a egípcia sobressaiu-se como uma das mais grandiosas e a mais duradoura. Marcada pelas grandes obras públicas (palácios, templos, pirâmides, canais de irrigação, diques), fundamentais para a agricultura, a civilização egípcia contava com um Estado despótico que controlava a estrutura socioeconômica e administrativa, graças às instituições burocráticas, militares, culturais e religiosas que controlavam e subordinavam toda a população.

"Modo de produção asiático: expressão usada por Marx uma única vez, mas que se tornou usual entre os marxistas para designar determinado tipo de sociedade em uma 'comunidade superior', mais ou menos confundida com o Estado e que se encarna num governante 'divino', explora mediante tributos e trabalhos forçados as comunidades aldeãs — caracterizadas pela ausência de propriedade privada e pela autossuficiência, permitida pela união do artesanato e da agricultura. Nas discussões do século XX, preferiu-se substituir o inadequado asiático — posto que as sociedades desse tipo não são somente da Ásia — por 'despótico tributário', 'tributário', 'despótico aldeão' etc. O próprio conteúdo do conceito sofreu modificações às vezes grandes em relação à sua formulação por Marx."

CARDOSO, Ciro Flamarion S. *Sociedades do antigo Oriente Próximo*. São Paulo, Ática, 1995. p. 82.

Situada no nordeste da África, numa região predominantemente desértica, a civilização egípcia desenvolveu-se no fértil vale do Nilo, beneficiando-se do seu regime de cheias.

O RIO NILO

O regime das cheias do rio Nilo depende das abundantes chuvas que caem na nascente do rio, de junho a setembro, levando-o a transbordar na região egípcia. Ao fim do período chuvoso, que vai de outubro a novembro, o rio volta a ocupar seu leito normal, deixando as margens férteis para a agricultura. A colheita é feita de abril a maio.

As abundantes chuvas que caem durante certos meses na nascente do rio, ao sul do território egípcio (atual Sudão), provocam o transbordamento de suas águas. Essas cheias, ao ocuparem as margens do rio, depositam ali o húmus fertilizante. Quando termina o período chuvoso e o rio volta ao seu leito normal, as margens ficam prontas para uma agricultura farta.

Este quadro natural favoreceu o surgimento das primeiras aldeias neolíticas no vale do Nilo, constituindo-se os **nomos**, comunidades autônomas que desenvolviam uma agricultura rudimentar e eram chefiadas pelos **nomarcas**. O crescimento da população e o aprimoramento agrícola e a produção de excedentes logo possibilitaram o nascimento das primeiras cidades e a diferenciação social. Os habitantes foram aperfeiçoando as técnicas de irrigação e, simultaneamente, uma cultura de características singulares, a exemplo da escrita hieroglífica e do calendário solar.

O Antigo Império (3200 a.C. - 2000 a.C.)

Certamente, as diferenças sociais no interior das aldeias agrícolas, os conflitos nos nomos e entre os nomos, e as atuações das novas elites locais resultaram na estruturação do Estado com a reunião desses territórios, originando primeiro a formação de dois reinos, o reino do Alto Egito, localizado ao sul do Nilo, e o do Baixo Egito, ao norte, por volta de 3500 a.C. Somente perto de 3200 a.C., Menés (ou Namer, ou Men, ou ainda Meni, segundo variadas fontes), governante do Alto Egito, impôs a unidade como faraó de todo o Egito, tornando-se o governante do **primeiro Estado unificado da história**, subordinando os diversos nomos. Os nomarcas, convertidos em representantes do poder central nessas comunidades, administravam diversas aldeias e pequenas cidades, cuidando da coleta dos impostos e da aplicação das determinações estabelecidas pelo faraó.

Com a unificação, iniciou-se o chamado **período dinástico** da história egípcia. O faraó adquiriu o papel de supremo mandatário, concentrando todos os poderes em suas mãos e apropriando-se de todas as terras; a população deveria pagar tributos a ele e servi-lo. Reforçando seu poder, o faraó encarnava também o elemento religioso, passando a ser considerado um deus vivo, sendo cultuado como tal.

"O Estado egípcio parece ter precedido a plena urbanização, o desenvolvimento em escala maior do comércio exterior, o florescimento completo da divisão do trabalho. Estas coisas se deram, com todas as suas características, depois da formação de uma monarquia unificada. [...]

Na teoria político-religiosa da monarquia egípcia, formada muito cedo e mantida por quase três milênios com poucas alterações (e somente algumas nuances), o rei se define literalmente como o centro de todas as coisas, incluindo mesmo os países estrangeiros, destinados à subordinação por ele."

CARDOSO, Ciro Flamarion Santana.
Antiguidade oriental: política e religião.
São Paulo, Contexto, 1990. p. 41.

É evidente que a intensa religiosidade que se desenvolveu no Egito favorecia sobremaneira a preservação do poder do faraó e da ordem social. "[...] a magnificação do poder e da personalidade andaram de mãos dadas, criando um horizonte mais amplo de esforço na técnica e uma nova escala de expressão da arte. O monumentalismo brota da mesma concentração de esforço social, econômico e religioso que criou a cidade, como recipiente de uma complexa civilização, diferenciada da doméstica cidade rural, seu protótipo mais simples, derivada principalmente das necessidades rurais. [...] A magnificação de Amenófis III, no

> templo mortuário de Luxor, tem seu paralelo, em nosso tempo, nos cartazes, de natureza mais efêmera, que expandiam a imagem fotográfica de um Hitler ou de um Stálin: tentativas de sugerir proporções divinas, suficientes para ocultar a fragilidade, a falibilidade ou a mortalidade, meramente humanas."
>
> MUMFORD, Lewis. A cidade na história, p. 112-3.

A maior parte da população trabalhava na agricultura e, não raramente, era convocada para trabalhar nos grandes projetos arquitetônicos, como as pirâmides, os templos funerários, destinados ao faraó e sua família. Depois de 2780 a.C., foram erigidas as grandes pirâmides de Gizé, túmulos dos faraós da quarta dinastia egípcia: Quéops, Quéfren e Miquerinos. A pirâmide de Quéops espalha-se por mais de 60 mil metros quadrados e contém mais de 6 milhões de toneladas de pedras, atingindo 145 metros de altura. A sua construção levou perto de vinte anos de trabalho, sendo recrutada toda a população egípcia, a um ritmo de cem mil homens em rodízio de três em três meses.

Depois de longa estabilidade política e social, o Egito, a partir de 2200 a.C., conheceu um período de desordens e enfraquecimento do poder central. Os custos da imensa burocracia estatal, a diminuição das cheias do Nilo, seguidas de crises de abastecimento e fome, resultaram em diversas revoltas populares, desorganizando ainda mais a produção e acentuando o enfraquecimento desse poder. Diante desse quadro, os poderes locais dos nomarcas ganharam maior importância.

Essa época, conhecida como período feudal egípcio, foi marcada por um longo intervalo de acirradas lutas entre os nomarcas e de inúmeras revoltas sociais, as primeiras conhecidas da história.

O Médio Império (2000 a.C. - 1580 a.C.)

Perto do século XX a.C., teve início uma luta contra os nomarcas, que, progressivamente, acabou restabelecendo o poder do faraó e a unidade do império. A cidade de Tebas transformou-se na nova capital, sendo que os novos faraós, especialmente os da XII dinastia, abriram um novo período de prosperidade contando com a vassalagem geral da sociedade, submetida pelo poder central.

Das quase setenta pirâmides que sobreviveram até os nossos dias, a maior é a de Quéops, seguida de Quéfren e Miquerinos, construídas sob o reinado dos faraós da quarta dinastia, no Antigo Império.

O dinamismo do período deveu-se às novas obras de irrigação, ampliando as áreas agrícolas e produtivas, e à construção de grandes tumbas e templos. Tal foi o desenvolvimento que as artes e a literatura egípcia desta época transformaram-se em modelos áureos e fontes de interesse para as gerações posteriores.

> "A mudança da XI para a XII dinastia ocorreu quando o tjati ou ministro Amenemhat tomou o poder como Amenemhat I. É possível que, para chegar ao trono, tenha se apoiado nas grandes famílias provinciais, descontentes com a anterior família real, já que Mentuhotep III restringira os poderes dos nomarcas e suprimira sua sucessão hereditária. O fato é que, sob o novo rei, os governadores provinciais readquiriram parte dos títulos e poderes perdidos.
>
> Foi costume dos faraós da XII dinastia associar ao trono o príncipe herdeiro, facilitando assim a sucessão. Tal período foi um dos mais brilhantes da história egípcia. Os soberanos mais iluminados pelas fontes são Senuosret III (1878--1841) e Amenemhat III (1844-1797). O primeiro teve de lutar contra a ameaça do poder renovado dos nomarcas: já seu antecessor Amenemhat II (1929-1892) havia tratado de intervir em questões atinentes aos nomos, no sentido de diminuir a autonomia provincial, mas Senuosret III decidiu levar a cabo uma reforma radical da administração. Os nomarcas foram temporariamente suprimidos e o Egito foi dividido em quatro regiões administrativas. Quanto a Amenemhat III, atribui-se-lhe a construção de um imenso palácio e obras de drenagem e colonização agrícola no Fayum. Os faraós da XI dinastia construíram suas pirâmides em localidades próximas à sua capital, no Fayum."
>
> CARDOSO, Ciro Flamarion S. *O Egito antigo*. São Paulo, Brasiliense, 1982. p. 56-7.

Contudo, os vários levantes empreendidos pelos nobres que reivindicavam maior autonomia, acompanhados de rebeliões camponesas estimuladas pela penúria popular, minaram o poder central egípcio. Perto de 1800 a.C., agravando ainda mais o quadro geral, teve início uma onda de invasões estrangeiras, principalmente dos **hicsos**, estabelecendo domínios na região.

Veja o quadro abaixo referente às estimativas aproximadas da população e da área cultivada do Egito, da época da unificação até bem depois do Médio Império:

Ano (a.C.)	Habitantes	km²	Habitantes por km² de terras cultiváveis
3 000	870 000	15 100	57,61
2 500	1 600 000	17 100	93,57
1 800	2 000 000	18 450	108,40
1 250	2 900 000	22 400	129, 46

Fonte: BUTZER, Karl W. *Early hydraulic civilization in Egypt*. Chicago, University of Chicago Press, 1976. p. 83. Citado por: CARDOSO, Ciro Flamarion S. *Sociedades do antigo Oriente Próximo*. São Paulo, Ática, 1995. p. 59.

Os hicsos, povos de origem asiática, usavam cavalos, carros de guerra e armas feitas de metal (bronze), equipamentos que até então eram desconhecidos no vale do Nilo. Esses recursos permitiram aos invasores isolar os faraós em Tebas e exercer um completo domínio sobre a tributação, controlando o país por quase dois séculos.

O Novo Império (1580 a.C. - 525 a.C.)

A dominação dos hicsos uniu os egípcios, despertando um forte sentimento militarista entre eles. A partir de Tebas e sob a liderança de **Amósis I**, conseguiram expulsar os invasores, em 1580 a.C. Após a expulsão dos hicsos, os hebreus, também invasores de origem asiática, foram dominados e escravizados.

> "Uma firme tradição se referia ao fato de terem sido os filhos de Israel obrigados a trabalhos forçados no Egito, construindo cidades; e que, chefiados por um líder carismático Moisés, saíram daquele país, vagaram pelo deserto por algumas décadas e por fim, já sob outros líderes, conquistaram a Palestina, terra que lhes fora prometida pela divindade que os escolhera e se aliara a eles, Iahweh, o inspirador de Moisés.
>
> As indicações da Bíblia a respeito da cronologia do 'cativeiro no Egito' são contraditórias. Segundo uma delas (Êxodo, 12:40), Israel teria permanecido no Egito durante 430 anos; mas Êxodo, 6:14-25, só menciona quatro gerações para tal permanência. Segundo outra indicação (1 Reis, 6:1), o rei Salomão teria construído o templo de Jerusalém 480 anos depois da saída do Egito: o cálculo a partir da construção do santuário de Iahweh colocaria o Êxodo em plena XVIIIª dinastia egípcia, e há razões que se opõem a isto. Por outro lado, numa estela de pedra do faraó Merneptah, em seu quinto ano de reinado (aproximadamente 1219 a.C.), Israel já é mencionado como um povo instalado na Palestina e vencido pelo monarca egípcio. Uma das cidades citadas na Bíblia, como aquela em cuja construção os israelitas prestaram serviço forçado, pode ser Per-Ramsés, capital construída pelo pai de Merneptah, Ramsés II (1290-1224).
>
> A tendência predominante hoje em dia é datar de Ramsés II a opressão de Israel — de fato, somente de uma porção do que viria a constituir o povo israelita — no Egito."
>
> CARDOSO, Ciro Flamarion S. *Antiguidade oriental: política e religião*. São Paulo, Contexto, 1990. p. 61-2.

Sob o governo de **Tutmés III** (1480 a.C. - 1448 a.C.), o império alcançou a sua maior expansão territorial, estendendo-se da quarta catarata do rio Nilo, ao sul, até o rio Eufrates na Ásia, ao norte, subjugando os sírios, os fenícios e outros povos. Tal extensão territorial, assegurada pelas conquistas, fez do Egito o primeiro império mundial. A força militar do faraó era formada pela infantaria, armada de arcos, setas e lanças, e pela cavalaria, equipada com carros. Dispunha também de uma esquadra composta de galeras a remo e barcos a vela.

Já o faraó **Amenófis IV** (1377 a.C. - 1358 a.C.), conhecido como o **rei herético**, procedeu uma revolução religiosa, tentando pôr fim ao culto politeísta. Tida pelo faraó como uma doutrina ultrapassada e conservadora, a religião egípcia cultuava várias divindades (tendo Amon-Ra, o sol, como a mais importante) e concedia amplos poderes aos sacerdotes.

Há muito que o aumento constante da riqueza e da ingerência política dos sacerdotes de Amon ameaçavam a autoridade do governo central. Bem antes de Amenófis IV, já havia começado a ganhar adeptos na corte uma nova forma de culto solar, de influência asiática, em que todos se dirigiam ao próprio disco visível do sol. Pouco a pouco, o novo culto evoluiu de uma tímida religiosidade com conotações políticas para, no tempo de Amenófis IV, transformar-se no foco de uma crise político-religiosa sem precedentes.

Amenófis IV tentou mudar esse quadro, estabelecendo o culto monoteísta a Aton, o círculo solar, confiscando bens dos sacerdotes e excluindo ou inferiorizando os demais deuses. O próprio faraó mudou o seu nome, que recordava Amon (Amenófis, na realidade *Amen-hotep* = "Amon está satisfeito"), para Akhenaton (*Ech-n-Aton* = "Aquele que agrada a Aton"), e fundou uma nova capital, Akhetaton (= "horizonte do disco solar"), situada a pouco mais de 30 quilômetros de Tebas.

Os casamentos sucessivos de Amenófis IV não resultaram num esperado herdeiro, o que favoreceu o retorno do poderio dos sacerdotes e do culto politeísta tradicional. Nem sua esposa principal, a bela Nefertiti, que lhe deu várias filhas, nem o casamento com algumas de suas filhas puderam resultar num varão que garantisse a sucessão.

A força do Novo Império tratou de ampliar as fronteiras imperiais, destacando-se os faraós Tutmés III e Ramsés II, bem como o reformador religioso, Amenófis IV.

A CIVILIZAÇÃO EGÍPCIA

Amenófis repudiou o tradicional culto egípcio politeísta e estabeleceu a adoração ao deus-sol, Aton.

Aproveitando-se dessa fragilidade, os sacerdotes depuseram Amenófis IV e outorgaram a Tutankhamon (= "Aquele que vive em Amon"), genro de Amenófis, o título de faraó, ratificando a força do Estado egípcio e anulando a reforma religiosa de Amenófis.

"Tutankhamon morreu depois de alguns anos de reinado. Não deixou filhos, mas sim uma viúva que deu muito o que falar; tornou-se até mais conhecida que seu marido. As placas de Boghazkoy revelam uma interessante intriga em que a jovem rainha teve um papel principal. Para conservar o trono, tinha que encontrar um marido influente e, se fosse possível, rapidamente. Por isso escreveu a seguinte carta ao rei dos hititas: "Meu marido acabou de morrer e eu não tenho filhos. Disseram-me que tendes vários filhos adultos. Mandai-me um; farei dele meu esposo e rei do Egito!"

Não havia tempo a perder. Depois de um mês de espera recebeu, não o marido, e sim uma resposta prudente. Desesperada, insistiu de novo na proposta, e desta vez o cauteloso rei dos hititas decidiu concordar com o pedido. Mas já era demasiado tarde. Por culpa de tanta demora, o príncipe hitita nunca chegou a ser rei do Egito. Outro personagem sucedeu a Tutankhamon, e a jovem travessa dos desenhos de El-Amarna desapareceu rapidamente do teatro da história sem que saibamos o seu destino.

O nome de Tutankhamon não apareceria, sem dúvida, nestas páginas a não ser pelo descobrimento de sua tumba, quase intacta, e que lhe assegurou um renome mundial. Na realidade, o mais importante que se pode dizer deste faraó é que morreu e foi enterrado."

GRIMBERG, Carl. *História Universal Daimon.* Vol. 1, Madrid, Ediciones Daimon, 1981. p. 149-150.

Depois do insucesso da jovem rainha — que se chamava Ankesenamon — em transformar o príncipe hitita em seu esposo e faraó do Egito (ele fora assassinado durante a viagem), egípcios e hititas tornaram-se inimigos irreconciliáveis, vivendo cerca de meio século de hostilidades constantes.

Máscara de ouro de Tutankhamon, faraó que morreu perto de 1352 a.C. com apenas 19 anos de idade. O túmulo de Tutankhamon foi descoberto em 1922, praticamente intacto e cheio de mobiliário e ornamentos típicos do período do Novo Império.

O prosseguimento das conquistas militares deu-se no governo do faraó **Ramsés II** (1292 a.C. - 1225 a.C.), que enfrentou e venceu vários povos asiáticos, como os hititas, na batalha de Kadesh. Foram quinze anos de enfrentamentos, até que, em 1272 a.C., egípcios e hititas assinaram um acordo de paz, o mais antigo que se conhece na história.

Na busca da máxima exaltação de seu poder, Ramsés II, que reinou por mais de setenta anos e teve 59 filhas e 79 filhos, chegou a desfigurar o rosto das estátuas do templo de Luxor e escrever nelas o seu próprio nome, inaugurando a prática de uma revisão e adulteração da história, que caracterizou muitos outros governantes ao longo da história humana.

O poderio e o esplendor alcançados no Novo Império eram evidenciados não apenas pelas conquistas militares como também pelas manifestações culturais, a exemplo da construção dos templos de Karnac e Luxor, iniciados ainda no Médio Império e ampliados por outros faraós.

Contudo, depois de Ramsés II, foram poucos os períodos de estabilidade e unidade sob o comando do governo central; assim, iniciou-se a fase de declínio da civilização egípcia. Entre as várias razões para essa decadência destacaram-se as disputas políticas que envolviam as autoridades sacerdotais, que, em alguns momentos, chegaram a constituir um Estado dentro do Estado, sob o comando do sumo-sacerdote, não raramente ignorando o poder do faraó.

Outra razão era o próprio exército, que, formado em grande parte por mercenários estrangeiros, acabou dispersado por interesses estranhos a uma obediência hierárquica, determinando a quebra do poder estatal. Desprotegido militarmente, o Egito foi perdendo pouco a pouco suas antigas conquistas e seus domínios orientais.

Após 1100 a.C., o Egito voltou a se dividir, passando a ter governantes autônomos e rivais no Alto e no Baixo Egito, fragilizando-se e facilitando o avanço de conquistadores vizinhos. Dentre estes, destacaram-se os **assírios**, que, em 662 a.C., sob o comando de **Assurbanipal**, conquistaram a região. Os egípcios, porém, resistiram à dominação assíria e o faraó **Psamético I** (655 a.C - 610 a.C.) obteve a libertação da nação, iniciando um intenso florescimento econômico e cultural.

No período denominado **renascimento saíta**, pois Sais havia se transformado na nova capital, o Egito recuperou alguns territórios e uma forte unidade. Foi nessa fase, como descreve o historiador grego Heródoto, que o faraó **Necao** intensificou o comércio com a Ásia e financiou o navegador fenício Hamon numa viagem que contornou toda a costa africana. O navegador partiu do mar Vermelho, desceu pelo oceano Índico, cruzou o sul da África, voltando a dirigir-se ao norte já no oceano Atlântico e, depois de três anos, estava de volta ao Egito pelo mar Mediterrâneo.

Depois de Necao, as disputas políticas envolvendo burocratas, sacerdotes e militares ganharam intensidade e descontrole, e somadas às rebeliões camponesas, enfraqueceram definitivamente o império. As invasões tornaram-se cada vez mais frequentes e bem-sucedidas, até que, em 525 a.C., os **persas**, comandados pelo rei **Cambises**, conquistaram o Egito na batalha de Pelusa, destronando o faraó Psamético III.

Transformado pelos conquistadores em uma província do Império Persa, o Egito foi vítima, posteriormente, de outras dominações, como a dos gregos, macedônios, romanos, árabes, turcos e ingleses, recuperando sua autonomia política somente no século XX.

Durante o domínio romano teve início a penetração do cristianismo na região e, mais tarde, com a ocupação árabe, do islamismo. Essas religiões ajudaram a demolir o que restava da antiga cultura egípcia que durara perto de três milênio. Além dos exemplos arqueológicos, como as pirâmides e templos, chegaram até nós também resquícios de sua língua, ironicamente, através dos cultos da igreja cristã do Egito, ou **copta**.

A CIVILIZAÇÃO EGÍPCIA

Quando o Império Persa foi submetido pelo jovem conquistador greco-macedônico Alexandre Magno (foto), o Egito foi incluído no butim dos vencedores. Após a morte de Alexandre, o império foi dividido entre seus generais e o Egito ficou com Ptolomeu.

Economia, sociedade e cultura no Egito antigo

No antigo Egito, a organização das atividades produtivas era uma atribuição do Estado, detentor da maioria das terras férteis. Cabia à população camponesa, subjugada ao poder do faraó, pagar impostos sob a forma de produtos ou trabalho, constituindo o que se denomina servidão coletiva. Dessa forma, o Estado apropriava-se dos excedentes da produção, utilizando mão de obra gratuita para construir depósitos de armazenagem e uma ampla burocracia estatal para cobrar impostos. Mesmo as poucas propriedades privadas que existiram no Egito antigo também sofriam um controle do Estado.

Na época das cheias do Nilo, quando a atividade agrícola era suspensa, os trabalhadores eram geralmente requisitados pelo Estado para trabalhar nas obras de construção de diques, canais de irrigação, templos, palácios, etc.

Na produção agrícola destacavam-se, entre outros itens, o trigo, a cevada, o algodão, o papiro, o linho, e, na criação de animais, cabras, carneiros e gansos, além da intensa pesca no rio Nilo. Também foram desenvolvidas várias atividades artesanais, bem como a produção de tecidos e vidros e a construção de navios.

A partir dessa base econômica, a sociedade egípcia estruturava-se da seguinte forma: acima de todos achava-se o faraó e sua ampla família; logo abaixo na escala hierárquica vinha a aristocracia privilegiada constituída por sacerdotes, funcionários do Estado (burocratas e militares) e nobres, descendentes das grandes famílias dirigentes dos nomos. Entre os burocratas destacavam-se os escribas, funcionários responsáveis pela contabilidade e supervisão da organização administrativa. Na base da sociedade egípcia, estava a ampla massa camponesa e o grupo não muito numeroso dos escravos, os quais, quase sempre, eram prisioneiros de guerra. A sujeição dos camponeses era conseguida graças à repressão e às características da cultura egípcia, na qual a religião, largamente difundida, promovia a preservação da ordem existente.

> "A religião penetrava intimamente todos os aspectos da vida pública e privada do antigo Egito. Cerimônias eram realizadas pelos sacerdotes a cada ano para garantir a chegada da inundação, e o rei agradecia a colheita solenemente às divindades adequadas. Oráculos dos deuses – em especial os de Amon no Reino Novo e em épocas posteriores – desempenhavam um papel importante na solução de problemas políticos e burocráticos e eram também consultados pelos homens do povo antes de tomarem decisões de algum peso. As mulheres sem filhos se desnudavam diante de touros ou carneiros sagrados, esperando mudar a situação por sua exposição a tais símbolos de fertilidade. A medicina era penetrada de magia e religião. O aspecto supersticioso das crenças multiplicava o uso de amuletos e outras proteções mágicas, tanto pelos vivos quanto pelos mortos."
>
> CARDOSO, Ciro Flamarion S. *O Egito antigo.* p. 92-3.

A religião politeísta foi o elemento cultural mais atuante no Egito antigo, constituída por uma centena de deuses, alguns em forma de animais, como vacas, touros, crocodilos, serpentes, gatos, etc. A diversidade de divindades remontava às origens das aldeias e dos nomos do período pré-dinástico, com seus cultos locais, depois agrupados e remodelados numa religião nacional. De todas as divindades egípcias, sobressaía-se Amon-Ra (sol), especialmente fortalecido no Novo Império, após a tentativa frustrada de reforma religiosa de Amenófis IV. Outras divindades importantes eram Osíris, Ísis, Set, Hórus, Anúbis e Ápis.

Da mesma forma como as cheias sucediam às vazantes, o dia à noite, os egípcios acreditavam que o mesmo acontecia com a vida, a qual sucedia à morte. Às vezes, imaginavam o morto voltando à vida na própria tumba, considerada como uma "casa de eternidade", de onde só poderia escapar temporariamente assumindo a forma de pássaro. Outras vezes, depois de renascido, o indivíduo navegava na barca solar ou então passava pelo julgamento do deus Osíris, depois do qual, se não fosse condenado por seus feitos, iria viver num outro mundo melhor.

Para que o corpo pudesse voltar a abrigar a alma, desenvolveu-se o culto aos mortos e a técnica de mumificação de cadáveres, um conhecimento controlado pelos sacerdotes. No início, a mumificação era uma exclusividade do faraó, progressivamente estendida a todos aqueles que pudessem pagar as elevadas despesas da mumificação.

A técnica da mumificação foi tão desenvolvida no Egito que permitiu apurado conhecimento de anatomia humana, favorecendo o desenvolvimento da medicina e o surgimento de especialistas em várias áreas, como doenças do estômago, do coração ou fraturas. Não eram raras, no Egito antigo, as bem-sucedidas intervenções cirúrgicas cranianas. O ensino, especialmente o mais aprofundado, aquele que se assemelharia ao curso superior na atualidade, visava manter as classes dirigentes da sociedade, com seus profissionais, sábios e eruditos.

> "Os colégios sacerdotais, dotados de arquivos e bibliotecas, geralmente nos grandes templos, eram a sede do **ensino superior**. Foram célebres os de Heliópolis, Mênfis e Tebas. Os colegiais que haviam alcançado os graus acadêmicos podiam continuar morando naqueles estabelecimentos, para se dedicarem ao estudo (à semelhança dos colégios das antigas Universidades europeias e dos fellows da moderna Oxford), gozando das grandes comodidades que as bibliotecas, observatórios, etc. ofereciam para o trabalho científico. Alguns daqueles estudantes também se dedicavam ao ensino.
>
> A educação superior destinava-se a fins técnicos e profissionais: era realista. A regulamentação da agricultura, devido às inundações periódicas do Nilo, impôs estudos de índole muito diferente: **astronômicos**, para estabelecer um calendário, e isto fez florescer a astronomia e a matemática; e **hidráulicos**, para irrigação e represas, e isto impulsionou a engenharia, que se ocupou da arte de construir canais e diques. A mumificação e o embalsamamento fomentaram a dissecação, e daqui se passou a adquirir conhecimentos médicos notáveis, que a Grécia (Hipócrates) herdou, ao mesmo tempo que ideias empíricas sobre química (drogas e substâncias orgânicas). A própria literatura possuía um propósito prático, a saber, a aquisição de fórmulas para expressar facilmente as cerimônias religiosas e as transações mercantis."
>
> LARROYO, Francisco. *História geral da pedagogia.* São Paulo, Mestre Jou, 1974. p. 81-2.

A medicina, a arquitetura e a engenharia foram utilizadas e estimuladas pelo poder central – tanto pelo faraó quanto pelos sacerdotes. Também foram incorporadas as demais áreas refinadas do saber, cujos técnicos e artistas atuavam como verdadeiros funcionários do Estado. Do desenvolvimento da astronomia egípcia nasceu um calendário solar composto de doze meses, cada um com trinta dias. E, para o desenvolvimento da engenharia e da arquitetura, além das obras hidráulicas, como diques e canais, a construção de templos e pirâmides foi de fundamental importância.

Quase sempre voltada para os deuses, para o faraó e para a corte, a pintura egípcia distinguia-se pela ausência de perspectiva e a escultura, muitas vezes monumental, pela rigidez. Na literatura, cultivavam-se a poesia, a filosofia e a medicina, destacando-se o "Hino ao Sol", feito por Amenófis IV.

O Egito antigo desenvolveu três tipos de escrita: a sagrada, chamada escrita **hieroglífica**, inventada no período pré-dinástico, e que possuía mais de seiscentos sinais; a **hierática**, mais usada para documentos e uma forma mais simples e derivada da anterior; e a **demótica**, a popular, nascida bem mais tarde e que é uma simplificação da hierática, com cerca de 350 sinais.

A decifração destas escritas coube ao francês **Champollion**, que utilizou uma pedra encontrada na região de Roseta por um soldado de Napoleão Bonaparte, em 1799. Com seus trabalhos iniciou-se a egiptologia, produzindo conhecimentos cada vez mais aprofundados do Egito antigo.

Foi na expedição militar de Napoleão ao Egito que um jovem oficial de engenharia (Bouchard) encontrou, a 70 quilômetros de Alexandria, em Roseta, uma pedra (foto) que continha inscrições em diferentes idiomas: grega, hieroglífica e demótica.

AS CIVILIZAÇÕES DA MESOPOTÂMIA

A Mesopotâmia – nome dado pelos gregos e que significa "terra entre dois rios" – compreendia os vales e planícies irrigados pelos rios Tigre e Eufrates, onde hoje é o território do Iraque e terras próximas. Inserida na área do Crescente Fértil, a Mesopotâmia estendia-se desde os montes Zagros no Irã, a leste, até os desertos da Arábia, a oeste, contando com os rios que desciam das montanhas em direção ao golfo Pérsico.

A parte norte, na **Alta Mesopotâmia**, era mais montanhosa, desértica e menos fértil, enquanto o centro e o sul do vale entre os rios Tigre e Eufrates, onde se encontram a **Média** e a **Baixa Mesopotâmia**, eram constituídas de planícies muito férteis. Descobertas arqueológicas revelam que a sedentarização das comunidades humanas na Média e Baixa Mesopotâmia ocorreu durante a transição do Paleolítico para o Neolítico, por volta de 10000 a.C., e não são poucos os especialistas que defendem a precedência das grandes organizações civilizadas da região a qualquer outra do mundo.

O surgimento dos primeiros grandes núcleos urbanos na região foi acompanhado do desenvolvimento de um complexo sistema hidráulico que favorecia a utilização dos pântanos, evitava inundações e garantia o armazenamento de água para os períodos de seca. Admite-se, ante o sucesso do desenvolvimento das atividades produtivas mesopotâmicas, que perto de 4 000 a.C. algumas cidades cresceram tanto a ponto de reunir mais de dez mil habitantes, a exemplo de Uruk. As cidades, além de viabilizarem a sobrevivência na região, propiciaram a defesa militar, a centralização da autoridade e do controle sobre a população. As mesmas muralhas que defendiam a cidade serviam também para o comando e domínio de toda a população urbana.

Observando o Egito e a Mesopotâmia, sobressaem algumas similaridades comuns às duas regiões, como a aridez do clima e a fertilidade favorecida pelos rios. Porém o lado, acesso à Mesopotâmia por povos nômades era mais fácil que ao vale do Nilo. De certa forma, a imensidão do deserto que envolve o Egito serviu de proteção natural contra os invasores. Na Mesopotâmia, as invasões foram constantes e sucessivas, imprimindo uma marca diferenciada do seu desenvolvimento ao longo da Antiguidade.

Além disso, em função do relevo que os envolve, os rios Tigre e Eufrates correm de noroeste para sudeste, num sentido oposto ao do rio Nilo, sendo as enchentes da Mesopotâmia muito mais violentas e sem a uniformidade e a regularidade apresentadas por ele.

Sumerianos e acadianos (antes de 2000 a.C.)

No final do período Neolítico, os povos **sumerianos**, vindos do planalto do Irã, fixaram-se na Caldeia (Média e Baixa Mesopotâmia) e fundaram diversas cidades autônomas, verdadeiros estados independentes, como Ur, Uruk, Nipur e Lagash. Cada uma delas era governada por um **patesi**, supremo-sacerdote e chefe militar absoluto. Acompanhado dos sacerdotes e burocratas, o patesi controlava a construção de diques, canais de irrigação, templos e celeiros, impondo e administrando os tributos a que toda a população estava sujeita.

Os deuses eram considerados os proprietários de todas as terras, a quem os homens sempre deviam servir, sendo as cidades suas moradas terrenas. Junto aos templos das cidades, homenageando o seu deus patrono, não raramente eram erigidos **zigurates**, pirâmides de tijolos maciços que serviam de santuários e acesso dos deuses quando desciam até seu povo. Diversamente do Egito, os governantes mesopotâmicos, salvo raras exceções e mesmo assim só depois de mortos, não eram tidos como deuses e sim seus intermediários e representantes.

Empreendedores e criativos, os sumérios estabeleceram relações comerciais com vários povos da costa do Mediterrâneo e do vale do Indo. Inventaram a escrita **cuneiforme** (caracteres em forma de cunha), que foi utilizada por todas as civilizações da Mesopotâmia e povos vizinhos.

Enquanto as cidades-Estados sumerianas viviam constantemente em guerra pela supremacia na região, produzindo hegemonias sucessivas, os **acadianos**, povos de origem semita, ocupavam a região central da Mesopotâmia. Por volta de 2300 a.C., o rei acadiano **Sargão I** unificou politicamente o centro e o sul da Mesopotâmia, dominando os sumerianos e tornando-se conhecido como o "soberano dos quatro cantos da terra". Ao mesmo tempo, o Império Acadiano incorporou a cultura sumeriana, com destaque para os registros da nova língua semítica em caracteres cuneiformes.

Devido às diversas revoltas internas e à continuação de invasões estrangeiras, o Império Acadiano acabou se enfraquecendo e desapareceu – isto ao redor de 2 100 a.C. –, permitindo o breve reerguimento de algumas das cidades-Estados sumerianas, como Ur.

O Primeiro Império Babilônico (2000 a.C. - 1750 a.C.)

Entre os invasores que destruíram o Império Acadiano destacam-se os **amoritas**. Vindos do deserto da Arábia, impuseram seu domínio na Mesopotâmia, partindo de sua cidade principal, chamada Babilônia. As disputas entre ela e as demais cidades-Estados mesopotâmicas, além de outras ondas invasoras, resultaram numa luta quase ininterrupta até o início do século XVIII a.C, quando **Hamurábi**, rei da Babilônia, realizou a completa unificação, conseguindo dominar toda a região, desde a Assíria, na Alta Mesopotâmia, até a Caldeia, no sul, fundando o Primeiro Império Babilônico.

Rapidamente, a capital babilônica transformou-se num dos principais centros urbanos da Antiguidade, sediando um poderoso império e convertendo-se no eixo cultural e econômico da região do Crescente Fértil. Hamurábi também foi importante por elaborar um código de leis completo, tido como um dos mais antigos de que se tem notícia, assentado nas tradições sumerianas.

O **Código de Hamurábi** apresenta uma diversidade de procedimentos jurídicos e determinação de penas para uma vasta gama de crimes, partindo, a maior parte delas, do princípio "olho por olho, dente por dente". O Código de Hamurábi decorria da Lei de Talião, que preconizava que as punições fossem idênticas ao delito cometido.

O Código abarca praticamente todos os aspectos da vida babilônica, passando pelo comércio, propriedade, herança, direitos da mulher, família, adultério, falsas acusações e escravidão. As punições variavam de acordo com a posição social da vítima e do infrator.

"Hamurábi exorta o juiz a ser imparcial. O falso testemunho era severamente castigado.

Quando se acusava alguém de homicídio ou de magia, o acusado deveria dar provas de sua inocência submetendo-se à experiência da água (nesta prova o réu era atirado ao rio) e, se não sobrevivesse, estaria cumprida a sentença.

Segundo as leis de Hamurábi, os ladrões e seus colaboradores pagariam seus feitos com a vida na maior parte dos casos, às vezes eram cortadas suas mãos e em outras era exigida uma indenização que não excederia 30 vezes o valor dos bens roubados. Aquele que acusava falsamente alguém de haver participado em um roubo devia ser entregue à morte.

'Se alguém penetra com violência em uma casa, deve morrer e seu corpo ser enterrado no lugar da violência.'

'Se se declara fogo em uma casa e um dos que ajudam a apagar o incêndio olha com cobiça o que possui o proprietário da casa e toma alguma coisa, deve ser jogado ao fogo'.

Um soldado que não cumpre seu dever e retrocede diante do inimigo devia ser condenado à morte, e aquele que o denuncia podia apropriar-se da casa do covarde. No Direito sumério, o matrimônio era considerado, todavia, como 'a compra de uma mulher'. Hamurábi disse do ladrão de mulheres: 'Se um leva a filha de outro pela força, contra a vontade do pai e da mãe, e tem trato com a vítima, o ladrão deve ser condenado à morte por ordem dos deuses'.

'A esposa que odeia seu marido e diz: Tu não és meu marido, deve ser lançada ao rio com pés e mãos amarrados ou ser jogada do alto da torre do recinto.'

A poligamia era tolerada até certo ponto: cada homem podia ter uma segunda esposa quando a primeira não lhe dava filhos."

GRIMBERG, Carl. História Universal Daimon. Vol. 1. p. 244.

Essa estela (pilar de pedra) do Código de Hamurábi possui uma inscrição com 3 600 linhas em caracteres cuneiformes. Foi encontrada por arqueólogos em 1901, na cidade de Susa, e acha-se atualmente no Museu do Louvre, em Paris.

Hamurábi também empreendeu uma ampla reforma religiosa, transformando o deus Marduk, da Babilônia, no principal deus da Mesopotâmia, mesmo mantendo as antigas divindades. A Marduk foi levantado um templo junto ao qual foi erguido o zigurate de Babel, citado pelo Livro do Gênesis (Bíblia) como uma torre para se chegar ao céu.

Após a morte de Hamurábi, o império entrou em decadência principalmente por causa das rebeliões internas e novas ondas de invasões, como a dos hititas e a dos cassitas. A desorganização do Império Babilônico promoveu o surgimento de vários reinos menores rivais, propiciando a ascensão dos assírios, a partir de 1300 a.C.

O Império Assírio (1300 a.C.- 612 a.C.)

Os assírios fixaram-se no norte da Mesopotâmia por volta de 2500 a.C., fazendo da cidade de **Assur** – nome de sua principal divindade – a sua capital. Ocupavam as margens do rio Tigre e as montanhas próximas, onde era abundante a madeira e várias riquezas minerais, como o cobre e o ferro, sobrevivendo graças às atividades agropastoris e à caça. Aos poucos, edificaram um forte Estado militarizado, contando com cavalos, carros de guerra e armas de ferro; armamentos bem superiores aos dos vizinhos, os quais foram submetidos ao seu domínio. Nesse primeiro avanço expansionista, os assírios conquistaram várias regiões vizinhas, incluindo a Média Mesopotâmia e boa parte da Síria e da Palestina.

O predomínio social entre os assírios cabia a uma aristocracia sacerdotal e militar que sujeitava toda a massa camponesa, a qual era obrigada ao pagamento de tributos em cereais, metais, gado e a prestar serviços gratuitos ao Estado. Com a crescente expansão e militarização da sociedade assíria, a produção e os serviços públicos acabaram ficando a cargo das populações vencidas, transformadas em escravos, e grande parte dos lavradores e artesãos assírios passou a compor o exército.

Os assírios ficaram famosos pela crueldade com que tratavam os vencidos, não sendo raro o esfolamento vivo nas pedras. Cortavam orelhas, órgãos genitais e narizes daqueles que ousassem ameaçar seu domínio, buscando a total intimidação dos conquistados. Durante o reinado de Sargão II, os assírios conquistaram o reino de Israel e, no de Tiglatfalasar, tomaram a cidade da Babilônia. Durante o século VII a.C., sobretudo nos reinados de Senaqueribe (705 a.C. - 681 a.C.) e de **Assurbanipal** (668 a.C. - 631 a.C.), o Império Assírio atingiu seu apogeu, dominando uma área que se estendia do golfo Pérsico à Ásia Menor e do Tigre até o Egito.

Com Senaqueribe, a capital foi transferida de Assur para **Nínive** e, sob Assurbanipal, foram realizadas as últimas grandes conquistas assírias, incluindo a do Egito. Assurbanipal, além de grande guerreiro, era um entusiasta da ciência e literatura, o que explica a criação de uma grande biblioteca na nova capital assíria. A Biblioteca de Nínive reuniu um amplo acervo cultural de toda a região, formada por dezenas de milhares de tijolos de argila.

"A partir da época de Hamurábi, certos templos passaram a organizar bibliotecas, em que as tabuinhas, cuidadosamente classificadas segundo o gênero e a obra, empilhavam-se em cestos dotados de uma etiqueta de argila, de acordo com um processo igualmente utilizado para a classificação e conservação dos arquivos.

Soberanos houve que agiram de modo semelhante em seus palácios. Mas nenhum dedicou a esta atividade tanta energia sistemática como Assurbanipal, que afirmava ter recebido dos deuses 'toda a ciência da escrita'. Ordenava a seus funcionários que procurassem e enviassem ao palácio os originais, ou pelo menos cópias, de todos os textos rituais, religiosos, mágicos, astronômi-

A ANTIGUIDADE ORIENTAL

cos, históricos, etc. Suas circulares concluíam a enumeração por conselhos do seguinte tipo, dirigido a seu representante em Borsipa, na Caldeia: 'E se existir alguma tabuinha e texto ritual, a cujo respeito não te instruí, mas que tu achares bom para o meu palácio, seleciona, toma, e envia-nos'. Os arqueólogos ingleses puderam, assim, descobrir, nas ruínas de Nínive, milhares de tabuinhas que constituem, atualmente, uma das principais riquezas do British Museum."

AYMARD, André e AUBOYER, Jeannine. O Oriente e a Grécia antiga. In CROUZET, Maurice. História geral das civilizações. Vol. 1, São Paulo, Difel, 1972. p. 159.

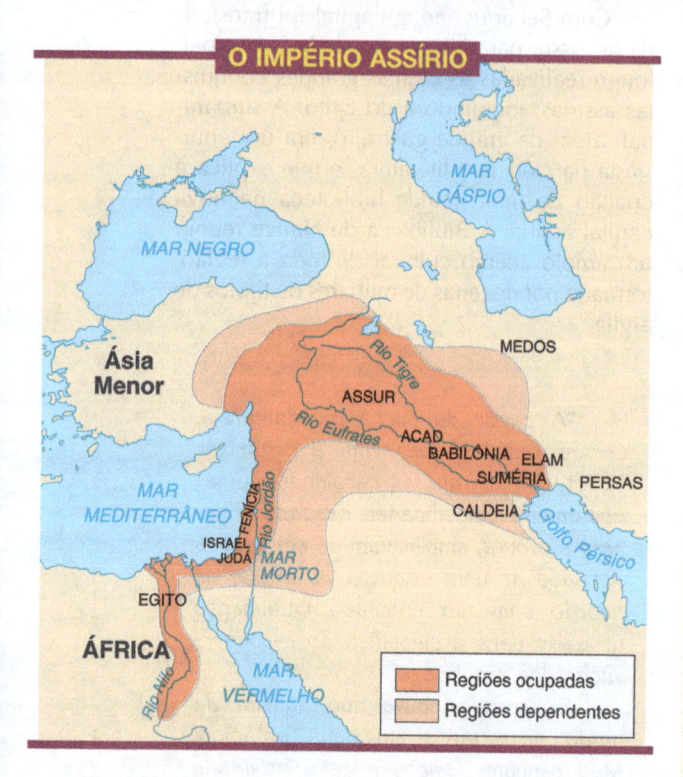

O Segundo Império Babilônico (612 a.C. - 539 a.C.)

Os caldeus, povo de origem semita, derrotaram os assírios e fizeram da Babilônia novamente a capital da Mesopotâmia. Assim nasceu o Império Neobabilônico, mais grandioso que o de Hamurábi, e mais de mil anos depois.

Durante o reinado de **Nabucodonosor** (604 a.C. - 561 a.C.), o Segundo Império Babilônico viveu o seu apogeu. Foi a época das grandes construções públicas, como os templos para vários deuses, especialmente o de Marduk, as grandes muralhas da cidade e os palácios, a exemplo dos "Jardins Suspensos da Babilônia", considerados pelos gregos uma das maiores "maravilhas do mundo".

Nabucodonosor também expandiu seu império, dominando boa parte da Fenícia, Síria e Palestina, e escravizando os habitantes do reino de Judá, que foram transferidos como escravos para a capital ("Cativeiro da Babilônia").

O IMPÉRIO ASSÍRIO

Após a morte de Assurbanipal (631 a.C.), o Império Assírio declinou rapidamente, graças às revoltas dos povos dominados, sucumbindo definitivamente em 612 a.C. Nesta data, Nabopolassar, rei dos caldeus, e com ajuda dos medos, seus vizinhos, destruíram Nínive e todo o Império Assírio, inaugurando o Segundo Império Babilônico.

Nabucodonosor e a bela Semíramis

"O grande rei tinha esposado uma princesa da Média e desejava oferecer-lhe um cenário que lembrasse as florações e folhagens de seu país natal. Que sublime atenção tão terna...

A tradição queria que estes jardins fossem obra de Semíramis, a ilustre rainha que artistas e escritores exaltaram, cada qual mais e, entre eles, Paul Valéry:

Sobe, ó Semíramis, senhora de uma
　　　　　　　　　　　　[espiral
Que de um coração sem amor se lança
　　　　　　　　　　　　[apenas à fama!
Tua visão imperial tem sede do imenso
　　　　　　　　　　　　[império
A que teu cetro firme faz sentir a
　　　　　　　　　　　　[felicidade...

> Basta o nome de Semíramis para libertar visões feéricas. Exaltou-se seu poderio, sua beleza, mas toda a imaginação sedutora apoia-se apenas em relatos de historiadores antigos que colheram, eles próprios, lendas forjadas séculos antes. Os arqueólogos, que tão frequentemente suprem as lacunas das fontes escritas, intervieram e projetaram algumas luzes na penumbra dourada que envolvia a ilustre rainha. A decifração dos escritos cuneiformes permitiu obter precisões – pouco numerosas, em verdade. Estabeleceu-se que o nome de Semíramis era a transcrição, em grego, do de uma rainha assíria: Sammu-Ramat, esposa de um rei que governou de 823 a 810 a.C. Assim, a fundação da Babilônia por Semíramis, embora seja tradição tenaz, deve ser relegada à condição das belas lendas. Esta fundação se perde, com efeito, na noite dos tempos, como provou a arqueologia."
>
> EYDOUX, Henri-Paul. À procura dos mundos perdidos. As grandes descobertas arqueológicas. São Paulo, Melhoramentos/Edusp, 1973. p. 57-8.

Ruínas do palácio de Nabucodonosor e provável parte dos jardins suspensos da Babilônia.

O Segundo Império Babilônico não sobreviveu por muito tempo à morte de Nabucodonosor, sendo conquistado em 539 a.C. pelo rei persa Ciro I. A partir daí, a Mesopotâmia e seus domínios passaram a pertencer ao Império Persa.

Economia, sociedade e cultura da Mesopotâmia

A estrutura produtiva mesopotâmica, tal como a do Egito, inseria-se no **modo de produção asiático**, tendo a agricultura como atividade principal e a população submetida ao sistema de servidão coletiva. A unidade econômica da cidade-Estado ou do império dependia do templo, eixo da religião, e dos sacerdotes, que atuavam como elo entre a população e a autoridade política, o patesi ou o imperador. Como as terras pertenciam aos deuses, os seus representantes (políticos e religiosos) administravam essas terras e dominavam camponeses, artesãos (padeiros, oleiros, tecelões, ferreiros, etc.), soldados e serviçais menores, obrigados a produzir, defender e a trabalhar nas obras públicas.

Uma aristocracia de governantes, sacerdotes e funcionários públicos, através do Estado, controlava a construção de reservatórios de água, diques, canais de irrigação, estradas e depósitos de alimentos, além de impor tributos sobre quase tudo o que era produzido. Também contava com a mão de obra escrava, constituída dos vencidos nas guerras. Nos celeiros públicos, conhecidos os estoques, definia-se o critério de distribuição dos excedentes agrícolas obtidos da população.

O artesanato e o comércio mesopotâmicos atingiram um alto grau de desenvolvimento, com seus negociantes organizando caravanas que iam da Arábia à Índia, buscando ou levando produtos, como lã, tecidos, cevada e minerais, entre outras mercadorias. Quando utilizavam os rios Tigre e Eufrates ou o mar, alcançado através do Golfo Persico, frequentemente contavam com navios tripulados por marinheiros fenícios. A intensidade das atividades econômicas da Mesopotâmia chegou a transformar muitas de suas cidades em grandes entrepostos comerciais, destacando-se, especialmente, a Babilônia.

A estrutura social mesopotâmica também assemelhava-se à do Egito, tendo no topo uma pequena elite poderosa, concentradora de privilégios e da força, sustentada pela esmagadora maioria da população submetida à servidão imposta por um governo despótico e teocrático.

A cultura mesopotâmica descendia, em grande parte, dos sumérios, destacando-se especialmente a escrita cuneiforme, decifrada pelos estudiosos Grotefend e Rawlison.

A decifração da escrita cuneiforme

"(...) Foi um alemão, Georg Friederich Grotefend, quem, com genial intuição, lançou as bases com que ela seria decifrada. Estudava Filologia em Göttingen quando, partindo especialmente de inscrições copiadas em 1765 em Persépole, pelo alemão Niebuhr, formulou os princípios da decifração e apresentou os resultados à Academia de Göttingen, em 1802.

As pesquisas que Grotefend empreendera e que tinham sido acolhidas, de início, com algum ceticismo, foram a seguir retomadas por diferentes especialistas, entre os quais se destaca o inglês Henry Creswicke Rawlison. Nascido em 1810, fora enviado como cadete à Índia, depois ao Irã, com uma missão britânica, encarregado de organizar as tropas do Xá. Começou, então, a interessar-se pelas escritas cuneiformes, empenhando-se em copiar a célebre inscrição que se encontra no baixo relevo de Dario I, chamado Beistum, próximo do lugarejo de Bisotum.

Este local se encontra em território irânico, a uns 50 km a leste de Kernanchá, no caminho que unia outrora Babilônia e Ecbátana e que constitui, hoje em dia, a grande estrada de Bagdá a Teerã. É um estreito vale entre as montanhas do Curdistão, e os conquistadores a utilizaram cuidando de marcar sua passagem. Dario quisera ser glorificado num cenário à altura de seu poderio e orgulho: uma enorme parede de rocha sobre a qual, a mais de 60 m de altura, desenrola-se um baixo-relevo representando seu triunfo contra um usurpador e príncipes rebeldes. Para sublinhar a cena, corre uma grande inscrição trilíngue: em velho persa, em neobabilônico e em neo-elamita.

Não temos o intuito de dar um curso de línguas. Seja suficiente dizer que Rawlison, realizando verdadeira proeza esportiva, conseguiu, com perigo de vida, copiar a inscrição e depois decifrá-la. Em 1846 publicava, sob os auspícios da Royal Asiatic Society, um livro de grande valor: A inscrição pérsica cuneiforme de Beistum, decifrada e traduzida pelo Major H. C. Rawlison."

EYDOUX, Henri-Paul. À procura dos mundos perdidos. p. 46-7.

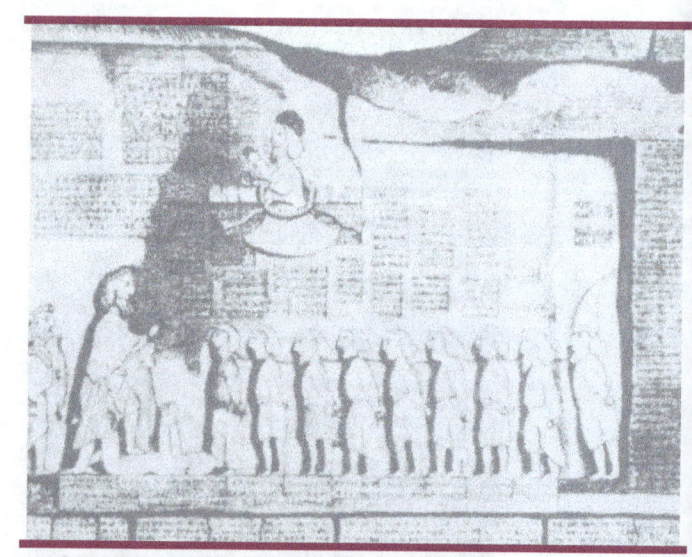

Usada pelos mesopotâmicos e por vários povos vizinhos, a escrita cuneiforme foi uma das mais importantes do mundo antigo. Composta de vogais e consoantes, era grafada da esquerda para a direita. O rei persa, Dario, deixou em Beistum a base para sua decifração. Acima, desenho de Rawlison.

A religião mesopotâmica, de herança sumeriana e ampliada por seus sucessores, tinha inúmeros deuses que representavam fenômenos da natureza (atualmente são conhecidos cerca de três mil) e era vista como meio de obter recompensas terrenas imediatas, pois, ao contrário dos egípcios, os mesopotâmicos não acreditavam na vida após a morte. Mesmo assim, na Assíria e na Babilônia, a religião evoluiu para a crença de que os mortos deveriam receber boas sepulturas, para nunca abandonarem seu mundo de sombras. Do contrário, eles achavam que a alma não encontraria paz e ficaria vagando pela terra e sofrendo eternamente e provocando desgraças. Para alcançar as vantagens terrenas, os mesopotâmicos submetiam-se aos rituais religiosos, comandados pelos sacerdotes, os quais faziam dos templos o centro de toda religiosidade. Estes templos podiam abrigar também o celeiro e as oficinas, integrando, inclusive, a torre do zigurate.

Construída por Nabucodonosor, a Porta de Ishtar (deusa do amor e da guerra na mitologia mesopotâmica) era a mais grandiosa das oito portas que permitiam entrar na cidade da Babilônia.

Os mesopotâmicos sobressaíram-se nas ciências, na arquitetura e na literatura. Observando o céu, especialmente a partir de suas torres e buscando decifrar a vontade dos deuses, os sacerdotes desenvolveram a astrologia e a astronomia, conseguindo atingir um amplo conhecimento sobre fenômenos celestes, como o movimento de planetas e estrelas e a previsão de eclipses.

Aprimorando os conhecimentos de astronomia, avançaram no domínio da matemática, que também servia às necessidades da vida econômica. Foram os inventores da álgebra, desenvolvendo cálculos de divisão e multiplicação, incluindo a criação da raiz quadrada e da raiz cúbica. Também dividiram o círculo em 360 graus e criaram um calendário com o ano de doze meses, divididos em semanas de sete dias e estes, em períodos de doze horas.

Na arquitetura, os mesopotâmicos foram inovadores com a aplicação de arcos; na escultura e pintura, enfatizaram a estatuária e elaboração dos baixos-relevos com sentido decorativo, especialmente para templos e palácios.

Na literatura, constituída principalmente de poemas e narrativas épicas, destacam-se duas obras sumerianas, a *Epopeia de Gilgamés*, a mais antiga narrativa sobre o dilúvio, e o Mito da Criação.

Na primeira, Gilgamés é apresentado como um rei de Uruk que busca a imortalidade, acompanhado em suas aventuras por Enkidu. Em uma de suas passagens, o poema assemelha-se intensamente à posterior descrição do dilúvio no Antigo Testamento, não deixando dúvida de que os autores do Gênesis ali se inspiraram. No poema sumério, o herói é Utanapishtim, enquanto no Gênesis é Noé:

*"Quando chegou o sétimo dia, soltei um [pombo.
O pombo partiu, mas regressou em [seguida;
deu um voo curto pois não encontrou [lugar seguro para pousar.
Depois soltei uma andorinha.
A andorinha partiu, mas logo regressou.
Mandei soltar um corvo que,
vendo que as águas tinham descido,
come, descreve um círculo e não [regressa."*

Já o Mito da Criação, narra a origem do mundo através do mito do Marduk, deus da Babilônia, que criara o céu e a terra, os astros e o homem para servir aos deuses. Vale destacar também, como grande marco da história do Direito, o Código de Hamurábi.

Não são poucas as citações bíblicas que se assemelham aos escritos mesopotâmicos.

"E a Torre de Babel? A Bíblia – e, mais precisamente, o Gênesis – nos familiarizou com ela, sem todavia nos fornecer dados precisos: os descendentes de Noé desejavam elevar-se para atingir o céu; Deus, porém, aniquilou suas ambições insensatas, lançando confusão em suas línguas. Deve-se ver um protótipo da ilustre torre no zigurate (esta torre em andares tão característica da arquitetura mesopotâmica) que se elevava a algumas centenas de metros do templo de Ishtar, bem no coração da cidade. [...]

A arqueologia não pode trazer esclarecimentos sobre a famosa torre, com exceção da descoberta de uma tabuinha dando suas dimensões. Mas Heródoto deixou uma descrição do Etemenaqui, 'a casa do alicerce do Céu e da Terra', e é preciso tomar suas palavras como dinheiro contado. Sobre uma base de 91 m de lado, ela elevava seus sete andares em recuo a 90 m de altura; uma escadaria de um só lance permitia o acesso ao segundo terraço, e por outras escadarias colocadas tanto no exterior quanto no interior atingia-se o cume, onde se encontrava a elevada moradia de Marduk, o deus da cidade. A massa da torre se constituía de tijolos cozidos. É graças a esta descrição antiga que numerosos artistas representaram a Torre de Babel."

EYDOUX, Henri-Paul. À procura dos mundos perdidos. p. 58.

A CIVILIZAÇÃO DOS HEBREUS

A civilização hebraica desenvolveu-se na antiga Palestina, correspondendo a uma região cercada pela Síria, pela Fenícia e pelos desertos da Arábia. Seu território era cortado pelo rio Jordão, cujo vale constituía a área mais fértil e favorável à prática agrícola e à sedentarização de sua população. O restante da Palestina, ao contrário, era formado por colinas e montanhas, de solo pobre e seco, e ocupado por grupos nômades dedicados ao pastoreio.

A REGIÃO DA PALESTINA

As tribos hebraicas chegaram antes de 2000 a.C. à Palestina, conhecida há muito como terra de Canaã devido aos seus primeiros habitantes, os cananeus. Tanto estes como os hebreus eram de origem semita, denominação moderna dos descendentes de Sem, mencionado no Antigo Testamento como o filho primogênito de Noé e tido como o remoto antepassado dos hebreus (hebreu também significa "povo do outro lado").

A principal fonte da história hebraica é a **Bíblia**, pois em sua primeira parte, o Antigo Testamento, são apresentados não apenas elementos morais e jurídicos dos hebreus como também seus valores religiosos e narrativas históricas, muitas delas confirmadas pelas pesquisas arqueológicas. Esta simbiose entre seu desenvolvimento histórico e religioso explica por que seus principais personagens e feitos estão sempre envoltos pelo sagrado e sobrenatural.

A Era dos Patriarcas

As tribos semitas, no início da história hebraica, distribuíam-se entre a Síria oriental e a Mesopotâmia, empreendendo inúmeras guerras pela conquista territorial e para obtenção de escravos e mulheres. Quando um desses grupos semitas, os hebreus, chegou à Palestina, teve início a disputa pelo domínio da região, originando prolongados conflitos contra os cananeus e os filisteus, dos quais os hebreus saíram vitoriosos.

Os hebreus, estabelecidos na Palestina, organizaram-se em grupos familiares patriarcais, seminômades, iniciando o desenvolvimento das atividades agrícolas e pastoris. O primeiro grande líder hebreu, segundo o Antigo Testamento, foi **Abraão**, mesopotâmico originário da cidade de Ur, na Caldeia, considerado o **primeiro patriarca** hebreu. Dirigindo-se à Palestina, Abraão anunciava uma nova cultura religiosa, monoteísta, que mais tarde cimentaria a unidade dos hebreus; estes acreditavam que Abraão recebera de Jeová (Iavé, deus dos hebreus) a promessa de uma terra para ele e seus descendentes, onde haveria de correr "leite e mel".

Na narração bíblica, depois de Abraão, as tribos hebraicas foram lideradas pelos patriarcas Isaac e Jacó (ou Israel), sendo que este último deixou doze descendentes que deram origem às doze tribos de Israel. A seguir, devido aos diversos conflitos contra vizinhos e às dificuldades econômicas, muitos hebreus acabaram abandonando a Palestina, dirigindo-se para o Egito, onde permaneceram por mais de quatrocentos anos. Ao que parece, o faraó franqueava às tribos hebraicas as regiões próximas ao delta do Nilo, ricas para as pastagens, buscando obter produção agrícola e criar uma barreira defensiva contra as agressivas tribos beduínas próximas.

Os hebreus viveram por muito tempo associados ao Estado egípcio até que, em razão de uma política xenófoba dos faraós, acabaram sendo escravizados. A resistência hebraica à escravidão encontrou força na identidade religiosa monoteísta. Para poderem se libertar da opressão egípcia, os hebreus empreenderam o **Êxodo**, liderados por **Moisés**, e, após perambularem durante quarenta anos pelo deserto, retornaram à Palestina. Durante a permanência no deserto, conforme conta a Bíblia, Moisés recebeu de Deus, no monte Sinai, os Dez Mandamentos, conjunto de determinações para a vida que os hebreus deveriam seguir. Dessa forma, Moisés avançava na unidade e coesão do povo israelita, acrescentando à sua chefia religiosa, política e militar a autoridade jurídica. Com **Josué**, sucessor de Moisés, os hebreus conseguiram alcançar a Palestina, reativando as antigas disputas territoriais da região.

Somente a ideia de eleito e desejoso da libertação poderia consolar um povo abatido e reduzido à servidão. À escravidão egípcia, seguiriam outras duras provas ao povo israelita ao longo de sua evolução histórica, fazendo da religião um importante fundamento da coesão cultural nacional. Desde as primeiras leis estavam abertos os caminhos para esta evolução.

"Desde o início, a originalidade de Israel consiste em integrar, mais do que qualquer outro povo, a moral na sua lei, e esta na sua religião: entre os israelitas, o teólogo está inteiramente ligado ao legista e ao moralista. Assim, discernimos a Aliança em todas as partes. Mas a evolução da Lei apresenta também, necessariamente, o reflexo da organização social, bem como das reações, suscitadas pelas suas transformações. A evolução realizou-se de fato e o conjunto das prescrições divinas que constituem a Lei (Torá) é formado por diversas contribuições, sem que se consiga um acordo para ventilá-las e datá-las uma a uma. Contentar-nos-emos, assim, com as linhas gerais.

As influências estrangeiras, principalmente babilônicas, não são passíveis de dúvida: comparado com outros direitos orientais, o próprio Decálogo de Moisés é muito jovem. A Lei antiga, da mesma forma, sofreu a influência da organização tribal. O círculo certamente acabou por estender-se à nação. Mas ela continuou a ser a lei de um povo, cujos infortúnios a inclinaram até os limites da xenofobia. Por exemplo, por mais que haja ampliado o horizonte de Iavé, os casamentos exteriores permaneceram interditos; ou, da mesma forma, continuou condenado entre compatriotas o empréstimo a juros; ou, ainda, a escravatura de um estrangeiro é ilimitada, ao passo que a de um israelita deve chegar ao fim, no máximo no começo do sétimo ano."

AYMARD, André e AUBOYER, Jeannine. O Oriente e a Grécia antiga. In CROUZET, Maurice. História geral das civilizações. Vol. 2, Difel, 1971. p. 54.

A Era dos Juízes

Com Josué, os hebreus conquistaram a cidade de Jericó, na Palestina, e, dada a organização em tribos politicamente independentes, mas não completamente coesas, apesar da identidade religiosa, linguística e de costumes, seguiu-se uma grande dificuldade para a conquista do restante do território palestino. Mesmo assim, para enfrentar os guerreiros filisteus que ocupavam o litoral, nomearam os **juízes**, líderes militares indicados pelas tribos. Entre esses chefes temporários, escolhidos para fazer frente a uma dificuldade comum, destacaram-se Gideão, Sansão, Gefté e Samuel.

Samuel buscou pôr fim às divergências tribais, visando à unidade política entre as doze tribos, o que só se concretizou com o seu sucessor.

A Era dos Reis

Dada a séria ameaça de os hebreus caírem sob o jugo filisteu, as tribos hebraicas instituíram a monarquia sob o comando de **Saul**, da tribo de Benjamim. Entretanto, o primeiro rei não teve sucesso no enfrentamento contra os inimigos e, vencido, suicidou-se.

No século XI a.C., o sucessor de Saul, **Davi**, conseguiu reverter o quadro militar, vencendo definitivamente os inimigos e, assim, inaugurando a fase mais brilhante e poderosa da história hebraica. O Estado israelita, forte e estável, foi dotado de um exército permanente e de uma organização burocrática, tendo a cidade de Jerusalém como capital. Davi ainda expandiu as fronteiras do reino, conquistando as terras a leste do rio Jordão e parte da Síria.

Durante o governo de **Salomão** (século X a.C.), o Reino Hebraico conheceu o apogeu, transformando-se numa das grandes monarquias orientais, ampliando suas atividades comerciais e empreendendo a construção de diversas obras públicas, como o Templo de Jerusalém, dedicado a Jeová. Esta época foi de singular opulência e grandiosidade, cujos exageros envolveram desde a economia e cultura até o cotidiano familiar. Um exemplo vem do próprio Salomão, que, segundo a Bíblia, desposou setecentas princesas e ainda possuiu trezentas concubinas.

O gigante Golias é derrotado por Davi.

Dada a excepcional localização do seu reino e a aliança com os fenícios, que dominavam o comércio marítimo, Salomão pôde controlar as grandes rotas terrestres do comércio oriental. Contava também com a debilidade momentânea da Mesopotâmia e do Egito, incapazes de cercear o seu desenvolvimento econômico.

Contudo, a cobrança de pesados impostos e o trabalho dos camponeses nas grandes obras públicas semearam o descontentamento, que, com a morte de Salomão, agravou e ativou a disputa entre as tribos pela sucessão do monarca. O herdeiro e sucessor de Salomão, **Roboão**, não conseguiu manter a unidade do reino hebraico: as dez tribos do Norte, lideradas por **Jeroboão**, separaram-se e fundaram o **Reino de Israel**, estabelecendo sua capital em Samaria. Apenas as duas tribos do Sul continuaram fiéis a Roboão e constituíram o **Reino de Judá**, com capital em Jerusalém. Esta divisão, ocorrida em 926 a.C., corresponde ao **Cisma hebraico**, que fragilizou os hebreus diante de outros povos expansionistas.

A ANTIGUIDADE ORIENTAL

As divergências entre os hebreus, seguidas de intrigas palacianas, rebeliões militares e assassinatos, facilitaram a decadência e a conquista estrangeira. No século VIII a.C, Sargão II, rei dos assírios, conquistou Israel. O Reino de Judá só conseguiu escapar do mesmo destino devido a sua localização geográfica. Entretanto, a independência de Judá durou apenas algum tempo, pois, no século VI a.C., Nabucodonosor, imperador da Mesopotâmia, tomou e saqueou Jerusalém, levando os sobreviventes como cativos para a Babilônia.

Quando, em 539 a.C., Ciro I da Pérsia conquistou a Babilônia, os hebreus foram libertados e retornaram à Palestina, reconstruindo o Estado hebraico na região de Judá, porém subordinado ao Império Persa.

Mais tarde, a Palestina foi conquistada pelos greco-macedônicos e pelos romanos, que submeteram os hebreus a enormes tributos e violenta opressão, dando origem a diversas revoltas na região e promovendo a migração dos judeus para outras regiões. Em 70 d.C., durante o governo do imperador Tito, a cidade de Jerusalém foi destruída e os hebreus completaram sua dispersão, abandonando a Palestina. Esta saída dos hebreus da Palestina é chamada de **Diáspora**. No século II d.C., o governo romano chegou até mesmo a proibir o retorno dos judeus à "Terra Prometida".

Somente em 1948, os judeus voltaram a se reunir num Estado autônomo, a partir de uma determinação da Organização das Nações Unidas (ONU) que criou o **Estado de Israel**. Esta decisão, contudo, originou novos conflitos na região, pois, após a diáspora, outros povos, principalmente os de origem árabe, ocuparam a Palestina e áreas vizinhas. A oposição dos árabes à existência do Estado de Israel, somada às ingerências de outros países com interesses no Oriente Médio, resultou em sucessivos e sérios conflitos. Somente nos anos 90 do século XX é que começaram a viabilizar-se entendimentos, como reconhecimentos diplomáticos mútuos e outros acordos, embora sem eliminar completamente as ações extremistas.

Na foto, o Muro das Lamentações, única parte que restou do Templo de Jerusalém, construído por Salomão. No mapa, Israel entre seus seculares inimigos. No início do século XXI cresceram os confrontos envolvendo, especialmente, a criação do Estado Palestino, seguidos de várias tentativas de pacificação da região.

Economia, sociedade e cultura hebraicas

Antes da unificação hebraica, a economia foi preponderantemente pastoril e agrária. Às margens do rio Jordão, cultivavam-se coletivamente cereais, videiras, figueiras e oliveiras e o resultado era revertido para a tribo. A partir do governo do rei Saul, com a centralização política, a terra converteu-se em propriedade privada, concentrada nas mãos de uma aristocracia ligada ao Estado.

No governo de Salomão, graças à situação geográfica privilegiada da Palestina, localizada na confluência de rotas que ligavam a Mesopotâmia ao Egito, os hebreus passaram a desenvolver um grande comércio regional.

Na sociedade hebraica, os camponeses, pastores e escravos formavam a maior parte da população e, como era comum na Antiguidade Oriental, estavam submetidos a vários tributos pagos em impostos e em trabalho, incluindo-se o serviço militar. Acima dessa base social, achavam-se burocratas e comerciantes, e no topo da hierarquia, formando a elite mais poderosa e privilegiada, estavam os proprietários de terras, os sacerdotes (rabinos), a cúpula administrativa e a família real.

Como vimos, a civilização hebraica sofreu enorme influência da cultura mesopotâmica, a exemplo das passagens do **Antigo Testamento** já enunciadas no Mito da Criação e na *Epopeia de Gilgamés*.

O intercâmbio entre as civilizações na Antiguidade parece ter sido sempre constante, não mais se admitindo que os vários povos desse período, como já se acreditou, vivessem isolados. Ao contrário, foram contínuas as trocas econômicas e culturais, sem mencionar as frequentes guerras e conquistas que resultaram na incorporação de valores e crenças. Isso foi comum na Mesopotâmia, apesar das resistências locais que às vezes se impunham, bem como no Egito e também entre os hebreus. Tal situação, porém, não foi exclusividade das grandes civilizações, mas também de outras menores que chegaram a apresentar breves períodos de poder e grandiosidade, como a hitita e a aramaica.

Os **hititas**, habitantes da região da Ásia Menor, por exemplo, chegaram a desenvolver uma próspera indústria metalúrgica de ferro, cuja produção, juntamente com seus admirados cavalos, era exportada para todos os povos vizinhos. Os hititas foram os primeiros a utilizar o ferro em larga escala. Já os **arameus**, da Síria, foram grandes comerciantes das terras do Oriente Próximo, impondo sua língua e escrita – o aramaico –, que acabou se convertendo na língua usada por mercadores e diplomatas em boa parte do Oriente, influenciando também a cultura hebraica.

Como já foi destacado, a unidade nacional, cultural e política dos hebreus dependeu da identidade religiosa judaica, a qual admitia um só deus (monoteísmo) e o messianismo, isto é, a vinda de um messias libertador na luta contra as dominações estrangeiras, além da concepção de "povo eleito". Foi este monoteísmo hebraico a matriz para religiões posteriores, como a cristã e a muçulmana. Suas festas religiosas resgatam a tradição histórico--religiosa, como a **Páscoa**, relembrando a saída dos hebreus do Egito, e o **Pentecostes**, o recebimento do Decálogo por Moisés. Os hebreus santificavam o Sabat (sábado), considerado o sétimo dia da criação do mundo.

Os princípios que regem a religião judaica estão tanto nos livros escritos pelos sacerdotes, o Talmude, como no Antigo Testamento. Esta parte da Bíblia é composta pelo Pentateuco, Livros Históricos, Livros Proféticos e Livros Didáticos e representa a maior realização literária dos hebreus.

No **Pentateuco**, estão os primeiros cinco livros atribuídos a Moisés: o Gênesis, sobre a origem do povo hebreu; o Êxodo, narrando a libertação do Egito; o Levítico, descrição dos rituais judaicos; o Livro dos Números, uma espécie de censo da população hebraica; e o Deuteronômio, que conta a história de Israel.

Nos **Livros Históricos**, é descrita a história dos hebreus na Palestina desde Josué até a conquista e dominação persa. Entre eles estão o Livro de Josué, o Livro dos Juízes, o Livro de Samuel e o Livro dos Macabeus. Os **Livros Proféticos** narram a vitória do monoteísmo sobre o paganismo e superstições dos povos vizinhos. Entre eles estão o Livro de Isaías, o Livro de Amós, o Livro de Ezequiel e o Livro de Daniel. Já os **Livros Didáticos** visam ensinar os princípios religiosos, morais e sociais a serem seguidos, destacando-se o Livro de Jó, os Salmos de Davi, os Provérbios e o Cântico dos Cânticos.

O monoteísmo ético

"Separem-se, inicialmente, alguns conceitos. Monolatria é o culto a um único deus, embora acreditando-se na existência de outros; isso era comum na Antiguidade, com os deuses de cada tribo, cada clã ou mesmo cada povo. Monoteísmo já é a crença na existência de apenas um deus, não sendo os outros, porventura cultuados, senão falsos deuses. Já o monoteísmo ético é a crença em um deus único, que dita normas de comportamento e exige uma conduta ética por parte de seus seguidores.

Entre os hebreus, Iavé evoluiu de um deus tribal para um deus universal, de um deus de guerra, senhor dos exércitos, para um juiz sereno, consciência social e individual, exigente de justiça social.

Os profetas sociais, Amós e Isaías, foram os grandes responsáveis por esse passo.

Vivendo no século VIII, os profetas sentiam o peso da monarquia sobre o povo, o luxo dos poderosos convivendo com a miséria dos camponeses e criadores, palácios ao lado de palhoças. Utilizando-se de antiga tradição do tempo dos cananitas, a tradição de prever o futuro em nome de uma entidade superior inspiradora, os profetas lançam suas negras profecias sobre os que tratavam tão mal o pobre, pensando apenas em si.

É possível que no seu discurso estivesse presente o grito de liberdade de um povo de criadores, livre por excelência, preso agora a obrigações de pagar impostos a um governo que pouco lhe dava em troca. Deviam os profetas representar o inconsciente coletivo da nação, inconformada com a perda de campos de pastagens, insatisfeita com a centralização monárquica, desconfiada daquele templo que exigia tributos.

O povo tinha nostalgia do período tribal: o olhar para o passado sem injustiças sociais, sem opressão, sem impostos para sustentar a nobreza e exército inúteis acabou se constituindo em mensagem para o futuro.

[...]

[...] Isaías diz que Iavé não quer oferendas nem rezas, quer que as pessoas ajam de forma correta, isto é, pratiquem a justiça social.

O que fica dos hebreus não é, portanto, o som da lira de Davi ou o discutível e limitado poder político; não fica também o deus tribal nem o Senhor dos Exércitos. Fica a mensagem por uma sociedade mais justa, utopia sem a qual fica difícil imaginar o sentido das próprias sociedades humanas."

PINSKY, Jaime. *As primeiras civilizações*. São Paulo, Atual, 1994. p. 90-2.

Em comparação ao enorme desenvolvimento nos campos religioso e literário, os hebreus apresentaram um tímido progresso nas ciências. Na arquitetura, deve-se ressaltar a construção do Templo de Jerusalém, também chamado de Templo de Salomão.

Os hebreus e a Verdade

"A nossa concepção de verdade é uma síntese de três fontes: a grega, a romana e a hebraica.

Para os gregos, a verdade (*alentheia*) significava aquilo que não é escondido, que é visível pela razão, **o que é**. Para os romanos, a verdade (*veritas*) decorria do **que foi** e que se corporificava na precisão do relato, no rigor, na exatidão de sua apresentação. Já para os hebreus, refletindo sua própria essência cultural-histórica, a verdade era referente àquilo **que será**.

Em hebraico, verdade se diz *emunah* e significa confiança. Agora são as pessoas e é Deus quem são verdadeiros. Um Deus verdadeiro ou um amigo verdadeiro são aqueles que cumprem o que prometem, são fiéis à palavra ou a um pacto feito; enfim, não traem a confiança.

Verdade se relaciona com a presença, com a espera de que aquilo que foi prometido ou pactuado irá cumprir-se ou acontecer. *Emunah* é uma palavra de mesma origem que *amém*, que significa: assim seja. A verdade é uma crença fundada na esperança e na confiança, referidas ao futuro, ao que será ou virá. Sua forma mais elevada é a revelação divina e sua expressão mais perfeita é a profecia."

CHAUÍ, Marilena. *Convite à Filosofia*. São Paulo, Ática, 1994. p. 99.

A CIVILIZAÇÃO FENÍCIA

A Fenícia corresponde à região litorânea da Síria, no norte da Palestina, restringindo-se à faixa estreita cercada por montanhas, os montes Líbano e Carmelo, e pelo rio Orontes. Dada a pobreza do solo e a inexistência das facilidades agrícolas observadas em outras áreas do Oriente Médio, os fenícios desenvolveram muito pouco a atividade agrária, apesar de serem favorecidos pela produção agrícola de seus domínios coloniais.

O território fenício foi ocupado em data anterior a 3000 a.C. por tribos semitas, as quais, a princípio, dedicaram-se principalmente à pesca, à extração do cedro na abundante floresta do interior, além de reduzida agricultura das videiras e oliveiras. Foram, desde logo, atraídas pela atividade marítima e artesanal, acabando por desenvolver uma intensa atividade comercial entre o Oriente e o Ocidente, sendo considerados os maiores mercadores e navegantes da Antiguidade oriental.

As cidades-Estados fenícias

Os fenícios não construíram um império como seus contemporâneos egípcios e mesopotâmicos e sim desenvolveram cidades autônomas e independentes controladas por uma elite mercantil (talassocracia), liderada pelo rei, ou por um corpo de anciãos ilustres, os **sufetas**. A alta cúpula social era composta de mercadores, de proprietários de navios (os armadores) e dos sacerdotes que controlavam os grandes templos.

As cidades-Estados fenícias, monárquicas ou republicanas, criaram uma situação invejável, a ponto de merecerem dos gregos o rótulo de depositárias de toda a civilização oriental. Os fenícios ficaram conhecidos também como os melhores navegadores de sua época. Apesar de algum exagero na afirmação, inegavelmente a ampla atividade comercial desenvolvida pelos fenícios permitiu-lhes o contato com as mais brilhantes e refinadas civilizações da Antiguidade, o que lhes garantiu ora o aprimoramento dos seus costumes e valores, ora o impulso e a disseminação de suas próprias realizações. Por este aspecto, são exemplos o vidro desenvolvido no Egito, a literatura mesopotâmica e a simplificação da escrita, base da atual escrita ocidental, cujas raízes eram anteriores às grandes cidades-Estados fenícias.

Os fenícios instalaram feitorias e colônias em diversas regiões para dar sustentação às atividades mercantis, especialmente nas ilhas do mar Egeu, na Ásia Menor, na Sicília, na Sardenha, na costa mediterrânica, inclusive no norte da África e na Espanha. Ganharam enorme importância Palermo, na Sicília, Cádis e Málaga, na Espanha, e especialmente Cartago, no golfo de Túnis (norte da África). Além das feitorias e colônias, os fenícios chegaram a criar pontos comerciais em várias cidades importantes da Antiguidade.

Das expedições fenícias mais ousadas e longas, são sempre lembradas aquelas em que atravessaram o estreito de Gibraltar (indicado na Antiguidade como o local das colunas de Hércules), dirigindo-se para as ilhas britânicas ou seguindo a costa atlântica africana até alcançar o oceano Índico e o mar Vermelho. Hábeis na navegação, tinham adquirido conhecimentos astronômicos dos babilônicos e usavam as estrelas, especialmente a estrela Polar, para a orientação nas viagens à noite.

Ficaram muito conhecidos também na engenharia e na produção de joias. Entre as obras de engenharia, destacam-se a famosa canalização de água para abastecer a população de cidades, como Tiro, e a construção do templo de Jerusalém, na época de Salomão; além disso, muitos dos principais artífices e técnicos especializados eram fenícios. Os produtos comercializados pelos fenícios iam desde os nacionais, como navios, tecidos, madeiras, azeite, joias, vidro (transparente ou colorido), até os mais diversos artigos que conseguiam com outros povos, como os escravos. Ficaram famosos os tecidos tingidos na Fenícia com um molusco, o múrice, de cor viva, conhecidos como a "púrpura de Tiro", usados especialmente pelas altas camadas sociais dos grandes impérios da Antiguidade. O próprio nome **fenício** deriva da palavra grega *phoinix*, que significa "púrpura".

A história fenícia caracterizou-se pela alternância da hegemonia política das principais cidades-Estados – Biblos, Ugarit, Sidon e Tiro. A mais antiga predominância coube a Biblos e Ugarit, seguidas por Sidon, isto antes do século XIII a.C., sendo que Biblos, situada um pouco ao norte da atual Beirute, destacou-se no comércio com o Egito, e Ugarit com a Mesopotâmia e Ásia Menor. O final da hegemonia de Biblos e Ugarit deveu-se à dominação egípcia e às invasões hititas e dos povos do mar Egeu, os chamados "povos do mar".

"Foi em Biblos que se começou a utilizar a escrita alfabética. Existiam formas mais antigas de escrita, como a hieroglífica, do Egito, e a cuneiforme, originária da Mesopotâmia e comum em toda a Ásia ocidental no ano 2000 a.C. Contudo, parece que foi entre os fenícios e os cananeus que o alfabeto surgiu pela primeira vez.

A letra fenícia *daleth*, por exemplo, assemelha-se ao moderno D e tinha o mesmo valor fonético. A letra fenícia *tau* correspondia ao T. Mesmo nos casos em que as letras se modificaram ligeiramente ao longo dos séculos, através das suas transmutações de grego e latim até a moderna escrita romana, é evidente a origem fenícia do moderno alfabeto ocidental. A própria palavra 'alfabeto' provém dos nomes que os fenícios deram às suas duas primeiras letras: *aleph*, que significa 'boi', e *beth*, que significa 'casa', as quais passaram para o grego como *alpha* e *beta*.

Foram encontradas em Biblos inscrições em escrita alfabética que remontam talvez a cerca de 1300 a.C. Ao mesmo tempo, os fenícios descobriram um processo mais vantajoso que as lâminas de barro cozido para conservar os seus escritos: começaram a utilizar rolos de papiro, feitos de juncos cortados em tiras coladas umas às outras. Alguns rolos foram importados do Egito, onde já eram utilizados para a escrita hieroglífica. Os escribas escreviam no papiro com caules de junco mergulhados numa 'tinta' feita de água misturada com goma e fuligem ou corante vegetal.

Os mercadores fenícios levaram também o papiro para a Grécia, onde se criou a palavra 'bíblia', derivada da cidade de Biblos, para descrever os livros feitos por ele. A palavra 'bíblia' provém daquele termo grego, enquanto o papiro deu origem à palavra 'papel'."

História do Homem. Seleções do Reader's Digest. Lisboa, 1975. p. 82.

A CIVILIZAÇÃO FENÍCIA

A época de maior desenvolvimento de Sidon, que estabelecera amplo comércio no Mediterrâneo oriental, terminou ante o expansionismo assírio. A seguir, deu-se o período de supremacia de Tiro, cujo apogeu situa-se entre os séculos X e IX a.C., submetendo-se mais tarde aos domínios babilônico, persa e grego, em meio a sucessivos reerguimentos.

Com os persas, a Fenícia transformou-se em uma província de seu império e, com Alexandre Magno da Macedônia, Tiro acabou sendo subjugada completamente no século IV a.C. Finalmente, ao domínio macedônico sobre a Fenícia sucedeu-se o romano.

No período da hegemonia de Tiro, o comércio fenício, que até então se restringia à parte oriental, estendeu-se para o Ocidente. Como consequência, a Fenícia fundou diversas colônias e feitorias, assumindo o controle comercial sobre o Mediterrâneo. Nessa época os fenícios fundaram a sua mais importante colônia ocidental, Cartago, que, depois da decadência fenícia ante as invasões estrangeiras, se transformou num grande império marítimo, rivalizando com a crescente expansão romana do século III a.C.

Economia, sociedade e cultura fenícias

A economia comercial fenícia era controlada pelos ricos mercadores e donos de embarcações, a **talassocracia**, controladora das cidades-Estados e da massa popular, constituída por trabalhadores livres e escravos.

Os fenícios acreditavam em várias divindades, identificadas com as forças da natureza, especialmente as que serviam de orientação aos navegadores e as que garantiam a fecundidade da terra. Em cada cidade-Estado, cultuava-se uma divindade principal, além de outras comuns a todos os fenícios e, também, divindades estrangeiras. A divindade principal em cada cidade era geralmente chamada de **Baal**, representando o Sol, e a deusa **Astarteia**, a fecundidade, muitas vezes representada pela Lua. Outros deuses, a exemplo de **Dagon**, o deus do trigo, revelavam as primitivas origens agrárias da Fenícia.

Em seus cultos religiosos, não raramente realizavam sacrifícios humanos. Os templos fenícios, como era comum durante a Antiguidade oriental, controlavam vastas propriedades e domínios e os sacerdotes formavam uma elite associada à cúpula governamental da cidade.

A agricultura e especialmente o progresso da navegação permitiram o desenvolvimento da astronomia e da matemática, ligadas ao cálculo do movimento dos astros. A matemática ainda serviu às atividades comerciais, base do desenvolvimento econômico fenício. Contudo, foi a elaboração de um sistema de escrita simples e prático, fundamentado num alfabeto de 22 letras, que constituiu o seu maior legado para as civilizações posteriores. Adotado e aprimorado por gregos e romanos, este alfabeto é a matriz de nossa escrita atual.

O COMÉRCIO FENÍCIO

Os mercadores fenícios – maiores comerciantes, marinheiros e exploradores do mundo antigo – buscavam e levavam mercadorias por toda a bacia mediterrânea.

A CIVILIZAÇÃO MEDO-PERSA

Em torno de 6000 a.C., tribos originárias da Ásia Central, pertencentes a um grupo linguístico comum chamado indo-europeu ou ariano, ocuparam a região do atual planalto do Irã. Sua população ampliou-se consideravelmente graças a novas e seguidas vagas migratórias indo-europeias, intensificadas principalmente por volta de 2000 a.C.

Situada a leste da Mesopotâmia, esta área caracterizava-se pela baixa fertilidade do solo, com quase um terço de seu território formado por desertos ou montanhas. A agricultura só era possível, na maior parte da região, com a utilização de técnicas de irrigação artificial.

No século VIII a.C., esses grupos achavam-se organizados em pequenos Estados, destacando-se os reinos dos medos, ao sul do mar Cáspio, e dos persas, a leste do golfo Pérsico.

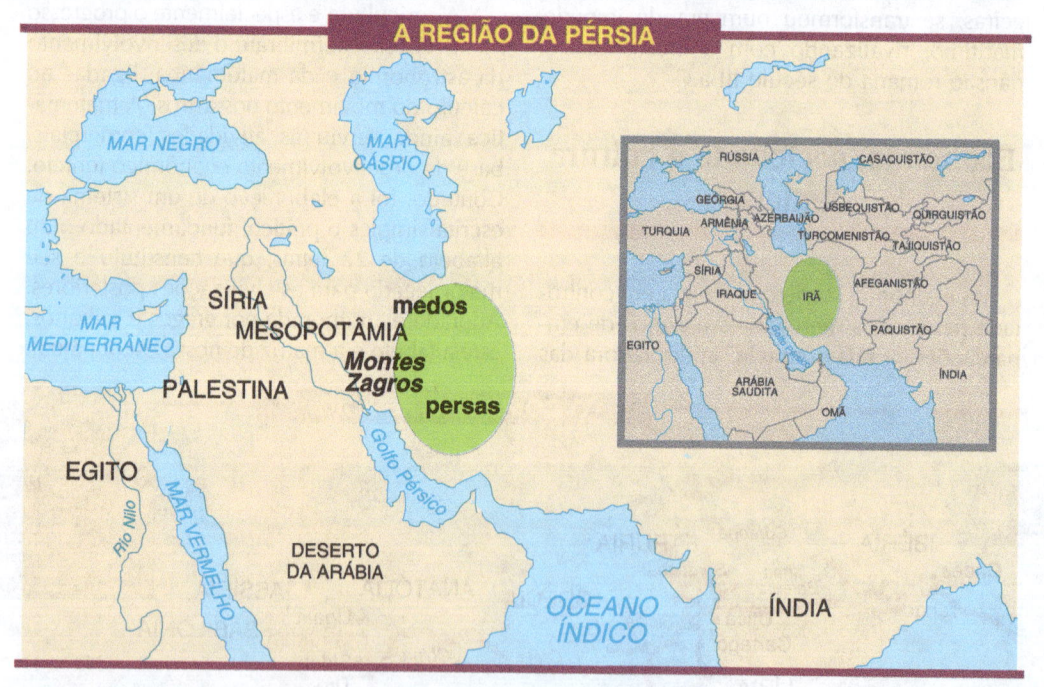

A REGIÃO DA PÉRSIA

Com capital em Ecbátana, primeiramente ergueu-se o **Reino da Média**, que chegou a ter algum controle sobre o Reino da Pérsia, destacando-se entre seus primeiros soberanos Dejoces e Fraortes. Estes foram responsáveis pela edificação de um poderoso Estado despótico regional. Com o governante seguinte, Ciáxares, a Média aliou-se à Babilônia na destruição de Nínive e anexou o Império Assírio.

A CIVILIZAÇÃO MEDO-PERSA

Em meio às disputas e alianças com os vizinhos persas, o sucessor de Ciáxeres acabou destronado por Ciro I, da Pérsia, completando a fusão ao novo **Reino da Pérsia** ou **Aquemênida**. Com Ciro I (559 a.C. - 529 a.C.), iniciou-se a dinastia Aquemênida, nome advindo de um ancestral do unificador tido como primeiro rei dos persas, e um expansionismo territorial que levaria a civilização medo-persa a construir um enorme Império.

Ciro I conquistou a Lídia e colônias gregas da Ásia Menor e, a seguir, em 539 a.C., a Babilônia, libertando os judeus do cativeiro, permitindo seu regresso à Palestina. Progressivamente, a Fenícia, a Palestina e a Síria também se submeteram ao domínio persa, cujo império se estendeu da Ásia Menor e costa mediterrânica, no ocidente, à Índia, no oriente.

O domínio de diferentes povos sob uma única administração era conseguido com uma política que respeitava as diferenças culturais e religiosas. Diferentemente de impérios anteriores, conciliava interesses, permitindo uma autonomia política que disfarçava a sujeição econômica. Foi a hábil aliança do domínio persa com elites locais dos povos integrados ao seu império que, justamente, originou o apelido **o grande**, dado ao imperador Ciro. Este, ao que parece, morreu em 529 a.C. devido a ferimentos contraídos em guerra contra povos nômades da região do mar Cáspio.

O sucessor de Ciro, o filho Cambises I (529 a.C. - 522 a.C.), continuou o expansionismo, empreendendo uma expedição persa sobre o Egito, conquistando-o na batalha de Pelusa, em 525 a.C.

No Egito, o último faraó, Psamético III, foi feito prisioneiro e Cambises, reconhecido como o rei sucessor, desenvolveu uma política sem a tolerância típica da administração de seu pai. Com Cambises, impôs-se uma crescente centralização, um despotismo político, tão comum aos reinos da Antiguidade oriental.

> O historiador grego Heródoto conta que após a derrota de Pelusa, Cambises tentou humilhar Psamético III, fazendo desfilar à sua frente, em meio a várias outras moças, a sua própria filha, vestida como escrava e carregando um balde na mão, depois o filho, junto com outros jovens egípcios de sua idade, "com cordas atadas em torno de seus pescoços e com freios em suas bocas". Mesmo em tal situação, o faraó submetido não externou qualquer lamento, como faziam todos os egípcios, reagindo apenas com um abaixar da cabeça, olhando para o chão. Entretanto, quando desfilou à sua frente um "homem já idoso e outrora rico, mas agora apenas um mendigo pedindo esmolas aos soldados", Psamético começou a soluçar e a bater as mãos na cabeça. Ao saber do ocorrido, e admirado com a atitute do faraó, Cambises mandou perguntar-lhe por que razão não havia chorado nem gritado diante da filha humilhada e do filho a caminho da morte, "só concedendo esta honra a um mendigo" que nada significava para Psamético. A explicação, considerada sábia por Cambises, resumiu-se nestas palavras: "Minha mágoa familiar era grande demais para ser chorada, mas o infortúnio de meu companheiro provocava lágrimas – alguém que perdeu a riqueza e a felicidade e agora, no limiar da velhice, chegou ao extremo de mendigar".
>
> Heródoto Livro II. In Heródotos. História. Brasília, Universidade de Brasília, 1988. p. 153.

Ao morrer, sem deixar um filho herdeiro, com apenas sete anos de reinado, Cambises foi sucedido por outro membro de sua família, apoiado pela cúpula política constituída pelo Conselho Real, o conjunto de líderes que representavam as tribos que, unidas, tinham dado origem ao Império Persa. Este herdeiro era **Dario I** (512 a.C. - 484 a.C.), o soberano persa que levaria o império ao seu apogeu e que foi considerado um administrador exemplar.

Dario I reforçou a diplomacia de respeito às tradições nacionais e religiões locais, além de estabelecer uma organização administrativa que dividiu o Império Persa em vinte províncias, chamadas **satrápias**, as quais eram regidas por um **sátrapa** (governador) e obrigadas a pagar um imposto ao império de acordo com as posses e riquezas da província.

Ao mesmo tempo, fixou tropas em cada satrápia cujo comando cabia exclusivamente ao imperador, buscando evitar demasiada concentração de poder nas mãos dos sátrapas. Para maior controle das províncias, Dario I criou um eficiente sistema de correio e uma ampla rede de estradas que ligavam as cidades-sedes de governo (Susa, Pasárgada e Persépolis) às províncias. Além disso, o imperador enviava anualmente os inspetores especiais, chamados de "olhos e ouvidos do rei", para ouvir as reclamações de governados e governantes.

Dario I reorganizou o império, ampliando-o e dotando-o de uma eficiente administração.

Aprimorando a administração, Dario viabilizou os sistemas de impostos e estimulou o intercâmbio comercial com a criação da moeda de ouro, o **dárico**, transformada na primeira unidade monetária internacional confiável e aceita no mundo antigo. Sob a autorização de Dario, continuava a existir o uso local das tradicionais moedas de cobre e prata, cunhadas pelos sátrapas, porém sem a importância da moeda imperial.

A "estrada real" de Dario I, "o mascate"

A "estrada real" construída por Dario I media perto de 2400 quilômetros de comprimento e cortava o império, unindo Sardes, nas proximidades do mar Egeu (Ásia Menor) ao palácio de Susa, no golfo Pérsico. A segurança da estrada era garantida por uma constante patrulha imperial e possuía mais de 100 postos onde os mensageiros reais faziam a troca de cavalos e passavam o correio, um trajeto que durava apenas uma semana em todo o seu percurso. O historiador grego Heródoto chegou a apontar a rapidez do correio persa como inigualável, ao dizer que "não há ninguém no mundo capaz de percorrer um itinerário mais rapidamente do que estes mensageiros, graças ao hábil sistema persa". Dario I foi o primeiro a adotar o título de "rei dos reis" e no Egito, onde se apresentava como sucessor dos faraós, determinou a construção de um canal de união entre o Mediterrâneo e o mar Vermelho.

"No reinado de Ciro, e posteriormente no de Cambises, não havia um tributo fixo, sendo o pagamento feito em presentes. Por causa da fixação de tributos e de outras medidas análogas, os persas chamavam Dario de mascate, Cambises de déspota e Ciro de pai, pois Dario negociava com tudo, Cambises era duro e insensível e Ciro era generoso e se preocupava com o bem-estar de seus súditos."

Heródoto Livro II. In Heródotos. História. p. 180.

A garantia do enorme império estava no exército formado por soldados das satrápias e comandados pelos medo-persas, cujo poderio levou Dario I à tentativa de dominação completa das colônias gregas da Ásia Menor, originando um dos maiores conflitos militares do mundo antigo: as **Guerras Médicas**.

Este confronto entre Oriente e Ocidente levou as várias cidades gregas a uma união militar na luta pela autonomia e defesa de seu território, culminando nos insucessos militares de Dario I e de seu sucessor, o filho Xerxes I. O resultado final foi a vitória grega que marcou o início da completa decadência do império, de forma rápida e incontrolável. Em grande parte, a heterogeneidade do exército medo-persa favoreceu as seguidas derrotas para os gregos.

No governo de Xerxes I (481 a.C. - 465 a.C.) e, mais intensamente, no de seus sucessores, as revoltas das populações subjugadas acabaram completando o enfraquecimento e a desintegração do império, o que permitiu a completa conquista macedônia de **Alexandre Magno**, em 330 a.C., pondo fim à dinastia Aquemênida.

Depois da conquista macedônia, a Pérsia foi dominada pelos partos, povo que habitava o nordeste da região e que por vários séculos viveu em guerra contra os romanos. Somente no século III, uma nova família persa, a Sassânida, restabeleceu a ordem imperial na região. Mais tarde, a família acabou sendo derrubada e o império, conquistado pelos beduínos islâmicos no século VII, submetendo-se ao Império Árabe.

No século XI, foi a vez da conquista dos turcos seljúcidas e, no século XIII, dos mongóis. Após inúmeras invasões, no século XVI, foi recriado um novo Estado persa islâmico, com a dinastia Safidas. Novas invasões, dinastias e dominações se seguiram até que, no século XIX, o território persa foi palco de intensa disputa entre os governos imperialistas inglês e russo. Em 1921, o general Reza Khan derrubou o sultão Kajar, tornando-se rei, e, em 1935, o nome da Pérsia foi substituído pelo atual Irã. Em 1979, uma revolução liderada por radicais islâmicos (xiitas) instaurou o poder do Ayatolá Khomeini, dando à política do Irã atual um forte sentido religioso.

Friso de mosaicos esmaltados no palácio de Susa, representando os "Imortais", arqueiros reais que compunham o grande exército de Dario I.

Economia, sociedade e cultura medo-persas

Com uma economia baseada na agricultura e ampla atividade comercial, a população dominada pelo Império Persa estava submetida ao pagamento de pesados tributos e prestação de serviços públicos, seja nas grandes obras urbanas e construção de estradas, seja no exército, constituindo a servidão coletiva, típica do Oriente antigo. Boa parte da atividade comercial, que contava com uma rede de estradas e garantias imperiais, era realizada pelos babilônicos, fenícios e judeus, enquanto a atividade agrícola, pelo restante da população subjugada.

A burocracia, especialmente os sátrapas, os fiscais e os comandantes militares, colocava-se junto ao imperador e aos sacerdotes, os chamados magos, formando a elite privilegiada do Império Medo-Persa. Era essa elite que controlava as terras e as cidades, a cobrança de tributos, a força e as crenças que mantinham o funcionamento da ordem política e econômica.

As artes apresentaram grande desenvolvimento: a escultura tinha uma função decorativa, sobressaindo-se os baixos-relevos; a arquitetura monumental destacou-se com a construção de palácios reais, como os de Susa e Persépolis, contando com forte influência dos povos dominados, a exemplo dos egípcios e mesopotâmicos. Na época de Dario, ficaram famosos os *pairidaeze*, jardins murados e protegidos dos fortes ventos e da areia do deserto, que, por sua beleza e contraste com o restante da paisagem, serviram de matriz para o significado da palavra paraíso.

Mesmo usando outras escritas, os medo-persas fizeram da escrita cuneiforme, originária da Mesopotâmia, a sua principal escrita, utilizada principalmente nos registros oficiais da administração, da religião e da política imperiais.

Na religião persa havia duas divindades, o Ahura-Mazda (ou Ormuz-Mazda, em grego), o deus do bem, da luz, do reino espiritual, e Arimã, o deus do mal e das trevas. Estas duas divindades, segundo as crenças, confrontavam-se frequentemente e ao homem cabia a missão de adorar o seu criador, o Ahura-Mazda, para evitar o triunfo das trevas. Viam no imperador o representante maior do deus do bem, de quem recebera o poder e o comando na luta incessante contra o mal.

O culto religioso e as práticas rituais não requeriam templos e eram comandados pelos magos (sacerdotes) que, vestidos de branco, lideravam os hinos e a manutenção do fogo sagrado que representava o Ahura-Mazda. Admitiam que existia vida após a morte e acreditavam no paraíso para os justos, e no purgatório e no inferno para os pecadores.

Esperavam pela vinda de um Messias que um dia salvaria os homens justos, livrando-os dos sofrimentos. Os fundamentos dessa religião estavam no **Avesta** (ou Zend-Avesta), escrito pelo legendário **Zoroastro**, também conhecido por **Zaratustra**. A denominação **zoroastrismo** dada à religião persa decorre desse nome, sendo também comum o nome **masdeísmo**, advindo do deus Mazda.

Apesar de influenciar outras religiões da Antiguidade, o masdeísmo quase desapareceu no século VII ante o estabelecimento do islamismo na região. Apenas alguns grupos dispersos permaneceram fiéis à antiga religião medo-persa, como os *parsis* da Índia atual. Mesmo considerando algumas influências masdeístas sobre o cristianismo e o judaísmo, as religiões de maior descendência do zoroastrismo foram o mitraísmo, o gnosticismo e o maniqueísmo.

O **mitraísmo** foi uma religião desenvolvida na Pérsia, depois da conquista de Alexandre Magno da Macedônia, atingindo seu apogeu na época romana, especialmente nos séculos III e II a.C. Ela supervalorizava o bem, a vida pós-morte, o paraíso para os justos, ressaltando uma moral rigorosa e repugnância à mentira. Os seguidores desta religião já comemoravam o nascimento de Mitra no dia 25 de dezembro, isto antes do surgimento do cristianismo. O mitraísmo teve muito sucesso entre os soldados romanos, só desaparecendo no final da Antiguidade.

O **gnosticismo** (*gnose* = "conhecimento") buscava o conhecimento total, não através da reflexão e sim da "iluminação", da graça divina, que conduziria à salvação eterna, apoiando-se também no dualismo advindo do masdeísmo. Seu grande desenvolvimento ocorreu na época helenística, iniciada com Alexandre Magno, envolvendo diversos grupos religiosos, escolas e sistemas de conhecimentos. Já o **maniqueísmo** advinha da religião pregada pelo iraniano Mani (216-277), com forte origem dualista, sobrevalorizando a luz, o bem contra as trevas, ganhando muitos seguidores tanto no Oriente como no Ocidente ao longo da Idade Média.

QUESTÕES & TESTES

"O diagrama abaixo representa o crescimento da população desde 8 mil anos atrás até os dias atuais, e uma projeção do que ela será no ano 2000. Antes da revolução agrícola, o homem tinha uma cultura nômade de caça e colheita. Quando ele aprendeu como plantar, como fazer provisões de cereais e como cuidar do gado, a organização social e a perspectiva psicológica mudaram; tornou-se possível o acúmulo de possessões e isso levou à criação de grandes vilas, cidades e metrópoles, conduzindo, finalmente, à explosão populacional." LEAKEY, Richard Erskine. *Origens*. Brasília, Universidade de Brasília, 1980. p. 143.

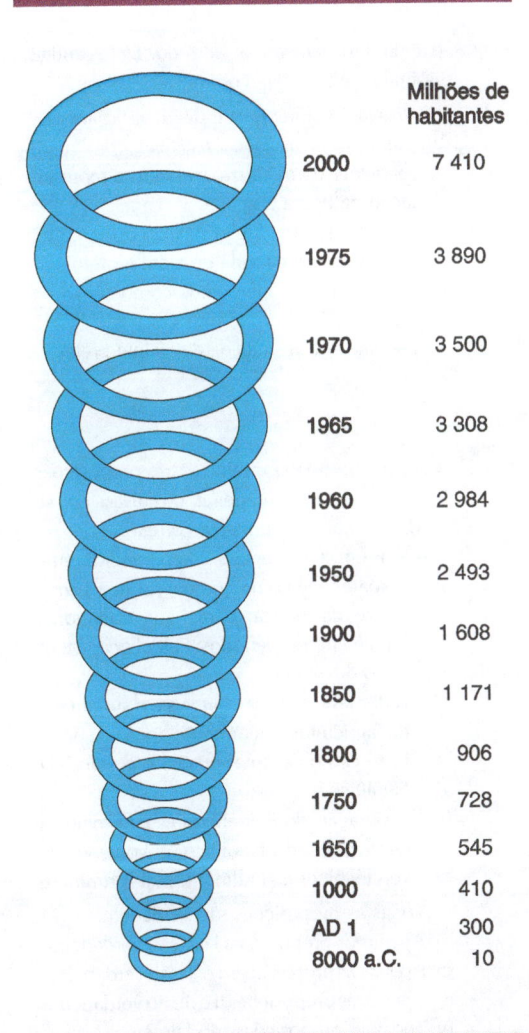

	Milhões de habitantes
2000	7 410
1975	3 890
1970	3 500
1965	3 308
1960	2 984
1950	2 493
1900	1 608
1850	1 171
1800	906
1750	728
1650	545
1000	410
AD 1	300
8000 a.C.	10

1 Considerando o diagrama, assinale a alternativa correta:
a) No final da Idade Moderna a população mundial chegava perto de 900 milhões de habitantes.
b) A população mundial estimada no final da Idade Moderna era inferior a 10 milhões de habitantes.
c) A população mundial estimada no final da Idade Média era superior a 545 milhões de habitantes.
d) A população mundial estimada no início da Idade Contemporânea era superior a 2,5 milhões de habitantes.
e) A população mundial estimada no final da Antiguidade beirava os 905 milhões de habitantes.

2 Segundo o diagrama, a população mundial do período Neolítico era:
a) superior a 410 milhões de habitantes.
b) perto de 10 milhões de habitantes.
c) perto de 300 milhões de habitantes.
d) de 545 milhões de habitantes.
e) igual à da Antiguidade.

3 (Fuvest) Sobre o surgimento da agricultura – e seu uso intensivo pelo homem – pode-se afirmar que:
a) foi posterior, no tempo, ao aparecimento do Estado e da escrita.
b) ocorreu no Oriente Próximo (Egito e Mesopotâmia) e daí se difundiu para a Ásia (Índia e China), Europa e, a partir desta, para a América.
c) como tantas outras invenções, teve origem na China donde se difundiu até atingir a Europa e, por último, a América.
d) ocorreu, em tempos diferentes, no Oriente Próximo (Egito e Mesopotâmia), na Ásia (Índia e China) e na América (México e Peru).
e) de todas as invenções fundamentais, como a criação de animais, a metalurgia e o comércio, foi a que menos contribuiu para o ulterior progresso material do homem.

4 (UFRS) Foi fator decisivo para a sobrevivência dos povos do período Neolítico:

a) a utilização de metais como cobre e bronze.
b) o nomadismo típico dos povos caçadores e coletores.
c) a revolução neolítica.
d) a revolução urbana e a formação dos impérios teocráticos.
e) a formação de religiões monoteístas.

5 (PUCSP) "... o tempo é a minha matéria, o tempo presente, os homens presentes, a vida presente."
Carlos Drummond de Andrade. *Mãos dadas*, 1940.
Se o presente é o tempo do poeta, resta ao historiador somente o tempo passado?
Justifique sua resposta, procurando discutir as relações que a História ou o historiador pode estabelecer entre presente e passado.

6 (Enem) Os quatro calendários apresentados abaixo mostram a variedade na contagem do tempo em diversas sociedades.

1º DE JANEIRO DE 2000	24 DE RAMADA DE 1378	24 DE TEVET DE 5760	7º DIA DO 12º MÊS DO ANO DO COELHO
OCIDENTAL (Gregoriano)	ISLÂMICO	JUDAICO	CHINÊS
Baseado no ciclo solar, tem como referência o nascimento de Cristo	A base é a Lua. Inicia-se com a fuga de Maomé de Meca, em 622 d.C.	Calendário lunar, parte da criação do mundo conforme a Bíblia.	Referência lunar. Iniciado em 2697 a.C., ano do patriarca chinês Huangti.

Adaptado de Época, nº 55, 7 junho de 1999.

Com base nas informações apresentadas, pode-se afirmar que:

a) o final do milênio, 1999/2000, é um fator comum às diferentes culturas e tradições.
b) embora o calendário cristão seja hoje adotado em âmbito internacional, cada cultura registra seus eventos marcantes em calendário próprio.
c) o calendário cristão foi adotado universalmente porque, sendo solar, é mais preciso que os demais.
d) a religião não foi determinante na definição dos calendários.
e) o calendário cristão tornou-se dominante por sua antiguidade.

7 (Esam) Dentre as formas de poder que predominaram entre o final da Pré-história e o início dos chamados tempos históricos, uma foi marcada pela formação de grandes impérios políticos, em geral situado às margens de rios, lagos, ou mares, onde um governo centralizado aglutinava população na construção de grandes obras públicas e de prestígio, como canais, diques, palácios, templos, santuários, etc. Estamos falando de:

a) cidades-Estados liberais.
b) impérios teocráticos de regadio.
c) repúblicas oligárquicas.
d) democracias hereditárias.
e) regimes eletivos e escravocratas.

8 (UFPE) Em relação à arte do Egito antigo, assinale a alternativa correta.

a) Visava à valorização individual do artista.
b) Manifestava as ideias estéticas com representações da natureza, evitando a representação da figura humana.
c) Estava destinada à glorificação do faraó e à representação da vida de além-túmulo.
d) Aproveitava os hieróglifos como ornamentação.
e) Era uma arte abstrata de difícil interpretação.

9 (Cásper Líbero-SP) Examine as três proposições, julgando se são verdadeiras ou falsas. Em seguida, assinale a alternativa correta.

I – A Pré-história, época compreendida entre o aparecimento do homem sobre a Terra e o uso da escrita, é dividida tradicionalmente em três períodos: Paleolítico, Mesolítico e Neolítico.
II – A domesticação de animais e o surgimento da agricultura ocorreram apenas após a invenção da escrita, posterior portanto ao Neolítico.
III – A duração do Paleolítico é bem mais extensa que a do Neolítico, envolvendo níveis técnicos naturalmente mais primitivos.

a) Todas as proposições são verdadeiras.
b) Apenas as proposições I e II são verdadeiras.
c) Apenas as proposições I e III são verdadeiras.
d) Apenas as proposições II e III são verdadeiras.
e) Todas as proposições são falsas.

10 (PUCSP) Observe o mapa que compreende regiões onde se estabeleceram as principais sociedades antigas e:
a) identifique duas destas sociedades, discutindo o significado do condicionamento geográfico em seus modos de vida;
b) apresente e discuta duas características de uma destas sociedades.

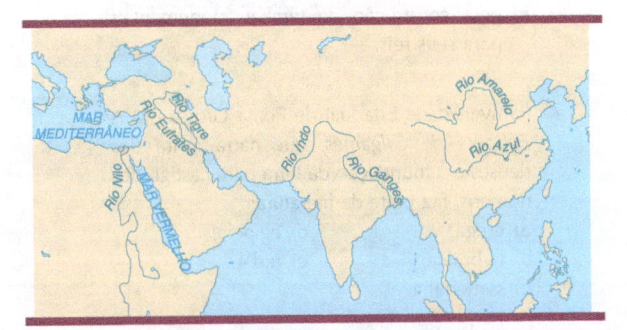

11 (UFSC) Entre as civilizações da Antiguidade que tiveram o mar Mediterrâneo como cenário do seu desenvolvimento, destacaram-se os hebreus (judeus, israelitas), por terem sido o primeiro povo conhecido que afirmou sua fé em um único Deus. As bases da história, da filosofia, da religião e das leis hebraicas estão contidas na Bíblia, cujos relatos, em parte confirmados por achados arqueológicos, permitem traçar a evolução histórica e cultural do povo hebreu e identificar suas influências sobre outras civilizações.
Assinale a(s) proposição(ões) correta(s) nas suas referências à cultura hebraica. (A resposta é a soma das alternativas corretas.)
01) Entre os princípios religiosos contidos na Bíblia está o politeísmo, isto é, a crença em muitos deuses.
02) O vínculo visível das influências do judaísmo sobre o cristianismo está na pessoa de Cristo, considerado 'O Messias' pelas duas religiões.
04) Os hebreus destacaram-se em diferentes áreas do conhecimento humano e nos legaram os livros do Antigo Testamento (Tora).
08) O cristianismo e o islamismo, religiões que têm hoje milhões de seguidores, receberam influências do judaísmo.
16) O Pentateuco, o Talmud e o Alcorão representam o conjunto dos escritos que reúnem os preceitos do judaísmo.

12 (Fuvest) Caracterize as relações entre os camponeses e o Estado no Egito antigo.

13 (Fuvest) As civilizações egípcia e mesopotâmica eram marcadas por profunda religiosidade. Indique três elementos comuns à vida religiosa destes povos.

14 (Fundação Lusíada - Medicina - Santos-SP) Quase tudo o que se sabe da cirurgia egípcia encontra-se no *Papiro Cirúrgico*, de Edwin Smith. Mede ele, desenrolado, quatro metros e meio de comprimento e é a cópia, feita no século XVII a.C., de um livro mais antigo que se supõe tenha sido escrito na época das pirâmides e publicado com comentários explicativos antes de 2500 a.C.
A época das pirâmides (3000 a.C.-2475 a.C.) corresponde:
a) ao Antigo Império
b) ao Império Médio (Época Feudal)
c) ao Novo Império
d) ao período tebano
e) ao período saíta

15 (UM-SP) O sábio francês Champollion:
a) depois de muitos esforços conseguiu introduzir a escrita hieroglífica no Egito;
b) descobriu um bloco de pedra na região de Roseta que lhe permitiu, posteriormente, o estudo da escrita hieroglífica;
c) celebrizou-se por ter conseguido traduzir uma inscrição cuneiforme para a escrita hieroglífica;
d) beneficiou-se extremamente em seus estudos graças a uma descoberta arqueológica feita por acaso durante a expedição de Napoleão ao Egito;
e) decifrou a escrita cuneiforme, utilizando-se de achados arqueológicos da cidade de Ur na Mesopotâmia.

16 (Cescem-SP) A importância histórica de Amenotep IV (Amenófis), faraó egípcio durante o chamado Novo Império (1580 a.C.-1110 a.C.), está no fato de ter:
a) promovido uma revolução religiosa ao instaurar um culto monoteísta.
b) resistido à invasão militar de uma grande aliança asiática liderada pelos hicsos.

c) patrocinado a construção dos maiores monumentos funerários em Gizé.
d) expandido o domínio político menfita aos territórios da Líbia e da Etiópia.
e) realizado uma revolução social que eliminou a escravidão dos lavradores.

17 (Vunesp) A religião egípcia, orientadora das instituições, foi também a grande inspiradora da arte. Em Karnac e Luxor subsistem obras, com linhas sólidas e grandiosas, a saber:
a) sarcófagos inteiramente decorados em madeira.
b) esfinges simbolizando o Sol e a Lua.
c) pirâmides para a conservação dos restos dos faraós.
d) túmulos acessíveis aos sacerdotes e ao povo.
e) templos para a morada dos deuses.

18 (Unimep-SP) Parte da geração da riqueza do Egito antigo estava ligada às enchentes do rio Nilo, que propiciavam uma excelente agricultura na época da vazante. Todas estas terras que margeavam o rio eram:
a) divididas em pequenos lotes e vendidas aos camponeses;
b) de propriedade do Estado;
c) cultivadas pelos sacerdotes;
d) grandes propriedades pertencentes à nobreza egípcia;
e) formadas de pequenas propriedades pertencentes aos felás.

19 (UM-SP) O mais antigo código de leis escrito, cuja característica é a "pena de talião", isto é, "olho por olho, dente por dente", é chamado:
a) Código do Deuteronômio;
b) Código de Hamurábi;
c) Código Sumério;
d) Leis Draconianas;
e) Lei das Doze Tábuas.

20 (Fiube-MG) As bases da cultura mesopotâmica foram lançadas pelos:
a) fenícios.
b) cretenses.
c) hebreus.
d) sumérios.
e) iranianos.

21 (Osec-SP) Os assírios destacaram-se:
a) pelas suas realizações científicas no campo da astronomia.
b) pelo notável intercâmbio comercial realizado com os fenícios.
c) pelo militarismo organizado e cruel.
d) pela codificação do antigo direito consuetudinário.
e) pela construção de tumbas monumentais para seus reis.

22 (Universidade Estadual de Ponta Grossa-PR) A *Epopeia de Gilgamés*, que narra a ira dos deuses e a inundação da terra para castigo dos homens, faz parte da literatura:
a) grega;
b) hebraica;
c) sumeriana;
d) egípcia;
e) n.d.a.

23 (UCS-RS) A civilização mesopotâmica caracterizou-se, do ponto de vista histórico-universal, pela sua contribuição ao Direito, que teve seu principal codificador na figura de:
a) Assurbanipal.
b) Sargão.
c) Ramsés II.
d) Hamurábi.
e) Nabucodonosor.

24 (Cásper Líbero-SP) Examine as proposições e responda de acordo com o código.
I – A região que compreendia a Mesopotâmia, entre os rios Tigre e Eufrates e atualmente parte do Iraque, foi habitada entre 3200 e 2000 a.C. por diferentes povos semitas, entre os quais se incluíam os sumérios.
II – A cidade de Babel, capital do império de Hamurábi, desenvolveu-se e abrigou parte da civilização babilônica antes do nascimento de Cristo.
III – Outro importante rei babilônico, em cujo império foram construídas grandes obras arquitetônicas, foi Nabucodonosor, que também viveu antes do nascimento de Cristo.

a) Todas as proposições são verdadeiras.
b) Apenas as proposições I e II são verdadeiras.
c) Apenas as proposições I e III são verdadeiras.
d) Apenas as proposições II e III são verdadeiras.
e) Todas as proposições são falsas.

25 (UCS) Na Antiguidade, podemos observar características específicas a cada povo. Assinale a alternativa cuja sequência relaciona corretamente os povos desse período com sua principal característica religiosa.

(1) Egípcios
(2) Mesopotâmios
(3) Fenícios
(4) Cretenses
(5) Hebreus

( ) Acreditavam na imortalidade da alma, a qual se separa do corpo após a morte, mas vinha procurá-lo no seu túmulo, depois de passar pelo julgamento de Osíris.
( ) Os profetas desempenhavam um papel importante na preservação da pureza da religião, ante a influência dos deuses estrangeiros.
( ) Adoravam a Grande-Mãe, deusa da terra e da fertilidade, representada por uma pomba e uma serpente.
( ) Preservavam rituais sangrentos, até com sacrifícios humanos, durante muito tempo.
( ) Acreditavam na magia, na adivinhação e na astrologia, meios que usavam para descobrir a vontade dos deuses.

a) 4, 5, 1, 3, 2
b) 1, 2, 4, 3, 5
c) 2, 5, 4, 3, 1
d) 2, 5, 3, 4, 1
e) 1, 5, 4, 3, 2

26 (Fatec-SP) Dario I, célebre imperador da Pérsia, tem seu nome ligado à:

a) conquista do Reino da Média e à fundação do Império Persa.
b) elaboração da religião dualista persa, cujos fundamentos se encontram no livro sagrado Zend-Avesta.
c) conquista do Antigo Egito em 525 a.C. na famosa batalha de Pelusa.
d) derrota dos persas ante as cidades-Estados gregas na terceira das Guerras Médicas.
e) organização político-administrativa do Império Persa, com a criação das satrápias, das estradas reais e do dárico.

27 (Vunesp) Indique o principal legado cultural dos fenícios.

28 (Fuvest) Qual foi a principal atividade econômica desenvolvida pelos fenícios e cretenses na Antiguidade?

29 (UM-SP) Dentre as importantes contribuições deixadas pelos fenícios, para a civilização ocidental, destacamos:

a) o desenvolvimento do alfabeto fonético e técnicas de navegação.
b) a construção de gigantescas obras hidráulicas para a prática da agricultura.
c) a criação de um governo democrático.
d) a prática do monoteísmo e ideais filosóficos.
e) a criação do primeiro sistema jurídico.

30 (Fatec-SP) Entre as principais características da civilização fenícia merecem destaque especial:

a) a economia agrícola de regadio, a sociedade de castas e a organização política teocrática.
b) a economia mercantil, a organização política sob forma de cidades-Estados e a criação do alfabeto.
c) a religião monoteísta, a escrita cuneiforme e a sociedade nômade-pastoril.
d) a religião dualista, o regime político democrático e a escrita hieroglífica.
e) a sociedade estamental, a economia de subsistência e o expansionismo militar.

31 (FCC-RN) "Em consequência das invasões dos povos do mar e da decadência do Egito, as cidades de Tiro e Sidon conquistaram a preponderância marítima no Mediterrâneo... Cerca de 1000 a.C., atingiram Gibraltar, transpuseram o estreito e fundaram um estabelecimento em Cádis..."
O trecho acima refere-se à civilização de um povo que, além de organizar um império marítimo comercial, contribuiu grandemente para a civilização ocidental, graças à:

a) divulgação de técnicas agrícolas eficientes.
b) introdução do carro de roda nos transportes.
c) concepção de uma religião monoteísta.
d) elaboração de uma estética arquitetônica.
e) criação de um novo tipo de escrita.

32 (FESP) A principal contribuição dos hebreus para a civilização ocidental foi:

a) a organização política.
b) o monoteísmo religioso.
c) a grande obra literária.
d) o desenvolvimento artístico e cultural.
e) o conhecimento científico e tecnológico.

33 (UE-Londrina-PR) A Páscoa, na cultura do povo hebreu, está relacionada com:

a) a conquista de Canaã, a Terra Prometida, após o cativeiro dos hebreus na Babilônia.
b) a unificação do reino de Israel após o conturbado período gerado pelo Cisma das 12 tribos hebraicas.
c) o êxodo, inicialmente liderado por Moisés, após a permanência de mais de 400 anos dos hebreus no Egito.
d) a sucessão de Davi, como rei dos hebreus, após a conquista de Jerusalém aos cananeus.
e) a resistência oposta pelos judeus, após a anexação da Judeia por Roma.

34 (PUC-SP) "O judaísmo é o mais antigo monoteísmo do mundo, e deu origem ao cristianismo e ao islamismo." Seu fundador foi Abraão, que viveu por volta do século XIX antes de Cristo. Sua base é a crença no Deus vivo, que é transcendente, onipotente e justo, e que se revela à humanidade. Suas escrituras sagradas, leis, profecias e tradições refletem cerca de 3 500 anos de vida espiritual. Os textos sagrados mais importantes para os judeus são:

a) a Torá, ou Pentateuco, e o Talmude.
b) o Velho Testamento, mais o Apocalipse.
c) toda a Bíblia, menos os livros "apócrifos".
d) o Mishna, o Gemara e os Evangelhos.
e) n.d.a.

35 (FGV) Das alternativas abaixo, a que melhor caracteriza a sociedade fenícia é:

a) a existência de um Estado centralizado e o monoteísmo.
b) o monoteísmo e a agricultura.
c) o comércio e o politeísmo.
d) as cidades-Estados e o monoteísmo.
e) a agricultura e a forma de Estado centralizado.

36 Indicar a alternativa que identifique corretamente os eventos:

A – Saída gloriosa dos hebreus, do Egito, guiados por Moisés.
B – Dispersão do povo hebreu provocada pelos romanos.
C – Divisão das tribos hebraicas em dois reinos: Israel e Judá.
D – Movimento feito pelos hebreu espalhados pelo mundo inteiro, para a volta à Terra Prometida.

Assim temos, respectivamente:
a) Diáspora - Êxodo - Cisma - Sionismo
b) Êxodo - Diáspora - Cisma - Sionismo
c) Cisma - Diáspora - Êxodo - Sionismo
d) Êxodo - Cisma - Diáspora - Sionismo

37 (PUCSP) Pode-se dizer que um dos elementos fundamentais da religião persa na Antiguidade, após Zaratustra, é:

a) o politeísmo caracterizado pela prática da adoração de ídolos zoomórficos nos tempos religiosos.
b) o caráter local do culto, já que cada região possuía suas próprias divindades supremas.
c) o dualismo representado pela oposição entre o princípio do bem e o do mal.
d) a estrita obediência por parte de toda a população dos preceitos religiosos contidos nos Vedas.
e) a descrença na imortalidade da alma e na ressurreição.

38 Da Antiguidade:
"Possuíam um grande Império, que foi dividido em 30 Satrápias, ou províncias, cada uma delas governadas por um Sátrapa, nomeado pelo rei. Para garantir a honestidade, criaram uma rede de espiões conhecidos como os 'olhos e ouvidos do rei'. Ainda, para manter o Império unido, construíram grandes estradas reais, algumas chegando a ter 2 500 quilômetros. No campo religioso, afirmavam a existência de um Deus do bem, da luz e da justiça (Ahuramazda) e um poder mau e das trevas (Ahriman). Acreditavam que no fim dos tempos, o bem venceria o mau, passando a reinar por toda eternidade, os malditos sofreriam para sempre e os bons viveriam a vida eterna".
O texto acima refere-se:

a) Aos hebreus, povo guerreiro, que dominaram um grande Império, tendo sido a religião a sua maior contribuição para a posteridade.
b) Aos gregos, que conquistaram todo o Oriente Médio e mantiveram os vencidos subjugados através da religião.
c) Aos persas, que dominaram um grande Império e criaram uma religião que teve importantes efeitos sobre o desenvolvimento do cristianismo.
d) Aos muçulmanos, que na Antiguidade desenvolveram um Império em bases religiosas.
e) Aos bizantinos, que transformaram a religião num fundamento político para justificar o absolutismo imperial.

unidade II

ANTIGUIDADE CLÁSSICA

Araldo de Luca/Corbis/LatinStock

A CIVILIZAÇÃO GREGA

A Grécia desempenhou papel de primeiro plano na Antiguidade, constituindo uma civilização cuja influência foi profunda na formação da cultura ocidental. Da Grécia antiga herdamos não só uma extensa gama de conhecimentos científicos, desenvolvidos por pensadores como Pitágoras, Eratóstenes, Euclides, Tales, Arquimedes, como também os grandes fundamentos do pensamento filosófico e político presentes nas obras de Sócrates, Platão, Aristóteles e outros. Também nossos padrões estéticos de arte e beleza foram herdados dos gregos, influenciados por sua escultura, arquitetura e teatro.

A Grécia antiga abrangia o sul da península Balcânica (Grécia europeia ou continental), as ilhas do mar Egeu (Grécia insular) e o litoral da Ásia Menor (Grécia asiática). A partir do século VIII a.C., o território da Grécia europeia foi ampliado com a fundação de diversas colônias no Mediterrâneo ocidental, principalmente no sul da Itália, que passou a chamar-se Magna Grécia.

A Grécia antiga baseou seu desenvolvimento na atividade comercial e na expansão marítima.

Na Grécia continental, região em que viveram os mais longínquos antepassados dos gregos, o solo predominante é árido e pedregoso, o que dificultava a prática da agricultura. O relevo, muito acidentado, tornava difícil a comunicação entre vários pontos do interior dessa região, contribuindo para o seu fracionamento político. No litoral, por outro lado, havia a facilidade de comunicação pelo mar. Sendo extremamente recortada, a costa grega apresentava uma série de portos naturais, dos quais as embarcações partiam com destino às ilhas do Egeu, à costa da Ásia Menor ou a outros pontos da própria Grécia continental.

As civilizações cretense e creto-micênica

As origens da civilização grega estão profundamente relacionadas à história de Creta, que viveu o processo de ascensão e queda de sua civilização entre 2000 a.C. e 1400 a.C.

A privilegiada situação geográfica de Creta, a maior ilha do mar Egeu, favoreceu os contatos marítimos com o Egito, a Grécia e a Ásia Menor, regiões com as quais desenvolveu intenso comércio. Até o século XV a.C., Creta exerceu a mais completa hegemonia comercial sobre essa região do Mediterrâneo, estendendo seus domínios à Grécia continental, onde conquistou diversas cidades.

As características desta civilização lembram, em suas estruturas, a Antiguidade oriental. Em Creta, dado o enorme desenvolvimento das práticas comerciais, o controle político concentrava-se nas mãos de uma elite comercial (talassocracia), liderada por reis, descendentes do lendário **Minos**. A cidade de **Cnossos** era a capital do reino, a qual, na época de seu apogeu, chegou a contar com uma população de mais de cem mil habitantes.

Os cretenses usavam dois tipos de escrita, a Linear A e a Linear B, sobre as quais ainda existem muitas dúvidas. Na decifração da escrita Linear B, destacam-se os trabalhos de Michael Ventris, apoiados em estudos anteriores, especialmente os do arqueólogo inglês Arthur Evans.

As cidades cretenses, segundo as investigações arqueológicas, apresentavam um singular talento arquitetônico, com grandes palácios e edifícios dotados de complexos sistemas de saneamento e canalização de água. A amplitude do palácio governamental de Cnossos, com suas inúmeras dependências e a decoração, sugeria a ideia de um verdadeiro labirinto, palavra originariamente associada à residência do rei Minos.

Em Creta, sabe-se que a mulher desfrutava de direitos e obrigações quase desconhecidos em outras regiões na Antiguidade. As mulheres cretenses possuíam uma importância que transparecia na religião, cuja principal divindade era feminina, a deusa **Grande-Mãe**. Isto faz supor que, na ilha, sobrevivesse uma forte influência das sociedades matriarcais pré-históricas. As mulheres participavam das grandes festas e das cerimônias religiosas, muitas eram sacerdotisas, outras fiandeiras e até pugilistas, caçadoras e toureiras.

A Grande-Mãe. O leopardo da cabeça significava o controle das forças da natureza e as serpentes representavam outros animais adorados pelos minoicos. A roupa da deusa era a típica indumentária da elite cretense.

Em meados do século XV a.C., os **aqueus** – povo que habitava nessa época a Grécia continental – invadiram Creta, dando início à civilização creto-micênica, cujos representantes se espalhariam pelo mar Egeu dominando-o até o século XIII a.C.

Embora fundada por aqueus, a cidade de Micenas adotou muitos valores cretenses, especialmente os artísticos, apesar de impor a supremacia patriarcal, iniciando a transição para o mundo grego. O predomínio de Micenas, que vencera também sua rival, Tróia, duraria até o século XII a.C., quando a região foi invadida pelos conquistadores gregos chamados dórios.

A lenda do Minotauro e o mar Egeu

Na Grécia havia uma lenda que tentava explicar sua origem. Segundo ela, um monstro chamado Minotauro, cabeça de touro e corpo de homem, habitava um labirinto e obrigava o povo a pagar pesados tributos. Exigia também a entrega de jovens mulheres para servi-lo. Dizia-se que o labirinto era inacessível e todos os que tentaram nele entrar, para enfrentar e vencer o Minotauro, acabaram fracassando, perdendo-se nas suas inúmeras dependências. Porém, um dia, um jovem grego chamado **Teseu**, filho do rei **Egeu**, corajosamente dirigiu-se para o labirinto e, ajudado por **Ariadne**, uma das servas do Minotauro, conseguiu encontrar o monstro e destruí-lo, conquistando a liberdade da Grécia.

Diz a lenda que a alegria de Teseu foi tanta que, na hora do retorno à Grécia, esqueceu de trocar as velas do seu navio de negras para brancas, como havia combinado com seu pai. Egeu, quando avistou ao longe o navio retornando com as mesmas velas com que partira, concluiu que seu único filho havia morrido, e decidiu jogar-se ao mar. Daí, dizia-se, nascera o nome de mar Egeu.

Não resta dúvida de que a lenda do Minotauro estabelece fortes relações com o domínio de Creta sobre o território grego. O nome do monstro, certamente, deriva da denominação do soberano cretense: Minos. Além disso, a residência do Minotauro, o labirinto, faz lembrar o palácio de Cnossos.

O povoamento da Grécia

Provavelmente, os primeiros povos a habitar a Grécia foram os **pelasgos**, ou **pelágios**. Ao que tudo indica, por volta do ano 2000 a.C., esses povos, organizados em comunidades coletivistas, ocupavam a zona litorânea e mais alguns pontos isolados na Grécia continental. Foi aproximadamente nessa época que teve início, na Grécia, um grande período de invasões, que se prolongaria até 1200 a.C. Os povos invasores – **indo-europeus** provenientes das planícies euro-asiáticas – chegaram em pequenos grupos, subjugando lentamente os pelasgos.

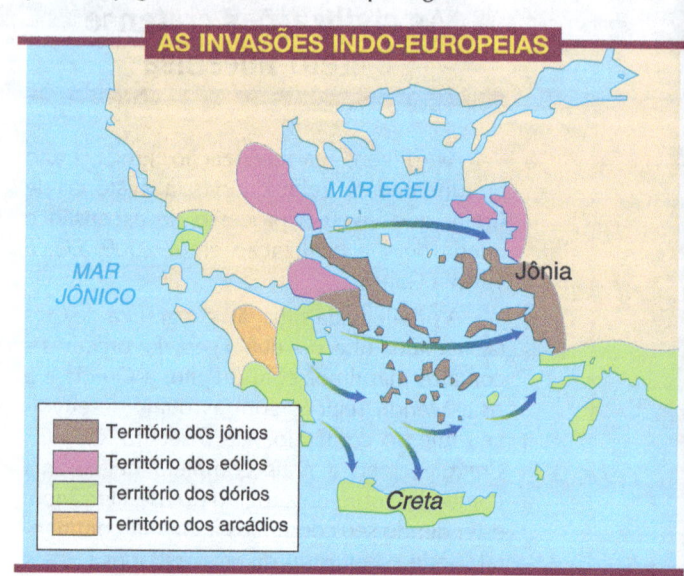

AS INVASÕES INDO-EUROPEIAS

- Território dos jônios
- Território dos eólios
- Território dos dórios
- Território dos arcádios

Os primeiros indo-europeus que invadiram a Grécia foram os **aqueus**, e ali se estabeleceram entre os anos 2000 a.C. e 1700 a.C. Foram eles os fundadores de Micenas, cidade que constituiu o berço da civilização creto-micênica.

Entre 1700 a.C. e 1400 a.C., outros povos atingiram a Grécia: os **eólios**, que ocuparam a Tessália e outras regiões, e os **jônios**, que se fixaram na Ática, onde posteriormente fundariam a cidade de Atenas. A partir de 1400 a.C., com a decadência da civilização cretense, Micenas viveu um período de grande desenvolvimento, que terminaria por volta de 1200 a.C., quando se iniciaram as invasões dos **dórios**.

Os dórios – o último povo indo-europeu a migrar para a Grécia – eram essencialmente guerreiros. Ao que parece, foram eles os responsáveis pela destruição da civilização micênica e pelo consequente deslocamento de grupos humanos da Grécia continental para diversas ilhas do Egeu e para a costa da Ásia Menor. Esse processo de dispersão é conhecido pelo nome de **primeira diáspora**.

Após o esplendor da civilização micênica, seguiu-se um período em que as cidades foram saqueadas, a escrita desapareceu e a vida política e econômica enfraqueceu, caracterizando um processo de regressão da Grécia a uma fase primitiva e rural. Desse período (séculos XII a.C. a VIII a.C.), que foi a base da civilização grega, não se tem registro, exceto os poemas *Ilíada* e *Odisseia*, atribuídos a Homero, que, tendo vivido no século VI a.C., teria recolhido histórias transmitidas oralmente durante os séculos anteriores. Por essa razão, esse período, posterior à invasão dórica, ficou conhecido como **tempos homéricos**. Em decorrência, o período anterior a 1200 a.C., caracterizado pela imigração de povos indo-europeus e pela formação da cultura creto-micênica, recebeu a denominação de **tempos pré-homéricos**.

Os tempos homéricos (do século XII a.C. ao século VIII a.C.)

Para compreendermos a evolução política da Grécia antiga, é necessário retrocedermos aos tempos pré-homéricos, quando os povos indo-europeus ali se fixaram. Já nessa época, esses grupos humanos encontravam-se divididos em **genos**, famílias coletivas constituídas por um grande número de pessoas sob a liderança de um patriarca. Após as invasões dos dórios, os genos passaram a constituir a forma predominante de organização social. Assim, podemos afirmar que o período homérico foi também o período das **comunidades gentílicas**.

Cada geno constituía uma unidade econômica, social, política e religiosa da sociedade grega. De fato, esses pequenos agrupamentos humanos conseguiam, isoladamente, assegurar sua sobrevivência com uma economia natural e coletivista. Os meios de produção (terra, sementes), assim como os bens produzidos (alimentos, objetos), pertenciam a todos os indivíduos, ou seja, a propriedade não tinha caráter particular. Na organização hierárquica dos genos, o patriarca, ou ***pater***, era a autoridade máxima, exercendo as funções de juiz, chefe religioso e militar. O critério que definia a posição dos indivíduos na comunidade era o seu grau de parentesco com o *pater*.

As comunidades gentílicas existiram durante quase todo o período homérico. Apenas por volta do século VIII a.C., iniciou-se o processo de desintegração dos genos, evoluindo mais rapidamente em algumas regiões do que em outras. Diversos fatores contribuíram para a dissolução dos genos no final dos tempos homéricos, entre eles o crescimento populacional e o aumento do consumo. Entretanto, a produção continuava limitada, pois havia poucas terras férteis e as técnicas de produção eram bastante rudimentares.

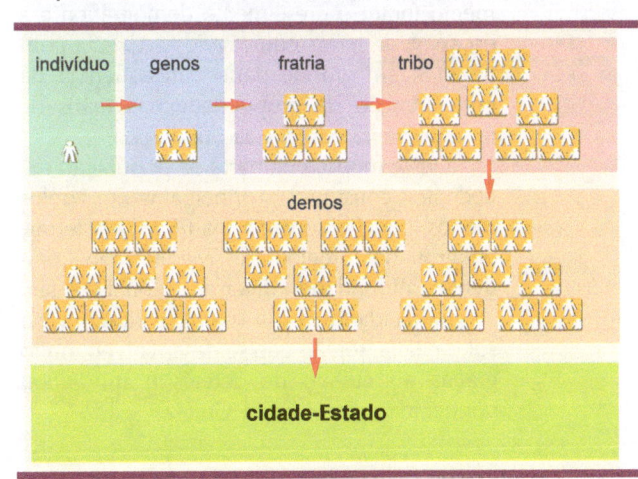

Esquema da organização da sociedade grega do período homérico.

A luta pela sobrevivência, que dependia basicamente da terra, desencadeou uma série de guerras entre genos. Para enfrentar um inimigo comum, alguns deles se uniram, formando uma **fratria**. Reunidas, as fratrias constituíam uma **tribo**, a qual se submetia à autoridade do **filobasileu**, o supremo comandante do exército. A união de várias tribos deu origem ao demos ("povo", "povoado"), que reconhecia como seu líder supremo o **baliseu**.

A crise da sociedade gentílica alterou profundamente a estrutura interna dos genos. Aos poucos, a terra deixou de constituir propriedade coletiva, sendo dividida, de modo desigual, entre os membros dos genos. As melhores parcelas de terra foram tomadas pelos parentes mais próximos do *pater*, que por esse motivo passaram a ser chamados de **eupátridas** ("bem-nascidos"). O restante das terras foi dividido entre os **georgóis** ("agricultores"), parentes mais distantes do patriarca. Nesse processo de divisão, os mais prejudicados foram os **thetas** ("marginais"), para os quais nada restou.

Com a crise das comunidades gentílicas, a Grécia continental se transformou em palco de inúmeros conflitos e tensões sociais, que resultaram em uma nova dispersão do povo grego – a **segunda diáspora**. Os principais fatores que provocaram esse novo deslocamento foram o crescimento demográfico e a escassez de terras cultiváveis na Grécia continental, em grande parte consequência da concentração da propriedade nas mãos de uma pequena parcela da população.

Desse modo, boa parte da população excedente, constituída, principalmente, pelos menos beneficiados na partilha das terras, emigrou para regiões do Mediterrâneo ocidental, ali fundando diversas colônias. Assim surgiram cidades como Tarento e Siracusa, no sul da Itália, região que se desenvolveu muito graças ao cultivo de cereais e que ficou conhecida como Magna Grécia.

A segunda diáspora

A segunda diáspora originou centros de colonização que, juntamente com as cidades que surgiam, atuaram decisivamente para o desenvolvimento comercial dos gregos, abrindo caminho para o domínio do Mediterrâneo oriental. As novas colônias fundadas mantinham laços muito fortes com as cidades gregas, constituindo postos avançados de seus valores e cultura. A irradiação grega com a segunda diáspora chegou até mesmo à península Ibérica, no limite ocidental do Mediterrâneo. Na Ibéria, a primeira colônia foi Ampurias, nome originário da palavra grega *emporion*, que significa "mercado".

Nesse período de instabilidade, por questões de segurança, várias tribos se uniram formando comunidades independentes, que deram origem às **pólis** ou **cidades-Estados**. As cidades-Estados tinham como ponto central a acrópole, parte mais alta da povoação, governada pelo conselho de aristocratas, os eupátridas.

Os tempos arcaicos (do século VIII a.C. ao século VI a.C.)

A privatização das terras e a dissolução da comunidade gentílica levaram a profundas transformações no interior da sociedade grega. Inicialmente, processou-se a passagem de uma economia doméstica para uma economia de mercado local, que, mais tarde, voltou-se para o exterior.

Em sintonia, a sociedade e a política passavam por transformações: a aristocracia enriquecia, aumentando as desigualdades entre os grupos sociais, levando a descontentamentos, lutas, tiranias. Mais que a tradição, seria a riqueza que determinaria o lugar do indivíduo na escala social. Como decorrência do aumento de importância da aristocracia, substituiu-se a monarquia pela oligarquia (= "governos de poucos").

A Grécia possuiu mais de cem cidades-Estados autônomas e independentes que, de modo geral, se mantiveram oligárquicas ou evoluíram para a democracia. Vamos tratar aqui dos dois exemplos mais importantes das pólis gregas: Esparta (a oligárquica) e Atenas (a democrática).

Esparta

Esparta, ou Lacedemônia, localizava-se na península do Peloponeso, na planície da Lacônia. Foi fundada no século IX a.C., às margens do rio Eurotas, após a união (sinecismo) das três tribos dórias. Embora defendida por um conjunto de montanhas cujos desfiladeiros formavam fortificações naturais e a isolavam das regiões vizinhas, parece ter seguido, até o século VII a.C., uma evolução semelhante à das demais cidades dominadas pelos dórios. Nesse período, Esparta conquistou a região da Messênia, que a circundava, e solidificou seu caráter essencialmente guerreiro, vindo a desenvolver-se de forma peculiar e distinta das demais pólis gregas.

A estrutura social espartana era rígida e dividia-se em:

- **Espartanos** ou **esparciatas**: descendentes dos conquistadores dórios, eram os únicos detentores da cidadania e, portanto, com direitos políticos. Formavam uma classe privilegiada que monopolizava o poder militar e, por decorrência, o político e o religioso.

- **Periecos**: eram os habitantes dos arredores da cidade, provavelmente descendentes das populações nativas que se submeteram pacificamente aos dórios. Livres, dedicavam-se ao comércio e ao artesanato, tarefas desprezadas pelos espartanos.

- **Hilotas**: eram servos pertencentes ao Estado, prováveis descendentes da população conquistada pelos dórios. Eram cedidos aos espartanos juntamente com a terra na qual trabalhavam e, por constituírem a maioria da população, eram mantidos em obediência pelo terror.

ESPARTA

Esparta, por estar no interior e cercada por montanhas, isolou-se das demais cidades-Estado, baseando sua economia na agricultura.

"Os hilotas são frequentemente definidos como escravos. Na verdade, um conjunto de fatores permite que eles sejam caracterizados mais como servos do que como escravos propriamente ditos. Habitavam as terras conquistadas pelos espartanos; eram todos da mesma origem e, uma vez subjugados, permaneciam juntos nos locais e jamais se afastavam. Nesse sentido, eram muito diferentes dos escravos de Atenas, por exemplo, que vinham de muitas regiões do mundo bárbaro e grego. Os servos espartanos estavam presos à terra; não podiam se transferir, eram propriedade do Estado, e executavam as tarefas agrícolas nas terras repartidas entre os cidadãos quando da conquista."

FLORENZANO, Maria Beatriz B. *O mundo antigo: economia e sociedade*. São Paulo, Brasiliense, 1982. (Coleção Tudo é História). p. 52.

A legislação espartana baseava-se num código de leis atribuído a **Licurgo**, cuja existência é posta em dúvida pelos historiadores. Essa legislação preservava a sociedade guerreira assegurando aos cidadãos-soldados (espartanos) totais privilégios.

Politicamente, Esparta organizava-se sob uma **diarquia**, ou seja, uma monarquia composta por dois reis, que tinham funções religiosas e guerreiras. As funções executivas, entretanto, eram exercidas pelo **Eforato** composto por cinco membros eleitos anualmente, que administravam os negócios públicos e fiscalizavam a vida dos cidadãos.

Havia, ainda, a **Gerúsia**, composta por 28 membros da aristocracia, com idade superior a sessenta anos, que tinha funções legislativas e de corte suprema e controlava a atividade dos **diarcas**. Na base das estruturas políticas, encontrava-se a **Ápela** ou **assembleia popular**, formada por todos os cidadãos maiores de trinta anos, que tinha a função de votar leis e escolher os **gerontes**.

Alguns historiadores chegaram a estimar uma população superior a quarenta mil habitantes para Esparta, na época de seu apogeu. O grupo privilegiado – incluindo-se aí suas famílias – e controlador dos poderes da pólis não ultrapassava 20% do total, consagrando a ordem oligárquica, militar e conservadora de Esparta.

ESTRUTURA POLÍTICA DE ESPARTA

- 5 ÉFOROS
- DIARQUIA
- GERÚSIA (Conselho de Anciãos) 28
- EXÉRCITO (obrigados a prestar serviço militar em guerra)
- ASSEMBLEIA POPULAR — espartanos (cidadãos), periecos (habitantes da periferia)
- hilotas (sem direitos)

Ao contrário de Atenas e de outras pólis gregas, Esparta manteve-se sempre oligárquica, não evoluindo para a democracia. O modo de vida espartano, rigidamente regulamentado, visava perpetuar, de todas as formas, a estrutura social existente. Atendendo a essa disposição, a educação do cidadão espartano era dirigida intensamente para a obediência à autoridade e para a aptidão física, fundamentais a um Estado militarizado. Sob essas condições, a debilidade física era inadmissível e as crianças que apresentassem algum indício de doença ou fraqueza eram sacrificadas ao nascer. As demais ficavam com suas famílias até os sete anos de idade, quando então os meninos eram entregues aos cuidados do Estado.

"A participação de todos os cidadãos espartanos na educação militar torna-os uma espécie de casta aristocrática. Aliás, muitos traços dessa educação lembram a formação da antiga nobreza grega. Mas o fato de ter sido estendida aos que não eram nobres prova que houve uma evolução que modificou neste sentido o presumível domínio original dos nobres. Um regime aristocrático pacífico, semelhante ao de outros Estados gregos, não bastava a Esparta. Havia subjugado os messênios – povo amante da liberdade, e que, apesar dos séculos, não conseguia habituar-se à sua servidão – e precisava manter pela força o seu domínio. Isto só era possível pela organização de todos os cidadãos espartanos numa classe senhorial armada e livre das preocupações do trabalho. A razão desta evolução encontra-se indubitavelmente nas guerras do século VII, e pode tê-la favorecido ainda a luta do demos por direitos mais amplos."

JAEGER, Werner. Paideia – A formação do homem grego. São Paulo, Martins Fontes, 1989. p. 79.

A CIVILIZAÇÃO GREGA

Aprendendo a viver em duras condições, sob rígida disciplina, obtinham, até os 18 anos, uma férrea educação guerreira. Com essa idade ingressavam no exército, tornando-se **hoplitas**. Aos trinta anos tornavam-se cidadãos, sendo-lhes permitido casar e ter participação política. Somente aos sessenta anos os espartanos eram desmobilizados do exército, podendo fazer parte da Gerúsia.

De acordo com o culto ao preparo físico, também as moças eram educadas severamente pela família e obrigadas a executar exercícios atléticos.

Atenas

Atenas, situada na Ática, apresenta uma paisagem movimentada, onde colinas e montanhas parcelam pequenas planícies. Cada região recebe uma denominação específica: regiões de planícies férteis chamavam-se **Pédium**, regiões de montanhas áridas, **Diácria**, e regiões litorâneas, **Parália**.

A PÓLIS DE ATENAS

Atenas fez do porto de Pireu a porta para sua expansão no mar Egeu.

A ocupação inicial da Ática foi realizada pelos aqueus, seguidos posteriormente por eólios e principalmente **jônios**. Atenas, que havia sido fundada pelos jônios, foi poupada, graças à sua localização – próxima ao mar e cercada por montanhas –, às invasões dóricas do século XII a.C. e ao conhecimento de uma sociedade imposta pelos vencedores.

No final da época homérica, entretanto, também a Ática passou por profundas transformações, desde a desagregação da comunidade gentílica até a formação da sociedade de classes. Foi nesse período, aproximadamente século X a.C., que ocorreu a unificação das células gentílicas em quatro tribos, em torno do centro político-militar-religioso que a acrópole de Atenas representava.

Busto do poeta Homero. O período homérico corresponde ao final da Idade do Bronze e início da Idade do Ferro e ao período em que o alfabeto fenício foi adaptado à língua grega.

Atenas conservou a monarquia por muito tempo, até que os aristocratas acabaram por solapar o poder do basileu, que foi substituído pelo **arcontado** – composto por nove arcontes cujos mandatos eram anuais: **arconte polemarco** (tinha poder militar e de julgar os estrangeiros); **arconte epônimo** (representava o poder religioso); **arcontes *thesmothetas*** (em número de seis, tinham o poder judiciário sobre os *thetas* e georgóis).

Foi também criado um conselho – o **areópago** – composto por eupátridas, com função de regular a ação dos arcontes. Estabeleceu-se, assim, o pleno domínio oligárquico.

Nesse período, chamado **pós-homérico** ou arcaico, a escassez de terras férteis e o aumento populacional impulsionaram algumas cidades – como Corinto, Mégara e, destacadamente, Atenas – a estabelecer colônias com fins comerciais e de povoamento em vários pontos do Mediterrâneo – era o período da segunda diáspora. Durante o transcurso dos séculos VIII, VII e VI a.C., os gregos instalaram entrepostos e colônias, principalmente no sul da península Itálica, em torno do mar Negro – chamado, então, de **Ponto Euxino** – e na Ásia Menor.

O comércio entre essas áreas baseava-se nas exportações de azeite, vinho e peças de artesanato gregas e na importação de artigos como trigo, metais preciosos, cobre, ferro e madeira das regiões mediterrânicas. Essa expansão atenuou os problemas agrários internos, enriqueceu cidades e, ao mesmo tempo, expandiu a cultura grega.

A EXPANSÃO GREGA

Na primeira diáspora, a expansão grega dirigiu-se principalmente para a Ásia Menor, e, na segunda, para a Magna Grécia.

Em Atenas, as classes ligadas ao comércio, ao mesmo tempo que adquiriam maior poder econômico, procuravam ampliar seu domínio social e político, fato desencadeador de confrontos e lutas que ajudaram a moldar sua nova estrutura.

Além dos eupátridas, georgóis e *thetas* (que em boa parte emigraram em expedições colonizadoras), a sociedade ateniense ainda se subdividiria, a partir do século VIII a.C., em:

■ **Comerciantes e artesãos**: era um grupo social intermediário que fez da riqueza um valor que se sobrepôs à tradição.

■ **Escravos**: prisioneiros de guerra, sem direitos políticos, eram de início numericamente inexpressivos, mas logo se transformaram na base da produção agrária. Em Atenas, atuaram em todos os ofícios, e muitos até chegaram a alcançar a liberdade, embora nunca a cidadania.

O escravo na Antiguidade

"Tido como bem móvel, não constituía uma categoria social desprovida totalmente de direitos. Na família senhorial recebia um nome e era associado ao culto doméstico. [...] Mesmo como escravo, podia pleitear, representado pelo senhor, seus direitos na Justiça. E mais, ao amo era proibido, ao menos segundo a lei, injuriar gravemente, aleijar ou matar seu cativo. O escravo injustamente seviciado podia até mesmo procurar refúgio junto a templos específicos e pedir aos sacerdotes que se pronunciassem pela sua venda a um outro senhor. Em Atenas, o castigo físico 'normal' dos cativos não podia exceder 50 chicotadas."

MAESTRI FILHO, Mário José. *O escravismo antigo.* São Paulo/Campinas: Atual/Unicamp, 1986. p. 29.

A CIVILIZAÇÃO GREGA

A estrutura social ateniense ativou o confronto de interesses e impasses que caracterizaram o período arcaico. De maneira geral, havia rivalidades políticas resultantes da posição socioeconômica dos diversos grupos existentes em Atenas. Os eupátridas, donos das maiores e melhores terras na planície (Pédium), buscavam conservar seus privilégios e o poder. Já os comerciantes, controladores do litoral (Parália), enriquecendo crescentemente, buscavam mudanças a fim de conseguir participação no poder.

Em pior situação estavam os georgóis e os *thetas*, habitantes da montanha (Diácria), vivendo em péssimas condições, sem direitos políticos. Muitos recorriam a empréstimos para poder cultivar suas terras, visando à sobrevivência. Com isso endividavam-se, ficando sujeitos aos poderosos, o que semeava descontentamento e anseio por mudanças.

Esquematicamente, poderíamos apontar o seguinte quadro sociopolítico, resumindo a latente tensão entre os grupos sociais atenienses:

Partido	Classe social	Posição política
Pediano	Eupátridas (oligarquias)	Conservadores
Paraliano ou Litorâneo	Comerciantes (possuem o poder econômico)	Moderados (só queriam pequenas mudanças políticas)
Diacriano ou Montanhês	*Thetas* e georgóis (endividados)	Radicais populares (lutam por mudanças profundas)

As lutas entre as classes sociais, a instabilidade, o crescimento da pólis e o desenvolvimento do comércio foram fatores que motivaram o surgimento de reformas, feitas por legisladores, que expressavam as divisões no interior da sociedade.

Dentre esses legisladores, destacou-se **Drácon**, que, em 621 a.C., organizou e registrou por escrito as leis que, até então, baseavam-se na tradição oral e eram conhecidas apenas pelos aupátridas. O código legal de Drácon, entretanto, além de ser extremamente severo, manteve os privilégios sociais e políticos existentes. Assim, mesmo com as leis escritas, as desigualdades continuaram ativando o descontentamento, levando, consequentemente, à ocorrência de choques sociais.

Em 594 a.C., **Sólon**, outro legislador, deu início a reformas mais ambiciosas. Eliminou as hipotecas por dívidas, libertou os escravizados por elas e dividiu a sociedade censitariamente, ou seja, de acordo com o padrão de renda dos indivíduos. O critério de riqueza passou, então, a determinar privilégios, abrindo espaço para a ascensão política dos ricos demiurgos. Além disso, criou a **Bulé**, ou Conselho dos Quatrocentos, da qual participavam elementos das quatro tribos em que estava dividida a Ática; a **Eclésia**, assembleia popular que aprovava as medidas da Bulé; e o **Helieu**, tribunal de justiça aberto a todos os cidadãos.

O reformador Sólon. A reforma de Sólon favoreceu a dinâmica classe dos demiurgos.

> "Sólon, não sendo tirano, estava investido de poder supremo para mediar as azedas lutas sociais entre os ricos e os pobres que irromperam na Ática ao virar do século VI. A sua medida decisiva foi a abolição da servidão no campo, o mecanismo típico por meio do qual os pequenos camponeses caíam nas mãos dos grandes proprietários fundiários e se tornavam seus cultivadores dependentes, ou os cultivadores ficavam cativos dos proprietários aristocratas."
>
> ANDERSON, Perry. *Passagens da Antiguidade ao feudalismo*. Porto, Afrontamento, 1982. p. 33.

As reformas de Sólon desagradaram os aristocratas, que perderam parte de seus privilégios oligárquicos, e o povo, que esperava reformas mais extensas e profundas. A conturbação política que se seguiu à reforma de Sólon permitiu o surgimento dos **tiranos**, ditadores que usurparam o poder. O primeiro foi **Pisístrato**, que governou Atenas de 561 a.C. a 527 a.C. e procurou amenizar os confrontos sociais, patrocinando várias obras públicas, gerando emprego a *thetas* e georgóis descontentes.

Pisístrato foi sucedido por seus filhos **Hiparco** e **Hípias**, que não deram seguimento a essas reformas, perdendo o apoio popular e gerando insatisfação. Em 510 a.C., eclode uma revolta, liderada por **Clístenes**. Finaliza-se a ditadura e inaugura-se a democracia ateniense.

Uma das primeiras medidas de Clístenes foi a redivisão de Atenas em dez tribos, em lugar das quatro anteriores. Dessa forma, foi neutralizada a influência dos eupátridas, eliminando-se o papel político tradicional de genos, tribos e fratrias. Procedendo à reorganização dos órgãos públicos, a Bulé passou a contar com quinhentos membros (cinquenta por tribo), os quais se revezam no governo da pólis; ao colégio de nove arcontes foi acrescentado um secretário (dez membros), um eleito de cada tribo. A Eclésia, assembleia popular que incluia todos os cidadãos e que possuía um quorum mínimo funcional de seis mil pessoas, teve seus poderes decisórios ampliados, fiscalizando a atuação das demais instituições políticas e votando as propostas da Bulé.

A Eclésia tinha também o poder de votar o **ostracismo** – exílio por um período de dez anos – contra todos os que pusessem em perigo a democracia ateniense. O exilado não perdia suas propriedades, que lhe eram restituídas, juntamente com seus direitos civis, ao retornar à cidade.

É importante lembrar que a democracia instituída pelas reformas de Clístenes era um sistema político do qual participavam todos os cidadãos atenienses, adultos, filhos de pai e mãe atenienses. Estes, entretanto, constituíam uma minoria da qual estavam excluídos os estrangeiros (metecos), os escravos e as mulheres.

Parte de um voto de ostracismo. Ao criar essa instituição, Clístenes pretendia defender os cidadãos contra o retorno da tirania.

Clístenes foi denominado o "pai da democracia" e suas reformas trouxeram a estabilidade social que permitiu a expansão econômica ateniense.

Atenas era, assim, o reverso político de Esparta e essa oposição seria marcante na história grega, ficando agrupadas em torno de uma ou de outra as demais cidades-Estados gregas. Entretanto, durante o século V a.C., essas diferenças ficariam obscurecidas pelo esforço conjunto contra o avanço dos medo-persas sobre as colônias gregas orientais e, posteriormente, sobre a própria península Balcânica.

> Toda Grécia tinha uma sociedade predominantemente masculina em que somente os homens eram cidadãos. Mas, por estranho que pareça, era em Esparta que as mulheres gozavam de maior liberdade. Nesta pólis, as mulheres eram preparadas fisicamente para uma maternidade sadia, praticando exercícios e participando de várias disputas esportivas. Tal fato devia-se à não rara ausência do homem em Esparta, com suas constantes ações militares, e da necessidade de dar continuidade à administração familiar e, às vezes, urbana.
>
> Já em Atenas, com uma democracia restrita aos cidadãos (homens e adultos), a expectativa quanto às mulheres é que, quando de "famílias ricas permane-

A CIVILIZAÇÃO GREGA

Os tempos clássicos (do século V a.C. ao século IV a.C.)

cessem reclusas em casa até a morte. As necessidades da vida, contudo, certamente obrigavam as mulheres das classes inferiores a cuidar de barracas no mercado ou a trabalhar nos campos. As mulheres desfrutavam de poucos dos direitos da democracia ateniense, mas, apesar disso, muitas exerceram considerável influência. Consta que a concubina de Péricles, Aspásia, ajudou-o a escrever seus discursos. E a todos surpreendia ver o grande estadista a cada manhã, ao sair de casa, despedir-se de Aspásia com beijos."

A elevação do espírito: 600 a.C.- 400 a.C. Rio de Janeiro, Time-Life Livros/Cidade Cultural, 1989. p. 82.

Enquanto Atenas fortalecia sua estrutura democrática, os persas, que já eram senhores de grandes domínios no Oriente, avançaram em direção ao oeste. Sob o comando do imperador Dario I, chegaram à Ásia Menor, onde atacaram Mileto, Éfeso e as ilhas de Samos e Lesbos. Após algum tempo de submissão, essas regiões rebelaram-se, e Atenas enviou navios e tropas em seu auxílio. Entretanto, esses esforços foram insuficientes, permitindo que os persas destruíssem Mileto e iniciassem seu avanço sobre a Grécia. Era o início das **Guerras Médicas**.

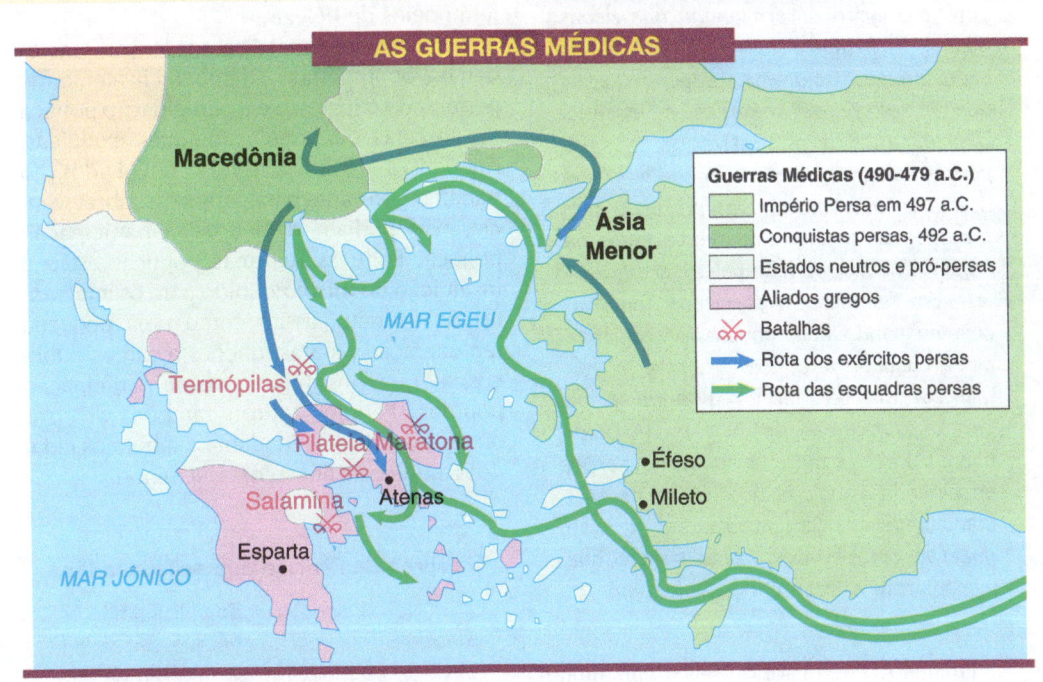

AS GUERRAS MÉDICAS

Guerras Médicas (490-479 a.C.)
- Império Persa em 497 a.C.
- Conquistas persas, 492 a.C.
- Estados neutros e pró-persas
- Aliados gregos
- Batalhas
- Rota dos exércitos persas
- Rota das esquadras persas

Nas Guerras Médicas, gregos e persas lutavam pela hegemonia do mar Egeu.

A primeira expedição enviada por Dario I foi desbaratada em Maratona (490 a.C.), numa batalha em que os gregos, apesar da inferioridade numérica, acabaram vitoriosos. Nos anos seguintes, Atenas reforçou sua marinha e as cidades gregas puderam preparar-se para enfrentar os novos ataques persas. Entretanto, quando Xerxes, sucessor de Dario, deu início à segunda investida contra o território grego, esteve muito próximo de estender seu domínio sobre toda a Grécia. Após derrotar um exército espartano comandado por Leônidas, no desfiladeiro das Termópilas, chegou a invadir e incendiar Atenas.

Todavia, os persas acabaram por ver malograr seus intentos com a derrota na batalha naval de Salamina. Sem suprimentos ou reforços, o exército de Xerxes recuou para a Ásia Menor e foi derrotado na batalha de Plateia (479 a.C.) por forças atenienses e espartanas, sob o comando de Pausânias e Aristides. A luta com os persas, porém, não estava encerrada.

> ### Termópilas e Salamina
>
> Em Termópilas, o rei espartano Leônidas dispôs uns 5 mil homens, entre eles 300 espartanos, para barrar a passagem persa pelo desfiladeiro em direção à Grécia central e do sul. Depois de dias em luta, as tropas gregas acabaram cercadas por dezenas de milhares de inimigos. Conta-se que Xerxes mandou, então, um mensageiro determinando que depusessem as armas e exigindo a rendição de Leônidas, que, de pronto, respondeu para que Xerxes viesse tomá-las e vencê-lo. Depois, ante a afirmativa de que os persas soltariam tantas flechas que o sol ficaria encoberto, Leônidas retrucou com a resposta: "Melhor, assim lutaremos na sombra!". Foi destruído pelos persas.
>
> Em Salamina, o ateniense Temístocles contando com poucas e pequenas embarcações, ante os grandes e numerosos navios fenícios usados pelos persas, atraiu-os para a baía de Salamina. Quando a maré baixou o suficiente, encalhando a maioria dos navios persas, como esperava Temístocles, os gregos puseram em movimento seus barcos, que incendiaram a frota persa, destruindo-a.

Em meio à guerra, forjou-se a união militar das pólis gregas, denominada **Confederação de Delos**. Cada cidade-Estado deveria contribuir com navios ou dinheiro, a serem depositados na ilha de Delos. Quase todos os Estados gregos do mar Egeu aliaram-se, comandados por Atenas, que tomou definitivamente a ofensiva contra os persas, libertando algumas províncias da Ásia Menor e vencendo a decisiva batalha do rio Eurimedon, em 468 a.C.

Finalmente, em 449 a.C., foi assinada a Paz de Calias ou **Paz de Címon**, pela qual os persas comprometiam-se a abandonar o mar Egeu. O Mediterrâneo oriental ficava, assim, aberto à frota ateniense, que, sem rivais, pôde expandir o comércio e o poderio da cidade, que se encontrava em seu período de maior prosperidade. Paralelamente a isso, as cidades gregas estavam militarmente fortalecidas.

O período compreendido entre os anos 461 a.C. e 429 a.C. é considerado a "idade de ouro" de Atenas, quando a cidade viveu o seu auge econômico, militar, político e cultural. Nesse período, Atenas foi governada por **Péricles**, e nesses trinta anos tornou-se a cidade mais importante da Grécia, graças às reformas implantadas tanto no nível político, aperfeiçoando-se a democracia, quanto no cultural, produzindo-se obras-primas, até hoje modelos de beleza.

Embora aristocrata de nascença, Péricles deu maior amplitude à democracia ateniense, permitindo o ingresso e a participação política de parcelas da população antes excluídas. Atenienses de baixa renda, envolvidos no trabalho constante para garantir a sobrevivência, não podiam dedicar-se à participação política. Entre as reformas políticas estão a instituição do *misthoy*, soldo para os integrantes do exército, assim como uma pequena remuneração para as funções e cargos públicos, o que possibilitou maior participação popular. Péricles retirou também diversas outras restrições à cidadania, embora os cidadãos ainda constituíssem uma minoria.

> ### Discurso de Péricles aos seus cidadãos
>
> "Nossa constituição política não segue as leis de outras cidades, antes lhes serve de exemplo. Nosso governo se chama Democracia, porque a administração serve aos interesses da maioria e não de uma minoria.
>
> De acordo com nossas leis somos todos iguais no que se refere aos negócios privados. Quanto à participação na vida pública, porém, cada qual obtém a consideração de acordo com seus méri-

tos e mais importante é o valor pessoal que a classe a que se pertence; isso quer dizer que ninguém sente o obstáculo de sua pobreza ou condição social inferior quando seu valor o capacite a prestar serviços à cidade. [...] Por essas razões e muito mais, nossa cidade é digna de admiração."

AQUINO, Rubim dos Santos Leão de et alii. Trechos do discurso de Péricles. In: História das sociedades – das comunidades primitivas às sociedades medievais. Rio de Janeiro, Ao Livro Técnico, 1980. p. 201.

Nessa época, Atenas possuía quarenta mil cidadãos que, somados às suas famílias, completavam um total de 150 mil indivíduos. Os metecos (estrangeiros, filhos de não nascidos em Atenas) chegavam a cinquenta mil e os escravos perto de 120 mil. Assim, de uma população estimada de 320 mil pessoas, apenas quarenta mil participavam da democracia ateniense.

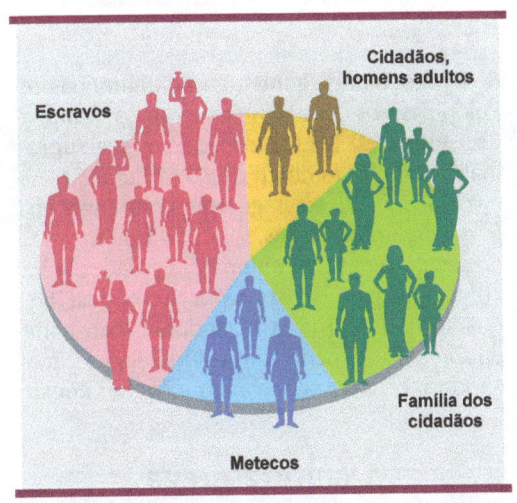

As divergências entre os historiadores quanto à população ateniense não anulam a diferença social quanto aos direitos políticos. Somente um reduzido grupo de cidadãos homens e adultos tinha acesso à participação política.

Péricles empenhou-se também na reconstrução e embelezamento de Atenas. Assim, entre as grandes construções realizadas, destacaram-se o **Partenon** – templo à deusa Atena –, o Erectéion e novas muralhas defensivas em torno da cidade que crescia.

Com o passar do tempo, o predomínio de Atenas na Confederação de Delos transformou-se em imperialismo: havia interferência ateniense na política e sociedade dos demais aliados. Após pressões, o tesouro de Delos foi transferido para Atenas; quando alguns Estados-membros quiseram se retirar, Atenas obrigou-os a permanecer por meio da força, transformando-os de aliados que eram em Estados que lhe pagavam tributos. Se Péricles era democrata em Atenas, em relação aos outros Estados era imperialista. Em troca dessas imposições, oferecia-lhes proteção contra invasões marítimas e vantagens comerciais.

Assim, o desenvolvimento e a manutenção da democracia ateniense dependia desse imperialismo, do intenso comércio, dos tributos cobrados das outras pólis, além da prata extraída das minas do Láurio. Era com recursos advindos da dominação interna, com a escravidão, e dessa dominação externa, com o imperialismo, que os atenienses ostentavam o *status* de cidadãos e garantiam o esplendor econômico e cultural do século de ouro.

As demais cidades-Estados que haviam permanecido aristocráticas, representadas especialmente por Esparta, opunham-se ao expansionismo ateniense, considerando-o um perigo econômico e político. Assim, organizaram, sob liderança espartana, a sua própria liga – a **Confederação do Peloponeso**.

Diante desse quadro, qualquer incidente colocaria frente a frente os dois blocos rivais. E foi o que aconteceu.

Em 431 a.C., as duas cidades rivais entraram em conflito frontal devido a uma disputa comercial entre Atenas e Corinto, velha aliada de Esparta. Esta tinha grande poderio terrestre enquanto Atenas dominava os mares. Esparta obteve vantagem logo no início, arrasando os campos da Ática e obrigando seus habitantes a se refugiarem dentro das muralhas atenienses. A superpopulação ajudou a propagar uma epidemia que atingiu, inclusive, Péricles. A partir daí, foi uma guerra de desgaste: durante dez anos, os conflitos se estenderam sem que houvesse vitórias ou derrotas decisivas.

A ANTIGUIDADE CLÁSSICA

AS GUERRAS DO PELOPONESO

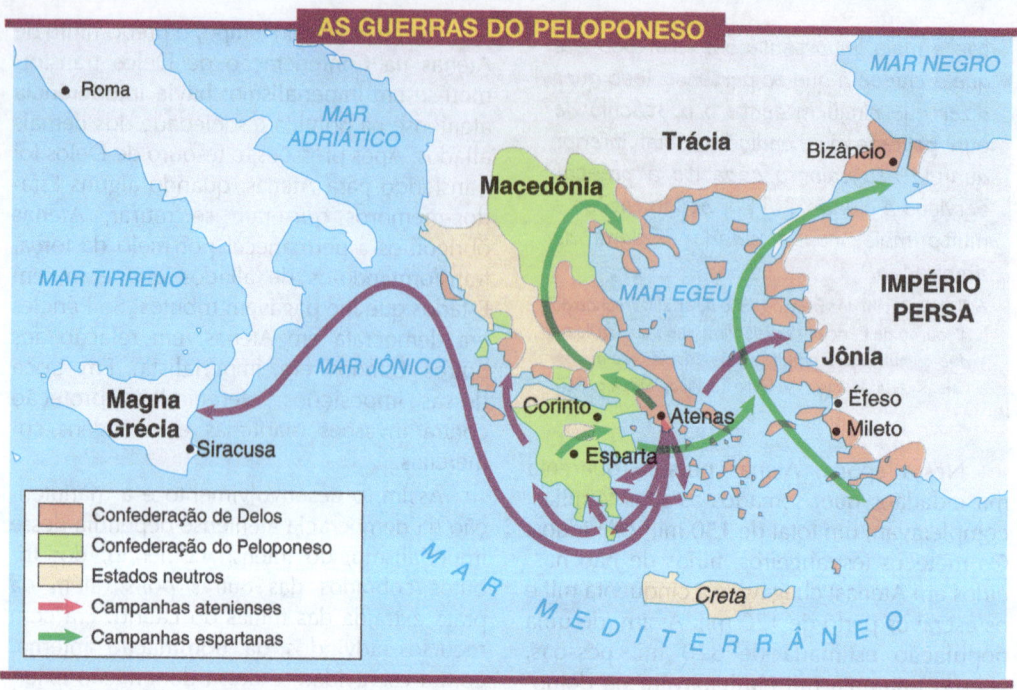

As Guerras do Peloponeso acabaram com o imperialismo ateniense, que deu lugar à hegemonia espartana.

Em 421 a.C. foi assinada a **Paz de Nícias**, rompida por Atenas sete anos depois, reiniciando as lutas que só se encerraram com a vitória espartana na **batalha de Égos Potamos** (404 a.C.). Atenas foi obrigada a entregar seus navios, demolir suas fortificações e renunciar ao império.

Iniciou-se o período da hegemonia espartana, com a ascensão dos governos oligárquicos e o fim da democracia ateniense. O sistema democrático até então vigente em Atenas foi substituído por trinta atenienses aristocráticos (governo dos Trinta Tiranos), ocorrendo o mesmo em outras cidades gregas de sistema democrático. O imperialismo e a democracia atenienses, desta forma, sucumbiram juntos, cabendo à Guerra do Peloponeso o papel de desfecho final. Mas o domínio espartano que se iniciou, durou pouco tempo.

A cidade de Tebas, localizada no estreito de Corinto, projetava-se crescentemente como grande potência militar da Grécia, quando se iniciou a hegemonia espartana. Tebas opôs-se a Esparta e, graças à tática militar de dois excelentes generais, Epaminondas e Pelópidas, os tebanos venceram a **batalha de Leutras** (371 a.C.) e iniciaram sua supremacia, que foi também de curta duração.

Na prática, essas guerras constantes enfraqueceram os gregos, e, a partir de meados do século IV a.C., nenhuma das cidades tinha condições para se sobrepor às outras. Enquanto isso ocorria, a Macedônia – ao norte da Grécia – expandia-se e fortalecia-se, tornando inevitável seu avanço sobre a Grécia.

A cultura grega

A herança cultural deixada pelos gregos foi muito rica e influenciou toda a civilização ocidental. Suas concepções de beleza, retratadas nas obras de escultura, pintura e arquitetura, foram tidas como clássicas, por seu equilíbrio e harmonia. Também sua produção teatral, filosófica e científica foi fecunda e marcou as linhas do pensamento até a Idade Moderna.

Teatro

O teatro grego, basicamente dividido em tragédia e comédia, era acessível a toda a população, sendo de grande importância para a educação dos jovens. Sua estrutura dramática, seus temas profundos, abordando a natureza humana, são tidos até hoje como o ponto alto da arte teatral.

As encenações eram feitas ao ar livre, os atores usavam máscaras que expressavam a característica da personagem, e todos os papéis, inclusive os femininos, eram desempenhados por homens. Outra característica do teatro grego eram os coros, que cantavam e dançavam nos espetáculos. Durante os festivais de teatro – muito populares e concorridos – eram feitos concursos, que davam grande projeção aos vencedores.

Máscara grega usada nas representações teatrais e ruínas do teatro Epidauro, com capacidade para mais de dez mil espectadores.

Tudo indica que o nascimento do teatro se deu em meio às festas ao deus Dioniso – as dionisíacas – em que se faziam o *comos* (em grego, procissão alegre), que deu origem à comédia, e o *tragos* (= bode) e *odé* (= canto) partes do culto ao deus do vinho que originaram a tragédia.

Nas tragédias, os gregos discutiam os problemas eternos do homem, como a questão do destino, as paixões e a justiça. Já a comédia satirizava os costumes, o comportamento humano e a própria sociedade.

"É possível que, desde os tempos da civilização cretense, tenham existido 'locais de espetáculo', a que os gregos chamarão *theatron* (de *théan*, ver), e os romanos *theatrum*, se acreditarmos que, já então, as pessoas se distraíam vendo as evoluções de coros que dançavam verdadeiros bailados, cujo significado era religioso, simbólico ou simplesmente mimético. É possível, por exemplo, que bailarinos, desde o terceiro milênio a.C., tenham imitado, numa área rodeada de espectadores, as evoluções dos grous no céu, aves sagradas regressando para o reino de Apolo, no extremo norte. Nos poemas homéricos, fala-se de espaços reservados, no interior das cidades, às danças que faziam parte das festividades oficiais. Esses espaços denominavam-se *choros*, termo que, na época clássica, mas já na língua de Homero, designava essencialmente os grupos bailarinos. O *choros*, no seu sentido original, significa lugar sagrado; existe na ágora (a praça pública) de todas as cidades."

GRIMAL, Pierre. *O teatro antigo*. Lisboa, Edições 70, 1986. p. 15.

Os mais destacados teatrólogos e suas obras foram: **Ésquilo**, considerado o criador do gênero tragédia, cujas peças mais importantes são: *Os persas, Os sete contra Tebas* e *Prometeu acorrentado*; **Sófocles**, que escreveu grandes clássicos como *Édipo rei, Antígona* e *Electra*; **Aristófones**, que escreveu diversas comédias, entre elas *As vespas, As nuvens, As rãs*; e **Eurípedes**, que produziu *Medeia, As troianas, As bacantes*, etc.

História

Os gregos foram os primeiros a tratar a História como investigação, separando as lendas dos fatos. **Heródoto de Halicarnasso** – chamado o "pai da História" – foi o prosador das Guerras Médicas, buscando suas causas e seu fim, na tentativa de fazer uma análise equilibrada dos fatos. Outros historiadores destacados foram **Xenofonte** e **Tucídides**, este último, autor de *Guerra do Peloponeso*.

Poesia

A mais famosa obra poética grega – além de ser sua mais antiga obra literária – são os poemas atribuídos a **Homero**, a *Ilíada* e a *Odisseia*, que permitiram a reconstrução de boa parte da história grega anterior ao século VIII a.C. A *Ilíada* narra a Guerra de Troia (*Ílion*, em grego) enquanto a *Odisseia* conta as viagens do herói Ulisses (*Odisseu*, em grego) e o retorno ao seu reino de Ítaca. Além de Homero, destacam-se os poetas Píndaro, que enalteceu os jogos olímpicos; Hesíodo, que escreveu *O trabalho e os dias*; e a poetisa Safo.

Filosofia

Buscando respostas sobre as questões mais diversas, os estudiosos da época, chamados **filósofos** (= "amigos da sabedoria"), com espírito crítico destruíram crenças, mitos e construíram teorias. A própria palavra **filosofia** é uma criação grega, resultado da fusão de duas outras: *philo*, derivada de *philia*, que significa amor fraterno, amizade, e *sophia* que quer dizer sabedoria (da qual se originou *sophos*, isto é, sábio).

A filosofia grega deixou como legado para o Ocidente, entre outras contribuições, a ideia de leis e princípios universais regulando a natureza, as quais podem ser conhecidas pelo pensamento humano, rompendo com a tradicional concepção dos conhecimentos secretos e misteriosos só atingíveis pela religião. Para se alcançar o conhecimento, os gregos firmaram a noção das regras e normas necessárias para descartar o falso e atingir o verdadeiro, ou seja, o desenvolvimento lógico, o ordenamento, a organização, enfim, o saber racional.

O nascimento da filosofia na Grécia deveu-se, entre outras coisas, à sua expansão colonial, desmistificando o mundo carregado de monstros e grandiosas figuras encantadas das versões mitológicas tradicionais, e ao desenvolvimento comercial e produtivo ligado à sua vida urbana que produziram a **política**, como expressão da vontade da coletividade humana. Na pólis (*pólis*, raiz da palavra "política"), as lutas civis conquistaram os direitos que estabeleceram o espaço público para a discussão, para o convencimento e para a decisão racional, negando o preestabelecido e a revelação sobrenatural.

A filosofia, com a coerência, a lógica e a razão, foi o rompimento com o mito, que vem da palavra grega *mythos*, que significava narrar para um público sobre a origens de qualquer coisa, com um sentido fabuloso, mágico, divino e incontestável.

Maneiras principais de Mito

1. O mito que parte do pai e da mãe, das coisas e dos seres

"Observando que as pessoas apaixonadas estão sempre cheias de ansiedade e de plenitude, inventam mil expedientes para estar com a pessoa amada ou para seduzi-la e também serem amadas, o mito narra a origem do amor, isto é, o nascimento do deus Eros (que conhecemos mais com o nome de Cupido):

Houve uma grande festa entre os deuses. Todos foram convidados, menos a deusa Penúria, sempre miserável e faminta. Quando a festa acabou, Penúria veio, comeu os restos e dormiu com o deus Poros (o astuto engenhoso). Dessa relação sexual, nasceu Eros (ou Cupido), que, como sua mãe, está sempre faminto, sedento e miserável, mas, como seu pai, tem mil astúcias para satisfazer e se fazer amado. Por isso, quando Eros fere alguém com sua flecha, esse alguém se apaixona e logo se sente faminto e sedento de amor, inventa astúcias para ser amado e satisfeito, ficando ora maltrapilho e semimorto, ora rico e cheio de vida."

2. O mito que parte da rivalidade ou aliança entre os deuses

"O poeta Homero, na *Ilíada*, que narra a Guerra de Troia, explica por que, em certas batalhas, os troianos eram vitoriosos e, em outras, a vitória cabia aos gregos. Os deuses estavam divididos, alguns a favor de um lado e outros a favor do outro. A cada vez, o rei dos deuses, Zeus, ficava com um dos partidos, aliava-se com um grupo e fazia um dos lados – ou os troianos ou os gregos – vencer uma batalha.

A causa da guerra, aliás, foi uma rivalidade entre deusas. Elas apareceram em sonho para o príncipe troiano Páris, oferecendo a ele seus dons e ele escolheu a deusa do amor, Afrodite. As outras deusas, enciumadas, o fizeram raptar a grega Helena, mulher do general grego Menelau, e isso deu início à guerra entre os humanos."

3. O mito que parte das recompensas ou castigos dos deuses

"Um titã, Prometeu, mais amigo dos homens do que dos deuses, roubou uma centelha de fogo e a trouxe de presente para os humanos. Prometeu foi castigado (amarrado num rochedo para que as aves de rapina, eternamente, devorassem seu fígado) e os homens também. Qual foi o castigo dos homens?

Os deuses fizeram uma mulher encantadora, Pandora, a quem foi entregue uma caixa que conteria coisas maravilhosas, mas nunca deveria ser aberta. Pandora foi enviada aos humanos e, cheia de curiosidade e querendo dar a eles as maravilhas, abriu a caixa. Dela saíram todas as desgraças, doenças, pestes, guerras e, sobretudo, a morte. Explica-se, assim, a origem dos males no mundo."

CHAUÍ, Marilena. *Convite à Filosofia*. São Paulo, Ática, 1994. p. 29.

Os primeiros filósofos gregos surgiram no século VI a.C., na **Escola de Mileto**, destacando-se **Tales de Mileto**, **Anaxímenes** e **Anaximandro**. Eles defendiam que tudo na natureza derivava de um elemento básico gerador de todas as coisas. Para Tales esse elemento era a água, para Anaxímenes, o ar, e, para Anaximandro, a matéria.

Com o aprofundamento do conhecimento sobre a natureza e sobre o universo, no final do século VI a.C., surgiu a **Escola Pitagórica**, fundada por **Pitágoras**. Os pitagóricos defendiam o número, elemento abstrato, como a essência de tudo, concebendo um universo imutável, fundamentado na ordem e na harmonia.

No início do século V a.C., entretanto, Heráclito, contrariando os pitagóricos, provou que tudo no universo se transformava, passando por constantes mudanças. Nessa época, que correspondeu à da democracia ateniense, surgiu a **Escola Sofista**, que negava a existência de uma verdade absoluta e buscava conhecimentos úteis para a vida, enfatizando a retórica e o uso da palavra. Entre os sofistas, destacou-se **Protágoras**, o autor da frase "O homem é a medida de todas as coisas".

Durante todo o século V a.C., a filosofia ocupou-se com o homem, especialmente com a ética. Surgiu, então, a **Escola Socrática**, fundada por **Sócrates** e contrária aos sofistas. Sócrates defendia que a reflexão e a virtude eram fundamentais à vida; foi ele o autor, portanto, da frase "Conhece a ti mesmo". Por criticar o Estado ateniense durante as Guerras do Peloponeso, foi condenado à morte, tendo sido executado com cicuta (399 a.C.).

"Sabemos que os poderosos têm medo do pensamento, pois o poder é mais forte se ninguém pensar, se todo mundo aceitar as coisas como elas são, ou

> melhor, como nos dizem e nos fazem acreditar que elas são. Para os poderosos de Atenas, Sócrates tornara-se um perigo, pois fazia a juventude pensar. Por isso, eles o acusaram de desrespeitar os deuses, corromper os jovens e violar as leis. Levado perante a assembleia, Sócrates não se defendeu e foi condenado a tomar um veneno – a cicuta – e obrigado a suicidar-se.
>
> Por que Sócrates não se defendeu? 'Porque', dizia ele, 'se eu me defender, estarei aceitando as acusações, e eu não as aceito. Se eu me defender, o que os juízes vão exigir de mim? Que eu pare de filosofar. Mas eu prefiro a morte a ter que renunciar à filosofia'."
>
> CHAUÍ, Marilena. Convite à filosofia. São Paulo, Ática, 1994. p. 38.

A Escola Socrática continuou com **Platão**, defensor da virtude, cultivada com ideais de bondade, beleza e justiça. Para Platão, cada fenômeno terrestre era como um pálido reflexo do mundo das ideias; foi considerado por isso o filósofo do ideal, tendo fundado a Academia de Atenas e escrito **A República**, **Apologia de Sócrates**, **O banquete**, entre outras obras.

O filósofo toma cicuta diante de seus discípulos, afirmando que preferia a "morte a ter que renunciar à Filosofia".

A morte de Sócrates. David, 1787.

Outro expoente da Escola Socrática foi **Aristóteles**, considerado o "pai da lógica", e autor de *Política*. Ao contrário de Platão, Aristóteles se concentrava no estudo das mutações do mundo material: nascimento, transformação e destruição. Para ele, o real existia independentemente das ideias, e para conhecê-lo era necessário desenvolver a lógica.

Vale destacar que foi Atenas, voltada para o comércio, indústria, marinha, letras e artes, o principal eixo de desenvolvimento ou de ressonância da filosofia grega, contando com o forte espírito especulativo de suas elites culturais e a abertura da cidade às influências externas. O inexpressivo desenvolvimento de Esparta, ao contrário, deveu-se ao completo monitoramento cultural realizado pelo Estado, buscando a formação de cidadãos fisicamente capacitados e fiéis na manutenção da ordem vigente. A elite espartana, através do laconismo e da xenofobia, dificultou ao máximo a penetração de ideias "perigosas" ou "nocivas" à estrutura espartana.

Artes

Os gregos alcançaram notável progresso no campo das artes, principalmente na arquitetura e na escultura. Desenvolveram também a pintura, a música e a cerâmica. As artes gregas, em geral, caracterizavam-se pelo humanismo através da glorificação do ser humano; do nacionalismo, que simbolizava o orgulho do povo pela sua cidade; da simplicidade, do equilíbrio, da harmonia e da ordem.

Na arquitetura destacaram-se **Ictínio** e **Calícrates**, os construtores do Partenon. Os principais estilos arquitetônicos foram o jônico, o dórico e o coríntio, diferenciados especialmente pelo feitio do capitel das colunas. No jônico, são evidentes os traços de elegância e beleza, enquanto no estilo dórico patenteia-se, especialmente, a funcionalidade e o rigor das formas, expressões transbordantes de Esparta. Já no estilo decorrente de Corinto, uma das cidades mais opulentas da Grécia, destaca-se a abundância, a riqueza de detalhes. Os gregos deram os maiores exemplos de sua arte na construção dos templos erigidos em homenagem a seus deuses.

Na escultura, o maior destaque foi **Fídias**, autor da estátua da deusa Atena que existia no Partenon, e **Míron**, autor de *O discóbulo*. A maior característica da escultura grega, especialmente durante o período clássico, era a naturalidade e harmonia das formas.

Os estilos arquitetônicos refletiam importantes características das pólis gregas: o dórico de Esparta, o jônico de Atenas e o coríntio de Corinto. A harmonia e o equilíbrio da escultura grega valorizavam o antropocentrismo de suas obras.

Ciências

Berço de grandes pensadores, a Grécia gerou também cientistas teóricos, especialmente nas áreas da matemática, da medicina e das ciências naturais. Assim, Tales de Mileto e Pitágoras deixaram como herança grandes trabalhos de cálculos matemáticos e leis geométricas.

Na medicina, o estudioso **Hipócrates de Cós** deu os primeiros passos para a compreensão das doenças através dos sintomas, abandonando os tratamentos baseados em crenças e superstições. Também contribuíram nessa área, **Empédocles** e **Alcméon**. No campo das ciências naturais, destacaram-se **Anaximandro** e **Aristóteles**, este último considerado o maior pensador grego.

Religião

A religião grega era politeísta e antropomórfica, sendo composta de vários deuses que se assemelhavam aos homens, já que possuíam características físicas e psíquicas idênticas às humanas (fraquezas, paixões, virtudes). As principais divindades eram: **Zeus**, o senhor de todos os deuses do mundo; **Hera**, esposa de Zeus, protetora das mulheres e do casamento; **Atena**, filha de Zeus, protetora das artes e da sabedoria (em sua honra foi construído o famoso Partenon); **Apolo**, deus da luz; **Artêmis**, deusa da caça; **Hermes**, mensageiro dos deuses e deus do comércio, representado por um capacete provido de duas asas; **Dioniso**, deus do vinho; **Posêidon**, deus das águas; **Afrodite**, deusa do amor e da beleza feminina.

Havia também heróis divinizados – ou semideuses –, dentre os quais os mais famosos foram: **Hércules**, famoso por sua força; **Teseu**, que matou o Minotauro do palácio de Creta, libertando Atenas; **Perseu**, que matou a Medusa, monstro que convertia em pedra todos os que a olhavam; e **Édipo**, o decifrador dos segredos da esfinge, que subjugava Tebas.

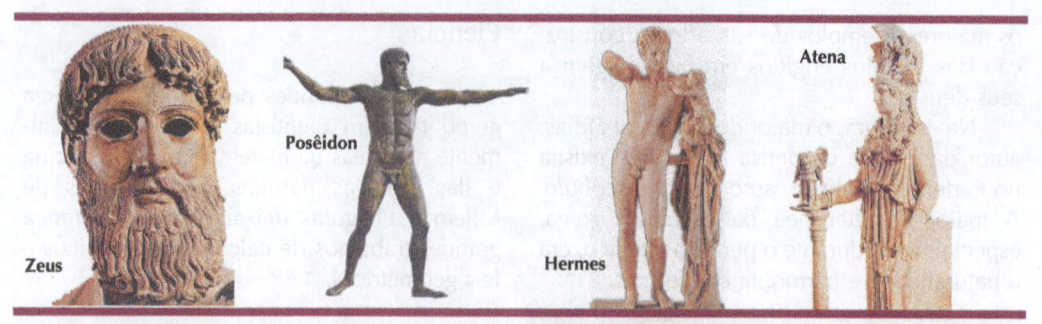

Os gregos supunham que os deuses habitavam um lugar mítico – monte Olimpo – que se erguia além daquele visível na Tessália. A hierarquização dos deuses começava em Zeus e terminava nos heróis ou semideuses. O que distinguia deuses e humanos era a imortalidade dos primeiros, conseguida com a bebida chamada ambrosia.

O período helenístico (do século III a.C. ao século II a.C.)

A Macedônia é uma região isolada do mar, situada a nordeste da Grécia continental, cujos habitantes, também descendentes dos povos indo-europeus e falantes de uma língua derivada do grego, eram chamados por eles – os gregos – de bárbaros.

Enquanto as cidades gregas entravam em decadência, provocada pelas contínuas guerras entre si, os macedônios, até então isolados, fortaleciam-se e iniciavam conquistas aos territórios gregos vizinhos. Sob o reinado de **Filipe II** (359 a.C.-336 a.C.), venceram a batalha de Queroneia em 338 a.C., e foram dominando a Grécia, iniciando sua hegemonia.

Após o assassinato de Filipe, sucedeu-o seu filho, **Alexandre**, que, tendo sido educado pelo sábio grego Aristóteles, assimilou os valores da cultura grega. Após sufocar revoltas internas e consolidar seu domínio sobre a região balcânica, atravessou o Helesponto em 334 a.C. e iniciou seu avanço sobre o Oriente.

Na batalha de Granico, venceu os persas e conquistou a Ásia Menor. Estendeu seu domínio, em seguida, sobre o Oriente Próximo, chegando até o Egito, onde fundou a primeira das várias cidades com o nome de Alexandria. Continuando a avançar sobre o Império Persa, chegou com suas tropas até as margens do rio Indo, na Índia.

A Macedônia, tendo conquistado a Grécia e o Oriente, destruiu as bases da Antiguidade grega, abrindo caminho para a posterior expansão e hegemonia romanas.

Voltando de suas campanhas militares, iniciou a reorganização de seu exército e escolheu a Babilônia como sede de seu império. Entretanto, morreu precocemente, aos 33 anos de idade (323 a.C.), e seus sucessores não conseguiram manter a unidade do enorme império, que acabou dividido entre quatro de seus generais: **Ptolomeu**, que ficou com o Egito, a Fenícia e a Palestina; **Seleuco**, com a Pérsia, a Mesopotâmia e a Síria; **Cassandro**, com a Macedônia; e **Lisímaco**, com a Ásia Menor e a Trácia.

O fracionamento do império de Alexandre e as lutas internas que se seguiram trouxeram o enfraquecimento e a possibilidade de conquista romana, que se concretizaria nos séculos II e I a.C.

Culturalmente, o resultado das campanhas de Alexandre foi a fusão da cultura grega com a oriental, transformando uma e outra numa nova forma de expressão, que se denominou **helenismo**. A escultura e a pintura tornaram-se mais realistas, exprimindo a violência, a dor e, ao mesmo tempo, a sensualidade. A arquitetura adquiriu luxo e grandiosidade, representados pelo farol de Alexandria, no Egito, e pela colossal estátua de Apolo, em Rodes.

O helenismo trouxe grande impulso às ciências: na astronomia, salientou-se Ptolomeu, que defendeu a tese do sistema geocêntrico; na geografia, Eratóstenes, que calculou a medida da circunferência da Terra; na matemática e na física, destacaram-se Euclides, que criou as bases da geometria, e Arquimedes, que descobriu princípios básicos da física, como o da alavanca e o da roldana, além de formular as leis de flutuação dos corpos.

Na política, entretanto, retomou-se o despotismo oriental, em que a autoridade do governo era inquestionável, sepultando as conquistas de liberdade e direitos que fundamentaram a democracia.

A filosofia criou novas doutrinas. O **estoicismo**, fundado por Zenão, propunha que a felicidade estava na obtenção, por meio da virtude, de um perfeito equilíbrio interior, capaz de permitir ao homem aceitar com a mesma serenidade a dor e o prazer, a ventura e o infortúnio. Essa doutrina difundiu-se rapidamente na Grécia e depois em Roma.

O **epicurismo**, cujo nome deriva de Epicuro, seu criador, sustentava que a felicidade humana consistia apenas na busca e obtenção do prazer. E, finalmente, o **ceticismo**, fundado por Pirro, defendia que a felicidade consistia em não se pretender julgar coisa nenhuma, pois as coisas "parecem ser de tal ou qual maneira, mas não se sabe como elas são realmente".

A cultura helenística substituiu a concepção clássica de que o "homem é a medida de todas as coisas" pelo monumentalismo, pessimismo, negativismo e relativismo. Observe exemplos da escultura helenística: em cima, *Laocoonte e seus filhos* e, embaixo, *Os lutadores*.

A CIVILIZAÇÃO ROMANA

Roma desenvolveu-se na península Itálica, região de solo fértil, com a costa pouco recortada, limitando-se ao norte com a Europa centro-ocidental através dos Alpes.

Quando Roma foi fundada, a península Itálica era ocupada pelos **gauleses**, ao norte; pelos **etrusco-latinos**, ao centro, e pelos **gregos**, ao sul – a Magna Grécia. Desses povos, os mais importantes para a formação de Roma foram os latinos, habitantes do Lácio, que viviam divididos em várias tribos, e os etruscos, habitantes da Toscana (Etrúria).

A LOCALIZAÇÃO DE ROMA

A Itália primitiva e seus principais povos.

Roma foi fundada no centro da península por povos que se fixaram na região do Lácio depois do ano 1000 a.C. Ao que tudo indica, foi inicialmente um centro de defesa latino contra os ataques constantes dos etruscos. Tem-se, todavia, a versão lendária da fundação de Roma, relatada por **Tito Lívio** em sua *História de Roma* e reforçada na obra *Eneida*, pelo poeta romano **Virgílio**, segundo a qual Eneias, príncipe troiano filho de Vênus, fugindo de sua cidade, destruída pelos gregos, chegou ao Lácio e se casou com uma filha de um rei latino.

Seus descendentes, Rômulo e Remo, foram jogados por Amúlio, rei de Alba Longa, no Tibre. Mas foram salvos por uma loba que os amamentou, tendo em seguida sido encontrados por camponeses. Conta ainda a lenda que, quando adultos, os dois irmãos voltaram a Alba Longa, depuseram Amúlio e em seguida fundaram Roma, em 753 a.C. Após desentendimentos, entretanto, Rômulo matou o irmão e se transformou no primeiro rei de Roma.

A monarquia
(da fundação até 509 a.C.)

A documentação desse período é precária, e até mesmo os nomes dos reis são desconhecidos, citando-se apenas os reis lendários, apresentados nas obras de Virgílio e Tito Lívio.

Durante esse período, o rei acumulava as funções executiva, judicial e religiosa, embora seus poderes fossem limitados na área legislativa, já que o **Senado**, ou **Conselho dos Anciãos**, tinha o direito de veto e sanção das leis apresentadas pelo rei. A ratificação dessas leis era feita pela **Assembleia** ou **Cúria**, composta por todos os cidadãos em idade militar. Na fase final da realeza, a partir do fim do século VII a.C., Roma conheceu um período de domínio etrusco, que coincidiu com o início de sua expansão comercial.

No período monárquico, a sociedade romana estava dividida praticamente em três classes:
- **Patrícios** – cidadãos de Roma, possuidores de terra e gado, que constituíam a aristocracia.
- **Plebeus** – parcela da população que passara para o domínio romano durante as primeiras conquistas; eram livres, mas não participavam do Senado, nem podiam formar famílias legalmente reconhecidas.
- **Clientes** – indivíduos subordinados a alguma família patrícia, cumpridores de diversas obrigações econômicas, morais e religiosas. O patrício era seu patrono, um "protetor" econômico, político e jurídico; em troca, os clientes seguiam as decisões políticas de seus patronos, cumprindo o *obsequium* (submissão política), além de dedicar jornadas de trabalho para o seu senhor. Eram, enfim, os dependentes, alguns de origem estrangeira, outros de origem plebeia que, para sobreviver, buscavam a proteção dos abastados e poderosos patrícios.
- **Escravos** – população recrutada entre os derrotados de guerra, considerados instrumentos de trabalho, sem nenhum direito político.

Ao que parece, durante a Monarquia, o escravismo não possuiu grande significação, ganhando importância somente com a expansão territorial do período republicano. Na verdade, durante a monarquia surgiram condições para a sua instalação, tendo o escravismo se transformado, logo a seguir, no modo de produção predominante, em detrimento de todas as outras formas de trabalho produtivo.

A República
(de 509 a.C. a 27 a.C.)

Em 509 a.C., o rei Tarquínio, o Soberbo, de origem etrusca, foi derrubado por uma conjuração patrícia do Senado, que queria pôr fim à interferência real no poder legislativo. Tarquínio governava de forma despótica, anulando, desse modo, os anseios patrícios de participação política. Terminou, assim, a realeza romana, e em seu lugar surgia uma nova estrutura administrativa, na qual o poder do Senado sobrepunha-se aos demais.

> A tradição destaca que o rei Sérvio Túlio foi quem consolidou as instituições políticas, estabelecendo obrigações fiscais e militares às cinco classes criadas de acordo com a fortuna individual. Assim, Sérvio Túlio casou suas duas

A ANTIGUIDADE CLÁSSICA

filhas com membros da família etrusca dos Tarquínios. Foi um destes genros que decidiu, estimulado pela esposa, tomar o poder, matando seu sogro e transformando-se no sétimo rei de Roma.

Conta o historiador romano Tito Lívio que, no governo, sob um despotismo indisfarsável, o orgulhoso Tarquínio eliminou ou desterrou todos os que eram partidários de Sérvio Túlio e confiscou bens de famílias poderosas, recebendo o título de "o Soberbo", como ficou conhecido na história. Muito odiado entre os romanos, Tarquínio era ainda copiado pelo filho Sexto Tarquínio, que se apaixonou pela bela Lucrécia, já casada com um notável patrício, obrigando-a ao adultério. Lucrécia, em resposta suicidou-se, levando seus familiares e, em seguida, a população de Roma, depois de se inteirarem dos fatos, à rebelião, destronando Tarquínio e instalando a República.

Com o final da monarquia, a oligarquia patrícia consolidou seu predomínio através do Senado, principal órgão republicano.

O Senado, transformado em órgão máximo da República, controlava toda a administração, as finanças, além de decidir pela guerra ou pela paz. Somente os patrícios tinham acesso a esse órgão legislativo. O poder executivo, por sua vez, ficava a cargo das seguintes magistraturas:

- **Cônsules** – em número de dois e eleitos pela Assembleia Centurial pelo período de um ano, propunham leis e presidiam o Senado e as Assembleias.
- **Pretor** – administrava a justiça.
- **Censor** – cabia-lhe fazer o censo da população; o critério usado era a renda do cidadão, que lhe fornecia os dados para elaborar o Álbum Senatorial, isto é, a lista dos senadores.
- **Edil** – era encarregado da conservação da cidade, do policiamento, do abastecimento, etc.
- **Questor** – cuidava do tesouro público.
- **Ditador** – em épocas de graves crises, como calamidades e guerras, era escolhido um ditador pelo período máximo de seis meses, que governava com plenos poderes.

As funções religiosas cabiam a um conselho de pontífices. Existiam ainda três assembléias, completando as instituições políticas republicanas:

- **Assembleia Centurial** (*comitia centuriata*) – a mais importante delas, era dividida em centúrias, isto é, em grupos de cem soldados cidadãos, os chamados centuriões, cuja função era votar os projetos apresentados. Havia 98 centúrias patrícias e 95 plebeias, e como o voto aos projetos era contado por centúria, a aristocracia controlava as decisões.
- **Assembleia Curial** – examinava os assuntos religiosos.
- **Assembleia Tribal** – nomeava os questores e os edis.

A grande parcela da sociedade romana, durante a República, era constituída pelos plebeus, que viviam marginalizados politicamente, mesmo que enriquecessem através do comércio. Quando um plebeu, por exemplo, tornava-se insolvente, sem condições de pagar suas dívidas, tinha de se submeter ao **nexum**, instituição que colocava o devedor subordinado ao credor até a total extinção da dívida, criando-se uma servidão que chegava a durar toda uma vida. A marginalização e o descontentamento, do início do período republicano, levaram ao agravamento das **lutas de classe** em Roma.

A CIVILIZAÇÃO ROMANA

Ruínas do fórum romano.

Em 494 a.C., os plebeus, em sinal de protesto, retiraram-se para o monte Sagrado, exigindo representação política. Como sua participação na economia e no exército de Roma era de extrema importância, os patrícios concordaram em atender aos plebeus, que ganharam representação através de dois **tribunos da plebe** (em 471 a.C. passaram a ser dez). Os tribunos conquistaram também o direito a veto sobre as decisões do Senado e eram considerados intocáveis (imunidade). Os tribunos podiam ser procurados por qualquer pessoa que se julgasse injustiçada, daí suas casas ficarem abertas dia e noite.

Em 450 a.C., após outras revoltas plebeias, os patrícios convocaram os **decênviros**, dez juristas nomeados para redigir um código de leis. O resultado foi a elaboração da **Lei das Doze Tábuas**, primeira compilação escrita das leis romanas.

Em 367 a.C., foram adotadas as **Leis Licínias**, que possibilitaram aos plebeus partilhar as terras conquistadas, além de estabelecer que um dos cônsules seria sempre um plebeu. A **Lei Canuleia** também favoreceu os plebeus, pois permitiu o casamento entre estes e os patrícios. Acabaram-se as distinções sociais tradicionais, mas mantinha-se a distinção econômico-militar, entre ricos e pobres, altas patentes e simples soldados. Um dos fatores que permitiram manter essa situação foi o nacionalismo surgido com as guerras e a expansão territorial.

A expansão romana

Do século V a.C. ao III a.C., Roma empenhou-se em conquistar a península Itálica devido à necessidade de obter gêneros para o abastecimento essencial, bem como de pôr fim às ameaças de invasão dos povos da região. Em 272 a.C., Roma alcançou o extremo sul, conquistando Tarento, na região da Magna Grécia.

A expansão deu dinâmica própria à estrutura escravista que, estabelecida, passou a exigir novas conquistas para aumentar o número de cativos, os quais cada vez mais passavam a ser indispensáveis à estrutura socioeconômica do mundo romano. Estima-se que, somente no século IV a.C., a população de escravos somou não menos de quarenta mil indivíduos.

A CONQUISTA DA PENÍNSULA ITÁLICA

- Século V a.C.
- Século IV a.C.
- Século III a.C.

A expansão romana na península Itálica foi a preparação para a conquista do Mediterrâneo.

A ANTIGUIDADE CLÁSSICA

Embora tivesse conquistado a península Itálica, a hegemonia cartaginesa no Mediterrâneo impedia a expansão romana na região. A cidade de Cartago, fundada pelos fenícios, com cerca de 250 mil habitantes, localizava-se ao norte da África, mas possuía inúmeras colônias na Córsega, Sardenha, Sicília e península Ibérica. A disputa pela posse da Sicília originou guerras entre Roma e Cartago que se estenderam de 264 a 146 a.C. e ficaram conhecidas como **Guerras Púnicas**.

Os romanos viveram momentos de grande tensão quando o general cartaginês **Aníbal** atravessou Gibraltar, os Pireneus e os Alpes para atacar Roma, embora não tenha obtido sucesso e tenha sido obrigado a regressar a Cartago. Aníbal foi derrotado em Zama, ao sul de Cartago, pelo general romano **Cipião, o Africano**. Em 146 a.C., entretanto, Roma conseguiu arrasar definitivamente Cartago, dizimando sua população, e continuou sua expansão, tomando todo o mar Mediterrâneo, que passou a chamar de *mare nostrum* (nosso mar).

Outras conquistas romanas foram, no Oriente, a Macedônia (197 a.C.), a Síria (189 a.C.), a Grécia (146 a.C.) e o Egito (30 a.C.), e no Ocidente, a península Ibérica (133 a.C.) e a Gália Transalpina (55 a.C.).

A destruição de Cartago

Depois das muitas batalhas, o ódio dos romanos contra os cartagineses transformou-se em sentimento nacionalista, deixando em segundo plano muitas das divergências entre classes em Roma.

No século II a.C., coube a Catão, o censor, personificar obsessivamente uma campanha pela destruição completa de Cartago. No Senado romano, Catão sempre encerrava seus discursos com a frase *Delenda est Carthago* (Cartago seja destruída). O sucesso de suas pregações selou o destino da cidade: Cartago foi invadida e completamente arrasada e os poucos sobreviventes, transformados em escravos.

Durante o período de conquistas, a sociedade romana transformou-se profundamente devido ao clima imperialista que subsistia, favorecendo o modo de produção escravista, que se efetivou com a derrota de Cartago.

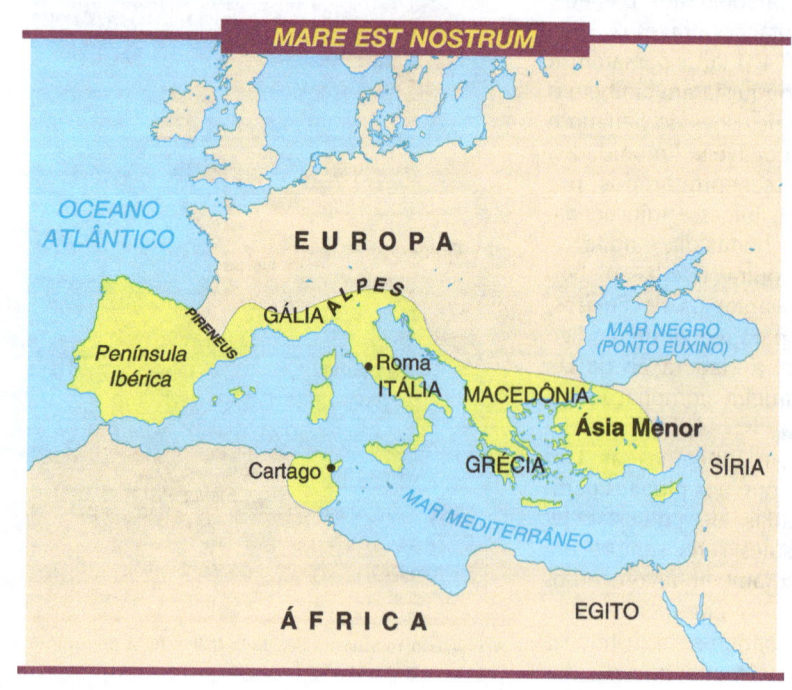

Hegemonia romana no Mediterrâneo.

As causas das mudanças sociais deveram-se:
- ao grande afluxo de riqueza para Roma, proveniente das conquistas;
- à ruína do pequeno lavrador, impossibilitado de concorrer com a produção de latifúndios trabalhados por escravos;
- ao aumento da escravidão;
- ao êxodo rural, gerando o empobrecimento da plebe;
- ao surgimento de novas classes sociais: **camada senatorial** (aristocratas), **classe equestre** (mercadores, banqueiros ou homens novos), **clientes** (agregados, dependentes dos patrícios) e **proletários** (plebeus miseráveis, cuja única posse era uma prole numerosa).

> "Graças às suas conquistas no Oriente, Roma atraiu milhares de intelectuais e mercadores gregos; também foram trazidos para Roma escravos gregos. Esse influxo acelerou o processo de helenização já iniciado quando do contato de Roma com as cidades gregas da Itália meridional.
>
> Uma consequência fundamental da expansão foi o contato com a experiência jurídica de outros povos, entre os quais os gregos. Os juristas romanos, demonstrando as virtudes romanas do pragmatismo e do senso comum, fizeram uma incorporação seletiva dos elementos dos códigos de leis e das tradições dessas nações ao direito romano. Assim, os juristas romanos de modo gradativo e empírico elaboraram os *jus gentium* com o direito natural (*jus naturale*) dos estoicos. Afirmaram os juristas que o direito devia estar de acordo com os princípios racionais inerentes à natureza — normas universais capazes de serem compreendidas por indivíduos racionais."
>
> PERRY, Marvin. *Civilização ocidental: uma história concisa*. São Paulo: Martins Fontes, 1985. p. 114.

Em 326 a.C., aboliu-se a submissão servil por dívidas, o que tornou a mão de obra escrava (os vencidos) de importância vital para a produtividade rural da elite romana. A ampla utilização da mão de obra escrava, entretanto, trouxe ao Estado romano inúmeras rebeliões de cativos, entre as quais a mais significativa foi comandada pelo trácio **Spartacus**, de 73 a.C. a 71 a.C., que chegou a ameaçar a própria cidade de Roma. Escapando de Cápua, cidade ao sul de Roma, 74 gladiadores refugiaram-se próximo ao vulcão Vesúvio, onde reuniram mais de 120 mil soldados.

Dentre todas, a revolta de Spartacus foi o último grande movimento rebelde contra Roma, o que não significou, apesar da repressão e ameaças, o fim das sublevações escravas, as quais continuaram até o final da história romana.

As lutas civis

Com a crise geral por que passavam os pequenos agricultores, alguns grupos mobilizaram-se na busca de reformas. Destacaram-se, nesse período, dois tribunos da plebe, **Tibério** e **Caio Graco**.

Tibério, eleito tribuno da plebe em 133 a.C., propôs uma lei pela qual quem tivesse mais de 310 acres de terras deveria doar o excedente para o Estado, a fim de que este as arrendasse aos cidadãos pobres. O Senado opôs-se a tais medidas e, numa tumultuada sessão no recinto do próprio Senado, Tibério e mais de trezentos de seus adeptos foram assassinados.

Plutarco fez, no plenário, o seguinte comentário sobre a atitude de Tibério: "Tibério Graco, o tribuno adepto de uma *Lex Agraria*, denunciou o empobrecimento dos pequenos camponeses: 'Os homens que combatem e morrem pela Itália têm o ar e a luz, mas mais nada [...] Lutam e perecem para sustentar a riqueza e o luxo de outros, mas, embora sejam chamados senhores do mundo, não têm um único torrão de terra que seja seu'." (ANDERSON, Perry. *Passagens da Antiguidade ao feudalismo*. p. 60.)

Caio Graco foi eleito tribuno em 123 a.C., dez anos depois do assassinato de seu irmão Tibério. Caio elaborou leis para melhorar as condições de vida da plebe, como a

Lei Frumentária, que determinava a distribuição de trigo a baixo preço aos plebeus, além da reforma agrária. Os aristocratas reagiram contra Graco e seus seguidores, o que resultou em vários confrontos armados, até que, cercado numa das colinas romanas, Caio ordenou a um escravo que o matasse. O escravo suicidou-se em seguida.

Após a morte dos Gracos, houve a polarização política seguida da radicalização nas lutas governamentais, e a República Romana entrou em crise. De um lado estavam os aristocratas, preocupados com a manutenção da ordem existente; de outro, os populares, ansiosos por reformas. Destacaram-se nesse período o general **Mário**, defensor da plebe, e o general **Silas**, que defendia os conservadores.

Mário chegou a ser eleito cônsul por seis vezes consecutivas, conseguindo transformar o exército, cujos postos eram privilégio dos cidadãos, em um exército popular, composto por assalariados. Os soldados passaram a receber um soldo, participação nos espólios e, ao cabo de 25 anos de carreira, direito a um pedaço de terra. Com a morte de Mário, em 86 a.C., Silas estabeleceu uma ditadura militar e perseguiu violentamente os antigos seguidores de seu antecessor, conseguindo desarticular os grupos políticos populares.

Em 79 a.C. Silas, já velho, abdicou, e o período que se seguiu foi de aparente calma, pois novos líderes aristocráticos, como **Pompeu** e **Crasso**, despontavam. Pompeu conseguiu abafar na Espanha uma revolta popular comandada por Sertório (78 a.C. - 72 a.C.), enquanto Crasso reprimiu a revolta dos escravos liderada por Spartacus (73 a.C. - 71 a.C.), em Cápua. O prestígio militar alcançado pelos dois generais aproximava-os da política, na qual já se destacava **Júlio César**. O clima de insatisfação perdurava e houve nova tentativa de golpe político, dessa vez de um patrício, **Catilina**, que tencionava tomar o poder e assassinar os magistrados. Essa conjura foi delatada e evitada por Cícero, destacado orador, eleito cônsul.

Os cidadãos de Roma disputaram o controle do Estado, ativando a instabilidade política que caracterizou o final da República romana.

O confronto entre Cícero (foto) e Catilina corporificou a crescente instabilidade política romana.

Cícero, o grande orador

Ao descobrir o plano de Catilina, Cícero convocou o Senado. Catilina compareceu, fingindo inocência diante de seus pares. Com um inflamado discurso – a chamada Primeira Catilinária –, Cícero desmascarou o golpista, com a frase: "Até quando, Catilina, abusarás de nossa paciência?".

Mário rompeu com o patriotismo dos tempos passados criando um exército que lhe era mais fiel que ao Senado e ao povo romano.

A CIVILIZAÇÃO ROMANA

Os triunviratos

> Descoberto, Catilina abandonou Roma, reuniu alguns soldados e mais tarde conseguiu outros aliados em Roma. Com as três Catilinárias seguintes, Cícero ganhou Roma e conseguiu mobilizar o exército, derrotando os conjurados. Em reconhecimento, Cícero recebeu do Estado o título honorífico de *pater patriae* (pai da pátria).

Em 60 a.C., o Senado acabou elegendo três fortes líderes políticos ao Consulado: Júlio César, Pompeu e Crasso governaram juntos no chamado **Primeiro Triunvirato**, dividindo entre si os domínios romanos.

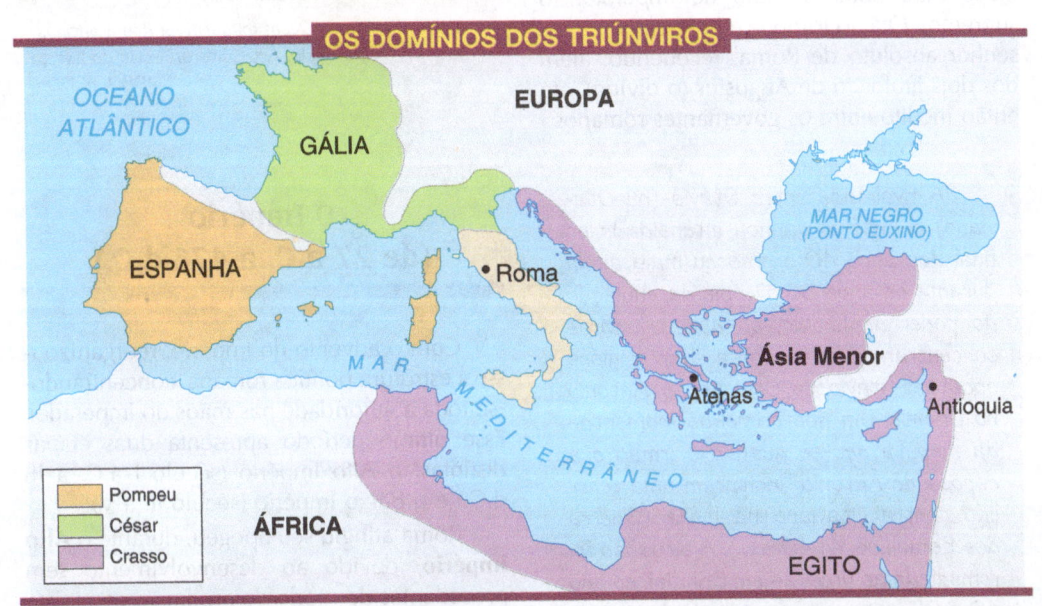

OS DOMÍNIOS DOS TRIÚNVIROS

(Mapa: Pompeu, César, Crasso)

O Triunvirato, criado para estabilizar a política republicana, acabou aguçando divergências, provocando a queda da República romana.

Contudo, em 54 a.C., Crasso morreu combatendo na Pérsia e, dois anos depois, Pompeu foi proclamado cônsul único, destituindo César do comando militar da Gália. Ao receber a mensagem senatorial de sua destituição, César, entretanto, resolveu lutar e avançou para o sul.

Foi nesse momento que César, atravessando o rio Rubicão, fronteira entre sua província e a Itália, teria dito "A sorte está lançada!" (*Alea jacta est*) e dirigiu-se para Roma, causando a fuga de Pompeu. César assumiu imediatamente o poder romano, mas só iria derrotar Pompeu definitivamente na Grécia, em Farsália, em 49 a.C. Pompeu escapou ileso e fugiu para o Egito, onde acabou sendo assassinado.

Nessa época, crescia no Egito a disputa pelo poder entre o faraó Ptolomeu e sua irmã Cleópatra. Júlio César foi para Alexandria, apoiou Cleópatra e colocou-a no poder. Em seguida, dirigiu-se à Ásia Menor, onde aniquilou as tropas sírias inimigas.

Retornando a Roma, Júlio César foi proclamado ditador vitalício, em clara oposição ao Senado, que organizou uma conspiração contra ele. Em 44 a.C., foi assassinado a punhaladas em pleno Senado. Sua morte gerou uma grande revolta na população, fato habilmente explorado por **Marco Antônio**, um dos fortes generais de Júlio César que, com **Otávio** e **Lépido**, formou o **Segundo Triunvirato**.

Após eliminarem os opositores de César, os novos triúnviros iniciaram suas disputas internas. Otávio, aproveitando-se da ausência de Marco Antônio, que se encontrava no Egito, tentou ampliar seus poderes. Desconsiderou Lépido e declarou guerra a Marco Antônio, o qual foi derrotado na batalha naval de **Actium**, em 31 a.C.

Em seguida, Otávio recebeu do Senado o título de *princeps* (primeiro cidadão), primeira etapa para obter o título de *imperator* (o supremo). Otávio tornou-se progressivamente senhor absoluto de Roma, recebendo, além dos dois títulos, o de Augustus (o divino), até então inédito entre os governantes romanos.

> nio garantiu-lhe uma poderosa base estratégica e econômica; nas mãos de Otaviano, entretanto, essa política serviu para desgostar a opinião pública dos italianos e para provocar uma guerra nacional contra Cleópatra, dentro dos interesses de Roma (32 a.C.). Derrotado por Otaviano em Áccio (31), e abandonado por suas tropas, Antônio suicidou-se em Alexandria no ano 30."
>
> BOWDER, Diana. *Quem foi quem na Roma antiga.* São Paulo, Art Editora/Círculo do Livro, 1980. p. 170.

> A rivalidade entre Otávio (ou Otaviano) e Antônio ganhou intensidade no final dos anos 40 e cresceu mais ainda durante os anos 30. Depois da anulação do poder de Lépido, os dois triúnviros concentraram suas forças em regiões opostas: Otávio no Ocidente e Antônio no Oriente. Um dos primeiros momentos da disputa deu-se quando o irmão e a esposa de Antônio "incitaram uma rebelião contra Otaviano na Itália (Guerra dos Perusinos, 41-40 a.C.). A situação foi remediada às pressas em Brindisi, no ano 40 a.C., com o casamento de Antônio e Otávia, irmã de Otaviano, e em Tarento, três anos mais tarde (37), com a renovação dos poderes do triunvirato.
>
> A partir daí, Antônio identificou-se cada vez mais com o Oriente helênico: mostrava deprezo pelas tradições romanas, e estabeleceu com Cleópatra uma forte aliança política e pessoal. Antônio reorganizou as províncias orientais, iniciou, embora sem sucesso, uma invasão da Pérsia (ano 36 a.C.), conquistou a Armênia (34) e celebrou essa vitória como um triunfo em Alexandria. Logo depois, decretou as chamadas 'doações de Alexandria', passando às mãos de Cleópatra e seus filhos certas províncias orientais e algumas regiões que planejava conquistar. A política 'oriental' de Antô-

O Império
(de 27 a.C. a 476 d.C.)

Com o advento do Império, reorganizou-se a estrutura política romana, concentrando-se toda a autoridade nas mãos do imperador. Esse último período apresenta duas etapas distintas: o Alto Império (século I a.C. a III d.C.) e o Baixo Império (século III a V).

Roma atingiu seu apogeu, durante o **Alto Império**, devido ao desenvolvimento sem precedentes do modo de produção escravista e às conquistas territoriais, alcançando riqueza e poder como nenhuma outra civilização.

Ao imperador, supremo mandatário, cabia exercer totalmente o controle político, sobrepondo-se ao Senado. A ele competia nomear magistrados, controlar os exércitos, interferindo, até mesmo, nas questões religiosas. Com a plena centralização, conseguia-se a estabilidade, anulando os tradicionais conflitos entre as várias facções políticas. O Império foi, enfim, a solução governamental encontrada para pôr fim ao descontrole político republicano.

Otávio Augusto, o primeiro imperador (27 a.C.-14 d.C.), preocupou-se com as obras públicas, sendo dessa época muitas das magníficas construções cujas ruínas podem ser vistas ainda hoje em Roma. Para cuidar da sua segurança criou-se a Guarda Pretoriana, cuja principal função era defender o imperador e vigiar a capital. Ao mesmo tempo, Otávio Augusto distribuía trigo à população e organizava sistematicamente grandes espetáculos públicos de circo, a chamada política do pão e circo (*panem et circences*), ampliando muito a sua popularidade.

Administrativamente, foi criada uma nova estrutura, que visava modificar desde a forma de cobrança de tributos, pondo fim ao usual arrendamento da arrecadação, até as divisões sociais e a convocação de homens para o exército. O funcionalismo público também foi ampliado, sendo o consequente aumento de despesas coberto pelos crescentes fluxos de riqueza.

Para uma população imperial de quase 60 milhões de habitantes, a sociedade romana passou a ser dividida em cidadãos, cerca de 5,5 milhões de pessoas, e provinciais. Os cidadãos, por sua vez, eram hierarquizados de acordo com suas fortunas: no topo da escala social ficava a **ordem senatorial**, um conjunto aproximado de duas mil pessoas, os possuidores de mais de 1 milhão de sestércios (moeda de prata); em seguida vinha a **ordem equestre**, cerca de vinte mil indivíduos com fortuna superior a 400 mil sestércios; e finalmente abaixo, ficava a **ordem plebeia**.

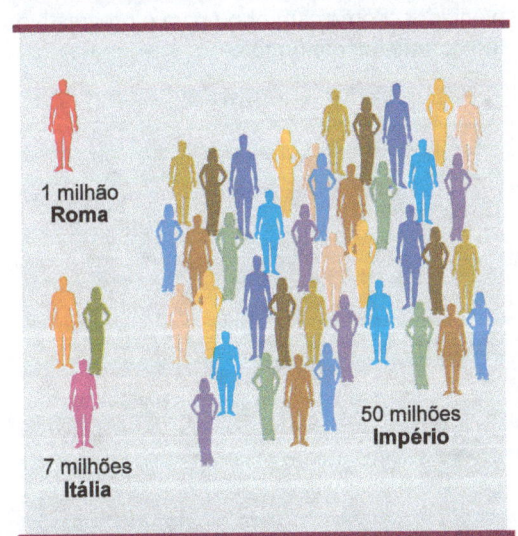

1 milhão
Roma

50 milhões
Império

7 milhões
Itália

No plano militar, Otávio Augusto organizou um poderoso exército de mais de 300 mil homens, divididos em 25 legiões (cada uma com 5 620 combatentes), composto por cidadãos e tropas auxiliares das províncias, cujos membros só recebiam a cidadania após o serviço militar. Foi graças ao poder e à estabilidade iniciada por Augusto que Roma pôde desfrutar de um período de grande prosperidade, constituindo a **pax romana** que duraria pelo menos mais dois séculos após o seu governo.

Durante o governo de Otávio, nasceu Jesus Cristo, em Belém de Judá, o fundador de uma nova religião – o **cristianismo** – que, pouco a pouco, foi ganhando seguidores em todo o Império. Na literatura, o período de governo de Otávio Augusto foi conhecido como século de ouro graças a seu ministro **Mecenas**, que, por seu grande interesse pelas artes, apoiou, entre outros, escritores como Horácio e Virgílio.

> A instalação do Império, encerrando a fase republicana, influenciou profundamente a atividade literária. Os limites à liberdade pública, com o maior controle e centralização, levaram a prosa ao declínio, ao mesmo tempo que a poesia ascendeu fortemente. Foi Mecenas, um amigo íntimo de Augusto, quem conseguiu reunir talentosos intelectuais, estimulando e financiando seus trabalhos, permitindo um esplendor que justifica o título de século de ouro dado ao período.
>
> Como exemplo, o apoio a Virgílio permitiu a publicação de grandes obras poéticas do período, como as *Bucólicas*, com suas cenas campestres e alguns elogios a seus protetores, e as *Geórgicas*. A *Eneida*, só publicada após a morte do grande poeta, era uma combinação harmoniosa de ficção e realidade, aproveitando-se das tradições lendárias e da história. Inspirada na *Ilíada* e na *Odisséia* de Homero, firmou-se como o grande poema da civilização romana.
>
> A atuação de Mecenas imortalizou a ideia do protetor da cultura, dando o significado atual às palavras derivadas de seu nome, como **mecenas** e **mecenato**.

Otávio Augusto presidiu o período de apogeu de Roma.

Com a morte de Otávio, o Alto Império passou por diversas dinastias: de 14 a 68, o governo coube à dinastia **júlio-claudiana**, seguida pela dos **Flávios**, que perdurou até 96, vindo em seguida a dos **Antoninos**, que governaram até 192. A última dinastia foi a dos **Severos**, que estiveram no poder de 193 a 235.

Os sucessores de Augusto desestruturaram o governo, minando o modo de produção escravista, fator de riqueza para o Império, além de favorecerem o descontrole político com as constantes intrigas palacianas, as crises sucessórias e a imoralidade em nível não só pessoal, mas também administrativo.

De maneira geral, essa situação se agravou com os imperadores Tibério (14-37), Calígula (37-41) e Nero (54-68). **Tibério** desmoralizou-se no governo e acabou sendo transferido para Capri, onde morreu assassinado; **Calígula**, famoso por sua imoralidade e despotismo inconsequente, chegou a nomear o cavalo Incitatus cônsul romano. Foi também Calígula quem mandou cortar a cabeça das estátuas dos deuses em Roma, substituindo-as por seu próprio rosto como modelo. Já **Nero** celebrizou-se pelas perseguições aos cristãos, que se negavam a cultuá-lo como divindade. Para incriminá-los e reprimi-los com mais violência, Nero mandou incendiar a cidade de Roma.

Com a dinastia dos **Antoninos**, Roma voltou a ter relativa estabilidade e prosperidade, pois a habilidade administrativa de imperadores como Trajano e Marco Aurélio amenizou temporariamente as dificuldades do Império. Durante o governo de **Trajano**, o Império atingiu a sua maior extensão territorial e com **Marco Aurélio**, um enorme reerguimento cultural.

No final do período antonino, entretanto, delinearam-se os contornos que poriam fim ao escravismo e ao mundo romano, processo que perdurou do século III ao V. No governo da dinastia dos Severos, a fragilidade romana não podia mais reverter a sua decadência, crescendo a pressão dos povos vizinhos que avançavam em ordas sobre o interior do Império, iniciando o Baixo Império Romano.

Esse período, tradicionalmente chamado de **Baixo Império**, que outros preferem chamar de **Antiguidade tardia**, foi marcado pelas grandes crises e pela anarquia, devidas principalmente à interrupção das conquistas, o que arruinou a economia imperial, baseada no trabalho escravo e na exploração das províncias. Escasseando os tributos impostos aos vencidos, Roma caminhou para o progressivo esgotamento econômico.

Depois dos Severos, iniciou-se o Baixo Império, que acelerou a desorganização e o colapso do Império Romano, contribuindo para que, ao final do século V, sua parte ocidental desaparecesse.

A CIVILIZAÇÃO ROMANA

Merecem destaque os seguintes imperadores do Baixo Império:

- **Diocleciano** (284-305) – na tentativa de salvar o Império da falência, baixou o **Edito Máximo**, fixando preços máximos para as mercadorias e salários, sendo os infratores condenados à morte. A medida não surtiu efeito, pois as mercadorias desapareceram enquanto os preços continuaram a subir descontroladamente. Outra decisão importante de Diocleciano foi a criação da **tetrarquia** – divisão do Império entre quatro generais buscando conseguir a paz social e o controle político perdido.

- **Constantino** (306-337) – durante seu governo ficou famosa uma resolução, conhecida como **Edito de Milão**, que concedeu liberdade de culto aos cristãos, já importantes em número e influência. Buscou também estabilizar a produção rural ante a escassez de mão de obra decretando, com a **Lei do Colonato**, a obrigatoriedade de fixação do colono à terra que trabalhava. Era a intensificação do uso do trabalho servil em substituição ao trabalho escravo. Outra medida de destaque tomada por Constantino foi a fundação de uma segunda capital do Império – Constantinopla (hoje Istambul) –, situada no Oriente, com a finalidade de garantir a proteção da fronteira do leste.

A tradição cristã conta que, na véspera da batalha de Ponte Mívio, junto aos muros de Roma, em 312, Constantino invocou a ajuda do Deus cristão e teve uma visão celeste: uma cruz brilhante com os dizeres "In hoc signo vinces" (com este sinal vencerás).

Após a vitória, em 313, Constantino, em gratidão, baixou o Edito de Milão aos seguidores de Cristo, legalizando a nova crença. Foi Constantino que também converteu o domingo no dia de descanso, fechando os tribunais e proibindo todo o trabalho, exceto na agricultura. Apesar da nova crença, Constantino nunca abandonou o culto pagão ao Sol (Mitraísmo), mantendo a figura do Sol em suas moedas.

"O chamado 'Edito de Milão', em virtude do qual o Império Romano reverteu sua política de hostilidade ao cristianismo e outorgou completo reconhecimento legal, foi um dos fatos decisivos da história do mundo. Mas os acontecimentos que levaram a este resultado são complexos e em certos aspectos misteriosos. [...]

Os motivos de Constantino foram confusos. Era um homem excepcionalmente supersticioso, e sem dúvida compartilhava a opinião, usual entre os soldados profissionais, de que era necessário respeitar todos os cultos religiosos para apaziguar seus respectivos deuses.

É evidente que sofreu uma experiência estranha em certo momento de sua carreira militar, episódio em que suas tropas cristãs representaram um papel. Era escravo dos signos e dos presságios e tinha o signo cristão Pi-Rho nos escudos e estandartes muito antes de Milão. A superstição guiou sua decisão de levantar uma nova capital, a escolha do lugar, e muitos outros importantes atos de Estado."

JOHNSON, Paul. *La Historia del Cristianismo*. Buenos Aires, Javier Vergara Editor, 1989. p. 83-4.

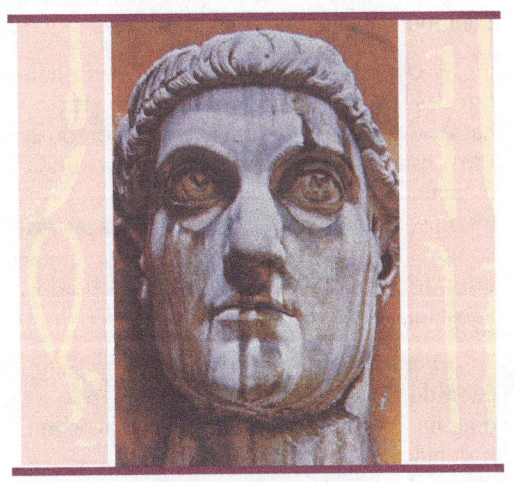

Constantino promoveu o reconhecimento do cristianismo, sendo considerado o último dos grandes imperadores romanos.

■ **Teodósio** (378-395) – oficializou o cristianismo e, em 395, dividiu o Império Romano em dois: o do Oriente, que tinha como capital Constantinopla; e o do Ocidente, cuja capital era Roma. Ao final de seu governo, os bárbaros conseguiram se infiltrar por todo o Império, o que culminou nas invasões e na queda definitiva do Império Ocidental, em 476, quando a tribo dos hérulos, chefiada por Odoacro, derrubou o último imperador romano, Rômulo Augusto.

Foram diversos os fatores que causaram a decadência romana, destacando-se o imperialismo, as guerras civis, a anarquia militar, a crise do escravismo, a ascensão do cristianismo e as invasões bárbaras.

O **imperialismo romano** e as **guerras civis internas** foram responsáveis pela ampliação do aparelho militar e burocrático, bem como pela instabilidade política. As sucessivas lutas pelo poder geraram corrupção, descontrole político, queda de valores tradicionais, desencadeando uma séria crise moral.

No século III impôs-se a **anarquia militar**: as legiões entronavam e destronavam imperadores segundo interesses imediatos (de 211 a 284, por exemplo, sucederam-se cerca de vinte imperadores). Os soldados, que gozavam de grande prestígio, apoiavam irrestritamente os generais, que se apossavam, mesmo que por curtos períodos, de regiões provinciais, o que contribuía para o acirramento da crise.

A **crise do escravismo**, ocasionada pelo fim das guerras de conquistas e que fez escassear o número de prisioneiros, tornou-se um obstáculo à produção, baseada fundamentalmente na escravidão. Os proprietários foram então obrigados a arrendar suas terras a camponeses, que se sujeitavam a pagar quaisquer tributos que lhes fossem cobrados. Substituía-se o escravismo pela servidão rural.

O **crescimento do cristianismo** foi outro fator de desagregação do Império, pois se opunha à estrutura militar e escravocrata, sustentáculo do Império Romano.

A **crise econômica**, advinda da crise escravista, resultou na diminuição de receitas para cobrir os gastos com a manutenção da burocracia e do exército. Ao lado disso, houve uma nítida diminuição de áreas cultivadas, devido à falta de mão de obra, o que veio a encarecer os produtos. Ao mesmo tempo, o Estado desvalorizava a moeda, devido à diminuição de metais nobres, como ouro e prata, único meio de que dispunha para saldar seus compromissos. Houve, em consequência, uma inflação crescente, que resultou num caos monetário, no início do século III, e que acelerou a decadência econômica.

A ascensão do cristianismo correspondeu à decadência do Império Romano. Cristo é apresentado neste mosaico como um legionário que derrota o mal, representado por um leão e uma serpente.

A **volta para uma economia rural de subsistência** fez com que a população rural se isolasse em vilas autossuficientes e autônomas, para poder enfrentar a crise geral do Império. Finalmente, as **invasões bárbaras** minaram as forças imperiais, já agonizantes, tomando pouco a pouco seus territórios e pondo fim ao Império Romano em 476.

AS INVASÕES BÁRBARAS

> "Nenhum sistema jurídico anterior tivera jamais a noção de uma propriedade privada sem restrições: a propriedade na Grécia, na Pérsia, no Egito, fora sempre 'relativa', ou, por outras palavras, era condicionada por direitos superiores ou colaterais de outras partes e autoridades, ou por obrigações em relação a elas. Foi a jurisprudência romana que, pela primeira vez, emancipou a propriedade privada de todo o requisito ou restrição extrínsecos, ao desenvolver a móvel distinção entre mera 'posse', controle factual dos bens, e 'propriedade', direito pleno a eles."
>
> ANDERSON, Perry. *Passagens da Antiguidade ao feudalismo*. p. 71-2.

A cultura romana

O Código de Leis foi o mais importante legado romano às civilizações posteriores. Divide-se em **Jus Naturale** (Direito Natural), compêndio de filosofia jurídica; **Jus Gentium** (Direito das Gentes), compilação de leis abrangentes, isto é, que não levam em conta as nacionalidades; e **Jus Civile** (Direito Civil), conjunto de leis aplicáveis aos cidadãos de Roma.

O sistema jurídico romano foi construído progressivamente, desde os primeiros tempos da civilização. Apesar de os poderes acharem-se concentrados, ao longo da história romana, em mãos de uma elite, reconheciam, por exemplo, os direitos legais dos estrangeiros, os quais eram inalienáveis e originaram normas que formaram o *jus gentium*, base do atual direito internacional. Além disso, surgiu um corpo de juristas com autoridade para interpretar e aprimorar as leis que regulavam a vida pública e privada, já que admitiam que a dinâmica das transformações devia também influenciar as leis.

O método de formação dos advogados, até o final da República, era essencialmente prático, cabendo aos jovens acompanhar o mestre em suas consultas aos clientes. Aos poucos, alguns centros de consultas jurídicas, próximos a templos e bibliotecas, transformaram-se em escolas públicas de Direito. Sob Cícero, o ensino foi sistematizado e dotado de um corpo de princípios, divisões e classificações, apoiados em terminologia e definições precisas. Era o nascimento da ciência do Direito.

Os advogados eram atraídos pelos debates, em que desenvolviam a oratória, a intimidade com os problemas da vida pública e, especialmente, a popularidade, que, não raramente, acabava viabilizando um esperado futuro político em Roma. Na época imperial, durante o governo de Cláudio, a advocacia perdeu seu caráter predominantemente voluntarista e seus profissionais passaram a ter uma disciplina a cumprir e uma remuneração definida.

Outro ramo da cultura romana que se desenvolveu consideravelmente foi a **literatura**, destacando-se Cícero, poeta e o maior orador romano; Virgílio, autor de *Eneida*; Tito Lívio, autor de *História de Roma*, e Ovídio, autor de *Arte de amar*, entre outros.

A **arquitetura** romana celebrizou-se pela grandiosidade de suas obras: aquedutos, estradas e muralhas, que sobreviveram ao tempo.

O aqueduto mostra a perícia romana em obras públicas, fazendo do arco um importante destaque em sua arquitetura. Nas fotos, aqueduto na Palestina e templo de Diana no sul de Portugal.

Em Roma, a religião dominante era politeísta, na medida em que se inspirava na religião grega, adaptada, porém, às condições de vida dos romanos. Suas principais divindades eram: **Júpiter** (Zeus), principal deus romano; **Juno** (Hera), protetora da família; **Diana** (Artêmis), deusa da caça; **Baco** (Dioniso), deus do vinho; **Vênus** (Afrodite), deusa da beleza.

Europa: do mundo clássico ao medieval

O fim da Antiguidade Clássica, época das civilizações tidas na visão eurocêntrica como as da "mais alta qualidade" ou "classe", formadoras da base histórica e cultural sobre a qual se erigiu o que hoje chamamos de Ocidente, dava início a um novo período. O colapso do Império Romano, acompanhado pelo desmoronamento dos valores culturais, inclusive religiosos, abriu espaço para a ascensão do cristianismo e marcou o começo de um novo "mundo", o medieval, assunto da nossa próxima unidade.

Vale ressaltar que a usual expressão "mundo medieval" carrega uma ideia distorcida de que o mundo todo teria passado pelas mesmas situações que a Europa. É preciso recordar que a Idade Média é uma periodização circunscrita apenas ao continente europeu e não a toda a humanidade. Como veremos, durante este longo período de mil anos, por exemplo, a Europa foi apenas uma periferia de outros mundos muito mais dinâmicos e poderosos, como o muçulmano: a Europa tinha uma população relativamente pequena e estava cada vez mais isolada das principais rotas de comércio, que passavam pelo Mediterrâneo Oriental. No mundo muçulmano, a matemática e a astronomia eram bem mais desenvolvidas que na Europa, e foi a esses conhecimentos que os europeus recorreram, no final da Idade Média, para realizar as navegações pelo Atlântico. Da mesma forma, na América, floresciam civilizações que, no século XVI, impressionariam os conquistadores europeus pela grandiosidade de suas cidades e arquitetura, como a capital dos astecas, Tenochtitlán, atual Cidade do México. Até mesmo os hábitos de higiene entre esses povos eram mais desenvolvidos que os dos europeus.

Criticando o sentido eurocêntrico dessa divisão da história, é possível até mesmo questionar a importância da queda de Roma, em 476, para outras civilizações, ou seja, qual peso possuiu para civilizações como as da América pré-colombiana ou a chinesa, já que o grande Império circunscreveu-se pouco além das margens do mar Mediterrâneo. A transição da Antiguidade para a época medieval, nessa visão, não foi diferente e manteve o mesmo eixo histórico, com os outros povos e regiões girando em torno da Europa.

Dessa forma, é importante ressaltar que a Idade Média é um período referente à Europa. Como periodização, não pode ser aplicada para outras áreas do mundo, ainda que alguns conceitos de que aqui lançaremos mão possam servir para analisar circunstâncias históricas análogas a outras regiões. Além disso, a importância de estudar esse período está na presença entre nós de heranças européias. Como afirma o historiador francês Jacques Le Goff (*Reflexões sobre a história*, Lisboa, Edições 70, 1986), é nesse período que se originaram elementos importantes da atualidade, como "a matriz de nossas atuais redes urbanas", o sistema de ensino, incluindo o sistema universitário, e até mesmo "a maneira de nos enamorarmos" e de constituirmos família.

Relevo do século III ilustrando um confronto entre bárbaros e romanos.

Questões & Testes

1 (Unip-SP) "Eis os conselhos que um bom marido dá à sua mulher: É mais honesto para a mulher ficar em casa do que estar sempre saindo; e é mais vergonhoso para o homem ficar em casa do que fora, tratando de negócios. Portanto, deverás (tu, mulher) permanecer em casa, mandar acompanhar teus servos encarregados dos trabalhos externos e fiscalizar pessoalmente aqueles que trabalham dentro de casa. Deverás receber o que for trazido e distribuir as provisões que devem ser usadas; com relação ao supérfluo, tu deverás zelar para que não se gaste num mês o que estiver destinado ao ano inteiro. Entretanto, uma das tuas funções que, talvez, te agradará menos: se algum de teus escravos ficar doente, deverás cuidar dele até sua cura completa". (Xenofonte, *Economia*) O texto acima trata da organização social da Grécia antiga. Com base nele, pode-se deduzir que a sociedade grega era:

a) avançada.
b) matriarcal.
c) igualitária.
d) patriarcal.
e) atrasada.

2 (UE-Londrina-PR) "Com a nova divisão da sociedade, qualquer cidadão poderia participar das decisões do poder. Apenas os escravos e os metecos (estrangeiros) não participavam das decisões políticas, pois não tinham direito de cidadania."

Ao texto pode-se associar:

a) Dracon e a expansão colonial em direção ao Mediterrâneo.
b) Sólon e a militarização da política espartana.
c) Pisístrato e a helenização da península Balcânica.
d) Péricles e a hegemonia cultural grega no Peloponeso.
e) Clístenes e a democracia escravista ateniense.

3 (UM-SP) No processo histórico da Grécia antiga, a Confederação de Delos, organizada no século V a.C. e que chegou a reunir 400 cidades, está associada:

a) ao fracasso grego nas Guerras Médicas.
b) à extinção da democracia escravista grega.
c) à ascensão persa em função do controle sobre todo o Mediterrâneo ocidental.
d) ao imperialismo ateniense após a vitória sobre os persas.
e) à unificação política das cidades gregas para enfrentar a invasão macedônica.

4 (PUCSP) No sentido contemporâneo do termo, sobretudo com implicações de unidade política, a palavra *nação* não pode ser aplicada à Grécia antiga. Tanto assim que:

a) prevaleciam padrões culturais diferenciados nas várias regiões.
b) as formas de governo foram únicas, mas guardavam total autonomia.
c) não havia unidade de língua e religião entre as várias populações urbanas.
d) as cidades eram independentes nos assuntos de seu próprio interesse.
e) predominavam as tendências à proibição de atividades econômicas semelhantes.

5 (Vunesp) "Existem numerosos tipos de alimentação que determinam diversos modos de vida, tanto nos animais como nos homens (...) Os mais indolentes são pastores (...) Outros homens vivem da caça, alguns por exemplo vivem de pilhagem, outros vivem da pesca: são aqueles que vivem perto dos lagos, dos pântanos, dos rios ou de um mar piscoso; outros alimentam-se de pássaros ou de animais selvagens. Mas, de um modo geral, a raça humana vive, principalmente, da terra e do cultivo de seus produtos."
(Aristóteles, *Política*, séc. IV a.C.)

a) Qual o conceito de economia expresso pelo texto de Aristóteles?
b) Aponte uma diferença entre o conceito de economia de Aristóteles e o conceito de economia no capitalismo.

6 (Oswaldo Cruz-SP) Entre muitos, três grandes filósofos se notabilizaram na Grécia antiga: Aristóteles, Platão e Sócrates. Um deles defendeu a teoria de que através do conhecimento se chega à virtude. Notabilizou-se pelas expressões "Só sei que nada sei" e "Conhece a ti mesmo". Outro, nos "Diálogos", desenvolveu a sua "teoria das ideias", segundo a qual as coisas do mundo físico que se percebem pelos sentidos nada mais são do que cópias das ideias, modelos perfeitos e eternos que só podem ser percebidos pelo espírito; o outro, na sua "Política", analisou qual seria a forma ideal de governo e as diversas constituições gregas. Considerando a ordem dos enunciados, tais princípios foram defendidos, respectivamente, por:

a) Aristóteles, Platão e Sócrates.
b) Sócrates, Platão e Aristóteles.
c) Aristóteles, Sócrates e Platão.
d) Platão, Sócrates e Aristóteles.

7 (UnB) A democracia está sempre na berlinda. Do mundo clássico ao contemporâneo, houve sempre quem não a julgasse ser o sistema ideal de governo. As tentações para subvertê-la têm-se manifestado historicamente. Há, no entanto, um lastro de conquistas democráticas que se afirmou ao longo do tempo. Com relação à evolução da experiência democrática, julgue os itens a seguir.

1) O laconismo e a disciplina militar possibilitaram o desenvolvimento dos estudos filosóficos e humanistas no seio da sociedade espartana, o que permitiu criar condições para a emergência dos ideais democráticos na Grécia antiga.
2) Os gregos antigos, ao servirem-se do trabalho escravo, contrariavam a lógica dos seus conceitos democráticos, uma vez que atribuíram à capacidade do fazer manual a condição maior para se bem governar os homens.
3) O modelo da democracia burguesa liberal ocidental, que nasceu das revoluções atlânticas e do Iluminismo, ao se implantar em países com fortes valores capitalistas e industriais, acabou com todas as manifestações políticas que defendiam o nacionalismo e o socialismo.
4) A experiência democrática nos países do Cone Sul da América Latina no século XX é de pequena relevância, pois essa foi uma região que pouco vivenciou restrições às liberdades políticas e civis.

8 (Unicamp) Segundo Péricles, o regime político de Atenas no século V a.C. era democrático "porque não funciona no interesse de uma minoria, mas em benefício do maior número". Sabemos, no entanto, que a condição da cidadania era assegurada aos que não trabalhavam, pois eram liberados para praticar a política e fazer a guerra. Mulheres, menores de 18 anos, metecos (estrangeiros, geralmente comerciantes) e escravos não participavam da vida pública. Como explicar essa exclusão, caso por caso, pelos princípios democráticos atenienses, se eram maioria?

9 (Fatec-SP) Em relação ao sistema produtivo das cidades-Estados gregas, podemos dizer que predominava:

a) o trabalho dos camponeses livres, rendeiros dependentes e artesãos urbanos.
b) o trabalho comunal nas aldeias agrícolas, sendo a escravidão secundária.
c) a escravidão, então convertida em um modo de produção sistemático.
d) o trabalho livre junto às propriedades rurais e pequenas unidades artesanais.
e) a vassalagem originária dos *comitatus* germânico e do colonato romano.

10 (Fuvest) Identifique e comente as principais diferenças entre Esparta e Atenas quanto à organização política.

11 (UFSCar-SP) A passagem que se segue é de Xenofonte, um grande admirador de Licurgo, o legislador de Esparta. Leia com atenção e compare a situação das mulheres de Esparta com o que sabe a respeito das mulheres de Atenas.

"Licurgo achava que a tarefa principal das mulheres livres deveria ser a maternidade. Para tanto, ele prescreveu exercícios físicos e corridas, tanto para as mulheres quanto para os homens. Estava convencido de que, se os dois sexos fossem ambos vigorosos, eles teriam filhos mais robustos."

12 Leia os textos que se seguem:

I – "A constituição que nos rege nada tem a invejar aos outros povos; serve a eles de modelo e não os imita. Recebe o nome de democracia, porque o seu intuito é o interesse do maior número e não de uma minoria. Nos negócios privados, todos são iguais perante a lei; mas a consideração não se outorga senão àqueles que se distinguem por algum talento. É o mérito pessoal, muito mais do que as distinções sociais, que franqueia o caminho das honras. Nenhum cidadão capaz de servir à pátria é impedido de fazê-lo por indigência ou por obscuridade de sua posição. Livres em nossa vida pública, não pesquisamos com curiosidade suspeita a conduta particular de nossos cidadãos... Somos cheios de submissão às autoridades constituídas, assim como às leis, principalmente as que têm por objeto a proteção dos fracos e as que, por não serem escritas, não deixam de atrair àqueles que as transgridem a censura geral... Ouso dizê-lo, Atenas é a escola da Grécia." (Discurso de Péricles – fragmento)

II – "Alguns pretendem que o poder do senhor é contra a natureza, que se um é escravo, e o outro livre, é porque a lei o quer, que pela natureza não há diferença entre eles e que a servidão é obra não da justiça, mas da violência. A família, para ser completa, deve compor-se de escravos e de indivíduos livres. Com efeito, a propriedade é uma parte integrante da família, pois sem os objetos de necessidade é impossível viver e viver bem. Não se saberia pois conceber lar sem certos instrumentos. Ora, entre os instrumentos, uns são inanimados, outros vivos... O escravo é uma propriedade que vive, um instrumento que é homem. Há homens assim feitos por natureza? Existem homens inferiores, tanto quanto a alma é superior ao corpo, e o homem ao bruto; o emprego das forças corporais é o melhor partido a esperar do seu ser: são os escravos por natureza... útil ao próprio escravo, a escravidão é justa." (Aristóteles; Política – fragmento)

Com base nos textos I e II e nos seus conhecimentos sobre a Antiguidade grega, você pode concluir que:

a) os textos I e II se contradizem, pois Péricles (texto I) afirma que "todos são iguais perante a lei", enquanto Aristóteles (texto II), ao discutir a existência do escravo, declara que "existem homens inferiores";

b) os textos I e II se contradizem, pois Péricles afirma que as leis "têm por objeto a proteção dos fracos", enquanto Aristóteles diz que "se um é escravo, e o outro livre, é porque a lei o quer";

c) os textos I e II não podem ser confrontados, pois Péricles viveu num período que antecede de muitos séculos o nascimento de Aristóteles;

d) os textos I e II tratam de temas diferentes e não se contradizem, pois Péricles discute as relações entre leis e cidadania (e os escravos não eram considerados cidadãos), enquanto Aristóteles justifica a existência da escravidão;

e) o texto II desmente o texto I, pois não pode haver democracia se observamos a existência de escravos em Atenas.

13 (UFPR) "... Dividiu-se em três partes o Universo, e cada qual logrou sua dignidade. Coube-me habitar o mar alvacento, quando se tiraram as sortes, a Hades couberam as brumosas trevas e coube a Zeus o vasto Céu, no éter, e as nuvens. A Terra ainda é comum a todos, assim como o vasto Olimpo."

(Homero, *Ilíada*. São Paulo, Difusão Européia do Livro, 1961. p. 261-2.)

Segundo o texto de Homero, a origem do universo é explicada pela divisão feita por Cronos entre seus três filhos: Possêidon, Hades e Zeus. A visão mítica revelada por relatos como esse permeou as sociedades gregas e romanas da Antiguidade e atribuiu um caráter religioso ao seu legado artístico e cultural. Sobre a religião dessas sociedades, é correto afirmar:

01) A mitologia era a base da religião, celebrada no culto aos antepassados, aos deuses e aos heróis.
02) Para os romanos, os deuses eram seres que não se identificavam com os vícios ou com as virtudes dos seres humanos.
04) Os mitos relatavam a criação do mundo e as relações entre deuses e homens, apresentando exemplos morais que deveriam pautar o comportamento humano.
08) Na religião da Grécia e Roma antigas, os heróis eram homens que praticavam ações extraordinárias, recebendo a mesma veneração destinada aos deuses.
16) Na Grécia, o culto a Júpiter não permitia a veneração de divindades protetoras das diversas cidades.
32) O conjunto de mitos criado pelos gregos permaneceu inalterado mesmo depois de sua adoção pelos romanos.

64) Na sociedade grega, estabeleceu-se uma relação íntima entre arte e religião; a arquitetura, a escultura, a poesia e o teatro tinham como fundamento o culto religioso e a perpetuação dos mitos.
(A resposta é a soma das alternativas corretas.)

14 (UFSCar-SP)
Há muitas maravilhas, mas nenhuma
é tão maravilhosa quanto o homem.
(...)
Soube aprender sozinho a usar a fala
e o pensamento mais veloz que o vento
e as leis que disciplinam as cidades,
e a proteger-se das nevascas gélidas,
duras de suportar a céu aberto...
(Sófocles, *Antígona*, trad. Mário da Gama Curi.
Rio de Janeiro, Jorge Zahar Editor,
1993. p. 210-1.)

O fragmento acima, apresentação do Coro de *Antígona*, drama trágico de autoria de Sófocles, manifesta uma perspectiva típica da época em que os gregos clássicos:

a) enalteciam os deuses como o centro do universo e submetiam-se a impérios centralizados.
b) criaram sistemas filosóficos complexos e opuseram-se à escravidão, combatendo-a.
c) construíram monumentos, considerando a dimensão humana, e dividiram-se em cidades-Estados.
d) proibiram a representação dos deuses do Olimpo e entraram em guerra contra a cidade de Troia.
e) elaboraram obras de arte monumentais e evitaram as rivalidades e as guerras entre cidades.

15 (Fuvest) Roma expandiu-se consideravelmente pelo Mediterrâneo no período republicano. No século II a.C., foram consequências dessa expansão:

a) o aparecimento da classe média de proprietários rurais e o desaparecimento dos latifúndios.
b) o aumento da população rural na Itália e a diminuição da população urbana.
c) o sensível afluxo de riquezas e o crescimento do número de escravos.
d) a formação de grande número de pequenas propriedades e o fortalecimento do sistema assalariado.
e) a proscrição das manifestações culturais estrangeiras e a difusão do cristianismo.

16 (Osec-SP) "[...] Quando venceu, apresentou imediatamente sua proposta de reforma agrária, na Assembleia Popular. Não permitia que cidadão algum tivesse mais de 500 *iugera* de terras públicas – total que era duplicado se o concessionário de terra tivesse dois filhos crescidos. Todas as terras no momento em mãos dos grandes senhores deveriam ser distribuídas aos cidadãos romanos que não eram proprietários."

O período que vai de 133 a 27 a.C. corresponde à desintegração da República e às origens do Império Romano. Nesse período, a proposta de lei acima foi feita por:

a) Caio Graco   d) Tibério Graco
b) Mário   e) n.d.a.
c) Sila

17 (UFPA) Enfraquecida pelas lutas internas e pelas consequências do expansionismo, a República cedeu lugar ao Império na Roma antiga. Em relação à ordem imperial, afirma-se que:

a) a concentração dos poderes de Otávio, nos primeiros momentos do Império, respondia pelas necessidades da nobreza senatorial em dispor de um governo capaz de sufocar a anarquia e as rebeliões de escravos.
b) a organização do Império contou com expressiva participação popular, haja vista a importância que o Partido Democrático ocupou na queda do regime republicano.
c) o Império nasceu no interior da grave crise econômica que caracterizou os últimos tempos da República, crise provocada pelas derrotas de Roma nas guerras pela conquista da Itália.
d) a criação do Império, obra elaborada pelo Primeiro Triunvirato, representou o produto da vontade dos generais no sentido de criar um governo capaz de controlar a crise social do final da República.
e) as bases do Império foram, politicamente falando, sustentadas pelo poder dos camponeses romanos, principais interessados na existência de uma ordem que lhes assegurasse o domínio da terra.

18 *"Fugit irreparabile tempus"*

A frase de Virgílio nas Geórgicas pode servir de cenário para a leitura de Sêneca. O tempo corre célere e não volta mais, diz o poeta: foge irreparavelmente. É contra essa escravidão angustiante a que o tempo nos submete que se volta o filósofo. O seu objetivo é claro: "Que eu guie a minha vida e que não seja ela que me guie". Ambição de soberania absoluta, vontade de reter aquilo que nos domina – tais são as características da sabedoria estóica.

Lúcio Aneu Sêneca não é um filósofo muito lido pelos estudiosos da filosofia enquanto escola. Sua doutrina, reflexão sobre como viver e como morrer, se assemelha mais a certas sabedorias do Oriente. Contra os metafísicos e os epistemólogos, Sêneca atribui à filosofia uma tarefa prática: facere docet philosophia, a filosofia ensina a agir, diz ele nas célebres Epístolas a Lucílio.

Sêneca teve uma carreira curiosa e atribulada. Contemporâneo de Cristo, formado na sabedoria estoica, este espanhol de Córdova tornou-se preceptor de Nero e, por vários anos, o verdadeiro governante do Império Romano."

BRUM, José Thomaz. Comentando sobre o livro de Sêneca: Sobre a brevidade da vida. In: *Jornal do Brasil*, 10/7/93. p. 4.

Considerando o texto, assinale a alternativa correta:

a) A filosofia estoica nasceu no período arcaico grego, antes da Escola Pitagórica e Socrática.
b) Virgílio, o autor da *Ilíada*, e Sêneca, o autor de *Sobre a brevidade da vida*, foram os principais representantes da cultura romana imperial.
c) Sêneca abraçou a filosofia estoica do período helenístico e viveu o apogeu do Alto Império Romano.
d) O caos, a anarquia militar, a decadência escravista e as invasões bárbaras formavam o contexto histórico contemporâneo de Sêneca.
e) Sêneca foi um ativo opositor dos irmãos Graco durante o período republicano, apoiando Nero.

19 Leia o texto:

"As medidas de Diocleciano (284-305) para sanear o caos monetário do império foram igualmente burocráticas. Como os preços continuassem a subir desenfreadamente, lançou um edito fixando o preço máximo das mercadorias e dos salários em todo o império e prescrevendo pena de morte para os infratores. Era um edito incrivelmente minucioso: fixava o preço do trigo, da cevada e do centeio; do faisão selvagem e do de engorda; do pardal e do arganaz."

(adaptação) HADAS, Moses. *Roma Imperial*. Rio de Janeiro, José Olympio, 1969. p. 152-3.

Assinale a alternativa adequada, considerando o momento histórico romano do texto acima.

a) Otávio Augusto distribuiu pão e dinheiro a vinte mil ou trinta mil homens do setor mais pobre da população, além de entregar milhares de lotes de terra a muitos outros. Augusto organizava com frequência, também, as lutas de gladiadores, onde participavam cerca de dez mil homens e 3 500 animais.
b) A afirmação de São Jerônimo numa carta escrita em Bizâncio aponta as causas mais profundas da crise romana do século V: "Chega-nos do Ocidente um rumor terrível: Roma atacada pelos cristãos (...) Foi conquistada, esta cidade que conquistara o universo (...)"
c) Um autor cristão do século IV, Lactâncio, afirma que "o medo fez com que desaparecessem os gêneros do mercado e os preços subissem mais alto ainda". Daí a quatro décadas uma porção de trigo tabelada de 100 denários era vendida por mais de 10 mil denários. O Edito Máximo teve efeitos muito negativos que aceleraram o colapso do Baixo Império Romano.
d) No Alto Império Romano as moedas passaram a perder o seu valor, quando a partir de Nero, diminuíram cada vez mais a quantidade de metal nobre (ouro e prata) na cunhagem das moedas. Com Trajano (98-117) a moeda de prata possuía apenas 79% desse metal, chegando em governos seguintes a apenas 2%.
e) A estabilidade dos preços conseguida no início do Império com o "congelamento" permitiu o suprimento de alimentos e as amenidades da capital e de algumas cidades do interior. O apogeu do período pode ser visto pelos 956 banhos públicos que existiam em Roma, além de terem grandes espetáculos gratuitos durante 175 dias do ano.

20 "Um dos mais convincentes mitos da Antiguidade é a história da Sibila, de Cumas (antiga cidade grega perto de Nápoles). Ela ofereceu nove livros de profecias a Tarquínio, o Soberbo, último legendário rei de Roma. Mas o rei os recusou, e (a profetisa) Sibila queimou três livros, oferecendo ao rei os seis restantes pelo mesmo preço. O rei recusou novamente, então ela queimou mais três e ofereceu os três restantes, ainda pelo mesmo preço. Dessa vez, o rei os comprou.
Por que Tarquínio rejeitou a primeira e a segunda oferta de compra?
Evidentemente porque o preço pedido era abusivo. Mas por que ele aceitou a terceira oferta, que evidentemente era ainda mais exorbitante? Porque compreendeu que da próxima vez não haveria mais livros para comprar."
MORTIMER, Edward. Financial Times. In: *Gazeta Mercantil*, 20/9/93. p. 1.

Considerando o texto acima, assinale a alternativa correta.
a) Tarquínio, o Soberbo, foi derrubado do trono real por um levante popular plebeu que estabeleceu o regime republicano, em 509 a.C.
b) O fim da monarquia decorreu de um golpe aristocrático que instalou a supremacia do poder senatorial.
c) Tarquínio foi derrubado por um golpe desfechado pelos patrícios devido, exclusivamente, à sua origem etrusca.
d) Os patrícios derrubaram o último rei "legendário" e instalaram uma ditadura de seis meses, quando escolheram um novo rei.
e) A derrubada de Tarquínio só teria sido evitada se o rei tivesse adquirido os nove livros de profecias da Sibila.

21 Leia o texto:
"Nos 'Idos (ou 15) de março' do ano 44 a.C. César foi assassinado numa reunião do Senado por um grupo de conspiradores, dos quais Marco e Décimo Bruto e Cássio eram os líderes. Tinham a maioria do Senado a seu favor, mas não encontraram a simpatia que esperavam do povo romano e do exército e nem mesmo da população da Itália. A transferência automática do poder para as mãos do Senado, que os conspiradores evidentemente esperavam que ocorresse com a morte de César, jamais se consubstanciou. Antônio, o Cônsul, e Lépido, chefe da cavalaria, possuíam uma força militar que lhes era inteiramente dedicada e lhes permitiu suprimir qualquer movimento ameaçador da parte do Senado. A posição dos conspiradores tornou-se ainda mais crítica quando se evidenciou que a população da capital estava contra eles. A ralé foi comprada pelas doações que César lhe fez num testamento que Antônio divulgou imediatamente."
ROSTOVTZEFF, M. *História de Roma*. Rio de Janeiro, Guanabara, 1983. p. 140.

Considerando o cenário destacado no texto, assinale a alternativa correta:
a) O segundo triunvirato assumiu o governo romano em seguida, frustrando as ambições senatoriais. Era a aproximação do ponto mais alto e final da crise republicana, a qual desembocou na instalação do Império.
b) Foi o sucesso de Marco Antônio sobre os senadores bem como as vitórias romanas nas Guerras Púnicas que eliminaram a supremacia senatorial, impondo o governo consular, apelidado de Principado.
c) Os "idos de março" foram o resultado direto do êxodo rural e da proletarização da plebe, quando Júlio César contava com o apoio político dos irmãos Graco e a absoluta oposição da aristocracia senatorial.
d) Os senadores conspiradores contavam com o apoio de Otávio, rapaz de 18 anos que herdara a fortuna e o nome de César e que comandava o exército em Ilíria, destacado opositor político de Antônio e Lépido.
e) Pompeu e Crasso eram os principais sustentáculos da ditadura de César ante a continuada oposição senatorial aristocrática e dos radicais reformistas liderados por Antônio, Lépido e Tibério Graco.

22 (Unesp) "O vínculo entre os legionários e o comandante começou progressivamente a assimilar-se ao existente entre patrão e cliente na vida civil: a partir da época de Mário e Sila, os soldados procuravam os seus generais para a reabilitação econômica e os generais usavam os soldados para incursões políticas." (Perry Anderson, *Passagem da Antiguidade ao feudalismo*.)

O texto oferece subsídios para a compreensão:
a) da crise da República romana.
b) da implantação da monarquia etrusca.

c) do declínio do Império Romano.
d) da ascensão do Império Bizantino.
e) do fortalecimento do Senado.

23 (UFPE) "Muitos lavradores faziam girar as parelhas de bois, e as levavam para cá e para lá. Quando tudo feito seria volta, voltavam ao limite do campo, tomavam uma taça de vinho doce como mel, (...) e voltavam ao sulco, ansiosos por chegar ao limite, ao profundo alqueive, que escurecia atrás deles (...)"

(Homero, *Ilíada*. Difusão Europeia do Livro, p. 333.)

Sobre a sociedade cretense no III e II milênio a.C., assinale a alternativa incorreta.

a) A população em Creta vivia em regime de servidão coletiva, dedicava-se a uma agricultura especializada, à exploração de madeira, ao transporte e comércio marítimo.
b) Os produtos básicos do comércio cretense foram os utensílios de cerâmica e azeite de oliva.
c) Em Creta, os palácios eram simultaneamente oficinas de artesãos e depósitos de mercadorias.
d) A tecnologia e cultura cretense foi de grande importância para a sociedade micênica.
e) Com base nos poemas homéricos, pode-se afirmar que o comércio minoico se realizava unicamente com os produtos derivados da atividade da pecuária.

24 (Vunesp) O Direito Romano, instituição legada pelo Império Romano à civilização ocidental, resultou da preocupação em:

a) determinar as obrigações dos patrícios em relação aos plebeus.
b) garantir aos primitivos italiotas seus direitos diante dos invasores etruscos.
c) assegurar aos primeiros reis de Roma a continuidade de seu poder.
d) aumentar o poder da República romana diante das nações vizinhas.
e) regulamentar a vida do cidadão romano estabelecendo seus direitos e deveres diante do Estado.

25 (Mauá-SP) O Império Romano, tão sólido e praticamente sem inimigos externos significativos, começa, no fim do século II, a entrar num processo de declínio, para atingir, no decorrer do século III, o abismo da desorganização interna, habitualmente denominada "crise do século III". Que fatores concorreram para levar o Império a essa crise?

26 (Fuvest)
"Mirem-se no exemplo daquelas mulheres
 [de Atenas
Geram pros seus maridos os novos filhos
 [de Atenas
Elas não têm gosto ou vontade
Nem defeito nem qualidade
Têm medo apenas
Não têm sonhos, só têm presságios
O seu homem, mares, naufrágios
Lindas sirenas
Morenas."
(Chico Buarque de Holanda e Augusto Boal)

A letra da música "Mulheres de Atenas" esboça o papel da mulher na sociedade ateniense. Que papel é esse e no que se diferencia do exercido pela mulher espartana?

27 (FGV-SP) Em 594 a.C., todos os partidos concordaram com a indicação de Sólon como magistrado, com amplos poderes para realizar uma série de reformas. Apesar de consideradas moderadas, tais reformas incluíram a:

1) implantação de hipotecas que oneravam os agricultores de porte médio; a limitação da quantidade de terra que cada indivíduo poderia possuir; o estabelecimento da escravidão por dívida; a criação de um sistema moderno de cunhagem de moedas e de títulos do Estado.

2) abolição completa da propriedade privada; a implantação da escravidão por dívida; a introdução de novo sistema de arrecadação; a abertura dos portos aos dórios e jônios, antigos inimigos.

3) supressão das hipotecas que oneravam os agricultores pobres; a abolição da escravidão por dívida; a limitação da quantidade de terra que cada indivíduo poderia possuir; a introdução de um novo sistema de cunhagem para dar a Atenas vantagens no comércio exterior.

4) implantação da pena de ostracismo àqueles que representassem perigo ao regime democrático; a abolição da escravidão por dívida;

a realização de uma reforma agrária geral e irrestrita: a convocação de uma Assembleia Nacional Constituinte.
5) instituição da escravidão por dívida; a liberação da quantidade de terra que cada indivíduo poderia possuir; a supressão das hipotecas que oneravam os agricultores pobres; a extinção do sistema de cunhagem herdado dos sumérios.

28 (Fuvest) Na Grécia Clássica, os deuses eram concebidos à imagem e semelhança do homem, postura invertida na Roma Imperial, na qual os cristãos viam o homem feito à imagem e semelhança de Deus.
Relacione a visão religiosa com a estrutura sociopolítica em cada um dos casos acima.

29 (Unicamp) Explique a afirmação abaixo, considerando as relações que normalmente se estabelecem entre sociedade e cultura:
As realizações intelectuais do Império Romano tiveram um maior desenvolvimento nos campos do Direito, da engenharia, da organização dos serviços públicos e da estratégia.

30 (Fuvest) Comparando-se as civilizações da Antiguidade ocidental (Grécia e Roma), com as da Antiguidade oriental (Egito e Mesopotâmia), constata-se que ambas conheceram as mesmas instituições básicas, muitas das quais, aliás, o Ocidente tomou do Oriente. Contudo, houve um setor original e específico da civilização greco-romana. Trata-se do:
a) econômico, com novas formas de indústria e comércio que permitiram o surgimento de centros urbanos.
b) social, com novas formas de trabalho compulsório e hierarquias sociais baseadas no nascimento e na riqueza.
c) religioso, com o aparecimento de divindades com representação antropomórfica e poderes ilimitados.
d) cultural, com o desenvolvimento das artes plásticas e de expressões artísticas derivadas do uso da escrita.
e) político, com a criação de práticas participativas no poder e instituições republicanas de governo.

31 (FGV-SP) "Representando pequeno número em relação às outras classes, eles estavam constantemente preparados para enfrentar quaisquer revoltas, daí a total dedicação à arte militar. A agricultura, o comércio e o artesanato eram considerados indignos para o (...), que desde cedo se dedicava às armas. Aos sete anos deixava a família, sendo educado pelo Estado, que procurava fazer dele um bom guerreiro, ensinando-lhe a lutar, a manejar armas e a suportar as fadigas e a dor. Sua educação intelectual era bastante simples (...). Aos vinte anos o (...) entrava para o serviço militar, que só deixaria aos sessenta, passando a viver no acampamento, treinando constantemente para as coisas da guerra (...). Apesar de ser obrigatório o casamento após os trinta anos, sua função era simplesmente a de fornecer mais soldados para o Estado."

A transcrição acima refere-se aos cidadãos que habitavam:
a) Atenas.   c) Esparta.   e) Roma.
b) Creta.   d) Chipre.

32 (Unicamp) No ano de 73 a.C., um grande número de escravos e camponeses pobres se rebelaram contra as autoridades romanas no sul da Itália. Os escravos buscavam retornar às suas pátrias. Depois de resistirem aos exércitos romanos durante dois anos, a maioria foi massacrada.
(Traduzido e adaptado de P. Brunt, *Social conflicts in the Roman Republic*.)
a) Compare a escravidão na Roma antiga e na América colonial, identificando suas diferenças.
b) Quais foram as formas de resistência escrava nesses dois períodos?

33 (Puccamp) Leia o texto sobre as instituições políticas da antiga República Romana.
"Mesmo para um cidadão romano, seria impossível dizer, com certeza, se o sistema, em seu conjunto, era aristocrático, democrático ou monárquico. Com efeito, a quem fixar atenção no poder dos cônsules, a Constituição romana parecerá totalmente monárquica; a quem a fixar no Senado, parecerá aristocrática; e a quem a fixar no poder do povo, parecerá, claramente, democrática."
(Políbio, historiador grego do século II a.C. In: FUNARI, Pedro Paulo Abreu. *Roma: vida pública e vida privada*. São Paulo, Atual, 1993. p. 21.)

Com base no texto e no conhecimento histórico, pode-se afirmar que:

a) as instituições romanas não sofreram influências dos gregos, uma vez que os romanos mantiveram uma política isolacionista durante todo o período republicano.
b) os romanos não inovaram na formação das instituições políticas, já que imitaram o sistema político das civilizações gregas e das civilizações orientais.
c) a instituição do equilíbrio de poderes, presente na Constituição da antiga República Romana, influenciou posteriormente as instituições ocidentais, trazendo enorme contribuição à ciência do direito.
d) o equilíbrio de poderes, instituído após a queda da monarquia, evitou totalmente conflitos entre as classes sociais durante toda a República, já que permitiu a participação do povo na vida política.
e) os plebeus não tinham direito de participação nas instituições políticas romanas da República, já que eles eram estrangeiros e não possuíam, portanto, a cidadania romana.

34 (UFC) Analise o comentário sobre a situação da mulher romana.

"Suas qualidades domésticas, virtude, docilidade, gentileza, bom caráter, dedicação ao tricô, piedade sem superstição, discrição nas roupas e na maquiagem, por que relembrá-las? Por que falar do seu carinho e devoção aos familiares, já que você tratava tão bem meus pais quanto os seus [...]"

(Elogio fúnebre a Túria. Apud FUNARI, Pedro Paulo Abreu. *Roma: vida pública e vida privada*. 4 ed. São Paulo, Atual, 1993. p. 47.)

Considerando a ideia básica do texto, é correto afirmar que:

a) a mulher usufruía de prerrogativas idênticas às desfrutadas pelo homem na vida em sociedade.
b) a mãe de família dirigia, com toda a independência, a educação dos filhos e os negócios do marido.
c) o respeito dedicado à mulher romana garantiu a sua emancipação da tutela masculina, a partir do regime republicano.
d) as condições de liberdade, reservadas à mulher, tinham como limite a autoridade do pai de família.
e) a independência feminina constituía uma vitória, acatada pela nobreza romana, após a implantação do Império.

35 (Enem)
"Somos servos da lei para podermos ser livres."
Cícero
"O que apraz ao príncipe tem força de lei."
Ulpiano

As frases acima são de dois cidadãos da Roma Clássica que viveram praticamente no mesmo século, quando ocorreu a transição da República (Cícero) para o Império (Ulpiano).

Tendo como base as sentenças acima, considere as afirmações:

I. A diferença nos significados da lei é apenas aparente, uma vez que os romanos não levavam em consideração as normas jurídicas.
II. Tanto na República como no Império, a lei era o resultado de discussões entre os representantes escolhidos pelo povo romano.
III. A lei republicana definia que os direitos de um cidadão acabavam quando começavam os direitos de outro cidadão.
IV. Existia, na época imperial, um poder acima da legislação romana.

Estão corretas, apenas:

a) I e II.
b) I e III.
c) II e III.
d) II e IV.
e) III e IV.

unidade III

A IDADE MÉDIA

Elio Ciol/Corbis/LatinStock

O FEUDALISMO E O PERÍODO MEDIEVAL

No estudo do período medieval, analisaremos inicialmente a sua estrutura, ou seja, o **feudalismo**: os componentes econômicos e sociais, bem como sua articulação com as concepções políticas e culturais da Idade Média. Em seguida, estudaremos o seu desenvolvimento histórico, ou seja, os acontecimentos que conduziram à formação do feudalismo, durante a Alta Idade Média, e à sua decadência, na Baixa Idade Média.

Um dos grandes temas da arte medieval seria o cristianismo. Na foto, detalhe de *A crucificação*, de Giotto.

Giotto, *A crucificação* (detalhe).

Adotamos esse critério por acreditarmos ser imprescindível conhecer inicialmente a totalidade medieval, para então, tendo identificado os seus principais componentes, integrá-los no contexto histórico.

As expressões **Idade Média** e **Idade Moderna** foram criadas durante o Renascimento, no século XV. Demonstrando repúdio ao mundo feudal, os renascentistas forjaram tendenciosamente a concepção de que a Idade Média fora "uma longa noite de mil anos", a "Idade das Trevas", em que mergulhara a cultura clássica após a queda de Roma.

Na verdade, o desprezo dos humanistas do Renascimento pela Idade Média apenas refletia a adoção de novos valores culturais, contrários aos do período medieval. Nessa época, a Europa viveu o feudalismo – sistema socioeconômico com instituições e componentes distintos do mundo antigo, clássico, ou do moderno, que veio posteriormente.

> As características típicas da Idade Média não fizeram o homem desse período menos competente, pois a cultura medieval, se comparada com a do mundo greco-romano, foi redefinida: "A ciência perdeu a vitalidade e a velha união com a filosofia se dissolveu. [...] A filosofia contraiu nova aliança, dessa vez com a **teologia**; durante séculos a vida intelectual se processaria sob a orientação da Igreja. [...] É cabível indagar da História se há alguma razão válida para supor que o gênio humano chamejou com menos brilho quando os homens, por boas razões pessoais e da época, transferiram o pensamento especulativo da ciência-filo-

O FEUDALISMO E O PERÍODO MEDIEVAL

> sofia para a teologia-filosofia. Presumivelmente, os homens do [...] princípio da Idade Média nasceram com a mesma capacidade de pensar, inquirir e evoluir intelectualmente que os homens de qualquer outra época. A questão, então, não é se tinham capacidade, mas se podiam ou desejavam usá-la, e como a usavam".
>
> BARK, William Carroll. *Origens da Idade Média*. 3. ed. Rio de Janeiro, Zahar, 1974. p. 102-3.

Assim, utilizaremos a expressão **Idade Média** desprovida de qualquer conteúdo pejorativo, indicando unicamente o período histórico compreendido entre os séculos V e XV, que tem início com a queda do Império Romano do Ocidente, em 476, e que se estendeu até a tomada de Constantinopla, em 1453.

O período medieval caracterizou-se pela preponderância do **feudalismo**, estrutura econômica, social, política e cultural que se edificou progressivamente na Europa centro-ocidental em substituição à estrutura **escravista** da Antiguidade romana.

O feudalismo começou a se formar a partir das transformações ocorridas no final do Império Romano do Ocidente e das invasões bárbaras, alcançando seu apogeu no final da **Alta Idade Média**, período compreendido entre os séculos V e X. O declínio do feudalismo, que já se esboçava no século X, prosseguiria até o século XV, constituindo o período convencionalmente chamado de **Baixa Idade Média**. Não é raro encontrarmos também a expressão **Idade Média Central**, referente ao período do apogeu feudal, situado entre os séculos VIII e o XIII, aproximadamente.

Após 476, com a ruína de Roma e o fim do escravismo, a população deixou as cidades, buscando a sobrevivência no campo. A agricultura, praticada nas **vilas** (grandes propriedades agrárias), constituiu a base de uma economia autossuficiente, cujos desdobramentos conduziriam à formação do mundo agrário-feudal.

Os bárbaros germânicos, que passaram a ocupar a parte ocidental do Antigo Império Romano, foram importantes agentes do processo de implantação do sistema feudal, embora outros povos invasores tenham contribuído para acelerar o processo de ruralização e formação do feudalismo. Entre eles estão os árabes, que, no século VIII, ocuparam o mar Mediterrâneo, impossibilitando as ligações comerciais entre o Ocidente e o Oriente. Posteriormente, no século IX, as invasões normandas e magiares completaram esse quadro.

O modo de produção feudal

Os homens, com o trabalho, transformam a natureza, da qual extraem bens necessários à sobrevivência. Ao mesmo tempo estabelecem relações entre si, originando vínculos econômicos, sociais, políticos e ideológicos.

Na Idade Média, o processo de produção predominante – o feudal – teve relações sociais e uma ordem política e cultural específicas. A essa estrutura econômico-social com os adequados componentes político-culturais chamamos **modo de produção feudal**, um conceito que abrange uma totalidade social.

O colapso do mundo escravista transformou a vila romana numa unidade autossuficiente, autônoma, isolada: um feudo.

Feudalismo: economia e propriedade

O **modo de produção feudal**, próprio do Ocidente europeu, tinha por base a economia agrária, não comercial, autossuficiente, quase totalmente amonetária (ou seja, com uso restrito de moeda). A propriedade feudal, ou senhorial, pertencia a uma camada privilegiada, composta pelos **senhores feudais**, altos dignitários da Igreja (o clero) e longínquos descendentes dos chefes tribais germânicos (a nobreza).

A principal unidade econômica de produção era o feudo, que se dividia em três partes distintas: a propriedade privada do senhor, chamada **domínio** ou **manso senhorial**, no interior da qual se erigia um castelo fortificado; o **manso servil**, que correspondia à porção de terras arrendadas aos camponeses e era dividido em lotes denominados **tenências**; e ainda o **manso comunal**, constituído por terras coletivas – pastos e bosques –, usadas tanto pelo senhor como pelos servos.

Devido ao caráter expropriador do sistema feudal, caracterizado pelas obrigações (talha, corveia, etc.), o servo não se sentia estimulado a aumentar a produção com inovações tecnológicas, pois isso significaria produzir mais – porém não para si, mas para o senhor. Por esse motivo, o desenvolvimento técnico do período foi irrelevante, de certa maneira limitando a produtividade. A principal técnica adotada foi a agricultura dos três campos (rotação de culturas), que evitava o esgotamento do solo, mantendo a fertilidade da terra.

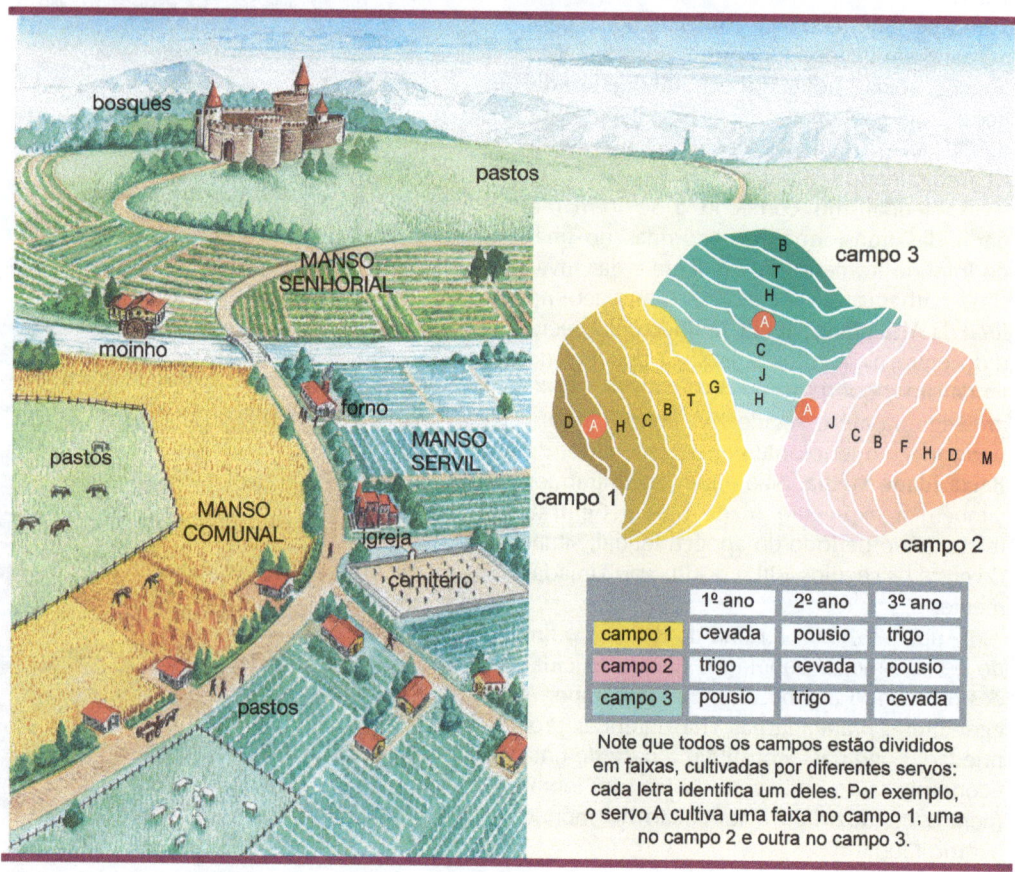

	1º ano	2º ano	3º ano
campo 1	cevada	pousio	trigo
campo 2	trigo	cevada	pousio
campo 3	pousio	trigo	cevada

Note que todos os campos estão divididos em faixas, cultivadas por diferentes servos: cada letra identifica um deles. Por exemplo, o servo A cultiva uma faixa no campo 1, uma no campo 2 e outra no campo 3.

Modelo de um feudo, unidade de produção típica da Idade Média. Ao lado, esquema de rotação de culturas, em três campos, que propiciava cultivos diferentes e o descanso de cada um por dois anos (pousio).

A sociedade feudal

No feudalismo, a posse da terra era o critério de diferenciação dos grupos sociais, rigidamente definidos: de um lado, os senhores, cuja riqueza provinha da posse territorial e do trabalho servil; de outro, os servos, vinculados à terra e sem possibilidades de ascender socialmente. A esse tipo de sociedade, estratificada, sem mobilidade, dá-se o nome de **sociedade estamental**.

Assim, a sociedade feudal era composta por dois estamentos, ou seja, dois grupos sociais com *status* fixo: os senhores feudais e os servos. Os servos eram constituídos pela maior parte da população camponesa, vivendo como os antigos colonos romanos – presos à terra e sofrendo intensa exploração. Eram obrigados a prestar serviços ao senhor e a pagar-lhe diversos tributos em troca da permissão de uso da terra e de proteção militar.

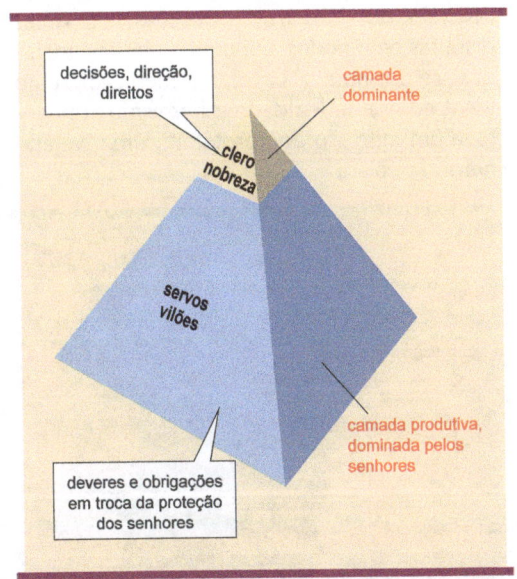

Pirâmide feudal: ausência de mobilidade social e dominância de uma minoria de senhores sobre a maioria da sociedade.

Principais obrigações servis
- **Corveia**: trabalho gratuito nas terras do senhor (manso senhorial) em alguns dias da semana.
- **Talha**: porcentagem da produção das tenências.
- **Banalidade**: tributo cobrado pelo uso de instrumentos ou bens do senhor, como o moinho, o forno, o celeiro, as pontes.
- **Capitação**: imposto pago por cada membro da família servil (por cabeça).
- **Tostão de Pedro**: imposto pago à Igreja, utilizado para a manutenção da capela local.
- **Mão-morta**: tributo cobrado na transferência do lote de um servo falecido a seus herdeiros.
- **Formariage**: taxa cobrada quando o camponês se casava.
- **Albergagem**: obrigação de alojamento e fornecimento de produtos ao senhor e sua comitiva quando viajavam.

Embora a vida do camponês fosse miserável e ele se submetesse completamente ao senhor, a palavra **escravo** seria imprópria para designar sua condição, uma vez que o servo achava-se ligado à terra, não podendo ser dela retirado para ser vendido. Assim, quando um senhor entregava sua terra a outro, o servo apenas passava a ter um novo amo, permanecendo, contudo, na mesma tenência. De certo modo, isso lhe dava alguma segurança, pois, ao contrário do escravo, o servo podia sempre contar com um pedaço de terra para sustentar sua família, ainda que precariamente.

De maneira geral, clero, nobreza e servos eram os grupos definidores da hierarquia feudal, havendo, entretanto, alguns grupos sociais menores, cujo referencial era estabelecido entre senhores e servos. Nesses grupos encontram-se os **vilões**, antigos proprietários livres, embora permanecessem ligados a um senhor. Na realidade, eram servos com menos deveres e mais liberdades, com obrigações quase sempre bem definidas e que não poderiam ser aumentadas segundo a vontade do senhor.

A terra tinha grande importância na época feudal, em decorrência da escassez de moeda e de outras formas de riqueza. Assim, estimulou-se a prática de retribuir serviços prestados com a concessão de terras. Os nobres que as cediam eram os **suseranos** e aqueles que as recebiam tornavam-se seus **vassalos**.

Um cerimonial (**homenagem**) acompanhava a concessão do feudo (*beneficium*), ocasião em que o vassalo jurava fidelidade ao suserano, comprometendo-se a acompanhá-lo nas guerras, assim como o suserano jurava, em reciprocidade, proteção ao vassalo. Enfim, suserano e vassalo assumiam compromissos de ajuda e consulta mútuas (*auxilium* e *consilium*).

> Muitas instituições romanas e germânicas foram importantes na estruturação da ordem feudal. A **clientela**, que estabelecia as relações de dependência social entre os indivíduos na sociedade romana, constituiu a base sobre a qual se desenvolveram as relações de dependência do mundo feudal (senhor-servo).
>
> O **colonato**, outra herança romana, impôs a fixação do homem (colono) à terra. Instituído pelo governo imperial, o colonato originalmente objetivava conter o êxodo rural e a crise de abastecimento provocada pela falta de mão de obra escrava. Os colonos, embora juridicamente livres, não podiam abandonar as terras, submetendo-se à autoridade dos grandes proprietários rurais. Juntamente com o **precarium** (entrega de terras a um grande senhor em troca de proteção), o colonato constituiria a base da **servidão medieval**. O **comitatus**, instituição germânica que estabelecia a relação de lealdade entre os guerreiros e o chefe tribal, foi o alicerce das relações feudais de **suserania** e **vassalagem**.

A relação de obrigação recíproca entre suseranos e vassalos fez da **dependência** a característica principal das relações sociais feudais. Além das obrigações militares, outros deveres se incluíam nas relações entre suseranos e vassalos, destacando-se o pagamento de resgate caso o suserano fosse feito prisioneiro, como também a ajuda nas despesas das festividades para a sagração do filho do suserano como cavaleiro.

Como a terra, ou seja, o feudo era a unidade básica do modo de produção, possuir terras e servos significava ter poder. O parcelamento das terras para a formação de novos feudos originou, portanto, a fragmentação desse poder. Assim, teoricamente, o rei era o suserano dos suseranos, diante do qual todos os vassalos deveriam se curvar. Entretanto, na prática, a figura real exercia pouca influência nos domínios dos senhores feudais, sendo cada um deles, de fato, a suprema autoridade em seus territórios. Assim, para reforçar o fragmentado poder local, havia as relações de obrigações recíprocas de suserania e vassalagem (relações horizontais), fortalecidas pelas relações de exploração e dependência entre senhor e servo (relações verticais).

A estruturação do feudalismo se fez em meio a guerras contínuas, decorrentes das invasões dos bárbaros e de suas constantes disputas pelo poder. Foi nessas circunstâncias que se formou a cavalaria medieval, cujo ideal de honra, lealdade e heroísmo configurava um mito – o do "protetor", um invejado herói da época.

Pertencer à cavalaria era a aspiração máxima do nobre na sociedade feudal.

"Nos primeiros tempos [...] o cavaleiro era o combatente a cavalo, que servia a alguém em troca de favores. [...] Por volta do século XII [...] tornar-se cavaleiro significava, antes de tudo, ascender a uma condição social privilegiada, que estava rigorosamente separada da massa desarmada, a quem o acesso à Ordem da Cavalaria estava barrado. Além disso, para ser cavaleiro era preciso ter posses suficientes para adquirir cavalo, armadura, espada e lança [...].

A importância do cavaleiro, contudo, deve ser procurada [...] nas coisas mais terrenas [...] pois defender os pobres e os pacíficos desarmados significava antes de tudo mantê-los pobres e em paz, sem condições, portanto, de lutar por seus interesses. A própria montaria do cavaleiro chegou a ser identificada com o povo: no romance de Lancelot está escrito que 'acima do povo deve situar-se o cavaleiro. E, tal como se esporeia o cavalo e aquele que está acima dele o leva onde quer, assim o cavaleiro deve guiar o povo segundo a sua vontade'. [...]"

MICELI, Paulo. O feudalismo. São Paulo, Atual/Unicamp, 1986. (Coleção Discutindo a História, p. 42-3.)

conveniente e adequada ao período: um mundo dividido em estamentos, necessariamente desiguais. Leia as palavras de um religioso medieval: "Deus quis que, entre os homens, uns fossem senhores e outros servos, de tal maneira que os senhores estejam obrigados a venerar e amar a Deus, e que os servos estejam obrigados a amar e venerar o seu senhor..." (ANGERS, St. Laud de. In: FREITAS, Gustavo de. *900 textos e documentos de história.* Lisboa, Plátano, 1975.)

Coube, assim, ao clero forjar a mentalidade da época, reforçando o predomínio dos senhores feudais (clero e nobreza), justificando os privilégios estabelecidos e oferecendo ao povo, em troca, a promessa do paraíso celestial.

O teocentrismo cristão

A Igreja cristã tornou-se a maior instituição feudal do Ocidente europeu. Sua incalculável riqueza, a sólida organização hierárquica e a herança cultural greco-romana permitiram-lhe exercer a hegemonia ideológica e cultural da época, caracterizada pelo **teocentrismo**.

Atuando em todos os níveis da vida social, a Igreja estabeleceu normas, orientou comportamentos e, sobretudo, imprimiu nos ideais do homem medieval os valores teológicos, isto é, a cultura religiosa. Envolto pelo idealismo religioso, o clero transmitia à população uma visão de mundo que lhe era

Numa gravura da época, representando o céu (ao alto) e a terra, religiosos e realeza defendem o cristianismo na terra.

A ALTA IDADE MÉDIA

Embora já tenhamos visto que, no feudalismo, os aspectos econômicos e sociais articularam-se aos aspectos culturais e ideológicos, é preciso considerar que o modo de produção feudal não existiu de maneira estanque e homogênea em todas as regiões da Europa, tendo sido, na realidade, um processo contínuo, da ascensão à decadência.

Assumindo peculiaridades regionais, variações particulares, o feudalismo, entretanto, conservou sempre o conjunto de características que o distinguem dos demais modos de produção. Para efeito de análise, considera-se que o feudalismo "clássico" foi o francês, já que a maior parte dos componentes feudais podem ser encontrados na França medieval.

Nos demais países da Europa ocidental, houve tanto variações, de acordo com o desdobramento histórico regional, como exceções – sociedades que não se vincularam a esse modo de produção. Estas últimas, entretanto, por serem exceções, em nada afetam o conjunto predominante, de estrutura hegemônica feudal.

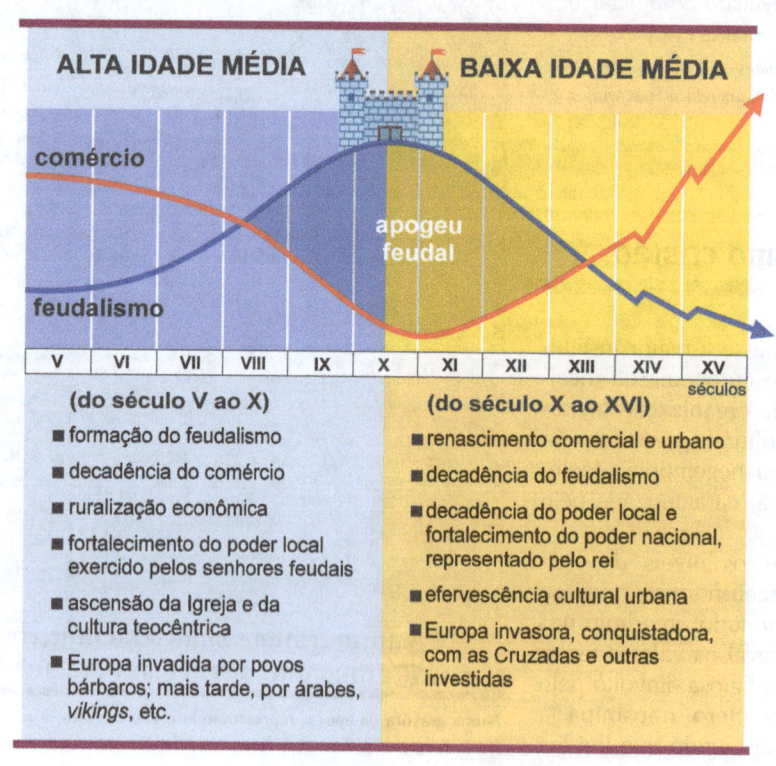

ALTA IDADE MÉDIA	BAIXA IDADE MÉDIA
comércio / feudalismo / apogeu feudal	
V VI VII VIII IX X	XI XII XIII XIV XV séculos
(do século V ao X)	(do século X ao XVI)
■ formação do feudalismo	■ renascimento comercial e urbano
■ decadência do comércio	■ decadência do feudalismo
■ ruralização econômica	■ decadência do poder local e fortalecimento do poder nacional, representado pelo rei
■ fortalecimento do poder local exercido pelos senhores feudais	■ efervescência cultural urbana
■ ascensão da Igreja e da cultura teocêntrica	■ Europa invasora, conquistadora, com as Cruzadas e outras investidas
■ Europa invadida por povos bárbaros; mais tarde, por árabes, *vikings*, etc.	

Principais características da Alta e Baixa Idade Média.

A ALTA IDADE MÉDIA

Foi a partir do século V, com a queda do Império Romano do Ocidente, que se acelerou definitivamente o processo de formação do mundo feudal, tendo início a **Alta Idade Média**. As tendências desse período, como já apontamos, têm suas raízes no colapso do mundo escravista romano, cujo desfecho foi a ocupação de Roma pelos bárbaros hérulos, em 476. Embora as invasões bárbaras tenham sido decisivas para a queda do Império, o êxito dessas expedições está intimamente relacionado com a fragilidade militar, vivida por Roma nesse período.

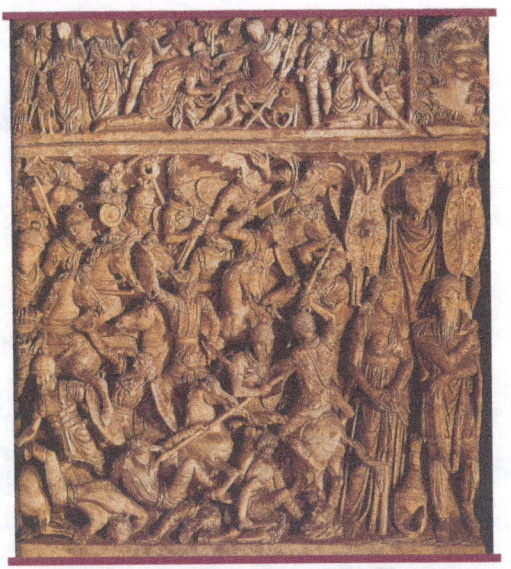

As migrações bárbaras

Para os romanos, **bárbaros** eram os povos que não estavam subordinados ao Império, que não falavam o latim, que habitavam além das fronteiras imperiais; eram, portanto, os "não romanos". Seu modo de produção era bastante primitivo: praticavam uma economia amonetária e natural, vivendo da caça, da pesca e, principalmente, dos despojos de guerra. Alguns povos sobreviviam do pastoreio ou da agricultura rudimentar; a terra era, em geral, propriedade coletiva.

Combates entre bárbaros e romanos.

> **Principais grupos bárbaros**
> - **Tártaro-mongóis**: de origem asiática, compreendiam as tribos dos hunos, turcos, búlgaros, húngaros, etc.
> - **Eslavos**: oriundos da Europa oriental e da Ásia, compreendiam os russos, os poloneses, os tchecos, os sérvios, etc.
> - **Germanos**: de origem indo-europeia, compreendiam várias nações, como os visigodos, os ostrogodos, os hérulos, os anglos, os saxões, os francos, etc.

Os bárbaros não conheciam um Estado organizado, constituindo nações divididas em tribos. Como a maioria desconhecesse a escrita, a vida social era orientada por leis **consuetudinárias** (baseadas nos costumes) transmitidas oralmente. Sua religião era politeísta, e cultuavam seus ancestrais.

A partir do século I, com a expansão do Império, os contatos entre bárbaros e romanos se intensificaram e profundas transformações foram se operando na sociedade coletivista dos "não romanos". A terra tornou-se, então, privada, devido ao enriquecimento de algumas famílias. A desigualdade social começou a acentuar-se, surgindo uma aristocracia dedicada unicamente às atividades bélicas e uma camada de camponeses que trabalhavam as terras.

Foram as tribos asiáticas, principalmente a dos hunos, que, dirigindo-se para o Ocidente à procura de terras férteis, pressionaram outros bárbaros a penetrar no Império Romano. Estes, por temerem os hunos, contribuíram para acelerar a contração do Império Romano, ora aliando-se aos romanos contra as ameaças de outros grupos bárbaros, ora tornando-se seus colonos.

A crise geral que se abatia sobre a parte ocidental do Império, agravada pelas constantes ameaças de invasões bárbaras, determinou que, em 395, o imperador Teodósio o dividisse em dois: o Império Romano do Oriente, também chamado Bizantino, que sobreviveu até 1453; e o Império Romano do Ocidente, vítima das crises e das pressões crescentes das tribos bárbaras, que sucumbiu em 476.

A IDADE MÉDIA

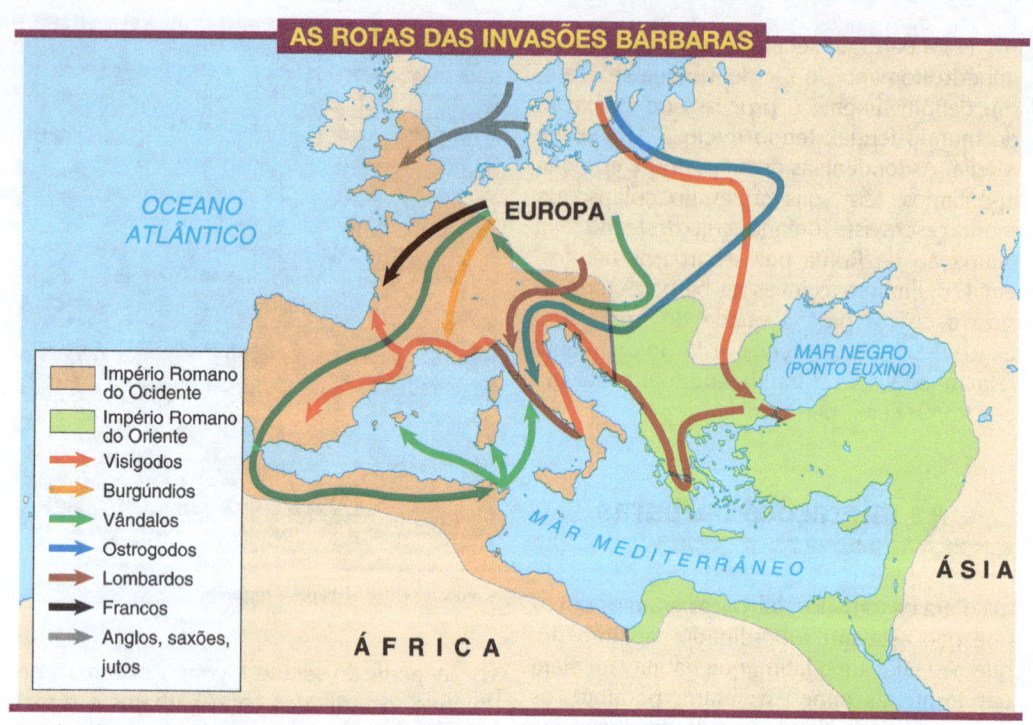

AS ROTAS DAS INVASÕES BÁRBARAS

Legenda:
- Império Romano do Ocidente
- Império Romano do Oriente
- Visigodos
- Burgúndios
- Vândalos
- Ostrogodos
- Lombardos
- Francos
- Anglos, saxões, jutos

Pressionadas principalmente pelos hunos, as diversas tribos germânicas avançaram e partilharam o Império Romano do Ocidente.

O trecho abaixo, do historiador Ferdinand Lot, pode ajudá-lo a compreender melhor as transformações que se operavam na Europa, na Alta Idade Média, dominada pelos bárbaros germânicos e fragmentada em reinos quase sempre frágeis e efêmeros.

"[...] O mundo contemplado pelos homens do século VII é completamente diverso daquele que haviam tido sob os olhos os homens dos séculos III ou IV: não mais existe o Império Romano, salvo no Oriente, e sob uma forma que não é latina; nações novas o invadiram, encontrando-se, elas mesmas, ameaçadas por outros povos novos mais ferozes e mais estranhos ainda; línguas, leis, hábitos novos se impuseram [...]. Os deuses morreram, mortos pelo Deus único, cujos mandamentos impõem uma regra de vida tão nova que daí em diante o mundo terreno passará para o segundo plano. [...]"

A atividade mercantil, embora em franco declínio, manteve-se até o século VIII, quando os árabes, invadindo a península Ibérica, fecharam a mais importante via comercial ocidental da época – o mar Mediterrâneo. Com a obstrução do Mediterrâneo, intensificou-se o processo de ruralização da Europa ocidental, acentuando-se as características do feudalismo. Ao mesmo tempo, no lado oriental crescia sob bases inteiramente diferentes uma sociedade rica, marcada por influências diversas – a sociedade bizantina –, que seria subjugada somente no século XV, por invasões de turco-otomanos.

O Império Romano do Oriente

No final da Antiguidade, a cidade de Constantinopla, hoje Istambul, transformou-se no principal centro econômico-político do que restou do Império Romano. Foi edificada no mesmo local em que existira a antiga colônia grega de Bizâncio, entre os mares Egeu e Negro, pelo imperador Constantino, que, por razões de ordem estratégica e econômica, converteu-a na nova capital do Império.

Com uma localização privilegiada (entre o Ocidente e o Oriente), desenvolvia um ativo comércio com as cidades vizinhas, além de possuir uma promissora produção agrícola, o que a tornava um centro rico e forte, em contraste com o restante do Império Romano, estagnado e em crise. Após a divisão do Império, Constantinopla passou a ser a capital da parte oriental, concretizando-se a completa autonomia do que restara do grande império latino.

O Império Romano do Oriente, alicerçado num poder centralizado e despótico, caracterizou-se por um intenso desenvolvimento do comércio, por meio do qual foi possível obter recursos para resistir às invasões bárbaras. A produção agrícola, por sua vez, desenvolvia-se em grandes extensões de terra, utilizando o trabalho de colonos livres e de escravos, situação inversa à que ocorreu com a produção rural feudal do Ocidente.

O Império Bizantino preservou muitas das instituições latinas, como as normas políticas e administrativas, bem como o latim, adotado como língua regular. Neste caso, entretanto, a preponderância cultural dos gregos orientais acabou por impor-se, levando o grego a ser reconhecido como língua oficial no século VII.

Uma característica marcante da civilização bizantina era o papel do imperador, que comandava o exército e a Igreja, sendo considerado representante de Deus e possuindo grande poder. Era auxiliado por um número enorme de funcionários, o que tornava a burocracia uma parte importante da organização administrativa e social.

O mais célebre governante do Império Bizantino foi **Justiniano** (527-565), que ampliou as fronteiras do Império, empreendendo expedições que chegaram à península Itálica, à península Ibérica e ao norte da África. Entretanto, excetuando a península Itálica, as demais conquistas foram efêmeras, em virtude do aparecimento dos árabes na África e na península Ibérica. Como veremos, o expansionismo árabe foi rápido e vitorioso nessas regiões a partir do século VII.

A EXPANSÃO BIZANTINA

- Império na abdicação de Diocleciano (305)
- Reconquistas de Justiniano
- Império na época da morte de Justiniano (565)

O Império Bizantino alcançou sua maior extensão com Justiniano, no século VI.

A obra de Justiniano, no entanto, é muito mais importante no plano interno do que no externo. Entre 533 e 565, por sua iniciativa, realizou-se a compilação do Direito romano, organizado em partes: **Código** (conjunto de leis romanas desde o século II), **Digesto** (comentários dos grandes juristas a essas leis), **Institutas** (princípios fundamentais do Direito romano) e **Novelas** (novas leis do período de Justiniano).

O conjunto desses trabalhos resultou num dos maiores legados do mundo romano: o **Corpo do Direito Civil** (*Corpus Juris Civilis*), que serviu de base aos códigos civis de diversas nações nos séculos seguintes. Essas leis definiam os poderes quase ilimitados do imperador e protegiam os privilégios da Igreja e dos proprietários, marginalizando a grande massa de colonos e escravos. A burocracia centralizada, os pesados impostos e os gastos militares fizeram com que a política de Justiniano acabasse encontrando séria oposição em alguns setores populares, levando à ocorrência de revoltas, violentamente reprimidas.

> Justiniano foi casado com a atriz e cortesã Teodora, famosa por sua beleza e atuação teatral e transformada na mais importante conselheira do imperador. Num dos momentos mais críticos do reinado de Justiniano, foi Teodora quem se impôs e apontou a melhor saída. Tal fato aconteceu na chamada "Sedição de Nike", em que grupos populares protestavam contra vários impostos estabelecidos pelo governo. A manifestação começou no hipódromo, local de espetáculos, inspirado no Circo Máximo de Roma, com capacidade para sessenta mil espectadores, onde eram disputadas corridas de carros, e estendeu-se por toda Constantinopla.
>
> As desordens promovidas pelos manifestantes se alastraram pela cidade, com incêndios e saques, e a palavra "Nike" (vitória), de uso constante nas disputas do hipódromo, tornou-se o grito incessante dos revoltosos. O imperador chegou a organizar sua própria fuga, temendo que não lhe restasse alternativa senão abandonar o trono e salvar a vida. Só não o fez por intervenção da imperatriz Teodora, que usou das seguintes palavras: "Aqueles que cingiram a coroa não devem sobreviver à sua perda. Se quiseres fugir, ó César, podes fazê-lo, pois tens navios e dinheiro. Eu, ao contrário, fico. Gosto da máxima que diz ser a púrpura uma bela mortalha!".
>
> Convencido a ficar, Justiniano decidiu reunir o exército, cujo comando foi entregue ao general Belisário, e massacrou a revolta popular, impondo a ordem imperial.

No campo cultural, Justiniano distinguiu-se, ainda, pela construção da **igreja de Santa Sofia**, consolidando um estilo arquitetônico peculiar – o bizantino –, cuja monumentalidade simbolizava o poder do Estado associado à força da Igreja cristã. Mais de dez mil pessoas trabalharam na sua construção e, numa manifestação de magnificência, Justiniano chegou a apontá-la como superior ao Templo de Jerusalém, da época de Salomão.

O cristianismo no Império Oriental mesclou-se com valores culturais locais, adquirindo características próprias, muito diferentes das do cristianismo ocidental. A predominância da população grega e asiática imprimia especificidades à religião cristã bizantina como o desprezo por elementos materiais (o culto a imagens), exaltando-se unicamente a espiritualidade, componente típico da religiosidade oriental. Como decorrência, surgiram dentro da própria Igreja oriental correntes doutrinárias – as **heresias** – que questionavam os dogmas da doutrina cristã pregada pelo papa de Roma, como as dos **monofisistas** e dos **iconoclastas**.

A ALTA IDADE MÉDIA

Igreja de Santa Sofia, a mais expressiva obra da arquitetura bizantina, onde foi coroada a maioria dos imperadores bizantinos pós-Justiniano.

A agitação popular provocada pelas heresias levou os imperadores bizantinos a adotarem uma constante política de intervenção nos assuntos eclesiásticos, caracterizando o que se denomina **cesaropapismo**: a supremacia do imperador sobre a Igreja.

As profundas divergências entre o cristianismo ocidental, orientado pelo papa, e o cristianismo peculiar do Oriente, cujo maior expoente era o patriarca de Constantinopla, culminaram no rompimento da Igreja bizantina com a Igreja de Roma.

Esses movimentos acabaram por consumar, em 1054, o **Cisma do Oriente**, quando o patriarca de Constantinopla, Miguel Cerulário, proclamou a autonomia total da Igreja oriental, acusando o papado de distanciar-se das pregações originais de Cristo e de seus apóstolos. Com a cisão, surgiram duas Igrejas: a **Igreja Ortodoxa**, subordinada ao Patriarcado de Constantinopla, e a Igreja Católica Apostólica Romana, dirigida pelo Papa.

Após o auge do governo de Justiniano, o Império Bizantino entrou em lenta decadência. Essencialmente urbana, apoiada num poderoso comércio, a sociedade bizantina começou a sofrer, a partir do século X, crescentes pressões desagregadoras. Com a retomada das atividades comerciais no Ocidente, Bizâncio foi alvo da ambição das cidades italianas, como Veneza, que a subjugou, transformando-a num entreposto comercial sob exploração italiana. Mesmo antes disso, o Império Bizantino já vinha perdendo territórios, sofrendo o cerco progressivo ora dos bárbaros, ora dos árabes, em expansão nos séculos VII e VIII.

A partir do século XIII, as dificuldades do Império se multiplicaram, já não existindo um Estado suficientemente forte e rico para enfrentar as constantes incursões estrangeiras. No final da Idade Média, por sua posição estratégica, foi o ponto mais ambicionado pelos turco-otomanos, que em 1453 finalmente atingiram seus objetivos, derrubando as muralhas de Bizâncio e pondo fim à existência do Império Romano do Oriente.

A queda de Constantinopla serviria como marco cronológico para o fim da Idade Média e o início da Idade Moderna.

As **heresias** eram práticas religiosas consideradas ofensivas à "verdadeira" religião, manifestações que se afastavam da religião oficial. As principais heresias bizantinas foram:
- **Monofisistas**, cujos adeptos defendiam que Cristo possuía apenas uma natureza divina, espiritual. Negavam o dogma ocidental da Santíssima Trindade (Pai, Filho e Espírito Santo) representando Deus. Esse movimento iniciou-se no século V e atingiu seu apogeu no reinado de Justiniano.
- **Iconoclastas**, cujos seguidores empenhavam-se em destruir imagens (ícones), fato que refletia a forte espiritualidade da religião cristã oriental. No início do século VIII, o imperador Leão III, buscando conter a força do clero e se opor ao Ocidente cristão, decretou ser proibido o uso de imagens de Deus, de Cristo ou de santos nos templos, obtendo forte apoio popular.

A IDADE MÉDIA

O AVANÇO TURCO-OTOMANO

Em 1453, a cidade de Constantinopla foi tomada e transformada na capital otomana, com o nome de Istambul.

A expansão árabe

Na península Arábica, cinco sextos do território correspondem a áreas desérticas, só havendo condições propícias para a concentração humana nos oásis e nas proximidades do mar, especialmente nas regiões do Iêmen e Hedjaz (margem arábica do mar Vermelho).

Até o fim do século VI, a população árabe, de origem semita, vivia dividida em aproximadamente trezentas tribos constituídas pelos beduínos e pelas tribos urbanas. Os **beduínos** eram tribos do interior que vagavam pelo deserto em busca de um oásis onde pudessem alimentar seus rebanhos e viviam em guerras constantes, fazendo do saque o principal recurso para a sua sobrevivência. As **tribos urbanas**, diferentemente, eram os habitantes da faixa costeira do mar Vermelho e do sul da península, cujas condições climáticas e fertilidade do solo favoreciam sobrevivência. Nessas regiões, mais propícias à sedentarização, surgiram cidades como Meca e Iatreb (futuramente Medina), que se tornaram grandes centros comerciais da Arábia.

Meca, além de importante centro de convergência das caravanas de mercadores procedentes da África, do Extremo Oriente e de outras regiões, era também o principal centro religioso da Arábia. Desde o século V, todos os anos para lá se dirigiam os árabes das cidades e os beduínos, a fim de visitar a **Caaba**, santuário que abrigava as imagens de todos os deuses cultuados pelas diversas tribos árabes. A Caaba, assim como a cidade de Meca, era administrada pelos **coraixitas**, tribo de aristocratas cujo poder e prestígio advinham dessas peregrinações e do controle do comércio das caravanas.

Até o século VII, a região da Arábia desconhecia Estados organizados, sendo as tribos beduínas e urbanas, chefiadas pelos **xeques** (*sheiks*), a única forma de organização política que os árabes conheciam. Uma das razões para essa desagregação política é que, apesar da tradição comum da Caaba, da língua e da cultura em geral, os povos árabes envolviam-se em constantes guerras que prejudicavam e impunham a necessidade da unificação da Arábia, cujo principal personagem foi Maomé (Muhammad).

A ALTA IDADE MÉDIA

Condenando a idolatria da Caaba, motivo da peregrinação anual dos árabes a Meca e fonte de grandes lucros, o islamismo colocava em risco o domínio dos coraixitas. Por isso, Maomé foi perseguido, sendo obrigado, em 622, a fugir para Iatreb. Essa fuga, chamada de **hégira**, marca o início do calendário árabe.

> ### O islamismo
>
> O **islamismo**, ou Islão (que significa "submissão a Alá"), tem por base o **Corão**, ou **Alcorão**, livro sagrado dos muçulmanos, ou maometanos. O Corão constitui uma espécie de código de moral e justiça, definindo também normas de comportamento social. Entre as determinações está o **Hajj**, ou peregrinação à Caaba pelo menos uma vez na vida, desde que a saúde e os meios permitam, orar cinco vezes ao dia voltado para Meca, jejuar no mês de Ramadã (mês da hégira), dar esmolas e guardar as sextas-feiras. Vale observar que as palavras "árabe" e "muçulmano" não são sinônimas. Os árabes são um povo semita que ocupa, principalmente, a península Arábica, e a palavra muçulmano designa aqueles que seguem a religião muçulmana ou islâmica, sejam eles árabes ou não.

Em Iatreb, Maomé conquistou grande popularidade, tornando-se em pouco tempo governador da cidade. Em sua homenagem, o próprio nome desse centro comercial foi alterado para **Medina**, que significa "cidade do profeta". Posteriormente, contando com o apoio dos comerciantes de Medina e utilizando os beduínos como combatentes, Maomé converteu-se em chefe guerreiro.

Depois de vários confrontos, Maomé conseguiu conquistar Meca em 630, estabelecendo, assim, a unificação política e religiosa da Arábia. Preservou a Caaba e um dos seus principais ídolos – a pedra negra. Segundo a tradição árabe, esta pedra fora oferecida por Deus ao filho de Abraão, e era branca, escurecida pelos pecados e beijos dos milhões de peregrinos.

Acima, gravura árabe representando a Caaba, até hoje localizada na cidade de Meca (foto abaixo).

Membro da tribo coraixita, mas oriundo de família pobre, a hashemita, Maomé nasceu em Meca, em 570, e desde a infância participou de caravanas comerciais pelo deserto, tomando contato com as várias crenças religiosas da região, especialmente as monoteístas do judaísmo e do cristianismo.

Em 610, após longos anos de meditação, Maomé, dizendo-se profeta, iniciou um trabalho de pregação religiosa, revelando ao mundo árabe o **islamismo**, religião que condenava o politeísmo e apresentava um sincretismo dos dogmas cristãos e judaicos, considerando Alá o único Deus.

Maomé morreu pouco depois da conquista de Meca, em 632, deixando os árabes unidos no ideal comum de realizar a **djihad** ("empenho à causa islâmica", termo que tem sido mais usado como sinônimo de "guerra santa"), que consistia na luta pela conversão dos "infiéis" (não islâmicos) e que, nas décadas seguintes, propiciaria a expansão islâmica.

Após a morte de Maomé, seus primeiros seguidores da hégira, seus aliados de Medina e as principais famílias de Meca decidiram que o sucessor seria Abu Bakr, sogro e adepto de Maomé. A sucessão foi difícil, iniciando duras disputas pelo poder árabe.

Desde a sucessão do Profeta, a aristocracia mercantil de Medina e de outras cidades árabes iniciou uma forte política de expansão, usando a pregação religiosa segundo seus interesses econômicos. Assim, o governo passou a ser exercido pelos **califas**, que eram, a um só tempo, chefes religiosos e políticos.

A expansão do Império, motivada pelo crescimento populacional e escassez de terras férteis e legitimada ideologicamente pela *djihad*, iniciou-se com a conquista de territórios bizantinos e persas. Posteriormente, sob a dinastia omíada (661-750), iniciou-se a expansão para o Ocidente, a qual atingiu seu ápice quando Gibral Tarik (711) atravessou o estreito entre a África e a Europa, que recebeu seu nome – Gibraltar. Penetrando na península Ibérica e subjugando grande parte dos visigodos, os árabes só seriam barrados em 732 pelo franco Carlos Martel, na batalha de Poitiers, nos Pireneus.

A expansão muçulmana alcançou, no Oriente, a fronteira com a China e, no Ocidente, conquistou a península Ibérica, controlando todo o mar Mediterrâneo.

Em 750, a dinastia omíada foi derrubada, assumindo o poder a dinastia abássida. Com os califas abássidas, iniciou-se o período de decadência do Império Islâmico. Conflitos políticos e religiosos conduziram ao seu desmembramento em califados independentes, os quais sofreriam pressões crescentes de reconquista por parte dos cristãos europeus: **califado de Bagdá**, na Ásia; **califado do Cairo**, no Egito; **califado de Córdoba**, na Espanha. É nesse panorama que se encaixa a **Guerra de Reconquista** da península Ibérica, iniciada no século VIII, e as Cruzadas cristãs contra os muçulmanos, no século XI.

A ruína do Império tem suas origens na perda da unidade religiosa, quando ganharam força algumas seitas islâmicas divergentes, destacando-se a dos **sunitas** e a dos **xiitas**. Os primeiros eram partidários de um chefe de

Estado eleito pelos crentes e sustentavam que o **Sunna**, livro dos ditos e atos de Maomé, era uma importante fonte de verdade para o islamismo. Os xiitas, por sua vez, defendiam um ideal absolutista de Estado, tendo como chefe religioso e político um descendente do Profeta, só admitindo o Corão como fonte de ensinamentos.

> A designação xiita para a facção radical do islamismo originou-se no tempo do califa 'Ali ibn Abi Talib, primo e genro de Maomé e casado com sua filha Fátima. "Achava-se que 'Ali e seus herdeiros tinham recebido por transmissão de Maomé uma qualidade especial de alma e um conhecimento do significado profundo do Corão, que eles chegavam a ser em certo sentido mais que humanos; um deles se ergueria para inaugurar o governo da justiça. Essa expectativa do advento de um mahdi, 'aquele que é guiado', surgiu cedo na história do Islã. Em 680, o segundo filho de 'Ali, Husayn, mudou-se para o Iraque com um pequeno grupo de parentes e dependentes, esperando encontrar apoio em Kufa e arredores. Foi morto num combate em Karbala, no Iraque, e sua morte iria dar a força da memória dos mártires aos partidários de 'Ali (os shi'at 'Ali, ou xiitas)."
>
> HOURANI, Albert Habib. *Uma história dos povos árabes.* São Paulo, Companhia das Letras, 1994. p. 49.

No Oriente, invasões sucessivas contribuíram para arruinar o Império: o califado de Bagdá, governado por um abássida, submeteu-se, em 1057, ao poder temporal assumido por um sultão seldjúcida; em 1258, com a conquista de Bagdá pelos mongóis, terminou o domínio da dinastia abássida. Finalmente, no século XV, os turco-otomanos – convertidos ao islamismo – conquistaram a parte oriental do antigo império muçulmano, impondo completa hegemonia na região.

Na península Ibérica, a Guerra de Reconquista, iniciada pelos cristãos em 718, favoreceria a formação de alguns reinos, como Leão, Castela, Navarra e Aragão. Em 1492, os muçulmanos foram definitivamente expulsos da península, quando os espanhóis conquistaram Granada, o último reduto árabe na Europa.

A cultura muçulmana

As conquistas intelectuais dos árabes, também chamados de **sarracenos**, foram consequência da grande expansão por eles realizada, a qual lhes possibilitou o contato com as mais diversas civilizações da época, como a bizantina, a persa, a indiana e a chinesa.

Ao contrário do que quase sempre aconteceu em outros impérios, e que se supõe também para os sarracenos, os povos conquistados pelos árabes eram respeitados, podendo conservar seus costumes e crenças. Essa tática foi extremamente benéfica aos sarracenos, pois lhes permitiu assimilar o patrimônio cultural de outras civilizações, enriquecendo-o com contribuições próprias. Seu universo cultural adquiriu, assim, configurações originais, as quais muito influenciariam a cultura medieval europeia.

A arquitetura é considerada a mais importante das artes sarracenas, destacando-se a construção de palácios, mesquitas e escolas.

Os árabes deixaram suas marcas na arquitetura da Espanha. Na foto, o palácio da Alhambra, na cidade de Granada.

Suas formas e ornamentos revelam profunda influência bizantina e persa. Entre os principais elementos arquitetônicos contam-se as cúpulas, os minaretes, os arcos em ferradura e as colunas torcidas. Na decoração, encontramos uma profusão de motivos geométricos e vegetais.

A literatura muçulmana recebeu grande contribuição dos persas, cuja presença se manifesta em obras como *O livro dos reis*, do poeta Al-Firdausi, o *Rubayyat*, de Omar Khayyam, e *As mil e uma noites*, coletânea de contos eróticos, fábulas e aventuras, derivados das literaturas de diversos povos orientais.

A ciência foi um campo destacável da cultura árabe. Apoiados no legado grego, aprofundaram os estudos científicos, tornando-se notáveis matemáticos, físicos, astrônomos, químicos e médicos. É mérito dos árabes, por exemplo, a adaptação do sistema numérico indiano ao arábico, originando o sistema de numeração indo-arábico, amplamente utilizado no Ocidente. Realizaram ainda grandes progressos na trigonometria e na álgebra. Desenvolvendo pesquisas sobre a refração da luz, criaram os fundamentos da óptica.

Os estudos de alquimia, que buscavam descobrir a "pedra filosofal" (substância que transformaria metais em ouro) e o elixir da longa vida, permitiram aos árabes descobertas importantes para a química, sobretudo de substâncias como o carbonato de sódio, o nitrato de prata, os ácidos nítrico e sulfúrico, o álcool e muitas outras. Seriam os árabes, ainda, os primeiros a descrever os processos de destilação, filtração e sublimação.

Na medicina, realizaram significativos avanços, como a descoberta da natureza contagiosa da tuberculose e o diagnóstico de doenças como o sarampo. **Avicena** (980--1037), o mais famoso médico da época medieval, foi o autor do *Canon*, obra de ampla circulação na Europa até o século XVII.

A investigação científica abrangia ainda outros campos do conhecimento, como a história, a filosofia e a economia. No final da dinastia abássida, havia mais de seiscentos historiadores árabes, destacando-se Ibn-Kaldum, o primeiro a enfatizar a importância dos fatores materiais na explicação do suceder histórico.

Na filosofia, preservaram-se os conhecimentos de Aristóteles e de Platão, os quais serviram de base para as realizações de Avicena e de Averróis (1126-1198). Estes influenciaram sobremaneira o Ocidente europeu, especialmente durante a efervescência cultural da Baixa Idade Média.

Avicena, grande médico árabe, ajudou a difundir no Ocidente europeu os conhecimentos dos clássicos gregos.

O conhecimento das ciências econômicas muito contribuiu para o desenvolvimento do Império Árabe, pois ofereceu suporte às transações comerciais, regulamentando as cartas de crédito, as companhias de ações, etc. Assim, progrediram os grandes centros manufatureiros, como Mossul, que fabricava tecidos de algodão; Bagdá, que produzia artefatos de vidro, joias, cerâmicas e sedas; Damasco, voltado para a produção de aço; Marrocos, que manufaturava couro; e Toledo, confeccionando espadas.

"Nos séculos X e XI, as grandes cidades dos países islâmicos eram as maiores da metade ocidental do mundo. Os números não podem passar de estimativas aproximadas, mas não parece impossível, com base na área da cidade e no número e tamanho de seus prédios públicos, que no início do século XIV o Cairo tivesse um quarto de milhão de habitantes; durante esse século, a população encolheu, devido à epidemia de peste conhecida como Peste Negra, e levou algum tempo para voltar às suas dimensões anteriores. O número às vezes dado para Bagdá durante o período do maior poder abácida, um milhão ou mais, é quase certamente demasiado grande, mas deve ter sido uma cidade de tamanho comparável pelo menos ao do Cairo; em 1300 declinara muito, devido à decadência no sistema de irrigação no campo circundante e à conquista e saque da cidade pelos mongóis. Córdoba, na Espanha, também deve ter sido uma cidade dessas dimensões. Alepo, Damasco e Túnis podem ter tido populações da ordem de cinquenta a cem mil habitantes no século XV. Na Europa Ocidental, nessa época, não havia cidade do tamanho do Cairo: Florença, Veneza, Milão e Paris podiam ter cem mil habitantes, enquanto as cidades da Inglaterra, Países Baixos, Alemanha e Europa Central eram menores."

HOURANI, Albert Habib. *Uma história dos povos árabes*. p. 125-6.

A civilização islâmica, assim como a bizantina, influenciou profundamente o pensamento e, em consequência, a vida do Ocidente europeu. O intenso desenvolvimento econômico do Império Árabe afetou substancialmente a Europa feudal no final da Idade Média, estimulando sobremaneira o comércio. Os árabes levaram para o Ocidente não só mercadorias, mas a filosofia grega, há muito esquecida, novas técnicas de agricultura, invenções chinesas como a bússola, o papel e a pólvora, além de inúmeras outras contribuições.

Os reinos germânicos da Europa feudal

A penetração bárbara no Império Romano principiou ainda na fase áurea de Roma, quando Otávio Augusto começou o recrutamento de germânicos para integrar legiões do exército romano. Inicialmente, os contatos foram pacíficos: os confrontos armados e as guerras envolvendo romanos e bárbaros ocorreram somente no final do Baixo Império. Assim, apesar das diferenças culturais entre eles, romanos e germânicos conviveram, até o século III da era cristã, em relativa paz.

Todavia, a partir do século IV, estendendo-se aos séculos V e VI, os domínios do outrora poderoso Império Romano foram sendo sucessivamente invadidos por tribos germânicas, as quais deram origem a diversos reinos romano-germânicos.

Principais invasões bárbaras do século IV ao VI

- **378:** Os visigodos vencem a batalha de Andrinopla, onde morre Valente, o imperador romano.
- **403:** Os visigodos tomam a Grécia e dirigem-se para a Itália.
- **406:** Os ostrogodos são derrotados por Estilicão (general vândalo a serviço de Roma) na Itália.
- **410:** Os visigodos, sob o comando de Alarico, saqueiam Roma e abrem os portões da cidade, demonstrando a fragilidade do Império.
- **449:** A Grã-Bretanha é invadida pelos anglo-saxões e jutos.
- **451:** Tropas romanas e germânicas fazem os hunos recuarem, após a batalha dos Campos Catalúnicos.
- **455:** O rei dos vândalos subjuga a Itália e devasta Roma.
- **476:** Os hérulos, sob a chefia de Odoacro, depõem o último imperador romano, Rômulo Augusto, marcando o fim do Império Romano do Ocidente.
- **493:** Teodorico, rei dos ostrogodos, conquista a Itália.
- **568:** Os lombardos conquistam toda a Itália setentrional.

A IDADE MÉDIA

OS REINOS BÁRBAROS

Os reinos germânicos no início da Alta Idade Média.

De todos os reinos bárbaros surgidos na Europa no século V, apenas o dos francos foi duradouro. Assim, enquanto o reino dos ostrogodos e o dos vândalos foram conquistados pelo Império Bizantino, e o dos visigodos pelos muçulmanos, no século VIII, o Reino Franco consolidou-se nas terras da Gália, lançando as bases do que viria a ser um grande império.

O reino dos francos

Desde o século II, os francos vinham invadindo as fronteiras romanas, acabando por ocupar uma pequena porção da Gália. A primeira dinastia dos francos, a **merovíngia**, deve seu nome a Meroveu, herói franco na batalha dos Campos Catalúnicos contra os hunos de Átila. Contudo foi **Clóvis**, neto de Meroveu, que, através de campanhas militares vitoriosas, conquistou, na Gália, regiões ocupadas por outros povos bárbaros, anexando-as ao seu território. Em 496, Clóvis converteu-se ao cristianismo, ganhando, assim, o apoio do clero e da maior parte da população da Gália, constituída por cristãos.

A aliança entre Clóvis e a Igreja foi fundamental para a unificação política da Gália, na medida em que fortaleceu a autoridade do rei e contribuiu para a fusão entre conquistadores e conquistados. Por outro lado, o apoio do rei possibilitou à Igreja libertar-se da influência dos imperadores bizantinos e ganhar novos adeptos entre os bárbaros da Europa ocidental.

Durante a dinastia merovíngia, consolidou-se o processo de feudalização da Europa ocidental, intensificando-se a ruralização da economia e fortalecendo-se o poder dos grandes proprietários de terras. Como não havia a noção de Estado, de bem público, as terras do reino eram constantemente distribuídas entre o clero e a nobreza, como recompensa por serviços prestados. Assim, a partir de meados do século VII, os reis da dinastia merovíngia foram perdendo autoridade, ficando sujeitos aos senhores feudais. Esses reis ficaram conhecidos como **Reis Indolentes**, devido à incompetência com que governaram.

Nessa época, o poder foi sendo transferido para os prefeitos (ou mordomos) do palácio, verdadeiros primeiros-ministros. Entre esses prefeitos destacou-se **Carlos Martel**, que barrou a expansão dos árabes na Europa, vencendo-os em Poitiers, em 732.

A ALTA IDADE MÉDIA

OS FRANCOS

As conquistas de Clóvis e o Reino Franco durante a dinastia merovíngia.

ções e compromissos de lealdade para com o rei-suserano. Assim, embora as forças descentralizadoras continuassem atuando, devido ao contínuo processo de feudalização, elas foram temporariamente controladas pela forte centralização política do governo de Carlos Magno.

O êxito das campanhas militares de Carlos Magno deveu-se, sobretudo, ao apoio da Igreja, pois, paralelamente à expansão do Reino Franco, efetuou-se a propagação do cristianismo. Com a ampliação de seus domínios, o Reino Franco tornou-se o mais extenso da Europa ocidental, restaurando, em parte, os limites do antigo Império Romano do Ocidente, o que fazia renascer a concepção de império. Assim, o papa Leão III, movido por interesses como a difusão do cristianismo e o consequente fortalecimento da Igreja de Roma, coroou Carlos Magno como o imperador do novo Império Romano do Ocidente.

Em 751, o filho de Carlos Martel, **Pepino, o Breve**, aproveitando-se do prestígio de seu cargo de prefeito e obtendo o apoio papal, depôs o último soberano merovíngio, iniciando a dinastia carolíngia, cujo nome se deve ao seu maior expoente: **Carlos Magno**. Em retribuição ao apoio do papa, Pepino o apoiou mais tarde na luta contra os lombardos, cedendo ao papado o território de Ravena e reforçando, assim, o poder temporal da Igreja. Os territórios da Igreja, chamados **Patrimônio de São Pedro**, deram origem aos Estados Pontifícios, que sobreviveram até a unificação italiana, na segunda metade do século XIX.

Em 768, Carlos Magno, filho de Pepino, assumiu o trono, governando até 814 e realizando inúmeras guerras de conquista, que expandiram consideravelmente as fronteiras do Reino Franco. Foi por meio dessas guerras que Carlos Magno garantiu os laços de dependência entre o poder central e a nobreza: parte das terras conquistadas eram doadas à aristocracia, que assumia em troca obriga-

O imperador Carlos Magno, numa gravura da época.

A IDADE MÉDIA

IMPÉRIO DE CARLOS MAGNO

Para formar seu império, Carlos Magno conquistou territórios aos muçulmanos e aos bárbaros.

O Império Carolíngio organizava-se em unidades político-administrativas chamadas condados e marcas. A maior parte das terras imperiais estava dividida em **condados**, cujos administradores – os condes – eram diretamente nomeados pelo imperador e a ele ligados pelo juramento de fidelidade. As **marcas**, unidades de fronteira encarregadas da defesa do império, eram governadas pelos marqueses, que detinham grande poder militar. Havia ainda os barões, que, de seus fortes localizados em pontos estratégicos, auxiliavam na defesa das fronteiras.

Tanto os condados quanto as marcas sujeitavam-se à fiscalização dos *missi dominici* – os "emissários do senhor" –, funcionários do imperador encarregados de conter os abusos de condes e marqueses e de zelar pela aplicação das leis imperiais, chamadas Capitulares.

As Capitulares

Carlos Magno emitiu inúmeros decretos, considerados as primeiras leis escritas da Idade Média ocidental. Sua intenção era uniformizar a administração do grande Império Carolíngio, respeitando suas tradições. Como esses decretos foram divididos em capítulos, receberam o nome de Capitulares. Em uma das Capitulares, confirmando sua preocupação com a questão do ensino, Carlos Magno escreveu: "Cremos útil que nos bispados e nos mosteiros se cuide não somente de viver de acordo com as regras de nossa santa religião, mas também de ensinar o conhecimento das letras aos que sejam capacitados de aprendê-las com a ajuda do Senhor. Embora valha mais praticar a lei do que conhecê-la, é preciso conhecê-la antes de praticá-la. Pelos escritos que vários mosteiros nos remeteram, notamos que, na sua maior parte, os sentimentos são bons, mas a linguagem é má; assim, nós vos exortamos para que não vos desculdeis do estudo das letras, mas que vos entregueis a ele com a maior energia".

O êxito político e administrativo do reinado de Carlos Magno foi acompanhado de grande desenvolvimento cultural, incentivado pelo próprio imperador, denominado **Renascimento Carolíngio**. Desde o final do Império Romano, a cultura vinha sucumbindo

A ALTA IDADE MÉDIA

devido às guerras e invasões dos bárbaros. Pepino, o Breve, não sabia escrever o próprio nome e Carlos Magno só o aprendeu em idade adulta.

A reversão desse quadro passou a ser uma das metas de Carlos Magno, que reuniu sábios a fim de favorecer a instrução. Em colaboração com a Igreja, deu novo impulso às letras e às artes com a fundação de várias escolas, como a **Escola Palatina**, situada nas dependências do próprio palácio. Nessa escola, dirigida pelo teólogo e pedagogo inglês **Alcuíno** (735-804), ensinavam-se gramática, retórica, dialética, aritmética, geometria e música.

A efervescência cultural dessa época possibilitou a preservação de diversas obras da Antiguidade greco-romana, pacientemente copiadas pelos alunos das escolas eclesiásticas.

Após a morte de Carlos Magno, em 814, o governo passou a ser exercido por seu filho **Luís, o Piedoso**, que permaneceria no poder até 841. A sucessão de Luís gerou grandes disputas entre os netos de Carlos Magno: Lotário, Carlos, o Calvo, e Luís, o Germânico. Só depois de muitas batalhas que esgotaram o grande Império, os irmãos assinaram o **Tratado de Verdun** (843), a fim de solucionar a questão sucessória.

Das escolas carolíngias, a mais importante foi a Escola Palatina.

O tratado previa a divisão do Império em três partes, rompendo-se a unidade imperial conquistada por Carlos Magno. A Luís coube a chamada França oriental, ou Germânia (atual Alemanha); Carlos herdou a França ocidental (atual França); Lotário recebeu a faixa de terras situada entre esses dois reinos (do centro da atual Itália até o mar do Norte), que passou a se chamar Lotaríngia.

A divisão imposta pelo Tratado de Verdun contribuiu para o enfraquecimento do poder real, favorecendo condes, duques e marqueses, que passaram a ter maior autonomia.

A DIVISÃO DE VERDUN E AS INVASÕES DO SÉCULO IX

Concretizava-se o feudalismo franco, reforçado no século IX por novas invasões bárbaras, que consolidariam definitivamente o feudalismo europeu. Os normandos, ou *vikings*, procedentes da Escandinávia, penetraram no litoral europeu, fundando na França o pequeno reino da Normandia. Posteriormente, invadiram também a Inglaterra, conquistando-a em 1066.

Os *vikings*, povo guerreiro do norte da Europa, também invadiram territórios do antigo Império Carolíngio.

Outros povos invasores foram os magiares, descendentes dos hunos, que, das estepes asiáticas, alcançaram a Europa oriental. Surgiram também os árabes, que desde o século VIII haviam fechado o Mediterrâneo ao comércio europeu, e que ocuparam a Córsega e a Sicília, onde organizavam expedições de pilhagem ao sul da Europa.

Desse modo, formava-se a sociedade feudal europeia, num processo que se iniciara com as primeiras invasões bárbaras aos domínios do Império Romano do Ocidente, no século IV, e que se consolidava com as invasões do século IX. O continente ficava, desse modo, voltado inteiramente para dentro de suas unidades feudais, sem praticamente nenhum contato com o restante do mundo conhecido.

Os reinos originados da fragmentação do Império Carolíngio seguiram diferentes trajetórias. Em 936, já extinta a dinastia carolíngia, o trono da Germânia foi ocupado por Oto I, ou Otão. Aliando-se à Igreja, Otão buscou a política de centralização do poder. Expandiu para leste as fronteiras de seu reino, anexando a Lotaríngia à Germânia. Em 962, foi coroado imperador do Ocidente pelo papa João XII, surgindo assim o **Sacro Império Romano-Germânico**. Após sua morte, em 973, o Império submeteu-se completamente ao feudalismo.

Na França ocidental, os carolíngios enfraqueceram-se tão profundamente após Verdun que, em 987, Hugo Capeto, conde de Paris, encerrava essa dinastia, iniciando uma nova fase da política francesa, típica da Baixa Idade Média.

A Igreja: a maior instituição medieval

O cristianismo tem suas raízes na antiga Palestina, remontando à época do Alto Império Romano. Originou-se de outra religião monoteísta – o judaísmo – que profetizava a vinda do Messias, o salvador do povo judeu. Jesus Cristo nasceu em Belém, cidade da Judeia, durante o governo de Otávio Augusto. Seus ensinamentos estão reunidos nos Evangelhos do Novo Testamento, escritos pelos apóstolos Mateus, Marcos, Lucas e João, entre os anos 70 e 90 da era cristã. Foram os apóstolos de Jesus os grandes responsáveis pela difusão do cristianismo através do Império Romano.

A princípio, o trabalho de difusão das ideias cristãs restringia-se às camadas mais baixas da população, e os novos adeptos passavam a ser perseguidos, em parte, devido à sua recusa em cultuar os imperadores romanos, que desde os tempos de Otávio Augusto eram deificados.

Catacumbas onde os antigos cristãos oravam e se escondiam das perseguições.

Além disso, a crença na igualdade entre os homens estimulava os mais humildes a questionar os valores e as instituições de uma sociedade fundamentada na exploração do trabalho escravo. Seu conteúdo universal ameaçava o caráter militarista e imperialista de Roma, que se apoiava nos pilares do escravismo. É natural, portanto, que, a princípio, os cristãos fossem considerados subversivos, sendo duramente perseguidos pelas autoridades romanas. O período de repressão ao cristianismo abrange os três primeiros séculos da era cristã, ocorrendo a última das grandes perseguições já no princípio do século IV, durante o governo de Diocleciano.

Entretanto, apesar das perseguições, a nova religião fortaleceu-se. No início do século IV, o cristianismo já se firmara como a religião mais popular do Império Romano, conquistando inclusive adeptos nos meios aristocráticos. Em 313, o imperador Constantino concedeu liberdade de culto aos cristãos, iniciando-se então uma política favorável à nova religião. Essa política traduzia-se, por exemplo, na isenção de impostos concedida aos sacerdotes e nas atribuições judiciárias assumidas pelos bispos.

A união entre o Estado e a Igreja culminou com o **Concílio de Niceia**, realizado em 325. Esse concílio, presidido por Constantino, tinha por finalidade preservar a unidade da Igreja, ameaçada pelo arianismo, corrente religiosa de origem oriental. Assim, os bispos reunidos em Niceia, apoiados na autoridade do Estado, elaboraram a doutrina oficial da Igreja, iniciando o combate a concepções consideradas heréticas e às antigas religiões pagãs. Finalmente, em 391, o imperador Teodósio, por meio do **Edito de Tessalônica**, declarou o cristianismo como a religião oficial do Império Romano, marginalizando os outros credos religiosos.

O arianismo

A heresia chamada arianismo foi criada pelo bispo Ário, de Alexandria, Egito. Segundo Ário, Cristo não era Deus, mas seu filho, porém desprovido da mesma substância e eternidade do pai. Afirmava "que o Filho teve um princípio, mas Deus não tinha princípio, isto porque não é parte de Deus nem derivado de nenhuma substância".

Até o século V, o processo de organização hierárquica do clero já havia se completado, constituindo uma pirâmide: na base estavam os sacerdotes das dioceses; a seguir vinham os bispos das províncias, que se subordinavam aos bispos das capitais provinciais, chamados bispos metropolitanos ou arcebispos; finalmente vinham os patriarcas, bispos das principais metrópoles do Império, como Roma, Constantinopla, Jerusalém e Alexandria. Em 455, apoiado pelo imperador Valentiniano, o bispo de Roma assumia a chefia de toda a Igreja: adotando o nome de **Leão I**, tornou-se o primeiro papa da cristandade.

No início da Idade Média, a Igreja teve como função principal a conversão dos bárbaros e a sua integração com os romanos, ganhando com isso crescente prestígio e assumindo nos novos reinos constituídos diversas atribuições políticas, administrativas e culturais, além do controle espiritual. Assim, o clero, que a princípio se dedicava exclusivamente à religião, passou a envolver-se também com as questões seculares. O adjetivo **secular** deriva do substantivo latino *saeculum*, que significa "mundo"; a atividade do clero secular estava, pois, ligada às coisas terrenas.

Contudo, boa parte do clero secular, em contato com a vida profana, com os problemas administrativos, vinculou-se demasiadamente às propriedades da Igreja, à materialidade, degenerando-se nos costumes, distanciando-se da pregação doutrinária. Como reação a essa tendência, e atendendo ao forte espiritualismo da época, nasceu o clero regular (do latim *regula*, que significa "regras"), constituído por monges que se recolhiam em mosteiros, isolados do mundo, sob votos de castidade, caridade e pobreza.

Tudo indica que foi São Pacônio, do Egito, quem fundou o primeiro mosteiro cristão, no século IV. Todavia, foi **São Bento (480-547)**, criador da Ordem dos Beneditinos, o responsável pela consolidação da estrutura monástica, em que o abade passou a exercer absoluto comando sobre seus monges. Além de sua importante atuação no trabalho de conversão dos camponeses pagãos, os monastérios constituíram os centros mais avançados da vida cultural e econômica da Alta Idade Média. Paralelamente ao trabalho intelectual de preservação e recuperação das obras da antiga cultura greco-romana, não raro os monges desenvolviam, junto a seus servos, atividades agrícolas e artesanais.

Gravura medieval retratando a morte de São Bento, cujas orientações estruturaram o clero a partir do século VI.

Na Alta Idade Média, a ascensão da Igreja foi vertiginosa. Durante o seu pontificado (590-604), o papa **Gregório I** muito contribuiria para a ampliação do poder pontifício, por meio de ações como a defesa da Itália contra os lombardos ou a conversão de extensas regiões bárbaras – inclusive a Inglaterra – ao cristianismo. O poder universal da Igreja ganhou ainda maior força após sua aliança com os francos, inicialmente com os merovíngios. Paralelamente ao seu enriquecimento material, a Igreja projetou-se como organizadora do pensamento, da cultura medieval.

Até o século VII predominou, com a ascensão da Igreja Cristã, a filosofia patrística, cujo nome descende daqueles escritores e clérigos que, defendendo a nova fé, estabeleceram os costumes, ideias, cerimônias e dogmas da Igreja nascente, considerados "pais da Igreja".

"A patrística resultou do esforço feito pelos dois apóstolos intelectuais (Paulo e João) e pelos primeiros Padres da Igreja para conciliar a nova religião – o cristianismo – com o pensamento filosófico dos gregos e romanos, pois somente com tal conciliação seria possível convencer os pagãos da nova verdade e convertê-los a ela. A filosofia patrística liga-se, portanto, à tarefa religiosa da evangelização e à defesa da religião cristã contra ataques teóricos e morais que recebia dos antigos. (...)

A patrística foi obrigada a introduzir ideias desconhecidas para os filósofos greco-romanos: a ideia de criação do mundo, de pecado original, de Deus como trindade una, de encarnação e morte de Deus, de juízo final ou de fim dos tempos e ressurreição dos mortos, etc. Precisou também explicar como o mal pode existir no mundo, já que tudo foi criado por Deus, que é pura perfeição e bondade. Introduziu, sobretudo com Santo Agostinho e Boécio, a ideia de 'homem interior', isto é, da consciência moral e do livre-arbítrio, pelo qual o homem se torna responsável pela existência do mal no mundo.

Para impor as ideias cristãs, os Padres da Igreja as transformaram em verdades reveladas por Deus (através da Bíblia e dos santos) que, por serem decretos divinos, seriam **dogmas**, isto é, irrefutáveis e inquestionáveis. Com isso, surge uma distinção, desconhecida pelos antigos, entre verdades reveladas ou da fé e verdades da razão ou humanas, isto é, entre verdades sobrenaturais e verdades naturais, as primeiras introduzindo a noção de conhecimento recebido por uma graça divina, superior ao simples conhecimento racional. Dessa forma, o grande tema de toda a filosofia patrística é o da possibilidade ou impossibilidade de conciliar razão e fé (...)".

CHAUÍ, Marilena. *Convite à filosofia*. p. 44.

Após o pontificado de Gregório I, apenas no Império Bizantino se formaram resistências significativas à estrutura pontifícia. O antagonismo entre as duas Igrejas, já evidenciado desde os tempos do papa Leão I, culminaria em 1054 com o Cisma do Oriente e a criação da Igreja Ortodoxa.

Com a estruturação do feudalismo na Alta Idade Média, em sintonia com a ascensão do cristianismo, progressivamente consolidou-se, de um lado, o poder particularista dos senhores feudais e, de outro, o poder universal da Igreja.

A BAIXA IDADE MÉDIA

O período conhecido por Baixa Idade Média, que se estendeu dos séculos X ao XV, foi marcado por profundas transformações na sociedade, as quais conduziram à superação das estruturas feudais e à progressiva estruturação do futuro modo de produção capitalista.

No plano econômico, a economia autossuficiente, típica do feudalismo, foi substituída por uma economia comercial. No plano social, a hierarquia estamental foi se desintegrando, surgindo paralelamente um novo grupo social ligado ao comércio: a burguesia. Politicamente, o poder pessoal e universal dos senhores feudais foi sendo gradualmente substituído pelo poder centralizador dos soberanos, originando as monarquias nacionais europeias.

Essas mudanças, que marcaram o início da Baixa Idade Média, emergiram das próprias contradições da estrutura feudal, que se mostrou incapaz de atender às necessidades da população europeia. O feudalismo conservou muitas de suas características ainda por muito tempo, ocorrendo uma transição gradativa, que só atingiria a maturidade alguns séculos depois.

> "Entre o século XI e o início do século XIV houve a retomada do crescimento demográfico na Europa cristã. Alguns dados permitem uma visão desse crescimento:
>
> 1050..............46 milhões
> 1100..............48 milhões
> 1150..............50 milhões
> 1200..............61 milhões
> 1300..............73 milhões
> [...]
> Os números acima são extremamente importantes para se compreender melhor as transformações que ocorrem na Europa a partir de então."
>
> SILVA, Francisco C.T. da. *Sociedade feudal: guerreiros, sacerdotes e trabalhadores*. São Paulo, Brasiliense, 1982 (Coleção Primeiros Passos). p. 42-3.

O crescimento demográfico

O fim das invasões na Europa proporcionou ao homem medieval melhores condições de cultivo da terra. As epidemias, que assolaram a Europa logo após as invasões, diminuíram com o isolamento da população em feudos, o que dificultava o contágio. Em consequência, a partir do século X, o índice de natalidade começou a superar o de mortalidade.

O trabalho nos campos. O grande crescimento populacional da Baixa Idade Média provocou grandes problemas econômicos e sociais em toda a Europa.

O crescimento demográfico esbarrava, porém, nas limitações do modo de produção feudal: a produção servil era limitada, não aumentando com a demanda de consumo, devido às variadas formas de tributação e às técnicas rudimentares. Assim, a produção foi se tornando insuficiente para atender ao consumo, o que viria a causar transformações na vida feudal europeia. Como consequência imediata houve a marginalização social: os senhores feudais, buscando ajustar o consumo à produção, expulsavam o excedente populacional de suas terras.

Boa parte dessa população estabeleceu-se em aldeias ou em antigos centros urbanos, convertendo-os em mercados latentes, em incipientes polos comerciais. Outros buscavam sobreviver do saque, formando grupos de bandoleiros que assaltavam sistematicamente as estradas.

O crescimento demográfico, ao exigir maiores colheitas, estimulou inicialmente o aperfeiçoamento das técnicas agrícolas. Surgiram, assim, instrumentos de ferro, entre os quais o arado, em substituição aos de madeira; os animais passaram a ser ferrados e ganharam novo atrelamento; os moinhos hidráulicos foram aperfeiçoados.

O relativo progresso técnico, contudo, encontrou obstáculos na própria estrutura estamental: o servo não se motivava para a inovação, já que, se houvesse aumento de produtividade, caber-lhe-ia uma parcela maior de tributos, como a talha, a corveia, etc., e quase nenhuma vantagem.

O desenvolvimento tecnológico, portanto, foi bastante limitado, não correspondendo à crescente necessidade de consumo. Houve, além disso, uma expansão dos limites do espaço agrícola para as áreas de bosques e florestas, o que, entretanto, foi insuficiente, impondo-se a necessidade de ampliar os limites geográficos. Utilizou-se nesse processo de expansão a própria população excedente, a qual participava das conquistas militares e da ocupação dos territórios conquistados. Foi nesse contexto que se inseriram a expansão germânica para o leste, a participação de muitos cavaleiros na Guerra de Reconquista contra os árabes, na península Ibérica, e o movimento das Cruzadas.

> *Drang nach Osten* – Expansão germânica para o leste
>
> Sob o pretexto da propagação do cristianismo entre os pagãos, cavaleiros alemães (teutônicos) dirigiram-se para o Oriente, em direção à atual Rússia, subjugando a região báltica. A expansão para leste, as pilhagens e as guerras reforçaram a autoridade dos príncipes locais (nobres) fragmentando o poder alemão. A expansão incorporou territórios, agregando riquezas e poder aos cavaleiros, senhores feudais alemães.

O movimento das Cruzadas

O movimento cruzadista é, geralmente, definido como uma série de expedições armadas realizadas pelos cristãos contra os muçulmanos, com o propósito de romper o cerco a que vinham submetendo a Europa desde o século VIII. Assim, a ideia de

Apesar de limitado, o progresso tecnológico proporcionou transformações profundas na vida feudal europeia.

libertação de lugares religiosos tradicionais, como o **Santo Sepulcro**, na Palestina, transformou-se em bandeira desse movimento.

Essas expedições já eram solicitadas pelos imperadores bizantinos, que necessitavam de auxílio do Ocidente para conter o avanço dos turcos seljúcidas sobre seu território. A Igreja Católica acabou assumindo a liderança do movimento cruzadista, ambicionando reafirmar-se no Oriente: alcançaria assim seu ideal de reunificação das duas igrejas, anulando a autonomia da Igreja Ortodoxa.

O Santo Sepulcro

Jerusalém tornou-se o centro da espiritualidade cristã ocidental, pois para lá dirigiam-se constantemente peregrinos em busca do contato com as relíquias sagradas. O local era considerado santo, pois Cristo fora enterrado ali. Jerusalém passou a atrair indivíduos de todo o mundo cristão, mesmo considerando as dificuldades de acesso, as quais, em meio ao misticismo generalizado, tornavam-se uma purificação para os peregrinos.

Inegavelmente, a religiosidade do homem medieval foi um fator determinante para a organização das Cruzadas. Entretanto, outros fatores, como a marginalização decorrente do crescimento demográfico e a persistência do direito de primogenitura, foram igualmente importantes na constituição desse movimento. Segundo o direito de primogenitura, apenas o filho mais velho do senhor feudal herdava as terras e os títulos paternos, restando aos outros filhos apenas as alternativas de se tornarem vassalos de um outro senhor, ingressar nos quadros eclesiásticos ou partir, como cavaleiros, em busca de aventuras e conquistas.

Para os setores marginalizados, não incorporados ao processo de produção, e para os nobres sem feudos, as Cruzadas representavam, então, uma oportunidade de aventura e, eventualmente, de enriquecimento.

Também o interesse comercial, sobretudo dos negociantes italianos, foi decisivo para a constituição das Cruzadas. Para esses comerciantes, essas expedições significavam a possibilidade de reabertura do Mediterrâneo e a obtenção de entrepostos e vantagens comerciais no Oriente.

Assim, usando o avanço dos turcos seljúcidas como pretexto, o **papa Urbano II**, em um discurso proferido no **Concílio de Clermont**, em 1095, conclamou os cristãos a integrar o movimento cruzadista. Esse discurso, do qual reproduzimos uma das mais significativas passagens, expressa claramente as intenções da Igreja, bem como os problemas que afetavam a Europa do século XI:

> "Deixai os que outrora estavam acostumados a se baterem, impiedosamente, contra os fiéis, em guerras particulares, lutarem contra os infiéis [...] Deixai os que até aqui foram ladrões tornarem-se soldados. Deixai aqueles, que outrora se bateram contra seus irmãos e parentes, lutarem agora contra os bárbaros, como devem. Deixai os que outrora foram mercenários, a baixos salários, receberem agora a recompensa eterna.
>
> Uma vez que a terra que vós habitais, fechada de todos os lados pelo mar e circundada por picos de montanhas, é demasiadamente pequena à vossa grande população: sua riqueza não abunda, mal fornece o alimento necessário aos seus cultivadores [...] tomai o caminho do Santo Sepulcro; arrebatai aquela terra à raça perversa e submetei-a a vós mesmos. Essa terra em que, como diz a Escritura, 'jorra leite e mel' foi dada por Deus aos filhos de Israel. Jerusalém é o umbigo do mundo; a terra é mais que todas frutífera, como um novo paraíso de deleites."

Foram organizadas diversas Cruzadas entre 1096 e 1270. Vejamos as principais:

- **Cruzada dos Mendigos (1096)**. Movimento extra oficial. Comandada por Pedro, o Eremita, e Gautier Sem-Vintém, constituiu um movimento popular que bem caracteriza o misticismo da época. Iniciou-se antes da Primeira Cruzada oficial, sendo massacrada pelos turcos.

A BAIXA IDADE MÉDIA

- **Primeira Cruzada (1096-1099) – Cruzada dos Nobres**. Comandada principalmente por Godofredo de Bulhão, Raimundo de Toulouse e Boemundo, foi a única Cruzada que obteve efetivos sucessos, reconquistando Jerusalém em 1099, organizando a região de forma feudal. Possibilitou, ainda, a criação de ordens monásticas como as dos Templários e Hospitalários.

- **Segunda Cruzada (1147-1149)**. Refeitos da surpresa inicial, os turcos se reorganizaram, empreendendo a reconquista dos territórios perdidos. Contra eles, organizou-se a Segunda Cruzada, pregada por São Bernardo e liderada pelos reis Luís VII (França) e Conrado III (Sacro Império). Não atingiu seus objetivos e desintegrou-se sem resultados significativos.

- **Terceira Cruzada (1189-1192) – Cruzada dos Reis**. É assim denominada pela participação dos três principais soberanos europeus da época: **Ricardo Coração de Leão** (Inglaterra), **Filipe Augusto** (França) e **Frederico I, o Barba-Ruiva** (Sacro Império). Sua convocação ocorreu quando da retomada de Jerusalém pelo sultão Saladino, em 1187. Frederico morreu a caminho e Filipe Augusto retornou à França; Ricardo combateu sem sucesso e finalizou a Cruzada estabelecendo um acordo com Saladino, que permitia a peregrinação cristã a Jerusalém.

- **Quarta Cruzada (1202-1204) – Cruzada Comercial**. Assim designada por ter sido desviada de seu intuito original pelo doge (duque) Dândolo, de Veneza, que levou os cristãos a saquear Zara e Constantinopla, onde fundaram o **Reino Latino de Constantinopla**, que durou até 1261. Veneza assumiu o domínio do Mediterrâneo, restabelecendo o comércio entre Ocidente e Oriente.

- **Cruzada das Crianças (1212)**. Outro movimento extra oficial, baseado na crença de que apenas as almas puras poderiam libertar Jerusalém. Apesar da oposição do papa Inocêncio III, a Cruzada efetivou-se, mas as crianças acabaram vendidas como escravas no Norte da África.

- **Quinta Cruzada (1218-1221)**. Dirigida por André II, da Hungria, contra o Egito, não obteve resultado significativo.

- **Sexta Cruzada (1228-1229)**. Realizada por Frederico II, imperador do Sacro Império, essa Cruzada resultou apenas em acordos diplomáticos com os turcos.

- **Sétima e Oitava Cruzadas (1250 e 1270)**. Sua importância reside no fato de terem sido comandadas por Luís IX, rei da França, posteriormente canonizado como São Luís. Voltaram-se contra o Egito sem nenhum sucesso.

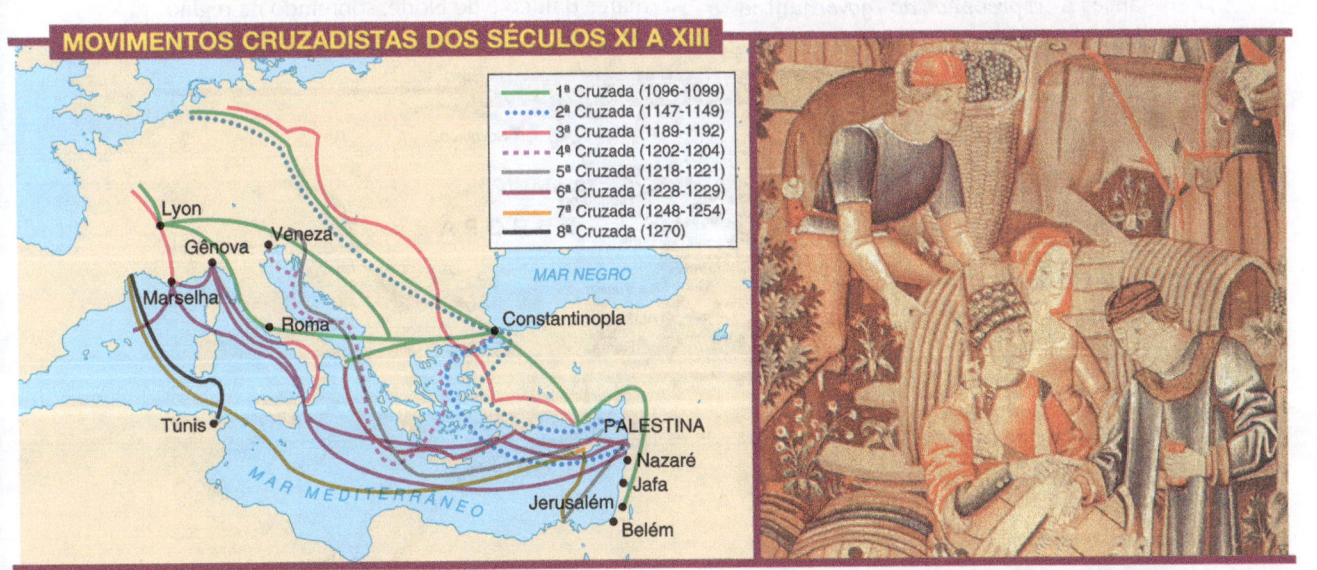

MOVIMENTOS CRUZADISTAS DOS SÉCULOS XI A XIII

- 1ª Cruzada (1096-1099)
- 2ª Cruzada (1147-1149)
- 3ª Cruzada (1189-1192)
- 4ª Cruzada (1202-1204)
- 5ª Cruzada (1218-1221)
- 6ª Cruzada (1228-1229)
- 7ª Cruzada (1248-1254)
- 8ª Cruzada (1270)

Por quase 200 anos, o Mediterrâneo oriental viveu o movimento das Cruzadas. Na foto, gravura de época retratando a retomada das atividades comerciais entre Oriente e Ocidente.

A IDADE MÉDIA

Pouco a pouco, tornaram-se bastante claros os interesses materiais envolvidos nesse movimento, e, assim, destituídas em sua essência do sentido espiritual, as Cruzadas acabaram por comprometer o prestígio da Igreja entre os fiéis. Todavia, no aspecto econômico, esses empreendimentos foram extremamente importantes:

> Se o sentido espiritual, puro e ingênuo, esteve presente nas Cruzadas, não foi ele que imprimiu a marca dos novos tempos e sim o caráter comercial que acabou prevalecendo. No conjunto, o que importou, fixando tendências, foi muito mais a Quarta Cruzada que as anteriores ou posteriores, incluindo a Cruzada das Crianças.
> Esta última contou com a miséria de milhares de meninos e meninas, cerca de trinta mil comandadas por Étienne, um pastor menor de Cloyes (França) e vinte mil por Nikolaus, um menor de Colônia (Alemanha), os quais acreditavam que, sendo as crianças puras e inocentes, obteriam a ajuda de Deus para a definitiva libertação de Jerusalém. Boa parte morreu pelos caminhos, dirigindo-se para o mar, outra parte sucumbiu ante a repressão de governantes e autoridades eclesiásticas, e uma última parte terminou afogada em naufrágio ou vendida como escravos.
> As Cruzadas "ajudaram a despertar a Europa de seu sono feudal, espalhando sacerdotes, guerreiros, trabalhadores e uma crescente classe de comerciantes por todo o continente; intensificaram a procura de mercadorias estrangeiras; arrebataram a rota do Mediterrâneo das mãos dos muçulmanos e a converteram, outra vez, na maior rota comercial entre o Oriente e o Ocidente, tal como antes".
>
> HUBERMAN, Leo. História da riqueza do homem. Rio de Janeiro, Zahar, 1979. p. 30.

O renascimento comercial

As cidades italianas foram as principais beneficiárias da retomada dos contatos comerciais entre Ocidente e Oriente, através do mar Mediterrâneo. Devido às condições geográficas favoráveis e ao fortalecimento de suas ligações comerciais com o Oriente, através da Quarta Cruzada, obtiveram a primazia na distribuição das mercadorias orientais por todo o continente europeu. Na Europa setentrional, o comércio desenvolveu-se especialmente nos mares Báltico e do Norte, sobretudo na região de Flandres, famosa pela produção de lã.

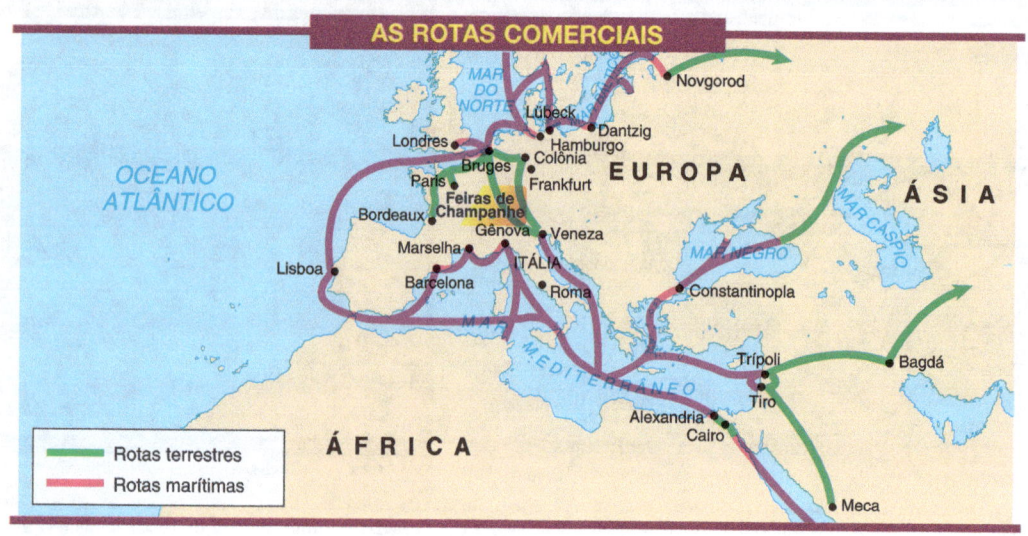

Principais rotas comerciais da Baixa Idade Média.

A intensificação das atividades comerciais no sul e no norte do continente europeu propiciou a ligação entre essas regiões, através de rotas terrestres e, principalmente, fluviais. Assim, navegando por rios como o Danúbio, o Reno e o Ródano, os mercadores empreendiam suas viagens de negócios, reunindo-se nas **feiras**, que eram pontos de comércio temporário. Até o século XIV, as mais importantes feiras se realizavam em **Champanhe**, condado francês localizado num dos pontos mais centrais da Europa ocidental. Nesses mercados ambulantes, os comerciantes do norte podiam oferecer seus produtos (tecidos, peles, madeira, mel e peixes) aos italianos, adquirindo deles as mercadorias orientais.

Esse comércio possibilitou o retorno das transações financeiras, com o reaparecimento da moeda, o novo impulso à atividade creditícia e a entrada em circulação das letras de câmbio, realçando as atividades bancárias. Com isso, a terra deixava de constituir a única expressão da riqueza, aparecendo com destaque um novo grupo social, os mercadores.

A partir do século XIV, o comércio das feiras de Champanhe atravessou uma séria crise, decorrente da **Guerra dos Cem Anos** (1337-1453), entre a Inglaterra e a França, e da disseminação da **peste negra**. O declínio de Champanhe proporcionou a ascensão econômica da região de **Flandres**, embora a rota de acesso a essa região, até então constituída pelo rio Reno, apresentasse inconvenientes, pois os mercadores eram obrigados a pagar taxas pelo direito de passagem pelas terras dos senhores feudais da região.

Diante dessas dificuldades, os italianos passaram a utilizar, com frequência, uma rota alternativa para alcançar Flandres: atravessavam o Mediterrâneo, em direção a Gibraltar, e dali navegavam pelo oceano Atlântico, rumo ao mar do Norte. Nesse processo, a península Ibérica, mais precisamente a região de Portugal, passou a constituir um ponto de escala, beneficiando-se com as atividades mercantis.

A partir do século XII, surgem as **hansas**, ou **ligas**, poderosas associações de comerciantes que congregavam os interesses de diversas cidades, realizando o comércio em grande escala. Dentre as diversas associações surgidas na Baixa Idade Média, destaca-se a **Merchants of the Staple**, que controlava a exportação de lã da Inglaterra e a importação de mercadorias de várias cidades flamengas.

Também a **Hansa Teutônica** era muito influente, pois constituía uma associação de mercadores alemães que praticavam o comércio de produtos da região dos mares Báltico e do Norte. Essa associação, posteriormente transformada na **Liga Hanseática**, chegou a reunir mercadores de aproximadamente 80 cidades, sob a liderança de Lübeck, cidade alemã. A Liga Hanseática possuía representação em todos os grandes centros comerciais, desde Londres, no Ocidente, até Novgorod, no Oriente.

As hansas foram responsáveis pela dinamização das cidades e dos mercados. Suas atividades, fundamentadas nas concepções de lucro e de capitalização, prenunciavam o desenvolvimento econômico tipicamente capitalista, próprio da Revolução Comercial dos séculos XV e XVI.

O surgimento das letras de câmbio

As letras de câmbio, talvez aparentadas das cartas de crédito dos árabes, são um tipo de título negociável no mercado. "Consistem numa ordem de pagamento em que uma pessoa (sacador ou emitente) ordena que uma segunda pessoa (sacado) pague determinada quantia a uma terceira (tomador ou beneficiário). Deve trazer de forma explícita o valor do pagamento, a data e o local para efetuá-lo.

Acredita-se que a letra de câmbio teve origem na Itália, ainda na Idade Média, como forma de evitar o transporte de grandes somas de dinheiro e, ao mesmo tempo, reduzir os problemas ocasionados pelas diferentes moedas cunhadas em cada cidade."

SANDRONI, Paulo (Org.). *Dicionário de Economia.* São Paulo, Nova Cultural, 1989. p. 173.

A IDADE MÉDIA

A LIGA HANSEÁTICA

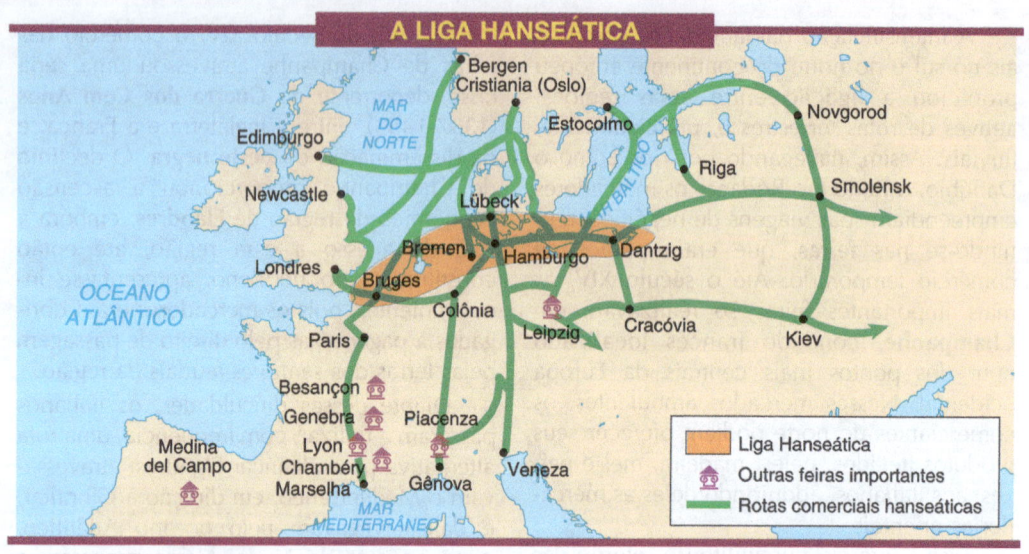

A Liga Hanseática ou Teutônica, cujo eixo era o mar do Norte, apresentava uma vasta área de atuação.

O renascimento urbano

A ascensão dos comerciantes permitiu que se instalasse, na Baixa Idade Média, o estilo de vida urbano, e a sociedade estamental foi progressivamente cedendo espaço a uma outra, estruturada em classes.

As vilas e as cidades cresceram tão rapidamente que, por volta do século XIV, em algumas regiões, metade da população havia sido deslocada para as atividades comerciais e artesanais. Muitos centros urbanos tomaram impulso a partir das antigas vilas e cidades, enquanto outros surgiram espontaneamente em locais mais bem situados. Algumas cidades formaram-se na confluência de estradas ou junto à foz de um rio. Outras desenvolveram-se perto de abadias, junto a castelos fortificados ou em locais de feiras.

A denominação **burgos**, pela qual são conhecidas essas cidades, deve-se ao fato de muitas delas serem fortificadas (em latim, *burgu* significa "fortaleza"). As muralhas que as circundavam serviam para garantir a proteção de seus moradores, os burgueses. Não raramente, quando as muralhas já não comportavam toda a população, construíam-se novas muralhas ao redor das primeiras, formando-se assim uma série de anéis em torno do núcleo original.

"As cidades medievais eram protegidas contra ataques externos por muralhas altas e grossas, torres e pontes levadiças. As maiores — Florença, Gante e Paris — tinham entre cinquenta mil e cem mil habitantes. Cobrindo áreas pequenas, essas cidades muradas tinham excesso de moradores. As ruas eram estreitas e sinuosas, pontilhadas de barracas de negociantes e artesãos, e sujas de lixo. Durante o dia, viviam cheias de comerciantes que negociavam seus produtos, mulheres que carregavam cestos, homens que conduziam carros com produtos agrícolas e mercadorias, mendigos que esmolavam e crianças que brincavam. O trânsito ficava, por vezes, congestionado e totalmente paralisado em consequência de festividades, como uma procissão em honra a um santo padroeiro; os enforcamentos ou decapitações eram considerados como outros divertimentos e sempre atraíam grande multidão. À noite, as ruas ficavam desertas; poucas pessoas se aventuravam a sair, porque os raros e velhos guardas não eram empecilho aos numerosos ladrões."

PERRY, Marvin. *Uma História concisa*. São Paulo, Martins Fontes, 1985. p. 201.

Embora desenvolvessem livremente as atividades de comércio e artesanato, as cidades medievais situavam-se em áreas pertencentes a feudos. Submetiam-se, portanto, à autoridade dos senhores feudais, sendo os burgueses obrigados a pagar pesados impostos. Entretanto, com o crescimento das atividades comerciais e a ascensão da burguesia, essas cidades passaram a buscar sua independência. Essa luta pela autonomia urbana estendeu-se de meados do século XI ao século XIII e ficou conhecida pelo nome de **movimento comunal**.

A emancipação das cidades, quando obtida por meios pacíficos, implicava, muitas vezes, o pagamento de uma indenização aos senhores feudais. Em outras situações, quando os senhores ofereciam resistência, as cidades buscavam o apoio real, recorrendo à luta armada.

> Conforme a região a que pertencessem, as cidades emancipadas recebiam diferentes denominações:
> - na Itália, eram chamadas **repúblicas**;
> - na Alemanha, denominavam-se **cidades-livres**;
> - na península Ibérica, chamavam-se **conselhos**;
> - na França, eram as **comunas**.

Num burgo francês as muralhas já não comportam o seu crescimento.

As cidades que se emancipavam da tutela feudal procuravam assegurar suas conquistas por meio das **cartas de franquia**, documento através do qual se formalizavam as conquistas da burguesia: direito de arrecadar impostos em proveito da própria cidade, liberando-se dos tributos aos senhores feudais; direito de organizar sua própria milícia; autonomia administrativa e judiciária.

As corporações

Emancipadas da tutela feudal e organizadas em governos comunais, as cidades deram suporte ao desenvolvimento da economia monetária e mercantil, que progressivamente ia substituindo a economia feudal.

Nas cidades medievais, as instituições econômicas básicas eram as corporações de mercadores e as corporações de ofício. As **corporações de mercadores**, ou **guildas**, eram associações que buscavam garantir o monopólio do comércio local, limitando duramente o comércio feito por estrangeiros e controlando os preços dos produtos. As **corporações de ofício** desempenhavam funções semelhantes, visando manter o monopólio de seus ramos de atividade, impedindo a concorrência entre os que produziam um mesmo artigo e controlando os preços e a qualidade do produto.

Influenciadas pela cultura cristã da época – a **escolástica** –, as corporações quase sempre condenavam a usura, defendendo o "preço justo". Uma mercadoria deveria ser vendida pelo preço da matéria-prima utilizada mais o valor da mão de obra empregada. Assim, as corporações de ofício assumiam uma concepção eminentemente feudal: limitadora do lucro e com regras impostas pela Igreja. Entretanto, numa verdadeira simbiose entre o novo e o velho, essas instituições, ao mesmo tempo que se submetiam ao teocentrismo feudal, ampliavam a importância da vida urbana, forjando a transição para uma nova era.

Na organização hierárquica das corporações de ofício, o mais alto posto era ocupado pelo **mestre artesão**, o qual também era o proprietário da oficina, da matéria-prima, das ferramentas e do produto final. Cabia-lhe determinar as técnicas e as normas de trabalho, assim como estipular salários. Abaixo do mestre, como auxiliares de oficina, estavam os **companheiros** ou **oficiais**, que eram remunerados pelo seu trabalho como verdadeiros assalariados. Frequentemente, oficiais experientes tornavam-se mestres, desde que a corporação os autorizasse e houvesse mercado para mais uma oficina naquela cidade. Na base da pirâmide ficavam os **aprendizes**, que, geralmente muito jovens, não tinham conhecimento profundo do ofício. Em troca de seu trabalho, recebiam do mestre, além do aprendizado, alimentação, alojamento e vestuário.

Tintureiros trabalham sob a observação de um fiscal da corporação.

No final da Idade Média, com a intensificação do comércio, a mobilidade hierárquica de grande parte das corporações tornou-se menor. O enriquecimento de uma parcela dos mestres levou-os a adquirir o controle e a exclusividade daquelas atividades artesanais para si e suas famílias. Assim, a maioria dos trabalhadores já não encontrava chances de prosperar economicamente, resignando-se a ser empregada durante toda a vida. A crescente exploração da mão de obra assalariada possibilitou que muitos proprietários de oficinas capitalizassem recursos suficientes para deixarem de ser mestres e se tornarem exclusivamente empregadores burgueses.

A formação das monarquias nacionais

As rígidas estruturas do sistema feudal, entretanto, constituíam verdadeiros entraves ao desenvolvimento da principal atividade dos burgueses, o comércio. A existência de diferentes moedas, tributos, pesos, medidas e leis, que variavam de feudo para feudo, dificultava a expansão da atividade comercial. Havia, portanto, um grande interesse por parte da burguesia em instituir um poder forte e centralizado, que pudesse suplantar a autoridade da nobreza, eliminando o particularismo feudal.

Ao mesmo tempo, havia o interesse dos reis, que desejavam fortalecer-se politicamente, submetendo a nobreza e limitando a atuação da Igreja. Assim, a partir do final do século XI a união dos reis e da burguesia pelos mesmos interesses levou ao processo de formação das monarquias nacionais. A centralização do poder, embora progressiva, permitiu que se instituíssem em diversos países impostos, moedas, exércitos e justiça de abrangência nacional.

A formação da monarquia francesa

Embora a Europa como um todo tenha vivido o processo de formação das monarquias nacionais, a França constituiu seu exemplo mais significativo.

Com a desagregação territorial e o declínio dos reis carolíngios, **Hugo Capeto**, conde de Paris, assumiu, em 987, o trono francês, iniciando uma nova dinastia, a **capetíngia**, que reinaria até 1328. Coube aos Capetos a difícil tarefa de superar a autonomia dos senhores feudais, instalando progressivamente um poder real forte e de caráter nacional, pois

A BAIXA IDADE MÉDIA

até então o poder era exercido, na realidade, por vassalos reais: duques e condes, soberanos e autônomos, sendo o principal deles Guilherme, duque da Normandia. Tendo ocupado a Inglaterra, em 1066, Guilherme tornou-se mais poderoso que seu próprio soberano, o rei da França. Entretanto, a atuação dos capetíngios reverteria essa situação.

Pela influência decisiva que tiveram no processo de centralização do poder, três monarcas dessa dinastia merecem destaque: Filipe Augusto, Luís IX e Filipe IV.

Luís IX, que se tornaria São Luís (em cima), e Filipe IV, o Belo, reis capetíngios que ajudaram na formação da monarquia nacional francesa.

Filipe Augusto, ou Filipe II (1180-1223), foi o grande artífice da centralização política francesa. Apoiado na expansão do comércio, contou com a colaboração financeira da burguesia e pôde iniciar a organização de um exército nacional e expandir consideravelmente as fronteiras do reino.

Ambicionando anexar territórios do norte da França, então sob domínio dos ingleses Plantagenetas, empreendeu uma série de lutas contra o soberano inglês João Sem-Terra, conquistando a Normandia e outras regiões.

Os Plantagenetas

No século XII, os Plantagenetas constituíam uma das famílias feudais mais poderosas da França. Eram descendentes dos normandos, que desde o século X haviam se estabelecido no norte da França. Em 1066, Guilherme, duque da Normandia, havia conquistado a Inglaterra, dominando os anglo-saxões. Em 1154, tendo morrido o último herdeiro de Guilherme, iniciou-se o reinado da dinastia dos Plantagenetas, cujos primeiros soberanos foram Henrique II, Ricardo Coração de Leão e João Sem-Terra.

A maioria das realizações político-administrativas do reinado de Filipe II contribuiu para consolidar o poder dos soberanos capetíngios. Ao conceder feudos a seus vassalos, por exemplo, exigia deles o compromisso de que também os subvassalos lhe fossem fiéis. Obteve, além disso, novas fontes de renda, vendendo cartas de franquia a diversos burgos ou exigindo de seus vassalos um pagamento em moeda pela concessão de dispensa das suas tradicionais obrigações feudais. Criou impostos nacionais, nomeando funcionários – os **bailios** e **senescais** – para cuidar do recolhimento de tributos e fazer prevalecer as leis e a justiça real sobre as dos senhores. Isso tudo permitiu ao soberano assumir o controle político de vastas áreas até então sob domínio dos nobres locais.

O reinado de **Luís IX** (1226-1270) singularizou-se pela eficiência com que combateu o particularismo feudal e pelo seu esforço em consolidar a monarquia francesa. Esse soberano deu continuidade à obra de seu predecessor, assimilando e submetendo os territórios conquistados por Filipe II. Para isso, realizou importantes reformas judiciárias e financeiras, ampliando o poder dos tribunais reais e instituindo uma moeda de circulação nacional.

Luís IX empreendeu, sem êxito, a Sétima e a Oitava Cruzada, vindo a falecer durante a última. Por sua profunda religiosidade, adquiriu a reputação de santo, tendo sido de fato canonizado pela Igreja alguns anos após sua morte, como São Luís.

Filipe IV, o Belo (1285-1314), deu prosseguimento à política de seus antecessores, expandindo as fronteiras do reino e centralizando o poder. Entretanto, em sua luta pelo fortalecimento da monarquia, entrou em sérios conflitos com a Igreja, que impunha restrições à autoridade real.

As divergências entre o rei e a Igreja intensificaram-se quando Filipe IV, cujo governo atravessava uma profunda crise econômica, decidiu forçar o clero a pagar impostos dos quais estava, até então, dispensado. Como essa medida implicasse a redução das rendas da Igreja, Filipe IV enfrentou forte oposição do papa Bonifácio VIII, que ameaçou excomungá-lo.

Receoso das repercussões de uma excomunhão, o rei buscou apoio da sociedade, constituindo pela primeira vez na história da França uma assembleia que reunia representantes do clero, da nobreza e dos comerciantes das cidades. Assim, em 1302, a **Assembleia dos Estados Gerais**, como passou a ser chamada, autorizou a cobrança dos impostos clericais. Instituição de caráter consultivo, os Estados Gerais foram convocados várias vezes, não só por Filipe IV, mas também por seus sucessores, atuando até 1614.

Os conflitos com a Igreja se acirraram, culminando com a morte do papa, em 1303. Apoiado pela sociedade, Filipe IV interferiu na escolha do substituto de Bonifácio VIII, elegendo como papa o francês Clemente V. Cedendo às pressões do rei, Clemente V transferiu a sede do papado para **Avignon**, cidade do sul da França, onde seria mais fácil o controle real sobre a Igreja. Durante um período de setenta anos (1307-1377), conhecido como **Cativeiro da Babilônia**, vários papas se submeteram à tutela dos reis franceses, o que indicava a força da monarquia capetíngia.

> Desde antes do papa Bonifácio VIII, multiplicavam-se os conflitos no seio da Igreja e desta com o poder dos monarcas. Depois de condenar o pagamento de impostos pelos clérigos e ameaçar de excomunhão seus opositores, Bonifácio formulou a Bula **Unam Sanctam**, que diz: "Ambas, a espada espiritual e a espada material, estão em poder da Igreja. Mas a segunda é usada para a Igreja, a primeira por ela; a primeira pelo sacerdote, a última pelos reis e capitães, mas segundo a vontade e com a permissão do sacerdote. Por consequência, uma espada deve estar submetida à outra, e a autoridade temporal sujeita à espiritual... Se, por conseguinte, o poder terrenal erra, será julgado pelo poder espiritual... Mas se o poder espiritual erra, pode ser julgado somente por Deus, não pelo homem... Pois esta autoridade, ainda que concedida a um homem e exercida por um homem, não é humana, senão mais ainda divina... Ademais, declaramos, afirmamos, definimos e pronunciamos que é absolutamente necessário para a salvação que toda a criatura humana esteja sujeita ao Pontífice romano".
>
> Citado in JOHNSON, Paul. *La Historia del Cristianismo*. Buenos Aires, Javier Vergara Editor, 1989. p. 221.

A transferência do papado para Avignon não teve aceitação de boa parte do clero romano, culminando na eleição de outro papa em Roma, seguido mais tarde da escolha de um terceiro, de pouca duração, na cidade de Pisa. A crise aumentou quando cada um dos papas buscou combater seu concorrente, determinando excomunhões ao rival e a seus seguidores. Esta divisão da cristandade ficou conhecida como **Cisma do Ocidente**, estimulando a oposição teológica e levando ao colapso o poder universal da Igreja. Somente em 1417 terminaria o Grande Cisma, quando foi eleito um único papa – Martim V – e apenas Roma passou a abrigar a sede do papado.

Na França, em 1328, após a morte do último rei capetíngio, iniciou-se um longo período de crises na história do país. No decorrer do século XIV, a monarquia francesa sofreria duros golpes, entre os quais o prolongado conflito com a Inglaterra, na Guerra dos Cem Anos.

A Guerra dos Cem Anos (1337-1453)

As velhas disputas entre ingleses e franceses pela posse de determinados territórios da França acabaram culminando na Guerra dos Cem Anos, cujos efeitos foram desastrosos para o conjunto da população europeia.

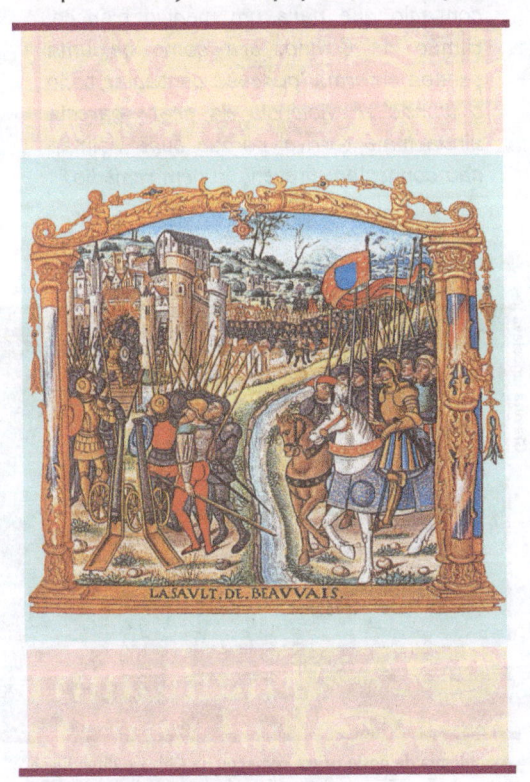

A questão sucessória francesa foi o estopim da Guerra dos Cem Anos. Na gravura, o cerco à cidade de Beauvais, na França.

O início do conflito está relacionado ao problema de sucessão da coroa francesa, pois, com o fim da dinastia capetíngia, em decorrência da morte do rei Carlos IV, em 1328, apresentaram-se dois pretendentes: Filipe de Valois, nobre francês, sobrinho do rei Filipe, o Belo, e Eduardo III, rei da Inglaterra e neto do mesmo Filipe pelo lado materno. Reunidos em assembleia, os grandes senhores feudais franceses rejeitaram o soberano inglês apoiando-se na **Lei Sálica**, segundo a qual o trono da França não poderia ser ocupado ou transmitido por linha materna. Assim, a escolha recaiu sobre Filipe de Valois, que foi coroado como **Filipe VI**, dando início à dinastia **Valois**.

A decisão imposta pela assembleia de nobres franceses afetou profundamente os planos comerciais dos senhores ingleses. Se Eduardo III houvesse conquistado o trono francês, estaria assegurada a aliança entre a Inglaterra e a França, o que garantiria o livre acesso inglês à região de Flandres, então sob controle francês. Essa região concentrava um ativo comércio e importantes manufaturas de tecidos, que utilizavam como matéria-prima a lã produzida na Inglaterra, importante atividade econômica de uma significativa parcela de senhores feudais ingleses.

Por outro lado, os produtores de tecidos de Flandres também demonstravam interesse em garantir a importação de lã inglesa, reprovando os entraves feudais impostos pelos franceses. A burguesia flamenga buscou, então, o apoio de Eduardo III, que, alegando os pretensos direitos à sucessão do trono francês, passou a controlar a região. Em 1337, os franceses declararam guerra aos ingleses, iniciando um conflito que se prolongaria por mais de um século. A Guerra dos Cem Anos, entretanto, não foi contínua: aos 55 anos dispendidos efetivamente em combates, intercalaram-se períodos de relativa paz, em que se negociaram várias tréguas.

Durante a primeira fase do conflito (1337-1422), a superioridade do exército inglês garantiu expressivas vitórias, como as das batalhas de Ecluse (1340), Crécy (1346) e Poitiers (1356). Com isso, em 1360 os ingleses impuseram a seus inimigos a Paz de Brétigny, pela qual a Inglaterra passava a ocupar praticamente um terço do território francês.

Em meio à guerra, durante os anos de 1315 a 1317, houve um período de extrema penúria na Europa, chamado de a Grande Fome. Uma série de más colheitas havia comprometido a já insuficiente produção agrícola. Mesmo nas décadas posteriores a esse período, a fome foi uma presença constante na sociedade europeia. A população, desnutrida, tornava-se suscetível a toda sorte de doenças. As péssimas condições de higiene favoreciam a rápida propagação dessas doenças, transformando-as em verdadeiras epidemias. O mais terrível desses surtos epidêmicos foi a chamada peste negra, que matou não menos que 25 milhões de pessoas (um terço da população europeia) entre 1347 e 1350.

"Em outubro de 1347, dois meses após a queda de Calais, navios mercantes genoveses chegaram ao porto de Messina, na Sicília, com homens mortos e agonizantes nos remos. Vinham do porto de Cafa (hoje Feodossia) no mar Negro, na Crimeia, onde os genoveses tinham um posto de comércio, ou feitoria. Os marinheiros doentes tinham estranhas inchações escuras, do tamanho de um ovo ou uma maçã, nas axilas e virilhas, que purgavam pus e sangue e eram acompanhadas de bolhas e manchas negras por todo o corpo, provocadas por hemorragias internas. Sentiam muitas dores e morriam rapidamente cinco dias depois dos primeiros sintomas. Com a disseminação da doença, outros sintomas, como febre constante e escarro sangrento, surgiram em lugar das inchações ou bubões. As vítimas tossiam, suavam muito e morriam ainda mais depressa, dentro de três dias ou menos, por vezes em 24 horas. Nos dois casos, tudo o que saía do corpo – hálito, suor, sangue dos bubões e pulmões, urina sanguinolenta e excrementos enegrecidos pelo sangue – cheirava mal. A depressão e o desespero acompanhava os sintomas físicos e 'a morte se estampava no rosto'."

Essa doença era a peste bubônica, que se apresentava em duas formas: uma que atingia a corrente sanguínea, provocando ínguas e hemorragia interna, e que se disseminava pelo contato; e uma segunda forma, mais virulenta, pneumônica, que atingia os pulmões e era disseminada pela infecção respiratória. A presença das duas ao mesmo tempo provocou uma alta mortalidade e rapidez do contágio. Tão mortal era a enfermidade que se conheceram casos de pessoas irem dormir bem e morrerem antes de acordar, assim como de médicos contraindo a doença junto a um doente e morrendo à frente dele. Tão rápido era o contágio que para um médico francês, Simão de Covino, era como se uma pessoa enferma 'pudesse contagiar todo o mundo'. A violência da peste parecia ainda mais terrível porque suas vítimas não conheciam prevenção nem remédio."

TUCHMAN, Barbara W. *Um espelho distante: o terrível século XIV.* p. 87.

A epidemia de peste negra começou na China e difundiu-se para a Índia e Europa. Estimativas da época indicam a morte de milhões de europeus.

Nesse período, a situação dos franceses era desoladora: as despesas com a guerra, a estagnação do comércio e a disseminação da peste negra agravaram ainda mais as condições miseráveis em que vivia o povo. A burguesia de Paris, responsabilizando a aristocracia pelas constantes derrotas sofridas, reivindicava maior participação nas decisões do governo. No interior, as revoltas camponesas foram a resposta de milhares de servos a séculos de opressão feudal.

As rebeliões camponesas ficaram conhecidas como *jacqueries*, em alusão a **Jacques Bonhomme**, expressão que os nobres franceses usavam para designar o homem do campo e que poderia ser traduzida como "joão-ninguém". A mais importante *jacquerie* eclodiu em 1358, quando milhares de camponeses rebelaram-se contra seus senhores, destruindo inúmeros castelos e exterminando seus habitantes. A contraofensiva dos nobres não tardou: apoiados pelo exército real, sufocaram a rebelião, executando mais de vinte mil pessoas.

Em 1364, com a ascensão de Carlos V ao trono francês, reiniciou-se a guerra contra a Inglaterra. Graças à unificação de seus exércitos, a França conseguiu importantes vitórias, reconquistando a maior parte dos territórios tomados pelos ingleses. Entretanto, a morte de Carlos V marcaria o início de uma série de disputas pelo poder, que culminariam com a cisão da nobreza francesa em dois partidos: os **armagnacs** e os **borguinhões**.

Após longos anos de luta, quando finalmente foram derrotados pelos armagnacs, os borguinhões aliaram-se aos ingleses, permitindo à Inglaterra voltar à ofensiva. Saindo-se novamente vitoriosa, em 1420, a Inglaterra impôs à França o Tratado de Troyes, segundo o qual o rei inglês Henrique V assumiria o trono francês. Assim, em 1422 a França encontrava-se dividida em dois reinos: nos territórios do norte, governava o inglês **Henrique V**, apoiado pelos borguinhões; nos poucos territórios do sul, reinava o francês Carlos VII, com o apoio dos armagnacs.

Embora humilhado por tantas derrotas e privações, o povo francês empreendeu a luta pela libertação de seu país animado por um profundo sentimento nacionalista. **Joana D'Arc**, filha de humildes camponeses, tornou-se o maior mito desse período. Dizia-se enviada por Deus para expulsar os ingleses do reino da França, e seu patriotismo e fervor religioso contagiaram os franceses. Integrando-se no exército real, liderou diversos combates que resultaram em vitória para os franceses. Libertando boa parte da França central, levou Carlos VII a Reims, no norte do país, onde o rei foi coroado segundo as antigas tradições.

A Guerra dos Cem Anos foi decisiva para a definição das fronteiras da França, que incorporou regiões ao norte, até então sob controle da Inglaterra. Na gravura, Joana D'Arc, que elevou o sentimento nacional do povo francês contra o domínio inglês.

Em 1430, aprisionada pelos borguinhões, Joana D'Arc foi entregue aos ingleses e julgada por um tribunal eclesiástico. Acusada de heresia e condenada à morte, foi queimada em praça pública, na cidade de Rouen, em 1431.

Após a morte de Joana D'Arc, o rei Carlos VII, estimulado pelo intenso apoio popular, prosseguiu na luta contra os ingleses, terminando por expulsá-los da França em 1453. A França obtivera, assim, sua unificação territorial e política.

A Guerra dos Cem Anos teve, dessa forma, um grande significado para a nação francesa, pois enquanto debilitava profundamente as estruturas medievais, provocando a ruína política e econômica dos senhores feudais, permitia aos sucessores de Carlos VII consolidarem as bases do novo Estado nacional, com o auxílio da burguesia. Esse fato acelerou o desenvolvimento econômico francês durante a Idade Moderna.

A formação da monarquia inglesa

No século V, tribos germânicas, sobretudo anglos e saxões, ocuparam a ilha britânica, estabelecendo ali sete reinos bárbaros. Entre os séculos VI e VII, a heptarquia saxônica gradualmente evoluiu para a composição de três reinos; e, no século IX, fundiram-se num Estado anglo-saxônico, comandado por Egberto, rei de Wessex. Foi durante o processo de formação desse Estado que se implantou o feudalismo na Inglaterra.

A heptarquia saxônica

O fim do domínio romano sobre a Inglaterra foi seguido das invasões germânicas dos saxões, anglos e jutos, vindos do continente. Empurrando para o norte os nativos celtas da região, organizaram vários reinos: os jutos, ao sul, fundaram Kent; os saxões, também ao sul, fundaram Essex, Wessex e Sussex; os anglos, no centro e nordeste, fundaram East-Anglia, Nortúmbria e Mércia. Esses sete reinos formaram a heptarquia juto-anglo-saxônica, que, entretanto, não apresentava unidade efetiva, a qual só se consolidou com a invasão dos vikings, ou dinamarqueses, no século XI.

Em 1066, o último rei anglo-saxônico, Haroldo II, foi derrotado na batalha de **Hastings** por **Guilherme I**, **o Conquistador**, duque da Normandia, que deu início à dinastia **normanda**. Nessa época, contrariamente ao que ocorria na França, os reis ingleses foram capazes de subordinar a nobreza, estabelecendo um forte poder centralizado. Para garantir o controle sobre os nobres, Guilherme dividiu a Inglaterra em condados (*shires*), os quais eram supervisionados pelos *sheriffs*, funcionários do rei.

Em 1154, com a morte do último herdeiro direto de Guilherme I, subiu ao trono Henrique, conde Anjou, um nobre francês de origem normanda. Coroado como Henrique II (1154-1189), inaugurou a dinastia dos **Plantagenetas**, ou angevina.

O reinado desse monarca caracterizou-se pela ampliação dos poderes reais através da adoção de medidas como o fortalecimento da justiça real. Criou-se a **common law**, uma lei comum a todo o território inglês, cuja aplicação era controlada por juízes que percorriam todos os condados.

Henrique foi sucedido por Ricardo I, ou Ricardo Coração de Leão, que governou a Inglaterra entre 1189 e 1199. Seu permanente envolvimento em batalhas contra a França e sua participação na Terceira Cruzada mantiveram-no afastado do trono durante a maior parte de seu reinado. Suas prolongadas ausências e a insatisfação geral com o constante aumento dos impostos acabaram por debilitar o poder real, possibilitando o fortalecimento dos senhores feudais.

A política de Ricardo I foi seguida por seu irmão **João Sem-Terra** (1199-1216). Os impostos, cada vez mais altos, destinavam-se a cobrir as despesas com as intermináveis guerras contra a França, pela demarcação de fronteiras e posses territoriais. No intuito de obter mais fontes de renda, João decidiu confiscar terras da Igreja, o que o indispôs com o papa Inocêncio III. Ameaçado de excomunhão, pediu perdão, devolvendo os bens do clero. Seu envolvimento nas lutas contra o rei francês resultou igualmente em fracasso: em 1214, foi derrotado na batalha de Bouvines, perdendo considerável parte de suas terras na França.

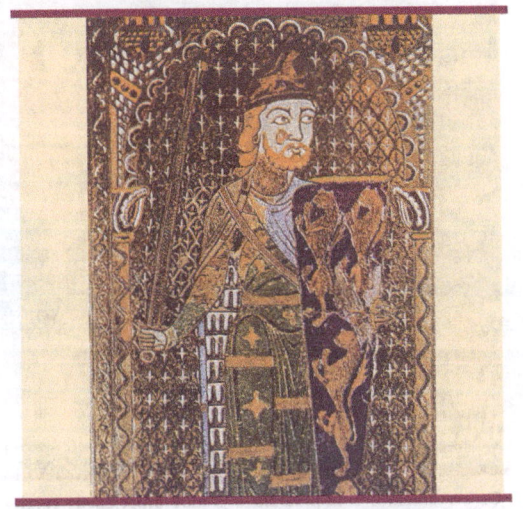

Ricardo Coração de Leão retratado como um cruzado numa gravura da época.

O clima de descontentamento provocado pelo abuso na taxação de impostos e pelas sucessivas derrotas contra a França resultou numa revolta dos senhores feudais. Apoiados pelos burgueses, em 1215, impuseram a João Sem-Terra a **Magna Carta**, documento que determinava que, a partir de então, os reis ingleses só poderiam aumentar impostos ou alterar as leis com a aprovação do **Grande Conselho**, composto por membros do clero, condes e barões. A Magna Carta é considerada a base das liberdades inglesas, mas constituiu, em essência, a imposição da autoridade dos nobres sobre o poder real.

O mito por trás de Robin Hood

É comum encontrarmos a lenda de Robin Hood associada à luta contra o desabusado rei João, em meio à crise inglesa que aumentava desde o governo de Ricardo.

"Uma das grandes dúvidas sobre Robin Hood é: houve tal pessoa? Segundo os 'empíricos', houve e, segundo os 'míticos', não houve. Na maneira maravilhosamente absorvente dessas coisas – o trabalho de detetive histórico supera a variedade de ficção em milhões de léguas – a resposta indica que houve muitos Robin Hood, a maioria dos quais recebeu esse nome por causa do Robin Hood verdadeiro – isto é, mítico – para marcar sua condição de fora da lei. Ou como sugere Stephen Knight, porque, depois de um exame criterioso dos argumentos, ele fica do lado dos 'míticos'.

Robin Hood é um emblema da liberdade, antiautoritarismo e justiça natural. Ele rouba dos ricos para dar aos pobres; ele engana o xerife e seus comandados; e vive o idílio rural com seu alegre bando de companheiros (e posteriormente com lady Marian). Nas fontes iniciais – crônicas, cantigas e 'apresentações' que foram precursoras do teatro – Robin é um fora da lei, às vezes até um 'assassino'.

Mas no século XVII ele tinha sido enobrecido: tornara-se conde de Huntington, cujos bens foram confiscados por um rei usurpador, e em revolta não contra a verdadeira autoridade na forma do bom rei Ricardo ausente mas contra o tirano traidor e mau, rei João. Desse modo, sua criminalidade foi legitimada, e o próprio fora da lei transformou-se em um herói adequadamente aristocrata.

É esse bom fora da lei de sangue nobre que, junto com os acréscimos de Pequeno John, frei Tuck e lady Marian, nos proporciona o Robin romântico e hollywoodiano que todos conhecemos. [...]"

Alguns estudos identificaram vários Robin Hood. "No ano 1213, ou pouco depois, um Robin Hood, criado do abade de Cirencester, matou um homem chamado Ralph. Quinze anos depois, um

> fugitivo com o nome de Robert Hood estava sendo procurado em Yorkshire. Em 1262, outro fugitivo chamado William Hobehod é registrado. No começo do século XIV o sobrenome Robynhod aparece em Sussex. Em 1354 um homem chamado Robin Hood foi detido para julgamento em uma prisão da floresta de Rockingham. E assim por diante: sugestões intrigantes – relances, segundo os 'empíricos' – de algo na origem da lenda."
>
> GRAYLING, A.C. Financial Times. In: *Caderno da Gazeta Mercantil*, 17/2/1995. p. 4.

Em 1265, em virtude de violações à Magna Carta cometidas pelo sucessor de João Sem-Terra, **Henrique III**, foram impostas as **Provisões** ou **Estatutos de Oxford**. Por eles, alterava-se a composição do Grande Conselho, que passou a incluir também representantes da burguesia. Alguns anos depois, em 1295, o Grande Conselho daria origem ao **Parlamento** inglês.

A partir do século XIII, e prolongando-se pelo século seguinte, grandes transformações socioeconômicas operaram-se na Inglaterra. O desenvolvimento da atividade comercial refletiu-se no crescimento das cidades e no enriquecimento da burguesia. A venda de lã para as manufaturas de tecidos de Flandres garantiu a atividade de muitos produtores burgueses. Boa parte da própria nobreza, percebendo a vantagem de produzir lã para exportação, passou a se dedicar a essa atividade e a outras similares. Assim, a nobreza se "aburguesou": adquiriu interesses e posturas semelhantes às da burguesia.

O crescente interesse dos nobres pela produção de lã levou-os a destinar porções cada vez maiores de seus feudos à pastagem de ovelhas, inclusive as áreas do manso comunal, constituídas por bosques e terras utilizados pelos camponeses como pasto para seus rebanhos. Apropriando-se dessas áreas, os senhores as cercavam, impedindo que os camponeses tivessem acesso a elas. O **cercamento** das terras comuns, agravado pelo fato de que para a pastagem de rebanhos utilizava-se pouca mão de obra, resultou no empobrecimento dos camponeses e na sua expulsão maciça para as cidades.

Os cercamentos consolidaram a grande propriedade rural voltada para o mercado, liberando-a dos antigos laços feudais de servidão.

A partir do século XIV, as dificuldades econômicas advindas dos excessivos gastos com a Guerra dos Cem Anos desencadearam movimentos sociais de revolta, que colaboraram para acelerar a decadência do feudalismo, enfraquecendo o poder dos nobres.

A rebelião de Wat Tyler

> Os incessantes aumentos nos impostos, motivados pela necessidade de custear a Guerra dos Cem Anos, foram o estopim para que se deflagrasse, em 1381, uma rebelião contra os senhores feudais. Liderados por Wat Tyler e pelo padre John Ball, os camponeses marcharam para Londres, com o propósito de exigir do rei Ricardo II a abolição da servidão e o fim dos impostos e dos cercamentos. O rei e a nobreza reagiram violentamente, arrasando aldeias inteiras e

> executando milhares de pessoas. Após esse episódio, a servidão e as obrigações servis foram amenizadas por um momento, entretanto ampliadas posteriormente, além da manutenção da política dos cercamentos, o que resultou em novas e violentas lutas sociais por direitos e liberdade, continuando pelos séculos seguintes.

Em 1453, terminada a Guerra dos Cem Anos, a crise econômica aumentara na Inglaterra. A nobreza fora duramente atingida pela perda dos territórios na França e pela crise do comércio com Flandres. Além disso, a guerra havia aumentado os poderes militares e financeiros dos reis, tornando-se mais livres das restrições impostas pela nobreza feudal. Nesse contexto, iniciara-se uma violenta disputa pela sucessão ao trono inglês, envolvendo duas facções da nobreza: o grupo constituído pelos nobres ligados às antigas tradições feudais, liderados pela família **Lancaster**; e o grupo dos nobres "aburguesados", ligados aos interesses mercantis, liderados pela família **York**.

A **Guerra das Duas Rosas** (1455-1485) – assim chamada porque ambas as famílias exibiam rosas em seus brasões – prolongou-se por trinta anos, em sangrentas e devastadoras batalhas, nas quais boa parte da nobreza foi aniquilada. Em 1485, Henrique Tudor, descendente dos Lancaster e, por matrimônio, também ligado aos York, pôs fim à guerra, sagrando-se rei com o título de **Henrique VII**.

Henrique VII, representante dos Tudor, implantou uma monarquia forte e centralizada.

As consequências da guerra foram o inevitável enfraquecimento da aristocracia feudal e a implantação de uma monarquia forte, iniciada com a dinastia Tudor. A autoridade da nobreza, firmada pela Magna Carta, nos tempos de João Sem-Terra, sofreu um duro golpe, que cercearia a força do Parlamento.

A formação das monarquias nacionais ibéricas

A unificação política da **Espanha**, bem como a de **Portugal**, não está associada a uma significativa evolução da economia capitalista-burguesa, não surgindo, portanto, como resultado da aliança entre a realeza e a burguesia, como ocorreu na França e na Inglaterra. Fundamentalmente, ela originou-se da necessidade que tiveram os nobres de se unir no combate contra os muçulmanos durante a **Guerra de Reconquista**.

Com a decadência do Império Romano, a península Ibérica fora invadida pelos visigodos, povo bárbaro posteriormente convertido ao cristianismo. Predominaram na região até 711, quando os muçulmanos invadiram a península, destruindo o reino visigótico cristão. Acuados, os cristãos deslocaram-se para o norte, formando o reino das Astúrias.

A partir de então, durante séculos, os cristãos lutaram contra os muçulmanos pela recuperação de seus territórios. Essas lutas tornaram-se mais intensas a partir do século XI, com a influência do espírito das Cruzadas. Da Guerra de Reconquista contra os mouros (assim chamados os muçulmanos pelos ibéricos) nasceram, ao longo dos séculos XI e XII, os reinos de Leão, Castela, Navarra e Aragão.

Castela e Aragão acabaram por anexar Leão e Navarra, bem como os novos territórios reconquistados pelos cristãos. Em 1469, com o casamento dos reis Fernando de Aragão e Isabel de Castela, os dois reinos se unificaram, restando do domínio árabe apenas o reino muçulmano de Granada, ao sul da Espanha. A conquista de Granada, efetuada em 1492 por Fernando de Aragão, eliminou o domínio muçulmano na península Ibérica e encerrou o processo de formação da monarquia nacional espanhola.

A IDADE MÉDIA

A RECONQUISTA

Legenda do mapa:
- Espanha cristã em 1150
- Reconquista (1150-1212)
- Reconquista (1212-1276)
- Reconquista por Castela e Aragão (1492)

A Guerra de Reconquista serviu de base para a formação das monarquias nacionais espanhola e portuguesa.

A Guerra de Reconquista

A Guerra de Reconquista, entre cristãos e árabes, fez parte da política ofensiva europeia, que tencionava conquistar pouco a pouco a península Ibérica. Sob uma máscara religiosa – a cruz era a arma usada contra os "infiéis" –, formaram-se os reinos espanhóis e também o português. A partir de 1492, quando toda a península Ibérica foi "libertada" com a conquista de Granada, a Reconquista continuou pelo norte da África.

Também relacionado ao processo de reconquista, está o surgimento do reino de **Portugal**. Durante a Baixa Idade Média, os embates entre cristãos e muçulmanos atraíam grande número de cavaleiros medievais. Esses cavaleiros, procedentes de diversas regiões da Europa, dispunham-se a apoiar os reinos ibéricos em troca de benefícios ou concessões. Entre esses nobres, distinguiu-se Henrique, da casa de Borgonha. O auxílio prestado ao rei Afonso VI, de Leão, valeu-lhe o casamento com uma das filhas do monarca e o recebimento, a título de dote, do **Condado Portucalense**, cujas terras compreendiam as cidades de Braga, Coimbra, Viseu, Lamego e Porto.

Em 1139, sob a liderança de Afonso Henriques, filho de Henrique de Borgonha, o Condado Portucalense proclamou sua independência. Surgia, assim, o reino de Portugal, governado pela dinastia de Borgonha. Durante o reinado dessa dinastia, o reino expandiu seus territórios, conquistando aos mouros terras localizadas ao sul do país.

Nesse período, a agricultura assumiu destacada importância, constituindo um instrumento eficaz para o povoamento das terras tomadas aos mouros nas lutas de reconquista. Essas terras eram doadas pelos soberanos às pessoas de sua confiança – os fidalgos – e às ordens religiosas e militares, proporcionando prestígio e força política à nobreza. Todavia, ao contrário do que sucedia em outras regiões da Europa, essas doações não tinham caráter hereditário: por ocasião da morte do feudatário, as propriedades retornavam às mãos do rei, que as redistribuía segundo conveniências políticas. Assim, os reis da dinastia de Borgonha puderam preservar sua autoridade, tornando-se poderosos e respeitados.

A origem da burguesia comercial lusitana está relacionada ao desenvolvimento da atividade pesqueira e ao incremento da produção agrícola para o abastecimento das tropas reais. Mas foi a inauguração de uma nova rota comercial italiana, que incluía Portugal, ligando Constantinopla ao mar do Norte através do Mediterrâneo e do Atlântico, que impulsionou o comércio lusitano, favorecendo o surgimento de um poderoso grupo mercantil em Portugal.

No ano de 1383, morria D. Fernando, o último rei da dinastia de Borgonha, iniciando-se uma disputa pela sucessão ao trono. A nobreza ambicionava entregar a coroa ao rei de Castela, genro de D. Fernando, enquanto o grupo mercantil sentia, nessa união, uma ameaça aos seus interesses, devido ao caráter acentuadamente feudal da política de Castela.

O acirramento das tensões entre a burguesia e a nobreza propiciou a eclosão da **Revolução de Avis**: o grupo mercantil, os populares, chamados de "arraia miúda" e os nacionalistas em geral uniram-se a D. João, o Mestre de Avis, irmão bastardo do finado D. Fernando, para enfrentar a nobreza e os castelhanos. Em 1385, com a derrota dos castelhanos na batalha de Aljubarrota, D. João foi aclamado rei de Portugal, inaugurando um forte Estado nacional.

D. João II e D. Leonor, da dinastia de Avis.

A ascensão de D. João intensificou a integração de interesses entre o rei e a burguesia comercial. Buscando maior poder, o rei passou a realizar conquistas que beneficiavam a burguesia, ao ampliar o mercado para seus produtos; paralelamente, a ampliação do comércio começou a gerar maior arrecadação de impostos, beneficiando o rei. Foi a comunhão desses interesses que possibilitou a expansão ultramarina portuguesa.

O Sacro Império Romano-Germânico

As monarquias nacionais da Alemanha e da Itália não se estabeleceram senão muito depois do fim da Idade Média. Os constantes conflitos entre os imperadores do Sacro Império e os papas acabaram por comprometer a unidade da Alemanha e da Itália, mantendo essas duas regiões divididas em numerosos Estados, alguns deles bastante pequenos. A luta entre o papado e o Império manifestou-se decisivamente durante o pontificado de Gregório VII (1073-1085), quando teve início a **Querela das Investiduras**.

No Sacro Império, o clero estava submisso aos soberanos, que nomeavam – investiam – os bispos ou exerciam dura pressão para impor candidatos de sua escolha, muitas vezes pessoas interessadas apenas nas vantagens materiais do cargo, não raramente corruptas e indignas do cargo clerical que ocupavam.

> O problema de corrupção dentro da Igreja não se limitava ao Sacro Império, sendo inclusive anterior à sua formação: "O lamentável estado a que descera a Igreja durante o século IX mostra-se através de escritos de homens de alta hierarquia. Declara um bispo, abertamente, expondo a própria simonia ('comércio' de cargos eclesiásticos): 'Dei meu ouro e recebi o bispado, mas confio recebê-lo de volta, se souber como proceder. Para ordenar um padre, cobrarei em ouro; para ordenar um diácono, cobrarei um monte de prata [...] Paguei bom ouro, mas hei de rechear a bolsa' ".
>
> FREMANTLE, Anne. Idade da fé. In: *Biblioteca de História Universal Life*. Rio de Janeiro, José Olympio. p. 38.

Contra a corrupção e a decadência do clero, surgiram diversos movimentos dentro da própria Igreja. Um dos mais importantes movimentos reformistas dessa época foi liderado pela **Ordem de Cluny**, fundada em 910, na Borgonha. O movimento de Cluny adquiriu grande força no século XI, difundindo-se por toda a Europa, e um de seus maiores expoentes foi o papa **Gregório VII**. Outras ordens monásticas surgiram no século XI, como a **Ordem dos Cartuxos** (1084) e a **Ordem de Cister** (1098). A Igreja se reerguia; por toda a Europa construíam-se grandes mosteiros; os fiéis, entusiasmados, lançavam-se, no final desse século, à aventura das Cruzadas.

O papa Gregório VII, antigo monge da Ordem de Cluny, devotado à reforma espiritual do clero, logo após sua eleição afirmou a independência da Igreja em relação ao poder imperial. Não apenas condenou as investiduras realizadas por leigos como decretou a queda de todos os clérigos que houvessem obtido seus cargos em troca de dinheiro, proclamando ainda a autoridade absoluta do papado sobre a Igreja e os fiéis.

Sua atitude provocou profundas reações por parte de **Henrique IV**, na época imperador do Sacro Império, que se recusou a acatar os decretos papais. Gregório ameaçou excomungá-lo e o monarca reagiu tentando destituir o papa. Mas, além da excomunhão decretada, Henrique IV enfrentou a oposição dos nobres alemães que, desejando enfraquecer a autoridade imperial, se aliaram ao papa. Enfraquecido politicamente, Henrique viu-se obrigado a pedir perdão ao papa, empreendendo em 1077 uma peregrinação a Canossa, pequena cidade do norte da Itália. Posteriormente, já suspensa a excomunhão, Henrique IV reiniciou sua ofensiva contra o papa, destituindo-o e obrigando-o a fugir de Roma.

A luta entre o papado e o Sacro Império foi interrompida temporariamente com a assinatura da **Concordata de Worms**, um acordo firmado em 1122, que estabelecia limites aos poderes de Henrique V, então imperador do Sacro Império. Entretanto, não demorou muito para que a disputa entre os poderes secular e espiritual reiniciasse.

Durante os séculos XII e XIII, novos conflitos envolveram imperadores e papas, reacendendo a Querela das Investiduras, que na verdade se tornara uma acirrada luta pela dominação do mundo ocidental.

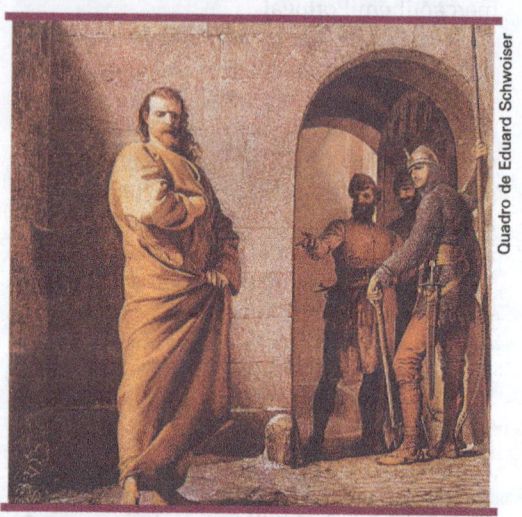

A peregrinação de Henrique IV a Canossa representou, naquele momento, a sujeição do poder temporal ao espiritual.

> O pontificado de Inocêncio III (1198--1216) marcou o apogeu do poder papal na Idade Média. Nessa época, a Igreja tornara-se uma espécie de "monarquia", em que o papa assumia as funções de soberano, interferindo profundamente nas questões políticas do Ocidente.
>
> Em sua obsessão pelo poder, os papas passaram a intervir sistematicamente em assuntos de política e economia, acabando por enfrentar a resistência da realeza, cujo poder se fortalecia. Após o conflito entre o monarca francês Filipe, o Belo, e o papa Bonifácio VIII, que resultou no Cativeiro da Babilônia (1307--1377), os soberanos europeus não mais admitiram a interferência do papado nas questões temporais de suas monarquias.

Os imperadores germânicos, ambicionando expandir os domínios do Sacro Império, realizaram frequentes intervenções na Itália, especialmente no âmbito da Igreja.

A BAIXA IDADE MÉDIA

Preocupados em dominar a Itália e absorvidos em disputas com os papas, os monarcas alemães tornaram-se negligentes, não conseguindo submeter os nobres de seus próprios domínios à autoridade imperial.

Após 1250, a Alemanha se assemelhava a um mosaico de centenas de Estados praticamente autônomos, sobre os quais a influência do imperador tornou-se bastante limitada, predominando a dos príncipes locais (nobres).

SACRO IMPÉRIO ROMANO-GERMÂNICO

- Expansão germânica para o Oriente
- Território germânico em 1200-1250
- Invasões germânicas (1190-1194)

Do mesmo modo, também a Itália achava-se dividida em vários Estados, alguns muito pequenos, como as cidades-Estados do norte, que haviam conseguido se libertar da dominação do Sacro Império. Essas cidades, enriquecidas pela atividade mercantil, contratavam grupos de soldados mercenários, comandados por chefes chamados **condottieri**, para assegurar sua defesa ou conquistar as cidades rivais. Alguns desses *condottieri* tornaram-se extremamente poderosos, como os da família **Visconti**, que acabou assumindo o governo de Milão em 1310, e os da família **Sforza**, que sucedeu a primeira em 1450.

ITÁLIA – SÉCULO XV

Ludovico Sforza, governante de Milão entre 1494 e 1499. Ao lado, mapa da Itália no século XV.

Envolvidas em constantes guerras contra suas rivais, as cidades mais poderosas foram lentamente submetendo suas vizinhas. Assim, em meados do século XV, destacavam-se cinco grandes Estados na Itália: a República de Veneza, governada por um *doge* (duque) e por um conselho; a República de Florença, dominada pelos **Médicis**, influente família de banqueiros; o Ducado de Milão, governado pelos *condottieri* da família **Sforza**; os Estados Pontifícios, ou Estados da Igreja; e o reino de Nápoles, governado por um parente do rei Fernando de Aragão.

Tanto a Alemanha quanto a Itália, durante a Baixa Idade Média, não alcançaram o processo de centralização monárquica, permanecendo divididas até o século XIX.

A grande crise dos séculos XIV e XV

A convivência do feudalismo com o desenvolvimento comercial e urbano resultou, no final da Idade Média, em diversas crises, decorrentes da incompatibilidade dos dois sistemas. Nos séculos XIV e XV, essas crises aceleraram definitivamente a decadência do feudalismo, que não mais atendia às necessidades da época, confirmando a ascensão definitiva de uma nova ordem socioeconômica na Europa, que encerrou o mundo medieval.

As dificuldades econômicas, as pestes e as guerras geraram situações que abalaram até mesmo a atividade comercial de algumas regiões, como a Europa central, enquanto em outras floresceu, como Portugal e o mar do Norte. De modo geral, entretanto, toda a Europa, tanto a rural como a urbana, sofreu os efeitos dessas crises que caracterizaram os dois últimos séculos da Idade Média, dando-lhe um caráter peculiar.

As raízes das crises desse período estavam ligadas às transformações da Baixa Idade Média e à incapacidade do feudalismo de assimilar essas mudanças. No século XIV, as guerras, como a Guerra dos Cem Anos, e a peste negra dizimavam a população europeia desenhando uma conjuntura explosiva, com rebeliões de servos, falta de mão de obra, fome e massacres.

Cena de uma gravura medieval representando o trabalho incessante de construção de ataúdes e de aberturas de covas para sepultar as vítimas da peste negra.

No século XV, a insuficiência de moedas e de mercados e o elevado preço dos produtos orientais impuseram à Europa dificuldades que só seriam solucionadas com uma expansão de grande envergadura, que estabelecesse novas rotas comerciais com o Oriente. Assim, a **expansão marítima** do século XV apresentou-se como solução à continuação do desenvolvimento comercial e urbano experimentado ao longo da Baixa Idade Média, tendo como agentes a burguesia e o Estado fortalecido.

Esse empreendimento resultou na descoberta da América, em 1492, e de uma nova rota marítima para as Índias, no Oriente, em 1498. Abrindo perspectivas econômicas promissoras, essas descobertas vieram consolidar definitivamente o progresso comercial. A superação dos entraves econômicos a que a Europa estava submetida levou, assim, ao processo de completa substituição do modo de produção feudal.

A CULTURA MEDIEVAL EUROPEIA

A ruína do Império Romano do Ocidente não resultou, como já afirmamos, na plena deterioração cultural. O que houve, na verdade, foi o surgimento de valores adequados à nova ordem feudal emergente, refletindo a superestrutura do período. Assim, só se pode falar em deterioração dos valores clássicos, já que emergia outro tipo de cultura, mais teológica e subordinada à Igreja cristã.

Com o deslocamento da economia da cidade para o campo, houve uma desorganização não só econômica, mas também social e política nos primeiros séculos da Idade Média, fato que inegavelmente afetou a produção cultural e artística.

O campo, ao contrário da cidade, não favorecia o desenvolvimento das artes: não existia ali a efervescência cultural típica dos centros urbanos, nem condições que estimulassem o seu florescimento. Assim, a produção artística desse período apenas refletia a simplicidade e rusticidade do cotidiano dos povos germânicos.

Mesmo as cidades que resistiram à ruína do Império não desenvolveram significativas atividades culturais e artísticas, pois transformaram-se ou em sedes de bispados, ou em centros urbanos onde ocasionalmente os reis se fixavam, como Paris, Reims e Orleans.

Durante o reinado dos meróvingios, não mais havia qualquer instituição educacional, exceto as **escolas episcopais**, mantidas pelos bispos com o propósito de garantir a continuidade da formação de clérigos, e os **mosteiros**, onde os monges dedicavam-se, quase exclusivamente, a copiar manuscritos antigos. Assim, a Igreja adquiriu, na Alta Idade Média, o controle da educação, sendo o clero a elite intelectual e suas escolas as únicas instituições culturais atuantes na Europa ocidental.

A nova ordem cultural e os mosteiros

"No século V, existia ainda uma aristocracia culta, bem versada em assuntos artísticos e literários, mas no século VI desaparecera quase completamente; à nova nobreza franca eram inteiramente estranhos os assuntos de educação e cultura."

HAUSER, Arnold. *História social da arte e da cultura.* Lisboa, Jornal do Foro, 1954. p. 211.

"Os oblatos (*pueri oblati*) eram meninos que os pais consagravam a Deus. Permaneciam em mosteiros toda a vida (o que prova o pouco respeito que se tinha, então, pela livre decisão do indivíduo). Os noviços eram jovens já a ponto de professar; uns e outros vestiam o hábito do mosteiro e se iam incorporando, aos poucos, ao regime monástico.

Um monge dirigia a escola e se chamava *magister principalis*; o bibliotecário tinha o nome de *armarius*; os monges destinados a vigiar estritamente os alunos eram os *custodes*.

Em muitas escolas monásticas o seu chefe recebia o nome de abade (nome de origem semítica que significa pai). Por isso, em tais casos, as escolas monásticas eram chamadas escolas abaciais.

> "A disciplina era rígida, sobretudo na schola interior: o látego, o jejum, o calabouço eram os meios punitivos. A primeira etapa da instrução se reduzia ao aprendizado do latim, o idioma da Igreja e da Literatura."
>
> LARROYO, Francisco. História geral da pedagogia. São Paulo, Mestre Jou, 1979. p. 271.

O trabalho dos monges copistas, reclusos em mosteiros, permitiu preservar muitos manuscritos da Antiguidade Clássica.

A notável influência da Igreja sobre o pensamento e a cultura medievais apoiou-se em sólidas bases materiais: ao longo dos séculos, a Igreja se organizou politicamente, adquiriu inúmeros feudos e ganhou prestígio junto aos reis e à nobreza, além de comandar a mentalidade religiosa popular. Assim, a cultura medieval passou a refletir, de certa forma, o pensamento da Igreja, fenômeno esse conhecido como **teocentrismo cultural**, isto é, que subordinava o mundo às leis de Deus.

A partir do século X, inaugurou-se uma nova fase histórica, período de grande efervescência cultural, devido às transformações econômicas e políticas ocorridas com o renascimento comercial e urbano. O ativo comércio que se estabeleceu entre os europeus e os povos orientais contribuiu para modificar os valores do homem medieval, que, em contato com outras civilizações, passou a valorizar a prosperidade material e a crer numa vida menos subordinada à inquestionável "vontade divina".

Ainda que a Igreja, por meio das ordens monásticas, continuasse direcionando a produção cultural, as cidades passaram a ter importância como centros irradiadores dos novos valores culturais, desvinculando-se pouco a pouco do dogmatismo religioso.

Educação

O renascimento das atividades comerciais e a prosperidade dos centros urbanos estimularam também o desenvolvimento intelectual. As universidades proliferaram-se, pois para a burguesia o conhecimento passou a ser indispensável à plena realização de seus negócios. No decorrer do século XII, as escolas, muitas delas fundadas durante o período carolíngio, tornaram-se excelentes centros de ensino, cujas disciplinas continuavam sendo as mesmas da época de Carlos Magno. O curso era composto pelo ***trivium***, em que se ensinava gramática, retórica e lógica; e pelo ***quadrivium***, que iniciava o aluno em aritmética, geometria, astronomia e música.

Depois de completar o curso básico (*trivium* e *quadrivium*), os alunos podiam preparar-se profissionalmente em escolas de "artes liberais" ou dirigir-se para as áreas de medicina, direito ou teologia. Supõe-se que a primeira universidade europeia tenha sido a da cidade italiana de Salerno, cujo centro de estudos remonta ao século XI. As universidades de Bolonha e de Paris, ambas do século XII, estão também entre as mais antigas. Nos séculos seguintes, muitas outras surgiram, como as de Oxford, Cambridge, Montpellier e Coimbra.

Originalmente, estas instituições eram chamadas de *studium generale*, agregando mestres e discípulos dedicados ao ensino superior de algum ramo do saber. Porém, com a efervescência cultural e urbana da Baixa Idade Média, logo se passou a fazer referência ao estudo universal do saber, ao conjunto das ciências, sendo o nome *studium generale* substituído por *universitas*. As universidades organizavam-se com base nas faculdades, cuja palavra, com o sentido de alunos e professores dedicados a um ramo do conhecimento humano, descendia originalmente de *facultas*, isto é, o direito de ensinar.

As universidades também gozavam de vários privilégios, destacando-se, além do direito de ensinar dos seus graduados (*licentia docenti*), a isenção de impostos e contribuições, a dispensa muitas vezes do serviço militar e até o direito a julgamento especial em foro acadêmico para os seus membros, vantagens garantidas quase sempre ou pelo imperador ou pelo papa, as duas maiores autoridades da época.

O dinamismo cultural da Baixa Idade Média foi tão marcante, que, no século XIII, a Universidade de Paris contava com mais de vinte mil alunos e, no final do período, a Europa possuía cerca de oitenta universidades, denotando o emergente renascimento cultural.

Vista aérea da Universidade de Oxford, na Inglaterra.

Filosofia

O pensamento filosófico da Idade Média, intensamente influenciado pelo cristianismo, em alguns momentos confundiu-se com a teologia, amparando-se na fé e em dogmas religiosos. Durante a Alta Idade Média, o grande teólogo foi **Santo Agostinho**, um dos doutores da Igreja, responsável pela síntese entre a filosofia clássica – a platônica – e a doutrina cristã. Segundo a teologia agostiniana, a natureza humana é, por essência, corrompida, estando na fé em Deus a remissão, a salvação eterna. As principais obras de Santo Agostinho são *Confissões* e *Cidade de Deus*.

Essa visão pessimista em relação à natureza humana foi substituída na Baixa Idade Média por uma concepção mais otimista e empreendedora do homem, com a **filosofia escolástica**, que procurou harmonizar razão e fé, partindo do pressuposto de que o progresso do ser humano dependia não apenas da vontade divina, mas do esforço do próprio homem. Essa atitude refletia uma tendência à valorização dos atributos racionais do homem, não devendo existir conflito entre fé e razão, pois ambas auxiliavam o homem na busca do conhecimento.

O grande mérito dos escolásticos da Baixa Idade Média, considerados os precursores do humanismo, foi restituir ao homem medieval a confiança em si próprio e em sua capacidade de inquirir, raciocinar e compreender. O próprio termo **escolástica**, derivado de *officium scholasticus*, nome do indivíduo dedicado a difundir a cultura das sete artes liberais nas escolas monásticas e nas catedrais desde a época de Carlos Magno, denotava a forte preocupação com o conhecimento, tão típico do período. O filósofo escolástico **Pedro Abelardo** (1079-1142), por exemplo, no prefácio de sua obra *Sic et non* (*Sim e não*), demonstrava claramente suas convicções acerca da importância do raciocínio crítico: "Pois a primeira chave da sabedoria é chamada interrogação. (...) Pela dúvida, somos levados à investigação e pela investigação conhecemos a verdade".

Todavia, se por um lado a escolástica valorizou a razão e substituiu a idéia agostiniana de **predestinação** pela concepção de **livre-arbítrio**, isto é, de capacidade de escolha, por outro deixou para o clero o papel de orientador moral e espiritual da sociedade, condicionando assim a liberdade de escolha às concepções da Igreja. Desse modo, ao mesmo tempo que buscava assimilar as transformações sociais, tentava preservar os valores do mundo feudal decadente, assegurando a supremacia de sua mais poderosa instituição – a Igreja.

São Tomás de Aquino (1225-1274), professor da Universidade de Paris, foi o mais influente filósofo escolástico. Inspirado na teologia cristã e no pensamento de Aristóteles, elaborou a *Suma Teológica*, obra em que discorreu sobre os mais diversos assuntos, como religião, economia e política. O pensamento de São Tomás constituiu poderoso instrumento de ação do clero durante a Baixa Idade Média.

Francesco Tricini, *Triunfo de São Tomás*.

São Tomás de Aquino, numa gravura medieval.

Embora aceitasse as atividades comerciais, o **tomismo** – a doutrina escolástica de São Tomás – reprovava a "ambição do ganho", considerando como pecados a usura (empréstimo de dinheiro a juros) e qualquer transação em que os comerciantes obtivessem "mais do que o justo pelo seu trabalho".

O pecado da usura

"Cobrar juros era totalmente errado dizia a Igreja. Isso é o que ela dizia. O que dizia e o que fazia, porém, eram duas coisas totalmente diferentes. Embora os bispos e reis combatessem e fizessem leis contra os juros, estavam entre os primeiros a violar tais leis. Eles mesmos tomavam empréstimos, ou os faziam, a juros – exatamente quando combatiam outros usurários ! [...]

Entretanto, essa postura não era compatível com a expansão comercial e com a maior importância adquirida pela moeda. Dessa forma, lentamente, a doutrina da Igreja abriu concessões às imposições dos novos tempos: 'A usura é um pecado – mas, sob certas circunstâncias...' ou, então: 'Embora seja pecado exercer a usura, **não obstante**, em casos especiais...' "

HUBERMAN, Leo. *História da riqueza do homem*. p. 48.

Literatura

Até meados do século X, o latim constituía a única língua culta da sociedade européia ocidental. Utilizava-se o latim na celebração das cerimônias religiosas e na redação de documentos oficiais e de obras literárias. As línguas vulgares, em que se expressavam oralmente os vários povos, constituíam uma fusão do latim com as línguas bárbaras. A partir do século XI, os idiomas nacionais foram se desenvolvendo, passando a ser utilizados também na forma escrita. Assim, as línguas nacionais francesa, inglesa, alemã, italiana, espanhola e portuguesa tornaram-se um meio de expressão cada vez mais difundido, e a atividade literária refloresceu.

Uma das primeiras manifestações literárias em língua nacional foi a poesia épica, que descrevia uma sociedade feudal viril, mas sem refinamento. Seus temas, assim como seus personagens, eram essencialmente masculinos: a bravura, a destreza com as armas, a lealdade do cavaleiro a seu suserano. Os mais importantes poemas épicos medievais são a *Canção de Rolando* (francesa), o *Poema do Cid* (espanhol) e a *Canção dos Nibelungos* (alemã).

A CULTURA MEDIEVAL EUROPEIA

O século XII inaugurou uma nova fase da poesia medieval: o **trovadorismo**. A poesia trovadoresca, ou cortês, surgiu na Provença, região sul da França, de onde se expandiu para outros pontos da Europa. Cultivada especialmente pela nobreza, era produzida pelos trovadores e, embora o poeta louvasse em seus versos o heroísmo da cavalaria, seu tema predileto era o amor, sobretudo o amor dos amantes, oprimido pelas convenções sociais. Ao contrário da velha poesia épica, que se limitava a exaltar as virtudes do guerreiro, a poesia cortês louvava a mulher, o refinamento de maneiras, a cortesia, a galanteria.

Os trovadores

Os trovadores eram, quase sempre, os maiores expoentes da cultura cavalheiresca. Embora frequentassem as cortes, muitos deles tinham origem humilde, mas, graças ao seu talento, podiam se elevar ao grau de cavaleiros. Alguns eram, de fato, cavaleiros de nascimento, mas empobrecidos devido à prática do direito de primogenitura, que os privara da herança paterna. Esses cavaleiros sem recursos colocavam-se, então, a serviço da corte de algum grande senhor ou perambulavam por toda parte, recorrendo para sobreviver ao ofício de poetas ou cantores. Havia, ainda, trovadores não profissionais, pertencentes à alta nobreza, como condes, duques e até mesmo príncipes e reis.

Um trovador exercendo o ideal cavalheiresco, em seu ofício de divertir.

Os amores e os feitos heroicos da aristocracia constituíram ainda o tema dos primeiros romances medievais. São famosos os do ciclo da *Távola redonda*, que relatam as aventuras do lendário rei Artur e de seus cavaleiros. Nos romances que compõem esse ciclo acham-se reunidas as temáticas das poesias épica e trovadoresca: valores como a bravura e a lealdade fundem-se a atitudes corteses e a sentimentos como o amor. Embora a narrativa desses romances seja ambientada na Inglaterra e seus personagens sejam ingleses, as primeiras obras desse ciclo foram escritas por franceses.

No século XIII, os burgueses já haviam adquirido suficiente poder e prestígio, alcançando uma posição social de destaque, às vezes até superior à de alguns senhores feudais. Naturalmente, a ascensão econômica e social da burguesia estimulou o surgimento de novos padrões literários, que atendiam ao gosto dessa classe emergente. Assim, a literatura de exaltação dos ideais da nobreza foi sendo substituída por uma "literatura das classes urbanas".

Entre os exemplos mais interessantes da literatura urbana estão os *fabliaux*. Em versos espirituosos e cheios de malícia, essas pequenas histórias satirizavam os tipos sociais e os costumes da época, atacando principalmente o clero decadente e a cavalaria, com seu ultrapassado romantismo.

Também a literatura produzida pelos **poetas goliardos** – cujo nome deriva do fato de eles se autointitularem discípulos de Golias – satirizava a sociedade da época, especialmente o clero. Os goliardos parecem ter sido, em sua maior parte, estudantes pobres das instituições eclesiásticas que, não podendo completar seus estudos, abandonavam as escolas, dedicando-se frequentemente à atividade de poetas e comediantes. Eram considerados pela Igreja poetas dissolutos, que valorizavam apenas os prazeres da bebida, do jogo e do amor profano.

Pouco restou da poesia dos goliardos. Constituem raros exemplos de sua produção os 25 poemas-canções de um

> manuscrito encontrado em meados do século passado no mosteiro de Benediktbeuern, pequena cidade da Alemanha. Profundamente impressionado por esses poemas, o compositor alemão **Karl Orff** (1895-1981) os reelaborou em sua obra *Carmina Burana* ("Canções de Burana" – Burana é a palavra latina usada para designar a região de Benediktbeuern).

A produção literária dos goliardos denota o conhecimento que tinham da língua culta e da liturgia cristã: gostavam de ridicularizar o ritual católico criando, em latim, poemas que parodiavam os salmos e hinos religiosos. Assim, um hino à Virgem cujas primeiras palavras eram *Verbum bonum et suave* (Palavra bondosa e benévola) transformava-se em uma canção de brinde iniciada com o verso *Vinum bonum et suave* (Vinho bom e delicado).

Nos últimos séculos da Idade Média, a produção literária apresentou fortes traços humanistas. Influenciada pela filosofia escolástica e pelo estudo dos clássicos desenvolvido nas universidades, a literatura medieval dos séculos XIII e XIV já prenunciava o Renascimento. Entre as maiores realizações desses séculos, constam duas obras extremamente importantes: o *Romance da rosa* e a *Divina Comédia*.

O *Romance da rosa*, escrito por Guilherme de Lorris e João Meung, compreende duas partes profundamente distintas entre si: a primeira delas constitui uma espécie de tratado sobre o amor cortês e a segunda parte reflete os ideais da burguesia, desdenhando os valores da aristocracia feudal, da Igreja e de outras instituições da época. Assim, analisando em seu conjunto, o *Romance da rosa* oferece um vasto panorama da sociedade do final da Idade Média.

A maior obra da literatura medieval é, sem dúvida, a *Divina Comédia*, escrita por **Dante Alighieri** (1265-1321), pensador e político italiano. A obra constitui-se de um extenso poema em que o próprio autor relata sua viagem pelo Inferno, Purgatório e Paraíso. Ao longo dessa viagem imaginária, Dante encontra diversos mortos ilustres, do passado ou de sua época, e faz reflexões sobre a fé e a razão, a religião e a ciência, o amor e as paixões. A obra-prima de Dante constitui um quadro completo da cultura dos fins da Idade Média.

> **A comédia e seu autor**
>
> "Dante deu simplesmente o nome de *Comédia* à sua obra principal, mas seus admiradores, durante a Renascença italiana, sempre se referiam a ela como *Divina Comédia*, e foi esse o título com que chegou até nós [...] Dante era, sob muitos aspectos, um humanista. Experimentava o mais vivo prazer com o convívio dos autores clássicos: quase adorava Aristóteles, Sêneca e Virgílio. Preferiu Virgílio a qualquer teólogo cristão para personificar a filosofia e deu a outros pagãos ilustres um lugar muito confortável no Purgatório. Por outro lado, não hesitou em colocar no Inferno vários papas eminentes."
>
> BURNS, Edward McNall. *História da civilização ocidental*. v. 1. 22. ed. Porto Alegre, Globo, 1978. p. 385.

Música

Os beneditinos, na Alta Idade Média, por considerarem a música uma das artes mais nobres, incluíram-na no *quadrivium*. O canto passou também a fazer parte dos cultos religiosos, graças ao papa **Gregório Magno** (590-604), daí derivando o nome – **canto gregoriano** – com que ficou conhecido esse gênero musical.

Já na Baixa Idade Média, propagou-se a **canção**, música profana cantada não só por nobres, durante as festas em seus castelos, mas também pelo povo, nas ruas. A canção foi difundida por trovadores e menestréis, músicos de vida desregrada que tocavam harpa ou viola, e pelos dançarinos.

A CULTURA MEDIEVAL EUROPEIA

Arquitetura

As igrejas constituíram a mais eloquente manifestação da arquitetura medieval. Dois grandes estilos arquitetônicos desenvolveram-se então: o **românico** e o **gótico**.

O estilo românico utilizou elementos dos romanos e teve seu apogeu no século XI, aparecendo em construções de mosteiros, castelos e igrejas. Refletia o mundo feudal teocêntrico: o castelo representava a segurança terrena (o feudo) e a catedral (fortaleza de Deus), a segurança espiritual, ou seja, enfatizava-se ao mesmo tempo o poderio da nobreza e da Igreja.

A construção românica é maciça, pesada, de linhas simples, cobrindo uma área extensa cujo traço predominante é a horizontalidade. Em virtude da pequena quantidade de janelas, seu interior é sombrio, criando uma atmosfera de segurança e tranquilidade, propícia à submissão e à devoção.

Partitura medieval de canto gregoriano.

No final do século XII, surgiu nas igrejas a **Ars Antique**, que fundia a música religiosa com a profana, resultando na polifonia, movimento que perdurou até a metade do século XIV. Substituído pela **Ars Nova**, o pré-Renascimento na música, o profano sobrepôs-se ao religioso, predominando a liberdade na melodia e no texto, características que marcariam a Renascença.

A arte românica confere aos castelos, mosteiros e igrejas medievais uma aparência de solidez e estabilidade. Na foto, igreja de Notre-Dame-la-Grande, de Poitiers.

A IDADE MÉDIA

O florescimento do gótico, originário da região de Paris, esteve intimamente ligado à prosperidade da economia urbana e ao desenvolvimento do conhecimento. Enquanto a igreja românica havia sido fruto da criação das comunidades rurais dos monges, típicas da Alta Idade Média, a catedral gótica representava a obra da cidade e dos artífices das corporações de ofício, refletindo a mentalidade da Baixa Idade Média.

Comparadas às maciças e sombrias igrejas românicas, as catedrais góticas são leves e graciosas. Essas construções imponentes, cujas torres se projetam para o céu, revelam o conhecimento técnico de seus idealizadores. As catedrais, de estrutura vertical, elevaram-se a alturas até então inconcebíveis. Suas paredes abriam-se em imensas janelas, que, adornadas de vitrais, permitiam que o interior fosse invadido por luzes multicoloridas, dando-lhe nova dimensão e significado.

> As imensas catedrais góticas da Baixa Idade Média reuniam pelo menos dois componentes quase antagônicos. De um lado, a transbordante religiosidade cristã-feudal expressa na grandiosidade do templo e no predomínio da verticalidade, buscando Deus e os céus. De outro, a fonte de recursos que possibilitaram a edificação das catedrais, obtidos com a urbanização, seu progresso e engenhosidade, articulados à vida voltada cada vez mais para os mercados.
>
> Era ao mesmo tempo a chegada e a partida: o resultado do mundo feudal expresso no poderio da Igreja cristã e a matriz do desenvolvimento urbano fundado no comércio crescente. Sintetizava-se o passado e futuro, uma tensão corporificada no harmonioso estilo gótico das monumentais catedrais medievais.

A catedral gótica, banhada de luz e cor, decorada com pinturas e esculturas, significava mais do que um templo para o homem medieval: era também sua escola, sua biblioteca, sua galeria de arte, o ponto de encontro de uma próspera sociedade. Os burgueses não entravam na catedral apenas para rezar: ali se reuniam em suas confrarias para realizar as assembleias civis. Era a casa do povo, o próprio coração da cidade, representando ao mesmo tempo o seu poderio e o da Igreja. Evidenciavam-se na arquitetura gótica as transformações da Baixa Idade Média.

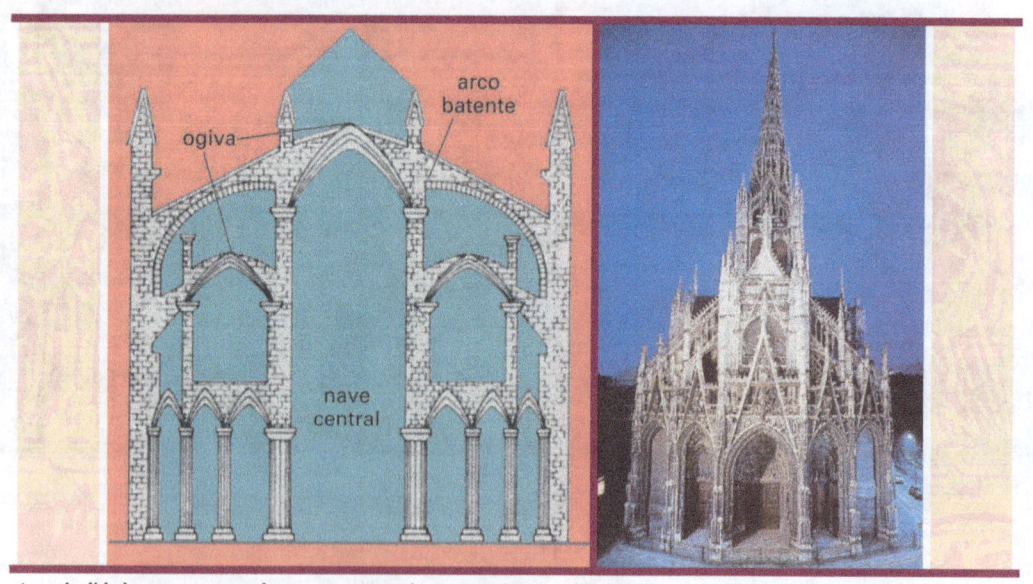

A verticalidade, os arcos cruzados em ponta ou ogiva caracterizam o gótico, estilo arquitetônico predominante na Baixa Idade Média. Na foto, igreja de Saint Madon, em Roven.

França: o grande centro cultural

No século XIII, o norte da França constituía o maior centro de cultura da Europa. Nas escolas do norte francês, principalmente em centros urbanos como Chartres, Reims e Paris, o currículo tradicional das sete "artes liberais" incluía um amplo estudo dos clássicos gregos, dos tratados lógicos de Aristóteles, que inspiraram a filosofia escolástica, e das obras de matemáticos como Euclides. No final desse século, o uso da geometria euclidiana, fundamental para o desenvolvimento da arquitetura gótica, já se tornara rotineiro nas oficinas dos pedreiros e construtores.

Ciência

Ao contrário da teologia, as ciências não avançaram muito no mundo medieval, especialmente durante a Alta Idade Média. Enquanto as civilizações sarracena e bizantina, apoiadas no legado greco-oriental, desenvolviam amplos estudos de astronomia, matemática, física e medicina, a sociedade europeia, influenciada pelo cristianismo, mergulhava em profundo misticismo. A Igreja repudiava qualquer manifestação de pensamento que colocasse em risco convicções religiosas, impondo, dessa forma, barreiras à indagação científica.

Um exemplo da repressão da Igreja aos avanços científicos é o caso de **Roger Bacon** (1220?-1292?), um dos mais famosos cientistas medievais, defensor do método experimental e autor de diversos trabalhos no campo da óptica e da geografia, que foi condenado a morrer na fogueira pela Santa Inquisição.

O Santo Ofício

Desde a sua criação, em 1223, os tribunais de inquérito da Inquisição, ou Santo Ofício, passaram a reprimir qualquer manifestação de pensamento contrária às normas e valores preconizados pela Igreja, condenando os transgressores, muitas vezes, à morte.

Se, por um lado, a Inquisição foi um símbolo da força da Igreja, por outro revelou seu esforço em manter a qualquer preço uma estrutura já decadente, à qual se opunham as novas forças sociais, anunciadoras dos Tempos Modernos.

No período medieval, os tribunais da Inquisição julgavam ser heresias quaisquer teorias ou ideias científicas que se afastassem dos dogmas da Igreja.

O renascimento comercial e urbano, porém, abriu novas perspectivas para a ciência. Com a expansão do comércio no Mediterrâneo, restabeleceram-se os contatos com o mundo árabe, e a Europa cristã teve contato com a medicina, a astronomia, a matemática, podendo a partir daí resgatar conhecimentos da Antiguidade Clássica. No século XIII, prosperavam as universidades e toda a Europa empenhou-se em adquirir conhecimentos, tendência que a Igreja já não podia sufocar.

QUESTÕES & TESTES

1 (Fatec-SP) Uma das características a ser reconhecida no feudalismo europeu é:
a) A sociedade feudal era semelhante ao sistema de castas.
b) Os ideais de honra e fidelidade vieram das instituições dos hunos.
c) Vilões e servos estavam presos a várias obrigações, entre elas o pagamento anual de capitação, talha e banalidades.
d) A economia do feudo era dinâmica, estando voltada para o comércio dos feudos vizinhos.
e) As relações de produção eram escravocratas.

2 (Fasp) Podemos definir o feudalismo, do ponto de vista econômico, como um sistema baseado na produção, tendente à autossuficiência, sendo a agricultura seu principal setor. Politicamente, o feudalismo caracterizava-se pela:
a) existência de legislação específica a reger a vida de cada feudo.
b) atribuição do poder executivo à Igreja.
c) pela relação direta entre posse e soberania dos feudos, fragmentando assim o poder central.
d) absoluta descentralização administrativa.

3 (Fuvest) Qual a diferença entre as obrigações de um vassalo e as de um servo na sociedade feudal?

4 (Faculdades Franciscanas) Entre as características do feudalismo, sistema político, social e econômico estruturado na Europa nos séculos IX e X, estão:
I – A existência de monarcas poderosos.
II – O apogeu do liberalismo econômico e grande atividade mercantil entre os diversos feudos e nações.
III – A divisão territorial em glebas denominadas feudos e o vínculo de subordinação entre os indivíduos baseado na posse da terra.
IV – O relacionamento entre os indivíduos do feudo com base em direitos e obrigações.
São verdadeiros os itens:
a) I e II.
b) III e IV.
c) I, II e III.
d) I, III e IV.
e) I, II, III e IV.

5 (UFPA) Nas relações de suserania e vassalagem dominantes durante o feudalismo europeu, é possível observar-se que:
a) a servidão representou, sobretudo na França e na península Ibérica, um verdadeiro renascimento da escravidão conforme existia na Roma imperial.
b) os suseranos leigos, formados pela grande nobreza fundiária, distinguiam juridicamente os servos que trabalhavam nos campos dos que produziam nas cidades.
c) mesmo dispondo de grandes propriedades territoriais, os suseranos eclesiásticos não mantinham a servidão nos seus domínios, mas, sim, o trabalho livre.
d) o sistema de impostos incidia de forma pesada sobre os servos. O imposto da **mão morta**, por exemplo, era pago pelos herdeiros de um servo que morria para que continuassem nas terras pertencentes ao suserano.
e) as principais instituições sociais que sustentavam as relações entre senhores e servos eram de origem muçulmana, oriundos da longa presença árabe na Europa ocidental.

6 (Enem) O franciscano Roger Bacon foi condenado, entre 1277 e 1279, por dirigir ataques aos teólogos, devido a uma suposta crença na alquimia, na astrologia e no método experimental, e também por introduzir, no ensino, as idéias de Aristóteles. Em 1260, Roger Bacon escreveu: "Pode ser que se fabriquem máquinas graças às quais os maiores navios, dirigidos por um único homem, se desloquem mais depressa do que se fossem cheios de remadores; que se construam carros que avancem a uma velocidade incrível sem a ajuda de animais; que se fabriquem máquinas voadoras nas quais um homem (...) bata o ar com asas como um pássaro (...) Máquinas que permitam ir ao fundo dos mares e dos rios".

(Apud BRAUDEL, Fernand. *Civilização material, economia e capitalismo: séculos XV-XVIII.* vol. 3, São Paulo, Martins Fontes, 1996.)

Considerando a dinâmica do processo histórico, pode-se afirmar que as ideias de Roger Bacon:

a) inseriam-se plenamente no espírito da Idade Média ao privilegiarem a crença em Deus como o principal meio para antecipar as descobertas da humanidade.
b) estavam em atraso com relação ao seu tempo ao desconsiderarem os instrumentos intelectuais oferecidos pela Igreja para o avanço científico da humanidade.
c) opunham-se ao desencantamento da Primeira Revolução Industrial, ao rejeitarem a aplicação da matemática e do método experimental nas invenções industriais.
d) eram fundamentalmente voltadas para o passado, pois não apenas seguiam Aristóteles, como também baseavam-se na tradição e na teologia.
e) inseriam-se num movimento que convergiria mais tarde para o Renascimento, ao contemplarem a possibilidade de o ser humano controlar a natureza por meio das invenções.

7 (UFJF-MG) O islamismo, religião fundada por Maomé e de grande importância na Unidade árabe, tem como fundamento:

a) o monoteísmo, influência do cristianismo e do judaísmo, observado por Maomé entre povos que seguiam essas religiões.
b) o culto dos santos e profetas através de imagens e ídolos.
c) o politeísmo, isto é, a crença em muitos deuses, dos quais o principal é Alá.
d) o princípio da aceitação dos desígnios de Alá em vida e a negação de uma vida pós-morte.
e) a concepção do islamismo vinculado exclusivamente aos árabes, não podendo ser professado pelos povos inferiores.

8 (Fuvest) A estrutura básica da sociedade feudal exprimia uma distribuição de privilégios e obrigações. Caracterize as três "ordens", isto é, camadas sociais que compunham essa sociedade.

9 (Unicamp) Leia com atenção o seguinte texto do historiador Marc Bloch e, depois, responda às questões:

"Eis dois homens frente a frente: um, que quer servir; o outro que aceita, ou deseja ser chefe. O primeiro une as mãos e, assim juntas, coloca-as nas mãos do segundo: claro símbolo de submissão, cujo sentido, por vezes, era ainda acentuado pela genuflexão. Ao mesmo tempo, a personagem que oferece as mãos pronuncia algumas palavras, muito breves, pelas quais se reconhece 'o homem' de quem está na sua frente. Depois, chefe e subordinado beijam-se na boca: símbolo de acordo e de amizade. Eram estes [...] os gestos que serviam para estabelecer um dos vínculos mais fortes que a época feudal conheceu". (**A sociedade feudal**)

a) Identifique a cerimônia descrita no texto e explique a sua finalidade.
b) Explique em que consistia esse "um dos vínculos mais fortes que a época feudal conheceu" a que se refere o texto.

10 (Vunesp) O islamismo, ideologia difundida a partir da Alta Idade Média, em que o poder político confunde-se com o poder religioso, era dotado de certa heterogeneidade, o que pode ser constatado na existência de seitas rivais como:

a) politeístas e monoteístas.
b) sunitas e xiitas.
c) cristãos e muezins.
d) sunitas e cristãos.
e) xiitas e politeístas.

11 (FGV-SP) A hégira, um dos eventos mais importantes do islamismo, e que marca o início do calendário islâmico, corresponde:

a) à entrada triunfal de Maomé em Meca em 630.
b) ao casamento de Maomé com uma rica viúva, dona de camelos.
c) à fuga de Maomé e seus seguidores de Meca para Medina.
d) à revelação de Maomé que lhe foi transmitida pelo arcanjo Gabriel.
e) ao grande incêndio da Caaba em Meca em 615.

12 (Fasp) "Quando vós encontrardes infiéis, matai-os a ponto de fazer uma grande carnificina e apertai as correntes dos cativos.
Quando cessar a guerra, vós os colocareis em liberdade ou os entregareis mediante um resgate.

Agi assim. Se Alá o desejar, ele mesmo triunfará sobre eles. Mas ele vos manda combater para vos pôr à prova."

O texto acima, extraído do Corão, ilustra o pensamento que norteava:
a) as cruzadas.
b) a Guerra Santa.
c) a peregrinação a Meca.
d) a perseguição aos muçulmanos.

13 (Osec-SP) São considerados os dois principais doutores da Igreja católica, tendo suas obras exercido enorme influência sobre o pensamento medieval:
a) Santo Inácio de Loyola e São Francisco Xavier.
b) Santo Agostinho e Santo Anselmo.
c) São Tomás de Aquino e São Francisco de Assis.
d) Santo Agostinho e São Tomás de Aquino.
e) São Pedro e São Paulo.

14 (Fuvest) As feiras na Idade Média constituíram-se:
a) instrumentos de comércio local das cidades para o abastecimento cotidiano dos seus habitantes.
b) áreas exclusivas de câmbio das diversas moedas europeias.
c) locais de comércio de amplitude continental que dinamizaram a economia da época.
d) locais fixos de comercialização da produção dos feudos.
e) instituições carolíngias para renascimento do comércio abalado com as invasões no Mediterrâneo.

15 (Fund. Vale Paraibana-SP) A teoria segundo a qual "Deus predestinava uma parte do gênero humano a salvar-se e abandonava o restante à perdição" foi defendida, na Idade Média, por:
a) São Tomás de Aquino.
b) São Gregório Magno.
c) São Clemente.
d) Santo Agostinho.
e) São Jerônimo.

16 (Mauá-SP) O surgimento das universidades medievais ocorre simultaneamente com o expansionismo europeu por meio das cruzadas, com o surgimento das cidades e com a expansão comercial. Como se explica essa correlação cronológica?

17 (Fuvest) Do Grande Cisma sofrido pelo cristianismo no século XI, resultou:
a) o estabelecimento dos tribunais de Inquisição pela Igreja Católica.
b) a Reforma Protestante, que levou à quebra da unidade da Igreja Católica na Europa ocidental.
c) a heresia dos albigenses, condenada pelo papa Inocêncio II.
d) a divisão da Igreja em Católica Romana e Ortodoxa Grega.
e) a Querela das Investiduras, que proibia a investidura de clérigos por leigos.

18 (UFPI) As cruzadas influíram decisivamente na história da Europa na Baixa Idade Média. A mais significativa de suas consequências foi:
a) a reunificação das igrejas Católica e Ortodoxa, separadas em 1054 pelo cisma do Oriente.
b) um novo cisma no cristianismo com o início da Reforma Protestante no século XVI.
c) a conquista dos lugares sagrados do cristianismo situados na Ásia ocidental.
d) a "reabertura" do Mediterrâneo, que, possibilitando a reativação dos contratos entre Ocidente e Oriente, intensificou o renascimento comercial e urbano na Europa.
e) o declínio do comércio, o desaparecimento da vida urbana e a descentralização política no ocidente da Europa.

19 (Osec-SP) "(...) Durante o século XII, toda a extensão da Flandres converteu-se em país de tecelães e batedores. O trabalho de lã, que até então se havia praticado somente nos campos, concentra-se nas aglomerações mercantis que se fundam por toda a parte e anima um comércio, cujo progresso é incessante. Forma-se, assim, a incipiente Bruges, Ipres, Lile, Duai e Arras." (Henri Pirenne)

Podemos relacionar o conteúdo desse texto:
a) às mudanças econômicas que exigiram adaptações e mudanças no regime feudal.
b) às ligas de mercadores que impulsionaram o desenvolvimento mercantil no mar do Norte, a exemplo da Liga Hanseática.
c) ao Renascimento comercial que atinge o interior da Europa, a partir do século XI.
d) às feiras de comércio local e internacional que se desenvolveram no interior da Europa.
e) às invasões bárbaras que aceleram a formação de vilas durante o Baixo Império Romano.

20 (Unicamp) Indique algumas características do trabalho urbano durante a crise do feudalismo.

21 (Cescem-SP) As Corporações de Ofício eram organizadas com o objetivo de:
a) defender os interesses dos artesãos diante dos patrões.
b) proporcionar formação profissional aos jovens fidalgos.
c) aplicar os princípios religiosos às atividades cotidianas.
d) combater os senhores feudais.
e) proteger os ofícios contra a concorrência e controlar a produção.

22 (UFGO)

NETO, Adhemar Queiroz. O comércio europeu em fins da Idade Média. In *História*. Belo Horizonte, Lê. p. 23.

As linhas pontilhadas e cheias do mapa da página anterior indicam, respectivamente, a:
a) área do comércio de especiarias e rota da navegação espanhola.
b) área de navegação inglesa e rota do comércio holandês.
c) área de colonização inglesa e rota do comércio oriental.
d) rota do comércio de especiarias e rota do comércio português.
e) região de atuação da Liga Hanseática e rota do comércio de especiarias.

23 (UFPA) O movimento das cruzadas foi essencial para o quadro das transformações por que a Europa passaria nos processos finais da Idade Média. Definida esta questão, é possível assegurar-se em relação ao movimento cruzadista que:

a) os efeitos imediatos das cruzadas sobre a vida europeia foram de natureza política, já que contribuíram para abalar sensivelmente o poder absoluto dos monarcas europeus.
b) em termos jurídicos, as cruzadas contribuíram para modificar o sistema da propriedade no feudalismo, já que difundiram o começo da propriedade dominante no Extremo Oriente.
c) os seus resultados abalaram seriamente o prestígio do papado, provocando, inclusive, a separação entre a Igreja de Roma e a de Constantinopla, fato de implicações negativas para a autoridade clerical.
d) os efeitos sociais das cruzadas fizeram-se sentir principalmente sobre as relações de trabalho, já que os cruzados, ao retornarem do Oriente, defendiam a substituição da servidão pelo trabalho livre.
e) as exigências das expedições contribuíram decididamente para o recuo da dominação árabe no Mediterrâneo, abrindo os espaços para que as suas águas viessem a sustentar, mais tarde, parte das grandes rotas do comércio europeu.

24 (Fuvest) Ao longo da Idade Média, a Europa Ocidental conviveu com duas civilizações, às quais muito deve nos mais variados campos. Essas duas civilizações, bastante diferentes da ocidental, contribuíram significativamente para o desenvolvimento experimentado pelo Ocidente, a partir do século XI, e para o advento da Modernidade no século XV.
a) Quais foram essas civilizações?
b) Indique suas principais características.

25 (Fund. Carlos Chagas-SP) A Magna Carta (1215), aceita por João Sem-Terra, da Inglaterra, reveste-se de grande importância porque, entre outros aspectos:
a) assegurava aos homens livres proteção contra as arbitrariedades do poder político.
b) solucionava o conflito entre o Estado e a Igreja, decorrente do assassinato do bispo Thomas Beckett.
c) eliminava a influência política dos condes e barões na vida inglesa.
d) fazia com que a estrutura do governo inglês perdesse suas características feudais.
e) pôs fim à longa disputa com Filipe Augusto sobre os feudos ingleses na França.

26 (FEI-SP) Os problemas das heranças feudais, que haviam confundido destinos e províncias, tornaram inevitável a Guerra dos Cem Anos entre França e Inglaterra. A eclosão desse conflito:

a) deu-se no primeiro quartel do século XI, a partir de problemas na sucessão do trono francês sobre o qual a Inglaterra tinha fortes interesses.
b) teve como causa principal a disputa pela região de Flandres que, feudatária da França, atraía fortes interesses econômicos da Inglaterra.
c) ocorreu na primeira metade do século XIV, a partir da disputa entre os dois países sobre inúmeros territórios flamengos e italianos.
d) foi provocada pelas disputas políticas entre a Rosa Vermelha (de Lancaster) e a Rosa Branca (de York).
e) aconteceu devido a interesses manufatureiros da França sobre Flandres, região feudatária da Inglaterra.

27 (Fuvest) Uma característica da Idade Média foi o surgimento de heresias.

a) Que são heresias?
b) Quais as principais reações da Igreja católica diante delas naquele período?

28 (Vunesp) "A fome é um dos castigos do pecado original. O homem fora criado para viver sem trabalhar se assim o quisesse. Mas, depois da queda, não podia resgatar-se senão pelo trabalho (...) Deus impôs-lhe, assim, a fome para que ele trabalhasse sob o império dessa necessidade e pudesse, por esse meio, voltar às coisas eternas."

(Trecho do *Elucidarium*. In: *A civilização do Ocidente medieval*.)

a) Como o texto, escrito durante a Idade Média, justifica a fome?
b) Como era organizado o trabalho na propriedade feudal?

29 (Mauá-SP) O século XIV é conhecido como século de crise e de grande depressão, em quase todos os setores da vida no Ocidente europeu. Indique as principais razões dessa crise.

30 (PUCSP) Não pode ser considerado como fator gerador do Renascimento Comercial que ocorre na Europa, a partir do século XI:

a) a crise do modo de produção feudal provocada pela superexploração da mão de obra, através das relações servis de produção.
b) a disponibilidade de mão de obra provocada, entre outros fatores, pelo crescimento demográfico a partir do século X.
c) a predominância cultural e ideológica da Igreja, com a valorização da vida extraterrena, a condenação à usura e sua posição em relação ao "justo preço" das mercadorias.
d) a aquisição das "cartas de franquias", que fortalecia e libertava a nascente burguesia das obrigações tributárias dos senhores feudais.
e) o movimento cruzadista, que, retratando a estrutura mental e religiosa do homem medieval, se estendeu entre os séculos XI e XIII.

31 (Fuvest) A partir do século XI, na Europa ocidental os poderes monárquicos foram lentamente se reconstituindo, e em torno deles surgiram os diversos Estados nacionais. Explique as razões desse processo de centralização política.

32 (PUCSP) "a própria vocação do nobre lhe proibia qualquer atividade econômica direta. Ele pertencia de corpo e alma à sua função própria: a do guerreiro. (...) Um corpo ágil e musculoso não é o bastante para fazer o cavaleiro ideal. É preciso ainda acrescentar a coragem. E é também porque proporciona a esta virtude a ocasião de se manifestar que a guerra põe tanta alegria no coração dos homens, para os quais a audácia e o desprezo da morte são, de algum modo, valores profissionais."

Bloch, Marc. *A sociedade feudal*. Lisboa, Edições 70, 1987.

O autor nos fala da condição social dos nobres medievais e dos valores ligados às suas ações guerreiras. É possível dizer que a atuação guerreira desses cavaleiros representa, respectivamente, para a sociedade e para eles próprios:

a) a garantia de segurança, num contexto em que as classes e os Estados nacionais se encontram em conflito, e a perspectiva de conquistas de terras e riquezas.
b) o cumprimento das obrigações senhoriais ligadas à produção, e à proibição da transmissão hereditária das conquistas realizadas.
c) a permissão real para realização de atividades comerciais, e a eliminação do tédio de

um cotidiano de cultura rudimentar e alheio a assuntos administrativos.
d) o respeito às relações de vassalagem travadas entre senhores e servos, e a diversão sob a forma de torneios e jogos em épocas de paz.
e) a participação nas guerras santas e na defesa do catolicismo, e a possibilidade de pilhagem de homens e coisas, de massacres e mutilações de inimigos.

33 (Puccamp) Entre os séculos VII e IX, os árabes realizaram uma grande expansão territorial principalmente no norte da África, na península Ibérica e em muitas regiões do Oriente, controlando, inclusive, o mar Mediterrâneo. Sobre essa expansão, é correto afirmar que:
a) se moveu exclusivamente por interesses religiosos, visando impor às regiões conquistadas os princípios estabelecidos no Corão, através das chamadas "guerras santas".
b) as lutas constantes entre árabes e cristãos impossibilitaram a estes adquirir os conhecimentos que os árabes tinham, sobretudo os relacionados à navegação e às técnicas de irrigação.
c) os árabes exerceram uma postura intolerante em relação aos valores culturais nas regiões conquistadas, obrigando os povos a assimilarem seus conhecimentos científicos e religiosos.
d) a contraofensiva, desencadeada pelos cristãos, entre os séculos VIII e XI, possibilitou a unificação da Igreja cristã que, através da guerra santa, conseguiu reconquistar a península Ibérica no século XI.
e) a guerra santa árabe consistiu num difusor dos princípios da mensagem de Alá, contribuindo como elemento fundamental para a expansão islâmica, uma vez que conciliava interesses materiais e espirituais.

34 (Fuvest) "Se volveres a lembrança ao Gênese, entenderás que o homem retira da natureza o seu sustento e a sua felicidade. O usurário, ao contrário, nega a ambas, desprezando a natureza e o modo de vida que ela ensina, pois outros são no mundo seus ideais"
(Dante Alighieri, *Divina Comédia*, Inferno, canto XI, tradução de Hernâni Donato)
Esta passagem do poeta florentino exprime:
a) uma visão já moderna da natureza, que aqui aparece sobreposta aos interesses do homem.
b) um ponto de vista já ultrapassado no seu tempo, posto que a usura era uma prática comum e não mais proibida.
c) uma nostalgia pela Antiguidade greco-romana, onde a prática da usura era severamente coibida.
d) uma concepção dominante na Baixa Idade Média, de condenação à prática da usura por ser contrária ao espírito cristão.
e) uma perspectiva original, uma vez que combina a prática da usura com a felicidade humana.

35 (PUCSP) Não há um membro nem uma forma,
Que não cheire a putrefação.
Antes que a alma se liberte,
O coração que quer rebentar no peito
Ergue-se e dilata o peito
Que quase fica junto da espinha dorsal.
– A face é descorada e pálida.
E os olhos cerrados, na cabeça.
A fala perdeu-se,
Porque a língua está colada ao céu da boca.
O pulso bate e ele anseia.
(...)
Os ossos separam-se por todas as ligações
Não há um só tendão que não se estique e estale.

Chastellain. *Les Pas de la Mort.*
França, século XIV.

O poema sinaliza a preocupação com a morte que se fez presente na mentalidade europeia do século XIV. Para compreendermos o alcance dessa funesta inspiração, é preciso associar esse fenômeno ao fato de que:
a) as primeiras navegações oceânicas, promovidas pelos europeus, vitimavam quantidades cada vez maiores de aventureiros.
b) a morte era apenas uma metáfora para representar a transição pela qual passava a sociedade e cuja ênfase estava na produção agrícola, daí a comparação com a fruta que apodrece para deitar sua semente na terra e novamente brotar com vida nova.
c) os germes do movimento romântico faziam-se notar, através da contestação da moral que reconhecia na existência o bem supremo do ser humano.
d) o movimento de investigação científica, que teria maior consequência durante o Renascimento, dava seus primeiros passos na direção dos estudos da anatomia humana.

e) a mentalidade religiosa, que concebia a vida apenas como provação em busca da salvação eterna, encontrava terreno fértil numa sociedade que era assolada por epidemias e guerras.

36 (UFC) Observe o comentário apresentado:
" ... Os mosteiros eram em primeiro lugar casas, cada uma abrigando sua 'família' (...) os mais abundantes recursos convergiam para a instituição monástica, levando-a aos postos avançados do progresso cultural."
(DUBY, Georges. *História da vida privada 2: da Europa feudal à Renascença*. São Paulo, Companhia das Letras, 1990. p. 52.)

Cite as razões de os mosteiros serem considerados "postos avançados do progresso cultural".

37 (UFG) A história do Mediterrâneo é a história das migrações populacionais e da circulação de valores de culturas distintas.
Discorra sobre a expansão árabe, a partir da unificação islâmica na Idade Média.

38 (UFSC) Leia o texto:
"A razão (de ser) dos carneiros é fornecer leite e lã; a dos bois é lavrar a terra; e a dos cães é defender os carneiros e os bois dos ataques dos lobos. Se cada uma destas espécies de animais cumprir a sua missão, Deus protegê-la-á. Deste modo, fez ordens, que instituiu em vista das diversas missões a realizar neste mundo. Instituiu uns, os clérigos e os monges, para que rezassem pelos outros [...]. Instituiu os camponeses para que eles, como fazem os bois com o seu trabalho, assegurassem a sua própria subsistência e a dos outros. A outros, por fim, os guerreiros, instituiu-os para que [...] defendessem dos inimigos, semelhantes a lobos, os que oram e os que cultivam a terra."
(CANTERBURY, Bispo Eadmer de. Transcrito por FARIA, Ricardo. *História para o Ensino Médio*. Belo Horizonte, Lê, 1988.)

Com base no texto, assinale a(s) proposição(ões) verdadeira(s):
01) As relações sociais descritas eram típicas da chamada sociedade feudal, em alguns dos países da Europa Ocidental.
02) No texto, justifica-se o poder do monarca e a participação do povo (os que trabalhavam) no governo, uma vez que a sociedade em questão teria sido organizada por Deus.
04) No texto, justifica-se a existência de uma sociedade dividida em três ordens: a dos que oram, a dos que combatem e a dos que trabalham.
08) Aos camponeses cabia a produção, o trabalho na terra, cujo excedente possibilitava que o clero rezasse e os guerreiros lutassem.
16) O texto faz referência às relações sociais características do capitalismo, à divisão da sociedade em classes e à relação de trabalho assalariado.
(A resposta é a soma das respostas corretas.)

39 (UEPG) Sobre a sociedade feudal, assinale o que for correto.
01) Os direitos de suserania e soberania eram igualmente partilhados por toda a classe senhorial.
02) As monarquias feudais caracterizaram-se pela ruptura dos laços feudo-vassálicos e a emergência de um poder pessoal e supremo do soberano.
04) Na região entre o curso médio dos rios Loire e Reno ocorreu uma síntese equilibrada e espontânea entre elementos romanos e germânicos.
08) Foi marcada pela predominância da vida urbana sobre a rural.
16) Havia uma estreita relação entre laços de dependência pessoal e uma hierarquia de direitos sobre a terra.
(A resposta é a soma das respostas corretas.)

40 (Fuvest) A economia da Europa Ocidental, durante o longo intervalo entre a crise do escravismo, no século III, e a cristalização do feudalismo, no século IX, foi marcada pela:
a) depressão, que atingiu todos os setores, provocando escassez permanente e fomes intermitentes.
b) expansão, que ficou restrita à agricultura, por causa do desaparecimento das cidades e do comércio.
c) estagnação, que só poupou a agricultura graças à existência de um numeroso campesinato livre.
d) prosperidade, que ficou restrita ao comércio e ao artesanato, insuficientes para resolver a crise agrária.
e) continuidade, que preservou os antigos sistemas de produção, impedindo as inovações tecnológicas.

unidade IV

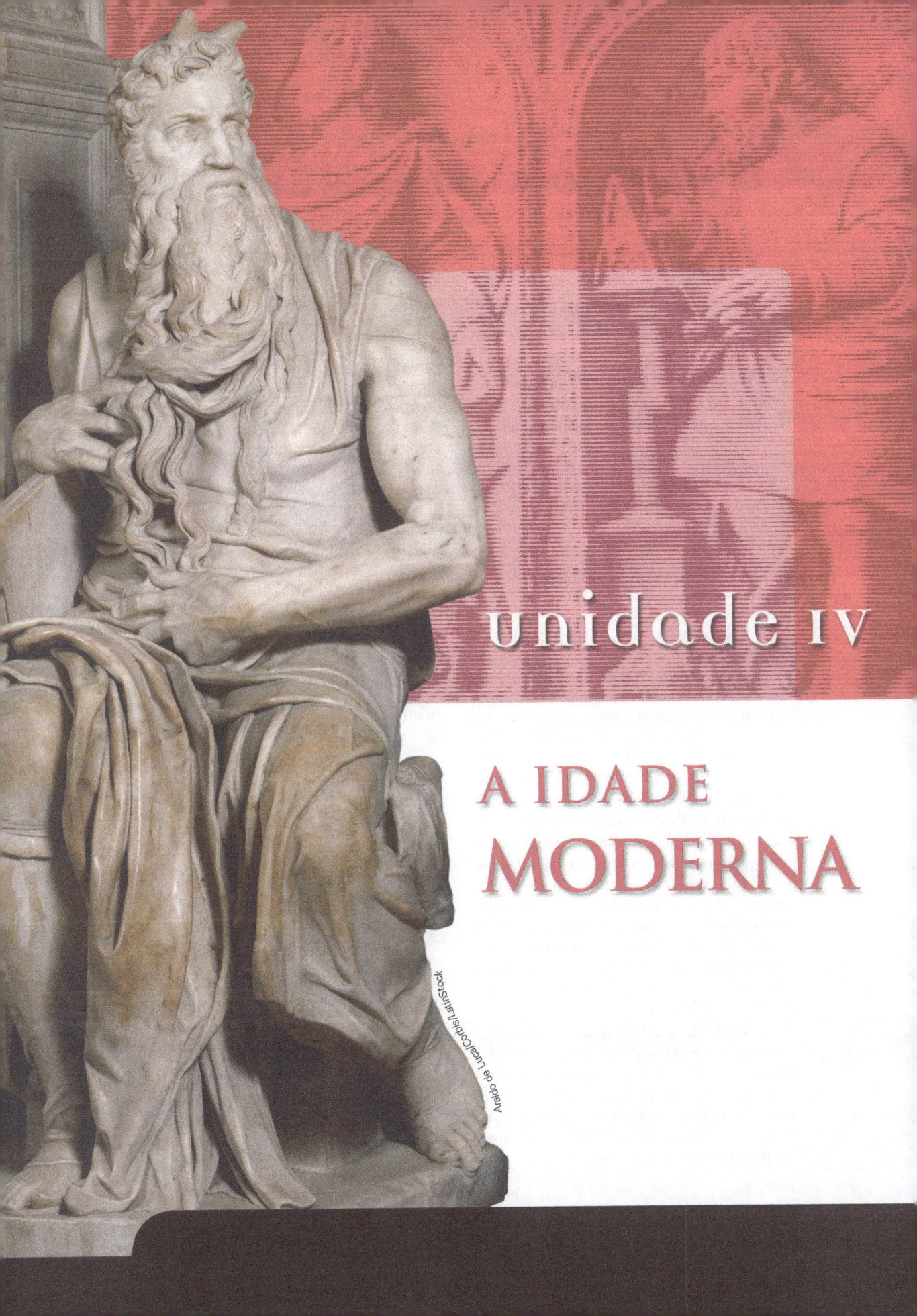

A IDADE MODERNA

Araldo de Luca/Corbis/LatinStock

O ANTIGO REGIME EUROPEU

O século XV inaugurava um novo período do processo histórico da Europa ocidental: possuir terras já não era mais sinônimo seguro de poder; as relações sociais de dominação e de exploração também não eram as mesmas do mundo feudal; mudanças qualitativas na economia europeia abriam espaço para uma nova ordem política e social.

Tendo suas origens no feudalismo, o mundo moderno evoluiria até culminar no seu oposto – o **capitalismo** do mundo contemporâneo. Assim, em muitos aspectos, o mundo moderno constituiu uma negação do mundo medieval, embora ainda não se caracterizasse como um todo sólido, maduro, apresentando-se como uma época de transição. Foi o período de consolidação dos ideais de progresso e de desenvolvimento, que reforçou o pensamento racionalista e individualista, valores burgueses que iriam demolir o universo ideológico católico-feudal.

Entre os séculos XV e XVIII, estruturou-se uma nova ordem socioeconômica, denominada **capitalismo comercial**. Durante esse período, a nobreza, cuja posição social era ainda garantida por suas propriedades rurais e títulos – mas que não raro enfrentava dificuldades financeiras –, passou a buscar ansiosamente meios para se impor segundo os novos padrões econômicos.

Por seu lado, a burguesia, mesmo prosperando nos negócios, estava longe de ser a classe social dominante, com prestígio junto à aristocracia. Como desejasse exercer a supremacia de que se julgava merecedora por seu poder econômico, frequentemente incorreu no paradoxo de assumir valores decadentes, como a compra de títulos de nobreza. Apenas no final da Idade Moderna, a classe burguesa reuniu meios para edificar uma ordem social, política e econômica à sua própria imagem, embora somente os acontecimentos da segunda metade do século XVIII, como a Revolução Industrial, a independência dos Estados Unidos e a Revolução Francesa, consolidassem definitivamente a posição da burguesia, inaugurando a Idade Contemporânea.

Assim, sendo um período de transição, a Idade Moderna reforçou a importância do comércio e da capitalização, que constituíram a base sobre a qual se desenvolveria o sistema capitalista. Como decorrência, um novo Estado, novas normas e novos valores foram gerados segundo as novas exigências do homem ocidental.

A burguesia e seus valores: o capital, a prosperidade.

Economia e sociedade do Antigo Regime

Com as Cruzadas, no início da Baixa Idade Média, processou-se um conjunto de alterações socioeconômicas, decorrente do renascimento do comércio, da urbanização e do surgimento da burguesia. A junção desses elementos, por sua vez, impulsionou o processo de formação do Estado nacional, e lentamente foram sendo demolidos os pilares que sustentavam o feudalismo.

Cada vez mais ganhavam terreno a economia de mercado, as trocas monetárias, a preocupação com o lucro e a vida urbana. Assim, se por um lado o mundo medieval se encerrou em meio à crise (guerras, pestes), por outro, com o início da expansão marítima e declínio do feudalismo, afirmou-se uma nova tendência: o **capitalismo comercial**.

O ressurgimento do comércio na Europa e a exploração colonial do Novo Mundo americano e afro-asiático propiciaram a ascensão vertiginosa da economia mercantil. No meio rural europeu, as relações produtivas variavam desde as feudais (senhor-servo) até as que envolviam o trabalho assalariado (proprietário-camponês), prenunciando o que viria a ser um regime de características capitalistas. A exploração do trabalhador e a expropriação de suas terras possibilitaram uma gradativa e crescente ampliação de riquezas nas mãos dos donos das terras e dos meios de produção – a chamada **acumulação primitiva de capitais**.

Acumulação primitiva de capitais

A primeira etapa da acumulação capitalista é comumente chamada de acumulação primitiva. Realizada inicialmente por meio da transformação das relações de produção e surgimento do trabalho assalariado e concentração dos meios de produção – nas mãos de poucos, seguidos da expansão capitalista –, "a acumulação primitiva é apenas o processo histórico que dissocia o trabalhador dos meios de produção. É considerada primitiva porque constitui a pré-história do capital e do modo de produção capitalista.

[...] Marcam época, na história da acumulação primitiva, todas as transformações que servem de alavanca à classe capitalista em formação sobretudo aqueles deslocamentos de grandes massas humanas, súbita e violentamente privadas de seus meios de subsistência e lançada no mercado de trabalho como levas de proletários destituídos de direitos. A expropriação do produtor rural, do camponês que fica assim privado de suas terras, constitui a base de todo o processo".

MARX, Karl. *O capital*. Rio de Janeiro, Civilização Brasileira, 1971. v. 2. p. 830-1.

O capitalismo comercial evoluiu, assim, para uma crescente separação entre **capital** e **trabalho**. Mais e mais a burguesia acumulou patrimônio e moeda, capitalizando-se, enquanto os trabalhadores foram sendo limitados à condição de assalariados, donos unicamente de sua força de trabalho. A burguesia foi, então, se preparando para o completo controle dos meios de produção, o que se consolidaria definitivamente com a Revolução Industrial.

Visando adequar o meio rural ao capitalismo comercial e reorganizar a produção mais eficientemente, segundo os moldes do capitalismo emergente, os proprietários lançaram mão de diversos recursos. Um exemplo foram os **cercamentos** na Inglaterra: com o desvio do uso da terra para a criação de ovelhas – tarefa que requeria pouca mão de obra e destinava-se à produção de lã exportada para Flandres – formou-se enorme contingente servil sem colocação no campo. Sem opções, essa massa dirigiu-se para as cidades, onde se tornou mão de obra disponível, mais tarde empregada na colonização da América inglesa e, principalmente, nas unidades fabris durante a Revolução Industrial.

Nas cidades, as relações produtivas também eram mescladas: o **artesanato**, praticado em oficinas, nas quais o mestre artesão e os artesãos auxiliares eram produtores e donos dos meios de produção, e as **manufaturas**, em que se processavam relações de cunho capitalista através da concentração dos meios de produção (fábricas e instrumentos) nas mãos do empresário e do pagamento de um salário em troca da força de trabalho do empregado.

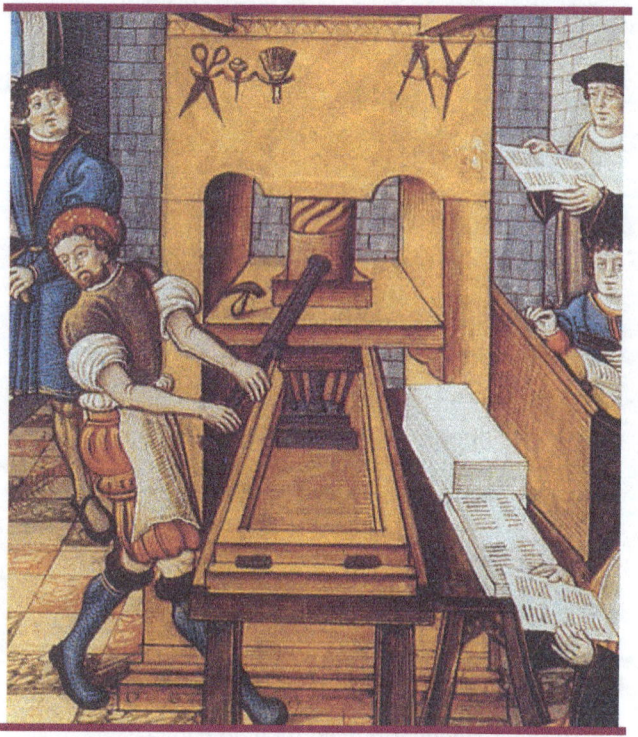

A manufatura representou uma nova tendência nas relações produtivas urbanas. Na gravura, uma tipografia do século XVI.

Dessa forma, a sociedade do período moderno, comumente chamada de **sociedade de ordens** (clero, nobreza e povo), apresentava-se, na prática, dividida em uma classe de proprietários de terras (clero e nobreza), uma classe de trabalhadores (servos, camponeses livres, assalariados, enfim, a massa popular) e uma classe burguesa (mercantil e manufatureira). A Idade Moderna conheceu, então, a luta da burguesia pelo espaço social, político e ideológico.

O Estado no Antigo Regime

O Estado moderno retratou a transição do período, refletindo os interesses dos grupos sociais em conflito, ao preservar os privilégios da aristocracia feudal e abrir espaço ao novo grupo burguês ascendente. Na prática, foi o resultado da derrocada do poder universal (Igreja) e local (nobreza) e da formação das monarquias nacionais.

O Estado característico da época moderna é conhecido como **absolutista**, na medida em que o poder estava concentrado nas mãos do rei e de seus ministros, os quais aproveitavam as limitações dos grupos sociais dominantes – nobreza e burguesia – para monopolizar a vida política. Incapazes de exercer hegemonia (a nobreza estava em decadência e a burguesia ainda se mostrava frágil), esses grupos precisavam do Estado para preservar suas condições e privilégios; daí sujeitarem-se ao rei, reforçando o poder do Estado moderno.

De seu lado, o Estado absolutista dependia dos impostos e recursos gerados pelas atividades comerciais e manufatureiras, sendo o progresso e o desenvolvimento das atividades mercantis fatores importantes para sua sobrevivência e opulência. Por esses motivos, esse Estado mantinha em cargos do governo, além dos tradicionais elementos da aristocracia feudal, representantes da burguesia. Por isso, também, foi dinâmico na geração de bens e no incremento das finanças nacionais, incentivando o lucro, a expansão do mercado e a exploração das colônias.

Por outro lado, em virtude da extensão de sua burocracia aristocrática, procurou garantir sua sobrevivência através da tributação desenfreada, assumindo mais e mais o caráter parasitário, fundado nos privilégios feudais. Essa característica limitadora do capitalismo e do desenvolvimento econômico burguês possibilitaria o surgimento e avanço das ideias liberais, que levaram posteriormente às revoluções burguesas que demoliram o Estado absolutista.

Devido à preponderância, nesse período, do absolutismo – poder capaz de definir regras, práticas e ações em todos os níveis –, consolidou-se a concepção de um Estado **interventor**, que devia atuar em todos os setores da vida nacional. No plano econômico, essa intervenção manifestou-se através do **mercantilismo**.

O mercantilismo

Evidenciando a íntima relação entre Estado e economia, o mercantilismo caracterizou-se por ser uma política de controle e incentivo, por meio da qual o Estado buscava garantir o seu desenvolvimento comercial e financeiro, fortalecendo ao mesmo tempo o próprio poder. Não chegou a constituir uma doutrina, um sistema de ideias, um conjunto coerente de práticas e ações; foi, na verdade, um conjunto de medidas variadas, adotadas por diversos Estados modernos, visando à obtenção dos recursos e riquezas necessários à manutenção do poder absoluto. Cada Estado procurou as medidas que mais se ajustavam às suas peculiaridades: alguns concentraram-se na exploração colonial, na obtenção de metais preciosos; outros, nas atividades marítima e comercial; e outros, ainda, optaram por incentivar a produção manufatureira.

O ativo porto espanhol de Sevilha.

As manufaturas modernas

A produção manufatureira da Idade Moderna é bem diferente da produção mecanizada do industrialismo em série da Revolução Industrial. Enquanto na manufatura os instrumentos de produção são os implementos manuais dos trabalhadores, cuja utilização fica limitada pela força e agilidade do ser humano, na maquinofatura a produção mecanizada liberta-se desses limites.

Com o desenvolvimento da produção, iniciado na Baixa Idade Média com as oficinas artesanais, a manufatura se coloca como intermediária entre estas e a produção industrial mecanizada, que se iniciou no século XVIII.

Entretanto, apesar das variações de Estado para Estado e de época para época, houve uma série de princípios comuns que orientaram a política mercantilista. Um deles foi o **metalismo** – concepção que identifica a riqueza e o poder de um Estado à quantidade de metais preciosos por ele acumulados. A obtenção de ouro e prata viabilizou-se com a exploração direta das colônias ou com a intensificação do comércio externo. Em ambos os casos, buscava-se manter o nível das exportações superior ao das importações, ou seja, uma **balança comercial favorável**.

Neste quadro, o Estado restringia as importações impondo pesadas taxas alfandegárias aos produtos estrangeiros, ou até mesmo proibindo que certos artigos fossem importados. Essas medidas visavam não apenas diminuir as importações, mas igualmente **proteger** a produção nacional da concorrência estrangeira; por esse motivo, são chamadas de medidas **protecionistas**. Para estimular as exportações, vários Estados modernos procuraram desenvolver políticas de incentivo à produção nacional, tanto nas metrópoles quanto em suas colônias.

Dessa forma, o mercantilismo quase sempre esteve ligado ao trinômio **metalismo**, **balança comercial favorável** e **protecionismo**. Vejamos, a seguir, alguns exemplos de aplicações diversas desses princípios.

Na Espanha, o Estado adotou medidas para a obtenção de metais, por meio da exploração colonial americana, e para a restrição das importações, priorizando o metalismo. Devido à estocagem de lingotes de ouro e prata (*bullion*, em inglês), o mercantilismo espanhol recebeu o nome de **bulionismo**.

Na França, destacadamente no século XVII, o governo procurou limitar as importações e, ao mesmo tempo, aumentar o valor das exportações, estimulando as manufaturas, especialmente aquelas voltadas para a produção de artigos de luxo, criando ainda diversas companhias de comércio. Em alusão a seu maior defensor, **Colbert**, ministro de Luís XIV, o mercantilismo desenvolvido na França foi chamado de **colbertismo**. Como essa política econômica priorizava a indústria, o colbertismo era também conhecido como **industrialismo**.

Colbert incentivou a tecelagem, a marinha e as companhias de comércio francesas.

Na Inglaterra, cuja política mercantilista foi chamada de **comercialista** e depois **industrialista**, o governo favoreceu o desenvolvimento da frota naval e da marinha mercante, essenciais para a expansão de seu comércio externo. Paralelamente, incentivou a produção manufatureira, protegendo-a da concorrência estrangeira por meio de uma rígida política alfandegária.

O mercantilismo no século XVI

No final do século XV, e especialmente no século XVI, os países ibéricos (Portugal e Espanha) comandaram as transformações da economia europeia. Pioneiros no processo de expansão ultramarina, foram igualmente os primeiros a se beneficiar com as riquezas das terras descobertas. A exploração de suas colônias foi orientada por políticas mercantilistas semelhantes, que se traduziam na exploração intensa dos recursos naturais – especialmente no caso da Espanha, cujas colônias eram riquíssimas em metais preciosos – e na defesa do monopólio de comércio, o chamado **exclusivo colonial**.

Assim, todos os produtos que chegavam à colônia ou saíam dela tinham de passar pela metrópole, concretizando sua sujeição absoluta ao Estado explorador, característica do **pacto colonial**. Cabia à colônia, além de consumir os produtos manufaturados pela metrópole, produzir segundo as exigências da economia mercantilista, garantindo lucros e rendas à Coroa e à burguesia mercantil.

Os tesouros americanos fascinaram os europeus do século XVI, transformando as áreas coloniais em complemento das economias metropolitanas. Na gravura, fundição de prata e cobre na região andina.

Devido ao enriquecimento da Espanha pelo acúmulo de metais preciosos, a concepção metalista predominou no mercantilismo europeu dessa época. Entretanto, o enorme afluxo de metais preciosos provocou, a longo prazo, efeitos negativos sobre a economia espanhola ao desestimular as atividades agrícolas e manufatureiras. Tornando-se cada vez mais dependente de importações, a Espanha não conseguiu manter ao longo do tempo saldos positivos em sua balança comercial.

Além disso, a abundância de ouro e prata, aumentando o volume monetário, provocou, no século XVI e principalmente no XVII, uma extraordinária elevação nos preços, que se generalizou por toda a Europa, favorecendo os Estados produtores, como França, Inglaterra e Holanda e respectivas burguesias comerciais e manufatureiras, que ampliavam seu processo de entesouramento e capitalização.

Assim, já no final do século XVII, quem liderava economicamente a Europa não eram mais os países ibéricos, mas as nações que se voltaram para o comércio e para a produção como meio de entesouramento.

> **A espiral dos preços do século XVII**
>
> O século XVII foi um período de imensa instabilidade de preços, de altas e baixas gigantescas. A ampliação do mercado consumidor e o crescente aumento do meio monetário (ouro e prata) impulsionaram os preços. "As altas demasiado rápidas e acentuadas restringem o consumo, acarretam crises nas vendas, causam embaraços e sofrimentos. Os mais sólidos empresários nem sempre conseguem aproveitá-las, compensando a diminuição dos negócios com o aumento dos lucros, efetuando acumulações de capitais para prosseguir em seus investimentos."
>
> MOUSNIER, Roland. *História geral das civilizações. O século XVI e XVII.* Livro 1. São Paulo, Difel, 1973. p. 180.

O mercantilismo dos séculos XVII e XVIII

Ainda no século XVI, França e Inglaterra criaram medidas protecionistas e subvenções às manufaturas que lhes permitiram assumir, nos dois séculos seguintes, uma posição de liderança na economia europeia, adotando medidas mercantilistas peculiares.

Na França dos Bourbons, desde os ministros Sully e Lafférnas, de Henrique IV (1589-1610), a Richelieu, de Luís XIII (1610-1643), o Estado incentivou a produção e o comércio, bem como a construção naval. Entretanto, foi no reinado de Luís XIV (1661-1715), sob a orientação do ministro das finanças, Colbert, que a intervenção estatal foi severa e sistemática. Estimulou-se a produção manufatureira, especialmente de artigos de luxo (joias, móveis, porcelanas, rendas, sedas, etc.), muitos deles produzidos pelas **manufaturas reais**, de propriedade do Estado. Nessa época, a França tornou-se famosa pela excelente qualidade de seus produtos, conquistando o mercado externo.

Na Inglaterra, desde os Tudor até os Stuart, o Estado adotou diversas medidas de proteção ao comércio marítimo, como o estímulo à construção naval e a criação de leis proibindo que navios estrangeiros realizassem o transporte de produtos da metrópole e das colônias inglesas. Dessa forma, além de evitar os enormes gastos com os fretes pagos aos estrangeiros, impedia-se a evasão de moeda para o exterior, permanecendo todo o lucro do comércio no país.

Esses **Atos de Navegação**, como eram chamados, foram decisivos para o desenvolvimento comercial da Inglaterra, que assim pôde desbancar seus concorrentes, especialmente os holandeses, que até então dominavam o transporte marítimo europeu e colonial.

> **"Ato de Navegação Inglês, de 1660.**
>
> Para o processo do armamento marítimo e da navegação, que sob providência e proteção divina interessam tanto à prosperidade, à segurança e ao poderio deste reino [...] nenhuma mercadoria será importada ou exportada dos países, ilhas, plantações ou territórios pertencentes a Sua Majestade ou em possessões de Sua Majestade, na Ásia, América e África, noutros navios senão

nos que [...] pertencem a súditos ingleses [...]
[...] nenhum estrangeiro [...] poderá exercer o ofício de mercador [...]"
DEYON, Pierre. O mercantilismo. São Paulo, Perspectiva, 1973. p. 94.

Além de estimular a marinha mercante, o Estado inglês incentivou a produção e as atividades financeiras, criando também diversas companhias de comércio. Nascidas de maneira familiar, as empresas capitalistas logo atraíram investidores, ampliando os negócios e os lucros.

"Os indivíduos que financiam os negócios confiam aos comerciantes determinada soma, que estes se encarregam de aplicar, entregando aos primeiros parte dos lucros.

Surgem então as companhias: alguns comerciantes fazem seguir o seu nome da expressão 'e companheiros' ou 'e os restantes da sua companhia'. Trata-se então de associações de mercadores, que pretendem obter monopólios, no gênero da companhia formada pelos comerciantes de Augsburgo, em 1484, para se apoderarem do mercado de cobre de Veneza, ou da que foi constituída pelos comerciantes alemães e italianos, em Lisboa, para monopolizar a pimenta real. Pode tratar-se, também, de associações formadas para certo tipo de comércio difícil ou perigoso [...]."
MOUSNIER, Roland. História geral das civilizações. O século XVI e XVII. p. 105.

Em 1688 e 1689, a Revolução Gloriosa levou à implantação da monarquia parlamentar, e as estruturas políticas pró-burguesia foram definitivamente fortalecidas na Inglaterra, sustentando o desenvolvimento quase ininterrupto do capitalismo e criando condições para que esse país se tornasse a maior potência econômica do mundo moderno. Na França, por outro lado, as instituições políticas transformaram-se num obstáculo à evolução capitalista, que seria superado apenas no final do século XVIII, com a Revolução Francesa.

No século XVIII, a frota britânica dominava os oceanos.

No século XVIII, buscou-se mais do que nunca complementar a economia metropolitana por meio da exploração desenfreada das colônias, submetidas ao pacto colonial. Contudo, ao longo desse século, tornaram-se cada vez mais frequentes as críticas à política intervencionista do Estado absolutista, tanto na Europa quanto no mundo colonial.

A burguesia ascendente, já senhora da economia, não mais aceitava um Estado que não satisfizesse seus anseios. Exprimindo repúdio aos componentes ainda não completamente capitalistas do período, referia-se à estrutura social, econômica, política e cultural dessa época – a divisão da sociedade em ordens, os privilégios ainda existentes do clero e da nobreza, além da política mercantilista e de inúmeras obrigações feudais, como o imposto da talha e da corveia – como **Antigo Regime**.

Na política, o absolutismo, a Corte e o controle de todas as esferas da sociedade pelo poder real sufocavam o anseio por um mundo novo, compatível com a vitoriosa ordem capitalista. Surgiam, então, as condições para a formulação de princípios econômicos antimercantilistas, de concepções inovadoras como as desenvolvidas pelos adeptos da **fisiocracia** e do **liberalismo econômico**, que iriam sepultar definitivamente o Antigo Regime.

A EXPANSÃO MARÍTIMA E A REVOLUÇÃO COMERCIAL

Desde o início da Baixa Idade Média, as cidades italianas dominavam comercialmente o Mediterrâneo, monopolizando a distribuição dos produtos orientais no continente europeu. Percorrendo rotas terrestres e fluviais, os mercadores de Veneza, Gênova e outras cidades da península Itálica dirigiam-se às feiras de Champanhe e de Flandres, onde realizavam seus negócios com os comerciantes do norte da Europa.

Pelo fervilhante porto de Gênova passavam mercadorias das regiões mais longínquas do Oriente.

Entretanto, a crise iniciada no século XIV, decorrente da Guerra dos Cem Anos, da propagação da peste negra e das próprias limitações do sistema feudal, afetou profundamente o comércio europeu. As tradicionais rotas de comércio já não ofereciam segurança contra os assaltos, cada vez mais frequentes.

Além disso, os mercadores eram obrigados a pagar pesadas tarifas aos senhores feudais pelo direito de atravessar suas propriedades, o que elevava o preço final das mercadorias. Assim, as antigas rotas terrestres e fluviais acabaram entrando em colapso, sendo lentamente substituídas por **rotas marítimas**, que passaram a ligar a Itália ao mar do Norte através do oceano Atlântico.

Foi nesse quadro que o litoral português assumiu importância. Como ficasse aproximadamente na metade do percurso entre a Itália e o mar do Norte, Portugal passou a constituir um excelente ponto de escala e de abastecimento para os mercadores italianos e flamengos. Com isso, as atividades econômicas do país se desenvolveram, possibilitando a ascensão do grupo mercantil português, que, mais tarde, fortalecido, projetaria a expansão marítima.

A própria monarquia lusitana, sob a **dinastia de Avis**, percebendo a importância do desenvolvimento do comércio para o progresso do país e o fortalecimento do Estado, passou a estimular as atividades mercantis. Uma das medidas de incentivo adotadas pelo governo foi a criação da **Escola de Sagres**, um centro de sistematização e ensino dos conhecimentos e técnicas de navegação, dirigida pelo infante D. Henrique, filho do rei D. João I.

O mundo europeu nessa época, abalado pela crise do feudalismo, procurava se reestruturar economicamente. Ao mesmo tempo, as minas de metais preciosos – tão necessários para o desenvolvimento do comércio – haviam praticamente se esgotado no Velho Continente e o mercado consumidor dos produtos orientais era cada vez mais limitado, pois os preços dessas mercadorias tornaram-se excessivamente altos. O monopólio italiano para obtê-las em Constantinopla ou Alexandria e o grande número de intermediários na distribuição elevavam demasiadamente o preço final, constituindo uma séria barreira ao crescimento econômico.

continuava fragmentado em uma série de reinos alemães e em repúblicas italianas, estas últimas interessadas na manutenção da supremacia do comércio do Mediterrâneo. Fragmentadas também estavam as regiões da Bélgica e da Holanda, as chamadas Províncias dos Países Baixos.

> Fundada em 1417, a Escola de Sagres funcionou como polo coordenador e executor das futuras expedições marítimas lusas. Esse centro de estudos e pesquisas de navegação reunia astrônomos, geógrafos, matemáticos, especialistas em instrumentos náuticos, além de cartógrafos e navegadores. Foi ao seu tempo o mais avançado centro de estudos náuticos de todo o mundo, catalisando o anseio da burguesia mercantil e do Estado nacional luso de criar uma nova rota comercial com o Oriente, conquistando o valioso comércio de especiarias.

Para revitalizar a economia europeia seria necessário, portanto, buscar opções para obter metais preciosos e ampliar as possibilidades de comércio, oferecendo produtos a preços mais baixos. Isso só seria possível com uma nova rota para o Oriente – na medida em que o Mediterrâneo era controlado pelos italianos – e a conquista de outros mercados. Portanto, tornava-se necessário dar início à expansão marítima, desbravando o Atlântico e contornando o continente africano.

Entretanto, os Estados europeus ainda não conseguiam reunir as condições necessárias à expansão. A Espanha enfrentava dificuldades internas e externas, devido à falta de um governo unificado e à presença árabe no sul da península Ibérica, questões que só seriam solucionadas com o casamento dos reis de Aragão e Castela (1469) e a reconquista de Granada (1492). A Inglaterra e a França estavam envolvidas na Guerra dos Cem Anos, cujas consequências lhes foram desastrosas, e os ingleses ainda viveriam a Guerra das Duas Rosas. O Sacro Império

Navegar o Atlântico era aventurar-se no "mar tenebroso", era dar um salto no desconhecido: monstros e seres fantásticos eram alguns dos perigos esperados.

Assim, apenas o Estado português reunia as condições essenciais para iniciar a expansão ultramarina: um grupo mercantil próspero e ambicioso, um governo forte, entrosado com o grupo mercantil nacional, localização privilegiada em relação ao Atlântico, unidade e estabilidade, quando comparado aos outros Estados europeus, e conhecimentos técnicos necessários.

A expansão marítima lusa

Iniciada em 1415 com a tomada de um entreposto comercial árabe no norte africano – **Ceuta** –, a expansão lusa caracterizou-se inicialmente pela conquista do litoral da África

A EXPANSÃO MARÍTIMA E A REVOLUÇÃO COMERCIAL

e de ilhas do Atlântico. A partir da segunda metade do século XV, os navegantes a serviço do reino de Portugal já haviam adquirido os conhecimentos náuticos necessários para realizar viagens mais audaciosas. Assim, a descoberta de uma nova rota para as Índias e a possibilidade de adquirir os produtos orientais por preços bem mais baixos transformaram-se no principal objetivo do Estado português.

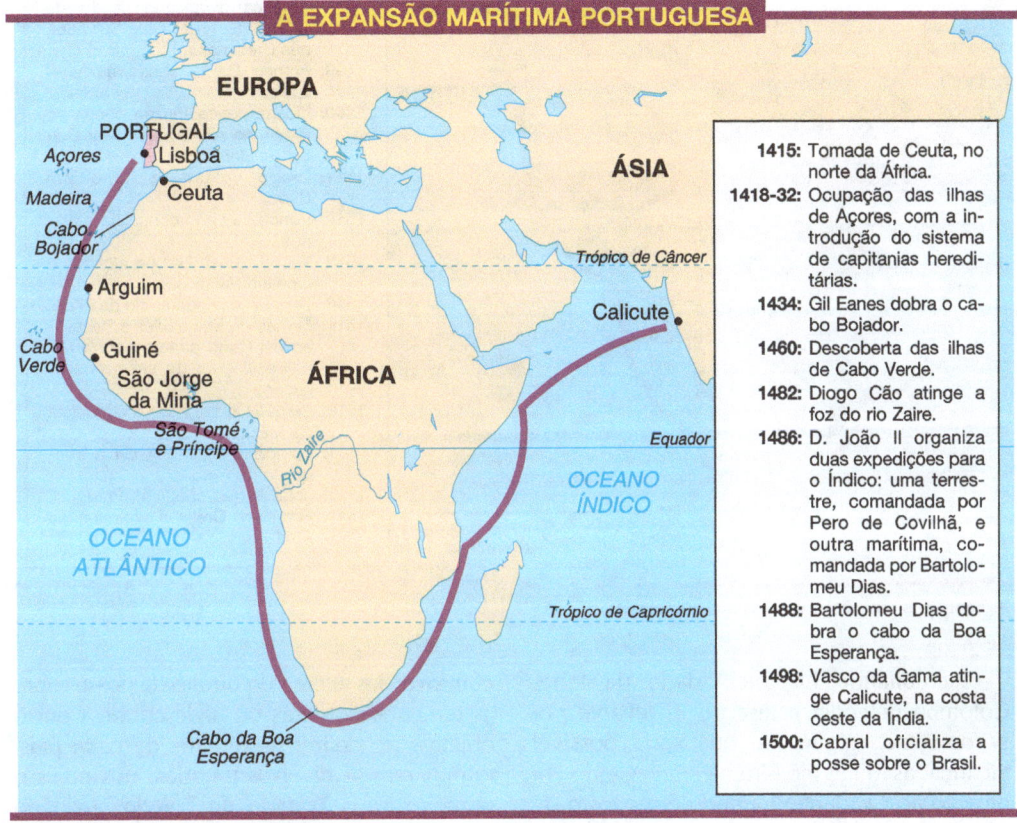

A EXPANSÃO MARÍTIMA PORTUGUESA

1415: Tomada de Ceuta, no norte da África.
1418-32: Ocupação das ilhas de Açores, com a introdução do sistema de capitanias hereditárias.
1434: Gil Eanes dobra o cabo Bojador.
1460: Descoberta das ilhas de Cabo Verde.
1482: Diogo Cão atinge a foz do rio Zaire.
1486: D. João II organiza duas expedições para o Índico: uma terrestre, comandada por Pero de Covilhã, e outra marítima, comandada por Bartolomeu Dias.
1488: Bartolomeu Dias dobra o cabo da Boa Esperança.
1498: Vasco da Gama atinge Calicute, na costa oeste da Índia.
1500: Cabral oficializa a posse sobre o Brasil.

As conquistas portuguesas do século XV.

Nesse processo de expansão, Lisboa se transformou num centro comercial importantíssimo, firmando-se como elo fundamental na cadeia do comércio europeu. Entretanto, por não possuir uma organização financeira à altura, capaz de manter sua supremacia comercial, a atividade mercantil portuguesa vinculou-se demasiadamente às companhias comerciais holandesas e italianas. Dessa forma, as enormes riquezas obtidas pelos portugueses foram se diluindo pelo resto da Europa, reforçando outras burguesias e impossibilitando uma capitalização interna contínua e até mesmo o desenvolvimento de uma produção manufatureira nacional.

A expansão marítima espanhola

Antes mesmo que Vasco da Gama chegasse às Índias, a Espanha entrava em cena na expansão ultramarina europeia. Tendo superado em 1492 dois sérios entraves ao progresso nacional – a presença árabe e a divisão interna –, a Espanha reuniu forças para participar das disputas comerciais e da exploração do mundo colonial. Nesse mesmo ano o novo reino patrocinava a viagem do navegador genovês **Cristóvão Colombo**.

A IDADE MODERNA

A EXPANSÃO MARÍTIMA ESPANHOLA

1492: Cristóvão Colombo descobre a América, alcançando a ilha de Guanaani, atual San Salvador, nas Bahamas.
1499: Alonso Ojeda chega à Venezuela.
1500: Vicente Iañes Pinzón chega ao Brasil, no Amazonas ("Mar Dulce" = Mar Doce).
1511: Diogo Velasquez conquista Cuba.
1512: Ponce de León conquista a Flórida.
1513: Vasco Nunez Balboa alcança o Oceano Pacífico.
1516: Dias Sólis chega ao rio da Prata.
1519: Fernão de Magalhães e Sebastião del Cano partem para a primeira viagem de circum-navegação.
1519: Fernão Cortez inicia a conquista do México.
1531: Francisco Pizarro inicia a conquista do Peru.
1537: João Ayolas chega ao Paraguai.
1541: Francisco Orellana explora o Rio Amazonas.

As conquistas espanholas na expansão ultramarina.

Acreditando na esfericidade da terra, Colombo defendia a tese do *el levante por el poniente*, isto é, de que seria possível alcançar as Índias (no Oriente) navegando em direção ao Ocidente. Partindo em agosto de 1492, Colombo rumou para oeste por dois meses, alcançando a ilha de Guanaani (San Salvador), nas Bahamas. Acreditou, porém, ter alcançado as Índias, e só mais tarde, em 1504, é que o navegador Américo Vespúcio confirmaria que se havia descoberto um novo continente. Iniciava-se desse modo o ciclo espanhol das Grandes Navegações.

As disputas ibéricas: os tratados ultramarinos

A corrida expansionista de Portugal e Espanha gerou, já na segunda metade do século XV, inevitáveis conflitos e inúmeras controvérsias acerca do direito de posse sobre as terras descobertas ou a descobrir. Com o objetivo de definir os direitos de cada país, formularam-se diversos tratados, dos quais o primeiro foi o **Tratado de Toledo**, assinado em 1480. Esse tratado, que garantia a Portugal as terras a descobrir ao sul das Ilhas Canárias, constituiu uma importante vitória da diplomacia lusitana, pois assegurava a Portugal a rota das Índias pelo sul da África.

Todavia, após a viagem de Colombo, em 1492, as decisões impostas por esse tratado tornaram-se insustentáveis. Em 1493, o papa Alexandre VI editava a **Bula Intercoetera**, que determinava a partilha do mundo ultramarino entre espanhóis e portugueses. Um meridiano situado 100 léguas a oeste do arquipélago de Cabo Verde destinava a Portugal todos os territórios situados a leste, e à Espanha, as terras localizadas a oeste do meridiano.

Sentindo-se prejudicados, os portugueses contestaram energicamente esse tratado e exigiram sua reformulação. Depois de um período de negociações entre os dois países, um acordo foi celebrado em 1494, na cidade de Tordesilhas, na Espanha. O **Tratado de Tordesilhas** substituía a linha divisória anterior por outra, situada 370 léguas a oeste das ilhas de Cabo Verde. Com esse tratado tornavam-se mais amplas para Portugal as possibilidades de conquistar terras no Atlântico ocidental, cuja existência já era do conhecimento dos portugueses.

> A contestação francesa ao Tratado de Tordesilhas teve no monarca Francisco I o mais veemente representante. Em 1540 chegou a dizer que "'o Sol brilhava tanto para ele como para os outros' e que 'gostaria de ver o testamento de Adão para saber de que forma este dividira o mundo...' Declarou também que só a ocupação criava o direito, que descobrir um país, isto é, vê-lo ou atravessá-lo, não constituía um ato de posse e que considerava como domínio estrangeiro unicamente 'os lugares habitados e defendidos'. São essas as bases da colonização moderna".
>
> MOUSNIER, Roland. *História geral das civilizações. Os séculos XVI e XVII.* p. 163.

Pelo Tratado de Tordesilhas, reformulava-se a divisão das terras descobertas, ou a descobrir, entre portugueses e espanhóis.

A expansão marítima de outros países europeus

Em função das dificuldades já apontadas, foi apenas na segunda década do século XVI que outros Estados europeus ingressaram na corrida expansionista.

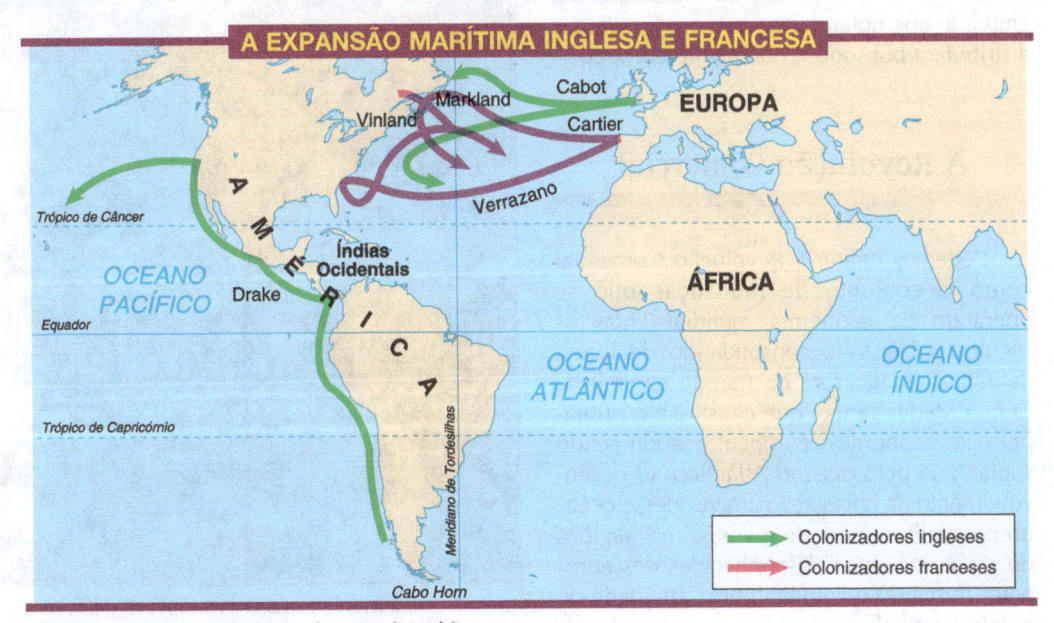

Viagens dos navegantes ingleses e franceses à América.

A partir do reinado de Francisco I (1515-1547), a França passou a contestar vigorosamente o Tratado de Tordesilhas, realizando uma série de ataques piratas, especialmente contra a América portuguesa. São dessa época as invasões dos franceses ao Brasil, que tentaram, sem êxito, estabelecer-se no Rio de Janeiro e, mais tarde – século XVII –, no Maranhão. As expedições à América do Norte garantiram a posse sobre o Canadá e a Louisiana.

Na Inglaterra, durante o reinado de Elizabeth I (1558-1603), organizaram-se diversas viagens de reconhecimento ao litoral da América do Norte, bem como expedições piratas contra navios estrangeiros, especialmente espanhóis. Como proporcionasse altíssimos lucros, a pirataria foi bancada pelo Estado, passando a constituir a principal atividade dos marinheiros ingleses na segunda metade do século XVI. Nessa mesma época, a Inglaterra deu início ao lucrativo tráfico de escravos negros para as Américas.

Também os holandeses participaram do movimento de expansão marítima. Ocuparam a Guiana e as Antilhas e fundaram na América do Norte a cidade de Nova Amsterdã (atual Nova York, nos Estados Unidos). Foram ainda os financiadores de Portugal na implantação da indústria açucareira no Nordeste brasileiro. O açúcar ali produzido era entregue aos holandeses, que o refinavam e distribuíam por todo o continente europeu.

A Revolução Comercial

Podemos definir a Revolução Comercial como o conjunto de mudanças que se operaram na economia mundial entre os séculos XV e XVII, consolidando de forma definitiva os alicerces do mundo capitalista. O mar Mediterrâneo, que constituía o principal eixo econômico europeu, acabou sendo suplantado pelo oceano Atlântico. O desenvolvimento da navegação através desse oceano possibilitou o acesso a vastíssimas regiões do globo até então desconhecidas dos europeus, tornando o comércio uma atividade de escala mundial.

A exploração das terras americanas, africanas e asiáticas significou, assim, não só a ampliação das opções de comércio, mas também a maior diversificação dos produtos comercializados e a expansão dos mercados consumidores e abastecedores. Além disso, a descoberta das jazidas minerais americanas assegurou o afluxo de grandes quantidades de metais preciosos, solucionando o problema da carência monetária europeia.

Desse modo, com a expansão marítima, o comércio europeu recuperou e ampliou seu dinamismo. A intensificação das trocas comerciais proporcionou enormes lucros aos grupos mercantis, que puderam aumentar continuamente seus capitais, reinvestindo-os em novos negócios. Assim, por meio da acumulação primitiva de capitais, verificada durante o período da Revolução Comercial, a burguesia se preparou para empreender posteriormente a Revolução Industrial.

A retomada da atividade mercantil na Europa coincidiu com o período renascentista.

O RENASCIMENTO CULTURAL

As transformações socioeconômicas iniciadas na Baixa Idade Média e que culminaram com a Revolução Comercial na Idade Moderna afetaram todos os setores da sociedade, ocasionando inclusive mudanças culturais. Intimamente ligadas à expansão comercial, à reforma religiosa e ao absolutismo político, as transformações culturais dos séculos XIV a XVI – movimento denominado **Renascimento cultural** – estiveram articuladas com o capitalismo comercial.

Primeiro grande movimento cultural burguês dos tempos modernos, o Renascimento enfatizava uma cultura laica (não eclesiástica) e racional, sobretudo não feudal. Entretanto, embora tentasse sepultar os valores da Igreja católica, apresentou-se como um entrelaçamento dos novos e antigos valores, refletindo o caráter de transição do período. Buscando subsídios na cultura greco-romana, o Renascimento foi a eclosão de manifestações artísticas, filosóficas e científicas do novo mundo urbano e burguês.

O termo Renascimento

O crítico de arte Giorgio Vasari foi, muito provavelmente, a primeira pessoa a usar a palavra Renascimento – isto em 1550 –, para designar uma situação inteiramente distinta da Idade Média. "Vasari fazia a síntese de todo o movimento de ideias que se enriquecera e precisara desde Petrarca e no qual ele próprio crescera: ideias de despertar, de ressurreição, de regeneração, de passagem das trevas à luz, nas letras, nas artes, nas ciências, no exército, na plástica, a ideia de Renascimento."

MOUSNIER, Roland. *História geral das civilizações. Os séculos XVI e XVII.* p. 20.

O Renascimento não foi, como o termo pode evocar a princípio, uma simples renovação da cultura clássica e muito menos um renascer cultural, como se antes não houvesse cultura. Apenas inspirou-se na Antiguidade Clássica, sobretudo no antropocentrismo, a fim de resgatar valores que interessavam ao novo mundo urbano-comercial. Própria das mudanças em curso e da negação do período anterior foi a denominação, dada então à Idade Média, de "**Idade das Trevas**".

Descartando a imensa produção cultural do período anterior, o Renascimento caracterizou-se por ser essencialmente um movimento anticlerical e antiescolástico, pois a cultura leiga e humanista opunha-se à cultura eminentemente religiosa e teocêntrica do mundo medieval.

No conjunto da produção renascentista, começaram a sobressair valores modernos, burgueses, como o otimismo, o individualismo, o naturalismo, o hedonismo e o neoplatonismo. Mas o elemento central do Renascimento foi o **humanismo**, isto é, o homem como centro do universo (antropocentrismo), a valorização da vida terrena e da natureza, o humano ocupando o lugar cultural até então dominado pelo divino e extraterreno.

Com o humanismo abandonava-se o uso de conhecimentos clássicos tão somente para provar dogmas e verdades religiosas, descar-

A IDADE MODERNA

tando-se a erudição medieval confinada nas bibliotecas ou na clausura dos mosteiros. Impulsionava-se a paixão pelos clássicos greco-romanos numa busca de sabedorias e belezas "esquecidas" pela Idade Média.

> O impulso cultural do Renascimento revigorou valores opostos aos dos homens medievais. Em todos os campos do saber emergiu uma vitalidade cultural que rompia com os tradicionais limites. Chega-se até a rever, "com dificuldades imagináveis, a teologia. A filosofia passa a ser platônica e a ideia terrena faz nascer uma ciência fundamental: a política".
>
> BARDI, Pietro Maria. *Gênios da pintura – góticos e renascentistas*. São Paulo, Abril, 1980. p. 15.

O homem renascentista, artista, cientista, literato, confunde-se com o próprio Deus pela sua genialidade e criatividade, por emergir da profundeza escura da sujeição escolástica para se tornar verdadeiramente humano que, como diz Roland Mousnier, "pode assemelhar-se a Deus primeiramente, depois identificar-se a ele, se Deus o quiser, pela criação. O homem é, como Deus, um artista universal".

Jan van Eyck, *Arnolfini e sua mulher* (1434).

A preocupação humanista transparece em todas as obras do período renascentista.

Fatores geradores do Renascimento

As transformações econômicas do final da Idade Média, associadas ao processo de urbanização e ascensão da burguesia, tornaram as concepções artístico-literárias feudais inadequadas. Novas exigências afloraram, refletidas no desenvolvimento comercial e na nova sociedade urbana emergente. As primeiras manifestações renascentistas apareceram e triunfaram onde essas transformações já predominavam – na Itália.

Reaberto o mar Mediterrâneo, com as Cruzadas, as cidades italianas de Florença, Veneza, Roma e Milão transformaram-se em grandes centros de desenvolvimento capitalista, motivo pelo qual apresentavam as condições necessárias para a germinação e proliferação do Renascimento.

Além disso, surgiram na Itália os **mecenas**, ricos patrocinadores das artes e das ciências, que objetivavam não só a promoção pessoal, mas também proveitos culturais e econômicos. Destacaram-se como protetores das artes os Médicis, em Florença, e os Sforza, em Milão.

Os italianos contavam ainda com uma viva presença da cultura clássica, graças aos seus muitos monumentos e ruínas, o que contribuía para o revigoramento de valores pré-feudais.

Foi também a Itália o principal polo de atração dos sábios bizantinos, pensadores formados pela cultura clássica grega, que para lá se dirigiam fugindo da decadência do Império Romano do Oriente e das crescentes pressões dos turcos otomanos.

Completando a imensa gama de componentes que detonaram o início do Renascimento na Itália, havia ainda as influências dos árabes, povo que obtivera, ao longo dos séculos, enorme repositório de valores da Antiguidade Clássica e que mantinha contatos comerciais com os portos italianos.

Fases do Renascimento

Houve precursores do Renascimento, como **Dante Alighieri** (1265-1321), natural de Florença, que escreveu a *Divina comédia* em dialeto toscano. Entretanto, apesar de sua obra criticar o comportamento eclesiástico, Dante ainda apresentava fortes influências medievais. O Renascimento italiano se impôs efetivamente a partir do século XIV, estendendo-se até o século XVI. Chamamos de ***Trecento*** (os anos trezentos) a fase do século XIV, ***Quattrocento*** (os anos quatrocentos) a do século XV e ***Cinquecento*** (os anos quinhentos) o período mais criativo, que foi de 1500 a 1550.

Giotto, *Lamento ante Cristo morto*.

Giotto representou figuras religiosas com características e sentimentos humanos. A morte e a expressão facial de dor e sofrimento humanizam personagens divinos, como Nossa Senhora, a mãe de Cristo.

Dante Alighieri prenunciou o Renascimento: substituiu o latim pelo italiano em *Divina comédia*.

O *Trecento* – século XIV

Nas artes plásticas, a principal figura desse período foi **Giotto** (1266-1337), que rompeu com a tradicional pintura medieval e seu imobilismo, caracterizado por uma hierarquia rígida que determinava a importância dos personagens pintados (Cristo sempre estava acima dos santos, era maior que os anjos e estes apareciam acima dos santos). Giotto fez do humano e da vida o foco de suas pinturas, dando às suas figuras um aspecto humano com traços de individualidade, destacadamente em *São Francisco pregando aos pássaros* e *Lamento ante Cristo morto*.

> "Giotto foi o primeiro mestre do novo humanismo. Em Giotto, Cristo é realmente filho do homem. Os acontecimentos da história sagrada tornam-se acontecimentos terrenais, situam-se bem no mundo humano, e não mais no além. Mesmo o suave dourado do elo que circunda a cabeça dos santos já não é um eco dos distintivos de uma hierarquia sobrenatural presentes nas velhas pinturas: transformou-se numa aura de pura humanidade. Esses afrescos não falam de um mundo rígido, imutável. Tudo é mostrado em movimento como o encontro de homens com outros homens."
>
> FISCHER, Ernest. *A necessidade da arte*. 3. ed. Rio de Janeiro, Zahar, 1971. p. 167-8.

Nas letras, o período caracterizou-se pelo uso da língua italiana (dialeto toscano), embora ainda houvesse fortes influências medievais. Dois autores se destacaram: **Petrarca** (1304-1374) e **Giovanni Boccaccio** (1313-1375).

Petrarca, considerado o "pai do humanismo e da literatura italiana", imprimiu em sua obra épica, *De África*, marcantes traços dos clássicos greco-latinos. Apesar disso, em algumas obras, como nos poemas *Odes a Laura*, evidenciava-se ainda uma forte religiosidade cristã medieval, aliada ao trovadoresco das canções dos cavaleiros do século XIII. Boccaccio é o autor de *Fiammetta*, *Filistrato* e *Decameron*, conjunto de contos que ressaltam o egoísmo, o erotismo e o anticlericalismo, desprezando os ideais ascéticos do período medieval.

O *Quattrocento* – século XV

O entusiasmo pela cultura greco-romana fez renascer, na literatura desse período, as línguas clássicas e o paganismo. Em Florença, foi criada a Escola Filosófica Neoplatônica, com o patrocínio do mecenas Lourenço de Médici. Na pintura, tiveram grande importância os artistas de Florença, que introduziram a técnica a óleo. Dentre eles, podemos destacar **Masaccio** (1401-1429), que, embora tenha tido uma breve passagem pelo cenário artístico de Florença, influenciou a pintura ao romper com resquícios da arte medieval, chamados de "gótico tardio".

Deu aos seus trabalhos realismo, volume e peso, tomando da arquitetura e da escultura alguns de seus princípios básicos. Conseguiu transportar para suas telas a geometria em perspectiva do arquiteto Brunelleschi e do escultor Donatello. Suas pinturas mais famosas são *A expulsão de Adão e Eva do paraíso*, *Tributo*, *Distribuição de esmolas por São Pedro* e *Histórias de Ananias*.

Sandro Botticelli (1445-1510) foi outro destaque da pintura renascentista. Suas obras apresentam figuras leves, tênues, quase imateriais. Traduz uma convicção pessoal de que a arte é antes de tudo uma expressão espiritual, religiosa, simbólica. Seus personagens buscam a beleza neoplatônica e alcançam, em *Nascimento de Vênus*, a união entre o paganismo clássico e o cristianismo. A nudez brilhante da deusa do amor não sugere o amor físico, mas a inocência, como que nascendo purificada das águas do Batismo. Além de *Nascimento de Vênus*, suas telas mais famosas são *Alegoria da primavera* e *Fallade e o centauro*.

Masaccio, *Distribuição de esmolas por São Pedro*.

Masaccio trabalhou temas religiosos com novas técnicas e princípios estéticos.

Botticelli, *Nascimento de Vênus* (detalhe).

Botticelli conciliou os valores cristãos com os do paganismo.

Leonardo da Vinci (1452-1519), um dos humanistas mais completos do Renascimento, é considerado figura de transição, pois viveu a metade do *Quattrocento* e o início do *Cinquecento*. No primeiro período, quando Florença era o polo cultural da Itália, a arte ainda imitava os modelos clássicos e predominava o uso das línguas clássicas. No *Cinquecento*, Roma transformou-se no eixo renascentista, ao mesmo tempo que a língua italiana era usada fluentemente, assim como o latim e o grego. Predominavam nesse período a originalidade, a criação tanto na forma como no conteúdo, o que resultava numa arte própria – fusão do clássico com o moderno.

Ao longo de sua vida, a obra de Leonardo da Vinci incorporou as tendências de cada um desses períodos e ele foi de pintor e escultor a urbanista e engenheiro; de músico e filósofo a físico e botânico. Esboçou inventos que só séculos mais tarde se concretizariam, como, por exemplo, o paraquedas, o escafandro, o canhão, o helicóptero, etc. Suas telas mais famosas são *Gioconda* (*Monalisa*), *Santa Ceia* e *Virgens das rochas*.

> "Leonardo foi o curioso mais insistente da história. Perguntava o porquê e o como de tudo o que via. [...] Descobre, anota: quando pode ver, desenha. Copia. Faz a mesma pergunta uma, duas, várias vezes. A curiosidade de Leonardo unia-se a uma energia mental incansável. Chega a ser cansativa a leitura de suas intermináveis anotações. Não se contenta com um sim por resposta. Não deixa nada de lado: preocupa-se, expõe, responde a interlocutores imaginários. De todas as perguntas, a mais insistente é a questão sobre o homem – não o homem 'de espírito, razão e memória como um deus imortal' de Alberti, mas o homem como mecanismo. Como anda? E ensina como se desenha um pé de dez maneiras diferentes, cada uma revelando componentes diversos na sua estrutura. Como o coração bombeia o sangue? O que acontece quando o homem espirra ou boceja? Como vive, quando feto, no útero? Por que morre de velhice? Leonardo descobriu um centenário num hospital de Florença, e esperou alegremente que ele morresse para examinar-lhe as veias. Cada pergunta exigia uma dissecação e cada dissecação era desenhada com precisão maravilhosa."
>
> CLARK, Kenneth. *Civilização*. São Paulo, Martins Fontes, 1980. p. 155.

A enigmática *Monalisa* de Leonardo da Vinci.

O *Cinquecento* – século XVI

Nesse período, em que o uso da língua italiana foi sistematizado, destacaram-se alguns escritores como: Francesco Guicciardini, com *História da Itália*; Torquato Tasso, autor de *Jerusalém libertada*; e Ariosto, autor de *Orlando, o furioso*. Entretanto, foi **Nicolau Maquiavel** (1469-1527) o iniciador do moderno pensamento político, o maior expoente literário do período. Em *O príncipe*, defende um Estado forte, independente da Igreja, um governo absolutista em favor do qual todos os meios são justificáveis, estando a "razão de Estado" acima de qualquer outro ideal. Escreveu também a *História de Florença*, *Discurso sobre a primeira década de Tito Lívio* e a peça *Mandrágora*, considerada a mais perfeita obra teatral escrita em língua italiana.

Nas artes do *Cinquecento*, destacou-se **Rafael Sanzio** (1483-1520), um dos mais populares artistas da Renascença, que deixou uma imensa produção, apesar da morte prematura aos 37 anos. Destacam-se, entre seus trabalhos, os retratos dos papas Júlio II e Leão X e a decoração de algumas salas do Vaticano.

Tendo entre seus mais importantes trabalhos a *Escola de Atenas*, Rafael pintou ainda inúmeras madonas – tema que fascinava os italianos –, mesclando elementos religiosos e profanos: "Não são retratos de santas, porque a sensualidade eclipsa a emoção mística que deveriam apresentar. E tampouco chegam a ser figuras humanas, porque, embora adoráveis, sua beleza é invadida por uma abstração idealista". (*Gênios da pintura – góticos e renascentistas.* São Paulo, Abril, 1960. p. 212.)

Michelangelo Buonarroti (1475-1564), denominado o "gigante do Renascimento", pelo destaque de suas pinturas, esculturas, arquitetura e obra poética, foi outro grande artista do *Cinquecento*. Retratou com maestria a dor e a paixão, e sua maior obra foi o conjunto de afrescos pintados na **Capela Sistina** sobre passagens da Bíblia, tanto do Antigo quanto do Novo Testamento.

> O mais importante afresco da Sistina de Michelangelo é o *Juízo Final*, cujo tema é representado por figuras pagãs: "Sua última obra foi um afresco de extraordinárias dimensões, que cobre toda uma parede da Capela Sistina e descreve o Juízo Final. O artista representou Cristo como um jovem herói, desnudo, que com um poderoso gesto de seu braço parece dizer: 'Apartai-vos de mim malditos'. Ao som das trombetas do Juízo, as tumbas devolvem seus mortos, os bem-aventurados se dirigem para o céu e os condenados se precipitam aos infernos".
>
> GRIMBERG, Carl. *História universal.* Madrid, Daimon, 1967. v. 6. p. 96-8.

Em *Juízo Final*, Michelangelo retrata as figuras bíblicas belas e musculosas, como nas esculturas pagãs.

No final do século XVI, o Renascimento italiano entrou em vertiginosa decadência, pois a expansão marítima e as grandes descobertas, quebrando o monopólio comercial italiano no Mediterrâneo, transferiram para o Atlântico o eixo econômico e comercial europeu. Por outro lado, os novos centros comerciais que emergiram impulsionaram os valores renascentistas surgidos na Itália.

Ao mesmo tempo, emergiu na Itália a Contrarreforma, reação católica a movimentos protestantes que teve em Roma seu centro difusor e que se indispunha contra as manifestações culturais renascentistas. Uma das primeiras vítimas da Contrarreforma foi **Giordano Bruno** (1548-1600), humanista queimado vivo como herege, por ter-se insurgido contra a concepção de que o universo é feito de coisas fixas, criadas por um Deus transcendente, e ter defendido as concepções copernicanas de um universo infinito e ilimitado, em permanente transformação, que se confunde com o próprio Deus.

A expansão do Renascimento

No conjunto dos países europeus, o movimento renascentista não despertou com o mesmo ímpeto, não demonstrou o apego íntimo aos clássicos, nem enfatizou o humanismo, como aconteceu na Itália. Ao contrário, espelhou características específicas em cada região, desenvolvendo um humanismo bem aos moldes cristãos: preocupação com problemas de ordem prática, predominância da ética sobre a estética. A literatura e a filosofia tiveram maior destaque, em detrimento da pintura e da escultura.

Países Baixos

O progresso comercial dos Países Baixos (Flandres e Holanda) e a sua posição privilegiada na Revolução Comercial fizeram surgir nessas regiões grandes renascentistas, como Erasmo de Rotterdam, os irmãos Van Eyck, Hieronymus Bosch e Pieter Brueghel.

Erasmo de Rotterdam (1466-1536), considerado o "príncipe dos humanistas", usou uma linguagem simples e elegante para esclarecer problemas teológicos e superar a angústia metafísica da Europa de sua época: devido à tensão religiosa, criada pelo reformista protestante Lutero, vivia-se a contestação de valores cristãos seculares, como a unidade da Igreja, a autoridade papal suprema. Além disso, fervilhavam críticas ao comportamento eclesiástico e a alguns pontos doutrinários (o livre-arbítrio, a importância da liturgia, etc.).

Nesse contexto, desprezando as doutrinas escolásticas, Erasmo escreveu *Elogio da loucura*, obra em que denuncia algumas atividades da Igreja e a imoralidade do clero, delineando a atuação da Reforma protestante. Entretanto, se por um lado estimulou o aparecimento do protestantismo, por outro, condenou a Reforma, pois defendia a tolerância e a humildade como os caminhos mais sensatos para se alcançar o verdadeiro cristianismo. Erasmo condenou publicamente o reformador Lutero pela criação de novos dogmas que substituíam os papais. Segundo o próprio Erasmo, "cada religião pode compendiar-se com uma só palavra: paz, e a paz religiosa somente pode existir limitando-se ao menor número possível em definições teológicas".

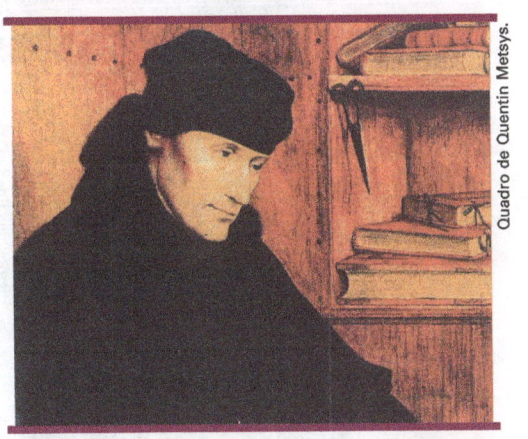

Erasmo de Rotterdam buscou humanizar o cristianismo.

Erasmo é também autor de *Adágios* e *Colóquios*, por meio dos quais critica a sociedade da época, recorrendo a concepções clássicas, como o antropocentrismo. Numa passagem de *Colóquios*, por exemplo, o papa Júlio II, personagem principal, encontra, após sua morte, a porta do paraíso fechada e ameaça São Pedro de excomunhão caso não a abrisse imediatamente. O diálogo entre o papa e Pedro se faz como entre um prepotente pecador e a verdade pura da Igreja vitoriosa.

Na pintura flamenga, destacaram-se os **irmãos Van Eyck**, com a tela *Adoração do*

A IDADE MODERNA

cordeiro, obra executada com a nova técnica a óleo. Sobressaiu também a pintura de **Pieter Brueghel**, que se singularizou pelo aspecto social impresso em suas telas, em que aparecem homens do povo e festas populares, como casamentos e feiras de aldeia. Destacam-se *O alquimista, Banquete nupcial, Dança campestre, Os cegos*.

Outro grande pintor do período foi **Bosch**, cuja obra é considerada, no mínimo, como algo inquietante, um verdadeiro caleidoscópio, por exprimir sensações que beiram o fantástico, os mistérios da mente humana, numa antevisão do surrealismo – escola artística do século XX. Suas obras mais famosas são: *As tentações de Santo Antão, Carroça de feno* e *Jardim das delícias*.

sepultura e de retratos de importantes personagens da época, como *Henrique VIII, Erasmo* e *Thomas Morus*.

Albrecht Dürer, Autorretrato (detalhe).

Note as minúcias de expressão na obra de Dürer.

Hieronymus Bosch, A carroça de feno (detalhe).

Já se disse que a pintura de Bosch é para ser lida e não apenas vista.

Alemanha

Na Alemanha, a efervescência artística foi beneficiada pela Reforma luterana e pelas guerras que se seguiram. Os maiores expoentes na pintura foram: **Albrecht Dürer** (1471-1528), autor de *Autorretrato, Natividade* e *Adoração da Santíssima Trindade*; e **Hans Holbein** (1497-1543), autor de *Cristo na*

Inglaterra

Na Inglaterra, o Renascimento só floresceu efetivamente no século XVI, após a Guerra das Duas Rosas, quando despontaram os literatos Thomas Morus e William Shakespeare, seus maiores expoentes.

Thomas Morus (1476-1535), chamado o chanceler filósofo, era amigo íntimo de Erasmo de Rotterdam. Escreveu *Utopia*, obra em que descreve "um país de lugar nenhum", onde as leis são poucas, a administração beneficia, sem distinção, todos os cidadãos, o mérito é recompensado, a riqueza é repartida e todos vivem uma vida perfeita. *Utopia* exalta a paz, a compreensão e o amor e condena a intolerância, o desejo pelo poder e pelo dinheiro. Morus mescla em sua obra os ideais da civilização clássica com os do cristianismo – forjando uma sociedade perfeita em decorrência do uso da inteligência e da razão.

O chanceler filósofo

Foi o rei Henrique VIII que elevou Morus – de grande conhecimento humanista e filosófico – aos cargos mais distintos da Inglaterra, encarregando-o, inicialmente, de missões diplomáticas, trazendo-o ao Conselho Real em seguida,

196

e, em 1529, nomeando-o lorde chanceler. Em 1535, em meio à Reforma protestante, Thomas Morus foi condenado à morte por manter-se fiel aos seus ideais e não reconhecer Henrique VIII como chefe da Igreja anglicana.

Foi com o teatro de **William Shakespeare** (1564-1616), entretanto, que a Inglaterra mais se evidenciou no Renascimento. Suas tragédias conseguem traduzir verdades eternas, espelhando um gênio com liberdade de espírito e descrença nos dogmas. Nelas, o drama psicológico faz vir à tona a intensidade da alma humana com todas as suas múltiplas faces.

As obras de Shakespeare estão ainda hoje presentes no teatro e no cinema.

Shakespeare firmou um trabalho que ainda hoje fascina artistas e plateias em todo o mundo, seja em dramas como *Romeu e Julieta*, *Otelo*, *Rei Lear*, *Macbeth* e *Hamlet*, em dramas históricos como *Ricardo III*, *Júlio César* e *Antônio e Cleópatra* ou em comédias como *As alegres comadres de Windsor*.

França

Rabelais demonstrou todo o talento do humanismo francês em *Gargântua e Pantagruel*, comédia que satiriza a Igreja, a escolástica, as superstições e a repressão, em oposição à glorificação do homem, da liberdade e do individualismo. Na filosofia, **Michel Montaigne**, com a obra *Ensaios*, expressou seu ideal de equilíbrio: o sentimento de estar em harmonia com o universo aceitando-o como ele é.

Espanha

A Espanha viveu do século XVI ao XVII um clima antagônico: de um lado, as riquezas das grandes navegações, que poderiam favorecer o desenvolvimento cultural; de outro, o cristianismo, que o bloqueou com o movimento da Contrarreforma. Mesmo nesse contexto contraditório, despontaram artistas como o pintor Domenikos Theotokopoulos, conhecido como **El Greco** (1541-1614), cujas mais célebres telas são *O enterro do conde Orgaz* e *Vista de Toledo sob a tempestade*.

El Greco fundia em suas obras os aspectos terrenos e celestiais.

No teatro destacaram-se **Tirso de Molina** (1571-1648), autor da dramatização histórica *Don Juan*, e **Lope de Vega** (1562-1635), produtor de mais de duas mil peças, a maioria comédias. O maior escritor da Renascença espanhola, entretanto, foi **Miguel de Cervantes** (1547-1616), autor de *Dom Quixote*, obra considerada a maior sátira já produzida em todos os tempos.

O Renascimento e a música

O pioneirismo do estilo musical renascentista coube aos franco-flamengos. A virtuosidade, o refinamento talentoso passaram a ser o eixo da nova música. Entre os músicos flamengos, destacou-se **Josquin des Prés** (1445-1521), que introduziu em suas missas estribilhos populares que chegavam a ser libertinos, bem como observações maliciosas muito distantes da tradicional liturgia. A nova corrente renascentista levou à complexidade da **polifonia** e à distinção entre música religiosa (missa, motete, antífona) e música profana (fratola, canzonetta, madrigal).

Após Josquin, até o fim do século XVI, período do Alto Renascimento, duas tendências se firmaram: a dos protestantes luteranos e a dos católicos. Deixando de usar a liturgia católica em suas cerimônias, os luteranos buscaram entre o povo um tema musical mais ao gosto popular, criando o **canto coral**. **Martinho Lutero** (1483-1546), reformador protestante, também músico, compôs diversos hinos religiosos.

> "Compostos nas melhores tradições da prosa satírica espanhola, conta as aventuras de um cavalheiro espanhol (Dom Quixote) que ficou meio desequilibrado em virtude da leitura constante de romances de cavalaria. Com a mente cheia de todas as espécies de aventuras fantásticas, aos 50 anos parte finalmente pela estrada incerta da vagabundagem cavaleirosa. Imagina que moinhos de vento são gigantes enfurecidos, e rebanhos de ovelhas, exércitos de infiéis, cabendo-lhe o dever de desbaratá-los com a espada. Em sua imaginação enferma toma estalagens por castelos e as criadas, por damas galantes perdidas de amor por ele. Os galanteios que elas não tinham a intenção de fazer, ele os repelia mui polidamente, a fim de provar a devoção que consagrava a sua Dulcineia. Posta em contraste com o ridículo cavaleiro andante, há a figura de seu fiel escudeiro Sancho Pança. Este representa o ideal do homem prático, com os pés na terra e satisfeito com os prazeres concretos do comer, beber, dormir."
>
> BURNS, Edward McNall. *História da civilização ocidental*. 2. ed. Porto Alegre, Globo, 1968. p. 433-4.

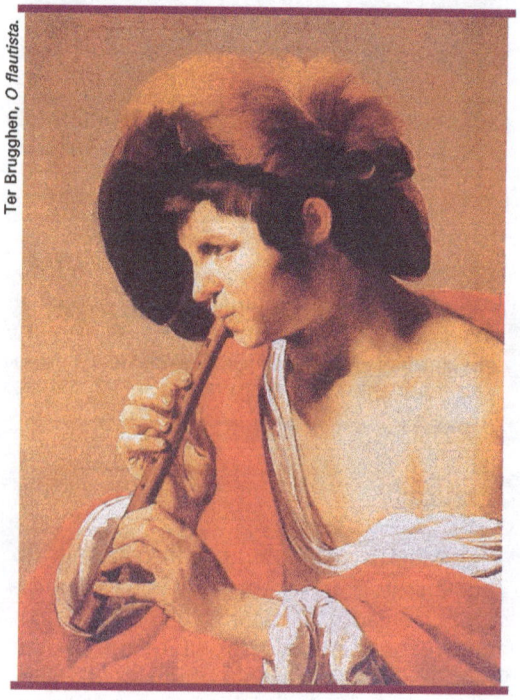

Um jovem flautista do século XVII.

Portugal

Portugal, que viveu praticamente os mesmos problemas da conjuntura espanhola, apresentou um movimento humanista intimamente relacionado com as grandes navegações. Por isso, foram expressivos a epopeia, a historiografia e o teatro. Os ideais estéticos do Renascimento chegaram a Portugal com **Sá de Miranda** (1481-1558), após viagem à Itália. No teatro, **Gil Vicente** (1465-1536) destacou-se com seus autos, como o *Auto da visitação* e o *Auto dos Reis Magos*. Contudo, o maior brilho literário coube ao poeta **Luís Vaz de Camões** (1525-1580), com seu épico *Os Lusíadas*, a maior epopeia em língua portuguesa.

Já a Igreja católica, diante do avanço protestante, posicionou-se defensivamente no Concílio de Trento (1563), criando a música da Contrarreforma, cujo iniciador foi **Giovanni Pierluigi da Palestrina** (1525-1594), autor de volumosa obra – motetes, madrigais, salmos e missas, compostos para serem cantados –, da qual se destaca a *Missa do papa Marcelo*. Íntimo de três papas e "maestro di capella" na Basílica de São Pedro, dedicou esta última ao cardeal Cervini, que teve um papado de apenas três meses.

O Renascimento musical, considerado a "idade áurea do canto", exigiu acompanhamento instrumental, destacadamente de órgão, cravo, viola e alaúde. Buscando a perfeição da forma, evoluiu culminando no estilo Barroco, dos séculos XVII e XVIII, com Johann Sebastian Bach e Antônio Vivaldi.

O Renascimento científico

A efervescência cultural da Renascença impulsionou o estudo do homem e da natureza. O Universo já não era mais aceito como obra sobrenatural, fruto dos preceitos cristãos. O espírito crítico do homem partiu para a ciência experimental, a observação, a fim de obter explicações racionais para os fenômenos da natureza. Surgem então alguns cientistas de renome.

Nicolau Copérnico (1473-1543), em *De revolutionibus orbium celestium*, refuta o geocentrismo ptolomaico, formulando a teoria heliocêntrica, que foi completada no século XVII pelo italiano **Galileu Galilei** (1564-1642). **Tycho Brahe** (1546-1601) faz observações precisas sobre os astros e **Johann Kepler** (1571-1630) apontou o movimento elíptico dos astros, preparando o caminho para a descoberta da lei da gravitação universal, de Isaac Newton (1642-1727).

Na medicina despontaram **Miguel Servet** (1511-1553) e **William Harvey** (1578-1657), que descobriram o mecanismo da circulação sanguínea – a circulação pulmonar pelas artérias e o retorno do sangue ao coração pelas veias. **Ambroise Paré** (1509-1590) defendeu a laqueação (ligação) das artérias, em lugar da tradicional cauterização, para deter hemorragias, e **André Vesálio** (1514-1564) transformou-se no pai da moderna anatomia, publicando em 1543 o primeiro livro extenso sobre o assunto: *Sobre a estrutura do corpo humano*. Vesálio atraiu estudantes de todo o mundo para as suas aulas em Pádua, fazendo da anatomia uma ciência.

Copérnico junto de um modelo do sistema heliocêntrico.

O Renascimento retirou da Igreja o monopólio da explicação das coisas do mundo. Aos poucos, o método experimental passou a ser o principal meio de se alcançar o saber científico da realidade. A verdade racional precisava ser sempre comprovada na prática, empiricamente (empirismo). Assim, apesar de a Reforma e a Contrarreforma terem freado o ímpeto renascentista, estavam lançados os fundamentos que derrubariam definitivamente a escolástica, fundamentada no misticismo. A crítica, o naturalismo, a dimensão humanista culminaram no racionalismo, no empirismo científico dos séculos XVII e XVIII. Dessa forma, as principais barreiras culturais do progresso científico foram suficientemente abaladas para não mais representarem ameaça ao progresso capitalista burguês em curso.

A REFORMA RELIGIOSA

O século XVI foi marcado pelo surgimento de novas religiões cristãs, que acabaram com a hegemonia política e espiritual da Igreja católica e abalaram a autoridade do papa. Esse processo de divisão do cristianismo denominou-se **Reforma** e às novas igrejas, **protestantes**. A reação da Igreja católica a essas novas religiões cristãs chamou-se **Contrarreforma**.

A Reforma protestante foi um movimento religioso de adequação aos novos tempos, ao desenvolvimento capitalista; representou no campo espiritual o que foi o Renascimento no plano cultural: um ajustamento de ideais e valores às transformações socioeconômicas da Europa.

e a consequente formação de uma consciência nacional colocavam em antagonismo o poder político dos reis e o poder da Igreja.

Afresco de Andrea de Firenze, 1355.

A Igreja medieval tinha grande importância econômica, política, social e cultural.

As principais causas da Reforma

O desenvolvimento dos Estados nacionais agravou sobremaneira as relações entre os reis, que tiveram seu poder político aumentado, e a Igreja, que detivera até então grande parcela do poder temporal.

Durante o feudalismo, a Igreja fora a maior detentora de propriedades em vários países da Europa, que eram obrigados a remeter vultosos tributos para Roma. No processo de formação das monarquias nacionais, a Igreja passou, então, a ser considerada em cada Estado um empecilho ao desenvolvimento econômico, além de personificar a própria estrutura feudal decadente. Dessa forma, o desenvolvimento dos Estados nacionais

Do ponto de vista socioeconômico, o progresso do capitalismo comercial era prejudicado pelo tomismo – doutrina de São Tomás de Aquino que preconizava o "justo preço" e condenava a usura, inibindo o progresso burguês e mercantil. Ao se exigir que a mercadoria fosse vendida a "justo preço", ou seja, pelo valor da matéria-prima utilizada acrescido do valor da mão de obra, desarmava-se a mola mestra do sistema comercial: o lucro. E ao se condenar a usura – acumulação de capital com a cobrança de juros –, ameaçava-se a atividade bancária, que se expandia e ganhava solidez. Assim, os ideais dos novos grupos que surgiam e se dedicavam às atividades produtivas capitalistas se chocavam com as teorias religiosas católicas, abrindo espaço para o surgimento de uma religião adequada aos novos tempos.

No campo religioso-espiritual, era constante o confronto de dois sistemas teológicos: o **tomismo** e a **teologia agostiniana**. A Igreja católica baseava-se no tomismo, teologia do fim da Idade Média alicerçada no livre-arbítrio e nas boas obras. A teologia agostiniana, por sua vez, por prezar a predestinação e a fé, serviu de base para os reformistas protestantes contrários à hegemonia cristã romana.

A predestinação e o livre-arbítrio

Foi na Baixa Idade Média, especialmente com Tomás de Aquino, teólogo e filósofo católico do século XIII, que a Igreja rompeu com a concepção fatalista do destino humano, presente na **predestinação agostiniana**. Segundo esta, o Deus onipotente escolhia, de acordo com seus desígnios, aqueles que iriam para o paraíso e os que trilhariam o caminho da perdição, destinados ao inferno. Para o agostinismo a **fé** era o único sinal externo que evidenciava a alguém pertencer ao grupo dos escolhidos à salvação eterna, formando com a predestinação o binômio central dessa teologia.

A nova concepção tomista, a do **livre-arbítrio**, considerava que o homem poderia colaborar com Deus no empenho de conseguir a salvação, cabendo-lhe escolher o bem, fazer boas obras, afastando-se do mal. Na teologia tomista a classe sacerdotal adquiriu grande importância, pois sua orientação era fundamental na definição do certo e do errado em todas as atividades do homem, possibilitando a este precaver-se do pecado e encontrar o bom caminho da salvação.

O conflito social entre o novo grupo emergente (burguesia) e a religião tradicional, aliado ao conflito político entre reis e papa, desencadeou uma crise estrutural dentro da Igreja. O aparecimento do protestantismo foi, na verdade, um processo com raízes distantes nas heresias dos séculos XI e XII, no Cisma do Ocidente (1378-1417) e na desmoralização da autoridade papal. No século XVI, entretanto, os abusos eclesiásticos ultrapassaram os limites do admissível pelos cristãos, e a crise política por que passava a Igreja precipitou o movimento reformista protestante.

A causa imediata da Reforma protestante foi a crise moral da Igreja, cujo poder e abusos contrastavam com suas pregações. Até seus supremos mandatários, os papas, envolveram-se em desmandos: **Sisto IV** entregou diversos cargos e benefícios eclesiásticos a seus familiares; **Alexandre VI** teve amantes e filhos; **Júlio II** foi mais ativo nas conquistas militares da Igreja do que em sua atividade espiritual; e **Leão X** não mediu meios para a obtenção de recursos para a construção da Basílica de São Pedro.

Em suma, a vida desregrada, a opulência e o luxo do alto clero, a venda de cargos eclesiásticos, os conflitos em Roma, a venda de "relíquias sagradas" (lascas da cruz de Cristo às toneladas, dezenas de tíbias do jumento de São José, etc.) e de indulgências (absolvição papal a pecados cometidos) transformaram a Igreja em alvo de contundentes contestações.

Gravura alemã sobre o comércio das indulgências.

O descontentamento dos humanistas com relação à Igreja levou-os a criticá-la. Assim fizeram **Erasmo de Rotterdam** e

Thomas Morus, que propuseram a depuração das práticas eclesiásticas e uma reforma interna, feita pelos próprios membros da Igreja. Mesmo antes disso, entretanto, no final do século XIV e início do XV, as censuras à Igreja ganharam vulto, com **John Wyclif**, professor da Universidade de Oxford, e **John Huss**, da Universidade de Praga. O primeiro atacou severamente o sistema eclesiástico, a opulência do clero e a venda de indulgências, insistindo em que as Sagradas Escrituras eram a verdadeira fonte de fé. Wyclif pregava ainda o confisco dos bens da Igreja na Inglaterra e a adoção pelo clero dos votos de pobreza material do cristianismo primitivo. John Huss corroborou as afirmações de Wyclif, associando o reformismo religioso ao anseio de independência nacional da Boêmia diante do domínio germânico do Sacro Império. Depois de os hussitas ganharem muitos seguidores e servirem de estímulo à chama nacionalista que produziria sucessivas lutas regionais, John Huss acabou sendo preso, condenado e supliciado na fogueira por decisão do Concílio de Constança (1415), transformando-se no herói nacional tcheco, símbolo da liberdade política e religiosa.

A Reforma na Alemanha

A Reforma protestante iniciou-se na Alemanha – parte do Sacro Império Romano-Germânico –, região essencialmente feudal, com um incipiente comércio no litoral norte. O fato de a Igreja possuir mais de um terço do território alemão despertou a ambição dos nobres, que passaram a cobiçar as terras eclesiásticas. Esse fato, aliado à patente imoralidade da Igreja, despertou o desejo pela autonomia em relação a Roma, iniciando-se assim os movimentos que levariam à Reforma.

A liderança do movimento na Alemanha coube ao frade agostiniano **Martinho Lutero** (1483-1546), que defendia a teoria da predestinação, da fatalidade da salvação, negando os jejuns apregoados pela Igreja, as indulgências e outras práticas religiosas então em uso.

Lutero iniciou suas pregações na Universidade de Wittenberg, na Saxônia, defendendo a **doutrina da salvação pela fé**. Em 1517, revoltado com a venda de indulgências pelo dominicano João Tetzel, fixou na porta de sua igreja as *95 teses*, rol de itens onde criticava o sistema clerical dominante e apresentava sua nova doutrina. Essas teses foram distribuídas por todo o país, recebendo apoio da população, já que exprimiam os anseios gerais de purificação cristã.

Algumas das 95 teses de Lutero

"21. Erram os pregadores de indulgências quando dizem que pelas indulgências do papa o homem fica livre de todo o pecado e que está salvo.

27. Enganam os homens que dizem que, logo que a moeda é lançada na caixa, a alma voa (do Purgatório).

33. Deve-se desconfiar daqueles que dizem que as indulgências do papa são um inestimável dom divino pelo qual o homem se reconcilia com Deus.

36. Qualquer cristão verdadeiramente arrependido tem plena remissão do castigo e do pecado; ela é-lhe devida sem indulgências.

50. É preciso ensinar aos cristãos que, se o papa conhecesse as usurpações dos pregadores de indulgências, ele preferiria que a Basílica de São Pedro desaparecesse em cinzas a vê-la construída com a pele, a carne e os ossos das suas ovelhas.

86. Por que é que o papa [...] não constrói a Basílica de São Pedro com seu próprio dinheiro e não com o das suas ovelhas?

95. É preciso exortar os cristãos a esperar entrar no céu mais por verdadeira penitência do que por uma ilusória tranquilidade de espírito."

Em 1520, o papa Leão X, por meio de uma bula, condenou Lutero e intimou-o a se retratar, sob pena de ser considerado herege.

Lutero, em resposta, queimou a bula papal em praça pública, sendo excomungado e devendo se submeter a um tribunal secular. Contudo, o imperador católico Carlos V, recém-eleito pelos nobres, não teve condições de punir Lutero, dada sua popularidade e o apoio dos próprios príncipes.

Carlos V convocou então uma assembleia, a **Dieta de Worms**, à qual compareceram todos os governantes do Sacro Império, para julgar Lutero. Negando-se a se retratar, foi considerado herege, mas, por contar com o apoio da nobreza, não foi punido. Refugiado no castelo de Wartburg, sob a proteção do príncipe da Saxônia, Lutero traduziu a Bíblia latina para o alemão, tornando-a o primeiro documento escrito em língua alemã moderna.

Lucas Cranach, *Lutero (detalhe)*.

Lutero foi professor de teologia na Universidade de Wittenberg.

As ideias luteranas influenciaram a revolta camponesa dos anabatistas, que, comandados por **Thomas Münzer**, tentaram confiscar terras senhoriais e da Igreja. Münzer acreditava ter sido o escolhido por Deus para estabelecer o Reino dos Mil Anos, uma comunidade de bens e de fé, tendo como centro a cidade de Mühlhausen, na Turíngia, a qual governava de forma ditatorial.

Suas pregações traziam de volta o **milenarismo**, a crença popular cristã baseada em profecias e predições do início do cristianismo que se prolongariam até a Idade Média. Essa crença dizia que o Cristo voltaria uma segunda vez, combatendo os males e instituindo o reino de Deus na terra, com a duração de mil anos, e no fim haveria a ressurreição dos mortos e o Juízo Final. Condenado como heresia pela Igreja medieval, o milenarismo renascido dos anabatistas acreditava também no estabelecimento de uma sociedade igualitária, justa e sem hierarquia, sendo Münzer e Florian Geyer seus principais líderes.

Lutero condenou violentamente esses camponeses, movendo contra eles uma guerra sem trégua, o que demonstrava seu comprometimento com a nobreza alemã. Para ele, os anabatistas foram considerados "saqueadores e assassinos", e estavam infringindo as leis de Deus, devendo ser tratados como "cães raivosos". A violenta repressão dos príncipes alemães contra os camponeses resultou na morte de mais de cem mil pessoas e na execução de seus líderes, impondo a liderança religiosa de Lutero na Reforma alemã.

Em 1529, devido à expansão das ideias reformistas, Carlos V convocou nova assembleia, a **Dieta de Spira**, que decidiu tolerar a doutrina luterana nas regiões convertidas, mantendo, porém, a proibição no restante do país. Os luteranos protestaram contra essas medidas, sendo chamados a partir de então de **protestantes**.

Em 1530, Lutero e o teólogo **Felipe Melanchton** escreveram a *Confissão de Augsburgo*, fundamentando a doutrina luterana, que se baseava nos seguintes pontos:

- Escrituras Sagradas como único dogma da nova religião;
- fé como única fonte de salvação;
- negação da transubstanciação (transformação do pão e vinho em corpo e sangue de Cristo) e aceitação da consubstanciação, isto é, o pão e o vinho quando abençoados são as mesmas substâncias, obtendo-se, porém, a presença sagrada, divina;
- supressão do clero regular, do celibato e das imagens (ícones);
- livre interpretação da Bíblia;

- substituição do latim, nos cultos religiosos, pelo alemão, idioma nacional;
- submissão da Igreja ao Estado;
- manutenção de apenas dois sacramentos: o batismo e a eucaristia.

O luteranismo considerava o dinheiro obra do demônio e condenava o capitalismo, já que se sustentava na nobreza alemã, ainda caracterizada fortemente pelos traços feudais.

> ### Lutero e os príncipes
>
> O comprometimento de Lutero com o quadro socioeconômico alemão, atraindo o apoio da nobreza (príncipes), refletiu poderosamente em suas pregações. São suas as seguintes afirmações: "A maior infelicidade da nação alemã é, sem dúvida, o tráfico de dinheiro [...] O demônio o inventou, e o papa, dando-lhe sua sanção, fez ao mundo um mal incalculável. O comércio com o estrangeiro, que traz mercadorias de Calcutá, da Índia e outros lugares [...] e leva o dinheiro do país, não deveria ser permitido. Teria muito a dizer acerca dos sindicatos comerciais [...] e lá só se encontram cupidez e injustiça [...]".
>
> Citado em MOUSNIER, Roland. *História geral das civilizações. Os séculos XVI e XVII.* p. 89.

Para enfrentar o imperador Carlos V, os luteranos organizaram a Liga de Smalkade, cujos objetivos só conseguiram se concretizar em 1555, com a **Paz de Augsburgo**, acordo segundo o qual cada príncipe tinha o direito de escolher a sua religião, bem como a de seus súditos. Esse acordo, firmado no princípio *Cujus regis ejus religio* ("Tal príncipe, sua religião"), demonstrava a acertada ligação estratégica de Lutero com a nobreza germânica, a sujeição ao Estado, ao mesmo tempo que abria espaço para o avanço das ideias da Reforma.

A Reforma na Suíça

A Suíça – região de próspero comércio, independente desde 1499 do Sacro Império – iniciou a Reforma protestante com **Ulrich Zwinglio** (1489-1531), seguidor de Lutero e Erasmo de Rotterdam. As pregações de Zwinglio resultaram numa violenta guerra civil (1529 a 1531) entre reformadores e católicos, durante a qual o líder morreu. A guerra foi encerrada com a **Paz de Kappel**, que dava autonomia religiosa a cada região administrativa (cantão) do país.

Pouco depois, chegou à Suíça o francês **João Calvino** (1509-1564), que publicou, em 1536, a obra *Instituição da religião cristã*. No prólogo, Calvino suplica ao rei Francisco I proteção aos protestantes perseguidos na França (huguenotes). Conquistando Genebra rapidamente com suas pregações, Calvino adquiriu total controle da vida religiosa, política e moral dos cidadãos da cidade com a instalação de uma rígida censura, feita pelas ordenações eclesiásticas e pelo Consistório.

> ### O Consistório
>
> Calvino transformou Genebra na Roma dos protestantes, fundindo o político e o religioso sob o controle do Consistório. Com poderes ilimitados, esse órgão vigiava os costumes dos cidadãos, obrigando-os a assistir aos serviços do culto e a participar da comunhão. Suas decisões eram implacáveis e denominavam-se "ordenações eclesiásticas".

Entrega do acordo de Augsburgo pelos príncipes germânicos ao imperador Carlos V (observe o canto esquerdo desta gravura da época).

A REFORMA RELIGIOSA

Composto de três sacerdotes da cidade e doze respeitados burgueses eleitos por um conselho municipal, o Consistório regulava detalhadamente como deveria se comportar cada cidadão, em ocasiões como casamentos, enterros e festividades, até a indumentária a ser usada. Chegou a ter poder para fechar tabernas e teatros, estabelecendo uma verdadeira inquisição calvinista, a qual condenou e executou o médico e teólogo espanhol Miguel Servet, queimado vivo em 1553.

Óleo de Rembrandt.

Para Calvino e seus seguidores, servir ao Senhor e glorificá-lo constituía a missão primordial do homem.

A doutrina calvinista admitia o mundo dependente da vontade absoluta de Deus, estando os homens sujeitos à predestinação: como pecadores por natureza, somente alguns estariam predestinados à salvação eterna.

Calvino restabeleceu o dia de graças dos judeus (sábado) – apontado no Antigo Testamento – como o dia santificado para os protestantes calvinistas, pregando que as Escrituras Sagradas eram a base do cristianismo.

Admitia apenas dois sacramentos: o batismo e a eucaristia e condenava a adoração de imagens.

O culto nas igrejas calvinistas resumia-se simplesmente ao comentário sobre a Bíblia, eliminando as cerimônias pomposas e a grandiosidade dos templos católicos.

Ética calvinista e capitalismo

Vivendo numa cidade de mercadores, Calvino criou uma doutrina que alicerçava espiritualmente o capitalismo, estimulando o lucro e o trabalho, o que favorecia a burguesia. São palavras de Calvino:

"Deus chama cada um para uma vocação particular cujo objetivo é a glorificação dele mesmo. O comerciante que busca o lucro, pelas qualidades que o sucesso econômico exige: o trabalho, a sobriedade, a ordem, responde também o chamado de Deus, santificando de seu lado o mundo pelo esforço, e sua ação é santa".

Calvino pode ser considerado o teólogo do capitalismo, pois acreditava que a miséria era a fonte de todos os pecados, apoiando em contrapartida os negócios comerciais.

A IDADE MODERNA

Muito mais que o luteranismo, o calvinismo expandiu-se por vários países, especialmente por aqueles em franco progresso comercial. Na Escócia, foi introduzido por John Knox e seus seguidores foram chamados presbiterianos, porque a Igreja calvinista escocesa foi organizada a partir de conselhos de presbíteros (padres). Na Inglaterra, foram denominados puritanos; na França, huguenotes. Vários outros países assumiram o calvinismo como religião predominante, como a Holanda e a Dinamarca.

A Reforma na Inglaterra

O líder da revolução protestante na Inglaterra foi o próprio rei Henrique VIII (1509--1547), assumindo por isso o movimento uma característica eminentemente política. Henrique VIII rompeu com o papado usando problemas pessoais: pretendia desfazer seu casamento com Catarina de Aragão para casar-se com Ana Bolena, alegando querer um herdeiro para o trono da Inglaterra.

Hans Holbein, *Henrique VIII*.

Henrique VIII, fundador da Igreja protestante inglesa, e duas de suas seis esposas (Catarina de Aragão e Ana Bolena).

Como Catarina era tia de Carlos V, imperador do Sacro Império Romano-Germânico, então em guerra contra Lutero, o papa não concedeu a anulação, a fim de não entrar em choque com Carlos V, seu aliado religioso. Inconformado, em 1534, Henrique VIII rompeu oficialmente com a Igreja de Roma publicando, pelo Parlamento, o **Ato de Supremacia**, documento por meio do qual tornava-se chefe da Igreja na Inglaterra, mais tarde denominada anglicana. Excomungado pelo papa, Henrique VIII, em represália, confiscou os bens da Igreja católica na Inglaterra.

Henrique VIII e suas seis esposas

A primeira esposa de Henrique VIII, Catarina de Aragão, era filha dos Reis Católicos da Espanha, Fernando e Isabel, e teve seis filhos, dos quais apenas a princesa Maria sobreviveu. Sem herdeiro do sexo masculino, o rei separou-se dela em 1531 para casar-se com Ana Bolena, a qual deu à luz a futura rainha Elizabeth I. Acusada de adultério e incesto foi decapitada em 1536.

Henrique VIII casou-se logo em seguida com Jane Seymour, a qual lhe deu o herdeiro que tanto ansiava, Eduardo, morrendo em seguida pelas complicações do parto. Com a morte desta terceira esposa, Henrique VIII casou-se novamente, desta vez com Ana de Cleves, em 1540, divorciando-se seis meses depois. No mesmo ano, Henrique VIII casou-se com Catarina de Howard, uma dama de honra da esposa anterior, a qual acabou decapitada devido às suas aventuras extraconjugais. O último casamento de Henrique VIII, o sexto, foi com Catarina Parr, viúva duas vezes e que, com a morte do rei, encerrou sua terceira viuvez casando-se com um almirante da marinha real.

A obra reformista protestante de Henrique VIII só foi completada no reinado de **Elizabeth I**, sua filha com Ana Bolena. Mesclando-se com os fundamentos calvinistas, a Igreja anglicana empenhou-se no caminho da conciliação, definindo de forma vaga diversas regras religiosas. De um lado, garantiu a independência diante de Roma, com o monarca como chefe supremo da nova Igreja; de outro, manteve preceitos tipicamente católicos, como a hierarquia eclesiástica, buscando conciliar as diversas facções de crentes ingleses, desde católicos tradicionais aos diversos defensores do reformismo.

A Contrarreforma e a Reforma católica

A expansão do protestantismo pela Europa colocava a Igreja católica em crise, fazendo surgir a necessidade de conter a expansão reformista. Esse movimento recebeu o nome de Contrarreforma, que incluiu a Reforma católica.

Embora já se tentasse há muito moralizar o clero e a Igreja, o impulso para isso só foi dado com a expansão protestante, e a reação católica ao protestantismo foi violenta, inclusive nos métodos.

Gravura do século XVI mostrando a queima das obras de Lutero.

Em 1534, fundou-se a **Companhia de Jesus**, idealizada por **Ignácio de Loyola**, cuja organização se assemelhava à de um exército. Os "soldados de Cristo", como eram denominados os jesuítas, deviam cega obediência a seus superiores e ao papa, e as bases teóricas de suas ações encontravam-se num livro de Loyola, chamado *Exercícios espirituais*.

Com a Companhia de Jesus, a Igreja católica ressurgiu fortalecida, disciplinada e moralizada. Os inacianos foram primorosos educadores, chegando a monopolizar o ensino em várias regiões, o que lhes garantiu a difusão do catolicismo. Chegaram a possuir tanto poder que o superior da ordem, que também comandava a Inquisição, era chamado de Papa Negro, devido à cor de sua batina.

Em 1545, o papa Paulo III convocou o **Concílio de Trento** para estudar os problemas da fé não só entre os católicos. Embora teólogos protestantes também tenham participado do encontro, nenhum acordo foi feito, e o Concílio somente reafirmou os dogmas da fé católica, condenando as teologias protestantes. Confirmou o princípio da salvação pela fé e boas obras, o culto à Virgem Maria e aos santos, a existência do purgatório, a infalibilidade do papa, o celibato do clero, a manutenção da hierarquia eclesiástica e a indissolubilidade do casamento.

Proibiu, por outro lado, a venda de indulgências – causa imediata da Reforma – e determinou a criação de seminários para a formação dos eclesiásticos, impedindo a venda desses cargos, principal ponto da Reforma católica.

Pelo Concílio de Trento, a **Inquisição**, instituição criada na Idade Média e também chamada de **Tribunal do Santo Ofício**, foi reativada. Em nome de Cristo e sob o pretexto de combater os hereges, a Inquisição condenou à tortura milhares de pessoas. Nessa época foi criado também o Índex, lista de livros proibidos pela Santa Igreja, que dificultou o progresso cultural e científico no mundo moderno.

O Índex teve em sua relação, além de livros religiosos, como os luteranos e calvi-

A IDADE MODERNA

nistas, obras científicas e culturais, de Maquiavel, Copérnico, Galileu, Newton e muitos outros. A lista era constantemente atualizada com novos títulos proibidos.

Galileu: "Eppur si muove"

Galileu foi condenado pela Inquisição e só não foi executado na fogueira por renegar suas próprias ideias. Defendendo o heliocentrismo de Copérnico, viu-se obrigado a abjurá-lo, afirmando que "foi portanto um erro meu, e o confesso, de uma vã ambição e de pura ignorância e inadvertência", sendo condenado apenas à prisão. Diante do tribunal e da renegação de princípios tão caros à sua crença, Galileu, acredita-se, teria dito a si mesmo, quanto ao movimento da Terra girar em torno do Sol, "Eppur si muove" ("Entretanto ela gira"). Somente nos anos 90 do século XX é que Galileu foi perdoado oficialmente pelo papa João Paulo II.

Tão ou mais graves e vis foram as técnicas de tortura aplicadas pela Inquisição, como queimar as plantas dos pés do interrogado, estraçalhar os músculos e carnes de todo o seu corpo ou aplicar um ferro em brasa em sua boca. A variedade e sofisticação das peças de tortura criadas para a Inquisição demonstram a importância dada ao suplício como forma de redenção dos condenados. Comumente um médico acompanhava os inquisidores para indicar o grau de tortura que o "pecador" poderia ainda suportar.

"O Santo Ofício da Inquisição, que queimou Giordano Bruno e perseguiu Galileu, denomina-se hoje Sagrada Congregação para a Doutrina da Fé. Essa Congregação tem acusado como hereges, advertido e punido numerosos teólogos contemporâneos."

NOVINSKY, Anita. *A Inquisição*. São Paulo, Brasiliense, 1982. p. 82.

O processo da Contrarreforma não eliminou o protestantismo, mas conseguiu contê-lo, anulando as principais causas do movimento reformista. Além disso, os países em que a Contrarreforma foi mais atuante – Portugal e Espanha, sobretudo – foram também as nações que deram início à expansão marítima e ao colonialismo. Dessa maneira, a fé católica – pregada pelos jesuítas – foi levada às novas terras, principalmente às americanas, ampliando a penetração da Igreja de Roma. O protestantismo no Novo Mundo ficou restrito à América do Norte, para onde foi levado pelos ingleses no século XVII.

Os métodos da Inquisição

O Tribunal do Santo Ofício, só em Portugal, processou mais de quarenta mil pessoas, queimou mais de 1800 nas fogueiras, além de condenar a vários castigos mais de 29 mil, entre as quais trezentos brasileiros. Na Espanha foram penitenciadas mais de 340 mil pessoas.

A Inquisição não poupou violência e crueldade na execução daqueles que eram considerados hereges. Na gravura de época, execução do monge Savonarola, em 1498.

O ESTADO MODERNO – O ABSOLUTISMO

Como já vimos, o Estado absoluto da Idade Moderna apresentou um caráter ambíguo, refletindo o sentido de transição do período. De um lado, foi um "Estado feudal transformado" com a burocracia administrativa, formada em grande parte pelos senhores feudais, que mantinham valores e privilégios seculares; de outro, um dinâmico agente mercantil, unificando mercados, eliminando barreiras internas que entravavam o comércio, uniformizando moedas, pesos e leis, além de empreender conquistas de novos mercados.

Entretanto, nascido da aliança rei-burguesia na Baixa Idade Média, da necessidade socioeconômica e da política da época, acabou se tornando parasitário e aristocrático, necessitando cada vez mais de uma crescente tributação. Em fins da Idade Moderna, o poderio e esplendor dos reis absolutistas opunham-se ao empreendimento burguês, à lucratividade e à capitalização em curso, levando ao processo das revoluções burguesas que, ao derrubar os monarcas absolutistas, inaugurariam o mundo contemporâneo.

Para Tomás de Aquino, o criador da escolástica, a política possuía um conteúdo ético, estando subordinada a valores ditados pela Igreja. Segundo a concepção tomista, o imperativo da moral, do bem comum e o respeito aos direitos naturais do homem compunham os fundamentos limitadores do poder político.

Para São Tomás de Aquino, a política deveria estar subordinada à Igreja.

Teóricos do absolutismo

No início da Idade Moderna, mudanças culturais expressas pelo Renascimento, que reestruturou a ideologia política europeia, permitiram desbancar a supremacia da mentalidade escolástica. Com uma ideologia política livre das amarras da Igreja, puderam surgir teorias justificadoras do Estado absolutista.

Na Idade Moderna, os intelectuais, sobrepujando a mentalidade medieval, criaram uma ideologia política típica do período, legitimando o absolutismo. Alguns, como Maquiavel, defendiam a teoria de que a política, representada pelo soberano, deveria atender ao "interesse nacional". Outros, como Hobbes, partiam da concepção de um "contrato entre governados e Estado". Vários foram os pensadores que se destacaram na teoria política do período absolutista.

O mais importante deles foi **Nicolau Maquiavel** (1469-1527), membro do governo dos Médicis, de Florença. Em suas obras (*Mandrágora, Discursos sobre a década de Tito Lívio, O príncipe*), expressa revolta quanto à situação da Itália, devastada pela divisão em repúblicas rivais. Aponta como solução para o país o despertar do interesse nacional, abrangente, postura que deveria ser assumida pelo "príncipe", a fim de restaurar a unidade da República italiana.

Maquiavel, no livro *O príncipe*, aconselha o soberano florentino a que fique acima das considerações morais, mantendo a autonomia política. Para ele, "os fins justificam os meios" e a razão de Estado deve sobrepor-se a tudo, ou seja, o soberano tudo pode fazer quando busca o bem-estar do país. Quando está em jogo o interesse do Estado – sentencia Maquiavel – até a "força é justa quando necessária".

Preocupado com o estabelecimento de um Estado forte, Maquiavel defende que a autoridade do príncipe, embora às vezes brutal e calculista, é vital para o seu sucesso e consequentemente para o do Estado. Num posicionamento contrário à concepção tomista, chega a questionar se seria preferível a um príncipe ser amado ou ser temido, e conclui: "Creio que seriam desejáveis ambas as coisas, mas, como é difícil reuni-las, é mais seguro ser temido do que amado".

O príncipe, de Maquiavel

"*O príncipe* atormentou a humanidade durante quatro séculos. E continuará a atormentá-la...". A frase refere-se à obra de Maquiavel que serviu de instrumento teórico a muitos governantes autoritários e totalitários, do século XVI ao século XX: àqueles que fizeram da "razão de Estado" o pretexto para sufocar liberdades individuais de toda a sociedade.

Sobressaem-se em sua obra outras frases, que isoladamente, fora de contexto, têm servido a ditadores diversos: "O triunfo do mais forte é o fato essencial da história humana". "Todos os profetas armados venceram, desarmados arruinaram-se." "Desprezar a arte da guerra é o primeiro passo para a ruína, possuí-la perfeitamente, eis o meio de elevar-se ao poder."

Assim, "Maquiavel – nome próprio universalmente conhecido, que teria de formar um substantivo, 'maquiavelismo', e um adjetivo, 'maquiavélico' – evoca uma época, a Renascença; uma nação, a Itália; uma cidade, Florença; enfim, o próprio homem, o bom funcionário florentino que, na maior ingenuidade, na total ignorância do estranho futuro, trazia o nome de Maquiavel, votado à reputação mais ruidosa e equívoca".

CHEVALIER, Jean-Jacques. *As grandes obras políticas – de Maquiavel a nossos dias*. Rio de Janeiro, Agir, 1980. p. 48.

Maquiavel (foto) dedicou *O príncipe* a Lourenço de Médici, governante de Florença.

Thomas Hobbes (1588-1619), considerado por muitos o teórico que melhor definiu a ideologia absolutista, articulou um sistema lógico e coerente para apresentar a necessidade do Estado despótico. O próprio título de seu livro, **Leviatã** (nome do monstro fenício do caos), nos dá a ideia do que para ele seria esse Estado: uma grande entidade todo-poderosa que dominaria todos os cidadãos.

Hobbes justifica o Estado absoluto apontando-o como a superação do "estado de natureza". Para ele, na sociedade primitiva ninguém estava sujeito a leis, tendo tão somente de satisfazer sua avidez intrínseca pelo poder, pelo interesse próprio. Levando uma "vida solitária, pobre, grosseira, animalizada e breve", todos estavam permanentemente em guerra entre si – o homem era como "um lobo para o homem" (*homo homini lupus*).

Numa fase posterior, os homens dotados da razão, do sentimento de autoconservação e de defesa buscam superar esse estado natural de destruição unindo-se para formar uma sociedade civil, mediante um **contrato** segundo o qual cada um cede seus direitos ao soberano. Dessa forma, renuncia-se a todo direito de liberdade, nocivo à paz, em benefício do Estado.

Thomas Hobbes, defensor de um Estado todo-poderoso.

Hobbes conclui que a autoridade do Estado deve ser absoluta, a fim de proteger os cidadãos contra a violência e o caos da sociedade primitiva, motivo pelo qual os homens se unem politicamente, organizando-se num Estado absoluto e vivendo felizes tanto quanto permite a condição humana. Hobbes afirma ainda que "é lícito ao rei governar despoticamente, já que o próprio povo lhe deu o poder absoluto".

Jacques Bossuet (1627-1704), de 1670 a 1679, cuidou da educação do filho do rei francês Luís XIV, escrevendo *Memórias para a educação do delfim* e *Política segundo a Sagrada Escritura*, obras em que estabeleceu o princípio do **direito divino dos reis**, isto é, do poder real emanado de Deus. Segundo Bossuet, a autoridade do rei é sagrada, pois ele age como ministro de Deus na terra, e rebelar-se contra ele é rebelar-se contra Deus.

A teoria de Bossuet influenciou sobremaneira os reis franceses da dinastia Bourbon, Luís XIV, Luís XV e Luís XVI, dando-lhes subsídios para incorporar a noção de "direito divino" à autoridade real. "Aquele que deu reis aos homens quis que eles fossem respeitados como Seus representantes", afirmava Luís XIV.

Outro teórico absolutista de destaque foi **Jean Bodin** (1530-1596), autor de *A República*, que defendia a ideia da "soberania não partilhada". Para ele, a soberania real não pode sofrer restrições nem submeter-se a ameaças, pois ela emana das leis de Deus, sendo a primeira característica do príncipe soberano ter o poder de legislar sem precisar do consentimento de quem quer que seja. **Hugo Grotius** (1583-1645), autor de *Do direito da paz e da guerra*, trata basicamente do direito internacional, mas defende também o governo despótico, o poder ilimitado do Estado, afirmando que sem ele se estabeleceria o caos, a turbulência política.

Hugo Grotius, outro teórico do absolutismo.

A IDADE MODERNA

O absolutismo francês

O início do processo de centralização política na França remonta ao período dos capetíngeos, na Baixa Idade Média, tendo-se acelerado depois da Guerra dos Cem Anos (1337-1453), com a dinastia seguinte, a dos Valois. O apogeu do absolutismo, entretanto, só se configuraria com a dinastia dos Bourbons.

Na época dos Valois, o cenário político francês foi dominado pelas "guerras de religião", destacadamente durante o século XVI, dificultando a completa centralização política. Burgueses, nobres e populares, uns sob a bandeira protestante e outros sob a católica, disputavam espaços na sociedade e na política, envolvendo os próprios soberanos Valois. Além das questões religiosas, católicos e protestantes discordavam quanto a limitar ou apoiar as prerrogativas do rei e quanto a manter ou conquistar liberdades.

Durante o governo de **Carlos IX** (1560-1574), acirrou-se a luta entre católicos e huguenotes (na França, os protestantes calvinistas). A facção católica liderada pela família Guise, que tinha o apoio de Catarina de Médicis, mãe do rei, e a huguenote dirigida pelos Bourbons colocaram em confronto a nobreza católica defensora dos antigos privilégios feudais e a burguesia mercantil calvinista. O ponto máximo dessa luta foi a **Noite de São Bartolomeu** – 24 de agosto de 1572 –, em que foram massacrados milhares de protestantes. Dentre os líderes huguenotes mortos neste massacre estava o **almirante Coligny**, que foi decapitado e seu corpo arrastado pelas ruas de Paris.

A Noite de São Bartolomeu

Catarina de Médicis era aristocrática, católica e ambiciosa e os protestantes vinham adquirindo em seu país influência e riqueza cada vez maiores. Seu filho, o rei Carlos IX, tinha, aliás, entre os que o cercavam alguns huguenotes, como o almirante Gaspar de Coligny, líder dos protestantes.

Catarina promoveu, então, um atentado contra a vida de Coligny, que, entretanto, acabou apenas ferido no braço. A tensão tomou conta de Paris e Catarina conseguiu envolver todo o governo para uma ação definitiva contra Coligny e os protestantes, preparando a Noite de São Bartolomeu. A cidade foi cercada e cerca de três mil huguenotes foram mortos por hordas de católicos. A matança assumiu feições de uma guerra civil.

François Dubois, *A noite de São Bartolomeu* (detalhe).

O massacre da noite de São Bartolomeu começou à 1 hora e 30 minutos da madrugada de 24 de agosto de 1572. Não escaparam nem mulheres, nem crianças. Henrique de Navarra, candidato protestante à sucessão do trono francês, só se salvou refugiando-se no Palácio do Louvre.

Dois anos depois, com a morte de Carlos IX, subiu ao trono seu irmão **Henrique III**, que governou até 1589. Durante seu governo, o católico Henrique Guise disputou a hegemonia política com o próprio rei Henrique III, que era apoiado pelo protestante Henrique de

Navarra Bourbon. Essas disputas – conhecidas como a **Guerra dos Três Henriques** – terminariam com o assassinato de Henrique Guise e a vitória do protestante Henrique de Navarra, definido como herdeiro e sucessor de Henrique III. Começava a dinastia Bourbon, durante a qual o absolutismo francês alcançaria seu auge.

A dinastia Bourbon

Henrique de Navarra, protestante, teve de enfrentar a oposição dos católicos para ser coroado rei da França. Os conflitos armados estenderam-se por todo o país e Henrique e seus adeptos conseguiram tomar Paris. Contudo, os católicos obtiveram ajuda militar de Felipe II da Espanha, e Henrique teve de abandonar a capital, sofrendo sucessivas derrotas.

Buscando compor-se com os católicos e conseguir transformar-se no rei dos franceses, Henrique abandonou o protestantismo, proferindo a frase "Paris bem vale uma missa". As portas de Paris foram abertas a Henrique, e ele subiu ao trono da França, em 1589, com o título de Henrique IV, reinando até 1610.

Em 1598, para encerrar a quase secular divergência religiosa na França, promulgou o **Edito de Nantes**, que concedia liberdade de culto aos protestantes. Com a pacificação do país, foi possível a consolidação do absolutismo na França.

Após a morte de Henrique IV, assume o trono francês, aos nove anos de idade, **Luís XIII** (1610-1643), ficando a regência com sua mãe, Maria de Médicis. Em 1612, foi convocado, pela última vez até a Revolução Francesa de 1789, o Parlamento – chamado **Estados Gerais** –, o que indicaria que os Bourbons, absolutistas por excelência, dispensavam as interferências dos deputados dos Estados Gerais.

Durante o reinado de Luís XIII, destacou-se a atuação do ministro de Estado, **cardeal Richelieu** (1624-1642). Buscando enfraquecer a influência política da nobreza, cassou direitos dos que se opunham ao rei, chegando mesmo a atacar seus castelos. De outro lado, possibilitou o acesso da burguesia a cargos da administração pública e, apesar de garantir a liberdade religiosa, perseguiu protestantes, limitando seu poderio.

Duelos e espadachins

As constantes lutas desse período inspiraram Alexandre Dumas, já no século XIX, a escrever o romance *Os três mosqueteiros*. Num cenário de combates, duelos, masmorras, fugas e amores tumultuosos, suas personagens reproduzem a época de Richelieu. A inspiração maior veio das aventuras do duque de la Rochefoucauld, expulso da corte pelo poderoso cardeal e participante da guerra das frondas, opositoras ao Estado absoluto. Rochefoucauld foi o autor de *Máximas*, obra que ganhou grande notoriedade devido ao seu ceticismo e às críticas mordazes aos valores e homens de seu tempo.

No plano internacional, a ação de Richelieu também foi marcante, tornando a França uma das grandes potências europeias da época. Preocupado com o poderio da dinastia Habsburgo, que nos séculos XVI e XVII reinava na Espanha, no Sacro Império, na Holanda e em alguns reinos italianos, Richelieu levou a França a intervir na **Guerra dos Trinta Anos** (1618-1648). Esse conflito começara com disputas religiosas no Sacro Império Romano-Germânico e acabou por desdobrar-se num confronto entre a dinastia dos Habsburgos e a dos Bourbons, que visava à hegemonia política na Europa. Defrontaram-se católicos Habsburgos (Áustria e Espanha) e protestantes da Boêmia, Dinamarca, Suécia, Holanda e principados alemães. A França interveio na guerra lutando contra os católicos a fim de enfraquecer os Habsburgos.

A guerra terminou em 1648, já no reinado de Luís XIV, com a vitória da França, que impôs aos Habsburgos a **Paz de Vestfália**. Com a vitória, a França recebia as províncias da Alsácia e Lorena, além dos bispados de Metz, Toul e Verdun.

A IDADE MODERNA

OS DOMÍNIOS DE CARLOS V

O apogeu da dinastia Habsburgo deu-se sob o reinado de Carlos V (1519-1556). A França dos Bourbons viu-se cercada por esse poderio e entrou em choque com essa dinastia pela hegemonia europeia.

O apogeu do absolutismo francês se deu no reinado de **Luís XIV** (1643-1715) – o Rei Sol –, que assumiu o trono ainda criança, tendo como ministro o **cardeal Mazarino**. Aplicando uma eficiente política centralizadora, Mazarino eliminou as **frondas**, associações de nobres e burgueses, opositoras do absolutismo e especialmente revoltadas com os crescentes tributos baixados pelo Estado para recuperar o tesouro público francês, após a Guerra dos Trinta Anos. A vitória de Mazarino representou o fim da última ameaça à consolidação do absolutismo, e a partir de 1660, quando Luís XIV assumiu pessoalmente o comando político da França, passou a aplicar a sua máxima *"L'Etat c'est moi"* ("O Estado sou eu").

Após a morte de Mazarino, em 1664, Luís XIV entregou o ministério das finanças a **Jean-Baptiste Colbert**, que desenvolveu a base mercantilista do absolutismo francês. O mercantilismo de Colbert, além de fazer prosperar a burguesia, dotou o governo de recursos que garantiam seu poderio. Promoveu-se, assim, o desenvolvimento das manufaturas e da navegação, além de conquistas territoriais na Ásia e América, criando-se companhias de comércio incentivadas pela Coroa.

Espelhando a grandiosidade econômica e política do Estado, Luís XIV transferiu sua corte (perto de seis mil pessoas) para **Versalhes**, um grande conjunto arquitetônico construído entre 1661 e 1674, que atraiu as atenções de toda a Europa.

O século XVII, época de Luís XIV, foi um período de grande efervescência cultural na França, destacando-se importantes pensadores e artistas como **Descartes**, **Pascal**, **La Fontaine**, **Racine** e **Molière**. Racine foi autor de tragédias como *Andrômeda* e *Phedra*, e Molière o autor de sátiras e comédias como *O avarento*, *Tartufo* e *O burguês fidalgo*.

Molière e o "tartufismo"

Jean-Baptiste Poquelin (1622-1673), universalmente conhecido sob o pseudônimo de Molière, representa o século XVII, o século do barroco. É a expressão artística do absolutismo francês, que, com suas contorsões, reflete a atmosfera de opressão do Estado. "Mas por mais compacta que seja uma época, abrigam-se no seu interior forças que a contestam. Eis por que vemos no século

XVII surgir o racionalismo em oposição ao barroco.

A clareza cartesiana que arma o homem para ver limpamente o mundo é um ato de contestação ao Estado absoluto.

Tudo na França no século XVII é angústia: a de Pascal, siderado pelo Silêncio dos Espaços Infinitos, a de Racine, situando o homem entre um universo mudo e um Deus oculto, e o riso de Molière, que fez toda a França compreender a farsa que lhe impunha o absolutismo, ao fazê-lo crer que vivia uns novos tempos, quando, na verdade, não se libertara da herança feudal.

O Tartufo não é só um libelo contra os jesuítas, o clero, os jansenistas e sua rigidez calvinista. É também um libelo contra a hipocrisia, onde quer que com ela nos queiram mistificar, enganar. Já se disse que Molière escreveu com um déspota olhando por cima de um dos seus ombros e o clero por cima do outro. Defrontando-se com o mundo do poder sem freios, Molière jamais renunciou à sua lucidez. Em nenhum momento insinuou que a vida era absurda. Absurda era a sociedade que ele denunciava. Um dos grandes temas é a impunidade. Pois é a impunidade que fabrica o impostor. Molière recusava a moral convencional fundada na hipocrisia – no "tartufismo". E é esta recusa que situa Molière no centro do mundo moderno."

In: Folheto da peça Tartufo, o pecado de Molière.
Direção de João Albano.

Na política externa, buscando garantir sua hegemonia territorial, Luís XIV envolveu a França em confrontos militares que abalaram as finanças do Estado. Para solucionar suas dificuldades financeiras, mantinha a política de aumento de impostos, descontentando a burguesia e atraindo críticas e oposição.

Em 1685, fiel ao seu caráter despótico e fundamentado no princípio "um rei, uma lei, uma fé", Luís XIV reformulou a política religiosa nacional, revogando o Edito de Nantes. A perseguição religiosa desencadeada levou milhares de huguenotes, em geral burgueses, a emigrar, arruinando a economia mercantil e abrindo espaço às primeiras críticas ao regime absolutista.

O palácio de Versalhes transformou-se no centro da vida cortesã francesa, a partir do reinado de Luís XIV.

A supremacia francesa na Europa começava a se fragmentar, dando lugar à hegemonia inglesa. Esse processo acelerou-se durante os governos de **Luís XV** (1715-1774) e de **Luís XVI** (1774-1792), nos quais a asfixia financeira do Estado e da Nação agravou-se, devido aos gastos excessivos da Corte, aos ilimitados impostos sobre a burguesia e a população e aos fracassos militares.

A **Guerra dos Sete Anos** (1756-1763) e a **Guerra de Independência dos Estados Unidos** (1776-1781) ajudaram a acelerar a decadência do Estado absoluto francês. Na Guerra dos Sete Anos, a França enfrentou a Inglaterra disputando o mercado europeu e áreas coloniais; derrotada, perdeu o Canadá e a Índia. Mais tarde, o dispendioso apoio à vitoriosa Guerra de Independência dos Estados Unidos contra a Inglaterra aprofundou as dificuldades econômicas do Estado francês. Assim, após Luís XIV, o absolutismo francês foi perdendo sua força e, pouco a pouco, surgiram as condições para a eclosão da Revolução Francesa de 1789, que demoliria o Antigo Regime na França.

A monarquia absoluta na Inglaterra

O início da centralização política na Inglaterra só ocorreu após as guerras dos Cem Anos (1337-1453) e das Duas Rosas (1455-1485), que arruinaram a nobreza inglesa, possibilitando a ascensão da dinastia **Tudor** (1485-1603). Foi essa dinastia que, com o apoio da burguesia e do Parlamento, instalou o absolutismo no país.

Henrique VII (1485-1509), o primeiro governante Tudor, pacificou o país e consolidou o Estado nacional inglês. Mas foi **Henrique VIII** (1509-1547) que, sujeitando o Parlamento, deu as características absolutistas à monarquia inglesa. Realizou a Reforma protestante na Inglaterra, fundando, com o **Ato de Supremacia** de 1534, a Igreja anglicana, da qual se tornou a maior autoridade. Seu filho e sucessor, **Eduardo VI** (1547--1553), garantiu em seu curto reinado a reforma religiosa, mas sua irmã e sucessora **Maria I** (1553-1558), casada com o rei católico da Espanha, Felipe II, restabeleceu o catolicismo, perseguindo ferozmente os protestantes ingleses.

Luís XIV, o Rei Sol, personificou o auge do absolutismo francês.

Maria Tudor passou à história como Bloody Mary (Maria, a Sanguinária).

Elizabeth I (1558-1603), outra filha de Henrique VIII, assumiu o trono com a morte de Maria I e retomou a política do pai, consolidando o anglicanismo. Desenvolveu também agressiva política mercantilista, buscando aumentar o poderio da Inglaterra nos mares.

Em seu reinado, iniciou-se efetivamente a colonização da América do Norte, com a fundação, em 1584, da colônia de **Virgínia**, por Sir Walter Raleigh. Ao mesmo tempo, como meio de enfraquecer os poderosos impérios espanhol e português, Elizabeth I apoiou a atividade corsária, na qual se destacou Francis Drake, que seria consagrado nobre pela rainha devido aos serviços prestados ao reino.

Em 1588, Felipe II da Espanha armou uma expedição naval para atacar a Inglaterra e confirmar a hegemonia espanhola em todo o mundo. A chamada **Invencível Armada**, entretanto, foi destruída pelas forças inglesas, levando à ruína o poderio espanhol, que entrou em acelerada decadência econômica. Portugal, que nessa época estava unido à Espanha, formando a União Ibérica (1580--1640), devido a razões sucessórias, sofreu os reflexos dessa ruína.

Ao consolidar o anglicanismo, Elizabeth I reforçou o poder do Estado inglês.

Em 1603, encerrou-se a dinastia Tudor com a morte de Elizabeth I, que não deixara herdeiros. Por razões de parentesco, o trono passou para o rei da Escócia, Jaime I, que iniciou a dinastia Stuart.

Contudo, os Tudors deixavam um país com a autoridade real consolidada, só que em acordo com o Parlamento, especialmente fortalecido com os favorecimentos realizados para com a pequena nobreza e os comerciantes.

Muitos dos novos grupos emergentes da sociedade inglesa, dinamizada pela política mercantilista, pelo comércio, pelos cercamentos (terras de onde os camponeses foram expulsos, trocando a produção agrícola nos moldes feudais pela produção rural comercial, inicialmente prevalecendo a criação de ovelhas), e até pela pirataria patrocinada pelo próprio Estado, foram elevados aos altos postos governamentais (Conselho Privado, tribunais e outros cargos), iniciando um processo de ampliação de prestígio e busca de maiores espaços políticos no Estado inglês. Não raramente, tais grupos sociais emergentes abraçavam o puritanismo, imbuído de uma visão religiosa e política mais sintonizada com seus anseios.

Ao contrário, no final do período Tudor, a tradicional aristocracia, muito mais comercial, empreendedora e ciosa de autonomia que a aristocracia feudal do continente, apegava-se fortemente ao anglicanismo e até ao catolicismo desbancado pelo Ato de Supremacia de Henrique VIII. Essas forças sociopolíticas iriam criar sérias turbulências no governo dos Stuarts.

Os governantes Stuart

Jaime I (1603-1625) uniu a Inglaterra à Escócia, sua terra natal, ao mesmo tempo que se aliou aos grandes nobres, desencadeando a insatisfação da burguesia e do Parlamento, que o consideravam estrangeiro. Para garantir-se no trono, Jaime I vendeu inúmeros títulos de nobreza e promoveu a adoção rigorosa do anglicanismo, o que resultou em violentas perseguições a católicos e puritanos calvinistas.

A IDADE MODERNA

> "Curiosa mescla de teimosia, vaidade e erudição, o rei Jaime foi com muita propriedade chamado, por Henrique IV da França, 'o imbecil mais sábio da cristandade'. Embora gostasse de ser adulado pelos seus cortesãos com o título de Salomão Inglês, não teve sequer o bom senso de se contentar, como seus predecessores Tudors, com o poder absoluto de fato, fazendo questão de tê-lo também de direito. Fez sua a doutrina francesa do direito divino dos reis, sustentando que 'assim como é ateísmo e blasfêmia disputar o que Deus pode fazer, também é presunção e grande desacato da parte de um súdito disputar o que o rei pode fazer'. Em sua alocução de 1609 ao parlamento, declarou que 'os reis são com justiça chamados deuses, pois exercem uma espécie de poder divino na terra'."
>
> BURNS, Edward McNall. *História da civilização ocidental.* p. 523.

uma rebelião iniciada na Escócia; mas, diante da insistência dos deputados em limitar os poderes reais, Carlos I tentou dissolvê-lo novamente. Esse confronto desencadeou uma violenta guerra civil na Inglaterra.

Antoon Van Dyck, *Carlos I.*

Carlos I presenciou a decadência da monarquia absolutista inglesa e morreu ao tentar preservá-la.

Muitos puritanos, avessos ao absolutismo anglicano do monarca, dirigiram-se para o Novo Mundo, dando início, de fato, à colonização da América inglesa. Os primeiros embarcaram no navio **Mayflower** e fundaram **Plymouth**, a primeira colônia de povoamento puritana da região que seria conhecida como Nova Inglaterra, no nordeste da América do Norte.

Carlos I (1625-1648), sucessor de Jaime I, tentou reforçar o absolutismo estabelecendo novos impostos sem a aprovação do Parlamento, o que agravou a tensão entre a Coroa e os deputados. Em 1628, o Parlamento sujeitou o rei ao juramento da "**Petição dos Direitos**" – também chamada de Segunda Carta Magna inglesa –, que garantia a população contra tributos e detenções ilegais. Obtendo em troca a aprovação dos impostos que queria em 1629, Carlos I dissolveu o Parlamento. Reconvocou-o apenas em 1640, quando necessitou de fundos para conter

A guerra civil (1641-1649) e a República puritana (1649-1658)

As forças inglesas dividiram-se em dois partidos: os **Cavaleiros**, partidários do rei, que contavam com o apoio dos latifundiários, dos católicos e dos anglicanos; e os **Cabeças Redondas**, defensores do Parlamento. Liderados por **Oliver Cromwell**, os Cabeças Redondas derrotaram os Cavaleiros em Naseby, aprisionando e executando o rei e instaurando o regime republicano, denominado **Commonwealth**.

O ESTADO MODERNO – O ABSOLUTISMO

A vitória dos roundheads

Os **Cabeças Redondas** (roundheads) receberam esse nome pelo corte de cabelo que usavam: curto, de forma arredondada, desprezando a moda corrente dos cabelos longos entre os membros da corte. Em geral pequenos proprietários, comerciantes e manufatureiros, eram seguidores do calvinismo e defensores da supremacia parlamentar.

A partir de vitórias militares sobre os Cavaleiros, conseguiram a rendição do rei em 1646. Entretanto, Carlos I reorganizou seus soldados e recomeçou a guerra, sendo derrotado definitivamente pelos Cabeças Redondas de Cromwell. Preso, Carlos I foi julgado pela Alta Corte de Justiça, a mando do Parlamento, sendo condenado à morte. Em janeiro de 1649 o rei foi decapitado em frente ao palácio de Whitehall, em Londres.

Pouco tempo depois, discursando ao Parlamento, Oliver Cromwell justificando as várias medidas revolucionárias chegou a dizer o seguinte: "Quando chegar o momento de prestarmos conta a eles (o eleitorado) poderemos dizer: Oh! Brigamos e pelejamos pela liberdade na Inglaterra".

HILL, Christopher. *O eleito de Deus*. São Paulo, Companhia das Letras, 1988. p. 179.

A execução de Carlos I marcou um fato inédito na história europeia, pois, pela primeira vez, um monarca foi executado por ordem do Parlamento e não por intrigas palacianas. Ao tomar essa decisão, a sociedade, representada pelo Parlamento, sepultava um princípio político central do Estado moderno: a ideia da origem divina do rei e de sua incontestável autoridade. A guerra civil inglesa fomentou novas ideias, que prenunciavam os acontecimentos do século seguinte, o "Século das Luzes", lançando as bases políticas do mundo contemporâneo.

Inicialmente, Cromwell governou a Inglaterra com o apoio do Parlamento, composto em sua maioria de puritanos – os calvinistas ingleses. Em 1653, Cromwell dissolveu o Parlamento e impôs uma ditadura pessoal, assumindo o título de **Lorde Protetor da República**. A ditadura inglesa perdurou até sua morte, em 1658.

Durante o governo de Cromwell, a Inglaterra foi adquirindo os contornos da potência mundial que se tornaria nos séculos seguintes. Para tanto, priorizou-se o desenvolvimento da indústria naval, lançando-se, a partir de 1650, os **Atos de Navegação**, decretos que protegiam os mercadores ingleses e suprimiam a participação holandesa no comércio britânico, muito forte até então. Essa situação levou a uma guerra entre Holanda e Inglaterra (1652-1654), da qual esta saiu vitoriosa, consolidando sua hegemonia marítima.

Quadro de Samuel Cooper.

Oliver Cromwell liderou o único período republicano da Inglaterra.

Após a morte de Cromwell (1658), iniciou-se um período de instabilidade e de lutas internas, até que o Parlamento voltou a reunir-se, decidindo pelo restabelecimento da monarquia, com o retorno da dinastia Stuart.

A volta dos Stuart e a Revolução Gloriosa (1688-1689)

Carlos II (1660-1685), filho de Carlos I e educado na corte de Luís XIV, era simpatizante do catolicismo e tentou restabelecer o absolutismo na Inglaterra. Diante das pretensões do monarca, o Parlamento dividiu-se em dois partidos: **Whig**, composto de burgueses liberais, adversários dos Stuart e partidários de um governo controlado pelo Parlamento; e **Tory**, conservadores, absolutistas, pró-Stuart e adeptos do anglicanismo.

Com a morte de Carlos II, tomou o poder **Jaime II**, que deu continuidade à política de restauração do absolutismo, sofrendo por isso oposição dos *Whigs*. Entretanto, em 1688, um acontecimento desfez toda a base política de Jaime II, fortalecendo decisivamente a oposição e precipitando uma revolução que derrubaria o absolutismo inglês. Depois do casamento com uma esposa protestante, do qual nasceram duas filhas, Jaime II, já idoso, casou-se novamente, dessa vez com uma católica. Em 1688, ocorreu o inesperado nascimento de um herdeiro, um filho católico. *Whigs* e *Tories*, contrários à sucessão de um governante católico – que seria suspeito de reinstaurar o catolicismo e definitivamente o absolutismo –, aliaram-se contra Jaime II, oferecendo o trono a **Guilherme de Orange**, protestante, casado com uma das filhas do primeiro casamento de Jaime II e chefe de Estado da Holanda.

Chamou-se Revolução Gloriosa o movimento que levou Guilherme de Orange ao trono inglês.

Guilherme III invadiu a Inglaterra, expulsou Jaime II e, vitorioso, jurou o **Bill of Rights** (Declaração de Direitos), que estabelecia as bases da monarquia parlamentar, ou seja, a superioridade da autoridade do Parlamento sobre a do rei. Determinou-se também a criação de um exército permanente, a garantia da liberdade de imprensa e da liberdade individual, a proteção à propriedade privada e a autonomia de atuação do poder judiciário. Definiu-se ainda que novas taxações teriam de ser aprovadas pelo Parlamento e, segundo o Ato de Tolerância, que haveria liberdade religiosa a todos os protestantes.

Assim, as decisões tomadas com a Revolução Gloriosa, nome que se deu à queda de Jaime II, firmavam a substituição da monarquia absolutista pela monarquia parlamentar constitucional. Essa Revolução teve, para a Inglaterra, o mesmo papel que, para a França, teve a Revolução Francesa de 1789, no que se refere à derrubada do Estado absoluto e ao surgimento das condições políticas essenciais à burguesia, como a edificação de um Estado burguês, favorável à posterior eclosão da Revolução Industrial.

O absolutismo no restante da Europa

Embora tenha sido a política dominante da Idade Moderna em toda a Europa, o absolutismo apresentou peculiaridades em cada região em que se instaurou.

Na **Prússia** – parte da Germânia –, o Estado absolutista formou-se somente a partir do século XVII, com **Frederico Guilherme Hohenzollern de Brandemburgo** (1640-1688). Com a Reforma luterana do século anterior, a região se fragmentara em diversos principados, controlados pelos nobres.

Compondo-se com os senhores locais – *junkers* –, Frederico Guilherme tomou medidas que levaram à criação do Estado nacional prussiano, como a ampliação dos tributos nacionais e do exército e o estímulo ao desenvolvimento comercial e à criação de companhias de comércio.

Frederico I (1688-1713) continuou o processo de centralização e seu sucessor, **Frederico Guilherme I** (1713-1740), fortaleceu o Estado, incentivando a militarização (serviço militar obrigatório) e o serviço público. **Frederico II** (1740-1786) incentivou o desenvolvimento comercial e manufatureiro, fazendo da Prússia um dos mais importantes Estados da Europa.

Na **Rússia**, o grão-ducado de Moscou desenvolveu-se na Baixa Idade Média como um centro aglutinador do Império Russo. Desde então, os príncipes foram estendendo seus domínios, culminando com **Ivan, o Grande** (1462-1505), que se proclamou **czar** (= César) de toda a Rússia, ampliando seu domínio até o oceano Glacial Ártico e os montes Urais. Foi nesse período que se construiu a sede governamental, o **Kremlin**. Com **Ivan, o Terrível** (1533-1584), a expansão russa fez-se em direção ao sul e ao oriente, ao mesmo tempo que se colonizou a Sibéria.

Entretanto, foi com **Pedro, o Grande** (1672-1725) que a Rússia buscou a europeização, através do desenvolvimento econômico e da implantação de instituições típicas do Estado moderno europeu. Instaurou-se um eficiente intervencionismo estatal nos moldes do mercantilismo, desenvolveu-se exército e marinha regulares e modernizados, fez-se a estruturação financeira do Estado, implantando-se uma administração pública eficiente. Promoveu-se também o comércio, atenuando laços feudais e garantindo, inclusive, autonomia às cidades frente aos senhores rurais (boiardos). Como decorrência, também os costumes se ocidentalizaram, com a obrigatoriedade de uso da indumentária europeia e a absorção de alguns hábitos das cortes, como o tabagismo.

> "Pedro, o Grande, queria copiar Luís XIV com seu Palácio de Versalhes ao iniciar a construção de São Petersburgo, desejando ter ali a nobreza sob seu controle. Para obrigar as edificações a se instalarem na nova cidade, Pedro proibiu qualquer outra construção na Rússia, chegando mesmo a usar, não raramente, de trabalho forçado. Foram trazidos arquitetos, cujo trabalho era fiscalizado pessoalmente pelo próprio czar. Tal lance de grandiosidade culminaria, após várias vitórias bélicas contra vizinhos, na obtenção do título de 'Pedro, o Grande, Imperador da Rússia e Pai da Pátria', dado pelo Legislativo russo.
>
> Pedro morreu em 1725, quando mergulhou num rio gelado de sua cidade, São Petersburgo, tentando salvar um marinheiro."
>
> VICENTINO, Cláudio. *Rússia: antes e depois da URSS*. São Paulo, Scipione, 1995. p. 33.

Catarina II (1762-1796) reforçou a política modernizadora e centralizadora de seus antecessores, transformando a Rússia numa importante potência europeia, através de incentivos culturais, como a fundação da Universidade de Moscou e de inúmeras escolas primárias, além da correspondência com importantes pensadores ocidentais.

Artista anônimo, *Pedro com Luís XIV ao colo* (detalhe)

Com Pedro, o Grande, a Rússia buscou sua ocidentalização, adotando costumes e práticas europeias.

Na **Áustria**, Estado agrícola e feudal, o despotismo foi exercido pela dinastia dos Habsburgos, destacando-se **Maria Teresa** (1740-1780), que organizou um exército nacional, e **José II** (1780-1790), que buscou centralizar a administração e a cultura, inspirando-se em Estados ocidentais.

O MUNDO COLONIAL

A expansão marítima, marco inicial dos tempos modernos, impulsionou a Revolução Comercial, transferindo o eixo econômico do Mediterrâneo para o Atlântico. Até o século XV, o comércio de especiarias fazia da Ásia, especialmente das Índias, o polo econômico principal. Mas, com a descoberta da América, as atenções e interesses voltaram-se para o novo continente, que passou a ser disputado por países europeus.

A integração da América à economia europeia se deu com a montagem do sistema colonial em consonância com as normas mercantilistas, como o monopolismo e o protecionismo. A absoluta dependência da colônia se estruturou a partir do **pacto colonial**: a colônia fornecia à metrópole, a baixo custo, matérias-primas, metais preciosos e alimentos e comprava dela produtos manufaturados a altos preços. Essa dependência colônia-metrópole foi obra das monarquias absolutistas europeias, apoiadas nas burguesias nacionais, que, através da exclusividade do comércio colonial, alcançavam a meta de obtenção de uma balança comercial favorável no Estado metropolitano.

Foi sob esse caráter que as populações no Novo Mundo integraram-se à civilização europeia ocidental. E a submissão a uma avassaladora exploração, além de resultar na dizimação de civilizações avançadas (cerca de 80% dos nativos americanos morreram no primeiro século da colonização), como as dos incas e dos astecas e das primitivas tribos da América do Norte, Central e do Sul, propiciou o desenvolvimento de uma **empresa colonial** com base no **escravismo** e outras formas de expropriação do trabalho. Ao produzir riquezas coloniais, a América integrava-se ao capitalismo comercial.

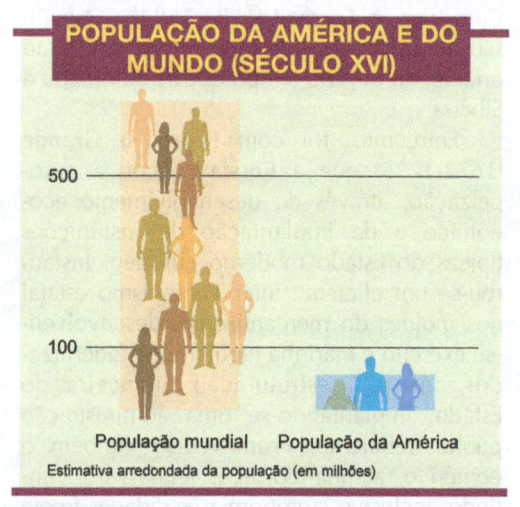

POPULAÇÃO DA AMÉRICA E DO MUNDO (SÉCULO XVI)

500

100

População mundial   População da América

Estimativa arredondada da população (em milhões)

Dos cem milhões de nativos americanos, cerca de oitenta milhões desapareceram sob o signo da modernidade capitalista comercial.

"'A civilização romana não morreu de morte natural. Foi assassinada.' Assim concluiu André Piganiol o seu livro sobre o Império Romano no século IV depois de Cristo (*L'empire chrétien 325--395*. Paris, P.U.F., 1947. p. 422). Tal afirmação, discutível no caso romano, aplica-se perfeitamente às numerosas sociedades indígenas existentes no continente americano na fase do descobrimento europeu e da conquista (fins do século XV e século XVI; em certas regiões, a conquista foi mais tardia). De tal fato derivam-se muitos problemas de documentação e mesmo de interpretação.

De documentação: os conquistadores destruíram monumentos – grandes centros urbanos da última fase pré-colombiana foram transformados em cidades espanholas (México, Cuzco) e obras de arte fundidas (quando confeccionadas em metais preciosos), queimaram quase todos os códices (manuscritos pré-colombianos, encontrados principalmente na área que hoje corresponde ao México centro-meridional). [...]

Problemas de interpretação: nas regiões indígenas e mestiças da América, o trauma da conquista e da colonização se prolonga até hoje, expressando-se na oposição entre 'hispanistas' e 'indigenistas', apologistas respectivamente da obra civilizadora ibérica e do passado indígena. Em ambos os casos, são posições unilaterais, distorcidas e idealizadas."

CARDOSO, Ciro Flamarion S. *América pré-colombiana*. São Paulo: Brasiliense, 1981. p. 7-8.

A presença dos colonizadores europeus iniciou a dominação dos povos nativos americanos.

Benjamin West, William Penn negocia um tratado de paz com os índios (detalhe).

Os primórdios da América pré-colombiana

Os habitantes da América pré-colombiana não são naturais do continente, mas oriundos de outras regiões, isto é, são alóctones. Achados arqueológicos indicam que eles chegaram ainda na época paleolítica, em pequenos grupos nômades – e isto certamente antes de 50 000 a.C. O provável caminho percorrido por esses homens, originários da Ásia, em direção à América foi o que passa pelo estreito de Bering. No entanto, não se pode descartar outras possibilidades, talvez também associadas ao estreito de Bering, como a travessia do Pacífico, mas usando como escala as inúmeras ilhas existentes entre a Ásia e a América do Sul. Estas e outras ondas migratórias ao longo da pré-história podem justificar as mais de 2 500 línguas diferentes que existiam na América quando teve início a conquista europeia do século XV.

Uma primeira conclusão destes dados parece confirmar o que já disseram alguns historiadores: de que houve vários descobrimentos da América, uns advindos da inconsciência e outros, da ignorância.

A "passagem" de Bering, tida como a mais antiga rota da chegada do homem à América, associa-se a vários fatores, especialmente à estreita proximidade entre os dois continentes (Ásia-América) naquele local. Acredita-se que a glaciação (fenômeno climático de longa duração, representado pela diminuição intensa das temperaturas por vários séculos e pelo aumento das massas de gelo nos continentes, com rebaixamento do nível do mar em mais de 100 metros) tenha levado a um recuo das águas no estreito, permitindo uma passagem relativamente fácil entre os dois continentes para o nômade homem paleolítico.

Contudo, vestígios humanos bem antigos espalham-se por todo o continente, alguns anteriores a trinta mil anos, tanto na América do Norte quanto na América do Sul, mantendo diversas incógnitas desse primeiro período humano da América.

No Brasil, existem evidências da presença humana muito antigas, algumas ainda em fase de estudo e reconhecimento internacional, como as da região do município de Central, na Bahia, e nas proximidades do município de São Raimundo Nonato, no Parque Nacional da Serra da Capivara, Toca da Pedra Furada, estado do Piauí.

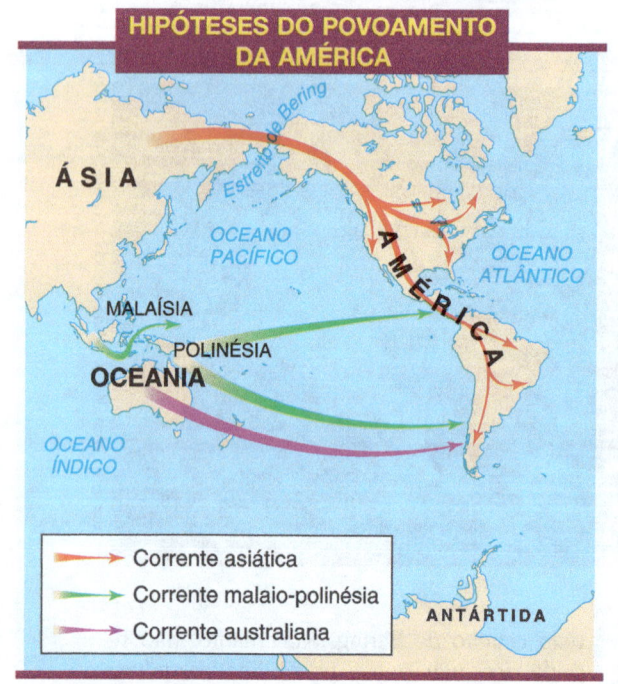

HIPÓTESES DO POVOAMENTO DA AMÉRICA

- Corrente asiática
- Corrente malaio-polinésia
- Corrente australiana

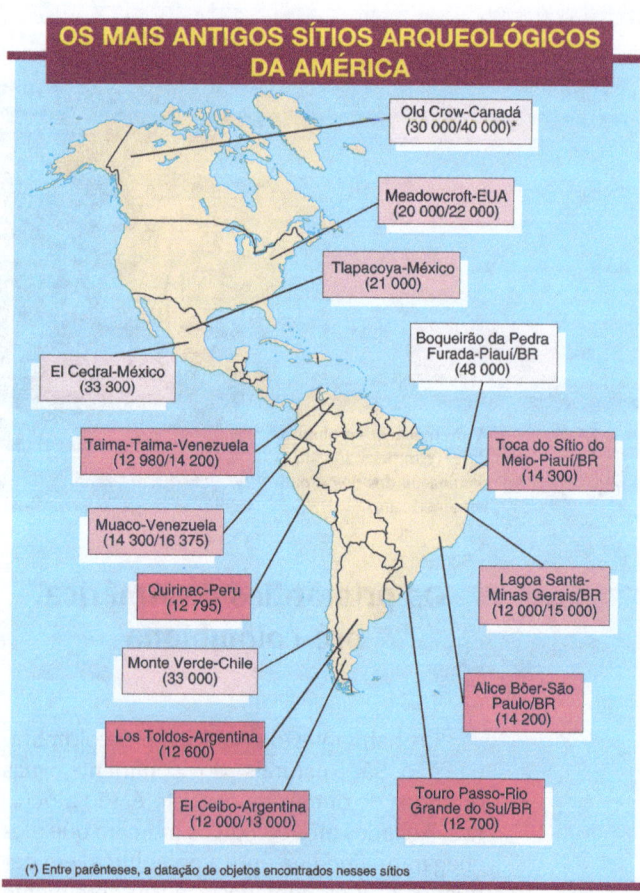

OS MAIS ANTIGOS SÍTIOS ARQUEOLÓGICOS DA AMÉRICA

- Old Crow-Canadá (30 000/40 000)*
- Meadowcroft-EUA (20 000/22 000)
- Tlapacoya-México (21 000)
- Boqueirão da Pedra Furada-Piauí/BR (48 000)
- El Cedral-México (33 300)
- Toca do Sítio do Meio-Piauí/BR (14 300)
- Taima-Taima-Venezuela (12 980/14 200)
- Muaco-Venezuela (14 300/16 375)
- Lagoa Santa-Minas Gerais/BR (12 000/15 000)
- Quirinac-Peru (12 795)
- Monte Verde-Chile (33 000)
- Alice Böer-São Paulo/BR (14 200)
- Los Toldos-Argentina (12 600)
- El Ceibo-Argentina (12 000/13 000)
- Touro Passo-Rio Grande do Sul/BR (12 700)

(*) Entre parênteses, a datação de objetos encontrados nesses sítios

Não são poucos os especialistas que defendem a chegada do homem à América antes mesmo de 100000 a.C. Das várias rotas possíveis (mapa acima), a que passa por Bering é quase sempre a mais enfatizada. Porém, é possível que vários caminhos tenham sido utilizados pelo homem pré-histórico, ficando a incerteza quanto a sua confiabilidade. Observe também a localização de vários sítios arqueológicos em todo o continente americano.

Somente no Piauí, mais de trezentos sítios arqueológicos foram encontrados e muitos deles estudados pela arqueóloga francesa naturalizada brasileira Niède Guidon e pelo arqueólogo italiano Fabio Parenti, os quais dataram as pinturas rupestres de mais de vinte mil anos e as pedras lascadas e restos de fogueiras deixadas por grupos pré-históricos, de mais de 56 mil anos. Apesar de polêmicos, muitos dos estudos recentes chegam a apontar vestígios humanos no Brasil e no resto da América do Sul de bem mais de setenta mil anos.

Pinturas rupestres em São Raimundo Nonato, no Piauí.

Seja como for, os homens pré-históricos americanos, entre 7000 e 3000 a.C., acrescentaram à caça, pesca e coleta de alimentos para a sobrevivência o cultivo de diversas plantas (algodão, abacate, pimenta, abóbora, feijão, milho, batata, mandioca, etc.) e a domesticação de vários animais (lhama, peru, abelhas, etc.). Isto ocorreu especialmente em algumas regiões, como no México e no Peru atuais, caracterizando a passagem para a etapa neolítica da evolução pré-histórica.

Também ocorreram grandes avanços na tecelagem e especialmente na cerâmica, produzindo recipientes de barro resistentes, favoráveis tanto ao armazenamento e transporte como ao cozimento de alimentos, contribuindo para a melhoria da alimentação e ampliando as perspectivas de vida da comunidade. Neste caso, destacam-se os objetos de cerâmica de Valdívia, no norte do atual Equador, datados de mais de 3500 a.C., tidos como os mais antigos da América.

As principais civilizações pré-colombianas

Na época da descoberta da América, estima-se que sua população estivesse próxima de cem milhões de habitantes, irregularmente distribuídos pelo continente e em diferentes estágios de desenvolvimento. "Havia de tudo entre os indígenas da América: astrônomos e canibais, engenheiros e selvagens da Idade da Pedra. Mas nenhuma das culturas nativas conhecia o ferro nem o arado, nem o vidro e a pólvora, nem empregava a roda, a não ser em pequenos carrinhos." (GALEANO, Eduardo. *As veias abertas da América Latina*.)

Algumas tribos tinham uma estrutura primitiva, eram nômades e viviam da caça e da pesca, como os esquimós (América do Norte), os charruas (Uruguai), os tapuias, xavantes e timbiras (Brasil). Outras tinham vida sedentária, vivendo em aldeias e praticando a agricultura, como os pueblos (América do Norte), os caribes e aruaques (Antilhas e norte da América do Sul) e os tupis-guaranis (Brasil).

Os ameríndios mais avançados tecnologicamente e que possuíam sofisticada organização sociocultural formavam a maioria da população americana no século XV. Isto porque o aumento demográfico propiciado pela agricultura neolítica permitiu que se formassem, em certos locais, concentrações populacionais, resultando na urbanização, processo que caracterizou séculos e até milênios da história dos povos pré-colombianos.

Em meio a esta evolução, surgiram sociedades divididas em classes sociais com um Estado estruturado e dominador, que impunha tributos, transformando a ordem tribal em civilizações com crescente complexidade de organização e cultura, especialmente na América Central e nos Andes. Na primeira, destacaram-se as civilizações **maia** e **asteca** e na região andina, a **inca**, não sendo, porém, as únicas.

A IDADE MODERNA

A AMÉRICA PRÉ-COLOMBIANA

A andina central e a mesoamericana foram as regiões ameríndias mais brilhantes do período pré-colombiano.

As civilizações da região andina central

As civilizações da região andina central habitaram principalmente os atuais territórios do Peru e da Bolívia, estendendo-se também sobre Equador, Chile e Argentina. Os primeiros núcleos de civilização surgiram bem antes do início da era cristã, baseados em cidades-estados, com centros cerimoniais que difundiam cultos, e envolvendo-se em sucessivas disputas pela hegemonia regional. Ao que tudo indica, o sucesso na unificação andina só acabou acontecendo depois de 600 d.C., quando emergiram os primeiros impérios controladores de uma vasta região. Entre estes destacou-se o de **Tiahuanaco**, na parte boliviana da bacia do lago Titicaca, e o **Império Huari**, no vale do Mantaro, no atual Peru.

Após estes impérios, ainda muito pouco conhecidos, surgiram diversos outros Estados regionais independentes, como o **Reino Chimu**, com capital em **Chancham**, no vale do Moche, Peru, uma cidade planificada com aproximadamente oitenta mil habitantes. Contudo, de todas as civilizações poderosas da região andina central, coube à **inca** a maior importância e grandiosidade. O seu surgimento remonta ao século XII, quando houve uma reunião de povos sob o comando do grupo quíchua ou inca, na região peruana de Cuzco, assumindo e transformando a herança cultural das civilizações anteriores.

De início, tiveram de disputar com os vários povos o controle da região, vivendo em permanente estado de guerra. Foi nesse processo que, aos poucos, estabeleceu-se um poder político em que o imperador acabou investido de autoridade religiosa, sendo visto como um semideus pelos seus súditos, passando a ser considerado o "filho do sol", o deus principal do panteão inca.

Entre os 13 soberanos relatados pela história oral inca, certamente mesclada com lendas, mitos e propaganda oficial, destacava-se **Manco Cápac**, o primeiro rei, o fundador da dinastia imperial. A representação do pensamento inca, ao que parece, nunca chegou a transformar-se numa escrita, usando tão somente pictografias e ideogramas, sobressaindo-se a contabilidade destinada a reconhecer valores estatísticos de uma sociedade controlada pelo Estado.

A fase mais conhecida dos incas começa somente no século XV, a partir de 1438, com sua enorme expansão imperial, e que continuou até a chegada dos espanhóis, em 1531. Sob o governo dos imperadores **Pachakuti** (1438-1471), **Tupa Yupanki** (1471-1493) e **Huayna Cápac** (1493-1525), os domínios do império estenderam-se do Equador ao norte do Chile, por um território norte-sul de mais de 4 500 quilômetros.

Com Pachakuti, a cidade de **Cuzco**, que na língua quíchua quer dizer "umbigo", transformou-se na capital do império, chegando a atingir, no seu apogeu, perto de cem mil habitantes. Seus suntuosos templos abrigavam estátuas, santuários, paredes e muro em ouro, como os de Qori Kancha, onde se cultuavam o sol, a lua e as estrelas. O império ainda produziu várias outras cidades com planejamento e arquitetura sofisticadas, a exemplo de **Machu Pichu**, Tumipampa e Cajamarca. O total da população imperial seguramente beirava os seis milhões de habitantes.

A sociedade inca, como era comum nas sociedades de servidão coletiva, tinha no topo da escala hierárquica o soberano inca, depois vinham seus parentes, os funcionários da administração e os sacerdotes, formando a elite que detinha o poder e a riqueza do império. Abaixo, estavam os camponeses e escravos.

Na administração, a capital Cuzco era o eixo controlador da rede de estradas, do funcionamento do correio público, dos centros fortificados, dos depósitos de alimentos e da contabilidade administrativa do Império. Este, dividido em quatro grandes territórios, eram comandados pelos **apos** (chefes), que assessoravam o **inca** (imperador). Cada território, por sua vez, subdividia-se em **wamanis** (províncias) sob o comando do **kuiricuk** (governador) e era responsável pelos **curacas** (funcionários hereditários), que recolhiam os impostos.

As ruínas de Cuzco (em cima) e Machu Pichu dão uma ideia da grandiosidade do que foi o império inca.

Na base da sociedade estavam os **ayllus**, as aldeias comandadas pelos curacas e seus **camayocs** (capatazes hereditários), encarregados de distribuir as terras, consideradas propriedades do imperador, e de determinar os trabalhos e tributos das famílias dos ayllus, firmando a base agrária da economia inca. Eram os curacas o centro do poder e de riqueza nas aldeias, determinando também a **mita**, o trabalho forçado dos aldeões na realização das obras públicas e outros serviços ao governo. Foram os mitaios os responsáveis pelo incremento de terras cultiváveis do Estado, na expansão imperial, construindo terraços agrícolas nas colinas e canais de irrigação. Também construíam e mantinham os caminhos, pontes, edifícios públicos, templos, etc.

Após a morte do imperador Huayna Cápac, abriu-se uma vigorosa disputa pelo trono entre **Huascar** e **Atahualpa**, seus dois filhos de esposas diferentes, que devastou o poderio inca, correspondendo ao momento da chegada dos conquistadores espanhóis. O vitorioso Atahualpa acabou prisioneiro, sendo morto e seu império destruído pelos comandados de Francisco Pizarro, em 1531.

Os mesoamericanos

A região mesoamericana, correspondente a boa parte dos atuais México, Guatemala, El Salvador, Honduras, Nicarágua e Costa Rica, produziu ao longo de 25 séculos diversas civilizações poderosas, destacando-se entre outras a dos olmecas, maias, toltecas e principalmente a dos astecas.

Das primeiras civilizações mesoamericanas a dos **olmecas** é considerada a fundadora da "cultura mãe" da América Central, cujo desenvolvimento situa-se entre um pouco antes de 1000 a.C. até pouco depois do século V a.C.

A população olmeca, que deve ter atingido um total próximo a 350 mil habitantes, era basicamente rural com uma dieta alimentar centrada na cultura do milho, feijão e abóbora ao longo dos rios, completada pela caça e pesca. Toda a vida olmeca estava ligada aos vários centros religiosos cerimoniais, como os de San Lorenzo, La Venta e Tres Zapotes. Ao que se sabe, o grupo sacerdotal tinha o predomínio na sociedade, apesar da existência de mercadores com alguma força que comercializavam especialmente o jade, um mineral esverdeado usado para fazer adornos. Os olmecas, além de uma cerâmica rudimentar, foram os criadores de uma escrita e calendário pouco conhecidos, os quais serviram de base para as civilizações posteriores da região. A decadência olmeca deve ter acontecido por pressão de povos vizinhos, desaparecendo nos primeiros séculos da era cristã, época em que já despontava a primeira cidade mesoamericana, a nordeste da atual Cidade do México, chamada Teotihuacán (que significa "lugar onde os homens se convertem em deuses").

A **civilização de Teotihuacán** teve início perto de 100 a.C. e atingiu o seu apogeu entre os séculos V e VII. A cidade, chegando a possuir uma população de mais de oitenta mil habitantes, tinha se transformado no centro religioso hegemônico da região, obrigando seus vizinhos ao pagamento de diversos tributos. O predomínio social em Teotihuacán, uma cidade com centro administrativo e religioso, com palácios, pirâmides, avenidas, praças e bairros planificados, pertencia a uma aristocracia guerreira e sacerdotal, associada a mercadores e aos funcionários da administração estatal.

Por volta do ano 750, a cidade foi incendiada, provavelmente devido às revoltas camponesas ligadas a ataques externos, permitindo o surgimento de outras civilizações como a dos zapotecas, dos totonacas e especialmente dos maias.

A **civilização maia**, ocupando uma região que corresponderia hoje à península mexicana de Iucatã, Guatemala, Belize e Honduras, na América Central, atingiu o seu apogeu econômico e cultural entre os séculos III e XI, organizando-se em cidades-estados, como Palenke, Tikal, Copan, entre outras. O predomínio social cabia a uma elite militar e sacerdotal, de caráter hereditário, comandada pelo Halach Uinic, responsável pela administração e cobrança de impostos. Nos arredores das cidades ficavam as aldeias de camponeses submetidos à servidão coletiva.

O MUNDO COLONIAL

imponentes palácios e grandes templos de adoração aos deuses da natureza (chuva, sol, lua, milho, etc.). Chegaram também a desenvolver apurados cálculos matemáticos, usando inclusive do zero, além de criarem vários calendários, destacando-se um religioso, o "Tzolkin", de 260 dias, e um civil, o Haab, composto de 18 meses de 20 dias, completado com 5 dias finais.

No século IX, floresceram cidades-estados que antes eram de pouca expressão, como El Tajin (atual Vera Cruz), Xochicalco (atual Morelos) e Colula (atual Puebla), as quais pouco depois entraram em declínio devido a invasões estrangeiras. Quando chegaram os espanhóis, no século XV, todas as cidades maias estavam arruinadas, beirando a total desintegração, uma decadência de vários séculos cujas razões são ainda pouco conhecidas. Ao final da civilização maia surgiram novas hegemonias de invasores mesoamericanos, destacando-se por um breve período a dos toltecas e, a seguir, a dos mexicas, também conhecidos por astecas.

Os **toltecas** atingiram seu apogeu entre os anos 1000 e 1224, tendo como centro a cidade de Tollan de 37 mil habitantes, a atual Tula, que fica ao norte da atual capital mexicana, envolvendo numerosas aldeias por uma área de 1 500 quilômetros quadrados e mais de sessenta mil pessoas. Tollan foi invadida e destruída entre os anos 1150 e 1200, seguida do fim da civilização tolteca.

De todas as grandes culturas pré-colombianas da região mesoamericana, a **asteca** foi a mais grandiosa. A civilização asteca reuniu um império que se estendia desde o oeste mexicano até o sul da Guatemala, uma área superior a trezentos mil quilômetros quadrados, envolvendo uma população próxima a 12 milhões de habitantes. A sua capital, Mexihco-Tenochtitlán (hoje Cidade do México), espalhava-se por 13 quilômetros quadrados e tinha uma população perto de cem mil pessoas, segundo estimativas mais seguras (há quem chegue a apontar quinhentos mil habitantes).

Os maias, como todas as outras civilizações pré-colombianas, organizavam-se com base na servidão coletiva, imposta por um poderoso Estado e sua burocracia, reforçada pela religião e atuação sacerdotal. Nas fotos, pirâmide maia e exemplo de sua arte e escrita.

Estima-se que a população maia tenha alcançado um total próximo de dois milhões de habitantes, construindo aperfeiçoados sistemas de irrigação.

Mexihco-Tenochtitlán, a Veneza asteca

A capital dos mexicas, Tenochtitlán (que significa "rocha de cactos"), foi construída sobre ilhotas do lago Texcoco, sendo continuamente ampliada com a lama do próprio lago, formando as **chinampas**, as novas terras utilizáveis. Em meio às ruas de terra firme sobressaíam-se os diversos canais, as mais importantes artérias do movimento urbano, interrompidos por pontes elevadiças por onde transitavam os inúmeros barcos. Do lago, a cidade se ligava ao continente por três grandes vias calçadas de pedra por onde passavam, também, os aquedutos que traziam a água potável que abastecia Tenochtitlán. O centro da cidade era ocupado pelo recinto sagrado, um conjunto de templos e colégios sacerdotais, ficando próximo à quadra de "tlachtli" (edifício de jogos de bola parecidos com o basquetebol e voleibol) e os palácios, grandiosos e ornamentados, tendo inclusive dois zoológicos. Quanto ao amplo e ativo mercado que atraía dezenas de milhares de pessoas, segundo Bernal Díaz del Castilho, soldado do conquistador espanhol Cortez, ficava numa grande praça e era algo "como nunca havíamos visto", deixando os europeus que conheciam muitas das grandes cidades europeias e orientais "admirados com a organização e regimento de tudo que tinham".

A partir de 1521, os espanhóis começaram a transformar a cidade, mudanças que produziram a gigantesca Cidade do México atual. Em lugar dos canais, hoje, estão as largas avenidas asfaltadas e sobre o grande templo, onde ficava a pirâmide de Huitzilopochtli (deus do sol e da guerra), ergue-se a Catedral do México, para a qual foi usada boa parte das pedras retiradas dos templos.

Em seu apogeu, o império asteca era sustentado pelo domínio sobre povos vizinhos, obrigados a pagarem tributos, o que era conseguido com alianças, confederações e constantes expedições punitivas dos astecas, assemelhando-se muitíssimo às civilizações da Antiguidade Oriental, como Egito e Mesopotâmia.

Serpente de duas cabeças: exemplo da exuberante arte asteca feita em mosaico.

A sua estrutura política era altamente centralizada, contando com 38 províncias, mantendo o controle sobre as atividades agrícolas e sobre a construção dos sistemas de irrigação, bem como o zelo pela cobrança de impostos. A maior autoridade asteca era a do imperador, o qual era escolhido por um conselho e que recaía, quase sempre, sobre os membros da mesma família imperial. Ao imperador cabia dirigir a "casta" sacerdotal e as atividades religiosas, políticas e militares, constituindo o que se denomina de **império teocrático de regadio**.

Na religião, havia um panteão numeroso de deuses, com conceitos e rituais, com práticas e atividades que envolviam toda a população asteca, sendo comum o sacrifício humano.

A sociedade dividia-se em camadas rígidas, sem mobilidade social, tendo no topo nobres e sacerdotes, seguidos depois pelos comerciantes e, na base da escala hierárquica, pelos grupos populares e escravos (em geral, prisioneiros de guerra).

A posse da terra era comunal, cabendo às aldeias coletivas, chamadas *calpulli*, o direito de uso da terra para o cultivo. Parte da produção servia para a sobrevivência do *calpulli* e o restante para pagar tributos ao Estado, sustentando os governantes, os sacerdotes e demais camadas aristocráticas da sociedade. Era o predomínio da estrutura de **servidão coletiva** da sociedade asteca.

Segundo a tradição oficial da elite de Tenochtitlán, a origem dos astecas remontava a uma região que ficava a noroeste, chamada Aztlan (daí asteca, o povo de Aztlan), onde seu deus Uitzilopochtli ordenou a emigração no século XII, vagando por vários territórios até chegar ao vale Texcoco no século XIV.

> **O significado da palavra México**
>
> Apoiando-se no glifo, termo que significa os caracteres da escrita maia ou asteca, alguns acreditam que a palavra México seja a águia empoleirada no cacto, devorando uma serpente. Tal símbolo estaria ligado à lenda de que o sacerdote Quauhcoatl tivera a visão da águia com a serpente sobre o cacto, no local onde o deus Uitzilopochtli queria que levantassem a cidade de Mexihco-Tenochtitlán.
>
> "Esta águia seria o símbolo de Mexitl, outro nome de Uitzilopochtli, o grande deus nacional. Outros lançam-se à etimologia deste nome; apoiando-se na autoridade do Pe. Antonio del Rincón, descobrem nele a raiz da palavra *metztli*, a Lua, e de *xictli*, o umbigo ou centro. México seria "(a cidade que está) no meio (do lago) da lua": tal era, com efeito, o nome antigo da laguna, Metztliapan."
>
> SOUSTELLE. Jacques. *A vida quotidiana dos astecas*. Belo Horizonte, Itatiaia, 1962. p. 29.

Em sua evolução histórica, os astecas só conseguiram autonomia em relação aos povos vizinhos no século XV, com o chefe Itzcoatl, iniciando a conquista de um vasto território. Com Montezuma I (c. 1440-1469), Axayacatl (1469-1481), Tizoc (1481-1486) e Ahuitzotj (1486-1502), o império continuou se ampliando, estendendo-se até a costa do Pacífico, sendo sucedidos por Montezuma II, em 1503, o último governante asteca, que acabou derrotado pelos conquistadores espanhóis.

A dominação espanhola sobre a América alterou violentamente o destino da civilização asteca, assim como dos demais povos pré-colombianos. Os europeus saquearam suas riquezas, dizimaram seus habitantes e destruíram suas culturas.

Mulher equatoriana de origem inca. A atual população latino-americana exibe muitos traços herdados dos povos pré-colombianos.

A América espanhola

Como pretexto para a exploração colonial, utilizou-se o argumento da necessidade de civilizar os povos americanos, por meio da cultura e da fé cristã. Dessa forma, acobertou-se a dominação dizimadora, justificando-a como um empreendimento comercial e de cristianização.

Até meados do século XVI, praticamente toda a América fora subjugada pelos conquistadores europeus – que se utilizavam, para isso, da pólvora e do cavalo, desconhecidos pelos ameríndios, além de se valerem da fragilidade grupal das tribos, divididas em facções muitas vezes rivais. No Peru, por exemplo, as disputas pelo trono entre Atahualpa e Huáscar enfraqueceram o império inca, o que ajudou os espanhóis a se assenhorearem do "eldorado" tão cobiçado.

> "Os indígenas foram derrotados também pelo assombro. O imperador Montezuma recebeu, em seu palácio, as primeiras notícias: um grande 'monte' andava mexendo-se pelo mar. Outros mensageiros chegaram depois: '[...] muito espanto lhe causou ao ouvir como dispara um canhão, como ressoa seu estrépito, como derruba as pessoas; e atordoam-se os ouvidos. E quando sai o tiro, uma bola de pedra sai de suas entranhas: vai chovendo fogo [...]'. Os estrangeiros traziam 'veados' nos quais montavam e 'ficavam da altura dos tetos'. Por todas as partes tinham o corpo envolto, 'somente as caras aparecem. São brancas, como se fossem de cal. Têm cabelo amarelo, embora alguns o tenham preto. Sua barba é grande [...]'. Montezuma acreditou que era o deus Quetzalcoatl que voltava."
>
> GALEANO, Eduardo. As veias abertas da América Latina. p. 28.

um pagamento irrisório. Esse método, fundado numa instituição incaica adaptada pelos espanhóis, foi utilizado especialmente nas minas de prata de Potosí e acabou por arruinar a estrutura comunitária, culminando com o extermínio da população indígena.

Theodore de Bry, Trabalhando nas minas de ouro de Potosí.

De 1503 a 1660, a Espanha tirou da América toneladas de ouro e de prata e a vida de milhões de nativos.

Hernán Cortez, no México, **Francisco Pizarro** e **Diogo Almagro**, no Peru, foram os conquistadores espanhóis que, devido à violência e extensão de suas conquistas, marcaram mais fortemente o início do processo de colonização dos territórios espanhóis na América.

Efetuada a conquista, a exploração de ouro e principalmente de prata passou a ser o eixo da colonização espanhola, durante os séculos XVI e XVII. México, Peru e Bolívia respondiam pela produção de metais preciosos, enquanto, simultaneamente, outras regiões se integravam ao sistema econômico colonial como produtoras de bens agrícolas (Chile), criadoras de animais de tração, como mulas, e produtoras de tecidos (Argentina), entre outras.

A produção colonial foi organizada a partir da exploração da mão de obra indígena. Uma das formas de utilização dos nativos era a **mita**, pela qual os indígenas eram tirados de suas comunidades para trabalhar nas minas por um prazo determinado e sob

A *encomienda*, sistema mais usado, consistia na exploração dos nativos como servos nos campos e nas minas. A Coroa encomendava a captura de indígenas a um intermediário – o *encomendero* – e os distribuía aos colonizadores, que recebiam o índio como seu servo. A servidão era justificada como um pagamento de tributos, feito pelos índios em forma de serviços, por receberem proteção e educação cristã. O *encomendero*, por sua vez, transferia parte dos tributos para a Coroa.

Organizada com base na exploração estabelecida pelo mercantilismo metropolitano, a sociedade colonial apresentava no topo da escala hierárquica os **chapetones**, espanhóis da metrópole que ocupavam altos postos militares e civis (justiça e administração), e o **clero**. A aristocracia colonial era constituída de espanhóis nascidos na América, os ***criollos***, grandes proprietários e comerciantes que, por constituírem a elite colonial, participavam das câmaras municipais, denominadas **cabildos** (ou *ayuntamientos*). Abaixo deles, vinham os **mestiços**, indivíduos nascidos de espanhóis com indígenas, que eram em geral capatazes, artesãos e administradores; em seguida, totalmente subjugados aos brancos, estavam os **escravos negros**, numericamente insignificantes, exceto nas Antilhas, e os **índios**, o grupo mais populoso, submetidos à mita e à *encomienda*.

Chamava-se **Conselho Real e Supremo das Índias** o órgão controlador da colonização, centralizado na Espanha e representado nas colônias pelos *chapetones*. Os negócios e a arrecadação de impostos cabiam às **Casas de Contratação**, e as ligações comerciais entre metrópole e colônia se faziam pelo sistema de "**porto único**", ou seja, toda transação colonial de comércio deveria, necessariamente, passar por determinado porto na metrópole – inicialmente foi Sevilha e, depois, Cádiz. Esse porto recebia as mercadorias vindas dos portos autorizados na colônia, que eram Vera Cruz (México), Porto Belo (Panamá) e Cartagena (Colômbia). Dessa forma, a metrópole espanhola tinha o controle quase absoluto do comércio realizado com suas ricas colônias americanas.

A estrutura administrativa das colônias espanholas dividia o território em quatro **vice-reinados** – de importância econômica – e algumas **capitanias gerais**, que constituíam áreas estratégicas. Veja no mapa:

A AMÉRICA ESPANHOLA

- VICE-REINADO DE NOVA ESPANHA
- CAPITANIA-GERAL DE CUBA
- CAPITANIA-GERAL DA GUATEMALA
- CAPITANIA-GERAL DA VENEZUELA
- VICE-REINADO DE NOVA GRANADA
- VICE-REINADO DO PERU
- BRASIL
- CAPITANIA-GERAL DO CHILE
- VICE-REINADO DO PRATA

Divisão política da América Latina antes das guerras de independência.

A nomeação dos vice-reis e a fiscalização administrativa cabia ao Conselho Real e Supremo das Índias. Os vice-reinados compunham-se de intendências, governadas por alcaides, e as cidades mais importantes possuíam uma câmara municipal.

À medida que a Espanha perdia a hegemonia econômica e progressivamente sujeitava-se a potências como França e Inglaterra, seu império no Novo Mundo ia se desestruturando. Além disso, a predominância absoluta dos *chapetones* (espanhóis) sobre os prósperos *criollos* (brancos americanos) criou rivalidades que culminariam, no século XIX, na independência da América espanhola.

A América inglesa

A Inglaterra só entrou efetivamente no processo colonial no reinado de **Elizabeth I** (1558-1603) quando a construção naval, o comércio marítimo e a atividade corsária ganharam estímulo. Houve, então, um choque entre Inglaterra e Espanha – potência da época – que culminou com a derrota da Invencível Armada espanhola, em 1588. Nesse período, tentou-se colonizar a América do Norte organizando-se três expedições sob o comando de Walter Raleigh, em 1584, 1585 e 1587, que, entretanto, não alcançaram o sucesso esperado.

Num incêndio em 1666, Londres e suas construções de madeira foram parcialmente destruídas, deixando milhares de desabrigados.

> *O nome Virgínia*
>
> A ocupação na América do Norte pelos ingleses iniciou-se na costa leste, onde atualmente estão o estado da Carolina do Norte e a ilha de Roanoke. A região recebeu o nome Virgínia em homenagem à rainha Elizabeth I, que era solteira. Os insistentes ataques indígenas, entretanto, arruinaram essa primeira empresa colonizadora e só a partir de 1607 iniciou-se de forma definitiva e duradoura a colonização da América inglesa.

Outro aspecto que ativou a colonização inglesa foram os conflitos político-religiosos dos séculos XVI e XVII, que estimularam a emigração de puritanos e *quakers*, em direção à América do Norte.

Durante os séculos XVII e XVIII, estruturaram-se treze colônias na América do Norte: ao norte desenvolveu-se uma economia autônoma, mercantil e manufatureira, não dependente da metrópole, e, ao sul, uma economia agrícola, que produzia exclusivamente para o mercado externo.

No século XVII, a atividade colonial inglesa edificou-se com a derrocada da Espanha e a criação de companhias de comércio, numa aliança entre o Estado e a emergente classe burguesa para a exploração e ocupação das Antilhas e da América do Norte. O empreendimento colonial contou também com o excedente populacional proveniente do processo dos cercamentos na Inglaterra. A existência desse excedente, que não encontrava colocação na cadeia de produção nas cidades, ia ao encontro da necessidade de pessoas para colonizar o Novo Mundo, representando, consequentemente, uma solução para os problemas urbanos da metrópole.

> "Quakers era um grupo religioso, de tradição protestante, surgido na Inglaterra no século XVII, fundado por George Fox. Os Quakers [...] constituem agrupamentos radicais formados por homens e mulheres procedentes dos meios humildes da população inglesa. Os Quakers apresentavam-se como contrários ao calvinismo e a qualquer autoridade eclesiástica, intitulando-se 'amigos da verdade'. O nome 'Sociedade dos Amigos' para rotular esse grupo só foi citado a partir de 1665, prevalecendo, porém, quaker, que significa 'trêmulo', adotado desde 1650 quando Fox, levado a um tri-

O MUNDO COLONIAL

> bunal, pedira que todos tremessem diante de Deus. O nome quaker, dado inicialmente por caçoada, foi, depois, empregado orgulhosamente pelos adeptos."
>
> AZEVEDO, Antonio Carlos do Amaral. *Dicionário de nomes, termos e conceitos históricos*. Rio de Janeiro, Nova Fronteira, 1990. p. 325.

Virgínia, a primeira colônia inglesa fundada na América, transformou-se num grande centro de produção de tabaco, produto altamente consumido na Europa. O sucesso econômico do empreendimento levou as companhias comerciais a fundarem outras colônias para a produção de itens tropicais de grande aceitação no mercado europeu: índigo (anil), arroz e, mais tarde, algodão. Todos esses produtos eram obtidos por meio do sistema **plantation**, caracterizado pela monocultura praticada em grandes propriedades e com a utilização de mão de obra escrava, e eram destinados ao mercado externo. Esse sistema foi a marca das colônias do sul, denominadas, por isso, **colônias de exploração**.

A parte setentrional dos Estados Unidos, de clima e condições naturais semelhantes aos da Europa, ficou conhecida como Nova Inglaterra. Nessa região, a colonização desdobrou-se de forma diversa: predominaram os colonizadores provenientes da perseguição político-religiosa, como os puritanos, cujo primeiro grupo desembarcou, do navio *Mayflower*, em 1620, na costa de Massachusetts, fundando a cidade de Plymouth.

Logo novas levas de colonos ativaram a colonização da região, transformando a parte setentrional em uma **colônia de povoamento**, diferente em sua estrutura das colônias do sul. A ocupação baseou-se na pequena e média propriedade agrícola, em que o trabalhador era não raramente o próprio colono. Diversificou-se, assim, a produção, implementando-se também manufaturas e comércio. Necessária para o escoamento da produção e a obtenção de itens externos, a construção naval ganhou grande impulso e as relações comerciais chegaram às Antilhas, à África e até à Europa. A evolução econômica da Nova Inglaterra resultou, assim, numa capitalização progressiva, ao contrário do que aconteceu no sul, onde houve uma extroversão econômica, com a produção visando somente ao mercado externo e vivendo em função dele.

W. Bayes, *A partida do Mayflower*.

Um pequeno grupo de peregrinos ingleses daria início à colonização da América anglo-saxônica.

As peculiaridades da colonização inglesa

As restrições e o controle intensivo sobre a colônia, tão característicos do mercantilismo ibérico, não se apresentaram na colonização inglesa da América do Norte. O resultado foi uma relativa autonomia econômica e política das colônias, fato mais evidente na Nova Inglaterra. Por seu caráter de povoamento, os colonos ali procuraram criar e desenvolver uma "nova Inglaterra", em tudo semelhante à sua terra de origem, e não apenas enriquecer-se para regressar à metrópole. Contribuiu também para o ameno pacto colonial na região a instabilidade política inglesa no século XVII, com suas guerras civis (Revolução Puritana, Revolução Gloriosa) e guerras europeias, que concentravam a atenção da Coroa e das elites nacionais, deixando num segundo plano a intensificação da exploração colonial.

No século XVIII, quando a Inglaterra emergiu como grande potência mundial e a monarquia parlamentar inglesa estabilizou o país, redefiniu-se a política colonial, ampliando-se as restrições econômicas e a tributação aos colonos americanos. Sob a justificativa de dificuldades do Tesouro público inglês, especialmente após a **Guerra dos Sete Anos** (1756-1763), criaram-se inúmeros impostos coloniais, o que levou os colonos a se unirem para conquistar a independência, em 1776.

AS TREZE COLÔNIAS

As treze colônias da América do Norte desenvolveram características econômicas diferentes entre si e com seus parceiros comerciais.

A colonização de outros países na América

A participação da **França** no processo de colonização iniciou-se concretamente no século XVII, com o patrocínio do governo absolutista dos Bourbons, sob a orientação mercantilista dos ministros Richelieu e Colbert. Uma das primeiras regiões ocupadas pelos franceses foi o norte da América – atual **Canadá** –, onde a colonização alicerçou-se no extrativismo (madeiras e peles) e no comércio com os indígenas. Também tomaram uma grande faixa interior, que ia dos Grandes Lagos ao México, área que denominaram Louisiana, em homenagem a seu monarca Luís XIV, e algumas ilhas das Antilhas.

No século XVIII, as desastrosas guerras em que se envolveu a França na Europa, como a Guerra da Sucessão Espanhola (1701-1713) e a Guerra dos Sete Anos (1756-1763), levaram-na a perder boa parte de suas colônias. Com a Revolução Francesa (1789) e as guerras napoleônicas, no início do século XIX, esse processo se aceleraria. O Canadá, por exemplo, foi perdido para a Inglaterra ao final da Guerra dos Sete Anos e a Louisiana, entregue aos Estados Unidos, já independente, por Napoleão Bonaparte, em 1803.

O DOMÍNIO COLONIAL DA AMÉRICA DO NORTE

A França perdeu para a Inglaterra grande parte de suas colônias na América do Norte, depois da Guerra dos Sete Anos.

A atuação dos **Países Baixos**, ou Holanda, como metrópole colonial começou em meio à luta pela independência contra a Espanha, iniciada no final do século XVI. Em 1648, com o **Tratado de Vestfália**, os Países Baixos – já poderosos comercialmente – constituíram uma república autônoma. Durante esse processo foi criada a **Companhia das Índias Orientais** (1602), destinada a explorar o comércio com a África e a Ásia e, pouco depois, a **Companhia das Índias Ocidentais** (1621), dirigida para o comércio e ocupação de regiões americanas. As invasões ao Nordeste brasileiro (1624-1625 e 1630-1654) fizeram parte da estratégia dessa companhia.

Quanto a **Portugal**, integrou o Brasil ao capitalismo europeu, com base na exploração agrícola nos séculos XVI e XVII (cana-de-açúcar) e na mineração no século XVIII.

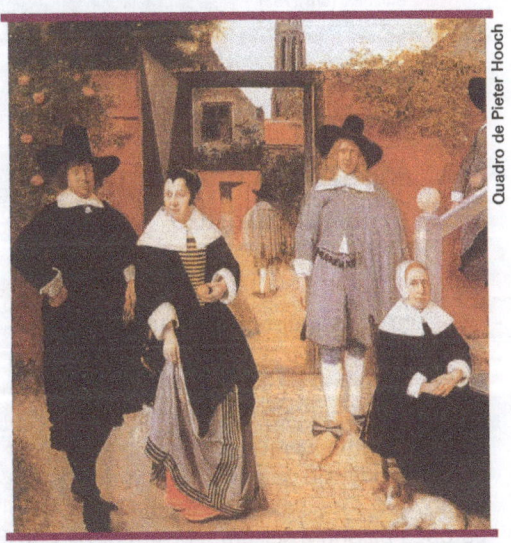

Orgulhosos e prósperos comerciantes holandeses. O intenso comércio e as atividades artesanais caracterizaram a economia dos Países Baixos no século XVII.

A IDADE MODERNA

OS DOMÍNIOS COLONIAIS EUROPEUS NA AMÉRICA

Territórios:
- Francês
- Espanhol
- Português
- Holandês
- Russo
- Britânico (em 1763)

A América foi cobiçada por várias nações europeias, que estabeleceram seus domínios em pontos diversos do continente, gerando guerras, conflitos de fronteiras, acordos e negociações.

A Europa como centro do mundo

Com as conquistas coloniais, o continente europeu passou a ocupar um lugar cada vez mais central no cenário mundial. Com a expansão do poder e da influência europeus, firmou-se uma característica importante da modernidade: de periferia do mundo muçulmano que fora na Idade Média, o mundo europeu passou a ser um "construtor de periferias", tomando a América Latina como sua primeira grande experiência de dominação sobre povos e terras desconhecidos até então. E isso não se restringiu à economia ou à política, abarcando também o campo das ideias e de valores, firmando as concepções de "progresso", "desenvolvimento" e "civilização" a serviço da contínua capitalização burguesa. A superação daquilo que chamamos de Antigo Regime, como veremos nos capítulos seguintes, seria a confirmação da ideia de progressismo sob o comando dos europeus.

O ILUMINISMO E O LIBERALISMO POLÍTICO

Nos séculos XVII e XVIII, período áureo do Estado absolutista, o desenvolvimento e o crescimento da sociedade burguesa esbarraram nos entraves remanescentes do mundo feudal. As teorias políticas de Maquiavel e Bossuet justificavam um Estado que se mostrava cada vez mais avesso ao dinamismo capitalista – era o **Antigo Regime**. Vários intelectuais passaram a criticá-lo, anunciando um mundo contemporâneo, um novo Estado, novas instituições, novos valores, condizentes com o progresso econômico, científico e cultural em andamento.

Na segunda metade do século XVIII, esses valores estruturariam os fundamentos teóricos que levariam à eclosão da Revolução Industrial, da independência dos Estados Unidos e, posteriormente, da Revolução Francesa, acontecimentos que marcaram o início do mundo contemporâneo.

O movimento que arquitetou as ideias que derrubaram o Antigo Regime é denominado **Iluminismo**, e teve em **René Descartes (1596-1650)** e **Isaac Newton (1642-1727)** seus precursores. Foram eles que lançaram as bases do racionalismo e do mecanicismo.

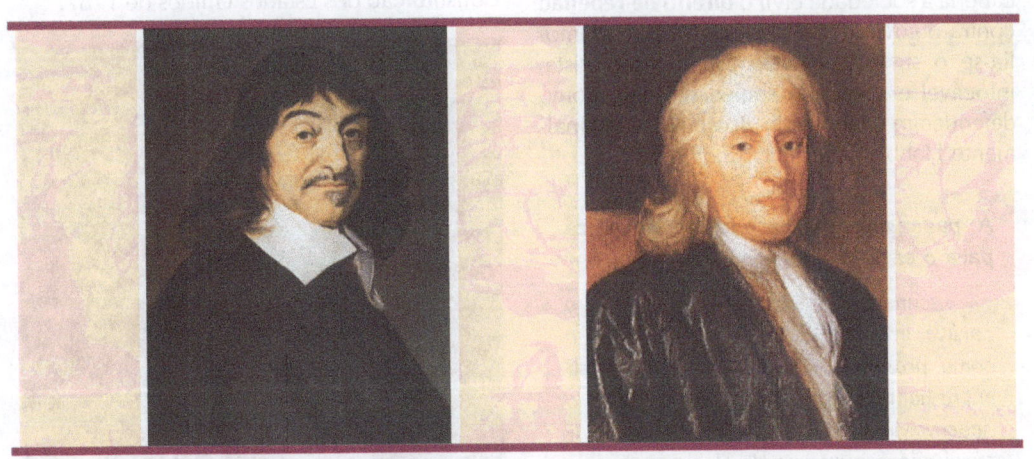

"Penso, logo existo", frase de Descartes (à esquerda), para quem a dúvida seria o ponto de partida do racionalismo. Newton (à direita) criou os fundamentos matemáticos da lei da gravitação universal.

Descartes defendeu a universalidade da razão como o único caminho para o conhecimento; Newton, com o princípio da gravidade universal, contribuiu para reforçar o fundamento de que o universo é governado por leis físicas e não submetido a interferências de cunho divino.

John Locke transferiu o racionalismo para a política, para a análise social. A partir da crítica e da razão, formulou a concepção da bondade natural humana e sua capacidade de construir a própria felicidade, ideias que confrontavam com as bases teóricas do Estado absolutista.

A volta à crença na capacidade racional humana e a necessidade de superação dos entraves tradicionais incentivaram a oposição à velha ordem. O anseio por liberdade e pelo rompimento com o Antigo Regime fizeram dos grandes pensadores desse período os responsáveis pelo "**século das luzes**".

Os filósofos do Iluminismo

John Locke (1632-1704) foi um dos principais representantes da revolução ideológica iluminista e teve como principal obra o ***Segundo tratado do governo civil***. Para ele, contemporâneo da Revolução Gloriosa, os homens possuem a vida, a liberdade e a propriedade como direitos naturais. Para preservar esses direitos, deixaram o "estado de natureza" (a vida mais primitiva da humanidade) e estabeleceram um contrato entre si, criando o governo e a sociedade civil. Assim, os governos teriam por finalidade respeitar os direitos naturais e, caso não o fizessem, caberia à sociedade civil o **direito de rebelião** contra o governo tirânico. Em síntese, demolia-se o sustentáculo do Estado absolutista, intocável e acima da sociedade civil, como defenderam Maquiavel, Bossuet e principalmente Hobbes.

> **A passagem do estado de natureza para o estado de sociedade**
>
> John Locke teoricamente demoliu o caráter intocável do Estado, explicando-o como produto de um "contrato social" entre homens para o progresso e para o desenvolvimento. "Mas, se o estado natural não é o inferno de Hobbes, se nele reinam tanta gentileza e benevolência, mal compreendemos por que os homens, gozando de tantas vantagens, dele se despojaram voluntariamente. Sim, diz-nos em substância Locke, respondendo à objeção, os homens estavam bem, no estado de natureza; entretanto, achavam-se expostos a certos inconvenientes que, acima de tudo, ameaçavam agravar-se. E, se preferiram o estado de sociedade, foi para estarem melhor."
> CHEVALIER, Jean-Jacques. *As grandes obras políticas — De Maquiavel a nossos dias.* p. 107.

Para Locke, "[...] ao governante não lhe caberia jamais o direito de destruir, de escravizar, ou de empobrecer propositadamente qualquer súdito; as obrigações das leis naturais não cessam, de maneira alguma, na sociedade; tornam-se até mais fortes em muitos casos". Já no *Ensaio sobre o entendimento humano*, definiu sua filosofia, afirmando que "o espírito humano é uma 'tábua rasa' e que todo o conhecimento se faz com a própria capacidade intelectual do homem e se desenvolve mediante sua atividade". O filósofo negava, assim, o direito dos governantes ao autoritarismo e à aplicação do direito divino, além de outras prerrogativas fundamentadas em preconceitos. Com sua obra, Locke definiu as bases da democracia liberal individualista, que serviria de referência para a elaboração da Constituição dos Estados Unidos de 1787.

Locke envolveu-se nos confrontos políticos que levaram à instalação do parlamentarismo na Inglaterra.

Barão de Montesquieu (1689-1755), título nobiliárquico de **Carlos Secondad**, foi o autor de ***O espírito das leis***, em que sistematizou a teoria da divisão de poderes (legislativo, executivo e judiciário), esboçada anteriormente por Locke. Em **Cartas persas**, Montesquieu satiriza severamente as estruturas sociais europeias e ironiza os costumes vigentes durante o reinado de Luís XIV. Para ele, não cabia ao Estado realizar os planos divinos, mas garantir aos cidadãos a liberdade, por meio de uma divisão equilibrada dos poderes: "[...] tudo estaria perdido se o mesmo homem ou a mesma corporação [...] exercesse esses três poderes: o de fazer leis, o de executar as resoluções públicas e o de julgar os crimes ou as desavenças dos particulares". E completava que "só se impede o abuso do poder quando pelas disposições das coisas só o poder detém o poder".

Voltaire (1694-1778), cujo nome verdadeiro era **François Marie Arouet**, defendeu uma monarquia esclarecida, isto é, um governo baseado nas ideias dos filósofos. Apesar de ferrenho crítico da Igreja, era deísta: acreditava na presença de Deus na natureza e no homem, bastando a razão para encontrá-lo. Em **Cartas inglesas**, criticou severamente a Igreja católica e resquícios feudais, como a servidão.

La Tour, *Voltaire jovem*.

Voltaire chegou a ser perseguido por suas ideias, mas terminou admitido na Corte, com cargos e honras.

O sarcástico Voltaire

Sempre lembrado por seu discurso irreverente, sarcástico e demolidor, algumas de suas frases mantêm, ainda hoje, grande atualidade: "É proibido matar e, portanto, todos os assassinos são punidos, a não ser que o façam em larga escala e ao som das trombetas". Ao defender um governo esclarecido, um Estado burguês, Voltaire, entretanto, via a massa popular da seguinte forma: "O povo tolo e bárbaro precisa de uma canga, de um aguilhão e feno". Em relação à liberdade de pensar e exprimir, afirmava: "Não concordo com uma única palavra do que dizeis, mas defenderei até a morte o vosso direito de dizê-lo". Condenando a irracionalidade das infindáveis guerras de sua época, Voltaire dizia: "O maior dos crimes, pelo menos o mais destrutivo, e consequentemente o mais oposto à finalidade da natureza, é a guerra. E, no entanto, não há um agressor que não tinja essa malfeitoria com o pretexto de justiça".

As ideias de **Jean-Jacques Rousseau** (1712-1778) faziam eco ao conjunto iluminista, pois integravam a crítica da ordem absolutista: "A tranquilidade também se encontra nas masmorras, mas é isso suficiente para que seja agradável o lugar em que se vive? Renunciar à liberdade é renunciar a ser homem".

A propriedade para Rousseau

Sobre a origem da propriedade, Rousseau, em seu livro *Discurso sobre a origem da desigualdade*, afirmou: "O primeiro homem a quem ocorreu pensar e dizer 'isto é meu', e encontrou gente suficientemente ingênua para acreditar, foi o verdadeiro fundador da sociedade civil. Quantos crimes, guerras e assassínios teriam sido evitados ao gênero humano se aquele, arrancando as estacas, tivesse gritado: Não, impostor".

Entretanto, Rousseau constituía uma exceção entre os iluministas, na medida em que criticava a burguesia e a propriedade privada, esta, segundo ele, que era a raiz das infelicidades humanas. Sua obra mais importante, *Contrato social*, assemelha-se, em alguns momentos, à de Montesquieu, *O espírito das leis*; em outros, difere completamente. Rousseau não aceita, por exemplo, a teoria de Montesquieu segundo a qual as circunstâncias ambientais determinariam o caráter de um povo e, em consequência, suas estruturas sociais. Para Rousseau, o homem em estado de natureza é sempre o mesmo, em qualquer região do mundo. Foi sua livre vontade que originou a sociedade humana, e as leis expressam essa livre vontade.

Assim, na sociedade ideal de Rousseau, a vontade do povo deve expressar-se sempre mediante o voto e essa vontade, necessariamente justa, deve prevalecer sobre qualquer outra consideração. Afirmava que "[...] a única esperança de garantir os direitos de cada um é então organizar uma sociedade civil e ceder todos esses direitos à comunidade"; sendo assim, "o que a maioria decide é sempre justo no sentido político e torna-se absolutamente obrigatório para cada um dos cidadãos".

Rousseau, ao contrário dos demais iluministas, achava que o **sentimento** ocupava o lugar da razão e era fonte e direção para o conhecimento e a felicidade humana. Acreditava também no aperfeiçoamento humano, mediante a educação, reforçando sua concepção do "**bom selvagem**", a bondade natural do homem investindo contra a sociedade de seu tempo.

> Em sua obra *Contrato social*, mais uma vez Rousseau firmou-se como um filósofo singular em meio aos iluministas de seu tempo. "Onde se acha, pois, nessa obra célebre, a (sua grande) invenção? No seguinte: a liberdade e a igualdade, cuja existência no estado de natureza é tradicionalmente afirmada, Rousseau pretende reencontrá-las no estado de sociedade [...]."
> CHEVALIER, Jean-Jacques. *As grandes obras políticas – De Maquiavel a nossos dias.* p. 161.

Sua teoria teve grande sucesso entre as camadas populares e a pequena burguesia, pois atendia às expectativas de um Estado democrático. Mais tarde, durante a Revolução Francesa, ela serviria de bandeira aos movimentos populares mais radicais.

Os economistas do Iluminismo

Defendendo o fim do mercantilismo, da tutela do Estado sobre a economia, surgiu a **fisiocracia** (*physio* = natureza; *kratos* = poder), que propunha que a economia funcionasse por si mesma, segundo suas próprias leis. Para os fisiocratas, a terra era a fonte de toda a riqueza, e a indústria e o comércio apenas transformavam ou faziam circular a riqueza natural. Seus maiores expoentes foram **Quesnay** (1694-1774), **Turgot** (1727-1781) e **Gournay** (1712-1759), que defendiam a abolição das aduanas internas, das regulamentações e corporações, resumidas no lema: "***Laissez faire, laissez passer, le monde va de lui-même***" ("Deixai fazer, deixai passar, que o mundo anda por si mesmo"), de Gournay.

Houdon, *Rousseau idoso.*

Em *Emílio*, Rousseau defendia a liberdade essencial do homem natural. A obra foi apreendida e queimada, e Rousseau, obrigado a fugir de Paris.

Adam Smith (1723-1790) preocupou-se em sistematizar a análise econômica com a demonstração e a elaboração de leis, fundando, assim, a economia moderna, a economia como ciência. Smith, como os fisiocratas, condenava o mercantilismo, por considerá-lo um entrave lesivo a toda ordem econômica. Alegava que, com a concorrência, a divisão do trabalho, o livre comércio, se alcançariam a harmonia e a justiça social. Ao contrário dos fisiocratas, entretanto, considerava o **trabalho**, e não a terra, a fonte de toda a riqueza. Suas propostas ficariam conhecidas como **liberalismo econômico**, e sua obra, *Riqueza das nações*, constitui o baluarte, a cartilha do capitalismo liberal.

Capa da *Enciclopédia*.

Quesnay, um dos defensores da fisiocracia.

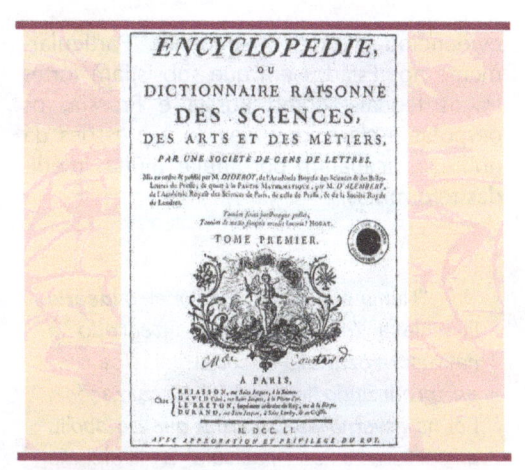

A *Enciclopédia*

Organizada pelo matemático **Jean d'Alembert** (1717-1783) e pelo filósofo **Denis Diderot** (1713-1784), a *Enciclopédia* constitui um resumo do pensamento iluminista e fisiocrata. As ideias que nortearam sua elaboração foram: a valorização da razão (racionalismo), como substituto da fé; a valorização da atividade científica, apresentada como meio para se alcançar um mundo melhor; a crítica à Igreja católica, ao clero, pelo comprometimento com o Estado absoluto; o predomínio do deísmo, crença em Deus como força impulsionadora do universo; a concepção de governo como fruto de um contrato entre governantes e governados.

Constituída de 35 volumes, contou com o trabalho de 130 colaboradores: Montesquieu contribuiu com um artigo sobre estética; Quesnay e Turgot versaram sobre economia; Rousseau discorreu sobre música e Voltaire e Hans Holbach sobre filosofia, religião e literatura.

Embora pretendesse mostrar a unidade íntima entre a cultura e o pensamento humano, as opiniões de seus autores divergiam muito. Sobre religião, por exemplo, era difícil chegar-se a um consenso, já que havia deístas e ateístas. Dessa forma, a *Enciclopédia* acabou sendo principalmente um instrumento divulgador dos ideais liberais na política e na economia.

O despotismo esclarecido

A partir da segunda metade do século XVIII, alguns soberanos absolutistas ou seus ministros, baseados em princípios iluministas, particularmente os de Voltaire, empreenderam uma política de reformas, visando à modernização nacional. Essa política, denominada **despotismo esclarecido**, tinha como objetivo racionalizar a administração, a taxação de impostos e incentivar a educação.

À medida que o Estado absolutista tentou se compatibilizar com o Iluminismo, cujas ideias em sua essência eram antiabsolutistas,

A IDADE MODERNA

evidenciou-se uma contradição. Particularmente nos Estados em que subsistiam fortes traços feudais, como Rússia e Prússia, os déspotas esclarecidos, devido a pressões da nobreza, acabaram por anular muitas medidas reformistas.

> "Numa adaptação nacional, o ideário iluminista foi reciclado e integrado à estrutura czarista e feudal-asiática russa, produzindo importantes realizações. Foi no governo de Catarina que se aboliu a tortura e se instituiu a liberdade religiosa e a igualdade de legislação para todos os domínios. Quanto à Igreja, todas as suas terras foram convertidas em propriedades do Estado, em 1764, e seus clérigos foram transformados em funcionários do governo. [...]
> Surgem, nesse período, inúmeras organizações secretas que pretendem combater o czarismo e sua autocracia, bem como a arcaica condição de miséria popular.

> Em meio ao despotismo esclarecido de Catarina II, a Grande, foram criadas escolas elementares e secundárias populares, além de colégios para professores e outras escolas superiores.
> Outras obras progressistas de Catarina II foram os novos hospitais fundados em Moscou e São Petersburgo, além de asilos, hospícios e a introdução da vacina contra a varíola, sendo a própria Catarina, como exemplo a ser seguido pela população temerosa, vacinada aos 40 anos. Por contraste, na França, o monarca Luís XV morria de varíola."
>
> VICENTINO, Cláudio. *Rússia: antes e depois da URSS*. p. 37-8.

Os principais déspotas esclarecidos foram **José II** (1780-1790), da Áustria; **Catarina II** (1762-1796), da Rússia; **Frederico II** (1712-1786), da Prússia; **marquês de Pombal** (1699-1782), ministro de José I (1750-1777), de Portugal; e o **conde de Aranda** (1718-1799), ministro de Carlos III (1716-1788), da Espanha.

Frederico II, "o rei filósofo", instaurou regras jurídicas uniformes em toda a Prússia. Ao lado, Catarina II, a "Semíramis do Norte".

A música da Renascença ao Romantismo

As mudanças no plano ideológico, político e econômico que ocorreram com a instauração e o apogeu do Estado absolutista e, posteriormente, com a gradativa ascensão da burguesia, foram acompanhadas por reflexos no plano cultural e musical.

No século XVII surgiu a música barroca, que substituiu os coros polifônicos pelo canto individual, com acompanhamento de instru-

O ILUMINISMO E O LIBERALISMO POLÍTICO

mentos. Retomaram-se também as tragédias gregas, que passaram a ser cantadas, dando origem às **óperas**, na Itália. De grande refinamento, chegando ao culto do exagero, o Barroco rococó, que representava o período absolutista, levou ao surgimento dos *castrati* e ao aprimoramento dos instrumentos musicais. Surgiram as orquestras de câmera, que deram chance a virtuosos músicos-instrumentistas, como os violinistas **Arcângelo Corelli** (1653--1713) e **Antônio Vivaldi** (1678-1731) e o cravista **Domenico Scarlatti** (1685-1757).

> Houve alguns, entretanto, que foram muito importantes, tornando-se requisitados até por soberanos. Os últimos *castrati* atuaram no final do século XIX.

A música barroca teve como principais expoentes **George Friedrich Haendel** (1685--1759) e **Johann Sebastian Bach** (1685-1750), dois grandes técnicos e gênios musicais. Impressionante em quantidade e em qualidade, a obra de Bach revolucionou a música. Compondo como forma de "honrar a Deus", segundo suas próprias palavras, contrapunha-se a Haendel, que fazia música para o povo, para ser executada em salões.

Ambos dominavam as formas musicais existentes e encerraram uma época, forjando uma nova fase musical, na qual se destacaram Haydn e Mozart, os dois grandes compositores do século das luzes.

Franz Joseph Haydn (1732-1809) escreveu uma obra vastíssima, composta de sinfonias, concertos, sonatas, óperas. Mas foi **Wolfgang Amadeus Mozart** (1756-1791) que caracterizou perfeitamente o Classicismo do século XVIII. Acabando com o rígido formalismo da música barroca, prenunciou um novo estilo, o romantismo, em que se destacaria Beethoven no século seguinte.

> ### Os castrati
>
> O exagero do rococó é muito bem representado pelos *castrati*, curiosa classe de cantores preparados desde os primeiros anos para terem voz feminina, já que era vedado às mulheres participarem de espetáculos. Preparavam-se esses meninos, castrando-os – daí o nome desses cantores –, para que sua voz permanecesse para sempre aguda, embora nem todos chegassem a ser cantores e menos ainda alcançassem o estrelato.

Bach (à esquerda) e Mozart (à direita), gênios da música do século XVIII: o primeiro do barroco e o outro, do classicismo.

A RUÍNA DO ANTIGO REGIME

Na segunda metade do século XVIII, com o fim dos entraves feudais remanescentes que davam sustentação ao Antigo Regime, demolidos por revoluções, encerrou-se o período marcado pelo Estado moderno. Abria-se espaço para o Estado liberal, nacional, uma sociedade de classes e uma cultura mais e mais comprometida com o modo de produção capitalista.

A Idade Moderna foi, portanto, um período de transição entre o feudalismo e o capitalismo contemporâneo. Dando início ao genuíno capitalismo, o fim da Idade Moderna ocorreu em meio a uma série de movimentos revolucionários, inaugurada com a independência dos Estados Unidos (1776), completando-se com a Revolução Industrial (1760-1850) e a Revolução Francesa (1789-1799). Esse período ficou conhecido como **Era das Revoluções**.

Charge francesa da época: os privilegiados – clero e nobreza – assistindo horrorizados à revolta do povo.

O rompimento dos norte-americanos com a metrópole foi o primeiro grande indicador histórico da ruína do Antigo Regime, caracterizada pelo fim do pacto colonial que existia na Idade Moderna. Irradiando-se pelo mundo e, principalmente, pela Europa do final do século XVIII, os princípios iluministas eram postos em prática pela primeira vez. Entretanto, faltava ainda a completa consolidação do Estado burguês e a definição do modo de produção capitalista, com a definitiva separação entre capital e trabalho. A Revolução Francesa respondeu pelo primeiro ponto e a Revolução Industrial pelo segundo, completando a caracterização político-econômica do que seria o mundo contemporâneo.

A independência dos Estados Unidos

Até a metade do século XVIII, a Inglaterra não exercera um rígido controle sobre a América colonial, dada sua insegura situação política e participação nas guerras europeias. O pacto colonial entre a metrópole inglesa e a América do Norte era, na prática, bastante frágil. Nesse período, nem mesmo as leis inglesas coloniais, como as de navegação, eram aplicadas. Isso permitiu às colônias evoluírem com relativa autonomia, ativando seu progresso econômico, especialmente com o comércio e a produção de manufaturas das colônias do centro-norte.

A situação só começou a se alterar quando as colônias passaram a concorrer comercialmente com a metrópole, e, em especial, a afetar seus novos anseios econômicos: ao iniciar sua Revolução Industrial, a Inglaterra necessitava de novos mercados, indispensáveis à sua consolidação industrial. Além disso, as finanças inglesas entraram em colapso com a **Guerra dos Sete Anos** (1756-1763), pois, embora a Inglaterra tivesse vencido a França e lhe tomado vastas áreas coloniais, como o Canadá e a Índia, os custos da guerra e a necessidade de ampliar a administração nas colônias levaram-na a uma crise econômica.

Assim, gradativamente, tomaram-se medidas restritivas à autonomia colonial, estabelecendo-se com vigor o pacto colonial. O Parlamento inglês aprovou uma série de impostos para as colônias, combatendo o seu comércio e o contrabando. Essa política controladora chocava-se com a difusão dos ideais iluministas de liberdade, de autonomia, levando os colonos à revolta.

Comércio entre colonos e indígenas. Durante mais de um século, as colônias inglesas viveram com relativa autonomia política e econômica.

Em 1764, lançou-se o **Sugar Act** (Lei do Açúcar), segundo o qual o açúcar que não fosse proveniente das Antilhas britânicas sofreria uma alta taxação. Essa lei afetava diretamente o comércio da Nova Inglaterra, que, até então, adquiria das Antilhas não inglesas o melaço para a produção de rum, pagando-o com produtos alimentícios. Com a venda do rum, os colonos obtinham escravos na África, estabelecendo um comércio triangular. Além de prejudicados, os infratores eram considerados contrabandistas.

Em 1765, o governo inglês baixou o **Stamp Act** (Lei do Selo), pelo qual todos os documentos, livros e jornais publicados na colônia teriam de receber um selo da metrópole, cujo valor era incorporado ao seu preço. Sentindo-se diretamente afetados pela medida, os colonos reuniram-se no **Congresso da Lei do Selo**, em Nova York, e decidiram paralisar o comércio com a Inglaterra e não pagar "nenhum imposto sem representação", isto é, por não terem representantes no Parlamento inglês sentiam-se desobrigados a aceitar qualquer tributação da metrópole.

Na Inglaterra, alguns setores mostraram-se contrariados com o boicote comercial imposto pela colônia e juntaram-se aos colonos criticando as taxações, na chamada **Questão dos Impostos**. Nesse movimento, destacou-se **William Pitt**, que num discurso no Parlamento declarou: "Sou de opinião de que este reino não tem direito de taxar colônias. Os americanos são filhos da metrópole e não seus bastardos...". Em 1766, a Lei do Selo foi revogada.

William Pitt lutou contra a Lei do Selo, imposta pelos ingleses aos colonos.

Entretanto, a partir de 1767, o ministro **Charles Townshend** voltou a intensificar a tributação colonial, com impostos sobre vidro, papel, chá, etc. A reação colonial foi imediata, culminando em manifestações de protesto, como em Boston, principal porto colonial, onde as tropas inglesas dispararam contra uma multidão de manifestantes, no chamado **Massacre de Boston**.

O acirramento das animosidades levou a Inglaterra a suspender os tributos impostos por Townshend, exceto o que se referia ao comércio do chá, que a partir de 1773, com a elaboração do **Tea Act** (Lei do Chá), passou a ser monopólio da Companhia das Índias Orientais, com sede em Londres. Objetivava-se o controle da venda do produto, combatendo o contrabando de chá holandês e excluindo os norte-americanos do comércio do chá britânico. Os colonos reagiram, organizando manifestações contra a metrópole. A mais importante delas se deu no porto de Boston e foi apelidada de **Boston Tea Party**.

No porto de Boston, a maior manifestação de protesto dos colonos.

The Boston Tea Party

Em dezembro de 1773, cerca de vinte colonos disfarçados de índios, portando plumas coloridas e pintados nos rostos e braços, atacaram e ocuparam três navios britânicos no porto de Boston, atirando ao mar o carregamento de chá. Era um ultraje à autoridade de Sua Majestade Jorge III, o que deixou os ingleses indignados. Em resposta a esse incidente, o Parlamento inglês determinou uma série de medidas coercitivas sobre a colônia, chamadas pelos colonos de Leis Intoleráveis.

A resposta da Inglaterra às manifestações coloniais, especialmente contra o incidente de Boston, foram as **Leis Intoleráveis** ou **Coercitivas** (1774), que determinavam o fechamento do porto de Boston, até que fossem pagos os prejuízos aos navios britânicos; a ocupação militar de Massachusetts (onde se localiza Boston), que perdeu parte de sua autonomia política e administrativa; a realização do julgamento de funcionários ingleses só em outra colônia ou na Inglaterra. Determinou-se também que as terras do centro-oeste ficariam sob o comando do governador inglês de Quebec, medida que visava barrar a expansão territorial dos colonos para noroeste, o que poderia prejudicar o comércio de peles realizado entre os ingleses e os índios. Além disso, essa medida conteria a população colonial na faixa litorânea, o que facilitaria o controle político-fiscal.

Diante das Leis Intoleráveis, os colonos realizaram, em 1774, o **Primeiro Congresso Continental de Filadélfia**, que decidiu pelo boicote total ao comércio com a Inglaterra, caso essas leis não fossem revogadas. Em 1775, diante dos ataques ingleses às localidades de Lexington e Concord, iniciava-se definitivamente a ruptura entre a metrópole e a colônia, à qual só restava submeter-se ou triunfar.

No **Segundo Congresso Continental de Filadélfia** (1775) decidiu-se pelo rompimento com a Inglaterra. Aceitavam-se as palavras de **Thomas Paine**, jornalista autor do folheto ***Common Sense*** (Senso Comum), que afirmava: "Passou o tempo de falar. Neste instante as armas têm a palavra... abaixo a Inglaterra".

A 4 de julho de 1776, publicava-se a **Declaração de Independência**, elaborada por **Thomas Jefferson**, jovem jurista e profundo conhecedor de John Locke e dos iluministas franceses, com a colaboração de Benjamin Franklin, John Adams, Roger Sherman e Robert Livingston. Declarada unilateralmente, a independência das treze colônias teve de ser conquistada.

Os congressos continentais de Filadélfia foram decisivos para a independência norte-americana.

Declaração de Independência dos Estados Unidos

"Consideramos como uma das verdades evidentes por si mesmas que todos os homens são criados iguais; que receberam de seu Criador certos direitos inalienáveis, entre os quais figuram a vida, a liberdade e a busca da felicidade; que os governos foram estabelecidos precisamente para manter esses direitos, e que seu legítimo poder deriva do consentimento de seus governados; que cada vez que uma forma de governo se manifesta inimiga desses princípios, o povo tem o direito de mudá-la ou suprimi-la e estabelecer um novo governo, baseando-se naqueles princípios e organizando seus poderes segundo formas mais apropriadas para garantir a segurança e a felicidade. A prudência exige que os governos estabelecidos desde

> muito tempo não devem ser modificados por motivos fúteis e passageiros. [...] Mas quando uma série de abusos e usurpações convergem invariavelmente para o mesmo fim e demonstram o objetivo de submeter o povo a um despotismo absoluto, é direito do povo, e até seu dever, rejeitar tal governo e buscar novas garantias de sua segurança futura. Tal é a situação das colônias agora, e daí a necessidade que as obriga a mudar seu antigo sistema de governo."
>
> In: GRIMBERG, Carl. *História universal*. v. 10. p. 39.

Para ganhar apoio dos franceses para a causa da jovem nação, **Benjamin Franklin** foi a Paris como representante do Congresso norte-americano, enquanto **George Washington** (1732-1799), grande proprietário e experiente militar, era nomeado comandante das tropas americanas.

G. Washington-Marck, *A passagem do rio Delaware*.

O forte sentimento de liberdade enraizado entre os colonos norte-americanos foi decisivo para a conquista da emancipação política e econômica, estimulando as lutas pela independência.

A desproporção de forças entre ingleses e o exército norte-americano, formado por comerciantes, lenhadores e camponeses, levou a sucessivas derrotas dos colonos. Contudo, após a vitória obtida por Washington, em **Saratoga** (1777), o exército americano reanimou-se e deu a Benjamin Franklin meios de conquistar o apoio militar dos franceses e espanhóis. A França almejava recuperar as perdas coloniais da Guerra dos Sete Anos e a Espanha participou da guerra da independência por causa de uma aliança familiar entre o monarca francês Luís XVI e o espanhol Carlos III. Foram os generais franceses **La Fayette** e **Rochambeau** que comandaram os seis mil franco-espanhóis na guerra de independência dos Estados Unidos.

Em 1781, o general inglês Cornwallis capitulou em **Yorktown**, pondo fim ao conflito, e em 1783, a Inglaterra firmava o **Tratado de Paris**, reconhecendo a independência norte-americana, além de entregar o Senegal e parte das Antilhas aos franceses e a Flórida à Espanha.

A primeira república da América

Até o término da guerra da independência, as bases do novo sistema de governo foram fixadas pelo **Congresso de Filadélfia**, estabelecendo-se uma república com autonomia completa para os treze estados (ex-treze colônias). Terminada a guerra, convocou-se a **Convenção Constitucional de Filadélfia** para elaborar a constituição. Nos trabalhos firmaram-se duas facções: a dos **republicanos**, liderados por Thomas Jefferson, que defendiam um poder central simbólico e completa autonomia dos estados; e a dos **federalistas**, liderados por Alexander Hamilton e George Washington, a favor de um forte poder central. A Constituição de 1787 fundiu essas duas tendências, definindo como sistema de governo uma república federativa presidencialista.

Inspirados em Locke, Montesquieu e Rousseau, os constitucionais puseram em prática a concepção de contrato social entre Estado e sociedade civil e a separação de poderes – executivo, legislativo e judiciário. Acrescida de algumas emendas, essa constituição é ainda hoje vigente nos Estados Unidos.

Em 1789, o Congresso elegeu por unanimidade **George Washington** para presidente, dando início ao regime republicano federalista presidencialista.

Algumas divergências podem ser observadas entre historiadores norte-americanos: uns interpretaram os fundadores dos Estados Unidos, os Patriarcas da pátria, como "semideuses", enquanto outros, numa postura crítica em relação à Constituição e seus construtores, consideraram-nos "plutocratas e egoístas". Nesse sentido, vale considerar o texto de Charles Sellers que segue abaixo:

"Os Patriarcas, então, talvez não tenham sido os semideuses de Jefferson nem os agentes da vontade de Deus de que falava Bancroft, mas os estudiosos modernos acham pouco mérito na acusação antifederalista de que eles eram 'aventureiros gananciosos' e partidários da aristocracia. Bem ao contrário, historiadores recentes concordam que o produto de seus esforços foi basicamente democrático e que eles mesmos foram homens de grande estatura e visão, cuja devoção ao país transcendia preocupações com o bolso. Cabe notar, contudo, que democracia nesse contexto não se aplicava aos negros, à 'parte servil' da própria nação de John Adams, ou às mulheres. As energias criadoras de seus construtores foram prodigalizadas na fundação de uma república para homens brancos, e não para estender os benefícios da liberdade a negros ou mulheres. Meio século após a ratificação, quando o abolicionista William Lloyd Garrison propôs que se queimasse a Constituição em nome da liberdade, ele o fez sobre o fundamento inatacável de que ela perpetuava a escravidão. Embora gerações subsequentes de norte-americanos celebrassem o trabalho de seus autores como uma carta de liberdade política, não se deve esquecer que, em 1787, ela não era nada disso para negros, mulheres e índios."

SELLERS, Charles & MAY, Henry e MCMILLEN, Neil R. *Uma reavaliação da história dos Estados Unidos*. Rio de Janeiro, Jorge Zahar, 1990. p. 92.

Reflexos do "Século das Luzes" e da independência dos EUA

A independência dos Estados Unidos estimulou o sentimento de libertação nos demais povos da América, agravando a crise do sistema colonial nas Américas espanhola e portuguesa, que alcançaria seu auge no século XIX. Na Europa, acelerou-se a crise do Antigo Regime, transformando o "século das luzes", com suas ideias e teorias, na "era das revoluções", com seus confrontos e guerras. A prática substituía a teoria, a realidade confirmava e impulsionava ideais. A dinâmica explosiva das transformações que sepultavam o Antigo Regime servia para consolidar o modo de produção capitalista, confirmando a transição moderna.

O Iluminismo reforçou a ideia de progresso contínuo, da saída do homem da minoridade para a maioridade, servindo-se da razão, segundo palavras do filósofo Immanuel Kant (1724-1804). Da mesma forma, Voltaire ampliava tal sentido positivo do progresso, tendo a Europa como seu eixo principal, ao dizer: "Pelo quadro que traçamos da Europa, desde o tempo de Carlos Magno até os nossos dias, é fácil verificar que esta parte do mundo é incomparavelmente mais populosa, mais civilizada, mais rica, mais esclarecida do que antes, e que é mesmo muito superior ao que era o Império Romano, se exceptuarmos a Itália" (citado por LE GOFF, J. *História e memória*. Campinas, Editora da Unicamp, 1992. p. 250).

Alguns filósofos chegaram a classificar o homem, fazendo uso do conceito de "raça" no estudo das diversidades entre os grupos humanos. Kant, por exemplo, partia de Adão e Eva para apresentar a sua classificação, na qual as gerações teriam sofrido mudanças decorrentes do clima e isolamento geográfico. Johann Friedrich Blumenbach (1752-1840), por sua vez, apresentava cinco tipos raciais: os caucásicos (**brancos**), que seriam a raça original, dos quais os mongóis (**amarelos**) e os etiópicos (**negros**) eram uma degeneração, a americana ou índios (**vermelha**) e os malaios (**bronzeados**), que seriam raças "transitórias". Nessa hierarquização, o homem das zonas temperadas (especialmente o europeu do Norte) seria o modelo da raça superior, reforçando o eurocentrismo.

QUESTÕES & TESTES

1 (Fuvest) "Para o conjunto da economia européia, no século XVI, caracterizada pela produção em crescimento e pelo grande aumento das transações mercantis, ao lado de um novo crescimento de sua população, o efeito mais importante dos grandes descobrimentos foi a alta geral dos preços..."

O efeito a que o texto se refere foi provocado:

a) pelo grande afluxo de metais preciosos.
b) pela ampliação das áreas de produção agrícola.
c) pela redução do consumo de produtos manufaturados.
d) pela descoberta de novas rotas comerciais no Oriente.
e) pelo deslocamento do eixo comercial para o Mediterrâneo.

2 (UFPI) Na transição do feudalismo para o capitalismo, tivemos:

a) a transformação de uma sociedade estamental, com fraca mobilidade vertical e posições sociais pela origem de nascimento, para uma sociedade de classes com grande mobilidade vertical e posições sociais determinadas pelo poder econômico.
b) a transformação de uma sociedade de classes, com grande mobilidade vertical, para uma sociedade estamental com fraca mobilidade vertical e posições sociais determinadas pelo poder econômico.
c) a passagem de uma sociedade de classes para uma sociedade de castas.
d) a desorganização de uma sociedade patriarcal, com grande mobilidade vertical, para uma sociedade estamental com fraca mobilidade social.
e) a mudança de uma sociedade de castas para uma sociedade estamental.

3 (Enem) O texto abaixo, de John Locke (1632--1704), revela algumas características de uma determinada corrente de pensamento.

"Se o homem no estado de natureza é tão livre, conforme dissemos, se é senhor absoluto da sua própria pessoa e posses, igual ao maior e a ninguém sujeito, por que abrirá ele mão dessa liberdade, por que abandonará o seu império e sujeitar-se-á ao domínio e controle de qualquer outro poder?

Ao que é óbvio responder que, embora no estado de natureza tenha tal direito, a utilização do mesmo é muito incerta e está constantemente exposta à invasão de terceiros porque, sendo todos senhores tanto quanto ele, todo homem igual a ele e, na maior parte, pouco observadores da equidade e da justiça, o proveito da propriedade que possui nesse estado é muito inseguro e muito arriscado. Estas circunstâncias obrigam-no a abandonar uma condição que, embora livre, está cheia de temores e perigos constantes; e não é sem razão que procura de boa vontade juntar-se em sociedade com outros que já estão unidos, ou pretendem unir-se, para a mútua conservação da vida, da liberdade e dos bens a que chamo de propriedade."

(Coleção *Os Pensadores.* São Paulo, Nova Cultural, 1991.)

Analisando o texto, podemos concluir que se trata de um pensamento:

a) do liberalismo.
b) do socialismo utópico.
c) do absolutismo monárquico.
d) do socialismo científico.
e) do anarquismo.

4 (Mauá-SP) A política econômica do mercantilismo caracterizou-se por três elementos básicos, a saber: balança de comércio favorável, protecionismo e monopólio. Explique de que modo o protecionismo e o monopólio concorriam para manter a balança de comércio favorável.

5 (Cesgranrio) As práticas mercantilistas nas sociedades da Europa ocidental assumiram características diferenciadas ao longo dos séculos XVI, XVII e XVIII. Assinale a única opção que *não associa* corretamente as características mais importantes do mercantilismo ao século e à sociedade em que cada uma delas veio a predominar.

QUESTÕES E TESTES

Características do mercantilismo	Século XVI	Século XVII	Século XVIII
a) O entesouramento dos metais preciosos (*bulionismo*).	Espanha		
b) O estímulo às exportações e o controle das importações (aplicação do princípio da *balança comercial*).		Inglaterra	
c) A política protecionista e manufatureira, aliada ao estímulo à construção naval e à aplicação de uma legislação tarifária (*colbertismo*).		França	
d) O monopólio comercial, concretizado na prática do *exclusivo colonial*.	Portugal		
e) O controle das cartas de corso e da pirataria no Atlântico Sul, estimulando a indústria naval e consagrando a expressão *carreteiros do mar*.			Holanda

6 (UFES) Justifique como era importante para o projeto navegatório de Cristóvão Colombo a crença na teoria da esfericidade da Terra.

7 (UFES) Escreva e justifique as diferenças entre as colonizações inglesa e espanhola, na América do Norte e na América hispânica.

8 (UF-Viçosa-MG) Considerando as peculiaridades da colonização europeia no Novo Mundo, numere a segunda coluna de acordo com a primeira e assinale a alternativa que constitui a sequência numérica correta.

1 – Espanha
2 – França
3 – Holanda
4 – Inglaterra
5 – Portugal

( ) Não respeitava o Tratado de Tordesilhas. Foi o primeiro país a fazer uma tentativa séria de colonização no Canadá.

( ) Possuía o principal banco da Europa. Criou a Companhia das Índias Ocidentais.

( ) Seus filhos nascidos na América tinham situação social inferior à dos nascidos no país de origem. Buscava metais preciosos e não explorava a agricultura.

( ) Inicialmente, mandou algumas expedições exploratórias para conhecer as possibilidades da terra. Somente com o declínio do comércio de especiarias passou a cultivar suas terras na América.

( ) Sua colonização teve caráter ocupacional. Buscava terras, liberdade religiosa e política, além do enaltecimento nacional.

a) 1, 5, 3, 4 e 2
b) 3, 1, 4, 2 e 5
c) 5, 4, 2, 3 e 1
d) 4, 2, 5, 1 e 3
e) 2, 3, 1, 5 e 4

9 (Unicamp) Contestando o Tratado de Tordesilhas, o rei da França, Francisco I, declarou em 1540:
"Gostaria de ver o testamento de Adão para saber de que forma este dividira o mundo".
(Citado por Cláudio Vicentino, *História Geral*, 1991.)

a) O que foi o Tratado de Tordesilhas?
b) Por que alguns países da Europa, como a França, contestavam aquele tratado?

10 (FGV-SP) Renascença é a denominação tradicionalmente atribuída às mudanças de caráter cultural, principalmente, ocorridas nos países europeus durante o período que vai, aproximadamente, de 1300 a 1650. E são expressões maiores dessa época nos campos da arte e da ciência os trabalhos de:

a) Georg Wilhelm Hegel, Auguste Rodin e Isaac Newton.
b) Immanuel Kant, René Descartes e Antoine Lavoisier.
c) John Stuart Mill, Ludwig von Beethoven e Galileu Galilei.
d) Auguste Comte, Richard Wagner e Charles Darwin.
e) William Shakespeare, Leonardo da Vinci e Nicolau Copérnico.

11 (FMTM-MG) Uma das características das obras do Renascimento italiano está no fato de:

a) abordarem temas de intensa religiosidade, perdendo, assim, sua feição leiga.

b) procurarem valorizar o homem, medindo tudo em sua função – o antropocentrismo.
c) tentarem evitar a abordagem de qualquer tema que demonstrasse influência grega.
d) evitarem o envolvimento com temas políticos, como foi o caso de Maquiavel.
e) defenderem a continuidade do uso exclusivo do latim como língua de expressão da intelectualidade.

12 (Enem) O texto foi extraído da peça *Tróilo e Créssida* de William Shakespeare, escrita provavelmente em 1601.

"Os próprios céus, os planetas, e este centro
reconhecem graus, prioridades, classe,
constância, marcha, distância, estação, forma,
função e regularidade, sempre iguais;
eis por que o glorioso astro sol
está em nobre eminência entronizado
e centralizado no meio dos outros,
e o seu olhar benfazejo corrige
os maus aspectos dos planetas malfazejos,
e, qual rei que comanda, ordena
sem entraves aos bons e aos maus."
(Personagem Ulysses, Ato I, cena III).
(SHAKESPEARE, W. *Tróilo e Créssida*. Porto, Lello & Irmãos, 1948.)

A descrição feita pelo dramaturgo renascentista inglês se aproxima da teoria:
a) geocêntrica do grego Claudious Ptolomeu.
b) da reflexão da luz do árabe Alhazen.
c) heliocêntrica do polonês Nicolau Copérnico.
d) da rotação terrestre do italiano Galileu Galilei.
e) da gravitação universal do inglês Isaac Newton.

13 (Fuvest) "O Renascimento é, primeiramente, esse conjunto de mutações que tocam os homens no seu modo de viver e sobretudo de pensar. A Itália foi, desde o século XIV, um dos primeiros lugares dessa interrogação nova e fecunda sobre o mundo... O Renascimento italiano nasceu, antes de mais nada, do desenvolvimento e da primazia das cidades [...]"

a) A que conjunto de mutações está se referindo o autor?
b) Cite o nome de duas cidades italianas que foram centros de irradiação da arte renascentista nos séculos XV e XVI.
d) Qual a importância das cidades para o surgimento do Renascimento italiano?

14 (Fatec-SP) Henrique VIII, Lutero e Calvino foram vultos da Reforma protestante. Indique a alternativa ligada, respectivamente, a seus nomes:
a) 95 Teses contra a venda de Indulgências, Instituições da Religião Cristã e Doutrina da Justificação pela Fé.
b) Doutrina da Predestinação Absoluta, criação da Igreja Anglicana Independente e a Paz de Augsburgo.
c) Concílio de Trento, venda de Indulgências e Índex.
d) Criação da Igreja Anglicana Independente, 95 Teses contra a venda de Indulgências e Doutrina da Predestinação Absoluta.
e) Edito de Nantes, Paz de Augsburgo e Paz Kappel.

15 (Fuvest) Com relação à Contrarreforma, indique:
a) em que regiões da Europa a Inquisição foi mais atuante.
b) o papel da Companhia de Jesus.

16 (Fuvest) Em 1571 a Igreja católica criou a Congregação do Índex.
a) Que era Índex?
b) Quais as implicações históricas de sua instituição?

17 (Esan-SP) Na Alemanha do século XVI, havia grande contradição entre o que a Igreja católica pregava e o que se praticava. Nos principados, as dificuldades eram enormes. Os camponeses sentiam-se sobrecarregados de impostos. As cidades ansiavam por liberdade. O clero desprezava a missão espiritual. Muitos bispos levavam uma existência de prazer, o que ofendia os crentes sinceros e simples. Os abusos apontados no enunciado geraram o ambiente favorável à aceitação do novo credo sustentado por:
a) Henrique VIII.
b) João Knox.
c) João Huss.
d) João Calvino.
e) Martinho Lutero.

18 (FCC-SP) O Ato de Supremacia, promulgado por Henrique VIII, na Inglaterra, contribuiu para:
a) divulgar intensamente a doutrina calvinista no país, sobretudo na região da Escócia.

b) iniciar a expansão externa, formando, assim, as bases do império colonial inglês.
c) promover a reforma anglicana, ao mesmo tempo que contribuiu para a centralização do governo.
d) implantar o catolicismo no reino, o que foi acompanhado de repressão aos reformistas.
e) restaurar os antigos direitos feudais, que foram limitados pela Magna Carta de 1215.

19 (Fuvest) "O puritanismo era uma teoria quase tanto quanto uma doutrina religiosa. Por isso, mal tinham desembarcado naquela costa inóspita [...] o primeiro cuidado dos imigrantes (puritanos) foi o de se organizar em sociedade."

Esta passagem de *A democracia na América*, de A. de Tocqueville, diz respeito à tentativa:

a) malograda dos puritanos franceses de fundarem no Brasil uma nova sociedade, a chamada França Antártida.
b) malograda dos puritanos franceses de fundarem uma nova sociedade no Canadá.
c) bem-sucedida dos puritanos ingleses de fundarem uma nova sociedade no sul dos Estados Unidos.
d) bem-sucedida dos puritanos ingleses de fundarem uma nova sociedade no norte dos Estados Unidos, na chamada Nova Inglaterra.
e) bem-sucedida dos puritanos ingleses, responsáveis pela criação de todas as colônias inglesas na América.

20 (Fatec-SP) A Revolução Inglesa de 1688 – a Revolução Gloriosa – assinala um momento significativo na adoção dos princípios do liberalismo. Entre as medidas adotadas então, e que confirmam essa afirmação, destacam-se:

a) a exclusão da nobreza do Parlamento, garantindo-se assim a maioria da burguesia, e a abolição das sociedades por ações na organização das empresas industriais.
b) o reconhecimento da "Declaração de Direitos", limitando o poder do rei em face do Parlamento, e a promulgação do Ato de Tolerância, pondo fim à perseguição religiosa contra os dissidentes protestantes.
c) a revogação dos Atos de Navegação, que protegiam determinados grupos mercantis, e o reconhecimento do direito de organização para os trabalhadores urbanos.
d) a abolição dos tributos feudais da posse da terra e dos censos eleitorais para o preenchimento das cadeiras do Parlamento.
e) a eliminação dos "Tories", partidários de um poder real forte, e a devolução aos camponeses das terras usurpadas durante os "cercamentos".

21 (Cesgranrio-RJ) O regime monárquico absolutista, forma política predominante entre os Estados modernos europeus nos séculos XVI/XVIII, caracterizava-se, do ponto de vista político e social, pelos seguintes aspectos:

1 – concentração de todos os poderes nas mãos do príncipe enquanto soberano absoluto;
2 – neutralidade do príncipe diante dos conflitos sociais, especialmente quanto aos interesses antagônicos de camponeses, burgueses e aristocratas;
3 – caráter divino da autoridade real, situada acima das leis e dos indivíduos, considerados apenas súditos;
4 – inexistência de quaisquer limites, mesmo na prática, ao exercício da autoridade despótica do monarca.

Assinale:

a) se somente os itens 1 e 3 estão corretos.
b) se somente os itens 2 e 4 estão corretos.
c) se somente os itens 3 e 4 estão corretos.
d) se somente os itens 1 e 2 estão corretos.
e) se somente os itens 2 e 3 estão corretos.

22 (PUCSP) Sobre as civilizações indígenas americanas no momento da conquista europeia, podemos afirmar:

a) Somente os maias e tupis foram escravizados e tiveram sua cultura destruída no processo de conquista e colonização da América.
b) Cheienes, cheroquis, iroqueses e dakotas ocupavam várias regiões na América do Norte, foram exterminados pela colonização francesa, e sua marcha expansionista de norte a sul e de leste a oeste teve como resultado a dominação das terras do atual EUA.
c) Tupis, jês, nuaruaques e caraíbas ocupavam praticamente toda a região do atual território brasileiro, foram caçados para serem transformados em escravos pelos senhores espanhóis e holandeses, cujo objetivo seria

vendê-los como produtores de especiarias para o oriente.

d) Maias, astecas e incas, que viviam na América Central, Vale do México e Região Andina, foram dominados pelos espanhóis no século XVI e perderam autonomia e controle sobre sua sofisticada organização sociocultural e política permanecendo submetidos através do sistema de *encomiendas*, mitas ou *quatequil* que os reduzia a escravidão permanente ou temporária.

e) Os indígenas brasileiros tupis e jês foram exterminados no processo da conquista portuguesa, sendo apenas possível seu conhecimento pela arqueologia.

23 (Fuvest) No século XVI, a conquista e ocupação da América pelos espanhóis:

a) desestimulou a economia da metrópole e conduziu ao fim do monopólio de comércio.
b) contribuiu para o crescimento demográfico da população indígena, concentrada nas áreas de mineração.
c) eliminou a participação do Estado nos lucros obtidos e beneficiou exclusivamente a iniciativa privada.
d) dizimou a população indígena e destruiu as estruturas agrárias anteriores à conquista.
e) impôs o domínio político e econômico dos *criollos*.

24 (FEI-SP) As duas principais atividades econômicas que Portugal e Espanha incentivaram na América, no início da colonização, foram, respectivamente:

a) o cacau na América portuguesa e a mineração do ouro e da prata na América espanhola.
b) a mineração na América portuguesa e a monocultura do tabaco na América espanhola.
c) a monocultura de cana-de-açúcar na América portuguesa e a pecuária na América espanhola.
d) a monocultura da cana-de-açúcar na América portuguesa e a mineração de ouro e de prata na América espanhola.
e) a monocultura do algodão na América portuguesa e a pecuária na América espanhola.

25 (UFRS) O fato de os astecas e incas não haverem sido eliminados ou expulsos pelos conquistadores espanhóis se deveu:

a) à existência de excedente de produção e de força de trabalho organizada nessas civilizações.
b) ao respeito dos colonizadores pelas culturas desses povos.
c) aos tratados com os *criollos*, que regulamentavam as formas de convivência.
d) à associação com os colonizadores, na exploração dos povos mais fracos.
e) à existência de ouro e prata nas regiões ocupadas por esses povos.

26 (FEI-SP) As ideias iluministas que tinham por base o culto da razão e a crença nas leis naturais:

a) eram favoráveis a uma organização estamental da sociedade.
b) propiciavam um embasamento teórico ao sistema monárquico, em qualquer uma de suas modalidades (constitucional, parlamentar ou absolutista).
c) eram contrárias à libertação das colônias da América.
d) propunham uma política econômica liberal.
e) favoreciam os princípios mercantilistas.

27 (Cesgranrio-RJ) Sobre as características da colonização europeia na América, são corretas as opções a seguir, com exceção de uma. Assinale-a.

Características	Colonização inglesa	Colonização francesa	Colonização espanhola
a) Organização da mão de obra indígena através da *encomienda* e da mita.			X
b) Utilização de mão de obra escrava nas *plantations* (Caribe).	X	X	
c) Exploração do comércio de peles e da pesca (Canadá).		X	
d) Organização social de base aristocrática, diferenciando *chapetones* e *criollos*.			X
e) Organização social favorável à miscigenação entre brancos e índios (As Treze Colônias).	X		

28 (UFSCar-SP) Considere as proposições abaixo e assinale as que se incluem entre as ideias políticas e sociais defendidas pelos escritores iluministas do século XVIII.

I – A razão é o único guia infalível da sabedoria e é o único critério para o julgamento do bem e do mal.
II – A prosperidade de um país está condicionada à acumulação de metais preciosos, ouro e prata.
III – O poder político vem de Deus, que é a fonte única de toda autoridade.
IV – O homem é naturalmente bom e a educação aperfeiçoa as suas qualidades inatas.
V – O poder político emana do povo, que deve ter o direito de escolher os seus governantes.

a) I, II e IV
b) I, III e V
c) II, III e IV
d) II, III e V
e) I, IV e V

29 (FCC-SP) A obra *Riqueza das nações* (1776), de Adam Smith, fundamental na evolução do pensamento econômico, defendia, entre outras, a ideia de que:

a) o trabalho é a fonte da riqueza, baseando-se o valor na lei da oferta e procura.
b) a grandeza de um Estado exige a planificação e o dirigismo econômico.
c) a riqueza deve basear-se, fundamentalmente, na exploração dos recursos da natureza.
d) a socialização dos meios de produção e distribuição aumentam a eficiência da economia.
e) a "mais-valia", resultado da exploração do trabalhador, deve ser suprimida.

30 (FEI-SP) Em *O espírito das leis* afirma-se: "É uma verdade eterna: qualquer pessoa que tenha poder tende a abusar dele. Para que não haja abuso, é preciso organizar as coisas de maneira que o poder seja contido pelo poder". Essa afirmação reflete:

a) o espírito clássico renascentista.
b) os princípios da teoria do direito divino.
c) o liberalismo político iluminista.
d) a filosofia política de Richelieu.
e) o pensamento de Luís XIV.

31 (Cesgranrio-RJ) Os começos do desenvolvimento científico moderno se identificam com a Revolução Científica do século XVII – o aparecimento de novas maneiras de pensar voltadas principalmente para o problema do conhecimento, tal como o demonstram as obras de Galileu, Bacon, Descartes, etc. Constituíram elementos característicos dessa Revolução:

1 – a substituição da importância da autoridade e da tradição pelo valor da observação e da experimentação.
2 – a valorização da especulação racional em função da redescoberta das obras de Aristóteles.
3 – o triunfo do pressuposto racionalista acerca da racionalidade e inteligibilidade de um universo "escrito em linguagem matemática".
4 – a superioridade filosófica e científica do racionalismo cartesiano, dedutivo, sobre o empirismo de Locke e Hume.

Assinale:
a) se somente os itens 1 e 2 estão corretos.
b) se somente os itens 3 e 4 estão corretos.
c) se somente os itens 1 e 3 estão corretos.
d) se somente os itens 2 e 4 estão corretos.
e) se somente os itens 1, 2 e 4 estão corretos.

32 (UF-Viçosa-MG) Durante os séculos XVII e XVIII a Europa viveu um importante movimento de ideias que revolucionou o pensamento científico e político. Numere a segunda coluna de acordo com a primeira e assinale a alternativa *correta*.

1 – John Locke
2 – Montesquieu
3 – Descartes
4 – Rousseau
5 – Voltaire

( ) A tendência natural do homem é abusar do poder que lhe foi confiado. Para evitar o despotismo, a autoridade do governo deve ser desmembrada em três poderes - Legislativo, Executivo e Judiciário.

( ) A liberdade de pensamento e de religião, bem como a igualdade perante a lei, é direito natural do homem.

( ) O governo existe pela necessidade de garantir os direitos e a segurança dos homens, mas seus poderes não podem ultrapassar os limites estabelecidos por aqueles que o escolheram.

( ) A razão é a única forma de se chegar ao conhecimento verdadeiro dos fatos.

( ) Todo poder emana do povo e é em nome do povo que ele é exercido.

a) 4, 3, 2, 1 e 5
b) 3, 4, 5, 2 e 1
c) 2, 5, 1, 3 e 4
d) 1, 2, 4, 5 e 3
e) 5, 1, 3, 4 e 2

33 (Fuvest) O Estado moderno absolutista atingiu seu maior poder de atuação no século XVII. Na arte e na economia suas expressões foram respectivamente:

a) rococó e liberalismo.
b) renascentismo e capitalismo.
c) barroco e mercantilismo.
d) maneirismo e colonialismo.
e) classicismo e economicismo.

34 (FCC-SP) A importância histórica de John Locke, como precursor do movimento chamado de Ilustração, está no fato de ter:

a) elaborado o Ato de Navegação que deu à Inglaterra o domínio dos mares.
b) defendido os princípios do absolutismo monárquico.
c) participado da revolta de Cromwell contra o despotismo dos Tudor.
d) formulado a teoria dos direitos naturais do homem.
e) combatido a influência da burguesia na vida política.

35 (PUCSP) Sobre o absolutismo e o iluminismo indique:

a) quem era o Rei Sol e o autor de *Cartas inglesas*;
b) o autor de *Leviatã* e os organizadores da *Enciclopédia*;
c) o país do apogeu e o regime instalado pela Revolução Gloriosa em 1689.

36 (Fuvest) Em alguns países da Europa, na segunda metade do século XVIII, surgiram monarcas que emprestaram feição nova ao velho absolutismo.

a) Como são chamados esses monarcas?
b) Que novo estilo de governo propuseram?
c) Cite os nomes de dois deles, indicando os respectivos reinos.

37 (Cesgranrio-RJ) O processo de Independência das treze colônias inglesas da América do Norte, origem dos Estados Unidos da América, na segunda metade do século XVIII, articula-se às demais questões então em curso na Europa ocidental, *com exceção de uma*. Assinale-a.

a) O conflito colonial e comercial entre a França e a Inglaterra, particularmente grave nas respectivas colônias da América do Norte.
b) A difusão das ideias liberais, ligadas ao Iluminismo, hostis à dominação e à exploração exercidas pelas metrópoles sobre suas colônias, especialmente o pacto colonial.
c) O desenvolvimento acelerado do capitalismo na Inglaterra, favorecendo os segmentos políticos e sociais hostis ao protecionismo mercantilista.
d) A ampla divulgação das ideias fisiocráticas, favoráveis às restrições adotadas pelas autoridades inglesas contra as relativas isenções fiscais e a autonomia político-administrativa das colônias norte-americanas.
e) A influência das ideias políticas e sociais, especialmente as obras de J. Locke e de Montesquieu, contrárias ao absolutismo e aos privilégios do Antigo Regime.

38 (Cesgranrio-RJ) "[...] Estas colônias unidas são, e têm o direito a ser, Estados livres e independentes e toda ligação política entre elas e a Grã-Bretanha já está e deve estar totalmente dissolvida." (Thomas Jefferson – *Declaração de Independência*, 1776.)

A afirmação de *liberdade* e *independência* contida no trecho acima relaciona-se:

a) ao propósito das colônias do Norte de se separarem do Sul escravista, em função dos entraves que a organização social sulina criava ao desenvolvimento capitalista.

b) ao interesse dos colonos norte-americanos em se alinharem com a França revolucionária, que lhes oferecia oportunidades mais ricas e proveitosas para as trocas comerciais.

c) à reação dos colonos, sustentada nas ideias dos filósofos iluministas, contra o reforço das medidas de exploração colonial imposto pela Inglaterra.

d) ao propósito de alcançar a autonomia política, embora preservando o monopólio comercial, que favorecia a economia das colônias do Norte.

e) à formalização de uma separação que, na verdade, já existia, como atesta a liberdade comercial que gozavam tanto as colônias do Norte quanto as do Sul.

39 (Fatec-SP) Enquanto alguns países europeus passaram por "Revoluções burguesas" ainda no século XVII (Holanda, Inglaterra), outros Estados, componentes de uma "Europa de Retaguarda", mesmo no século XVIII se serviam do receituário mercantilista e não abdicavam da fórmula absolutista. Sua política, porém, incluía um discurso novo, informado por algumas ideias dos iluministas, como aquelas que falavam de igualdade perante o imposto, tolerância religiosa ou apregoavam o incremento do ensino técnico.
Pergunta-se, agora:

b) Qual é a designação comumente adotada pelos historiadores para definir essa política que bem pode ser chamada de "Reformismo Ilustrado"?

b) Sabendo-se que o modelo foi D. José II da Áustria, cite os outros países (com seus respectivos representantes) que adotaram tal política.

40 (Centec-BA) Assinale a alternativa correta.
"As armas e os barões assinalados
Que, da ocidental praia lusitana,
Por mares nunca dantes navegados
Passaram ainda além da Taprobana"
[(Ceilão)]
[...]
"Cantando espalharei por toda parte,
Se a tanto me ajudar o engenho e arte."
(Apud SARONI, p. 47)

Luís Vaz de Camões, autor do famoso poema Os Lusíadas (1572), imortalizou com seus versos:

a) o apogeu do sistema feudal.
b) o poder da Igreja medieval.
c) o domínio árabe no Mediterrâneo.
d) a expansão marítima lusitana.
e) a tomada de Constantinopla pelos turcos.

41 (Fund. Cultural de Belo Horizonte-MG)
"O homem é o modelo do mundo. A experiência é a mestra das coisas."
Leonardo da Vinci
Com relação ao Renascimento artístico, literário e científico, elemento típico do período de transição do feudalismo ao capitalismo, podem ser feitas as seguintes afirmativas, exceto:

a) Os humanistas tiveram um papel extremamente importante na difusão das ideias renascentistas.

b) A reflexão sobre problemas humanos levou o homem renascentista à análise de sua própria individualidade, num esforço de autoconhecimento.

c) A visão de mundo político-religiosa medieval continuava a ser o elemento fundamental para a compreensão do homem e do mundo.

d) A riqueza proveniente do comércio financiou artistas, cientistas, arquitetos, que passaram a ser contratados para dar forma às novas realidades sociais.

e) O racionalismo passou a ser a pedra de toque da mentalidade renascentista, estimulando o nascimento da ciência moderna.

42 (UF-Ouro Preto-MG) Leia o texto abaixo.
"A única maneira de fazer com que muito ouro seja trazido de outros reinos para o tesouro real é conseguir que grande quantidade de nossos produtos seja levada anualmente além dos mares, e menor quantidade de produtos seja para cá transportada."
(Política para tornar o reino da Inglaterra próspero, rico e poderoso, 1549.)

Discuta essa afirmativa, localizando-a no contexto da economia mundial, e defina as modalidades do sistema econômico a que ela se refere.

43 (UFES) Associe a localização da Itália com o monopólio que suas republiquetas exerceram, no Mediterrâneo, durante a Baixa Idade Média e o início dos Tempos Modernos, em relação ao comércio das especiarias com Constantinopla.

44 (Escola Superior de Agricultura de Mossoró-RN) O Ato de Navegação (1651), votado pelo Parlamento inglês, no período de Cromwell, criou uma situação nova no comércio mundial, determinando, em consequência:

a) um bloqueio das nações do Mediterrâneo, que se julgavam prejudicadas pela Inglaterra.
b) um conflito armado entre as colônias exportadoras, que se sentiram altamente prejudicadas.
c) uma revolta da aristocracia rural inglesa, que se julgara preterida nos seus interesses.
d) um entrechoque armado com a Holanda, que pretendia a hegemonia do comércio marítimo.
e) uma situação de beligerância com os Estados Unidos, que começavam a expandir seu imperialismo.

45 (UEBA) No período do Iluminismo, no século XVIII, o filósofo Montesquieu defendia a:

a) divisão da riqueza nacional.
b) divisão dos poderes executivo, legislativo e judiciário.
c) divisão da política, em nacional e internacional.
d) formação de um Poder Moderador no Congresso Nacional.
e) implantação da ditadura moderna.

46 (Puccamp) Leia o texto de um clássico da teoria política.

"Daqui nasce um dilema: é melhor ser amado que temido, ou o inverso? Respondo que seria preferível ser ambas as coisas, mas, como é muito difícil conciliá-las, parece-me muito mais seguro ser temido do que amado, se só se puder ser uma delas."

No texto estão explícitas algumas ideias presentes no período de formação do Estado moderno. O autor escreve numa região convulsionada por crises políticas, ameaças externas e ausência de unidade nacional. O autor, a obra, o país e o tipo de Estado, que o mesmo defendia, são, respectivamente:

a) Jacques Bossuet, *Política*, França e o Estado liberal.
b) Thomas Hobbes, *Leviatã*, Inglaterra e o Estado mercantil.
c) Thomas Morus, *A Utopia*, Alemanha e o Estado socialista.
d) Nicolau Maquiavel, *O príncipe*, Itália e o Estado absolutista.
e) Jean Bodin, *A República*, Bélgica e o Estado democrático.

47 (Unifenas) É característica básica do liberalismo econômico:

a) Defesa do individualismo.
b) Eliminação da livre concorrência.
c) Extinção da propriedade privada.
d) Intervencionismo estatal.
e) Supressão da luta de classes.

48 (Universidade Católica de Goiás) Assinale as corretas (a resposta é a soma das alternativas corretas):

O período conhecido por Idade Moderna é o espaço-tempo em que se processaram as transformações da conjuntura de transição do feudalismo ao capitalismo. Sobre as mudanças ocorridas na Época Moderna é correto afirmar.

01) A constituição dos Estados Absolutistas esteve relacionada à crise feudal e à necessidade de unir esforços para manter no poder a antiga nobreza atemorizada. Contudo, esse processo de centralização política só ocorreu no Sacro Império Romano-Germânico e na Itália, que, sob as ideias de Maquiavel, formou um Estado unificado ainda no século XVI.

02) A afirmação de que "o trabalho do homem deve promover o bem-estar econômico para merecer a salvação espiritual" está relacionada à doutrina da predestinação defendida por João Calvino. Esse pensamento estava bastante adequado aos valores capitalistas em expansão na Época Moderna.

04) O anabatismo representou uma das tendências reformistas que, através de Thomas Münzer, questionou a desigualdade social, organizando comunidades coletivas e inspirando reivindicações camponesas no século XVI. Foi duramente combatido por Lutero.

08) O mercantilismo deve ser entendido como um conjunto de ideias e práticas econômicas que esteve intimamente ligado à política dos Estados Nacionais. A busca de uma balança comercial favorável, o patriotismo e o metalismo foram alguns de seus princípios básicos.

16) A Reforma católica procurou, com o Concílio de Trento (1545), enfrentar o cisma luterano, adotando várias medidas, como o estímulo à ação de ordens religiosas no campo educacional, a confirmação dos dogmas católicos e a reativação da Santa Inquisição.

32) "Quero que o homem da Corte seja bem instruído nas letras..." Com essa afirmação, Baltasar Castiglione expressa, no século XVI, o espírito intelectual predominante na época do humanismo. Inspirando-se na Antiguidade, os humanistas, portanto, forneceram as bases intelectuais para que se pudesse romper com o teocentrismo medieval.

49 (Centec-BA) Questões 1 e 2:

"Os teólogos, portanto, tinham toda a preocupação voltada para as almas e para Deus, ou seja, para o mundo transcendente, o mundo dos fenômenos espirituais e imateriais. Os humanistas, por sua vez, voltavam-se para o aqui e o agora, para o mundo concreto dos seres humanos em luta entre si e com a natureza, a fim de terem um controle maior sobre o próprio destino. Por outro lado, a pregação do clero tradicional reforçava a submissão total do homem, em primeiro lugar, à onipotência divina, em segundo, à orientação do clero e, em terceiro, à tutela da nobreza, exaltando no ser humano, sobretudo, os valores da piedade, da mansidão e da disciplina. A postura dos humanistas era completamente diferente, valorizava o que de divino havia em cada homem, induzindo-o a expandir suas forças, a criar e a produzir, agindo sobre o mundo para transformá-lo de acordo com sua vontade e seu interesse."

(SEVCENKO, p.15.)

1. No texto, a característica marcante do movimento humanista-renascentista é:

   a) espírito crítico voltado para o estímulo às mudanças.
   b) supremacia do mundo espiritual sobre o material.
   c) valorização da piedade, da mansidão e da disciplina.
   d) defesa da Igreja e da cultura medievais.
   e) reprodução da crença dogmática dos teólogos medievais.

2. A crítica dos humanistas era dirigida à sociedade:
   a) capitalista.
   b) feudal.
   c) comunista.
   d) escravista.
   e) socialista.

50 (UFPA) Relativamente à história do absolutismo monárquico na Inglaterra, é possível sustentar que:

a) a revolução que derrubou o governo de Jaime II, da dinastia Stuart, não assinalou apenas o fim do regime absolutista inglês, mas, igualmente, o triunfo da burguesia e do Parlamento sobre a Coroa britânica.
b) o regime absolutista instala-se na Inglaterra em consequência das guerras de religião, já que somente dispondo de um governo centralizado e autoritário é que Henrique VIII poderia implantar o protestantismo no país.
c) o estabelecimento do regime absolutista na Inglaterra foi prejudicial aos interesses do país, posto que a burguesia britânica, privada da liberdade política, emigrou em massa para a França e para a Holanda.
d) o fim do regime absolutista inglês ocorre com a revolução comandada por Oliver Cromwell, oportunidade em que as forças parlamentares sob a sua chefia depõem Carlos I e encerram o ciclo dos governos autoritários dos Tudor.
e) comparados a outros governos absolutistas europeus, os ingleses foram mais tolerantes e maleáveis. Veja-se, por exemplo, que durante o reinado dos Stuart a liberdade de religião sempre foi respeitada na Inglaterra.

51 (Unicamp) Você já deve ter aprendido que a história pode ser representada pelas várias etapas do progresso humano. Os momentos cruciais desse desenvolvimento histórico foram denominados revolucionários. Diante dessa afirmação, leia atentamente o texto abaixo:

"A burguesia, conduzida por Oliver Cromwell, inspirada por um deus calvinista e motivada por ambição de conquista, derrotou o movimento nivelador e tudo o mais. Em consequência, ele foi odiado por muitos pobres, o que sabia e reconhecia. Em uma de suas marchas pela cidade, comentou com seu acompanhante a respeito da multidão:
— Eles estariam mais barulhentos e também mais felizes se você e eu estivéssemos a caminho da forca.

O deus de Cromwell era um deus do trabalho e da conquista: da Jamaica, da Escócia, e o que não será esquecido, da Irlanda." (Peter Linebaugh. *Todas as montanhas atlânticas estremeceram*, 1985.)

a) Caracterize segundo os seus conhecimentos o processo revolucionário a que o texto se refere.

b) Como você utilizaria o texto acima para discordar da ideia de que as revoluções representam sempre um período de progresso humano?

52 (Mauá-SP) O período de Luís XIV (1643-1715) apresenta-se como o auge do absolutismo na França. Descreva a estrutura social da sociedade francesa desse período.

53 (UFPA) Observadas as realidades históricas pertinentes ao absolutismo monárquico na Europa moderna, é possível apresentar-se a seguinte conclusão:

a) as monarquias absolutas foram mais expressivas nos países em que predominou a influência protestante, haja vista que o luteranismo exaltava os poderes do Estado como necessários para a glória de Deus.

b) na Inglaterra, a monarquia absoluta é suprimida, ainda no século XVII, através da revolução com que Oliver Cromwell derrubou a dinastia dos Stuart e consagrou o papel do Parlamento como agente constitucional britânico.

c) nos países em que foi menos expressiva a presença da Igreja católica, inexistiu, virtualmente, a monarquia absoluta, fato que se verificou em relação a Portugal e Espanha.

d) as monarquias absolutas resultaram, em última análise, das profundas transformações produzidas pelo fim do feudalismo. Na Itália, por exemplo, o desmoronamento da ordem feudal resultou na formação do Estado moderno italiano.

e) na França, o apogeu do sistema absolutista ocorre num momento em que a economia francesa experimentava uma fase de desenvolvimento e de consolidação, graças à política executada por Colbert no governo de Luís XIV.

Veja o texto abaixo, dividido em duas partes, de Renato Janine Ribeiro (prefácio do livro *O mundo de ponta-cabeça* de Christopher Hill, Cia. das Letras, 1987. p. 14) e responda às questões 54 e 55.

54 Leia a parte I abaixo e assinale a alternativa correta, a seguir:
"Então se vê a fragilidade do despotismo pessoal de Carlos: na mesma época seu cunhado Luís XIII, graças a um ministro capaz, Richelieu, está dando os primeiros passos para o que será o absolutismo dos séculos XVII e XVIII. Por que, na Inglaterra, não vinga o absolutismo? Entre mais razões é porque não existe exército permanente, nem administração paga dependente do rei (o poder serve-se, em cada região, de juízes de paz que trabalham sem salário, e por isso se sentem autônomos face à Coroa), nem – o que sustentaria os dois anteriores – taxação permanente."

a) A diferenciação apontada pelo autor deve-se a que a Inglaterra e a França mergulhariam, imediatamente em seguida aos governantes citados, na Revolução Gloriosa e na Revolução Francesa, respectivamente.

b) A diferenciação apontada pelo autor deve-se a que a Inglaterra e a França mergulhariam, imediatamente em seguida aos governantes citados, na Revolução Puritana e na Revolução Francesa, respectivamente.

c) A diferenciação apontada pelo autor reforça a peculiaridade inglesa de estabelecer, após o governante citado, o parlamentarismo com os Stuart fundado no *Bill of Rights*.

d) A diferenciação apontada pelo autor reforça a peculiaridade francesa de estabelecer, após o governante citado, o governo inspirado no teórico Bossuet.

e) A diferenciação apontada pelo autor reforça a peculiaridade inglesa de estabelecer, após o governo citado, o liberalismo dos reis Stuart inspirados no teórico J. Locke.

55 Leia a parte II a seguir e assinale a alternativa correta.
"Assim é que, à primeira crise mais séria, o rei fracassa. Vê-se obrigado a convocar um Parlamento, em 1640, que prontamente exige reformas e correção de injustiças; o rei dissolve-o, após três semanas (é o Curto Parlamento), pois antes do fim do ano precisa convocar outro – será o Longo Parlamento, o que mais

dura na história inglesa, dissolvendo-se legalmente apenas em 1660. Falando em dignidade da Coroa, o rei pede dinheiro, sem querer se comprometer a nada, e acena aos Comuns com sua gratidão caso eles o socorram; mas os Comuns, escaldados por onze anos de vexações, que incluíam suplícios cruéis contra alguns de seus melhores pensadores (as orelhas cortadas do dr. Prynne, etc.), recusam e exigem mudanças na sociedade, no Estado, nas leis. Estas vão sendo aprovadas. O rei a duras penas acaba concordando até com a supressão dos bispos da Igreja oficial e [...]"

a) Os bispos suprimidos eram fiéis seguidores da Igreja presbiteriana e luterana, membros de uma Igreja oficial inglesa fundada no século XVI.
b) As exigências de reformas e correção das injustiças, citadas no texto, fazem parte do ideário político em ascensão no século XVII, melhor encarnadas pelo teórico T. Hobbes.
c) A Igreja oficial citada no texto servia muito mais ao governo dos Stuart do que às novas forças sociais emergentes, como os comerciantes e pequena nobreza puritana.
d) A origem do Parlamento inglês situa-se na Magna Carta assinada três séculos antes pelos Stuart em meio à Revolução Puritana.
e) A Magna Carta, o Longo Parlamento e as concessões reais exigidas pertencem à integração coerente entre os seguintes princípios: absolutismo, liberalismo e anglicanismo.

56 Leia o texto abaixo:

"Um enorme crescimento do desemprego e tumultos em cidades provinciais seriam suficientes para deixar em pânico a maior parte dos políticos. Não Carlos Menem, o recém-reeleito presidente da Argentina. Seu governo tem grandes planos para reduzir a taxa de desemprego (que passou de 12% nove meses atrás para 19% em maio): tais planos incluem a criação de empregos novos por meio de um programa de construção de casas e projetos de infraestrutura e a redução dos impostos sobre os empregadores. Mas os detalhes financeiros são vagos, e por trás está uma mensagem clara: não haverá abrandamento das severas políticas econômicas. Isso significa que o desemprego continuará elevado na Argentina durante algum tempo.

O resto da América Latina observa com admiração e certo nervosismo. Nos últimos anos o continente experimentou uma variedade de curas para seus males econômicos, especialmente a persistência de uma inflação elevada." The Economist, in *Gazeta Mercantil* de 9/8/1995. p. A.4.

O texto comenta efeitos da política econômica em moda na atualidade, batizada por alguns de neoliberalismo. Assinale a alternativa correta que aponte a raiz desta política econômica.

a) Nasceu com o mercantilismo, que impunha um contínuo intervencionismo estatal na economia.
b) Nasceu com o fisiocratismo francês, que valorizava o metalismo como principal fonte de recursos nacionais.
c) Nasceu com o absolutismo, que valorizava o trabalho colonial como principal fonte de recursos nacionais.
d) Nasceu com a obra ...*Riqueza das Nações*, que privilegiava as leis de mercado e negava o intervencionismo mercantilista.
e) Nasceu com a frase mercantilista de Gournay: "*Laissez faire, laissez passer, le monde va de lui-même*".

57 (Unicamp) "Todo o poder vem de Deus. Os governantes, pois, agem como ministros de Deus e seus representantes na terra. Consequentemente, o trono real não é o trono de um homem, mas o trono do próprio Deus."
(Jacques Bossuet, *Política tirada das palavras da Sagrada Escritura*, 1709.)

"[...] Que seja prefixada à Constituição uma declaração de que todo o poder é originalmente concedido ao povo e, consequentemente, emanou do povo."

(Emenda constitucional proposta por Madison em 8 de junho de 1789)

a) Explique a concepção de Estado em cada um dos textos.
b) Qual a relação entre indivíduo e Estado em cada um dos textos?

58 (Unioeste-PR) "Este senhor e cacique fugia sempre aos espanhóis e se defendia contra eles toda vez que os encontrava. Por fim, foi preso com toda a sua gente e queimado vivo. E como estava atado ao tronco, um religioso de São

Francisco (homem santo) lhe disse algumas coisas de Deus e de nossa fé, que lhe pudessem ser úteis, no pequeno espaço de tempo que os carrascos lhe davam. Se ele quisesse crer no que lhe dizia, iria para o céu onde está a glória e o repouso eterno e se não acreditasse iria para o inferno, a fim de ser perpetuamente atormentado. Esse cacique, após ter pensado algum tempo, perguntou ao religioso se os espanhóis iam para o céu; o religioso respondeu que sim, desde que fossem bons. O cacique disse incontinenti, sem mais pensar, que não queria absolutamente ir para o céu; queria ir para o inferno a fim de não se encontrar no lugar em que tal gente se encontrasse." LAS CASAS, Frei Bartolomé de. *Brevíssima relação da destruição das Índias. O paraíso destruído.* 4. ed. Porto Alegre, L&PM, 1985. p. 41.

Assinale as alternativas corretas.
Sobre a conquista da América, podemos verificar que:

01) a conquista do Novo Mundo foi feita em nome do Deus cristão, pois pelo padroado o papa delegava aos Reis Católicos a posse legítima das novas terras.
02) à exceção de alguns casos, como o exemplo do cacique acima citado, a religião cristã sempre foi bem-vinda pelos índios, pois até então eram pagãos, idólatras, antropófagos, não conheciam um Deus verdadeiro e sequer imaginavam a possibilidade de salvação.
04) as reduções jesuíticas do Prata, iniciadas em 1610, caracterizaram uma experiência que incorporou elementos da cultura tribal com os da hispano-cristã.
08) no Brasil-Colônia os índios não foram usados como escravos, uma vez que os negros trazidos da África supriram totalmente a necessidade de mão de obra.
16) nas colônias espanholas, a mão de obra dos negros africanos foi a solução encontrada para a exploração das minas.
32) em toda a América Latina, a escravidão foi abolida concomitantemente aos processos de emancipação política.
64) o autor do texto acima referido, Bartolomé de Las Casas, tornou-se um defensor assíduo dos índios e, historicamente, afirmou o direito da autodeterminação dos povos.

59 (Unioeste-PR) Assinale as alternativas corretas. Sobre a formação e consolidação dos Estados nacionais na Europa moderna, é correto afirmar que:

01) o rei continuou sendo o suserano maior dentre todos os outros suseranos, e sua função exclusiva era o comando da nação nas guerras.
02) as monarquias absolutistas introduziram os exércitos regulares, uma burocracia permanente, um sistema tributário nacional, a codificação do direito e os primeiros passos para um mercado unificado.
04) na luta por maior poder político, os monarcas modernos se defrontam com as práticas mercantilistas dos mercadores e manufatureiros, conseguindo suprimi-las e impor assim seu poder absoluto.
08) os diferentes tipos de parlamentos existentes na Europa moderna (Cortes, Dietas, Parlamentos, Estados-Gerais) sempre se submeteram ao poder monárquico, sendo extintos pelas revoluções burguesas dos séculos XVII e XVIII.
16) os Estados modernos se constituíram na estrutura política fundamental para o processo de transição do feudalismo para o capitalismo, sendo o binômio medieval servo/vassalo substituído progressivamente pelo binômio moderno trabalhador livre/súdito.

60 (Puccamp-SP) Dentre as instituições políticas do Estado moderno, aquela que mais o caracteriza é o:

a) absolutismo monárquico, nova forma política assumida cujos fundamentos estavam expressos na *Suma teológica* de Tomás de Aquino.
b) mercantilismo, que servia para justificar o enriquecimento da Igreja católica, mas não traduzia os interesses do monarca absolutista.
c) absolutismo monárquico, que intervinha na vida econômica.
d) liberalismo praticado pelos príncipes, mas limitado pela tradição e pelo equilíbrio entre as classes sociais.
e) absolutismo monárquico, que punha em prática uma política econômica de características não intervencionistas, quase liberais – a política mercantilista.

unidade v

A IDADE CONTEMPORÂNEA
SÉCULOS XVIII E XIX

A REVOLUÇÃO FRANCESA (1789-1799)

A Revolução Francesa é comumente considerada uma prova definitiva da maturidade burguesa, pois, com a queda do absolutismo e a tomada do poder político pela burguesia, sepultaram-se os últimos entraves ao capitalismo.

No século XVIII, na França, a burguesia já liderava as finanças, o comércio, a indústria, enfim, todas as atividades centrais do capitalismo. Por outro lado, seu desenvolvimento ainda encontrava obstáculos em elementos feudais remanescentes como a estrutura tradicional de propriedade e de produção, os tributos – corveia e talha – e, principalmente, a servidão. Competia à burguesia eliminar essas barreiras para que sua sobrevivência e predomínio fossem garantidos. Entretanto, esses entraves e privilégios feudais apoiavam-se na ordem política do Antigo Regime, e sua eliminação implicava derrubar toda a estrutura do Estado moderno, que só seria possível com medidas radicais.

Para agravar ainda mais a situação, a França contava, na época, com um grande crescimento demográfico, que exigia correspondente crescimento econômico (veja gráfico). Some-se a isso a pequena produção agrícola decorrente dos entraves feudais à produtividade, agravada ainda mais por fenômenos climáticos, causando acentuada elevação no preço do pão, tornando-o quase proibitivo à população de baixa renda. A miséria e a fome alastravam-se pela França, enquanto a nobreza, que contava com cerca de quatrocentos mil privilegiados, negava-se a admitir qualquer mudança, formando a chamada **reação feudal**.

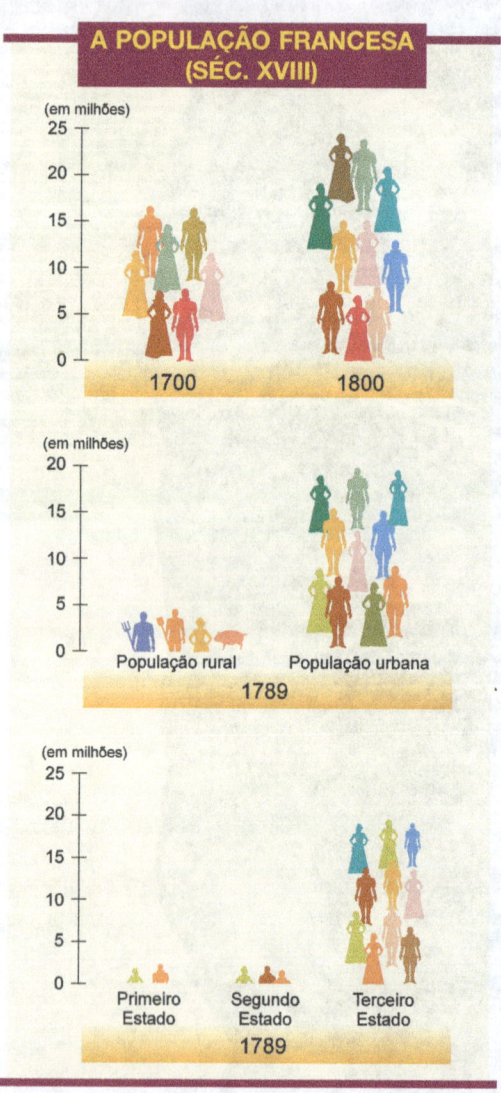

A estrutura demográfica da França pré-revolucionária, especialmente quanto à distribuição e composição social, indicava o agravamento das tensões.

A REVOLUÇÃO FRANCESA (1789-1799)

No Antigo Regime, milhões de camponeses destinavam cerca de 70% de suas rendas para o pagamento de impostos.

A burguesia soube, entretanto, assumir as insatisfações do período e, liderando os diversos grupos sociais que surgiam, transformou-se na vanguarda que tornou possível derrubar as estruturas políticas vigentes. Durante o processo revolucionário, quando grupos radicais, como os liderados por Marat e Robespierre, ameaçaram a hegemonia da burguesia, esta imprimiu novos rumos a seus objetivos, solidificando a sua predominância e efetivando suas conquistas.

A burguesia da Revolução Francesa sentia-se como a locomotiva impulsionando toda a nação, e via a Revolução como algo para todo o povo e não apenas para o burguês: "Os burgueses franceses de 1789 afirmavam que a libertação da burguesia era a emancipação de toda a humanidade" (Karl Marx e Friedrich Engels).

Principais causas da Revolução

O absolutismo de Luís XVI (1774-1792) ainda se alicerçava na teoria do direito divino dos reis: governava sem nenhum empecilho à sua autoridade e a Assembleia dos Estados Gerais não era convocada desde 1614. Essa situação, contudo, não mais se adequava à sociedade, e o poder real era criticado por muitos, que o viam como o principal responsável pelas dificuldades por que o povo passava.

Como as finanças do Estado confundiam-se com as do rei, a desordem administrativa, os gastos monumentais com a manutenção da luxuosa corte de Versalhes e os enormes custos das diversas guerras dos Bourbons levaram a França a uma insolúvel crise financeira. A Guerra dos Sete Anos (1756-1763) e a da Independência dos Estados Unidos (1776-1781), além de acarretarem gastos elevados, comprometeram todo o império colonial francês. Sua dívida externa – que chegava a 5 bilhões de libras – correspondia ao dobro de todo o meio circulante (total de moedas nacionais). Com tais dificuldades financeiras, o Estado impunha tributos, adotava medidas fiscais e comerciais, buscando receita orçamentária e prejudicando os negócios capitalistas.

Luís XVI governou insensível às contradições sociais e econômicas do povo francês.

Foi em meio a esse quadro financeiro que, em 1786, a França assinou com a Inglaterra um ruinoso tratado comercial (Tratado Eden-Rayneval), que permitia a entrada do vinho francês com baixas tarifas alfandegárias no mercado inglês, mas, em contrapartida, fazia o mesmo com os tecidos ingleses no mercado francês. Esse tratado afetou profundamente a indústria manufatureira francesa, ativando os ânimos burgueses contra o Estado.

A ascensão econômica da burguesia esbarrava, ainda, nos regulamentos, proibições e taxações ditados pelo Estado absoluto. Assim, tornava-se imperativo eliminar a política mercantilista para que houvesse o progresso capitalista apregoado pelos fisiocratas e teóricos liberais.

Embora o papel econômico da burguesia fosse essencial para o Estado, ela não tinha influência política e era marginalizada socialmente, devido à organização estamental da sociedade francesa. O **clero**, dividido em alto clero (cardeais, bispos, arcebispos, todos de origem nobre) e baixo clero (padres, frades, de origem pobre), estava isento de qualquer tributação. A **nobreza**, possuidora de privilégios judiciários e fiscais, dividia-se em nobreza de sangue, composta por nobres de origem feudal, aristocrática (palaciana, cortesã e provincial) e nobreza de toga, composta por pessoas provenientes da burguesia, que obtiveram o título de nobreza por compra ou por mérito. Essas duas ordens, estados ou estamentos compreendiam cerca de quinhentas mil pessoas, numa população total de 25 milhões.

Clero e nobreza, duplamente privilegiados pela isenção de tributos e pelo recebimento de rendas.

A terceira ordem – o **povo** – sustentava com tributos toda a estrutura administrativa, as forças armadas e os privilégios, especialmente os da luxuosa corte francesa. Compunha-se de forma bastante heterogênea: **burguesia**, dividida em alta burguesia (banqueiros, industriais e comerciantes), média burguesia (profissionais liberais e funcionários públicos) e baixa burguesia (pequenos comerciantes); e **camadas populares** (artesãos, operários, *sans-culottes*, camponeses e servos). Os camponeses e servos representavam 20 dos 25 milhões de habitantes da França.

"O termo **sans-culottes**, referido às pessoas que usavam calças compridas em vez dos calções até ao joelho da gente rica, foi originariamente aplicado num sentido puramente social aos pequenos comerciantes, assalariados e vagabundos, quer da cidade, quer do campo. Durante a Revolução, o termo passou a ser mais geralmente aplicado aos indivíduos politicamente ativos dessas classes, e o seu âmbito alargou-se com a inclusão dos agitadores mais radicais daquele período, independentemente do respectivo estrato social. Ativos tanto na Comuna de Paris (a designação que foi dada ao novo governo local da cidade) como nas sessões, os sans-culottes iriam constituir a base de poder em que os políticos populares haviam de firmar as suas exigências de uma política radical."

MC CRORY, Martin & MOULDER, Robert. *Revolução Francesa para principiantes*. Lisboa, Dom Quixote, 1983. p. 67.

A REVOLUÇÃO FRANCESA (1789-1799)

Toda essa situação foi denunciada pelos filósofos iluministas, "os filósofos da razão", que mostravam a inadequação da estrutura sociopolítica à economia, transformando o Iluminismo na bandeira ideológica da Revolução.

O início da Revolução

A França dos anos 80 do século XVIII vivia um crescente agravamento das condições socioeconômicas, que culminava em revoltas cada vez mais violentas nas cidades e no campo, na capital e nas províncias.

A partir de 1786, com a concorrência dos produtos industriais ingleses (têxteis e metalúrgicos), surgiu uma onda de falências, acompanhada de desemprego e queda de salários, arruinando o comércio nacional. Ao mesmo tempo, fenômenos climáticos (secas e inundações) comprometiam a agricultura, elevando os preços de produtos essenciais e fomentando a insatisfação geral.

Às crises econômicas juntavam-se as políticas, com sucessivas demissões de ministros, que tinham seus projetos reformistas barrados pela intransigência aristocrática, como aconteceu com **Turgot**, **Brienne** e também **Calonne**. Este último chegou a convocar a nobreza e o clero para contribuírem no pagamento de impostos, na Assembleia dos Notáveis. A atitude de Calonne ativou a reação feudal, provocando não só a recusa mas também a indignação da aristocracia. Muitas províncias, em que a nobreza era mais forte, revoltaram-se, chegando a sugerir uma "revolução" aristocrática.

A luta da aristocracia

"[...] não pode subsistir nenhuma dúvida: a aristocracia encetou a luta contra o absolutismo para restabelecer a sua preponderância política e salvaguardar privilégios sociais ultrapassados — luta que ela prosseguiu logicamente até a contrarrevolução."

SOBOUL, Albert. *A Revolução Francesa*. São Paulo, Difel, 1974. p. 14-5.

Quando a crise francesa atingiu o seu limite, levando o país a um passo da implosão, da Revolução, a nobreza buscou sua sobrevivência como estamento, abandonando sua aliança com o absolutismo, debilitando ainda mais o Antigo Regime como um todo.

Embora a nobreza, ou pelo menos grande parte dela, defendesse limites à autoridade real, chegando mesmo a encampar a ideia do respeito à liberdade individual, era intransigente na manutenção dos seus privilégios, não admitindo perder tradicionais direitos feudais para sanear a crise socioeconômica nacional. Não desejavam revolucionar a ordem vigente, e sim sobreviver a ela.

Frente ao agravamento da crise política, Calonne demitiu-se. Pressionado pela crise, Luís XVI nomeou **Necker** para o ministério, que confirmou a convocação dos **Estados Gerais** para maio de 1789.

Necker, um dos ministros das finanças de Luís XVI, convenceu o rei a convocar os Estados Gerais.

A nobreza confiava no controle do Parlamento, pois teria maioria de votos se fosse preservada a tradicional votação por Estado (clero, um voto; nobreza, um voto; e povo, um voto), já que clero e nobreza comungavam os mesmos interesses. A nobreza só não contou com o potencial revolucionário do Terceiro Estado, que exigiu a participação nos Estados Gerais de um número de deputados compatível com sua representação. O Primeiro Estado ficou com 291 deputados, o Segundo com 270 e o Terceiro com 578. A 5 de maio de 1789, quando se abriu a sessão dos Estados Gerais no palácio de Versalhes, os interesses antagônicos dos grupos sociais ali representados entraram em choque.

Os representantes do Terceiro Estado exigiram a **votação individual**, pois, com o apoio de aproximadamente 290 deputados do baixo clero e da nobreza togada, alcançariam a maioria na Assembleia dos Estados Gerais. Diante da impossibilidade de conciliar tais interesses, Luís XVI tentou dissolver os Estados Gerais, impedindo a entrada dos deputados na sala de sessões. Os representantes do Terceiro Estado rebelaram-se e invadiram a sala do jogo da péla (espécie de tênis em quadra coberta), jurando que seus membros não se separariam enquanto não tivessem dado à França uma constituição. A 9 de julho, juntamente com muitos deputados do baixo clero, declararam-se em **Assembleia Nacional Constituinte**. Os ânimos se exaltavam e aumentavam as propostas de tomar armas.

Luís XVI tentou reunir forças para enfrentar a Assembleia, mas a demissão de Necker, em 11 de julho, e a nomeação do conservador barão de Bretevil precipitaram os acontecimentos.

Criou-se a Guarda Nacional, uma milícia burguesa para resistir ao rei e liderar a população civil, que começou a se armar. No dia 14 de julho, a multidão invadiu o Arsenal dos Inválidos à procura de munições e, em seguida, a fortaleza da **Bastilha**, onde eram encarcerados os inimigos da realeza. Foi o estopim da rebelião, que se alastrou de Paris para o resto da França. No campo, onde os privilégios da aristocracia eram mais gritantes, os camponeses chegaram a invadir e incendiar castelos e a massacrar elementos da nobreza, num período que ficou conhecido como **Grande Medo**.

O grande símbolo da Revolução Francesa: a queda da prisão da Bastilha.

A Tomada da Bastilha

Na madrugada de 14 de julho de 1789, uma terça-feira, milhares de populares (talvez cinquenta mil) invadiram o Arsenal dos Inválidos procurando armas para "enfrentar os soldados que, acreditavam, o rei Luís XVI estava mandando de Versalhes [...]. A multidão se apoderou de quarenta mil fuzis e doze canhões. Mas e a pólvora para eles? Estava na formidável fortaleza da Bastilha, transformada em depósito e prisão. Para lá correram todos, em busca de munição".

Superinteressante Especial. nº 2. São Paulo, Abril, julho de 1989. p. 8.

"Em tempos de revolução nada é mais poderoso do que a queda de símbolos. A queda da Bastilha, que fez do dia 14 de julho a festa nacional francesa, ratificou a queda do despotismo e foi saudada em todo o mundo como o princípio de libertação."

HOBSBAWM, Eric J. A era das revoluções. Rio de Janeiro, Paz e Terra, 1977. p. 79.

aprovada a **Declaração dos Direitos do Homem e do Cidadão**, estabelecendo a igualdade de todos perante a lei, o direito à propriedade privada e de resistência à opressão.

Declaração de humanidade

A Declaração dos Direitos do Homem e do Cidadão teria grande repercussão no mundo inteiro. "Este documento é um manifesto contra a sociedade hierárquica de privilégios nobres, mas não um manifesto a favor de uma sociedade democrática e igualitária. 'Os homens nascem e vivem livres e iguais perante as leis', dizia seu primeiro artigo; mas ela também prevê a existência de distinções sociais, ainda que 'somente no terreno da utilidade comum'. A propriedade privada era um direito natural, sagrado, inalienável e inviolável."

HOBSBAWM, Eric. A era das revoluções. Rio de Janeiro, Paz e Terra, 1977. p. 77.

As etapas da Revolução

Assembleia Nacional (1789-1792)

Na primeira fase (1789-1792), chamada de **Fase da Assembleia Nacional**, destacou-se a atuação da burguesia nas cidades e dos camponeses no interior, estes destituindo autoridades e nobres de seus castelos e repartições, muitas vezes matando e incendiando, e aquela lutando por conquistas sociais e políticas nas ruas e na Assembleia.

Em Paris, aprovou-se, na Assembleia dos Estados Gerais, a **abolição dos privilégios feudais**, numa tentativa de restabelecer a ordem dirigindo a insatisfação apenas contra os restos do feudalismo. Inspirada na Declaração de Independência dos Estados Unidos, foi

Voltando-se para os privilégios do clero e diante da crise econômica, a Assembleia Nacional determinou o confisco dos bens da Igreja, utilizando-os como lastro para a emissão de uma nova moeda, os **assignats**. Ao mesmo tempo, os padres passavam a subordinar-se ao Estado, servindo como funcionários públicos. Essas decisões foram efetivadas com a aprovação da **Constituição Civil do Clero** (julho de 1790). Diante dos acontecimentos, o papa Pio VI condenou a Revolução, originando na França a divisão do clero em **juramentado**, composto pelos que aceitavam a Constituição, e **refratário**, composto pelos que a recusavam.

Em 1791, a Assembleia Nacional proclamou a **primeira Constituição** da França, estabelecendo a monarquia constitucional, composta por três poderes: o executivo, exercido pelo rei; o legislativo, exercido pelos deputados eleitos por voto censitário (ou seja, de acordo com a renda individual); e o judiciário.

A IDADE CONTEMPORÂNEA (SÉCULOS XVIII E XIX)

Os *assignats* (assinados) visavam recuperar as finanças do Estado francês.

Com o voto censitário e as posteriores leis que proibiam greves e formação de associações de trabalhadores, a França transformou-se num Estado burguês, em que se eliminaram os privilégios aristocráticos substituindo-os por restrições econômicas à maioria da população. Separava-se, assim, a burguesia do Terceiro Estado.

No interior da Assembleia Nacional, implantou-se uma disputa crescente entre grupos políticos, principalmente girondinos e jacobinos. Os **girondinos**, cujo nome derivava do fato de a maioria de seus membros vir da região de Gironda, sul e sudeste da França, formavam uma facção que representava a grande burguesia. Os **jacobinos**, cujo nome originou-se do clube onde se reuniam parisienses revolucionários, no convento dos frades jacobinos (dominicanos), no início faziam parte da ala moderada. Mas, a partir de 1792, transformaram-se no principal elo entre os membros radicais da Assembleia e o movimento popular, que ganhava cada vez mais força nas ruas. Foi a partir de então que o termo jacobino passou a representar uma posição política radical. Outros agrupamentos políticos representados na Assembleia eram os ***cordeliers*** (camadas mais baixas) e os ***feuillants*** (burguesia financeira).

À medida que avançavam e se consolidavam as medidas revolucionárias, a nobreza tornava-se mais acuada e boa parte migrava para o exterior (**emigrados**), buscando apoio externo para restaurar o Estado absoluto. As vizinhas potências absolutistas apoiavam esses movimentos, pois temiam a irradiação das ideias revolucionárias francesas para seus países. Alegando a necessidade de se restaurar a dignidade real da França, na **Declaração de Pillnitz**, esses países ameaçaram a França de intervenção. Numa conspiração contrarrevolucionária, Luís XVI e sua família tentaram fugir para a Áustria, em junho de 1791, mas, presos na fronteira, na cidade de **Varennes**, foram reconduzidos a Paris.

A fuga do rei

Foi uma "desesperada e afinal suicida tentativa de fugir do país. Ele foi recapturado em Varennes (junho de 1791) e daí em diante o republicanismo tornou-se uma força de massa; pois os reis tradicionais que abandonaram seus povos perdem o direito à lealdade. Por outro lado, a incontrolada economia da livre empresa dos moderados acentuou as flutuações no nível dos preços dos alimentos e consequentemente a militância dos pobres das cidades, especialmente em Paris. O preço do pão registrava a temperatura política de Paris com a exatidão de um termômetro e as massas de Paris eram a força revolucionária decisiva: não por mero acaso, a nova bandeira nacional francesa foi a combinação do velho branco real com as cores vermelha e azul de Paris".

HOBSBAWM, Eric. *A era das revoluções*. p. 83.

A desastrada fuga do casal real.

Paralelamente, cresciam as dificuldades econômicas dos revolucionários, obrigando à intensa emissão de *assignats*, o que desencadeou a especulação e uma inflação descontrolada. Esse fato acirrou os ânimos revolucionários, com os *sans-culottes* exigindo medidas radicais. Enquanto isso, o exército absolutista, formado também pelos emigrados, marchava sobre a França, o que levou os jacobinos a proclamarem a "**pátria em perigo**" e fornecerem armas à população. Constituiu-se, assim, um exército popular – a **Comuna Insurrecional de Paris** –, sob o comando de Marat, Danton e Robespierre, que fez frente ao exército dos emigrados e prussianos, contido às portas de Paris, na batalha de **Valmy**. O rei foi acusado de traição ao país por colaborar com os invasores, e os revolucionários proclamaram a República.

Convenção Nacional (1792-1795)

A Assembleia Nacional Constituinte, transformada, por sufrágio universal, em Convenção Nacional, assumia o governo em 20 de setembro de 1792. Nas reuniões, à **direita**, ficavam os deputados girondinos, que desejavam consolidar as conquistas burguesas, estancar a Revolução e evitar a radicalização. Ao centro ficavam os deputados da Planície ou Pântano – assim denominados por agruparem-se na parte mais baixa –, que eram os elementos da burguesia sem posição política previamente definida. À **esquerda**, formando o partido da **Montanha**, pois colocavam-se na parte mais alta do edifício, ficavam os representantes da pequena burguesia jacobina, que liderava os *sans-culottes*, defensores de um aprofundamento da Revolução. O conflito entre as facções políticas se agravava à medida que cresciam as dificuldades econômicas e militares. É desse período que herdamos o uso das expressões **esquerda** e **direita**, quando nos referimos a posições sociopolíticas progressistas e conservadoras, respectivamente.

No primeiro período da Convenção, liderado pelos girondinos, foram descobertos documentos secretos de Luís XVI, no palácio das Tulherias, que provavam seu comprometimento com o rei da Áustria. O fato acelerou as pressões para que o rei fosse julgado como traidor. Na Convenção, a Gironda dividiu-se: alguns optaram por um indulto, outros pela pena de morte. A Montanha, reforçada pelas manifestações populares, exigia a execução do rei, indicando o fim da supremacia girondina na Revolução.

Em 21 de janeiro de 1793, Luís XVI foi guilhotinado na praça da Revolução. Vários países europeus, como Áustria, Prússia, Holanda, Espanha e Inglaterra, indignados e temendo que o exemplo francês se refletisse em seus territórios, formaram a **Primeira Coligação** contra a França. Encabeçando a Coligação, a Inglaterra financiava os grandes exércitos continentais para conter a ascensão burguesa da França, sua potencial concorrente nos negócios europeus.

A execução de Luís XVI na guilhotina.

As dificuldades se avolumavam: a ameaça externa se somava à crise econômica, às divisões políticas, às insatisfações gerais e até aos levantes antirrepublicanos regionais, como a revolta da **Vendeia**, no oeste da França. Em 2 de junho de 1793, os jacobinos, comandando os *sans-culottes*, tomaram a Convenção, prendendo os líderes girondinos. Marat, Hébert, Danton, Saint-Just e Robespierre assumiram o poder, dando início ao período da **Convenção Montanhesa** (1793-1794).

O calendário revolucionário

O governo popular da Convenção adotou um novo calendário, o Republicano, que tinha seu início em 22 de setembro. Introduzido oficialmente em 1793, era dividido em doze meses de trinta dias; os restantes cinco dias que faltavam para completar os 365 dias anuais eram feriados públicos, chamados de "dia dos sans-culottes". Os meses tinham nomes relacionados aos ciclos agrícolas e da natureza:

Vindimário (do latim *vindemia* = vindima, colheita da uva), de 22/9 a 22/10
Brumário (do francês *brumas* = nevoeiro), de 22/10 a 20/11
Frimário (do francês *frimas* = geada), de 21/11 a 20/12
Nivoso (do latim *nivosus* = neve), de 21/12 a 19/1
Pluvioso (do latim *pluviosus* = chuvoso), de 20/1 a 18/2
Ventoso (do latim *ventosus* = vento), de 19/2 a 20/3
Germinal (do latim *germem* = germinação), de 21/3 a 19/4
Floreal (do latim *florens* = flores), de 20/4 a 19/5
Prairial (do francês *prairie* = prado), de 20/5 a 18/6
Messidor (do latim *messis* = colheita), de 19/6 a 18/7
Termidor (do grego *therme* = calor), de 19/7 a 17/8
Frutidor (do latim *fructus* = fruto), de 18/8 a 16/9
Dias dos sans-culottes, de 17/9 a 21/9

Devido ao predomínio da atuação popular, esse período caracterizou-se por ser o mais radical de toda a Revolução Francesa. Em 1793, foi aprovada nova constituição (**Constituição do Ano I**), enfatizando o sufrágio universal, a democratização. O governo jacobino dirigia o país por meio do **Comitê de Salvação Pública**, responsável pela administração e defesa externa do país, de início comandado por Danton, seu criador. Abaixo, vinha o **Comitê de Salvação Nacional**, que cuidava da segurança interna, e a seguir o **Tribunal Revolucionário**, que julgava os opositores da Revolução.

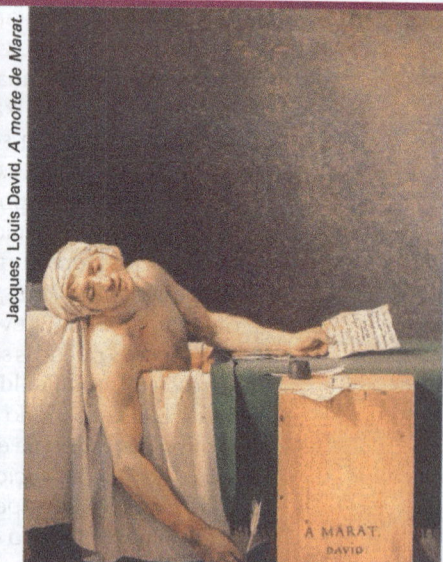

Georges Jacques Danton (esquerda), líder da fase radical da Revolução e que disputou com Maximilien François Marie Isidore de Robespierre (centro) o destino do governo montanhês. Tudo isto depois do assassinato de Marat por uma girondina.

Durante o governo montanhês, a radicalização política chegou ao auge, levando grande número de pessoas à guilhotina, sob a acusação de partidarismo real. Quando, em julho, **Marat**, o ídolo dos s*ans-culottes*, foi assassinado por uma girondina, Charlote Corday, os ânimos se exaltaram. Considerado excessivamente moderado, Danton foi substituído por Robespierre e expulso do partido. Tinha início o **Terror**, caracterizado pela execução de milhares de pessoas acusadas de serem contrarrevolucionárias: de Maria Antonieta, a ex-rainha, passando por elementos participantes da Revolução, como girondinos, e depois até mesmo jacobinos.

> **O Terror**
>
> O período de setembro de 1793 a julho de 1794 caracterizou-se por violentas ações contra os inimigos do governo revolucionário.
>
> "O simples fato de ser 'denunciado' (quer por motivos justos, quer por animosidade pessoal) tornou-se praticamente bastante para assegurar a execução (principalmente na guilhotina). [...] Tem-se calculado o número total das pessoas que foram julgadas e condenadas durante o período do Terror em cerca de dezessete mil (só em Paris, duas mil e quinhentas); se acrescentarmos a esse o número das execuções sem julgamento, de mortes nas prisões, etc., o total final poderá cifrar-se entre trinta e cinco e quarenta milhares de mortos. Destes, apenas 15% pertenciam ao clero e à nobreza, cabendo uns sólidos 85% à burguesia, ao campesinato e aos trabalhadores das cidades."
>
> MC CRORY, Martin & MOULDER, Robert. *Revolução Francesa para principiantes*. p. 124.

Administrativamente, o governo montanhês adotou medidas que favoreciam a população, como a **Lei do Preço Máximo**, que tabelava os preços dos gêneros alimentícios, a venda ao público, a preços baixos, de bens da Igreja e de nobres emigrados, a decretação da abolição da escravidão nas colônias, o fim de todos os privilégios, a criação do ensino público e gratuito, etc. O novo governo montanhês se empenhou também em acabar com a supremacia da religião católica, e de seu clero, desenvolvendo um culto revolucionário fundado na razão e na liberdade. A catedral de Notre Dame, em Paris, por exemplo, foi transformada no "Templo da Razão".

As cisões entre os revolucionários dentro da Convenção, entretanto, desagregavam o poder dos jacobinos. Havia os radicais que pregavam a intensificação da violência e os que desejavam conter a Revolução e acabar com as prisões e execuções. O primeiro grupo era o dos radicais, liderado por Hébert; o segundo era o dos indulgentes, liderado por Danton. Robespierre ordenou a execução de ambos, perdendo parte do apoio popular ligado especialmente a Danton.

As dificuldades econômicas e militares, com a constante ameaça de invasões estrangeiras, somadas à insegurança da população provocada pelas sucessivas execuções, levaram Robespierre a perder progressivamente o prestígio como líder nacional. Ao que parece, Robespierre enredara-se nas contradições da revolução, sem vislumbrar um projeto factível para um governo à esquerda da burguesia, inviabilizando a prática da máxima política que ensinara aos seus seguidores: "Antes de se pôr a caminho é preciso saber onde se quer chegar e os caminhos que se deve trilhar".

Aproveitando-se disso, a burguesia se reorganizou e, em 27 de julho de 1794 (9 de termidor), retomou o poder na Convenção, derrubando os líderes da Montanha. Quase sem apoio, os jacobinos não puderam reagir eficazmente e Robespierre e Saint-Just, entre outros, foram guilhotinados. Os representantes do Pântano (alta burguesia girondina) assumiram, então, o comando da Revolução. O golpe do termidor, que devolvia o governo revolucionário à burguesia, foi chamado de **reação termidoriana**.

A **Convenção Termidoriana** foi curta (1794-1795), mas permitiu a reativação do projeto político burguês, com a anulação de várias decisões montanhesas, como a Lei do

A IDADE CONTEMPORÂNEA (SÉCULOS XVIII E XIX)

Preço Máximo e o encerramento da supremacia do Comitê de Salvação Pública, buscando controlar os *sans-culottes*. Nas ruas de Paris, instalava-se o **Terror Branco**, movimento de jovens de direita ou *muscadins*, que perseguiam, intimidavam e executavam os líderes *sans-culottes*, assaltando os clubes republicanos.

Em 1795, a Convenção elaborou uma nova constituição – a **Constituição do Ano III** –, que restabelecia o critério censitário para as eleições legislativas, marginalizando, assim, grande parcela da população. O poder executivo seria exercido por um **Diretório**, formado por cinco membros eleitos pelos deputados.

Diretório (1795-1799)

O Diretório caracterizou-se pela supremacia girondina, que sofria oposição dos jacobinos, à esquerda, e dos realistas, que desejavam o retorno dos Bourbons, à direita. Enfrentou levantes populares internos e a continuidade das ameaças estrangeiras. Em 1795 e 1797, houve golpes realistas; em 1796, ocorreu a **Conspiração dos Iguais**, um movimento dos *sans-culottes*, liderado por "**Graco**" **Babeuf**. Externamente, entretanto, o exército francês acumulava vitórias contra as forças absolutistas da Espanha, Holanda, Prússia e reinos da Itália, que, em 1799, formaram a **Segunda Coligação** contra a França revolucionária.

A França enfrentou muitas batalhas contra seus vizinhos absolutistas, que desejavam anular suas conquistas após a Revolução. O artista retratou a batalha de Lodi (1796), em que os franceses enfrentaram os austríacos.

A REVOLUÇÃO FRANCESA (1789-1799)

O incendiário Babeuf

Graco Babeuf, primeiro político a dirigir um ataque à propriedade privada, defendia a "ditadura dos humildes", sendo considerado um dos precursores do socialismo do século XIX. Para ele, "a natureza conferira a cada homem o direito igual de desfrutar de tudo o que é bom, e o objetivo da sociedade era defender esse direito; que a natureza impusera a cada homem o dever de trabalhar, e quem dele se esquivava era um criminoso; que o objetivo da Revolução fora acabar com todas as desigualdades e estabelecer o bem-estar de todos; que a Revolução, portanto, não estava terminada, e que todos aqueles que haviam abolido a Constituição de 1793 (Ano I) eram culpados de lesa-majestade contra o povo".

WILSON, Edmund. *Rumo à estação Finlândia.* São Paulo, Cia. das Letras, 1986. p. 73-4.

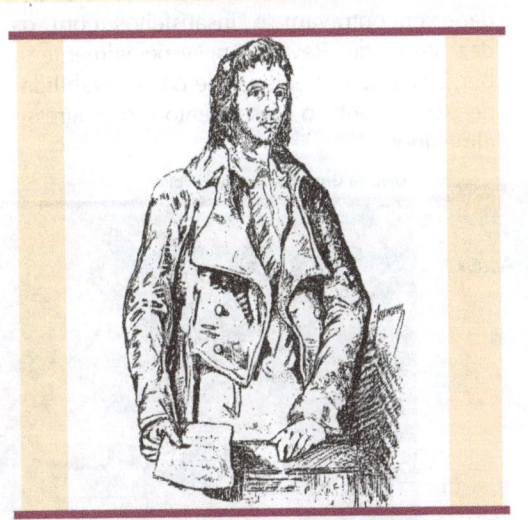

As propostas e a atuação de "Graco" Babeuf reforçaram o distanciamento das ambições populares das da elite burguesa. Era uma marca que se transformaria numa constante "sombra" do desenvolvimento liberal do mundo contemporâneo.

Em todos esses levantes destacou-se a figura de **Napoleão Bonaparte**, militar brilhante e habilidoso. Necessitando garantir-se e consolidar a República burguesa contra as ameaças internas, os girondinos desfecham um golpe contra o Diretório, com Bonaparte à frente. Foi o golpe do **18 de brumário** (9 de novembro de 1799). O Diretório foi substituído por nova forma de governo – o **Consulado** representado por três elementos: Napoleão, o abade Sieyès e Roger Ducos. O poder, na realidade, concentrou-se em mãos de Napoleão, que ajudou a consolidar as conquistas burguesas da Revolução.

Em dez anos, de 1789 a 1799, a França passou por profundas modificações políticas, sociais e econômicas. A aristocracia do Antigo Regime perdeu seus privilégios, libertando os camponeses dos laços que os prendiam aos nobres e ao clero. Nas cidades desapareceram também as amarras feudais do corporativismo, que limitavam as atividades da burguesia, e criou-se um mercado de dimensão nacional. A Revolução Francesa foi a alavanca que levou a França do estágio feudal para o capitalista. E isso só foi possível a partir de mudanças sociais e políticas, sem dúvida a herança mais importante deixada pelos revolucionários franceses.

"A Grã-Bretanha forneceu o modelo para as ferrovias e fábricas, o explosivo econômico que rompeu com as estruturas tradicionais do mundo não europeu; mas foi a França que fez suas revoluções e a elas deu suas ideias, a ponto de bandeiras tricolores de um tipo ou de outro terem-se tornado o emblema de praticamente todas as nações emergentes, e a política europeia (ou mesmo mundial) entre 1789 e 1917 foi em grande parte a luta a favor e contra os princípios de 1789, ou os ainda mais incendiários de 1793. A França forneceu o vocabulário e os temas da política liberal e radical-democrática para a maior parte do mundo. A França deu o primeiro grande exemplo, o conceito e o vocabulário do nacionalismo. A França forneceu os códigos legais, o modelo de organização técnica e científica e o sistema métrico de medidas para a maioria dos países."

HOBSBAWM, Eric. *A era das revoluções.* p. 71.

A ERA NAPOLEÔNICA (1799-1815) E O CONGRESSO DE VIENA

Nascido na Córsega em 1769, Napoleão projetou-se rapidamente na carreira militar e política durante a Revolução Francesa, alcançando, com apenas vinte e quatro anos, a patente de general. Ao somar sucessivas vitórias contra inimigos estrangeiros, converteu-se em herói nacional. Comandou a brilhante Campanha da Itália, em 1797, subjugando os austríacos e obtendo, com a Paz de Campofórmio, importantes vantagens territoriais para a França. Em seguida, comandou a Campanha do Egito (1798-1799), buscando interceptar a rota comercial da Inglaterra com o Oriente (Índia). Contudo, apesar de diversas vitórias em terra, os franceses foram vencidos na batalha naval de Aboukir (1789), pelo almirante Nelson.

Ao mesmo tempo, na Europa, formava-se a **Segunda Coligação** (1799) de países contra a França, temerosos da expansão revolucionária. Internamente, diversos setores da sociedade encontravam-se insatisfeitos com os dez anos de Revolução, especialmente a burguesia, que precisava de paz e estabilidade para garantir o crescimento e o progresso almejados.

Óleo de Gros, *Bonaparte no Egito*.

A CAMPANHA DE NAPOLEÃO NO EGITO

A campanha de Napoleão no Egito, apesar de fracassada, rendeu-lhe mais fama e glória.

278

Assim, a associação da debilidade governamental do Diretório com o prestígio adquirido por Napoleão, cuja imagem estava associada a disciplina, comando, conquistas, forjou a conjuntura que permitiu o 18 de brumário.

Os anos seguintes representaram o período de consolidação dos ideais liberais da burguesia na França. Iniciou-se também seu processo de disseminação pelos demais países europeus envolvidos pelas guerras napoleônicas.

Prestigiado no meio militar, içado ao governo pela burguesia, Napoleão obteve também o apoio do campesinato – terceiro apoio de seu tripé político –, garantindo à população rural a posse das terras expropriadas à Igreja e à nobreza emigrada.

Napoleão e o Consulado (1799-1804)

O Consulado teve como prioridades enfrentar as ameaças externas e reorganizar a economia e a sociedade francesa, buscando a estabilização. Dessa forma, em 1799, no início do Consulado, Napoleão venceu a Segunda Coligação, batendo a Áustria em Marengo, e, em 1802, assinou uma trégua com a Inglaterra, chamada **Paz de Amiens**. A neutralização da ameaça externa foi acompanhada internamente pela consolidação de Napoleão no governo. Procurando sanear as finanças nacionais e a organização da burguesia, deterioradas pelo longo período de instabilidade e guerras, foi fundado em 1800 o **Banco da França**, controlado pelo Estado, e criado um novo padrão monetário – o **franco**, em vigor até a criação do euro, moeda da União Europeia. Estimulou-se, com financiamentos, a indústria nacional e também a produção agrícola.

As relações com a Igreja, desfeitas desde o início da Revolução, foram reatadas em 1801, através de uma concordata assinada com o papa Pio VII. Em 1802, elaborou-se uma nova constituição, que deu a Napoleão maiores poderes. Como primeiro cônsul, exerceria todo o poder executivo por um período de dez anos, fazendo dos outros cônsules simples conselheiros.

Encarregado de escolher os ministros, assim como os membros do Conselho de Estado – núcleo efetivo do poder que tinha a função de preparar todos os projetos de leis –, Napoleão controlava a França. Retomava-se, assim, a centralização político-administrativa, renegada no início da Revolução, porém, agora, a serviço da burguesia nacional. De decreto em decreto, Napoleão anulou discórdias partidárias, ameaças de golpe, restabelecendo a ordem no país. A autonomia dos departamentos (unidades administrativas francesas) foi anulada com uma nova administração, que privilegiava a atuação dos prefeitos, defensores de amplos poderes.

Em 1804, foi promulgado o **Código Civil Napoleônico**, que, inspirado no Direito romano, assegurava conquistas burguesas, como a igualdade do indivíduo perante a lei, o direito de propriedade e a proibição de organização de sindicatos de trabalhadores e greves; restabelecia, por outro lado, a escravidão nas colônias. O Código Civil Napoleônico exerceria profunda influência em toda a Europa, transformando-se na fonte de diretrizes legais de todo o Ocidente capitalista.

Ainda no Consulado foi estabelecida uma reforma no ensino, tornando a educação responsabilidade do Estado e adequando-a às necessidades nacionais. Criaram-se os liceus, espécie de internatos responsáveis pela formação dos futuros oficiais do exército ou ocupantes de altos cargos civis, e enfatizou-se principalmente o ensino superior, como as escolas de Direito, Política e Técnica Naval.

Respaldado pelos bons frutos de sua administração e pela paz externa, Napoleão foi proclamado primeiro cônsul vitalício pela nova Constituição do Ano XII (1804). Meses depois, feito um plebiscito, recebeu o título de imperador, sendo coroado em dezembro de 1804, na catedral de Notre-Dame, com o título de Napoleão I.

A coroação de Napoleão

Visando cancelar as pretensões restauradoras dos Bourbons, a transformação do Consulado em Império, a cerimônia de coroação em tudo lembrava o despotismo, a autoridade absoluta. "Em 1804, depois de nomeado imperador, Napoleão convenceu o papa Pio VII a vir a Paris para a sua coroação. Foi um feito diplomático memorável, para quem se notabilizou apenas pelo uso eficiente das armas: mil anos antes, outro imperador francês, Carlos Magno, teve de fazer o caminho inverso e ir a Roma em busca da bênção papal a sua investidura. Napoleão, não satisfeito, frisou seu triunfo fazendo o papa esperá-lo três horas para a cerimônia. Outra surpresa estava reservada para o chefe da Igreja, nesse dia: Napoleão coroou a imperatriz Josefina e, em seguida, com as próprias mãos, colocou a coroa imperial sobre a sua cabeça. Ao papa coube, apenas, a celebração do ofício religioso."

Superinteressante Especial, nº 2. São Paulo, Abril, julho de 1989. p. 41.

Do 18 de brumário até 1804, Napoleão foi concentrando todos os poderes nacionais em suas mãos. A roupagem política legal desse processo foi dada pelas diversas constituições: a do **Ano VIII** (1800) criou o Consulado, a do **Ano X** (1802) reforçou o poder do primeiro cônsul, e a do **Ano XII** (1804) deu a Napoleão a vitaliciedade do poder, o último *passo* que permitiu que ele se transformasse em imperador.

Napoleão e o Império (1804-1815)

O Império foi marcado pela continuidade das guerras externas, em geral comandadas pela Inglaterra, que, embora já dominada pela mentalidade capitalista-burguesa, via na França uma possível rival no continente aos seus produtos industrializados. Os demais países, que formaram as diversas coligações – até 1815, foram sete –, eram, em geral, monarquias absolutistas temerosas dos reflexos da Revolução sobre sua estabilidade política. Assim, por razões econômicas ou políticas, a França via-se cercada por diversos inimigos.

O primeiro confronto do período imperial deu-se contra a **Terceira Coligação** (Inglaterra, Rússia e Áustria) formada em 1805. Com o apoio da Espanha – velha inimiga inglesa –, a marinha francesa atravessou o canal da Mancha, na tentativa de invadir a Inglaterra. Foi, entretanto, derrotada na batalha de **Trafalgar**, pelo mesmo almirante Nelson que já derrotara Napoleão na Campanha do Egito.

Em terra, entretanto, a superioridade francesa era patente, comprovada pela vitória nas batalhas de Ulm, contra a Prússia, e, Austerlitz, contra a Áustria. Vencendo a Terceira Coligação, Napoleão sepultou o Sacro Império Romano-Germânico, criando em seu lugar a Confederação do Reno.

Jacques Louis David, *A consagração*.

Napoleão, ao contrário de Carlos Magno um milênio antes, fez da cerimônia de coroação uma confirmação do seu poder, o qual se sobrepunha ao da Igreja.

A ERA NAPOLEÔNICA (1799-1815) E O CONGRESSO DE VIENA

O IMPÉRIO NAPOLEÔNICO NA EUROPA

Depois de conseguir estender seus domínios a grande parte da Europa continental, Napoleão continuava ameaçado pela maior potência econômico-naval da época: a Inglaterra.

A hegemonia francesa sobre o continente europeu, entretanto, dependia da neutralização da poderosa Inglaterra, a maior potência econômica do período. Se, por um lado, a Inglaterra dominava os mares com sua imbatível marinha, por outro, a França dispunha do maior exército em terra. Considerando tais aspectos e desejando reduzir o poderio econômico britânico, Napoleão decretou em 1806 o **Bloqueio Continental** (também chamado de Decreto de Berlim). Objetivando isolar a Inglaterra do restante da Europa, esse decreto estipulava que os aliados da França não mais poderiam comerciar com aquele país, nem comprando suas manufaturas nem lhe fornecendo matérias-primas sob o risco de serem invadidos por tropas francesas.

Em 1807, pelo **Tratado de Tilsit**, Napoleão obteve a adesão da Rússia ao embargo econômico à Inglaterra, ao vencer a Quarta Coligação (1806-1807) nas batalhas de Iena, Eylau e Friedland. Mais tarde, ficaria claro que o Bloqueio Continental era mais prejudicial às nações europeias continentais – que dependiam da compra de suas matérias-primas agrícolas pela Inglaterra – do que à nação inglesa, que encontrava em outras regiões compradores para seus produtos. Entretanto, a Quinta Coligação, formada por Inglaterra e Áustria, em 1809, também não conseguiu fazer frente ao poder de Napoleão e sucumbiu.

Senhor do continente, Napoleão disseminou pelos países conquistados os princípios liberais franceses, especialmente o Código Civil, e derrubou as velhas estruturas aristocráticas. Assim, os sucessos militares desde a Revolução deviam-se, em grande parte, aos princípios ideológicos franceses contra as tiranias do Antigo Regime. Entretanto, quando, no período imperial, a invasão foi acompanhada da exploração das populações locais e da submissão à França, os sucessos militares foram substituídos pela resistência e pelo fracasso. A imposição do domínio napoleônico na península Ibérica e na Rússia, por exemplo, desembocou na luta nacionalista dessas regiões e no início da lenta decadência de Bonaparte.

A IDADE CONTEMPORÂNEA (SÉCULOS XVIII E XIX)

Francisco Goya, Os fuzilamentos do 3 de maio.

As campanhas napoleônicas disseminaram os ideais revolucionários, mas também impuseram a dominação francesa. Na pintura ao lado, de Francisco Goya, a resistência espanhola contra a tirania de Napoleão.

Os exércitos franceses

"Tecnicamente os velhos exércitos eram melhor treinados e disciplinados, e onde estas qualidades eram decisivas, como na guerra naval, os franceses foram sensivelmente inferiores. Eles eram bons corsários e rápidos incursores, mas não podiam compensar a falta de um número suficiente de marujos treinados e sobretudo de oficiais navais competentes. [...] Em seis grandes e oito pequenas batalhas navais entre os britânicos e os franceses, as baixas francesas foram cerca de dez vezes maiores que as dos ingleses. Mas, no que tange à organização improvisada, mobilidade, flexibilidade e acima de tudo pura coragem ofensiva e moral de luta, os franceses não tinham rivais. Estas vantagens não dependiam do gênio militar de ninguém."

HOBSBAWM, Eric. A era das revoluções. p. 103-4.

Portugal, tradicional aliado da Inglaterra, foi um dos primeiros Estados a sofrer intervenção francesa devido à desobediência ao Bloqueio Continental. Eram muito fortes as ligações econômicas lusas com os ingleses, e seu príncipe regente, D. João, relutou o quanto pôde em romper suas relações comerciais com a Inglaterra. Em represália, Napoleão resolveu invadir Portugal, o que causou a fuga da família real para sua principal colônia, o Brasil, em 1808.

Ainda na península Ibérica, Napoleão decidiu depor o rei espanhol Fernando VII, coroando seu irmão **José Bonaparte**, o que ativou a resistência nacional contra os franceses. A luta popular, através de guerrilhas, financiada pela Inglaterra, irradiou-se por toda a península Ibérica, desgastando as forças napoleônicas. Lentamente, as derrotas francesas foram pondo fim ao mito de invencibilidade do exército francês, estimulando outros povos a resistir, o que resultou na quebra da hegemonia continental napoleônica. Ao mesmo tempo, as colônias espanholas na América aproveitavam-se da crise na metrópole para iniciar seu processo de independência.

Além desses problemas, a economia francesa não possuía uma estrutura com potencial para substituir a Inglaterra nas relações econômicas do continente. Prova disso foi a atitude da **Rússia** diante do estrangulamento de sua economia em virtude do Bloqueio Continental: desprezando as ameaças de Napoleão, o czar **Alexandre I** resolveu abrir os portos russos aos ingleses, compradores de sua produção de trigo.

Napoleão respondeu à atitude da Rússia reunindo, em 1811, um poderoso exército de mais de seiscentos mil homens, que atravessaria toda a Europa Central e marcharia sobre a Rússia, na sua mais audaciosa, mas também trágica, campanha militar. Diante do poderio do exército francês, os russos utilizaram a tática da "**terra arrasada**", segundo a qual, na iminência de invasão de alguma região, destruíam eles mesmos tudo o que pudesse ter valor ou ser útil ao inimigo. Dessa forma, ao mesmo tempo que evitavam confrontos encarniçados com o inimigo, abatiam o ânimo dos franceses, impedidos de fazer saques e reabastecer-se.

A Campanha da Rússia contou com mais de seiscentos mil soldados. A estratégia da "terra arrasada", do general Kutuzov, não poupou sequer Moscou, incendiada pelos próprios russos antes que fosse tomada pelos franceses.

Quando conseguiu entrar em Moscou, depois de longas batalhas, o exército napoleônico encontrou a cidade abandonada e incendiada. Sem abrigo, fustigados pelo rigoroso inverno de 1812 e enfrentando as implacáveis guerrilhas russas, os homens de Bonaparte iniciaram a retirada, permitindo aos russos tomarem a ofensiva. Napoleão saiu da Rússia com menos de cem mil soldados, desmoralizado e tendo de enfrentar o resto da Europa, que se mobilizara contra ele.

A causa da derrota na Rússia

"A Rússia foi invadida e Moscou ocupada. Se o czar tivesse feito a paz, como a maioria dos inimigos de Napoleão tinham feito sob circunstâncias semelhantes, o jogo teria terminado. Mas o czar não estabeleceu a paz, e Napoleão se viu diante da opção entre uma guerra interminável, sem perspectiva clara de vitória, ou a retirada. Ambas eram igualmente desastrosas. Os métodos do exército francês, como vimos, implicavam rápidas campanhas em áreas suficientemente ricas e densamente povoadas para que ele pudesse retirar sua manutenção da terra. Mas o que funcionou na Lombardia e na Renânia, onde estes processos tinham sido desenvolvidos pela primeira vez, e ainda era viável na Europa Central, fracassou totalmente nos amplos, pobres e vazios espaços da Polônia e da Rússia. Napoleão foi derrotado não tanto pelo inverno russo quanto por seu fracasso em manter o Grande Exército com suprimento adequado. A retirada de Moscou destruiu o Exército."

HOBSBAWM, Eric. A era das revoluções. p. 105.

Esgotado, Napoleão teve de enfrentar uma sucessão de derrotas e fracassos. Formara-se a Sexta Coligação, composta por Prússia, Inglaterra, Rússia e Áustria, que o venceu na **batalha das Nações**, em **Leipzig**, em outubro de 1813. Culminando a fase de derrotas, em março do ano seguinte os aliados entraram vitoriosos em Paris, obrigando Napoleão a assinar o **Tratado de Fontainebleau**. De acordo com esse tratado, o imperador abria mão de todos os direitos ao trono francês, recebendo em troca uma pensão de dois milhões de francos anuais e plena soberania sobre a **ilha de Elba**, situada no mar Mediterrâneo, perto da Córsega.

Com o exílio de Napoleão, restabeleceu-se a dinastia dos Bourbons na França, sendo coroado rei Luís XVIII, irmão de Luís XVI, guilhotinado durante a Revolução, cujo filho – que teria sido Luís XVII – morrera na prisão, ainda criança.

Os Bourbons, contudo, ficaram no poder somente por alguns meses, pois Napoleão fugiu de Elba e desembarcou na França em março de 1815 com mil e duzentos soldados. Comprovando sua ainda forte popularidade entre os membros do exército, foi recebido festivamente por seus ex-soldados e pela população, e marchou em direção a Paris. Luís XVIII fugiu para a Bélgica, e Napoleão pôs-se novamente à frente do governo francês, que dirigiu por pouco mais de três meses.

De anão a Sua Majestade Imperial

No jornal oficial *O Monitor*, as manchetes diárias refletiam o clima de Paris e do governo Bourbon restaurado, tratando Napoleão em função de sua progressiva aproximação da capital: "O anão da Córsega desembarcou no Golfo de Juan"; "O tigre chegou a Gap"; "O monstro dormiu em Grenoble"; "O tirano atravessou Lyon"; "O usurpador está a quarenta léguas da capital"; "Bonaparte avança a passos gigantes, mas não entrará jamais na capital"; "Napoleão estará amanhã diante de nossas muralhas"; "O Imperador chegou a Fontainebleau"; "Sua Majestade Imperial entrou no Palácio das Tulherias, em meio de seus fiéis súditos".

Os Cem Dias (1815)

Ao regressar ao governo, Napoleão tentou uma rápida ofensiva contra a Sétima Coligação, mas a **batalha de Waterloo**, vencida pelo duque de **Wellington**, da Inglaterra, selou definitivamente sua sorte. Exilado na longínqua ilha de **Santa Helena**, colônia da Inglaterra no Atlântico Sul, Napoleão morreu em 5 de maio de 1821.

18 de junho de 1815, em Waterloo, Bélgica: a sorte de Napoleão foi selada.

A ERA NAPOLEÔNICA (1799-1815) E O CONGRESSO DE VIENA

O mito napoleônico fundiu-se com o individualismo burguês, especialmente com a ambição pessoal e empreendedora, como apontam os clichês "Napoleão da indústria" ou das finanças. "Napoleão deu à ambição um nome pessoal [...] foi a figura com que todo homem que partisse os laços com a tradição podia se identificar em seus sonhos." (Eric Hobsbawm).

Os dezesseis atribulados anos em que Napoleão liderou a França e comandou seus exércitos permitiram que grande parte das conquistas sociais e políticas da Revolução fossem disseminadas por outros países europeus. Embora com a queda de Napoleão se seguissem tentativas de restauração do Antigo Regime, elas não seriam mais definitivamente absolutas, pois a Europa apresentava agora um outro perfil histórico.

O Congresso de Viena

Após a derrota de Napoleão em Leipzig, na batalha das Nações (1813), as grandes potências europeias – Áustria, Inglaterra, Rússia, Prússia e a França restaurada reuniram-se em Viena, na Áustria, numa convenção internacional, a fim de restabelecer a situação política europeia anterior à Revolução Francesa. Interrompido temporariamente durante o governo dos Cem Dias, o Congresso de Viena era presidido pelo representante da Áustria, príncipe **Metternich**, e contava, ainda, com o czar Alexandre I, da Rússia; Frederico Guilherme III, da Prússia; Wellington e depois Castlereagh, da Inglaterra; e Talleyrand, da França, além de representantes de outras nações europeias.

Buscando a restauração monárquica e a reinstalação da aristocracia no poder, dois princípios básicos fundamentaram o Congresso de Viena: o da **legitimidade** e o do **equilíbrio europeu**. O princípio da legitimidade, proposto e defendido por **Talleyrand**, visava restaurar nos Estados europeus as dinastias legítimas, isto é, as que reinavam no período pré-revolucionário. Paralelamente, propunha também restabelecer as fronteiras nacionais desse mesmo período. Nesse aspecto, contudo, a restauração não foi inteiramente respeitada, já que Inglaterra, Rússia, Áustria e Prússia, fortes e vitoriosos, apossaram-se de territórios de Estados mais fracos, como Polônia, Itália e França derrotada. O princípio do equilíbrio europeu fundamentava-se no restabelecimento das relações de força entre as potências europeias, por meio da divisão territorial do continente e também das possessões coloniais no mundo.

J. B. Isabey, *O Congresso de Viena*, 1815.

Representantes das potências vitoriosas reunidos no Congresso de Viena.

A Inglaterra foi a grande beneficiada, pois obteve a ilha de Malta, ponto estratégico no Mediterrâneo, a região do Cabo, no sul da África, o Ceilão (atual Sri Lanka), ex-colônia holandesa próxima à Índia, além da Guiana, na América do Sul, e outras ilhas na América Central. A Holanda incorporou a Bélgica, formando o reino dos Países Baixos, e a Rússia ficou com a maior parte da Polônia. A Itália foi totalmente dividida, restando como Estados autônomos apenas o reino do Piemonte-Sardenha, os Estados Pontifícios e o reino das Duas Sicílias. A Suíça passou a ser um Estado neutro. A Prússia ficou com parte da Polônia e da região do rio Reno, e a Áustria ficou com outra parte da Polônia e o norte da Itália. Sendo Estados germânicos, Prússia e Áustria tinham parte de seus territórios incluídos nos limites da **Confederação Germânica**, formada por trinta e nove Estados membros, a maioria principados.

A DIVISÃO POLÍTICA DA EUROPA PÓS-CONGRESSO DE VIENA

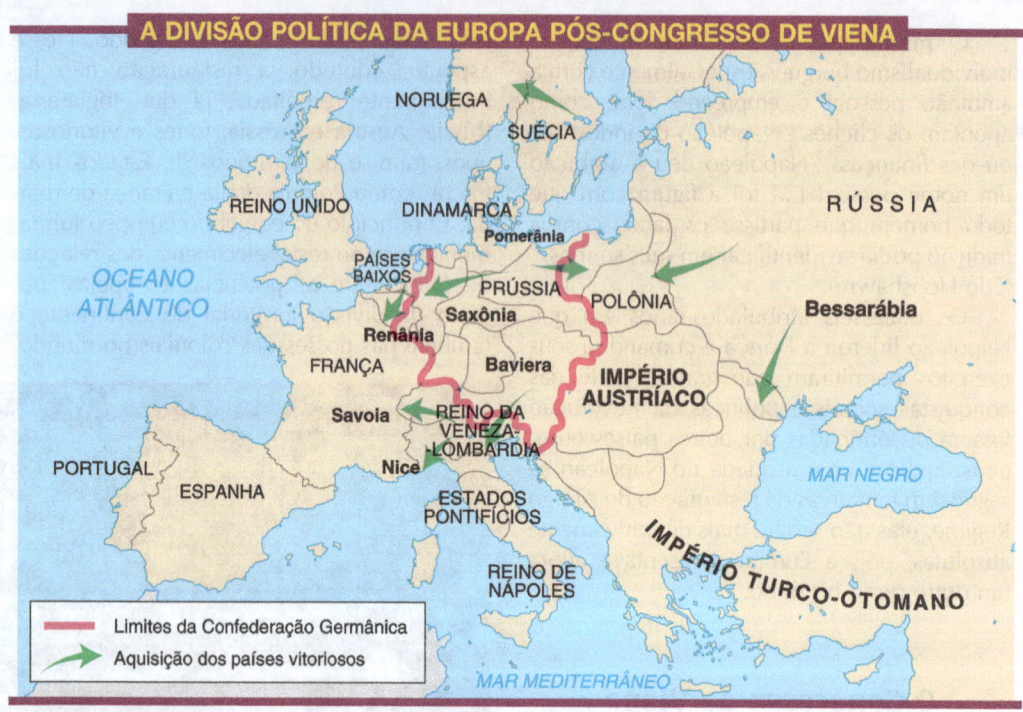

A nova divisão política europeia determinada pelo Congresso de Viena.

Do Congresso de Viena surgiu a **Santa Aliança**, proposta pelo czar Alexandre I, que sob o rótulo de proteção à paz, à justiça e à religião, objetivava lutar contra as manifestações nacionalistas e liberais decorrentes das ideias implantadas pela Revolução Francesa. Inicialmente composta por exércitos da Inglaterra, Rússia, Prússia e Áustria – Quádrupla Aliança –, em 1818 teve a inclusão da França. A Quíntupla Aliança, então, desencadeou diversas intervenções em várias regiões contra liberais que ameaçavam subverter a ordem absolutista restabelecida. Em 1819 houve repressão aos nacionalistas que pretendiam a unificação alemã; em 1821 e 1822 combateram-se os liberais em Nápoles e na Espanha.

Vários fatores conjugados, entretanto, desagregaram os planos estabelecidos no Congresso de Viena, bem como a Santa Aliança. A estrutura econômica caminhou para o amadurecimento capitalista, com a Revolução Industrial em pleno curso na Inglaterra e espalhando-se por outros países, fortalecendo valores burgueses, liberais e nacionalistas. Os princípios sobreviventes do Antigo Regime e restabelecidos pelo Congresso de Viena, tornavam-se, por seu lado, entraves à nova sociedade. Assim, embora a Santa Aliança tivesse imposto suas decisões logo após a derrota napoleônica, gradativamente o sistema de alianças elaborado por Metternich foi sendo mutilado, até ser engolido pelas revoltas liberais europeias e pelos processos de independência das colônias da América Latina.

Para a **Inglaterra**, que iniciara seu processo de industrialização, era importante a expansão de mercados consumidores. Por isso, apoiava os movimentos de independência das colônias latino-americanas, defendendo o **princípio de não intervenção**. Essa atitude, entretanto, era contrária aos interesses da Santa Aliança, que propunha a manutenção do pacto colonial e o envio de tropas às regiões que se rebelassem.

Numa indicação de que os tempos eram outros, também os **Estados Unidos** lançaram a **Doutrina Monroe**, em 1823, cujo lema era "a América para os americanos", deixando patente sua oposição a qualquer tentativa recolonizadora.

A Doutrina Monroe determinava que os Estados Unidos estenderiam sua influência a todo o continente americano, descartando a tradicional ingerência europeia.

Na Europa, também o nacionalismo emergiu, alguns com insucessos e outros avançando na conquista da independência, a exemplo da Grécia, que conseguiu sua emancipação do Império Turco-Otomano, em 1822.

Na França, em 1830, estabeleceu-se novamente um governo liberal com a queda dos Bourbons e a ascensão dos Orléans; ao mesmo tempo, a Bélgica proclamava sua independência da Holanda. Desmoronavam, assim, as principais conquistas do Congresso de Viena e os laços que sustentavam a Santa Aliança.

A fase reacionária instalada em 1815, e expressiva até pelo menos 1830, foi um breve intervalo entre a era das revoluções e a consolidação dos ideais burgueses de edificar um Estado e uma sociedade liberais. Foi, de um lado, nas palavras de Castlereagh, representante inglês no Congresso de Viena, uma "segurança perfeita contra a brasa revolucionária que se espalhava", e, de outro, manifestação final do Antigo Regime.

A partir de 1830, com a consolidação liberal, aquela efervescência revolucionária que antes estava restrita à França irradiou-se por todo o continente, incluindo muitas áreas das ex-colônias, favorecendo expectativas em que, especialmente para alguns líderes e intelectuais, se antevia uma "primavera dos povos", a plena libertação dos povos e solução dos seus graves problemas sociais. Porém, como veremos adiante, o novo comando político liberal burguês não estava interessado num avanço tão profundo das transformações político-sociais como almejavam muitos dos grupos ativistas, fazendo com que a liderança burguesa passasse da posição de locomotiva revolucionária para uma posição muito mais conservadora e reacionária. Eram os revolucionários de antes os reacionários de agora.

A REVOLUÇÃO INDUSTRIAL

O processo de desenvolvimento capitalista, intensificado pela Revolução Comercial dos séculos XVI e XVII, estava, até então, ligado à circulação de mercadorias. A partir da segunda metade do século XVIII, iniciou-se na Inglaterra a mecanização industrial, desviando a acumulação de capitais da atividade comercial para o setor da produção. Esse fato trouxe grandes mudanças, de ordem tanto econômica quanto social, que possibilitaram o desaparecimento dos restos do feudalismo ainda existentes e a definitiva implantação do modo de produção capitalista. A esse processo de grandes transformações deu-se o nome de Revolução Industrial.

O início do processo industrial na Inglaterra deve-se, principalmente, ao fato de ter sido esse o país que mais acumulou capitais durante a fase do capitalismo comercial. Nos séculos XVII e XVIII, a Inglaterra, graças a seu poderio naval e comercial, conseguiu formar um dos maiores impérios coloniais da época. Esse processo iniciara-se com a vitória inglesa contra a Invencível Armada espanhola de 1588, seguido dos Atos de Navegação de 1651 – que atingiram especialmente a Holanda, sua maior rival no comércio e nos mares –, e, depois, pelo Tratado de Methuen, de 1703, assinado com Portugal, que abria os mercados portugueses e de suas colônias aos manufaturados ingleses. O final favorável da Guerra dos Sete Anos (1756-1763) subjugou a França, último país potencialmente concorrente na Europa, o qual confirmou sua situação após as guerras napoleônicas do início do século XIX. Assim, passo a passo, a política internacional inglesa foi consolidando sua supremacia mundial, transformando-a na maior potência econômica. Seu domínio se estenderia até o início do século XX.

Internamente, esse período foi marcado por transformações significativas na sociedade e na economia inglesa, como a implantação de um poderoso sistema bancário e a revolução agrícola. O Banco da Inglaterra, fundado logo após a Revolução Gloriosa (1688-1689) e associado à Companhia das Índias, fomentou as relações coloniais estimulando a produção de algodão, matéria--prima básica para o processo que levou o país à Revolução Industrial. A mecanização da indústria têxtil logo foi aplicada no setor metalúrgico, tendo as instituições financeiras servido de respaldo aos crescentes investimentos.

Símbolo do poderio econômico britânico, seus navios cruzavam todos os oceanos.

A REVOLUÇÃO INDUSTRIAL

Mudança de mentalidade

"E a contar do século XVI multiplicam-se os nomes de filósofos e cientistas, com o culto da natureza, da experiência, da mecânica. [...] Aparecem as associações para o estudo da realidade. Ganha impulso o ensino técnico, até aí descurado. Revê-se o culto dogmático da tradição, outrora vivo, com posições de reexame do que fora dito por filósofos vistos por definitivos em tudo. Se antes havia a cabala, a astrologia, a magia, a alquimia, agora há a experiência que dá sentido científico ao estudo e às inquietações. A técnica, em suas feições mecânicas, passa a ser considerada. Surge a ciência moderna, antidogmática, fundada no experimentalismo. Essa mudança de mentalidade representa transformação intelectual e cria o clima de crítica sistemática. Entre os muitos de seus efeitos assinale-se o interesse pela indústria, para o qual a nova maneira de ver contribuiu decisivamente."

IGLESIAS, Francisco. A Revolução Industrial. São Paulo, Brasiliense, 1981. Coleção Tudo é História, nº 11 II, p. 82.

No campo, o estímulo à produção com técnicas e instrumentos inovadores e o desaparecimento dos pequenos proprietários devido aos cercamentos integraram o trabalho rural ao sistema capitalista em desenvolvimento. O êxodo rural provocado pelos cercamentos permitiu que grandes empresários e nobres – *robber barons* (os barões salteadores) – se apossassem de pequenas propriedades agrícolas por compra ou processos judiciais.

Paralelamente, as levas de camponeses que se transferiram para as cidades formaram um grande contingente de mão de obra disponível – o chamado exército industrial de reserva –, essencial para a Revolução Industrial.

Devido à escassez de emprego, essa volumosa mão de obra de baixíssimo preço vinha ao encontro dos anseios industriais, podendo aplicar grandes somas de capitais em novas instalações, já que o custo da força de trabalho era muito pequeno.

Politicamente, a Revolução Gloriosa sepultou o absolutismo ao estabelecer a supremacia do Parlamento e inaugurar o Estado liberal inglês, pré-requisito para a plenitude capitalista burguesa que se instalaria com as maquinofaturas. A própria aristocracia inglesa, por não dispor de pensões como acontecia na França, acabou por ver com simpatia as atividades comerciais e industriais, integrando-se a elas muitas vezes.

CIDADES DO REINO UNIDO

Acima, as grandes cidades britânicas, em 1801. Embaixo, o início da industrialização também mudava o campo.

Por último, a Inglaterra contava com abundância de ferro e carvão, matérias-primas fundamentais para a construção e o funcionamento das máquinas e para a produção de energia.

Os avanços tecnológicos

A industrialização da segunda metade do século XVIII iniciou-se com a mecanização do setor têxtil, cuja produção tinha amplos mercados nas colônias, inglesas ou não, da América, África e Ásia.

Entre as principais invenções mecânicas do período, destacam-se a **máquina de fiar**, de James Hargreaves, de 1767, capaz de fiar 80 quilos de fios de uma só vez sob os cuidados de um só operário; o **tear hidráulico**, de Richard Arkwright, de 1768, aprimorado por Samuel Crompton, em 1779; e o **tear mecânico**, de Edmund Cartwright, de 1785.

Todos esses inventos ganharam maior capacidade quando passaram a ser acoplados à máquina a vapor, inventada por Thomas Newcomen (1712) e aperfeiçoada por James Watt (1765). Com a gradativa sofisticação das máquinas, houve aumento da produção e geração de capitais, que eram reaplicados em novas máquinas. Após o setor têxtil, a mecanização alcançou o setor metalúrgico, impulsionou a produção em série e levou à modernização e expansão dos transportes.

A descoberta do vapor como força motriz, além de impulsionar a produção industrial, atingiu também os transportes. Em 1805, o norte-americano Robert Fulton revolucionou a navegação marítima criando o **barco a vapor** e, em 1814, George Stephenson idealizou a **locomotiva a vapor**. Na década de 30 do século XIX, começaram a circular os primeiros trens de passageiros e cargas. Além disso, a impressão de jornais, revistas e livros com o uso do vapor impulsionou as comunicações e a difusão cultural, que permitiram o surgimento de novas técnicas e invenções.

Tendo-se originado na Inglaterra, a Revolução Industrial logo alcançou o continente e o resto do mundo, atingindo a Bélgica, a França, e posteriormente a Itália, a Alemanha, a Rússia, os Estados Unidos e o Japão. A expansão industrial estimulou o imperialismo do século XIX, verdadeira corrida colonial por novos mercados – em alguns aspectos semelhante ao colonialismo dos séculos XVI e XVII –, que culminaria com a Primeira Guerra Mundial.

Tear hidráulico, 1768.

Barco a vapor, 1838.

Locomotiva a vapor, 1770.

Bomba hidráulica, 1768.

Exemplos de invenções que impulsionaram a produção em série e a instalação de maquinofaturas.

Por volta de 1860, a Revolução Industrial assumiu novas características – **Segunda Revolução Industrial** –, e uma incontida dinâmica, impulsionada por inovações técnicas, como a descoberta da eletricidade, a invenção de Henry Bessemer para a transformação do ferro em aço, o surgimento e avanço dos meios de transporte (ampliação das ferrovias seguida das invenções do automóvel e do avião) e mais tarde dos meios de comunicação (invenção do telégrafo, telefone), o desenvolvimento da indústria química e de outros setores.

Devido aos seus desdobramentos, as três mais importantes invenções do período, singularizando uma nova etapa industrial, foram:

- O **processo Bessemer** de transformação do ferro em aço, que permitiu a sua produção em grande escala, revolucionando as indústrias metalúrgicas. Por suas características de dureza e resistência e por seu baixo custo de produção, o aço logo suplantou o ferro, transformando-se no metal básico da segunda etapa do processo de industrialização.
- O **dínamo**, que possibilitou a substituição do vapor pela eletricidade como força motriz das maquinofaturas.
- O **motor a combustão interna** de Nikolaus Otto, aperfeiçoado por Gottlieb Daimler, Karl Benz e Rudolf Diesel, que introduziu o uso do petróleo.

Interior de indústria alemã em 1835.

O uso da energia elétrica e do petróleo, graças à maior potência e eficiência dessas fontes de energia, permitiu a intensificação e diversificação do desenvolvimento tecnológico.

Na busca dos maiores lucros em relação aos investimentos feitos, levou-se ao extremo a especialização do trabalho. Além disso, ampliou-se a produção, passando-se a produzir artigos em série, o que barateava o custo por unidade produzida. Surgiram as linhas de montagem, esteiras rolantes por onde circulavam as partes do produto a ser montado, de modo a dinamizar a produção.

Implantada primeiramente na indústria automobilística Ford, as esteiras levavam o chassi do carro a percorrer toda a fábrica. Dos lados delas ficavam os operários, que montavam o carro com peças que chegavam a suas mãos em outras esteiras rolantes. Esse método de racionalização da produção em massa foi chamado de **fordismo**, também ligado ao princípio de que a empresa deveria dedicar-se a apenas um produto, além de dominar as fontes de matérias-primas. O fordismo integrou-se às teorias do engenheiro norte-americano Frederick Winslow Taylor, o **taylorismo**, que visava buscar o aumento da produtividade, controlando os movimentos das máquinas e dos homens no processo de produção.

Essa forma de produção em série propiciou o surgimento de grandes indústrias e a geração de grandes concentrações econômicas, que culminaram nos *holdings*, trustes e cartéis.

A concentração do capital industrial

- **Holdings** correspondem a grandes empresas financeiras que controlam vastos complexos industriais a partir da posse da maior parte de suas ações.
- **Trustes** são grandes companhias que absorvem seus concorrentes ou estabelecem acordos entre si, monopolizando a produção de certas mercadorias, determinando seus preços e dominando o mercado; consiste, portanto, num domínio vertical da produção.
- **Cartéis** são grandes empresas independentes produtoras de mercadorias de um mesmo ramo que se associam para evitar a concorrência, estabelecendo divisão de mercados e definindo preços; faz-se, assim, o domínio horizontal da produção.

Dado o continuado desenvolvimento capitalista, com seus altos e baixos, e, especialmente, a dinâmica tecnológica, não é raro indicar-se uma **Terceira Revolução Industrial**, a qual ganhou impulso na segunda metade do século XX. Suas características estão associadas aos avanços ultrarrápidos que resultam obsolescências também velozes, especialmente na microeletrônica, na robótica industrial, na computadorização dos serviços, na química fina e na biotecnologia. A exigência de imensos investimentos e pesquisas é associada à eficiência e produtividade incomparavelmente maior, tendo a liderança dos grandes conglomerados econômicos multinacionais.

Novas formas de trabalho

O surgimento da mecanização industrial operou significativas transformações em quase todos os setores da vida humana. Na estrutura socioeconômica, fez-se a separação definitiva entre o capital, representado pelos donos dos meios de produção, e o trabalho, representado pelos assalariados, eliminando-se a antiga organização corporativa da produção, utilizada pelos artesãos. O trabalhador perdia a posse das ferramentas e máquinas, passando a viver da única coisa que lhe pertencia: sua força de trabalho, explorada ao máximo.

Submetidos a remuneração, condições de trabalho e de vida subumanas, em oposição ao enriquecimento e pujança dos proprietários, os trabalhadores associaram-se em organizações trabalhistas como as *trade unions* e surgiram ideias e teorias preocupadas com o quadro social da nova ordem industrial. Estabeleceu-se, claramente, a luta de interesses entre a burguesia e o proletariado. Emergia a permanente questão que atravessou o desenvolvimento capitalista até os nossos dias: de um lado aqueles que valorizam a dinâmica produtiva, a atuação do mercado, como regente fundamental do desenvolvimento e outros que priorizam o lado social, os efeitos sobre as maiorias sociais no desenvolvimento econômico cada vez mais globalizado.

Da Idade Média até a explosão da Revolução Industrial, os trabalhadores-artesãos independentes foram perdendo sua função e até desapareceram, dando lugar aos operários da segunda metade do século XVIII. Vamos fazer, utilizando o texto de Leo Huberman, um resumo histórico da transição do sistema de trabalho da unidade produtiva familiar até a instalação do sistema fabril:

"1 – **Sistema familiar:** os membros de uma família produzem artigos para o seu consumo, e não para a venda. O trabalho não se fazia com o objetivo de atender ao mercado. Princípio da Idade Média.

2 – **Sistema de corporações:** produção realizada por mestres artesãos independentes, com dois ou três empregados, para o mercado, pequeno e estável. Os trabalhadores eram donos tanto da matéria-prima que utilizavam como das ferramentas com que trabalhavam. Não vendiam o trabalho, mas o produto do trabalho. Durante toda a Idade Média.

3 – **Sistema doméstico:** produção realizada em casa para um mercado em crescimento, pelo mestre-artesão com ajudantes, tal como no sistema de corporações. Com uma diferença importante: os mestres já não eram independentes; tinham ainda a propriedade dos instrumentos de trabalho, mas dependiam, para a matéria-prima, de um empreendedor que surgira entre eles e o consumidor. Passaram a ser simplesmente tarefeiros assalariados. Do século XVI ao XVIII.

4 – **Sistema fabril:** produção para um mercado cada vez maior e oscilante, realizada fora de casa, nos edifícios do empregador e sob uma rigorosa supervisão. Os trabalhadores perderam completamente sua independência. Não possuem a matéria-prima, como ocorria no sistema de corporações, nem os instrumentos, tal como no sistema doméstico. A habilidade deixou de ser tão importante como antes, devido ao

A REVOLUÇÃO INDUSTRIAL

maior uso da máquina. O capital tornou-se mais necessário do que nunca. Do século XIX até hoje".

HUBERMAN, Leo. História da riqueza do homem. Rio de Janeiro, Zahar, 1979. p. 125-6.

Essa classificação didática, entretanto, não é rígida, pois, num mesmo momento, algumas dessas formas se mesclaram, enquanto em determinados casos alguns sistemas nunca chegaram a se delinear claramente.

tos e técnicas para o maior e melhor desempenho industrial. Abriam-se também as condições para o imperialismo colonialista e a luta de classes, formando o conjunto das bases do mundo contemporâneo.

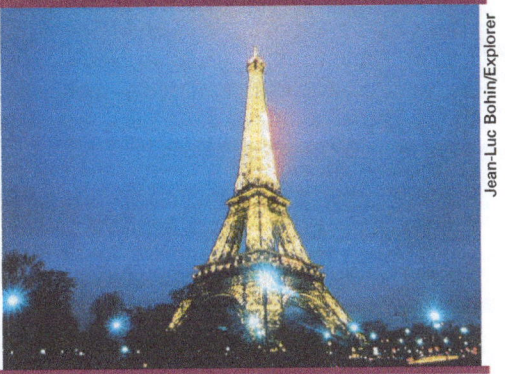

A milenar muralha da China, construída na Antiguidade, e a torre Eiffel, símbolo dos tempos modernos.

Atividade artesanal medieval e indústria do século XIX.

A Revolução Industrial estabeleceu a definitiva supremacia burguesa na ordem econômica, ao mesmo tempo que acelerou o êxodo rural, o crescimento urbano e a formação da classe operária. Inaugurava-se uma nova época, na qual a política, a ideologia e a cultura gravitariam entre dois polos: a burguesia industrial e o proletariado. Estavam fixadas as bases do progresso tecnológico e científico, visando à invenção e ao aperfeiçoamento constantes de novos produ-

"O poder e a velocidade da era industrial a tudo transformava: a estrada de ferro, arrastando sua enorme serpente emplumada de fumaça à velocidade do vento, através de países e continentes, com suas obras de engenharia, estações e pontes formando um conjunto de construções que fazia as pirâmides do Egito e os aquedutos romanos e até mesmo a grande muralha da China empalidecerem de provincialismo, era o próprio símbolo do triunfo do homem pela tecnologia".

HOBSBAWM, Eric. A era das revoluções. p. 61.

O LIBERALISMO E AS NOVAS DOUTRINAS SOCIAIS

Em conjunto com as grandes transformações econômicas, políticas e sociais do final do século XVIII e início do século XIX, surgiram doutrinas e teorias que buscavam, de um lado, justificar e regular a ordem capitalista burguesa que se estabelecia e, de outro, condená-la ou reformá-la. Estruturaram-se, então, respectivamente, as doutrinas liberais e as teorias socialistas, todas pertencentes a um novo ramo da ciência – a **economia política**.

Os economistas liberais

As bases do liberalismo, que tinham surgido com o Iluminismo, contestavam o mercantilismo e defendiam os princípios burgueses: propriedade privada, individualismo econômico, liberdade de comércio e de produção, respeito às leis naturais da economia, liberdade de contrato de trabalho (salários e jornada) sem controle do Estado ou pressão dos sindicatos. Seus teóricos eram os ferrenhos defensores da economia de mercado.

Lançadas pelos fisiocratas franceses, as premissas do pensamento liberal ganharam contornos definidos com **Adam Smith** (1723--1790), em sua obra *A riqueza das nações*. Para ele, a divisão do trabalho passava a ser elemento essencial para o crescimento da produção e do mercado, e sua aplicação eficaz dependia da livre concorrência, que forçaria o empresário a ampliar a produção, buscando novas técnicas, aumentando a qualidade do produto e baixando ao máximo os custos de produção. O consequente decréscimo do preço final favoreceria a lei natural da oferta e da procura, viabilizando o sucesso econômico geral.

Segundo Smith, não cabia ao Estado intervir na economia, competindo-lhe somente zelar pela propriedade e pela ordem, já que a harmonização dos interesses individuais ocorreria por uma "**mão invisível**" levando ao bem-estar coletivo. Seguindo a linha de Adam Smith, surgiram vários outros teóricos continuadores do liberalismo clássico, como Thomas Malthus e David Ricardo.

Thomas Malthus (1766-1834), em sua obra ***Ensaio sobre a população***, estabeleceu o pessimismo em relação ao progresso humano, ao afirmar que a natureza impunha limites ao progresso material. Isso porque a população cresceria em progressão geométrica enquanto a produção de alimentos aumentaria em progressão aritmética. Para ele, a pobreza e o sofrimento eram inerentes à sociedade humana e as guerras e as epidemias ajudariam no equilíbrio temporário entre a produção e a população.

Era preciso, por outro lado, conter o aumento de nascimentos, além de limitar a assistência aos pobres, desestimulando o aumento populacional e, consequentemente, reduzindo a miséria. **A Lei dos Pobres** (1834), votada pelo Parlamento inglês, foi um reflexo das ideias de Malthus. Por essa lei centralizava-se a assistência pública, sendo os desempregados recolhidos às ***workhouses*** (casas de trabalho), onde ficavam confinados à disposição do mercado de trabalho. Homens e mulheres – em alas separadas – viviam em condições precárias. Dessa forma, podia-se, ao mesmo tempo, retirar das ruas boa parte da população mais miserável e mantê-la sob controle, fornecendo, ainda, mão de obra barata ou quase escrava para a indústria nascente.

semelhante à de Ricardo, através da aplicação da 'lei dos rendimentos decrescentes', que admitia que o proprietário rural ocupava áreas menos férteis à medida que a população aumentava."

SANDRONI, Paulo. *Dicionário de economia*. São Paulo, Nova Cultural, 1989. p. 183.

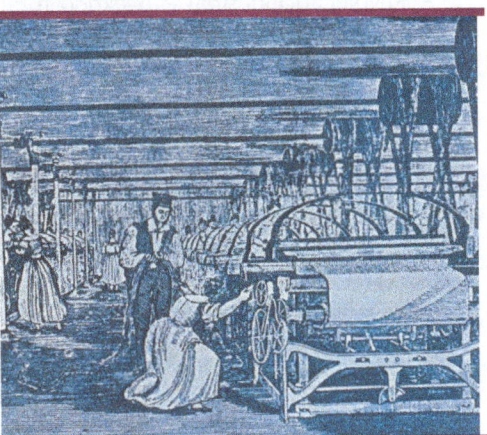

Mulheres recolhidas a uma *workhouse*.

" [...] Os assalariados deveriam ter consciência de que, 'com o número de trabalhadores crescendo acima da proporção do aumento da oferta de trabalho no mercado, o preço do trabalho tende a cair, ao mesmo tempo que o preço dos alimentos tenderá a elevar-se'.

A tese de Malthus foi contestada, entre outros, por Fourier e Marx, por ignorar a estrutura social da economia e as possibilidades criadas pela tecnologia agrícola. Entretanto, 'reciclada' para o terreno da evolução e das populações de insetos e outras espécies animais, ela forneceu a chave decisiva para a teoria da seleção natural de Darwin e Wallace.

David Ricardo e outros economistas clássicos incorporaram o 'princípio da população' às suas teorias, supondo que a oferta de trabalho era inexaurível, sendo limitada apenas pelo 'fundo de salários'. Paralelamente, Malthus aplicava suas próprias teorias ao estudo da renda, no livro An Inquiry into the Nature and Progress of Rent, 1815 (*Investigação Sobre a Natureza e o Progresso da Renda*). Sua concepção da renda diferencial da terra é

Para os liberais, mesmo a exploração de mulheres e crianças no trabalho não deveria sofrer qualquer intervenção do Estado. Malthus (embaixo) negava qualquer assistencialismo às populações pobres e pregava a indução à abstinência sexual, únicas formas de evitar as catástrofes de epidemias, pestes e guerras.

David Ricardo (1772-1823), depois de Adam Smith, foi o maior representante da escola liberal – também chamada clássica. Na obra ***Princípios da economia política e tributação***, Ricardo desenvolveu a teoria do valor do trabalho e defendeu a **Lei Férrea dos salários**, segundo a qual o preço da força de trabalho seria sempre equivalente ao mínimo necessário à subsistência do trabalhador.

Outros teóricos se oporiam às concepções liberais, levando em conta a emergente questão social e o enfoque da classe operária que nascia nas fábricas.

A Revolução Industrial e o êxodo rural deram à Inglaterra nova configuração: no campo predominavam os latifúndios e, nas cidades, as fábricas, onde se abrigava grande contingente de miseráveis. Não existindo qualquer legislação trabalhista ou inspeção estatal, as jornadas de trabalho nas fábricas eram muitas vezes superiores a quatorze horas, além de terem instalações em locais insalubres e de os acidentes de trabalho ocorrerem com frequência.

Interessados em obter a mão de obra mais barata possível, os industriais preferiam o trabalho das crianças e das mulheres. As crianças – algumas com idade inferior a oito anos – trabalhavam como verdadeiros escravos, em troca de alojamento e comida. Em 1802, um decreto parlamentar determinou que as crianças vindas das *workhouses* não trabalhariam mais do que doze horas diárias, lei que, mais tarde, se estendeu a todas as crianças operárias.

As longas jornadas e as condições subumanas de trabalho, além dos baixos salários, não eram, porém, as únicas dificuldades do trabalhador urbano. Em época de guerras, como as do período de Napoleão, os preços dos gêneros alimentícios subiam tanto que a fome se disseminava. Diante dessa situação de crise, culpou-se a mecanização pelas condições miseráveis dos trabalhadores, pelo desemprego. Formou-se, então, o **movimento ludista** (nome derivado de seu suposto líder – Ned ou King Ludd), que propunha a destruição de todas as máquinas, acreditando, dessa forma, eliminar o problema.

O descontentamento, entretanto, aumentava na medida em que cresciam as razões para os conflitos, prenunciando uma revolução social. Formaram-se as primeiras organizações trabalhistas, as ***trade unions***, que buscavam catalisar as insatisfações e organizar a luta da classe operária.

As doutrinas socialistas

A reação operária aos efeitos da Revolução Industrial fez surgirem críticos ao progresso industrial, que propunham reformulações sociais e a construção de um mundo mais justo – os *teóricos socialistas*, que se dividiram em grupos distintos, os socialistas utópicos, os socialistas científicos (marxistas) e os anarquistas.

Os pré-socialistas

Considera-se que os precursores dos teóricos socialistas surgiram em períodos bem anteriores ao da fase industrial. Há quem aponte princípios igualitários em Platão, na Grécia antiga, no Antigo Testamento hebraico, e, principalmente, na *Utopia*, de Thomas Morus. Entretanto, foi na Revolução Francesa que ganharam força as propostas de criação de um mundo com igualdade. Destacaram-se, então, Marat, Hébert e especialmente **Graco Babeuf**, que fez da propriedade privada o maior alvo de suas críticas, apontando-a como responsável por todas as dificuldades sociais. Mesmo assim, eram ainda precursores, pois não contavam com a existência do operariado e com os efeitos da Revolução Industrial para impulsionarem uma ideologia igualitária, socialista.

Socialismo utópico

Os primeiros socialistas a formularem críticas profundas ao progresso industrial ainda o fizeram impregnados de valores liberais. Atacando a grande propriedade, mas tendo, em geral, muita estima pela pequena, esses teóricos acreditavam que pudesse haver um acordo entre as classes e elaboraram soluções que não chegaram, porém, a constituir uma doutrina, e sim modelos idealizados.

De forma geral, podemos considerar os socialistas utópicos uma manifestação de oposição romântica aos novos tempos, produto da decepção em relação aos resultados da "razão" iluminista na Revolução Francesa e do progressismo da Revolução Industrial.

Conde Claude de Saint-Simon (1760-1825), revolucionário de 1789 educado por D'Alembert, teve uma formação racionalista, como a maioria de seus contemporâneos. Abrindo mão de seu título aristocrático, Saint-Simon propôs em **Cartas de um habitante de Genebra** a formação de uma sociedade em que não haveria ociosos (militares, clero, nobreza, magistrados, etc.) nem a exploração do homem pelo homem. Propunha, ainda, uma sociedade dividida em três classes — os sábios (*savants*), os proprietários e os que não tinham posses –, governada por um conselho de sábios e artistas.

Perrot, Conde de Saint-Simon.

Saint-Simon, um nobre que defendeu os *sans-culottes*.

O novo cristianismo, seu último livro, pregava uma nova religiosidade entre os homens, diferente do catolicismo e do protestantismo, que, somada à racionalidade humana, poderia resultar num mundo progressista, industrialista e justo.

Charles Fourier (1772-1837), filho de comerciantes, absorveu algumas ideias de Rousseau: o homem é bom, a sociedade e as instituições o pervertem. Fourier acreditava ser possível reorganizar a sociedade com a criação dos **falanstérios**, fazendas coletivistas agroindustriais. Nunca conseguiu, porém, empresários interessados em financiar seu projeto, apesar de alegar que os falanstérios superariam a desarmonia capitalista, surgida da divisão do trabalho e do papel anárquico exercido pelo comércio na sociedade.

Robert Owen (1771-1858), aos vinte anos, já administrador de uma fábrica de algodão em Manchester, na Inglaterra, pôde observar de perto as condições desumanas dos trabalhadores e revoltou-se com as perspectivas advindas do progressismo. Apontando a impossibilidade de se formar um ser humano superior no interior de um sistema egoísta e explorador, buscou a criação de uma comunidade ideal, de igualdade absoluta. Na Escócia, onde assumiu o controle dos cotonifícios de New Lanark por vinte e cinco anos, chegou a aplicar suas ideias, implantando uma comunidade de alto padrão, em que as pessoas trabalhavam dez horas por dia e tinham um alto nível de instrução.

Seu sucesso nessa cooperativa e suas críticas à propriedade e à religião atraíram, porém, pressões generalizadas, obrigando Owen a abandonar a Grã-Bretanha e ir para os Estados Unidos, onde formou a cidade de **New Harmony**, no estado de Indiana. Quando regressou à Inglaterra, presenciou a falência de suas cooperativas. No fim da vida dedicou-se intensamente à organização das *trade unions*, pois, segundo ele, "o objetivo primordial e necessário de toda a existência deve ser a felicidade, mas a felicidade não pode ser obtida individualmente; é inútil esperar-se pela felicidade isolada; todos devem compartilhar dela ou então a minoria nunca será capaz de gozá-la".

Aula de dança na comunidade de New Harmony.

A IDADE CONTEMPORÂNEA (SÉCULOS XVIII E XIX)

> **Operários versus escravos**
>
> O desencanto de Owen com as condições dos trabalhadores nas indústrias levou-o na época a concluir que "por pior e mais insensata que seja a escravidão existente na América, a escravidão branca das fábricas inglesas era, nesse período em que tudo era permitido, coisa muito pior que os escravos domésticos que posteriormente vi nas Índias Ocidentais e nos Estados Unidos, e sob muitos aspectos, tais como saúde, alimentação e vestuários, os escravos viviam em muito melhor situação do que as crianças e trabalhadores oprimidos e degradados das fábricas da Grã-Bretanha".
>
> WILSON, Edmund. Rumo à estação Finlândia. p. 88.

Socialismo marxista

Paralelamente às propostas do socialismo utópico, que procuravam conciliar numa sociedade ideal os princípios liberais e as necessidades emergentes do operariado, surgiu o socialismo científico. Mediante a análise dos mecanismos econômicos e sociais do capitalismo, seus ideólogos propunham compreender a realidade e transformá-la. O socialismo científico constituía, assim, uma proposta revolucionária do proletariado.

Seu maior teórico foi **Karl Marx** (1818-1883), cuja obra mais conhecida, *O capital* (1867), causou uma revolução na economia e nas ciências sociais em geral. Marx contou, em muitas de suas obras, com a colaboração de **Friedrich Engels** (1820-1895), o autor de *A origem da família, da propriedade privada e do Estado*.

No *Manifesto comunista*, publicado em 1848, Marx e Engels esboçaram as proposições e postulados do socialismo científico, que foram definidos de forma concreta em *O capital*. Entre esses princípios destacam-se uma interpretação socioeconômica da história – conhecida como materialismo histórico –, o conceito de luta de classes e de mais-valia e a revolução socialista.

O **materialismo histórico** defende a ideia de que toda sociedade é determinada, em última instância, pelas suas condições socioeconômicas – a chamada **infraestrutura**. Adaptadas a ela, as instituições, a política, a ideologia e a cultura como um todo compõem o que Marx chamou de **superestrutura**.

Karl Marx e Friedrich Engels, os fundadores do socialismo científico.

Esse princípio fica claro ao se considerar a passagem do modo de produção feudal para o capitalista, quando as relações de produção, as bases econômicas e sociais e a cultura como um todo ganharam dinamismo e se transformaram.

Enquanto isso, a ordem político-jurídica – Antigo Regime – continuou representando a ultrapassada estrutura produtiva, levando à explosão da Revolução Francesa de 1789, que buscava a adequação superestrutural à infraestrutura vigente.

> **Infraestrutura e superestrutura**
>
> Segundo Marx, "a produção econômica e a organização social que dela resulta necessariamente para cada época da história constituem a base da história política e intelectual dessa época". Pois, "na produção social dos meios de existência, os homens contraem relações determinadas, necessárias e independentes de sua vontade, relações de produção que são correlativas a determinado estágio do desenvolvimento de suas forças produtivas. Todo o conjunto dessas relações da produção forma a estrutura econômica da sociedade. Essa estrutura econômica é a base real, fundamental, a infraestrutura, sobre a qual se constrói uma superestrutura jurídica, política, intelectual ou ideológica".
>
> Prefácio da Contribuição à crítica da economia política, de Karl Marx.

Na análise marxista, o agente transformador da sociedade é a **luta de classes**, o antagonismo entre explorados e exploradores. Resultado da estrutura produtiva, especialmente da existência da propriedade privada, tais classes, ao longo da história, apresentam interesses opostos, o que induz às lutas, às transformações sociais. Na Idade Antiga, opunham-se cidadãos e escravos; na Idade Média, senhores e servos; na Idade Moderna, nobreza, burguesia e camponeses; e, no mundo contemporâneo, operários e burgueses.

Outro conceito marxista básico é o de **mais-valia**, que corresponde ao valor da riqueza produzida pelo operário além do valor remunerado de sua força de trabalho. Essa diferença é apropriada pelos capitalistas, caracterizando a exploração operária. A mais-valia tende, assim, a ser um fator crescente e imprescindível de capitalização da burguesia.

Contra a ordem capitalista e a sociedade burguesa, Marx considerava inevitável a ação política do operariado, a **Revolução Socialista** que inauguraria a construção de uma nova sociedade. Num primeiro momento, seriam instalados o controle do Estado pela ditadura do proletariado e a socialização dos meios de produção, eliminando a propriedade privada. Numa etapa posterior, a meta seria o **comunismo**, que representaria o fim de todas as desigualdades sociais e econômicas, inclusive do próprio Estado. Nessa etapa, o homem viveria de acordo com o seguinte princípio: "De cada um segundo sua capacidade e a cada um segundo suas necessidades".

> **Proletários, uni-vos**
>
> No Manifesto comunista, Marx afirma que "a queda da burguesia e a vitória do proletariado são igualmente inevitáveis [...]. Os proletários nada têm a perder com ela, a não ser as próprias cadeias. E têm um mundo a ganhar. Proletários de todos os países, uni-vos!".

Marx e Engels elaboraram suas análises com base no **método dialético**, pelo qual o desenvolvimento de contrários – **tese** e **antítese** – resulta em uma unidade transformada – **síntese**. Pelo método dialético, por exemplo, o desenvolvimento burguês do mundo moderno seria uma antítese aos privilégios feudais sobreviventes no século XVIII, que desembocaram na Revolução Francesa, a síntese do confronto.

Marx e Engels buscavam soluções mais realistas para os problemas sociais resultantes da industrialização.

Anarquismo

Outra das correntes ideológicas surgidas no século XIX foi o anarquismo, que pregava a supressão de toda forma de governo, defendendo a liberdade geral. Entre seus precursores destaca-se **Pierre-Joseph Proudhon** (1809-1865). Em seu livro, ***O que é a propriedade***, vale-se dos pressupostos do socialismo utópico para criticar os abusos do capitalismo, enfatizando o respeito à pequena propriedade e propondo a criação de cooperativas e de bancos que concedessem empréstimos sem juros aos empreendimentos produtivos, além de crédito gratuito aos trabalhadores. Ao propor a criação de uma sociedade sem classes, sem exploração, uma sociedade de homens livres e iguais, Proudhon defendia também a destruição do Estado, substituindo-o por uma "república de pequenos proprietários", e inaugurava o anarquismo.

As propostas reformistas de Proudhon inspiraram Leon Tolstoi (1828-1910), Peter Kropotkin (1842-1921) e, principalmente, **Mikhail Bakunin** (1814-1876), que se tornou o líder do anarquismo terrorista ao apontar a violência como a única forma de se alcançar uma sociedade sem Estado e sem desigualdades, um novo mundo de felicidade e liberdade para os trabalhadores braçais.

Inúmeros assassinatos políticos foram atribuídos a seguidores de Bakunin.

> Em Catecismo do revolucionário, Bakunin define o revolucionário como o indivíduo que "rompeu com todas as leis e códigos morais do mundo instruído. Se ele vive nesse mundo, fingindo fazer parte dele, é apenas para estar em melhores condições de destruí-lo; tudo o que há nesse mundo é igualmente odioso para ele. Tem de ser frio: deve estar disposto a morrer, deve preparar-se para resistir a torturas e deve prontificar-se a esmagar qualquer sentimento nele surgido, inclusive de honra, no momento em que este interferir com seu objetivo".
> WILSON, Edmund. *Rumo à estação Finlândia.* p. 263.

O anarquismo – conhecido também como comunismo libertário – e o marxismo coincidem quanto ao objetivo final: atingir o comunismo, estágio em que não mais existiriam divisões de classes, exploração, nem mesmo o Estado. Entretanto, para os marxistas, antes dessa meta faz-se necessária uma fase intermediária socialista em que um Estado revolucionário – **ditadura do proletariado** – aplicaria medidas prolongadas, visando o comunismo. Já para os anarquistas, tendo como alvo erradicar o Estado, as classes, as instituições e as tradições, o comunismo seria instalado imediatamente.

Marx desfechou inúmeras críticas aos anarquistas, especialmente à Proudhon e Bakunin, sofrendo destes, igualmente, diversas contestações. Era um início que prenunciava uma convivência de choques e divergências, comprovadas pelas rivalidades que aconteceram posteriormente nos países onde marxistas e anarquistas coexistiram na luta contra a ordem estabelecida.

João XXIII dirigiu a Igreja de 1958 a 1963.

A doutrina social da Igreja

Na segunda metade do século XIX houve uma grande mobilização operária, com diversos levantes revolucionários em vários países europeus. Sentindo os efeitos da industrialização, a cúpula eclesiástica de Roma definiu-se oficialmente quanto a sua participação nos novos problemas sociais. Em 1891, o papa **Leão XIII** publicou a encíclica *Rerum Novarum*, por meio da qual, de um lado, revivificava a religião como instrumento de reforma e justiça social e, de outro, declarava-se contra a doutrina marxista de luta de classes, apelando para o espírito cristão dos empregadores, pedindo-lhes que respeitassem a dignidade de seus operários. Essa encíclica teve vários seguidores, que aprofundaram o posicionamento social da Igreja. Entre eles, destacaram-se os papas Pio XI, com a encíclica *Quadragésimo Anno* (1931); João XXIII, com *Mater et Magistra* (1961) e *Pacem in Terris* (1963); e Paulo VI, com *Populorum Progressio* (1967) e *Humanae Vitae* (1968).

Na verdade, a partir da publicação da encíclica *Rerum Novarum*, a Igreja não mais se desvinculou da questão social e de suas concepções políticas, caráter reforçado no século XX, sobretudo após o **Concílio Vaticano II** (1962-1965). Atualmente, parte do clero, mais conservadora, defende que a Igreja deva ter um papel restrito ao plano espiritual, enquanto outra, que criou a **teologia da libertação**, defende que a atuação eclesiástica deva também abranger o plano sociopolítico. As atividades deste último grupo tiveram maior destaque na década de 80, especialmente nos países latino-americanos.

As lutas trabalhistas e as internacionais operárias

Durante o século XIX, o movimento operário europeu mostrou comportamento ora de ascensão, ora de refluxo.

Na década de 40 do século XIX, surgiram manifestações como a **Liga dos Justos** – organização socialista que representava vários países e seguia as ideias de Marx e Engels –, a partir da qual foi elaborado o *Manifesto comunista* (1848). Também na Inglaterra, a ascensão trabalhista desembocou no **cartismo** (1837-1848), movimento popular que reivindicava reformas nas condições de trabalho (especialmente limitação da jornada) e direitos políticos (sufrágio universal). Na década de 1850, porém, após as revoluções frustradas de 1848 (que estudaremos mais à frente) e a repressão do Estado, o movimento operário foi consideravelmente afetado, em muitos centros até mesmo desativado quase por completo.

Grande recepção no palácio das Tulheiras, França. Enquanto, nas ruas, movimentos populares reivindicavam direitos políticos e trabalhistas, nas cortes europeias, os nobres, especialmente, continuavam externando opulência em festas faustosas.

Nos anos 60 do mesmo século, o movimento operário voltou a ganhar força. Em 1864, em Londres, foi fundada a **I Internacional Operária**, também chamada de **Associação Internacional dos Trabalhadores**. Os primeiros encontros foram marcados pelas divergências entre marxistas, anarquistas e sindicalistas. O conflito teórico entre Marx e Bakunin ganhou maior repercussão com os acontecimentos da Comuna de Paris (1871), um governo popular de curta duração.

Em 1872, num congresso em Haia, Bakunin e seus seguidores anarquistas foram expulsos da Internacional e, em 1876, a própria Associação foi dissolvida devido à divisão dos trabalhadores.

Em 1889, numa nova ascensão trabalhista, foi fundada a **II Internacional**, com um sentido mais reformista e menos revolucionário, adotando os ideais da **Social Democracia Alemã**, primeiro partido político socialista. Agora defendia-se que o socialismo seria alcançado lentamente, pelas reformas, pelo voto, pela via parlamentar. Mas a união dos trabalhadores foi breve: no início do século XX os marxistas revolucionários, liderados por Lênin e Rosa Luxemburgo, opuseram-se aos moderados.

Alinhadas aos seus respectivos países, durante a Primeira Guerra Mundial (1914-1918), as massas trabalhadoras dividiram-se ainda mais, sepultando a II Internacional. Em 1919, em Moscou, em meio à Revolução Russa bolchevique, formou-se a **III Internacional**, que assumiu o nome de Internacional Comunista (**Comintern**), que seria o embrião dos **partidos comunistas**.

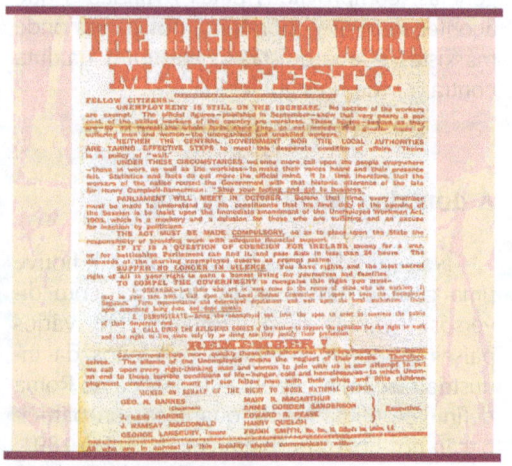

As internacionais socialistas visavam organizar os trabalhadores de vários países europeus em suas lutas políticas e sociais.

Discordantes dos revolucionários russos, os moderados ou reformistas da II Internacional tentaram reorganizá-la, adotando, a partir de 1923, o nome de **Internacional Socialista**, base dos **partidos socialistas**. A partir de então, comunistas e socialistas separaram-se, defendendo práticas e visões de mundo completamente diferentes. Enquanto os socialistas passaram a ser rotulados pelos comunistas de seguidores do reformismo utopista, os comunistas eram acusados de radicais e revolucionários.

A cultura no século XIX

O século XIX iniciou-se em meio às guerras napoleônicas, sofrendo influência da Revolução Francesa e da Revolução Industrial, que espelhavam o antagonismo entre progresso tecnológico e condições sociais – sobretudo no que se refere à exploração operária. Conviveu também com os princípios reacionários impostos pelo Congresso de Viena.

Esses antagonismos refletiram-se no plano das ideias, configurando-se inicialmente no idealismo romântico dos filósofos **Emanuel Kant** (1724-1804), que se destacou com *Crítica da razão pura*, e **Georg Wilhelm Hegel** (1770-1831), com *Dialética idealista*, obras que inspiraram o **materialismo dialético** de Karl Marx.

O conceito de **dialética** (do grego *dialektikós* – 'arte do diálogo') foi desenvolvido por Marx a partir da doutrina de Hegel, como um método de compreensão e análise da realidade, considerada essencialmente contraditória e em permanente mudança. A doutrina idealista de Hegel supunha que eram as ideias, o pensamento, que criavam a realidade e faziam o mundo mover-se. Para Marx e Engels, no entanto, as ideias eram, na verdade, reflexo da realidade, constituindo – ideias e realidade – um todo integrado e interdependente.

> "O modo de produção da vida material condiciona o processo da vida social, política e intelectual. Não é a consciência dos homens que determina a realidade; ao contrário, é a realidade social que determina sua consciência." (Karl Marx)
>
> "Hegel subordinava os movimentos da realidade material à lógica de um princípio que ele chamava de *Ideia Absoluta*; como essa Ideia Absoluta era um princípio inevitavelmente nebuloso, os movimentos da realidade material eram, frequentemente, descritos pelo filósofo de maneira bastante vaga."

> No caminho aberto por Hegel, entretanto, surgiu outro pensador alemão, Karl Marx (1818-1883), materialista, que superou – dialeticamente – as oposições de seu mestre. Marx escreveu que em Hegel a dialética estava, por assim dizer, de cabeça para baixo; decidiu, então, colocá-la sobre seus próprios pés."
>
> KONDER, Leandro. *O que é dialética*. São Paulo, Brasiliense, 1981. p. 27.

No início do século, predominava na literatura o **Romantismo**, suplantado mais tarde pelo **Realismo**. Refletindo o descontentamento social e político gerado pela Revolução Industrial, o Romantismo caracterizou-se pelo sentimentalismo e pela valorização da natureza. Mais adaptada às novas condições, impostas pela industrialização e pelo avanço do capitalismo, surgiu a escola realista, que predominaria até a Primeira Guerra Mundial.

Os românticos viam a vida com melancolia, com um exaltado sentimentalismo.

Como poucos períodos históricos, o século XIX foi intelectualmente muito fértil. Nesse período destacaram-se inúmeros escritores, como os românticos Lord Byron (1788-1824), George Sand (1804-1876) e Vítor Hugo (1802-1885), e os realistas Charles Dickens (1812-1870) e Émile Zola (1840-1902).

Na música romântica, exaltou-se o sentimento individual, desprezando-se o formalismo típico da escola anterior, o Classicismo. **Ludwig van Beethoven** (1770-1827) compôs nove sinfonias entre 1800 e 1824, nas quais fica evidente a transição entre a sinfonia clássica e a romântica, isto é, entre a postura disciplinada e objetiva do período clássico e as ideias revolucionárias, subjetivas e sentimentais do Romantismo. Beethoven demonstra a predominância do individualismo do período na *Primeira Sinfonia*, composta em 1800, ao iniciá-la pelo que, no Classicismo, seria a parte intermediária da música, a de maior tensão.

> "O mundo racional de uma biblioteca do século XVIII é simétrico, coerente, fechado. A simetria é um conceito humano porque, apesar de todas as nossas irregularidades, somos de certo modo simétricos, e o equilíbrio de uma lareira de Adam ou uma frase de Mozart refletem o prazer que sentimos com nossos dois olhos, dois braços, duas pernas. Coerência: usei muitas vezes esta palavra como elogio. Mas fechada! Aqui está o problema. Um mundo fechado torna-se uma prisão para o espírito. Ansiamos por sair dela, ansiamos por movimento. É quando compreendemos que a simetria e a coerência são inimigas do movimento, quaisquer que sejam seus méritos. E o que ouço! Sons de premência, de indignação; de sede espiritual: Beethoven. O som do homem europeu tentando apanhar, uma vez mais, algo fora de seu alcance."
>
> KENNETH, Clark. *Civilização*. São Paulo, Martins Fontes/UnB, 1980. p. 313.

A *Terceira Sinfonia*, inspirada em assuntos políticos, foi composta em homenagem a Napoleão, a quem Beethoven admirava como apóstolo dos ideais revolucionários. Mais tarde, porém, quando soube que Bonaparte fora proclamado imperador, rasgou a página da Sinfonia em que havia uma dedicatória a ele. A influência da vida política na música, aliás, já acontecera no século XVIII, com **Wolfgang Amadeus Mozart**, que escrevera uma ópera propagandística para a maçonaria, *A flauta mágica*.

A música de Beethoven (acima) "nos mostra uma pessoa que consegue exprimir seus próprios sentimentos e anseios. Nesse sentido, Beethoven foi um artista 'livre', ao contrário de mestres do Barroco como Bach e Händel, que compunham suas obras em louvor a Deus e frequentemente segundo rígidas normas de composição". (GAARDER, Jostein. *O mundo de Sofia*.)

No século XIX, o século do nacionalismo, muitos compositores deixaram provas definitivas de seu patriotismo, como o italiano **Giuseppe Verdi** (1813-1901), com a ópera *Aída*, os tchecos **Bedrich Smetana** (1824-1884), com *Minha pátria* e *Dez danças tchecas*, e **Anton Dvorak** (1841-1904), com *Danças eslavas* e *Rapsódias eslavas*. Também o russo **Piotr Ilicht Tchaikovski**, com *Pequena Rússia*, *Polonesa*, além de *O lago dos cisnes* e *Suíte quebra-nozes*, e o polonês **Frédéric Chopin** (1810-1849), com suas mazurcas e *polonaises*.

> "Este talvez tenha sido o único período da história em que as óperas eram escritas, ou consideradas como manifestos políticos e armas revolucionárias. [...] É bastante natural que este nacionalismo encontrasse sua expressão cultural mais óbvia na literatura e na música, ambas artes públicas, que podiam, além disso, contar com a poderosa herança criadora do povo comum – a linguagem e as canções folclóricas."
>
> HOBSBAWM, Eric. *A era das revoluções*. p. 278-9.

Utilizando uma linguagem tumultuosa para exprimir os próprios sentimentos do compositor, criaram-se novas formas musicais, que libertavam a música da obrigatoriedade de seguir uma determinada ordem. É o caso do poema sinfônico, criado por **Hector Berlioz** (1803-1869), uma grande composição musical executada por uma orquestra sinfônica, ilustrando uma determinada ação.

Além de Beethoven, destacaram-se na música romântica Franz Liszt (1811-1886), Hector Berlioz (1803-1869), Franz Peter Schubert (1797-1828), Frédéric Chopin (1810-1849), Robert Schumann (1810-1856) e Richard Wagner (1813-1883). No final do século, apareceu Richard Strauss (1864-1949), já buscando uma linguagem musical mais realista, e Claude Debussy (1862-1918), o impressionista da música, seguido por Maurice Ravel (1875-1937). Claude Debussy associou acordes até então considerados dissonantes, destacando timbres orquestrais que se realçavam alternadamente. Sua música incorporou um método que pode ser comparado ao "do pintor impressionista que coloca em suas telas as cores elementares, lado a lado, em lugar de misturá-las na paleta" (Henri Prunières).

No final do século, a música europeia completava sua transição e estruturava-se a caminho do Modernismo, a arte de nosso tempo, do século XX.

Auguste Renoir, *Le moulin de la Galette* (detalhe), 1876.

Os impressionistas criaram novas técnicas de pintura para expressar-se em suas telas.

A EUROPA NO SÉCULO XIX

Houve quem definisse o século XIX como "um longo século", já que suas características marcantes tinham sido esboçadas com o início da era das revoluções do século XVIII, sendo só superadas por novas feições históricas globais pouco depois do início do século XX, com a Primeira Guerra Mundial. A partir daí, sobressaíram-se outros componentes típicos, distintos do longo período anterior, que redirecionaram as transformações históricas.

Em meio a uma população que saiu de 190 milhões para chegar a 423 milhões de habitantes, o século XIX europeu foi marcado pelo desenvolvimento econômico capitalista, pelo triunfo do liberalismo e do imperialismo, bem como pela efervescência do sentimento nacionalista e da doutrina socialista.

Acompanhando a industrialização, o progresso capitalista europeu foi, pouco a pouco, consolidando o Estado liberal burguês durante o século XIX. Além disso, o período foi destacado pelo acirramento das disputas por mercados coloniais, bem como pelo desenvolvimento das ideias socialistas ante o agravamento da questão social. Simultaneamente, o século XIX europeu foi envolvido, ainda, pela emergência de um outro ideal poderoso na mobilização política, o nacionalismo, fruto do anseio de alguns povos em formar Estados soberanos livres e poderosos.

A busca da sobrevivência e de novas oportunidades por parte dos europeus, junto à turbulência política e crises, também favoreceram grandes deslocamentos demográficos, que, fora a enorme urbanização, levaram dezenas de milhões de pessoas a dirigirem-se para outros territórios, como por exemplo a América, África do Sul, Nova Zelândia e Austrália, entre outros. Além de contribuir para aliviar a questão social europeia, a grande migração também favoreceu a europeização e globalização econômica em curso.

A Era Vitoriana na Inglaterra

O século XIX europeu foi marcado pelo predomínio econômico inglês. Nas primeiras décadas desse século, a Inglaterra firmou sua posição de principal potência mundial, situação que vigorou até o início do século XX, não sem contestação e disputas.

Quadro de Winterhalter.

A rainha Vitória morreu três semanas depois de ter terminado o século XIX, o século britânico, deixando ao seu herdeiro Eduardo VII um império grandioso, que, entretanto, começava a ruir e sofria cada vez mais ameaças.

Durante a maior parte deste século, o trono inglês foi ocupado pela rainha Vitória (1837-1901), que com os seus gabinetes do

Partido Conservador (*tories*) e Partido Liberal (*whigs*), adotou uma política marcadamente burguesa e impulsionadora do liberalismo, emprestando o nome de **Era Vitoriana** a esta fase de apogeu britânico.

O poderio britânico contava com o rápido crescimento industrial, com uma poderosa Marinha mercante e com um Estado solidamente estruturado. Desde a derrota de Napoleão Bonaparte, em 1815, a Inglaterra não esbarrava em nenhum rival suficientemente forte que fosse capaz de ameaçar de forma decisiva sua estabilidade, liderança e hegemonia internacional. Vigorava, enfim, o que se denominou de *Pax Britannica*, a era da libra esterlina.

Na política, a completa hegemonia burguesa emergia com a **Lei da Grande Reforma de 1832**, graças à maior representatividade política conseguida pelos centros urbanos, os quais eram capitaneados pela elite do dinâmico capitalismo inglês. Triunfava o poder do sucesso burguês frente à tradição de privilégios dos grandes proprietários.

Daí em diante, foram sendo adotadas medidas que eliminaram as restrições comerciais e agrícolas, a exemplo da abolição da "Lei dos Cereais" (1846) que, com suas elevadas taxas de importação, dava imensas vantagens aos proprietários de terras ingleses. Tal política serviu para a expansão do livre comércio e superação do protecionismo, como preconizava o liberalismo econômico.

O período vitoriano foi também marcado pela atuação das organizações trabalhistas – as ***trade unions*** – vencendo a resistência do empresariado e conquistando sucessivas melhorias nas condições de trabalho (legislação trabalhista, redução da jornada de trabalho, melhores salários), bem como um maior espaço na vida política inglesa.

Enfrentaram-se as péssimas condições das *workhouses* e outras evidências críticas da "questão social" e da marginalização política, sobressaindo-se a publicação da **Carta do Povo**, de 1838, reivindicando o sufrágio universal, o voto secreto, o fim do censo para as eleições e elegibilidade, a remuneração dos eleitos e eleições anuais.

A Carta conseguiu, inicialmente, grande mobilização popular, mas não o suficiente para imprimir as mudanças desejadas quando apresentada ao Parlamento para votação (1848). Porém, pouco depois, os movimentos populares retomaram força, conquistando, em 1858, o fim do censo eleitoral para a Câmara dos Comuns e, em 1867, o Ato da Reforma que estendeu o direito de voto a todos que tivessem residência própria ou pagassem aluguel acima de um certo valor, deixando de fora os mais pobres trabalhadores industriais. Em 1872, estabeleceu-se o voto secreto e, em 1884, o mesmo direito do Ato da Reforma foi estendido ao campo, envolvendo boa parte dos trabalhadores rurais. Dos principais ministros ingleses que governaram o país quando ocorria a ampliação do direito de voto estavam, especialmente, **William E. Gladstone** (1809-1898) e **Benjamin Disraeli** (1804-1881).

Gladstone (em cima) e Disraeli dominaram a cena política inglesa colocando em duelo seus talentos parlamentares.

No final do século XIX, junto aos partidos dos *tories* (conservador) e dos *whigs* (liberal), os líderes das *trade unions* buscaram a formação de um partido político dos trabalhadores, o **Partido Trabalhista (Labour Party**, 1893). As disputas políticas e a busca pela ampliação dos direitos eleitorais e sociais estruturaram definitivamente o Partido Trabalhista em seguida às eleições de 1906 e, pouco depois, também levaram à abolição das limitações eleitorais (1918), culminando no sufrágio universal.

O problema da Irlanda

Outra grande questão inglesa do século XIX foi a da Irlanda, região dominada pelos ingleses desde o início da Idade Moderna e que, com população predominantemente católica, lutava contra a submissão à Inglaterra protestante. Dificuldades, crises, instabilidade regional e busca de oportunidades em outras regiões por parte dos irlandeses ajudam a explicar a queda populacional do país: de um total pouco superior a oito milhões de habitantes, em 1841, decaiu para 4,4 milhões, setenta anos depois.

Em 1800, as instituições autônomas irlandesas foram suprimidas através de um ato de união, passando para o Parlamento britânico todo o controle político. Pouco depois, devido à séria crise da produção agrícola que envolveu toda a Europa nos anos 1840, a Irlanda foi assolada pela "**grande fome**", durante a qual nada menos do que 1 milhão de pessoas morreram e outros 2 milhões emigraram, principalmente para os Estados Unidos.

Nas décadas seguintes, em meio ao avanço dos direitos políticos ingleses que se estendiam à população irlandesa, fortaleceu-se a oposição dos católicos irlandeses que arrendavam as terras locais dos proprietários predominantemente protestantes e ingleses para a produção agrícola. Aos poucos, foi despontando o fervor revolucionário e separatista que colocaram em risco a dominação inglesa sobre a Irlanda. Na década de 1860, intensificaram-se os atos terroristas, obrigando o governo inglês de Gladstone a iniciar reformas que neutralizassem os radicais. Dentre elas, estava a desobrigação dos católicos irlandeses em pagar tributos à Igreja protestante e favorecimentos aos trabalhadores arrendatários do campo, estipulando compensações caso fossem despejados por proprietários.

A partir de 1880, sob a liderança de **Charles Stewart Parnell**, os deputados irlandeses eleitos para o parlamento inglês passaram a atuar na direção da autonomia política – a *Home Rule* –, a qual acabou apoiada por Gladstone e repelida pela Câmara dos Comuns em 1886. Imediatamente, na Inglaterra, principiou uma crescente repressão contra os ativistas pela autonomia, adiando o processo secessionista da Irlanda. A ascendente luta irlandesa só foi momentaneamente amortecida com o início da Primeira Guerra Mundial, retomando fôlego e intensidade logo em seguida.

"Fora do Parlamento, grupos ativistas tomaram a lei em suas próprias mãos: os homens de Ulster (como eram chamados os irlandeses protestantes do norte) e os católicos lutavam entre si nas ruas de Dublin e Belfast. Os bandos contrabandeavam armas, os soldados atiravam contra manifestantes, a violência gerava mais violência, a guerra civil era uma ameaça. Os líderes tories ameaçavam amotinar-se, desafiavam o Parlamento e armavam as gangues de Ulster; o governo, por sua vez, ameaçava usar a força para impor a lei. Na exata ocasião do assassínio do arquiduque da Áustria-Hungria, em 1914, e da declaração de guerra feita pela Inglaterra, a Irlanda achava-se em primeiro plano na mente de todos e na primeira página de todos os jornais. Com a deflagração da guerra, as mulheres e os trabalhadores suspenderam suas campanhas ativistas, hipotecando sua lealdade ao rei e ao país, 'enquanto durasse a guerra'.

Muitos irlandeses combateram pela Inglaterra na Primeira Guerra Mundial, mas a promessa protelada da autonomia política para a Irlanda inflamou muitos outros, que continuaram a sua luta pela independência. Em 1916, a insurreição irlandesa, a rebelião da Páscoa liderada por Sir Roger Casement, foi sufocada, e seus líderes, executados. Após a guerra, com malevolência de ambas as partes, a Irlanda foi dividida. O sul ganhou a independência e um governo republicano, e os seis condados do norte permaneceram no Reino Unido."

(PERRY, Marvin (org.). *Civilização ocidental – uma história concisa*. São Paulo, Martins Fontes, 1985. p. 567.)

A Irlanda foi um grande fator de tensão na política inglesa do século XIX.

A França no século XIX

Da restauração dos Bourbons no trono, passando por revoluções liberais e levantes revolucionários, até a instauração do Segundo Império e em seguida da Terceira República, o quadro político-social francês foi efervescente durante todo o século XIX.

A Restauração (1815-1830) e a Revolução de 1830

Após a queda de Napoleão Bonaparte em Waterloo (1815), **Luís XVIII** retomou o poder, restaurando a monarquia dos Bourbons, segundo determinação do princípio da legitimidade do Congresso de Viena.

De Luís XVI para Luís XVIII

Luís XVIII, antigo conde de Provença, chegou ao trono com o desaparecimento do filho de seu irmão, Luís XVI. Aquele que deveria ter sido Luís XVII morreu ainda criança, aos dez anos, na prisão do Templo, em 1795, durante a Revolução. "A veracidade dessa morte suscitou dúvidas em inúmeras pessoas e até em alguns historiadores. Apareceram falsos 'delfins', sobretudo depois de 1815, mas nenhum deles conseguiu provar sua autenticidade."

GODECHOT, Jacques. *A Revolução Francesa – cronologia comentada*. Rio de Janeiro, Nova Fronteira, 1989. p. 193-4.

A restauração foi estabelecida segundo uma nova constituição, de acordo com a qual o poder executivo passaria a ser exercido pelo rei e pelo legislativo, dividido em duas câmaras: a **Câmara dos Pares**, composta por deputados nomeados pelo rei, com cargos vitalícios e hereditários, e a **Câmara dos Deputados**, cujos membros eram eleitos pelo voto censitário, isto é, segundo a renda individual. Assim, de toda a população, que na época era superior a trinta e três milhões de habitantes, apenas noventa e quatro mil tinham direito a voto.

Restabelecia-se na França, então, um governo elitista, combinando o absolutismo com doses de liberalismo, isto é, um governo regido por uma constituição, mas que tentava cercear os direitos e a liberdade conseguidos durante o processo revolucionário de 1789 a 1815.

A agitação política, produto do processo revolucionário por que passara o país e das guerras napoleônicas, foi constante durante a monarquia moderada estabelecida por Luís XVIII, destacando-se os seguintes grupos políticos rivais:

- Os **ultrarrealistas**, liderados pelo irmão de Luís XVIII, o conde de Artois, que defendiam o retorno completo do absolutismo, segundo o ideal de legitimidade do Congresso de Viena.
- Os **bonapartistas**, que defendiam a volta de Bonaparte ao governo francês.
- Os **radicais**, revolucionários liberais, adversários dos Bourbons e ferrenhos defensores dos ideais de 1789.

A fase reacionária iniciada com o Congresso de Viena fortaleceu-se em 1824 com a morte de Luís XVIII, quando o trono foi ocupado por seu irmão, o conde de Artois, que recebeu o título real de **Carlos X**. Com o novo monarca, restabeleceu-se na França o Antigo Regime, apoiado pela facção mais conservadora, restaurando-se os privilégios do clero e da nobreza.

Carlos X sofreu crescente oposição dos liberais, liderados pelo duque Luís Filipe, e da imprensa, especialmente do jornal *O Nacional*, que, mobilizando a sociedade, criaram o clima revolucionário que culminaria com a Revolução de 1830.

O ativismo político dos liberais contra o absolutismo alcançou o auge, em 1830, com as Jornadas Gloriosas, barricadas levantadas por populares nas ruas de Paris. Estimulados e liderados pela alta burguesia francesa, esses movimentos acabaram resultando na fuga de Carlos X, temeroso de desdobramentos revolucionários semelhantes aos de 1789, que levaram à decapitação de seu irmão Luís XVI.

Caricatura de Ruckert.

Caricatura de Carlos X, mostrando-o como uma figura ridícula, ligada ao clero e aos militares.

A Revolução de 1830 sepultou definitivamente as intenções restauradoras do Congresso de Viena, motivando uma vaga de progressismo, de ímpeto revolucionário, que levaria às revoluções de 1848 e a diversos movimentos nacionalistas do período.

As repercussões da Revolução de 1830 no Brasil

A Revolução Liberal de 1830, também chamada de Jornadas de Julho, estancou o avanço reacionário iniciado com o Congresso de Viena de 1815. A repercussão foi intensa na Europa e atingiu também o Brasil, onde, desde 1824, D. Pedro I impusera um governo absolutista, com base numa constituição outorgada nesse mesmo ano.

A retomada liberal europeia fez-se notar no Brasil através do jornalista Líbero Badaró, que, por sua atuação, acabou assassinado, em novembro de 1830, por partidários de D. Pedro I. Esse fato, acrescido do liberalismo que conti-

> nuava sendo difundido na Europa, culminou na Noite das Garrafadas, em 1831, movimento de nacionalistas contrapartidários do Imperador e que levaram à abdicação de D. Pedro, em 7 de abril de 1831.

O governo de Luís Filipe (1830-1848) e a Revolução de 1848

Caía a dinastia Bourbon e ascendia ao trono Luís Filipe de Orléans, que ficou conhecido como o "rei burguês" ou o "rei das barricadas". Sua posse representou um avanço liberal que repercutiu por toda a Europa, pois simbolizava os anseios das nações prejudicadas por medidas adotadas pelo Congresso de Viena: a Bélgica proclamou-se independente da Holanda; a Alemanha, a Itália e a Polônia iniciaram as lutas nacionais contra a dominação estrangeira.

Luís Filipe reformulou a constituição dos Bourbons, enfatizando o liberalismo: submeteu-se à constituição, fortaleceu o legislativo, aboliu a censura e descaracterizou a religião católica como sendo a oficial no país. Apesar disso, manteve ainda o caráter censitário do voto e da candidatura a cargos legislativos. Atendeu, assim, exclusivamente aos interesses da burguesia, ignorando os do proletariado.

Os adversários do governo – socialistas, bonapartistas e republicanos – uniram-se contra Luís Filipe, reclamando uma reforma eleitoral e parlamentar, com a queda da exigência censitária. Organizando reuniões populares e manifestações contrárias ao "rei burguês", esse movimento ficou conhecido como **política dos banquetes**, referência às reuniões de opositores que se davam em torno de refeições. Após mais de sessenta dessas reuniões, em fevereiro de 1848, o ministro Guizot decidiu proibi-las.

O rei e Guizot não cederam às pressões reformistas, o que intensificou as manifestações populares. Os confrontos e a rebeldia da Guarda Nacional, que aderiu aos revoltosos, levaram à demissão de Guizot e à fuga de Luís Filipe para a Inglaterra. A Revolução de fevereiro de 1848 refletiu-se por todo o mundo, exaltando o ânimo das massas, ansiosas por mudanças profundas.

A primavera dos povos

"Em 1831, Victor Hugo escrevera que ouvia o 'ronco sonoro da Revolução, ainda profundamente encravado nas entranhas da terra, estendendo por baixo de cada reino da Europa suas galerias subterrâneas a partir do eixo central da mina, que é Paris'." (Eric Hobsbawm) Em 1848, a Revolução explodiu e irradiou-se por todo o continente, numa sucessão de eventos que passou à história como **primavera dos povos**.

A Segunda República francesa (1848-1852)

Com a derrubada de Luís Filipe, foi proclamada a **Segunda República** na França (a primeira ocorrera entre 1792 e 1804). As várias correntes políticas da época organizaram um governo provisório, com a função de convocar uma Assembleia Constituinte: na presidência, o liberal Lamartine, auxiliado pelo jornalista moderado Ledru-Rollin, o escritor socialista Louis Blanc e o operário Albert.

Entre as primeiras medidas do novo governo destacaram-se o fim da pena de morte e o estabelecimento do sufrágio universal nas eleições. Os conflitos entre as lideranças trabalhistas e burguesas, entretanto, afloravam. Os socialistas, tendo como meta a criação de uma república social, pressionavam, reivindicando medidas governamentais que garantissem empregos, direito de greve e limitação das horas de trabalho. Obtiveram a criação das **oficinas nacionais**, que garantiam trabalho para os numerosos desempregados em aterros, fábricas e construções do governo. Os liberais moderados, representantes dos grandes proprietários, ao contrário, buscavam barrar as medidas de cunho popular, temendo a volta de um governo radical, como o montanhês, que dominou a França em 1793-1794.

Em abril de 1848, nas eleições da Assembleia Constituinte, os moderados saíram vitoriosos, obtendo a maioria das cadeiras, graças, principalmente, à atuação dos proprietários rurais. Com a radicalização da polarização política entre socialistas e burgueses, os populares multiplicaram suas manifestações de rua, tumultuando Paris. Sob o comando do general Cavaignac, o governo massacrou os revoltosos, suspendeu os direitos individuais e fechou as oficinas nacionais, transformando a revolução em guerra civil: mais de 3 mil pessoas foram fuziladas e 15 mil foram deportadas para as colônias.

Cavaignac, conhecido como "o carniceiro", garantiu a vitória da burguesia, tendo assumido o governo até novembro, quando foi aprovada a nova constituição republicana. Segundo essa constituição, o poder legislativo caberia a uma assembleia eleita por sufrágio universal por três anos e o poder executivo ficaria a cargo de um presidente, eleito por quatro anos.

A 10 de dezembro de 1848, os franceses elegeram seu presidente – **Luís Bonaparte**, sobrinho do imperador Napoleão I e, portanto, figura carismática para os franceses, que viam nele a possibilidade de restauração da glória vivida pelo país na época de Napoleão.

Napoleão, o pequeno

Victor Hugo (1802-1885), destacado romântico da literatura francesa, chamava Napoleão I, a quem admirava na juventude, de "o grande". A Luís Bonaparte, de quem foi um intransigente opositor, apelidou-o de "Napoleão, o pequeno", considerando-o um "assassino da França", devido a sua política, guerras e fracassos.

Luís Bonaparte venceu as eleições com 73% dos votos e realizou um governo que buscou a unidade e a pacificação nacional, enfatizando o ideal de progresso e de poderio nacional. Em 1851, quase ao fim de seu mandato e com ambição continuísta, Bonaparte fechou a Assembleia Nacional, uma vez que a constituição proibia a reeleição presidencial, e estabeleceu a ditadura. Devido às semelhanças com o golpe de Napoleão em 1799, esse acontecimento passou a ser chamado de **18 de brumário de Luís Bonaparte**. Em seguida, por meio de um plebiscito, Bonaparte ganhou poderes para elaborar uma nova constituição, que o transformou num cônsul, como o tio, dando-lhe poder ditatorial por dez anos.

Sobre essa ocorrência, referindo-se ao golpe ditatorial de Luís Bonaparte, sentenciou Karl Marx: "Hegel observa em uma de suas obras que todos os fatos e personagens de grande importância na história do mundo ocorrem, por assim dizer, duas vezes. E esqueceu-se de acrescentar: a primeira vez como tragédia, a segunda como farsa". (MARX, Karl. *O 18 de brumário*. Rio de Janeiro, Paz e Terra, 1978. p. 17.)

Luís Napoleão Bonaparte tornou-se o novo imperador francês com o nome de Napoleão III.

Repetindo as atitudes do tio, em 1852 conclamou outro plebiscito, que, com 95% de votos favoráveis, transformou a França novamente em Império. Luís Bonaparte, coroado imperador, recebeu o título de **Napoleão III**.

O Segundo Império (1852-1870)

O Segundo Império caracterizou-se internamente pela ditadura, que marginalizou o legislativo e as forças de oposição, e também pela modernização e desenvolvimento econômico. Paris, reurbanizada pelo prefeito Haussmann, que a dotou de magníficos parques, bulevares e grandes construções elegantes, foi transformada em sede de exposições mundiais, para onde convergia a divulgação do progresso cultural e industrial de todo o mundo.

A partir de 1860 cresceram as pressões liberais, obrigando Napoleão III a conceder liberdade de imprensa, além de ampliar os poderes da Assembleia Legislativa.

Com relação à política externa, Napoleão III conseguiu a aprovação das potências europeias – Inglaterra, Áustria e Prússia – para a restauração do Império. Também a Rússia deu seu apoio, apesar da clara hostilidade do czar Nicolau I ao novo imperador. Cultivando desavenças, e revivendo a lembrança da invasão napoleônica à Rússia, o czar buscou constantemente atritar-se com Napoleão III, tornando transparente a indisposição com os Bonapartes. Essas divergências culminaram na **Guerra da Crimeia** (1854-1856), na qual ingleses aliaram-se a franceses para conter o avanço russo nos Bálcãs, defendendo a sobrevivência do Império Turco-Otomano.

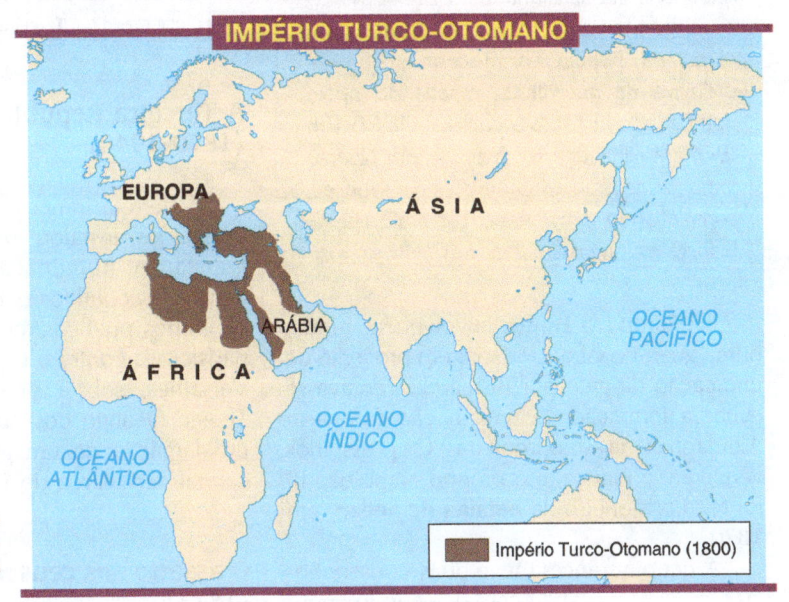

No início do século XIX, o Império Turco-Otomano dominava grandes extensões da África, Ásia e Europa.

Nos anos sessenta, Napoleão passou a desenvolver uma política externa ambígua e desastrosa para a França. Com a efervescência dos nacionalismos, das lutas pela independência de povos dominados desde antes do Congresso de Viena, Napoleão III passou a defender a **política das nacionalidades**. Entretanto, em alguns momentos, fez a própria França tornar-se dominadora de outros Estados. Posicionou-se a favor da independência dos Estados romenos da Moldávia e da Valáquia, contra o Império Turco-Otomano, e apoiou os piemonteses em sua luta pela unificação italiana, voltando-se contra os austríacos que reinavam sobre a região desde o Congresso de Viena. Pressionado, entretanto, pelos católicos franceses, que consideravam as ambições piemontesas uma ameaça aos domínios da Igreja, Napoleão III retirou seu apoio aos italianos e passou a defender Roma contra os unificadores.

Entre 1862 e 1867, Bonaparte interveio no México, numa guerra que arruinou as finanças francesas. Com o objetivo de garantir o comércio francês na América, conter a crescente hegemonia norte-americana e pôr fim à instabilidade política entre grupos locais, as tropas francesas invadiram o México, derrubando seu presidente Benito Juarez. Entretanto, os problemas financeiros e militares e a instabilidade política e militar na Europa fizeram com que Napoleão III retirasse suas tropas do México em 1866.

> **Um imperador europeu na América**
>
> Organizando no México uma nova estrutura política, Bonaparte ofereceu o trono mexicano ao irmão do imperador austríaco Maximiliano de Habsburgo. O novo mandatário recebeu crescente oposição da população mexicana, que se utilizava de guerrilhas, recebendo apoio dos Estados Unidos a partir de 1865. Em 1867, Maximiliano foi fuzilado em Querétano pelos soldados de Benito Juarez, completando o fracasso total de Napoleão III na América.

Na Europa, a França envolveu-se, ainda, numa guerra contra a Prússia, em processo de unificação dirigido por Bismarck. Tentava-se evitar a formação de uma nação forte – a Alemanha – nas suas fronteiras. Os prussianos venceram a França, e o próprio Napoleão III foi feito prisioneiro na **batalha de Sedan**, em 1870.

A derrota francesa teve duas consequências imediatas: acabou com o Segundo Império, que deu lugar, em setembro de 1870, à **Terceira República**, e permitiu a concretização da unificação alemã. À França coube, pelo **Tratado de Frankfurt**, entregar à Alemanha suas ricas regiões em minérios – Alsácia e Lorena –, pagar uma pesada indenização, além de aceitar que a festa oficial de criação do novo Estado alemão fosse realizada no palácio de Versalhes.

As condições humilhantes desse tratado fermentariam, na França, a mentalidade revanchista que se transformaria, no início do século XX, numa das principais causas da Primeira Guerra Mundial (1914-1918).

Thiers, que presidiu a Terceira República francesa.

A Terceira República francesa (1870-1940)

A derrota francesa em Sedan diante dos prussianos instalou o colapso político na França. A humilhação sofrida pelo país aguçou os conflitos entre as classes sociais e os grupos políticos, colocando os populares parisienses contra o governo republicano em Versalhes, sob a presidência de Adolphe Thiers. O auge dos conflitos deu-se com a proclamação de um governo autônomo na capital, em março de 1871, a **Comuna**.

O assalto aos céus: a Comuna de Paris (1871)

A Comuna era a administração municipal eleita pelo povo, formada por dezenas de membros de várias tendências políticas radicais. Desarmou a Guarda Nacional, estabeleceu o serviço militar obrigatório, declarou nulos os decretos de Versalhes e proclamou a autonomia municipal extensiva a todas as cidades da França.

Caracterizando-se como a primeira experiência histórica de autogestão democrática e popular, a Comuna desenvolveu uma política de forte inspiração socialista, proclamando a absoluta igualdade civil de homens e mulheres, suprimindo o trabalho noturno e criando pensões para viúvas e órfãos. Durou apenas setenta e dois dias.

A reação da República de Thiers foi violenta. Reuniu tropas, pediu a Bismarck que libertasse os prisioneiros de guerra e, com a ajuda dos prussianos, cercou Paris, bombardeando-a intensamente. Ao invadir a cidade, os soldados de Versalhes encontraram uma desesperada resistência popular. Mais de 20 mil pessoas morreram nos combates ou executadas posteriormente, além de 70 mil terem sido exiladas e deportadas para a Guiana.

A Terceira República vitoriosa sobreviveria até 1940, quando a França seria invadida por Hitler, durante a Segunda Guerra Mundial (1939-1945). Convivendo com uma contínua efervescência social e disputas imperialistas-coloniais, consolidou-se internamente baseada no nacionalismo, vivendo ainda duas importantes crises no século XIX: o **caso Boulanger** e o **caso Dreyfus**.

Entre 1887 e 1889, a ascensão de um general de exército, Georges Boulanger, com ambições semelhantes às de Napoleão, movimentou os militares pela volta do Império. Acusado de conspiração, Boulanger fugiu e suicidou-se, colocando fim ao prestígio dos soldados bonapartistas.

Em 1894, Alfred Dreyfus, capitão do exército francês de origem judaica, foi acusado pelos monarquistas de ter vendido segredos militares franceses aos alemães. Incriminado por um conjunto de documentos falsos, foi condenado à prisão perpétua na ilha do Diabo, na Guiana Francesa, e seu caso repercutiu em todo o mundo. Caracterizando-se como uma campanha nacionalista e de revanchismo francês contra a Alemanha, acabou por desembocar no antissemitismo, na condenação dos judeus como não franceses. Essa farsa, entretanto, foi sendo pouco a pouco esclarecida, devido à atuação dos escritores **Anatole France** (1844-1924) e principalmente de **Émile Zola** (1840-1902). Esse incidente, que envolveu toda a sociedade francesa, enfraqueceu os monarquistas e abalou o antissemitismo nacional.

Manifesto da Comuna de Paris e o escritor Émile Zola.

> **Eu acuso!**
>
> Em janeiro de 1898, no jornal L'Aurore, Émile Zola escreveu uma carta aberta ao presidente, com o título **"Eu acuso!"**, combatendo o Alto Comando Militar francês, os tribunais, enfim, todos os que condenaram Dreyfus, incendiando a opinião pública nacional. Zola se apoiava no trabalho do chefe do serviço secreto francês, coronel Picquart, que concluíra que os documentos contra Dreyfus tinham sido falsificados.

Em 1899, um tribunal militar realizou um novo julgamento, sendo Dreyfus novamente condenado, embora tenha obtido a liberdade por ordem do executivo. Dreyfus seria completamente reabilitado somente em 1906, quando foi reintegrado ao exército, recebendo até a insígnia da Legião de Honra. Contudo, o exército continuou a negar sua culpa, mantendo a acusação de traidor a Dreyfus ou, às vezes, a suspeita de traição. Somente em 1995, um século depois, o diretor do serviço histórico do exército, Jean-Louis Mourrut, confessou publicamente a culpa de sua instituição, reconhecendo que o documento de acusação fora uma fraude.

No jornal de 1895, a gravura mostra o capitão Dreyfus na cerimônia em que foi destituído de seus direitos militares.

Na presidência de Jules Grévy (1879-1887), predominaram as conquistas civis: estabeleceu-se a liberdade de imprensa e de associação (1881), a estatização do ensino gratuito, laico e obrigatório (1882), o casamento civil e os sindicatos operários e patronais (1884). No final do século, a direita francesa se concentrava na **Action Française** e a esquerda ganhava terreno com os republicanos radicais liderados por Georges Clemenceau e os socialistas liderados por Aristides Briand. Às vésperas de 1914, diante do perigo alemão, a união nacional se impôs novamente como uma necessidade: era a Primeira Guerra Mundial (1914-1918).

A política das nacionalidades

O conservadorismo do Congresso de Viena (1815) foi solapado progressivamente em todo o mundo, tanto pelo progresso econômico capitalista, quanto pela insustentabilidade do Antigo Regime. A partir da Revolução de 1830, o **liberalismo** e o **socialismo** estruturaram um novo padrão ideológico dualista, compatível com o mundo capitalista emergente. As revoluções, os movimentos sociais, as políticas governamentais encarnavam essas vertentes vitoriosas do século XIX, que, muitas vezes, tiveram como desdobramento o **imperialismo**, o **nacionalismo** e o **reformismo sociopolítico**, com a ampliação de direitos trabalhistas e de voto.

Assim, a Revolução de 1848 – a primavera dos povos – estava impregnada da dualidade ideológica do capitalismo, propagando-se como ele por todo o mundo. Na Áustria caiu Metternich, o maior símbolo do Congresso de Viena; na França emergiu o socialista utópico Louis Blanc; e na Itália e na Alemanha o liberalismo e o nacionalismo transformaram-se em bandeiras nacionais. Até o Brasil viveu essa efervescência sociopolítica com a Revolução Praieira (1848), em Pernambuco.

A unificação italiana

Imbuída de forte sentimento nacionalista, despertado principalmente pelas divisões impostas pelo Congresso de Viena, a Itália, até então simples "expressão geográfica", aceleraria sua política de unificação. No início do século XIX, destacaram-se nesse processo inicialmente os **carbonários**, sociedade precursora dos movimentos pela unificação. Embora não tendo unidade política, já que reunia monarquistas e republicanos, nem linha de ação definida, os carbonários atuavam em toda a Itália. Reuniam-se secretamente nas cabanas dos carvoeiros, derivando daí seu nome.

Viva VERDI

Várias manifestações unificadoras na região dominada pelos austríacos, buscando escapar da violenta repressão dos governantes locais, eram feitas com faixas escritas "Viva VERDI", levando as autoridades a pensar em manifestação de regozijo italiano em homenagem ao músico Giuseppe Verdi, o autor da ópera Aída. Era justamente o que queriam os manifestantes que pensassem os austríacos, porém, expressavam, entre os seus, outro significado bem nacionalista, contra a dominação da Áustria, com as letras da palavra VERDI: "Viva Vítor Emanuel, Rei Di Itália".

A ITÁLIA DIVIDIDA

- Anexado em 1866 ao Reino da Itália
- Parte dos Estados Pontifícios reanexados ao Reino da Itália
- Territórios cedidos à França em 1860
- Reino do Piemonte-Sardenha } Reino da Itália em 1861
- Territórios unidos em 1860

O Congresso de Viena dividiu a Itália em sete Estados dominados por austríacos, franceses e pelo papa.

No rastro da primavera dos povos, houve rebeliões liberais impondo reformas em quase todos os reinos italianos. No mesmo período aconteciam as lutas de independência da Veneza-Lombardia, que estava sob domínio austríaco.

Depois de diversas derrotas para os austríacos, o movimento pela unificação italiana esvaziou-se e reinstalou-se o absolutismo. A partir da década de 60, entretanto, esse movimento voltou a ganhar força, e, no início da década seguinte, concluiu-se o processo unificador da Itália.

Em 1860, os "camisas vermelhas" de Garibaldi — forças populares republicanas —, que já haviam conquistado Parma, Módena, Toscana e parte dos Estados Pontifícios, libertaram a Sicília e o sul da Itália, governados pelo monarca absolutista da família Bourbon, Francisco II. Entretanto, eram os monarquistas liberais e burgueses, instigados pelo jornal *Risorgimento*, que lideravam os movimentos de libertação do restante da Itália, especialmente de Veneza e da parte não conquistada dos Estados Pontifícios. Assim, mesmo contrário a uma unidade monarquista, Garibaldi abandonou a política para não dividir as forças italianas de unificação, favorecendo Vítor Emanuel II.

Duas correntes se destacaram nas lutas de 1848: os **republicanos**, liderados por Giuseppe Mazzini e Giuseppe Garibaldi, e os **monarquistas**, liderados pelo conde Camilo Cavour. Estes últimos tomaram a liderança das lutas pela unificação a partir do reino do Piemonte-Sardenha, Estado independente, industrializado e progressista, governado por Vítor Emanuel II.

Em cima, Giuseppe Garibaldi (1807-1882), herói da unificação italiana, que participou, no Brasil, da Revolução Farroupilha. Camilo Cavour foi o principal articulador do processo político unificador da Itália.

Um nacionalista italiano contra Napoleão III

A posição dúbia de Napoleão III, apoiando os italianos e depois o papa, defendendo Roma, foi vista pelos unificadores como uma traição à Itália. Para os nacionalistas italianos nas palavras de Cavour, "sem Roma, capital da Itália, a Itália não poderia existir". Foi nessa situação que Félix Orsini, ativista republicano, liderou um atentado fracassado contra Napoleão III, a 14 de janeiro de 1858, em que morreram oito pessoas e 156 ficaram feridas. Orsini foi preso e executado meses depois.

Na prisão, antes de ser executado, escreveu a Napoleão III: "Que meus compatriotas, em lugar de contar com o meio do assassinato, aprendam da boca de um compatriota, prestes a morrer, que sua abnegação, seu devotamento, sua união, sua virtude possam unicamente assegurar a liberdade da Itália, tornando-a livre, independente e digna da glória de nossos antepassados".

Com a ajuda de Napoleão III, o Piemonte anexou vários territórios italianos ao norte que estavam sob tutela dos austríacos. Depois, durante a Guerra das Sete Semanas (1866), graças à aliança com os prussianos contra a Áustria, anexou Veneza. Nesse mesmo período, o papa recusava-se a entregar seus territórios para o Piemonte e perder Roma para os unificadores, ameaçando excomungar Vítor Emanuel e seus ministros.

Napoleão III, diante do conflito dos nacionalistas com o papa, e sofrendo pressão dos católicos franceses, acabou por oferecer garantias ao papado, mantendo tropas em Roma, além de obter o compromisso de Vítor Emanuel de que não invadiria a capital católica (Convenção de setembro de 1864).

Em 1870, com a Guerra Franco-Prussiana, as tropas francesas deixaram Roma para enfrentar os alemães de Bismarck, pelos quais foram derrotadas. Encerrou-se, então, o Segundo Império francês. As forças de unificação aproveitaram a conjuntura e invadiram Roma, transformando-a na capital italiana. Em janeiro de 1871, Vítor Emanuel transferiria-se para Roma completando o processo unificador e, pouco depois, um plebiscito consagraria a anexação.

Enquanto isso, o papa se recusava a reconhecer o novo Estado italiano unificado, considerando-se um prisioneiro no Vaticano. A **Questão Romana**, como ficou conhecido o evento, duraria até 1929, quando Mussolini assinou com o papa Pio XI o **Tratado de Latrão**, criando o Estado do Vaticano, território independente, da Igreja, dentro da cidade de Roma.

O território do Vaticano fica encravado na cidade de Roma.

Com a unificação italiana, continuaram ainda pendentes várias questões, como as das **províncias setentrionais** do Tirol, Trentino e Ístria, que, apesar de abrigarem uma população predominantemente italiana, estavam nas mãos dos austríacos. Reivindicadas pela Itália, essas regiões, que formavam as províncias irredentas, foram uma das razões que levaram esse país a entrar na Primeira Guerra Mundial (1914-1918), lutando contra a Áustria.

A unificação alemã

O Congresso de Viena acabou com a Confederação do Reno, criada por Napoleão I, formando em seu lugar a **Confederação Germânica** (*Deutscher Bund*), composta por 39 Estados soberanos. Na liderança estava o Império Austríaco – absolutista e de economia agrária –, cuja supremacia foi garantida pelo número de Estados que tinha na Confederação. À Áustria contrapunha-se a Prússia, que, mais desenvolvida comercial e industrialmente, buscava a edificação de um grande Estado germânico, que forjasse seu espaço internacionalmente.

A soberania dos 39 Estados da Confederação Germânica foi estabelecida pela Dieta de Frankfurt: os mais fortes tinham direito a maior número de votos.

O passo fundamental para a unidade foi dado, inicialmente, em 1834, com a criação do *Zollverein* – união alfandegária –, que derrubou as barreiras aduaneiras entre os Estados alemães, proporcionando uma efetiva união econômica que dinamizaria o capitalismo alemão. Deixada fora do *Zollverein* pela diplomacia prussiana, a Áustria reagiu, ameaçando a Prússia de guerra e obrigando-a a recuar. O Império Austríaco recuperava, dessa forma, sua supremacia na Confederação Germânica, impondo seus interesses, que eram contrários à unificação.

A Prússia, por seu lado, iniciou a partir de 1860 a aplicação de um programa de modernização militar sustentado pela aliança da alta burguesia com os grandes proprietários e aristocratas – os **junkers**. Tendo à frente o chanceler **Otto von Bismarck**, reiniciaram-se as lutas pela unificação alemã com uma estratégia que visava à exaltação do espírito nacionalista alemão por meio de sua participação em guerras. A primeira delas foi a **Guerra dos Ducados** contra a Dinamarca, em 1864.

Valendo-se da decisão do Congresso de Viena, que entregara os ducados de **Holstein** e **Schleswig**, de população alemã, à Dinamarca, Bismarck obteve até mesmo o apoio da Áustria para incorporar essa região à Prússia. A assinatura da Paz de Viena, entretanto, trouxe discordâncias quanto à partilha dos ducados, ativando os atritos entre Prússia e Áustria.

O desfecho dos atritos culminou com a **Guerra das Sete Semanas** (1866), que, pela rapidez com que se definiu, confirmou o excepcional preparo bélico prussiano. O Tratado de Praga reconheceu o fim da Confederação Germânica, a entrega pela Áustria dos ducados de Holstein e Schleswig à Prússia e de Veneza aos italianos – unidos aos prussianos em sua própria luta pela unificação.

Os Estados do norte reorganizaram-se na Confederação Germânica do Norte sob a liderança do *kaiser* Guilherme I Hohenzollern, de quem Bismarck era ministro. O processo de unificação, entretanto, encontrava obstáculos nos Estados autônomos do sul, apegados às soberanias locais ou ainda sob influência austríaca.

Outro empecilho à unificação completa da Alemanha era Napoleão III, que se opunha à emergência de uma grande potência em suas fronteiras. Bismarck empregaria uma especial habilidade diplomática, explorando a rivalidade franco-prussiana. O aguçamento das tensões deu-se quando, em 1869, o trono espanhol ficou vago, cabendo a coroa a um primo do *kaiser* Guilherme I, Leopoldo Hohenzollern. Napoleão III vetou tal sucessão, vendo-a como um cerco de Hohenzollern à França.

Para Bismarck, o "chanceler de ferro", a unidade alemã seria obtida pela força militar.

Bismarck forjou o estado de guerra entre França e Prússia, alterando o texto de um despacho de Guilherme I ao embaixador francês. Tomado como um insulto à França, foi a causa imediata da declaração de guerra de Napoleão III.

O despacho de Ems

Veja abaixo o texto original do despacho de Guilherme I e em seguida o despacho publicado por Bismarck:

"Decidi não mais receber o conde Benedetti no tocante à questão de um compromisso precipitado; mas segundo lhe fiz saber por um ajudante de ordens, que havia recebido confirmação, pelo príncipe, notícias essas que Benedetti também tinha através de Paris e que Sua Majestade nada mais tinha a lhe dizer".

O despacho de Ems publicado por Bismarck, truncado, foi o seguinte:

"Sua Majestade se recusou a receber o embaixador francês e lhe fez dizer pelo ajudante de ordens que Sua Majestade não tinha mais nada que comunicar ao Embaixador".

A EUROPA NO SÉCULO XIX

Como era previsto por Bismarck, frente à declaração de guerra da França, os Estados do sul da antiga Confederação Germânica juntaram-se aos do norte, batendo a França na batalha de Sedan e completando a unificação. Em janeiro de 1871, para humilhação dos franceses, era criado na Sala dos Espelhos do Palácio de Versalhes o **Segundo Reich** (= império) alemão – o primeiro fora o Sacro Império Romano-Germânico.

> sangue" pela unificação. Após a vitória sobre a França, ao "regressar a Berlim, Bismarck foi reconhecido como o fundador do novo Reich. Ninguém, a serviço de um rei, desde Richelieu, havia tão rapidamente elevado a importância de seu soberano, ao mesmo tempo acrescendo, com tão bons resultados, sua autoridade no governo. [...] Bismarck manteve o título de ministro do exterior prussiano até sua queda em 1890".
>
> PALMER, Alan. *Bismarck*. Brasília, Universidade de Brasília, 1982. p. 167.

Nos arredores de Paris, no palácio de Versalhes, os alemães unificados coroaram seu imperador Guilherme I.

Pelo Tratado de Frankfurt, a Alemanha obtinha as ricas regiões da **Alsácia** e da **Lorena**, além de receber uma indenização de 5 bilhões de francos. Esse conjunto de fatos fermentou o revanchismo francês, elemento importante nos acontecimentos europeus do final do século XIX e início do século XX.

Com a unificação, a Alemanha cresceu vertiginosamente, a ponto de, em 1900, superar a Inglaterra na produção de aço. O desenvolvimento industrial alemão colocou em risco a hegemonia britânica mundial, causando sucessivos atritos. A exigência alemã de uma redivisão colonial que a favorecesse, somada às alianças político-militares, levaram o mundo à Primeira Guerra Mundial.

> O personagem-síntese do nacionalismo alemão – Bismarck – não mediu meios para edificar o Segundo Reich alemão. O "chanceler de ferro" empregou, segundo suas próprias palavras, "ferro e

Quadro de Otto Bolhagen (detalhe).

Após a unificação, a industrialização germânica ganhou enorme impulso.

A AMÉRICA NO SÉCULO XIX

Durante o século XIX, a América integrou-se às características globais do desenvolvimento capitalista delineadas no conjunto europeu. O desenvolvimento econômico capitalista, o triunfo do liberalismo, o imperialismo e a efervescência nacionalista e socialista também envolveram as Américas, seguindo, porém, as diferentes peculiaridades históricas regionais.

A população americana cresceu significativamente no período, passando de algo próximo a trinta milhões, em 1800, para quase 160 milhões, em 1900; somente a América do Norte aumentou de pouco menos de sete para mais de oitenta milhões de habitantes. Conquistadas e colonizadas pelos europeus, as Américas exerceram e continuaram exercendo um decisivo papel para o desenvolvimento capitalista ocidental, especialmente com o crescente e volumoso comércio transatlântico e, posteriormente, entre o norte e o sul do continente americano.

Da mesma forma, a era das revoluções desdobrou-se nas Américas com um sentido intenso e próprio, seja com os Estados Unidos conseguindo firmar-se como um novo Estado capacitado a ampliar seu espaço geopolítico e socioeconômico, seja com o conjunto dos países latino-americanos firmando sua autonomia política em relação às metrópoles ibéricas.

Para os latino-americanos, contudo, a independência não resultou em desenvolvimento socioeconômico autônomo nos moldes do norte-americano, e sim em dependência em relação aos centros dinâmicos do capitalismo – especialmente Inglaterra, no início, e Estados Unidos, a seguir. Este país, no final do século XIX, acompanhando o expansionismo imperialista europeu, impôs seu controle sobre boa parte de todos os assuntos americanos, processo que só se completou no início do século seguinte.

Ao longo do século XIX, aconteceram várias manifestações nacionalistas dos novos Estados americanos, firmando valores, buscando autonomia e distinção internacional, assim como propostas de mudanças sociais de inspiração socialista, encontrando entre os imensos grupos sociais marginalizados um meio propício e fértil para para seu desenvolvimento.

> Da mesma forma que o desenvolvimento capitalista firmava uma crescente desigualdade socioeconômica entre as diversas nações, o mesmo reproduzia-se no conjunto americano, respeitando a lógica da crescente concentração capitalista para alguns e de lentidão e dependência para os demais.
>
> "Mas, no século XIX a defasagem entre os países ocidentais, base da revolução econômica que estava transformando o mundo, e os demais se ampliou, primeiro devagar, depois cada vez mais rápido. Ao redor de 1880, a renda per capita do mundo 'desenvolvido' era cerca do dobro da do Terceiro Mundo; em 1913 seria mais do que o triplo, e continuava aumentando. Em torno de 1950 (para destacar o contraste), a diferença era de 1 a 5; em 1970, de 1 a 7. Ademais, a defasagem entre o Terceiro Mundo e as áreas desenvolvidas do mundo 'desenvolvido', ou seja, os países

> industrializados, começou mais cedo e se ampliou ainda mais acentuadamente. O PNB per capita (Produto Nacional Bruto dividido pelo número de habitantes) já era mais do dobro que o do Terceiro Mundo em 1830; em 1913, cerca de sete vezes maior."
>
> HOBSBAWM, Eric J. *A era dos impérios*. Rio de Janeiro, Paz e Terra, 1988. p. 32.

A independência da América espanhola

Na passagem do século XVIII para o século XIX, com o declínio do Antigo Regime, o liberalismo político e econômico forneceu a base ideológica para a superação definitiva dos entraves que barravam o progresso capitalista. A era das revoluções, iniciada com a independência dos Estados Unidos e consolidada com a Revolução Industrial e a Revolução Francesa, deixou em desvantagem os Estados ibéricos, ainda apegados ao mercantilismo colonialista, que dificultava o livre-comércio, e, portanto, o desenvolvimento industrial. Foi nesse período que, em represália à não obediência ao Bloqueio Continental, Napoleão Bonaparte invadiu Portugal e ocupou a Espanha, desencadeando o processo de independência da América Latina.

Para as elites da América espanhola, representadas pelos *criollos* (descendentes de espanhóis nascidos na América), o importante era romper com a metrópole monopolista, que lhes dificultava as transações mercantis, sobretudo com a Inglaterra, principal polo econômico do mundo. Para os colonos, a Coroa restringia os setores produtivos, além de limitar o acesso aos cargos administrativos e políticos. Para a Inglaterra, por outro lado, interessava a independência das colônias que eliminaria as barreiras monopolistas comerciais, ativando novos mercados, indispensáveis ao seu progresso industrial. *Criollos* e ingleses tinham, portanto, interesses comuns, que convergiam para o mesmo objetivo: a independência das colônias espanholas na América.

O apoio inglês foi decisivo para a emancipação latino-americana. Com a derrota napoleônica, em 1815, as metrópoles ibéricas, apesar de retomarem o colonialismo, não tiveram sucesso, já que os ingleses respaldaram a vitória *criolla* contra os espanhóis nas guerras de independência de 1817 a 1825. Também a **Doutrina Monroe**, instituída pelos Estados Unidos, ajudou a consolidar a independência latino-americana, ao apoiar a guerra de libertação dos *criollos*.

Os precursores da independência

No início do século XIX, a população total da América espanhola chegava perto de 20 milhões de habitantes. Destes, mais de 12 milhões eram índios; 6 milhões, mestiços (descendentes de espanhóis e índios); 800 mil, negros escravos e 3 milhões eram *criollos*.

Negros e mestiços na Buenos Aires do século XIX.

O grupo minoritário – 300 mil indivíduos – era composto pelos *chapetones* (espanhóis da metrópole), que, detendo os altos cargos da administração colonial, confrontavam-se com a elite *criolla*. Os *chapetones* desejavam a manutenção das relações metrópole-colônia, enquanto os *criollos*, seguidores dos ideais iluministas liberais e do exemplo norte-americano, eram partidários do livre-comércio e da luta colonial pela independência. Os *criollos* alinharam-se ao ideal de liberdade política e econômica frente às metrópoles ibéricas sem, contudo, cogitar em implementar mudanças na estrutura socioeconômica de seus territórios.

O sistema colonial há muito dava sinais de esgotamento, que se manifestava sob a forma de rebeliões locais, manifestações isoladas, precursoras dos movimentos pela independência. Na luta contra a opressão metropolitana destacaram-se a rebelião de **Tupac Amaru** (1780), no Peru, e a de **Francisco Miranda** (1811), na Venezuela.

A rebelião de Tupac Amaru

O inca Tupac Amaru, cujo nome real era José Gabriel Condorcanqui, conheceu várias regiões do Peru em suas viagens como tropeiro, revoltando-se com os abusos cometidos pelos chapetones. Em 1776, assumiu o comando de uma luta contra as injustiças metropolitanas, que se transformou, em 1780, em levante armado, irradiando-se rapidamente por outras regiões, o que atraiu pronta e dura repressão da Espanha.

Tupac Amaru foi capturado, teve sua língua cortada e depois foi atrelado a quatro cavalos, sendo arrastado pelas ruas até morrer. A rebelião indígena apresentou um saldo de 80 mil mortes.

Francisco Miranda, *criollo* venezuelano, foi o primeiro a liderar um movimento temporariamente vitorioso de libertação: a Venezuela proclamou sua independência em 1811. Em 1812, entretanto, numa contraofensiva do exército espanhol, os conjurados foram derrotados e Miranda foi preso, morrendo pouco depois em Cádiz, na Espanha.

A guerra de independência

A intervenção napoleônica na Espanha provocou as renúncias sucessivas dos reis Carlos IV e Fernando VII e a colocação do irmão do imperador francês, José Bonaparte, no trono espanhol. Tal fato, ao enfraquecer a metrópole, estimulou o movimento autonomista dos *criollos*. Organizados a partir dos **cabildos** (câmaras municipais), os colonos formaram as **juntas governativas**, depondo as autoridades metropolitanas e assumindo a administração das colônias. Entre 1810 e 1814, os centros urbanos coloniais transformaram-se nos grandes irradiadores dos ideais separatistas, contando com o apoio inglês e a adesão de parte da população.

Com a dominação napoleônica, José Bonaparte foi imposto ao trono espanhol.

Contudo, para fazer frente a Napoleão, Espanha e Inglaterra tiveram de se unir. Com a restauração da dinastia Bourbon em seu país (1814), os espanhóis reorganizaram a repressão aos colonos separatistas da América, que, sem ajuda inglesa, acabaram derrotados. Frustravam-se os ideais de independência, mas o espírito libertador se fortalecia entre os colonos.

Somente entre 1817 e 1825, processou-se a revolução vitoriosa que libertou a maioria dos países latino-americanos. Seus líderes foram **Simon Bolívar** e **José de San Martín** que percorreram quase toda a América Latina, com o apoio efetivo da Inglaterra, interessada na ampliação de mercados para seus produtos industrializados, e dos Estados Unidos, também interessados no potencial de sua vizinhança.

Os rebeldes foram favorecidos ainda pela distância da metrópole e pela situação interna da Espanha, envolvida numa revolução liberal entre 1820 e 1823, o que dificultou a remessa de tropas contrarrevolucionárias à América.

Bolívar, o **Libertador**, foi um exemplo típico dos ideais da elite *criolla*. Nascido na Venezuela, republicano, comandou a luta pela libertação da América Latina, partindo da Venezuela e do Peru em direção ao sul, defendendo uma América do Sul livre, unida e forte. Seu lema era: "Uni-vos, ou o caos vos devorará". San Martín, embora com os mesmos ideais, defendia um governo monárquico constitucional e iniciou seus movimentos partindo de Buenos Aires em direção ao norte, no chamado "movimento sulista".

Rotas de Simon Bolívar e de San Martín no processo de libertação da América espanhola.

No **México**, a primeira tentativa de emancipação política ocorreu em 1810, tendo um caráter distinto dos outros movimentos da América espanhola, pois partiu das massas populares e foi antes de tudo rural. Encabeçando a insurreição, sucederam-se Miguel Hidalgo, o padre Morellos e Vicente Guerrero, que enfatizaram as reformas sociais populares, propondo o fim da escravidão, a igualdade de direitos e a condenação da aristocracia e dos altos funcionários.

Em 1821, **Agustín Itúrbide**, enviado pelo vice-rei para lutar contra os insurretos mexicanos, aliou-se a Guerrero, formulando o **Plano de Iguala**, que proclamava a independência do México, a igualdade de direitos entre *criollos* e espanhóis, a supremacia da religião católica, o respeito à propriedade e um governo monárquico. A coroa foi oferecida a Fernando VII da Espanha, que sofria forte oposição liberal em seu país. Em 1822, entretanto, Itúrbide proclamou-se imperador, com o título de Agustín I, sendo, entretanto, deposto logo a seguir num levante republicano. Em 1824, o México tornava-se efetivamente independente e elegia seu primeiro presidente, o general Guadalupe Vitória.

Na América do Sul, o **Paraguai** constituiu uma república, em 1813, chefiada pelo *criollo* Gaspar Francia. A **Argentina** proclamou, em 1816, sua independência, que, entretanto, só foi concretizada pelos êxitos militares de Manuel Belgrano e San Martín. O **Uruguai**, que desde 1821 estava incorporado ao Brasil com o nome de Província Cisplatina, transformou-se em Estado independente, em 1828, com o nome de República Oriental do Uruguai.

A partir da Argentina, San Martín, comandando cerca de 5 mil homens no chamado **Exército dos Andes**, marchou para o Norte, libertando o **Chile** em 1818, após as batalhas de Chacabuco e Maipú. Bernardo O'Higgins, líder do movimento de libertação na região, foi nomeado dirigente do Estado chileno.

Dirigindo-se para o **Peru**, principal centro de resistência espanhola, acompanhado pelo mercenário inglês Lord Cochrane, San Martín alcançou e libertou Lima, em 1821. Simon Bolívar, por sua vez, apoiado pela Inglaterra e pelos Estados Unidos, organizou um exército regular, libertando a Venezuela em 1817, a Colômbia em 1819 e o Equador, em 1821, dirigindo-se ele também ao Peru.

INDEPENDÊNCIA DA AMÉRICA ESPANHOLA

Os novos Estados independentes da América Latina.

A AMÉRICA NO SÉCULO XIX

Em 1822, as forças de ambos encontraram-se em **Guayaquil**, onde San Martín desistiu de seu projeto monárquico, aderindo à proposta republicana de Bolívar, a quem coube consumar a independência do Peru, só conseguida definitivamente com a batalha de Ayacucho, em 1824, vencida pelo general José Sucre, comandado de Bolívar.

Bolívar versus San Martín

As divergências entre Bolívar e San Martín poderiam levar à divisão das forças latino-americanas, o que foi evitado por San Martín ao renunciar a todos os seus cargos em favor de Bolívar. Esta decisão aconteceu em Guayaquil, num encontro dos dois heróis, cuja conversação, em 26 e 27 de julho de 1822, num banquete seguido de três conferências, nunca ficou completamente conhecida. O certo é que ali San Martín abandonou sua vida pública e deixou campo aberto a Bolívar. Em seguida, San Martín passou algum tempo no Chile, transferindo-se pouco depois para a França, onde morreu, em 1850.

No Congresso do Panamá, quando quase toda a América Latina já estava independente, Bolívar tentou concretizar seu ideal de unidade política, que ficou conhecido como bolivarismo. Seus esforços, no entanto, encontraram a oposição dos ingleses e norte-americanos, contrários a países unidos e fortes, e dos interesses das próprias oligarquias locais.

Bolívar morreu em 1830, aos quarenta e sete anos, frustrado em seu ideal de unificação: vencia o imperialismo das grandes potências e fracassava a primeira importante manifestação de pan-americanismo, impondo-se o princípio "dividir para reinar".

A América Central, unida inicialmente ao México, em 1824 proclamou a sua independência, formando as Províncias Unidas da América Central. Essa unidade, contudo, pouco durou, pois as pressões inglesas e norte-americanas fragmentaram a região. A partir de 1838 as Províncias Unidas se dividiram em diversas repúblicas autônomas: Guatemala, Honduras, El Salvador, Nicarágua e Costa Rica.

Embora acabassem com o pacto colonial e obtivessem sua liberdade política, os novos Estados latinos assumiam uma nova forma de dependência econômica, que atendia aos interesses do desenvolvimento capitalista. Assim, a América Latina, dividida em vários Estados governados pela aristocracia *criolla*, assumiu a função de fornecer matérias-primas e consumir manufaturados ingleses, mantendo, dessa forma, as antigas estruturas, apenas adaptando-as aos novos tempos.

Simon Bolívar recebeu o título de **"El Libertador"** nas lutas de independência latino-americana. Em diversas oportunidades expressava o ideal de uma América espanhola independente e unida, dizendo: *"Ciertamente la unión es la que nos hace falta para completar la obra de nuestra redención"*.

No aspecto político, chefes locais, em geral líderes oriundos das forças militares mobilizadas pelos *criollo*s na guerra de independência, passaram a disputar o poder de suas respectivas regiões, criando um quadro de anarquia e de dificuldades para a consolidação dos novos Estados nacionais. Esta desunião e a instabilidade deram forma ao caos que devorou o ideal de Simon Bolívar de plena soberania e liberdade popular.

Tais chefes – comandantes carismáticos, autoritários, paternalistas, que irradiavam um magnetismo pessoal na condução de seus comandados – foram denominados **caudilhos**.

O caudilhismo

"O caudilhismo representou em certos casos a defesa das estruturas socioeconômicas tradicionais, como também o artesanato e a indústria incipiente, contra elites burguesas que atuavam na exportação de matérias-primas, constituindo a típica burguesia 'compradora'.

Na América Latina, o termo caudilho ainda continua a ser usado, como o de cacique, para designar chefes de partido local ou de aldeia, com características demagógicas.

O epíteto foi expressamente rejeitado pelos ditadores militares do nosso século, pelas conotações naturais e inorgânicas que implica na região, contrariamente ao que acontecia na Espanha, onde os partidários do franquismo chamavam oficialmente o seu chefe caudillo. Mas não se aludia neste caso à tradição latino-americana, mas ao lema das forças antirrepublicanas durante a Guerra Civil (1936-1939): 'una fe, una pátria, un caudillo'.

Presentemente, parte dos estudiosos da ciência política creem que o caudilhismo é particularmente significativo para a compreensão da gênese do militarismo na América Latina."

OLIVIERI, Mabel. In: BOBBIO, Norberto. *Dicionário de política*. 5. ed. Brasília, Universidade de Brasília, 1993. p. 157.

Os Estados Unidos no século XIX

Após a declaração de independência, em 1776, os Estados Unidos, comandados por George Washington, ocuparam-se, lutando contra a Inglaterra, em garantir sua libertação, concretizada na **Paz de Versalhes**, em 1783. A organização política do novo Estado realizou-se em meio a duas tendências partidárias: a **republicana**, defendida por Thomas Jefferson, que desejava maior autonomia para os estados e que deu origem ao atual **Partido Democrata**, e a **federalista**, defendida por Alexander Hamilton, que desejava um forte governo central, e que foi o embrião do atual **Partido Republicano**.

A **Constituição de 1787**, elaborada por deputados dos treze estados, combinou as duas tendências, organizando uma república federativa presidencialista e assegurando a cada estado da federação o direito de ter sua própria constituição. O poder executivo ficaria com o presidente eleito por seis anos e o legislativo com a Câmara de Deputados e o Senado. À Suprema Corte de Justiça caberia o poder judiciário e a função de zelar pela constituição. Em 1789, o Congresso elegeu George Washington, o primeiro presidente dos Estados Unidos.

George Washington, herói da independência norte-americana, foi também o primeiro presidente dos Estados Unidos.

Quadro de James Peale, o Velho.

Consolidação e expansão do novo Estado

A partir da presidência de Washington (1789-1797), seguida pela de John Adams (1797-1801) e a de Thomas Jefferson (1801-1809), consolidou-se o desenvolvimento comercial, industrial e financeiro do país. Atraindo, por isso, um grande número de emigrantes europeus, a população nacional, que na época da independência era de 3,5 milhões de habitantes, em 1810 chegou a mais de 7 milhões.

Era um processo que ganharia ainda maior intensidade ao longo do século XIX. Estima-se que cerca de 15 milhões de imigrantes chegaram aos Estados Unidos entre 1790 e 1890. Quanto ao conjunto da população, saltou-se para algo próximo a 31 milhões em 1860, 63 milhões em 1890 e 80 milhões no final do século XIX. O progressismo e o crescimento demográfico estimularam a conquista de territórios na América do Norte (expansão interior) e a ampliação da atuação econômica em todo o continente americano (expansão exterior).

As guerras napoleônicas e o Bloqueio Continental na Europa afetaram indiretamente o crescente comércio norte-americano com a América Latina e a Europa, particularmente com a França. A Inglaterra, maior inimiga do Império francês e sua rival na conquista de novos mercados, passou a fazer pressões, de modo a barrar as relações comerciais dos Estados Unidos com os países europeus e mesmo com as nações latino-americanas.

Esses atritos comerciais, somados ao expansionismo norte-americano, que ambicionava tirar o Canadá da Inglaterra, levaram à **Segunda Guerra de Independência** (1812-1814). As guerras inglesas na Europa e o desejo norte-americano de normalização comercial possibilitaram a assinatura da **Paz Eterna de Gand**, confirmando a região dos Grandes Lagos como zona neutra e fixando a fronteira entre os Estados Unidos e o Canadá inglês.

O início da industrialização norte-americana

"A evolução da indústria caseira para o sistema fabril ocorreu inicialmente no Nordeste. Carecendo de solo fértil necessário à agricultura em grande escala, mas abençoados com fácil acesso a matérias-primas, um crescente mercado interno e abundância de energia hidráulica, comerciantes-investidores ianques, principalmente da Nova Inglaterra, passaram sem maiores dificuldades do comércio para a indústria. O sistema fabril norte-americano iniciou-se em 1790 com o cotonifício de Almy, Brown e Slater, em Pawtuchet, Rhode Island. Acionado por roda-d'água, usava tecnologia britânica pirateada pelo hábil mecânico e imigrante Samuel Slater. Produziu fios de algodão para os mercados de toda a Nova Inglaterra e os estados da zona intermediária. Pouco depois, entraram em operação várias empresas semelhantes, que produziam fios para pessoas que os transformariam em tecidos em teares manuais em suas residências. Suspensa a importação de tecidos britânicos durante a Guerra de 1812, a nascente indústria têxtil expandiu-se para atender a demanda.

Em Walthman, Massachusetts, em 1813, a Boston Manufacturing Company, de propriedade de Francis Cabot Lowell, instalou o primeiro tear norte-americano a vapor e construiu a primeira fábrica têxtil autossuficiente em todo o mundo, pondo sob o mesmo teto todas as etapas da produção de tecidos de algodão. A empresa, em rápido desenvolvimento, vendia lençóis grosseiros em todo o país e logo depois abria fábricas na nova cidade de Lowell, onde as máquinas eram operadas por mulheres."

SELLERS, Charles, MAY, Henry e MCMILLEN, Neil R. *Uma reavaliação da história dos Estados Unidos*. Rio de Janeiro, Zahar, 1990. p. 120.

A IDADE CONTEMPORÂNEA (SÉCULOS XVIII E XIX)

A guerra despertou o sentimento nacionalista americano com relação à unidade territorial e à ameaça das potências europeias aos interesses americanos, sobretudo com relação ao crescente comércio dos Estados Unidos com a América Latina independente, ameaçado com as investidas recolonizadoras da Santa Aliança. Esse sentimento foi expresso na **Doutrina Monroe** (1823), através de uma mensagem do presidente James Monroe (1817-1825) ao Congresso, que foi assim resumida: "A América para os americanos".

Desenho de Newton Resende segundo obra de Gilbert Stuart

James Monroe estabeleceu uma política diplomática dos Estados Unidos para com a América que teria repercussões durante os séculos XIX e XX.

A Doutrina Monroe corporificou politicamente a expansão econômica internacional dos Estados Unidos, fundamental para o desenvolvimento capitalista do país. A expansão interior, por meio da conquista de territórios na América do Norte, iniciou-se com a **corrida para o Oeste**. A partir da faixa atlântica, correspondente às antigas treze colônias, os pioneiros avançaram para o interior até chegar à costa ocidental, alcançando o Oceano Pacífico.

Na marcha para o Oeste, os pioneiros exterminaram milhares de indígenas que se opunham à sua busca de terras e metais preciosos.

Em meados do século XIX, o país alcançara dimensões continentais, através da expropriação de índios e povos vizinhos ou da compra de áreas coloniais pertencentes a potências europeias:

- **1803** - Compra da Louisiana, que pertencia à França de Napoleão Bonaparte.

- **1819** - Compra da Flórida, região pertencente à Espanha que deu aos Estados Unidos acesso às Antilhas.

- **1848** - Guerra contra o México, que, pelo Tratado Guadalupe-Hidalgo, perdeu 2 milhões de quilômetros quadrados de seu território, que deram origem ao Texas, à Califórnia, ao Novo México, ao Arizona, a Utah e a Nevada. Com essas anexações, os Estados Unidos alcançavam o Pacífico.

- **1867** - Compra do Alasca, pertencente à Rússia.

A AMÉRICA NO SÉCULO XIX

EXPANSÃO TERRITORIAL DOS ESTADOS UNIDOS

- As treze colônias
- Territórios conquistados na guerra de independência
- Territórios pertencentes à Espanha
- Territórios pertencentes ao México
- Territórios pertencentes à Inglaterra
- Territórios pertencentes à França (Louisiana)
- Territórios fora dos limites continentais

Em sua marcha para o Oeste, os Estados Unidos conquistaram os territórios situados entre os oceanos Atlântico e Pacífico. Posteriormente, obtiveram também o Alasca e o arquipélago do Havaí.

A expansão territorial norte-americana foi, em boa parte, justificada pela doutrina do Destino Manifesto, de acordo com a qual cumpria aos Estados Unidos anexar as áreas entre o Atlântico e o Pacífico: "os norte--americanos foram escolhidos pelo destino para dominarem a América". Na realidade, o avanço territorial processou-se em função da expansão capitalista internacional. A conquista da costa oeste até o Oceano Pacífico deu aos Estados Unidos acesso direto ao Oriente e lhes propiciou os cobiçados mercados da China e do Japão. A anexação da Flórida, por sua vez, abriu caminho para o golfo do México e o mar das Antilhas, meta importante para alcançar toda a América Latina.

"O espírito de expansão que acompanhava esses acréscimos de território levou um profeta do 'Destino Manifesto' a anunciar que:

'Podemos expandir-nos até incluir o mundo inteiro. O México, a América Central, a do Sul, Cuba, as Ilhas das Índias Ocidentais e mesmo a Inglaterra e a França, poderemos anexá-los sem inconveniência ou prejuízo, permitindo que suas legislaturas locais regulem seus negócios locais à sua própria maneira. E esta, Senhor, é a missão desta República e seu destino final'.

Que essa jactância imperialista não era mera basófia de político mostra-o o fato de que os Estados Unidos, realmente, logo estenderam sua soberania a certo número de territórios ultramarinos. Assim, Samoa, as ilhas do Havaí, as Filipinas, Porto Rico e Guam foram anexadas em rápida sucessão, ao passo que outros territórios, como a Zona do Canal do Panamá, eram arrendados. De significação não menor foi a extensão da hegemonia norte-americana sobre Cuba, vários países centro-americanos e alguns Estados insulares do Mar dos Caraíbas."

SAVELLE, Max (org.). *Os tempos modernos*. História da civilização mundial. Belo Horizonte, Villa Rica, 1990. p. 211.

A Guerra de Secessão (1861-1865)

Se, por um lado, a expansão territorial e econômica fortalecia o desenvolvimento capitalista dos Estados Unidos, por outro acirrava a rivalidade econômica, social e política entre os estados do Norte e do Sul. Suas diferenças remontavam à época colonial: ao norte, estabeleceu-se uma colônia de povoamento, com pequenas propriedades agrícolas, trabalho livre, comércio dinâmico e uma economia que propiciava intensa capitalização, culminando na industrialização do início do século XIX; ao sul, ao contrário, estabeleceu-se uma colônia de exploração baseada na monocultura para exportação e no latifúndio escravista, com a formação de uma poderosa aristocracia rural.

No Sul, os mercados de escravos constituíam um comércio ativo.

Por volta de 1860, o Norte dos Estados Unidos, industrializado e progressista, encontrava no Sul poderosos entraves ao seu desenvolvimento, interessando-lhe eliminar a escravidão, base do trabalho latifundiário. Isso representaria um aumento expressivo de mão de obra assalariada para suas indústrias, barateando a produção, além de ampliar o mercado consumidor. Os nortistas defendiam também a elevação das tarifas alfandegárias, medida que visava proteger sua produção industrial da concorrência externa. Para o Sul, ao contrário, cuja produção estava voltada para o atendimento do mercado externo, interessava o livre-cambismo com relação às tarifas alfandegárias, o que lhes garantiria as exportações.

No plano político, a rivalidade corporificou-se nas divergências das facções políticas, tendo de um lado o Partido Republicano, mais representativo das ambições burguesas e industriais nortistas e, de outro, o Partido Democrata, controlado pela aristocracia sulista, firme defensora das autonomias dos estados.

A cabana do Pai Tomás

*O agravamento das dissidências entre o Norte e o Sul foi também alimentado pelo antagonismo ideológico, que se manifestou com a **Campanha Abolicionista** do Norte, a qual adquiriu características de luta pela "dignidade humana". A abolição da escravatura sensibilizou toda a população, e a vida dos escravos americanos chegou a ser descrita por Harriet Beecher Stowe no livro A cabana do Pai Tomás, que se tornou um best-seller: no ano de sua publicação, em 1852, foram vendidos mais de trezentos mil exemplares. O sucesso do livro foi tamanho que chegou a despertar a indignação popular contra a escravidão e o fervor pela luta abolicionista.*

Em 1860, o nortista **Abraham Lincoln**, líder do Partido Republicano, venceu as eleições presidenciais, com base na plataforma política que defendia tarifas protecionistas e união a todo preço, referindo-se ao autonomismo dos sulistas. Descontentes com a vitória de Lincoln, os estados do Sul, liderados pela Carolina do Sul, separaram-se da União, formando os **Estados Confederados da América**, com capital em Richmond, na Virgínia, e tendo como presidente Jefferson Davis.

A AMÉRICA NO SÉCULO XIX

GUERRA DE SECESSÃO

- Estados do Norte (União)
- Estados do Sul (Confederados)
- Estados constituídos após a Guerra de Secessão
- Estados escravagistas não confederados

Baixas norte-americanas
Primeira Guerra Mundial (1914-18): 125 000 mortos
Segunda Guerra Mundial (1939-45): 322 000 mortos
Guerra da Coreia (1950-53): 55 000 mortos
Guerra do Vietnã: 57 000 mortos
Guerra civil: 618 000 mortos

As acentuadas desigualdades entre os estados do Norte e do Sul desencadearam a Guerra de Secessão norte-americana.

Tinha início a Guerra de Secessão: os confederados (sulistas) ficaram sob o comando do general Robert Lee, enquanto os federalistas (nortistas) foram comandados pelos generais Grant e Sherman. Devido à autossuficiência de sua economia, que garantia o uso de armas e navios construídos por eles mesmos, os estados do Norte conseguiram derrotar as forças confederadas. Na guerra, que durou quatro anos e mobilizou mais de 2,5 milhões de homens, utilizaram-se recursos bélicos modernos, seja para o comando (telégrafo), para o transporte de tropas e suprimentos (ferrovias), para a confrontação (trincheiras), seja nos armamentos (protótipos dos couraçados, cruzadores, etc.).

Ao final da guerra, o Norte, vitorioso, consolidou sua supremacia política e econômica, enquanto o Sul saía totalmente arrasado. Morreram na guerra mais de seiscentas mil pessoas. Em 14 de abril de 1865, cinco dias após a rendição dos confederados, o presidente Lincoln foi assassinado por um fanático sulista, John Wilkes Booth.

Em janeiro de 1863, ainda em meio à guerra, Lincoln tinha assinado a Proclamação da Emancipação, um decreto que determinava a libertação dos escravos apenas nas áreas rebeldes (Sul), medida justificada sob o fundamento de "necessidade militar". Mas foi somente em 1865, com a completa vitória militar nortista, é que se aprovou a Décima Terceira Emenda à Constituição norte-americana, proibindo a escravidão em todo país.

A abolição da escravidão para os 4,5 milhões de negros, contudo, não significou direitos iguais aos dos brancos, mantendo-se a segregação social e política que motivaria seguidas lutas e radicalismos pelo resto do século XIX e também durante o século XX, como o do grupo de origem sulista e racista, Ku-Klux-Klan, que nega a integração social dos negros nos Estados Unidos.

Uma potência mundial emergente

A vitória dos nortistas no confronto contra o Sul acelerou o progresso industrial dos Estados Unidos, que foram ultrapassando progressivamente a França, a Alemanha e até a Inglaterra em produtividade e desenvolvimento econômico, transformando-se, já no final do século XIX, na primeira potência mundial. A prosperidade tornou-se atrativa à emigração, impulsionando o crescimento demográfico: de pouco mais de 30 milhões de habitantes em 1865, a população passou para 90 milhões em 1914.

A consolidação do capitalismo após a Guerra de Secessão favoreceu também o expansionismo imperialista norte-americano para a América e a Ásia. A Doutrina Monroe e a teoria do Destino Manifesto serviram de base ideológica para que os Estados Unidos assumissem a tutela sobre toda a América, especialmente da América Central. Adaptados pelo presidente Theodore Roosevelt (1901-1909), os fundamentos da Doutrina Monroe passaram a ser conhecidos como **Corolário Roosevelt**. Visando preservar seus interesses econômicos e políticos, os Estados Unidos garantiram-se o direito de usar a força para intervir nos países do continente, na posição de "salvadores da América". Das várias intervenções norte-americanas na América Latina, destacaram-se as efetuadas em Cuba, no Panamá e na Nicarágua, desde o final do século XIX até as últimas décadas do XX.

A América sob os americanos

O Corolário Roosevelt inaugurou a política do **Big Stick** ("grande porrete"), sintetizada pela frase do presidente Theodore Roosevelt, referindo-se às relações com a América Latina: "Devemos falar macio, mas carregar um grande porrete". Essa política resultou em diversas intervenções militares realizadas em países da América Latina, garantindo aos Estados Unidos investimentos e interesses políticos ameaçados.

Cuba, em 1898, então colônia espanhola, lutava por sua independência sob a liderança de José Martí. Sob o pretexto de proteger propriedades e vidas de norte-americanos, os Estados Unidos intervieram na região combatendo os espanhóis e garantindo a independência cubana. Nessa guerra, os norte-americanos garantiram para si a anexação de Porto Rico, no Caribe, e das Filipinas, no Oceano Pacífico.

Na Constituição de Cuba de 1901 foi acrescentada, por imposição dos Estados Unidos, a **Emenda Platt**, que instituía o direito de intervenção dos Estados Unidos no país, além de conceder aos norte-americanos uma área de 117 quilômetros quadrados, a baía de Guantánamo, ainda hoje base militar americana em solo cubano. O intervencionismo dos Estados Unidos vigorou no país até a Revolução de 1959, quando Fidel Castro assumiu o governo da ilha, instalando um regime socialista.

Em 1903, os Estados Unidos estimularam o movimento separatista do Panamá em relação à Colômbia, e receberam em troca o direito de continuar a construção de um canal ligando o Atlântico ao Pacífico, trabalho iniciado um pouco antes (1881) pelos franceses. Pouco depois, obtiveram do governo do Panamá o controle perpétuo da Zona do Canal. Na década de 1970, entretanto, uma campanha nacionalista promovida pelo governo panamenho retificou esse acordo, comprometendo-se os Estados Unidos a devolver o canal ao Panamá até o final do século XX.

Da mesma forma, e continuando a política externa norte-americana para a América delineada no século XIX, os Estados Unidos intervieram na Nicarágua, em 1909, ocupando-a militarmente até 1933, a fim de estabilizar a região, que vivia intensas lutas camponesas. Na luta contra a presença militar dos Estados Unidos destacou-se o camponês guerrilheiro **Augusto César Sandino**, que foi transformado em herói nacional. Décadas mais tarde, seu nome inspirou outro movimento nacionalista para a derrubada da ditadura de Anastácio Somoza (1979), aliado dos Estados Unidos.

A AMÉRICA NO SÉCULO XIX

CANAL DO PANAMÁ

Buscando fixar-se estrategicamente na passagem Atlântico-Pacífico, Theodore Roosevelt impôs seu controle sobre o canal do Panamá. Na foto, etapa da construção do canal.

Com as intervenções militares na América Latina, os Estados Unidos acabaram exercendo completa tutela econômica na região, processo que se integrou à sua crescente supremacia mundial. Após a Primeira Guerra Mundial (1914-1918), especialmente, e também depois da Segunda (1939-1945), os Estados Unidos conquistaram a plena consolidação do seu progressismo, desbancando a tradicional liderança e hegemonia capitalista inglesa.

Guerrilheiro sandinista na luta para depor o governo nicaraguense de Somoza, em 1979.

335

INTRODUÇÃO À HISTÓRIA AFRICANA

A História tradicional do Ocidente, limitada por uma visão eurocentrista, quase sempre tratou como não relevante a história de outras regiões. Esse olhar, que tem subordinado e diminuído a importância de outros povos e que apresenta a Europa como eixo do movimento evolutivo, foi impulsionado desde a Antiguidade, época em que a região mediterrânea era definida como o centro do mundo. A África, desde então, passou a ser vista como distante, como a região dos "homens de faces queimadas" (conforme DEL PRIORE, Mary; VENÂNCIO, Renato Pinto. *Ancestrais: uma introdução à história da África Atlântica*. Rio de Janeiro: Elsevier, 2004. p. 56). Daquele período até o final da Idade Média, especialmente com a religiosidade cristã medieval, ganhou impulso a associação da cor negra ao pecado e ao demônio, firmando a visão preconceituosa em relação aos povos africanos.

Para confirmar essa "inferiorização" da África, apontada como a região do mal, havia ainda uma passagem bíblica do *Gênesis*:

> "Cã, segundo filho de Noé, exibiu-se diante de seus irmãos, gabando-se de ter visto o sexo de seu pai, quando esse se encontrava bêbado. Para castigá-lo, o patriarca amaldiçoou Canaã, filho de Cã; ele e sua descendência se tornariam servidores de seus irmãos e sua descendência. Eles migraram para o sul e para a cidade das sexualidades malditas: Sodoma. Depois atingiram Gomorra. Lendas contam que os filhos dos filhos dos amaldiçoados foram viver em terras iluminadas por um sol que os queimava, tornando-os negros."
>
> DEL PRIORE, Mary; VENÂNCIO, Renato Pinto. *Ancestrais: uma introdução à história da África Atlântica*. Rio de Janeiro: Elsevier, 2004. p. 59.

A ideia da supremacia europeia e consequente inferioridade de outras culturas, especialmente as africanas, consolidou-se durante a Idade Moderna, quando a Europa passou a centralizar o poder econômico, político e militar mundial. No final desse período, o livro *Systema naturae*, de Charles Linné (1778), classificava os seres humanos da seguinte forma:

> "a) Homem selvagem. Quadrúpede, mudo, peludo.
> b) Americano. Cor de cobre, colérico, ereto. Cabelo negro, liso, espesso; narinas largas; semblante rude; barba rala; obstinado, alegre, livre. Pinta-se com finas linhas vermelhas. Guia-se pelo costume.
> c) Europeu. Claro, sanguíneo, musculoso; cabelo louro, castanho, ondulado; olhos azuis; delicado, perspicaz, inventivo. Coberto por vestes justas. Governado por leis.
> d) Asiático. Escuro, melancólico, rígido; cabelos negros; olhos escuros, severo, orgulhoso, cobiçoso. Coberto por vestimentas soltas. Governado por opiniões.
> e) Africano. Negro, fleumático, relaxado. Cabelos negros, crespos; pele acetinada; nariz achatado, lábios túmidos;

> engenhoso, indolente, negligente. Unta-se com gordura. Governado pelo capricho."
>
> HERNANDEZ, Leila Leite. A África na sala de aula: visita à história contemporânea. São Paulo: Selo Negro, 2005. p. 19.

De forma mais radical, a exemplo do filósofo Friedrich Hegel (1770-1831), chegou-se mesmo a conceber que a África negra não tinha história.

> É de Hegel a afirmação, de 1830: "A África não é uma parte histórica do mundo, não oferece qualquer movimento, desenvolvimento ou qualquer progresso histórico próprio. (...) O que entendemos propriamente por África é o espírito sem história, o espírito ainda não desenvolvido, envolto nas condições naturais.".
>
> CAMERA, Augusto; FABIETTI, Renato. Elementi di Storia 1: dal XIV al XVII secolo. 4. ed. Bologna: Zanichelli, 1997. p. 127.

Para Hegel, essa "África propriamente dita" correspondia à região além do Egito e ao sul do Saara, separada, portanto, da África mediterrânea do norte.

Por séculos prevaleceu a mentalidade de enquadrar os africanos num grau inferior da escala evolutiva, a mesma que classificava os vários povos em avançados e atrasados ou civilizados e primitivos. Comerciantes, conquistadores e teóricos ressaltavam uma suposta selvageria dos povos da África, característica quase sempre relacionada à natureza do continente, fundamentando assim a crença de que a identidade daqueles seria determinada meramente por traços físicos ou biológicos, e não por sua história. Impunham essa versão forçada de que o homem africano era incapaz de produzir cultura e história, quadro que serviu aos escravagistas e também aos imperialistas do século XIX, os mesmos que utilizaram o discurso justificador de "civilizar" a África. Além dos indisfarçáveis interesses de conquista, exploração e dominação, esse discurso tradicional encobria as diversidades e características próprias dos povos africanos, decorrentes de milênios de sua história. Nesse caso, insere-se até mesmo a insistente utilização de denominações que mais acobertam do que esclarecem suas especificidades, como os termos "africanos" e "europeus", que "não são sequer conceitos, menos ainda categorias analíticas capazes de definir seus membros, pelo grau de generalização que comportam" (RODRIGUES, Jaime. África, uma sociedade mais feliz do que a nossa: escravos e senhores transitórios nas redes do tráfico negreiro. In: Projeto História. São Paulo: EDUC, n. 27, jul./dez. 2003. p. 124).

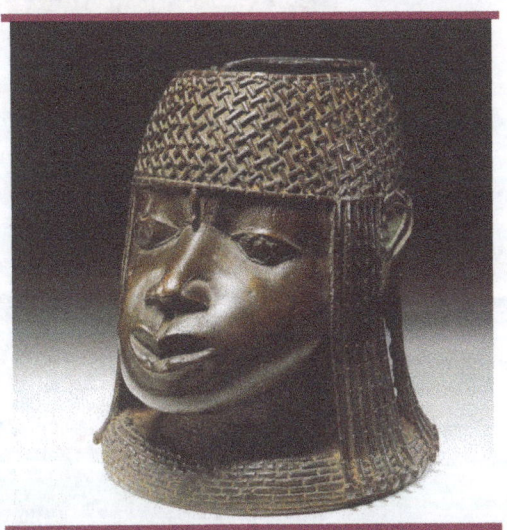

Escultura em latão de cabeça de uma rainha-mãe iyoba, 23,5 cm de altura, do século XVI, Reino de Benin, Nigéria (África). Museu Etnológico de Berlim (Alemanha).

A matriz africana de todos os homens

Ao contrário do que prega essa versão estereotipada das populações e da cultura africanas, o continente foi palco de uma ampla e complexa diversidade histórica, que começa com os primórdios da humanidade. Na África, na região que atravessa a Etiópia, o Quênia e a Tanzânia, foram encontrados fósseis de ancestrais humanos, como diversos fósseis do *Australopithecus*, que viveu no continente desde pelo menos

7 milhões de anos, bem como da espécie mais evoluída do *Homo habilis* (desde antes de 3 milhões de anos) e do *Homo erectus* (desde 2 milhões de anos). Dessa forma, ali viveram diversas linhagens paralelas de nossos ancestrais, que se entrelaçaram até desembocarem no homem moderno. Existem fortes indícios de terem sido os descendentes do *Homo erectus* os primeiros a povoarem outros continentes, pois, até agora, já foram encontrados esses fósseis em várias regiões da Europa, em Java, na China, no Iraque etc. Do *Homo erectus* teriam evoluído o *homem de Neanderthal* (denominação dos fósseis encontrados desde 1856 na gruta de Neanderthal, perto de Düsseldorf, Alemanha), o *homem de Cro-Magnon* (denominação dos fósseis encontrados em 1868 em Cro-Magnon, Dordogne, na França) e a espécie humana atual com todas as suas variações, em um processo ocorrido ao longo dos últimos 500 mil anos.

EXPANSÃO HUMANA A PARTIR DA ÁFRICA

Adap.: FONTANA, Joseph. *Introducción al estudio de la historia*. Barcelona: Crítica, 1999. p. 47.

Fósseis do homem moderno, conhecido como *Homo sapiens sapiens*, têm sido encontrados em diversas partes do mundo, mas alguns pesquisadores apontam como os mais antigos (até agora conhecidos) os da África, que datam de 200 mil anos, ao passo que os de outros lugares teriam menos de 100 mil anos. Entre esses achados africanos destacam-se os da África do Sul (da região Klasies River Mouth) e os de Kanjera, no Quênia, entre outros. Admitindo-se essa origem africana do homem moderno, acredita-se que, há cerca de 100 mil anos, indivíduos *Homo sapiens sapiens* empreenderam uma nova migração, dessa vez para todas as outras partes do mundo, suplantando ou incorporando outras linhagens. Colaborando com essa versão, certas pesquisas genéticas, apoiadas em estudos de DNA, ressaltam "que todos os indivíduos investigados descendem de um só ancestral – de uma única Eva –, que viveu na África entre 143 mil e 285 mil anos" (conforme citado por HERNANDEZ, Leila Leite. *A África na sala de aula: visita à história contemporânea*. São Paulo: Selo Negro, 2005. p. 58.).

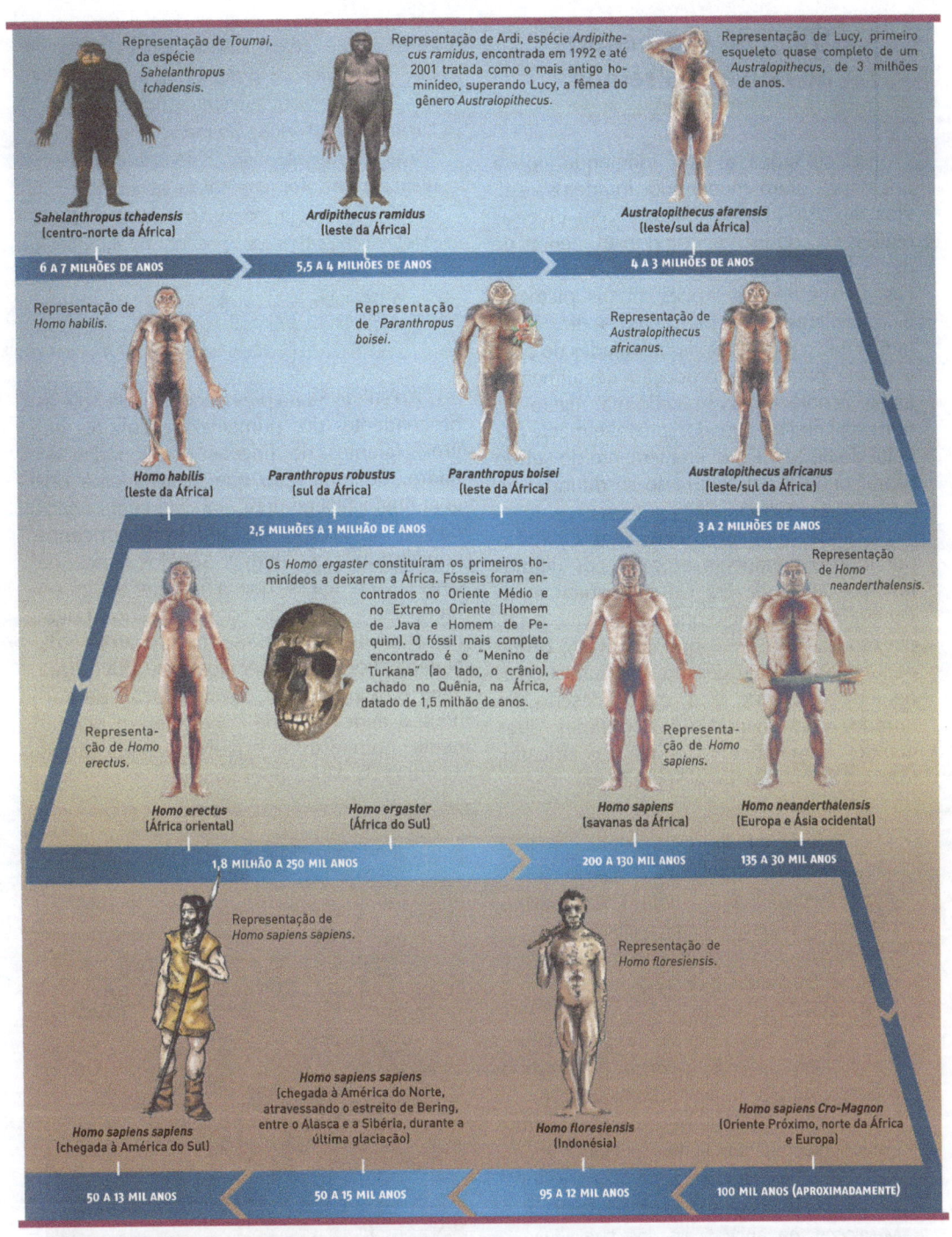

INTRODUÇÃO À HISTÓRIA AFRICANA

Sahelanthropus tchadensis
(centro-norte da África)
Representação de *Toumai*, da espécie *Sahelanthropus tchadensis*.
6 A 7 MILHÕES DE ANOS

Ardipithecus ramidus
(leste da África)
Representação de *Ardi*, espécie *Ardipithecus ramidus*, encontrada em 1992 e até 2001 tratada como o mais antigo hominídeo, superando Lucy, a fêmea do gênero *Australopithecus*.
5,5 A 4 MILHÕES DE ANOS

Australopithecus afarensis
(leste/sul da África)
Representação de Lucy, primeiro esqueleto quase completo de um *Australopithecus*, de 3 milhões de anos.
4 A 3 MILHÕES DE ANOS

Homo habilis
(leste da África)
Representação de *Homo habilis*.

Paranthropus robustus
(sul da África)

Paranthropus boisei
(leste da África)
Representação de *Paranthropus boisei*.

Australopithecus africanus
(leste/sul da África)
Representação de *Australopithecus africanus*.

2,5 MILHÕES A 1 MILHÃO DE ANOS — 3 A 2 MILHÕES DE ANOS

Homo erectus
(África oriental)
Representação de *Homo erectus*.

Homo ergaster
(África do Sul)
Os *Homo ergaster* constituíram os primeiros hominídeos a deixarem a África. Fósseis foram encontrados no Oriente Médio e no Extremo Oriente (Homem de Java e Homem de Pequim). O fóssil mais completo encontrado é o "Menino de Turkana" (ao lado, o crânio), achado no Quênia, na África, datado de 1,5 milhão de anos.

Homo sapiens
(savanas da África)
Representação de *Homo sapiens*.

Homo neanderthalensis
(Europa e Ásia ocidental)
Representação de *Homo neanderthalensis*.

1,8 MILHÃO A 250 MIL ANOS — 200 A 130 MIL ANOS — 135 A 30 MIL ANOS

Homo sapiens sapiens
(chegada à América do Sul)
Representação de *Homo sapiens sapiens*.

Homo sapiens sapiens
(chegada à América do Norte, atravessando o estreito de Bering, entre o Alasca e a Sibéria, durante a última glaciação)

Homo floresiensis
(Indonésia)
Representação de *Homo floresiensis*.

Homo sapiens Cro-Magnon
(Oriente Próximo, norte da África e Europa)

50 A 13 MIL ANOS — 50 A 15 MIL ANOS — 95 A 12 MIL ANOS — 100 MIL ANOS (APROXIMADAMENTE)

Quadro do provável caminho evolucionário dos hominídeos desde o grupo dos *Sahelanthropus tchadensis* até o *Homo sapiens sapiens*, ao qual pertencem todos os atuais grupos humanos. Uma descoberta arqueológica de um esqueleto quase completo de uma mulher e restos ósseos de um grupo de indivíduos na Ilha das Flores, Indonésia, divulgada em outubro de 2004, provocou mais discussões sobre os primórdios da evolução humana. Ela revela que, entre 95 mil e 12 mil anos atrás, existiu outra espécie de hominídeo, o *Homo floresiensis*, de cerca de 1 metro de altura. A anatomia mistura características de *Australopithecus* e *Homo erectus* (extintas há 1,4 milhão e 200 mil anos respectivamente) com traços do homem moderno *Homo sapiens*, numa combinação que intriga os cientistas.

A IDADE CONTEMPORÂNEA (SÉCULOS XVIII E XIX)

África: da Pré-história aos diversos reinos

Relacionados a essa longínqua época originária, foram encontrados inúmeros vestígios da "Pré-história africana" em diversas regiões do continente, como instrumentos de pedra lascada/polida, machados, serras, lanças, arcos e flechas, arpões, anzóis, pictografias, vasilhames de barro, redes etc. Tudo indica que a passagem das atividades de caça e coleta para a de produção de alimentos tenha acontecido bem cedo na região ao norte da linha do Equador, provavelmente por volta de 8000 a.C., diferentemente do sul do Saara, onde a agricultura só se difundiu no início da Era Cristã.

Grandes mudanças climáticas ocorridas por todo o continente africano nos últimos milênios antes da Era Cristã também influenciaram fortemente o quadro histórico geral, em especial nas áreas que envolviam o que denominamos hoje deserto do Saara. Considerando esse que é o maior deserto do mundo, comumente são apontadas duas grandes sub-regiões do continente africano: a África Setentrional e a Subsaariana.

> "Por volta de 6000 a.C., mais notadamente entre 2500 e 500 a.C., o clima começou a ter um progressivo ressecamento. Em consequência, enormes migrações foram se deslocando para o Norte, Sudoeste e Leste, abandonando a região (...).
>
> Significativa parcela da população mais clara emigrou para o norte do deserto, dando origem à população mediterrânea, cuja língua (o berbere) estaria estruturada já por volta de 2000 a.C. Dela derivaram os líbios, que ameaçaram o Egito faraônico; os habitantes do atual Marrocos; os ancestrais dos tuaregues do deserto etc.
>
> A maioria da população negra, por sua vez, emigrou para o Sudoeste. Até hoje, na África Ocidental, grande número de povos (ussá, ioruba, ashanti) afirma descender de emigrantes vindos do nordeste do seu habitat atual. As pinturas pré-históricas do maciço de Tassili (Argélia) representam máscaras quase idênticas às dos senufô da atual Costa do Marfim, assim como cerimônias ainda existentes entre os poucos fulani que resistiram ao islã."
>
> RODRIGUES, João Carlos. *Pequena história da África Negra*. São Paulo: Globo, 1990. p. 18-9.

Ao sul do Saara prevalecem ainda hoje os descendentes dos primeiros agricultores negros, falantes de línguas relacionadas ao **banto**, denominação que designa uma origem linguística comum, possivelmente oriunda de um grupo de ancestrais africanos constituído nos últimos séculos antes de Cristo. Acredita-se que a origem do grupo banto esteja na região ao norte do rio Congo, nas áreas dos atuais países de Camarões e da Nigéria. Por muitos séculos, esse povo, que vivia da caça, pesca, domesticação de animais e agricultura de coivara e em permanente nomadismo, espalhou-se por áreas extensas da África Subsaariana.

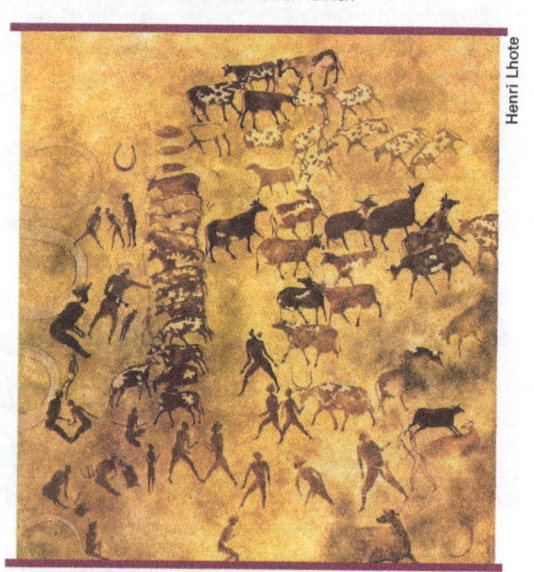

Pintura rupestre de cerca de 5 500 anos em Tassili de Ajer, deserto do Saara Central, centro-oeste da Argélia. Na época do Neolítico, a região era de clima mediterrâneo e de terras férteis, ricas em fauna e flora.

INTRODUÇÃO À HISTÓRIA AFRICANA

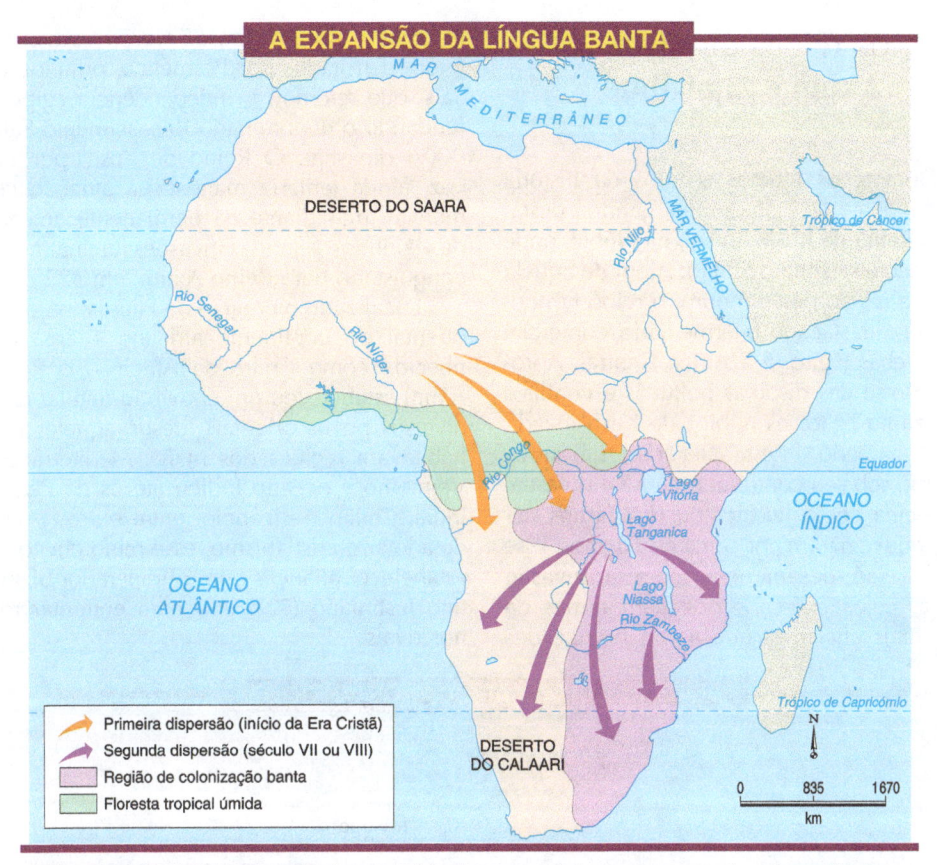

A EXPANSÃO DA LÍNGUA BANTA

Adap.: ANJOS, Rafael Sanzio Araújo dos. *Territórios das comunidades remanescentes de antigos quilombos no Brasil. Primeira configuração espacial.* Brasília: Editora & Consultoria, 2005. p. 22.

Egito e Cartago

Ainda por volta de 6000 a.C., os grupos de pele mais clara e os grupos negros juntaram-se no vale do Nilo, especialmente no Alto Egito, numa miscigenação originária dos primórdios da história egípcia. Nesse período, iniciou-se a propagação, por todo o vale do Nilo, de práticas agrícolas e de domesticação de animais. São conhecidos também diversos núcleos de desenvolvimento agrícola e de domesticação animal em outras regiões do continente africano nessa mesma época e em fases subsequentes. Dessa forma, o continente viu surgirem tanto organizações sociais e econômicas voltadas para um sedentarismo permanente ou predominante quanto agrupamentos em que prevalecia o nomadismo (baseado na coleta, caça e pesca).

Entre os reinos africanos mais antigos e famosos, dois estão na África setentrional: **Egito** e **Cartago**. O primeiro a destacar-se foi o do Egito, formado no final do quarto milênio antes de Cristo e que sobreviveu independente até 525 a.C., quando foi conquistado pelos persas. Ao longo da Antiguidade, o Egito passaria ainda pela dominação dos gregos, macedônios e romanos. Foi na fase final do Império Romano que teve início a penetração do cristianismo na região. Cartago foi o outro reino africano poderoso na Antiguidade. Situado no golfo de Túnis, possuía cerca de 250 mil habitantes e chegou a dominar diversas regiões, inclusive parte da ilha da Sicília e da península Ibérica. De origem fenícia e comandado por poderosos comerciantes, o Reino de Cartago esbarrou no expansionismo romano no Mediterrâneo, sendo derrotado e destruído nas Guerras Púnicas (264 a 146 a.C.).

Os reinos de Kush, Axum e Zimbábue

Durante os últimos séculos da história independente do Egito antigo, ganhou destaque o **Reino de Kush**, ao sul, na Núbia, onde atualmente se situa o Sudão. Além de aquela ser uma região rica em ouro, o reino firmou-se como destacado intermediário comercial entre Tebas (Egito) e a África Central. Aproveitando-se das disputas políticas e conflitos no vizinho Egito, os núbios de Kush invadiram o império e estabeleceram um novo governo sob seu controle, o da XXV dinastia, conhecida como **kushita** ou dos **faraós negros**, que reinaram por cerca de 70 anos. Esse domínio só desapareceu com a invasão assíria, cujos exércitos possuíam armas de ferro mais eficientes que as de bronze dos egípcios e núbios. Em 653 a.C., os assírios foram derrotados por Psamético, príncipe de Sais, que retomou a independência egípcia, fundando o denominado Renascimento Saíta (XXVI dinastia). O Reino de Kush, por sua vez, ainda tentaria manter sua atuação comercial, mas diante da permanente ameaça de vizinhos e seguidas invasões foi finalmente conquistado pelo **Reino Axum**, em 325 d.C.

Localizado na região da Etiópia, na costa oriental do continente africano – área conhecida como Chifre da África –, o Reino Axum estabeleceu um comércio regular com diversos povos orientais, desde aqueles que habitavam regiões dos mares Mediterrâneo, Vermelho e oceano Índico até os da Pérsia, Índia, Ceilão e Bizâncio, entre outros. Além de adotar o cristianismo, esse reino chegou a estabelecer alianças com o imperador bizantino Justiniano (527-565) para enfrentar reinos rivais.

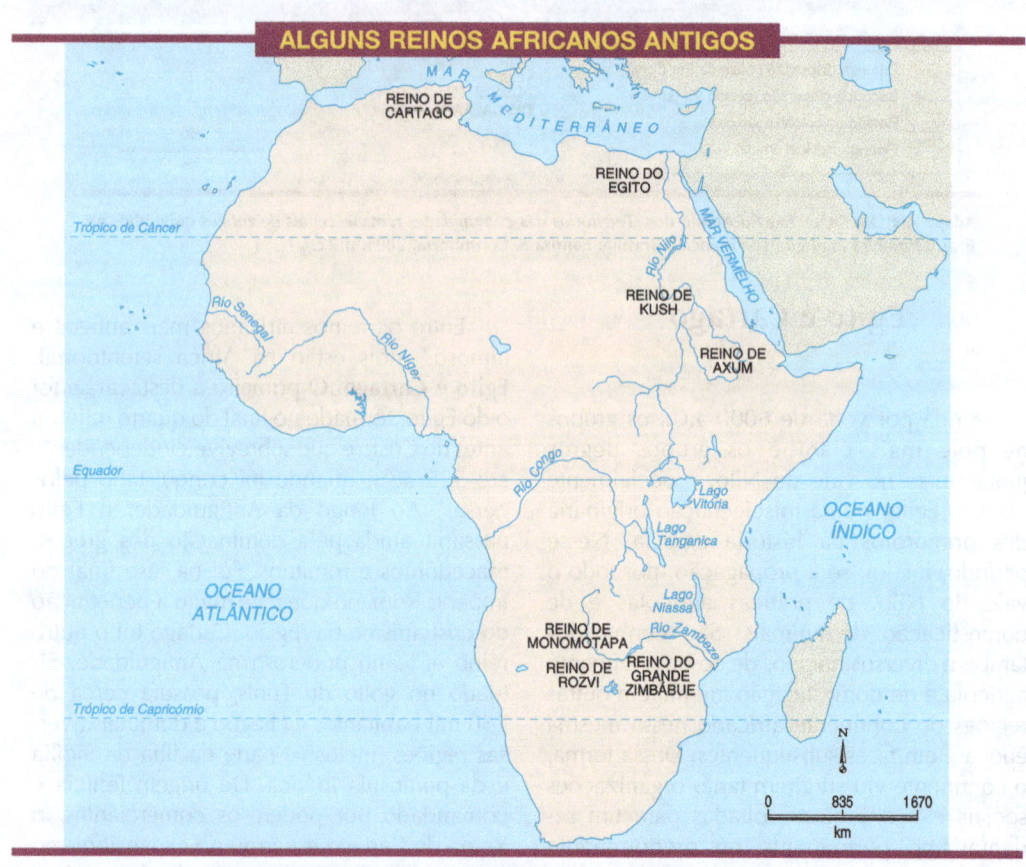

ALGUNS REINOS AFRICANOS ANTIGOS

Adap.: PAOLUCCI, Silvio; SIGNORINI, Giusepina. *Il corso della storia 2*. Bologna: Zanichelli, 1997. p. 56.

A ascensão de Axum foi barrada no século VII pela unificação islâmica promovida por Maomé e pela posterior expansão desse movimento, que transformou o mar Vermelho e o Mediterrâneo em espaços muçulmanos. Nesse período medieval, prevaleceu a conquista árabe de todo o norte africano, responsável pela introdução da religião islâmica no continente.

Um dos resultados desse processo foi o crescente isolamento do reino cristão de Axum, seguido de seu enfraquecimento e queda. Diversos outros reinos emergiram nos séculos seguintes na área oriental da África, bem como no sul do continente, como o **Reino do Grande Zimbábue** (a partir dos séculos VIII ou IX), o **Reino Monomotapa** (séculos XII ao XV) e o **Reino Rozvi** (do século XVII ao XIX).

Ruínas de Zimbábue. O recinto murado é conhecido como Templo. Tido como um dos mais poderosos reinos africanos do século XIV, o Zimbábue contava com pastores, artesãos de joias de ouro e cobre, escultores e comerciantes de vários produtos, especialmente de ouro e marfim, que eram levados para portos da costa africana oriental. Em língua xona, vertente banta falada pelo povo local, Zimbábue quer dizer "casas veneradas" ou "casas de pedra".

Foram inúmeras as barreiras para se chegar a dados mais concretos sobre os reinos africanos:

"A ausência de documentos escritos, um clima e um solo ácido altamente ruinoso para as provas materiais em que os cientistas baseiam suas descobertas, acrescidos de uma pressuposição há muito divulgada entre os cientistas brancos de que os africanos negros seriam incapazes de produzir semelhantes civilizações, criaram enormes obstáculos à descoberta da verdade.

As primeiras notícias dos esplendores de Zimbábue chegaram à Europa provavelmente na Idade Média, através dos árabes. Já no século X os mercadores procedentes da África setentrional, da Pérsia e da Índia visitavam com frequência a cidade de Sofala, situada no litoral, cerca de 400 km a leste do Zimbábue. Sofala Dourada, como por vezes lhe chamavam, era um centro de comércio de marfim, peles de leopardo, ferro e ouro, que os nativos do interior trocavam por produtos estrangeiros, nomeadamente contas, porcelana e utensílios acabados, como facas e machados. Ignora-se se os árabes chegaram de facto ao Zimbábue ou apenas dele tiveram notícia através dos seus parceiros comerciais africanos; é certo, porém, que faziam impressionantes descrições, despertando a cobiça dos europeus de lugares tão distantes como Portugal e a Inglaterra."

ADAMS, Mitchell. Zimbabwé, uma civilização africana desaparecida. In: *Os últimos mistérios do mundo*. Lisboa: Selecções do Reader's Digest, S.A.R.L., 1979. p. 235.

Além dos reinos africanos citados, que evidenciam a amplitude da diversidade histórica da África, houve também um enorme intercâmbio interior no continente, entre esses e vários outros reinos e povos, alguns situados na parte mais central e ocidental, que serão abordados mais adiante. À diversidade de povos soma-se a diversidade religiosa: na África desenvolveram-se, ao longo do tempo, variadas crenças – politeístas, islâmicas e cristãs, entre outras. Boa parte do acesso a essa enorme riqueza histórica africana apoia-se não apenas em fontes históricas escritas e arqueológicas, mas também nas orais. Nesse caso, destacam-se os guardiões da memória histórica, os anciãos e os "menestréis/poetas ambulantes" – designados pelo termo francês *griot*.

> Das fontes escritas destacam-se as deixadas por viajantes árabes, como Ibn Battuta no século X, descrevendo o comércio entre povos na costa oriental; Al-Idrisi, no século XII, descrevendo o reino de Gana; e Mahmud Kati, no século XV, que acompanhou o rei de Mali até Meca. Existem também registros escritos de informações colhidas de comerciantes e outros viajantes, como a do árabe-espanhol Al-Bakri.
>
> Sobre a tradição oral, o trecho a seguir nos dá sua dimensão para a história africana:
>
> "Qualquer adjetivo seria fraco para qualificar a importância que a tradição oral tem nas civilizações e culturas africanas. Nelas é a palavra falada que transmite de geração a geração o patrimônio cultural de um povo. A soma de conhecimentos sobre a natureza e a vida, os valores morais da sociedade, a concepção religiosa do mundo, o domínio das forças ocultas que cercam o homem, o segredo da iniciação nos diversos ofícios, o relato dos eventos do passado ou contemporâneos, o canto ritual, a lenda, a poesia – tudo isso é guardado pela memória coletiva, a verdadeira modeladora da alma africana e arquivo de sua história. Por isso já se disse que 'cada ancião que morre na África é uma biblioteca que se perde'."
>
> BÂ, Amadou Hampaté. A palavra, memória viva na África. In: CORREIO da Unesco. A África e sua história. Rio de Janeiro: Fundação Getúlio Vargas, 1979. p. 17.

Os reinos de Gana e Mali

O **Reino de Gana** destacou-se pela produção de ouro, abastecendo por longo período as regiões mediterrâneas africanas e europeias. Localizado onde atualmente fica a Mauritânia, formou-se por volta do século IV e firmou-se junto à rota de comércio transaariana. Esse comércio, que contava com camelos que atravessavam o longo deserto do Saara, esteve subordinado, de início, ao controle dos berberes do norte africano, para depois passar ao domínio do reino negro de Gana. Ouro, sal e outros produtos – incluindo escravos, negociados como mercadoria – atraíam os comerciantes.

> "Desde o fim do século VII, dando continuidade a uma prática que devia datar da época pré-islâmica, mercadores originários da Líbia, do Magrebe, do Egito e até mesmo do Iraque frequentavam os portos cameleiros do Sael* e neles se instalavam, por conta própria ou como agentes de suas firmas. Algumas famílias se dividiram, para melhor controlar todas as fases do intercâmbio: parte ficou nas cidades do Magrebe, abastecendo e formando as cáfilas destinadas ao Sudão; parte, no Sael, a adquirir o ouro, a goma, o âmbar, o marfim e os escravos, e a organizar as fileiras de dromedários que seguiam para o norte. De um e do outro grupo provinham os que acompanhavam as caravanas, a zelar pela segurança e pelo bom estado das mercadorias. Graças a esses comerciantes, o islamismo penetrou no Sudão e

INTRODUÇÃO À HISTÓRIA AFRICANA

> chegaram ao mundo árabe e aos seus letrados as novas dos reinos negros ao sul do Saara.
>
> Já no fim do século VIII, o astrônomo Al-Fazari mencionava 'o território de Gana, país do ouro'."
>
> SILVA, Alberto da Costa e. A enxada e a lança: a África antes dos portugueses. Rio de Janeiro: Nova Fronteira, 1996. p. 257.
>
> * Sael é uma faixa de terra situada entre o deserto do Saara, ao norte, e a floresta tropical, ao sul. Vem da palavra árabe sahel, que significa "margem", "litoral" – no caso, "margem" do Saara.

Submetendo vizinhos e impondo tributos e obrigações, o governante do reino, chamado **gana** – "chefe de guerra" –, detinha, desde o século VIII, enorme riqueza, como apontam relatos de vários viajantes. Num deles consta que os cães do palácio real, na capital Kumbi Saleh, usavam coleiras de ouro.

O Reino de Gana iria se enfraquecer bastante durante o século XII. Ao que parece, isso aconteceu em razão da concorrente produção aurífera de outras áreas, do crescente ataque de vizinhos saqueadores e do avanço da desertificação na região do Sael.

Quanto ao comércio de escravos, vale destacar que o continente africano serviu como principal fonte fornecedora para as mais antigas civilizações – na Antiguidade –, passando pelo mundo islâmico e pela Índia – durante as idades Média e Moderna – e alcançando posteriormente as Américas – idades Moderna e Contemporânea.

AVANÇO ISLÂMICO NOS REINOS AFRICANOS

Adap.: PAOLUCCI, Silvio; SIGNORINI, Giusepina. *Il corso della storia 2*. Bologna Zanichelli, 1997. p. 56.

A derrocada de Gana na África Ocidental ocorreu paralelamente à ascensão do **Reino Mali**, processo que se consolidou quando o príncipe Sundiata Keita, por volta de 1230, transformou-se em soberano do Mali, fixando a capital em Niani. Ampliando progressivamente seus domínios, no início do século XIV esse reino já alcançava a costa do Atlântico e o interior do Saara, controlando várias cidades e as rotas comerciais saarianas. Ficaram famosas as peregrinações de seus governantes a Meca, a riqueza que levavam em suas viagens e a fundação de mesquitas e centros de estudo que contavam com a atuação de sábios e arquitetos trazidos do Oriente Próximo.

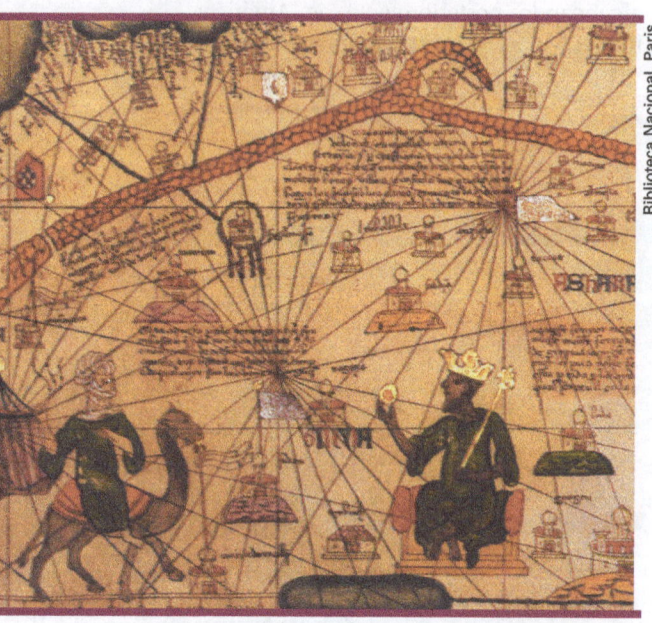

Mapa europeu de 1375 destacando o Reino Mali e seu rei.

No século XIV, em razão das frequentes invasões e saques, o Reino Mali foi sobrepujado por um outro, até então seu vassalo, chamado **Reino de Songai**. Em Songai, que se tornou um enorme império, destacaram-se como grandes centros comerciais as cidades de Gao e Tombuctu – esta, famosa por possuir um exército profissional, uma universidade (que atraía eruditos e poetas) e uma arrecadação sistemática de impostos. Esse reino iria desestruturar-se em seguida, no século XV, por causa dos constantes ataques de povos do norte africano e dos portugueses, interessados no ouro e em várias outras mercadorias do comércio regional. Do século XV ao século XIX foram inúmeras as unidades políticas africanas que floresceram no continente, apesar das investidas do norte islâmico e dos europaus. Entre elas, destacam-se o **Reino de Benim**, área de captura de cativos por vizinhos rivais, que os repassavam aos europeus para o comércio atlântico; o **Reino do Congo**, na região do rio Zaire (atual rio Congo), com capital em Mbanza, com 100 mil habitantes; e o **Reino Ashanti**, entre os séculos XVII e XIX.

África: fornecedora de escravos e domínio europeu

A escravidão existia no continente africano desde a Antiguidade; em sua forma primitiva, era doméstica e inexpressiva, também conhecida como escravidão "de linhagem" ou "de parentesco". Em geral, funcionava à margem da sociedade, sem que houvesse uma classe claramente definida de escravos. Boa parte do continente africano era constituída de comunidades em que as funções sociais eram assentadas na etnia e no parentesco. Nelas, os mais velhos tinham o controle da produção e o acesso às mulheres – estas eram as principais trabalhadoras agrícolas. Dessa forma, os cativos estavam também subordinados aos mais velhos e misturados aos demais membros da sociedade, muitas vezes exercendo funções similares a de outros membros do grupo. Essa sociedade familiar, definindo suas áreas de influências, foi responsável pelas fronteiras africanas entre estados e aldeias, formando inúmeros domínios distintos, subordinados aos seus chefes, os sobas. Indivíduos eram escravizados pelos mais variados motivos: por condenações a crimes ou bruxaria; por dívidas; por serem prisioneiros de guerra; para servirem como penhor (garantia de pagamento) etc.

A chegada dos islâmicos, na Idade Média, e principalmente dos europeus, a partir do século XV, afetaria profundamente esse quadro. Assim, ocorreu a intensificação e a dinamização do tráfico e da escravidão africana. Até então o tráfico de africanos havia sido feito por fenícios e cartagineses, sucedidos depois pelos romanos. A milenar escravidão continuaria por muitos séculos em todo o mundo, só terminando formalmente, na África, no século XX. Entretanto, cabe perguntar: "De lá para cá, o rapto de mulheres, etíopes ou outras, por príncipes árabes dos Estados do Golfo não constituiria uma sobrevivência dessas práticas acobertadas pelo 'respeito à tradição'?" (FERRO, Marc. Sobre o tráfico e a escravidão. In: FERRO, Marc (Org.). *O livro negro do colonialismo*. Rio de Janeiro: Ediouro, 2004. p. 121).

O tráfico de escravos transaariano, 650-1600

Período	Média anual	Total estimado
650-800	1 000	150 000
800-900	3 000	300 000
900-1100	8 700	1 740 000
1100-1400	5 500	1 650 000
1400-1500	5 300	430 000
1500-1600	5 500	550 000
Total	–	4 820 000

Austen, 1979, p. 66. In: LOVEJOY, Paul E. *A escravidão na África: uma história de suas transformações*. Rio de Janeiro: Civilização Brasileira, 2002. p. 61.

Imagem de 1910, na África Equatorial: escravo negro aprisionado para ser vendido.

Tráfico de escravos no mar Vermelho e na África Oriental, 800-1600

Costa do mar Vermelho	Costa da África Oriental	Total
1 600 000	800 000	2 400 000

Austen, 1979, p. 68. In: LOVEJOY, Paul E. *A escravidão na África: uma história de suas transformações*. Rio de Janeiro: Civilização Brasileira, 2002. p. 61.

De início, a obtenção de escravos africanos pelos islâmicos fez-se com a expansão territorial. Posteriormente, africanos escravizados eram conseguidos nas rotas comerciais transaarianas e nas do mar Vermelho e do oceano Índico. Estima-se que, no período de 650 a 1600, o tráfico de escravos através do Saara tenha chegado a um total aproximado de 4,82 milhões de cativos; pela costa oriental (via mar Vermelho e oceano Índico), entre os anos de 800 e 1600, esse comércio teria chegado a um total de 2,4 milhões de escravos. Veja as tabelas a seguir.

Até o século XV, os contatos com os povos africanos eram feitos pela costa leste africana, região do mar Vermelho e oceano Índico, e pelo deserto do Saara, via rotas comerciais transaarianas. Em meados desse século, a rota de tráfico feita com camelos pelo Saara foi substituída pela rota do Atlântico feita com caravelas. Nessa época chegaram as primeiras caravelas portuguesas à costa ocidental da África, buscando comercializar mercadorias (principalmente ouro) e escravos. Elas abriram o continente ao comércio atlântico de escravos, com a exportação de milhões de cativos, inaugurando o chamado "comércio triangular". Por ele, os mercadores ligavam portos europeus a África e à América, comercializando diversos produtos (metropolitanos e coloniais) e africanos escravizados. Dessa forma, o comércio moderno europeu de escravos começou com os portugueses, seguidos pelos holandeses, franceses e britânicos, entre outros.

O tráfico de escravos, também chamado de "comércio de almas", produziu enormes fortunas para as companhias comerciais e seus mercadores. Além disso, envolveu as sociedades locais africanas, integrando-as às transações e aos recursos que circulavam pelo continente, firmando diversas redes de captura e comércio de cativos. Os africanos levavam os escravos até a orla e dali, nas embarcações, era iniciada a travessia atlântica. As condições de transporte eram subumanas, nada diferente do tratamento dispensado na captura e na própria imposição do trabalho. No filme brasileiro *Quanto vale ou é por quilo?* (2005), direção de Sérgio Bianchi, há um diálogo muito interessante que faz analogia entre os navios negreiros e as atuais prisões brasileiras. Numa das cenas, aparece uma cela superlotada de detentos, e um presidiário negro (representado pelo ator Lázaro Ramos) diz: "Esse é o nosso navio negreiro. Dizem que a viagem era bem assim. Só que ela durava dois meses. E o principal: o navio ia terminar em algum lugar...".

"Relatório em que o cirurgião Falconbridge narra sua experiência a bordo de um navio negreiro durante a tempestade de vários dias, que impediu a saída dos cativos até a ponte para arejar-se:
Um vendaval, acompanhado de chuva, forçara-nos a fechar os portalós e até a cobrir os ralos das escotilhas, com o que a diarreia e a febre espalharam-se entre os negros. Enquanto eles estiveram nesse infeliz estado, muitas vezes eu descia até lá, como exigia minha profissão; mas, por fim, o calor de seus alojamentos tornou-se tão insuportável que já não era possível ficar ali por mais de uns poucos minutos. Aquele calor excessivo não era a única coisa que tornava tão pavorosa a situação deles. A ponte, isto é, o piso de seu alojamento, estava tão coberto de odores pútridos e de sangue, consequência da diarreia de que eles estavam atacados, que, ao entrar ali, uma pessoa poderia acreditar-se num matadouro.

É impossível à mente humana imaginar um quadro mais horrível e mais repugnante do que o estado em que esses seres miseráveis se encontravam então. Grande número de escravos havia desmaiado; eles foram levados até a segunda ponte, onde vários morreram, e foi bastante difícil fazer despertarem os outros. Pouco faltou para que eu me incluísse entre as vítimas."

FERRO, Marc. Sobre o tráfico e a escravidão. In: FERRO, Marc (Org.). *O livro negro do colonialismo*. Rio de Janeiro: Ediouro, 2004. p. 127.

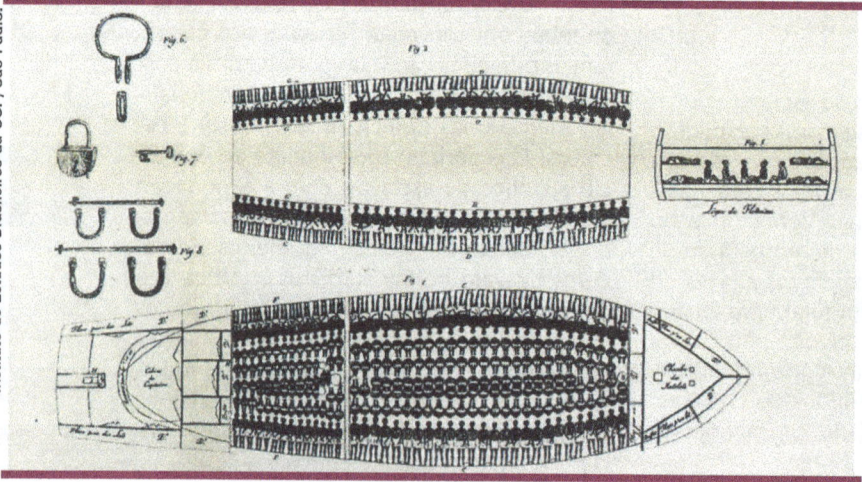

Cerca de 1/3 dos escravos embarcados nos navios negreiros morria durante a travessia do Atlântico, dadas as condições desumanas de alojamento, como mostra essa representação das embarcações do século XVIII.

Com o tráfico atlântico europeu, a escravidão – que já existia no continente africano e que havia recebido impulso com o tráfico anterior realizado por islâmicos – perdeu seu caráter mais doméstico e ganhou um sentido fortemente comercial, fomentando os confrontos interétnicos, entre Estados e aldeias e intensificando o aprisionamento de escravos. Mais do que isso, impulsionou o racismo e a inferiorização do negro, considerado mercadoria.

Exportação de escravos da África: o comércio atlântico

Período	Número de escravos computados	Porcentagem
1450-1600	409 000	3,6
1601-1700	1 348 000	11,9
1701-1800	6 090 000	53,8
1801-1900	3 466 000	30,6
Total	11 313 000	100,0

LOVEJOY, Paul E. *A escravidão na África: uma história de suas transformações.* Rio de Janeiro: Civilização Brasileira, 2002. p. 51.

Destinos dos africanos para o Novo Mundo, séculos XVI-XIX

Brasil	4 000 000
Colônias espanholas	2 500 000
Colônias britânicas*	2 000 000
Colônias francesas	1 600 000
Estados Unidos	500 000
Colônias holandesas	500 000
Colônias dinamarquesas	28 000
Total	11 128 000

* Excluídos os Estados Unidos.

THOMAS, Hugh. The slave trade: the story of the atlantic slave trade: 1440-1870. Nova York: Simon & Schuster, 1997. p. 804. In: DEL PRIORE, Mary; VENÂNCIO, Renato Pinto. *Ancestrais: uma introdução à história da África Atlântica.* Rio de Janeiro: Elsevier, 2004. p. 167.

Sobre a amplitude do tráfico negreiro (veja tabelas), "as estimativas em números permanecem frágeis: o historiador americano Ralph Austen arrisca o número de 17 milhões de pessoas, do século VII ao século XIX, mas reconhece que esse número é relativamente impreciso, estimando a sua margem de erro em mais ou menos 25%. (...)

O mesmo ocorre com os chamados 'tráficos interiores', a respeito dos quais as informações são repletas de lacunas e as pesquisas pouco numerosas. Contudo, apurou-se que houve também um comércio na escala da África subsaariana: o historiador Patrick Manning afirma que esses tráficos interiores teriam feito 14 milhões de vítimas, capturadas em consequência de guerras entre Estados ou de vastas operações de sequestros. Assim, quando começaram os 'tráficos atlânticos', um sistema anterior já estava implantado. Conforme lembrava o historiador Fernand Braudel (1902--1985), 'o tráfico negreiro não foi uma invenção diabólica da Europa'.".

GAUTHERET, Jérôme. Tráficos negreiros, escravidão: os fatos históricos. In: *Le Monde*, Paris, 11 jan. 2006. Disponível em: <noticias.uol.com.br/midiaglobal/lemonde/2006/01/11/ult580u1814.jhtm>. Acesso em: 4 abr. 2006.

É preciso reconhecer que os primeiros abolicionistas foram os próprios escravos, com sua permanente resistência e seguidas revoltas. A resistência dos cativos africanos à escravidão deu-se das mais variadas formas, apesar das limitadas possibilidades de sucesso e das severas e violentas punições. Além das resistências individuais, isoladas, foram inúmeras as de grupos, como apontam vários documentos. Fugas ocorriam logo após o aprisionamento, durante as marchas dos libambos (colunas de escravos amarrados), nos mercados e embarques, quando empurrados para os tumbeiros (navios negreiros), durante as viagens e nos desembarques.

Um exemplo foi a rebelião de 80 escravos a bordo do navio Misericórdia, em 1533, na costa do Benim, que resultou na morte de toda a tripulação, exceto de um piloto e dois marinheiros, que fugiram numa canoa. Nas unidades escravistas, a situação não era diferente, com a organização de quilombos e seguidas revoltas.

> "Desde o início do século 16, as revoltas eram frequentes e foram muito severamente reprimidas. Na época foram vistas até mesmo edificações, no Caribe e na América do Sul, de fortalezas defendidas por escravos rebeldes, as quais, não raro, os europeus tiveram grandes dificuldades para dominar."
>
> GAUTHERET, Jérôme. Tráficos negreiros, escravidão: os fatos históricos. In: Le Monde, 11 jan. 2006. Disponível em: <noticias.uol.com.br/midiaglobal/le-monde/2006/01/11/ult580u1814.jhtm>. Acesso em: 4 abr. 2006.

Durante a Idade Moderna, Portugal e vários outros Estados europeus ocuparam militarmente algumas regiões costeiras da África, usando-as como base para o comércio de ouro, marfim e sobretudo escravos. Nenhum desses Estados, contudo, avançou significativamente para regiões mais interiores do continente, que continuaram "inexploradas" até o final do século XVIII. No século XIX, no entanto, com a explosão industrial, as potências lançaram-se vorazmente sobre a África, dividindo-a em regiões e determinando fronteiras desordenadamente, conforme o desfecho de suas disputas imperialistas. Nessa corrida predatória, a Conferência de Berlim (1884-1885) representou um grande marco na partilha colonial africana. Por outro lado, diante da grande resistência de populações locais, os colonizadores buscavam aliados ao fomentarem discórdias entre as tribos. No final do século XIX, a posse de suprimentos bélicos sofisticados, como a metralhadora, garantiu a supremacia europeia por quase toda a África.

Feira livre na cidade de Cotonu, no Benim. Foto de 2006.

Essa rica e complexa história africana não admite inferiorização em nome de uma inadequada história eurocêntrica. A África é um continente que representa 20,3% da superfície terrestre do planeta (30 milhoes de km²), possui cerca de 1 bilhão de habitantes (conforme *Almanaque Abril Mundo 2010*. São Paulo: Abril, 2010. p. 349), 53 países, mais de 2 mil línguas e luta para superar heranças negativas que contribuíram para o alarmante quadro atual – de pobreza, guerras, epidemias e árduas dificuldades.[1]

ÁFRICA ATUAL

Adap.: ANTUNES, Celso. *Atlas geográfico escolar*. São Paulo: Ática, 2002. p. 14.

---

[1] Sobre o quadro atual, resultado da dominação europeia, vale a pena ver o filme *Hotel Ruanda*. Dir.: Terry Nolte. Can/REU/Ita/AFS, 2004.

O IMPERIALISMO DO SÉCULO XIX

Na segunda metade do século XIX, intensificou-se o processo de expansão imperialista que se estenderia até o início do século XX. Irradiando-se a partir dos países europeus industrializados, especialmente da Inglaterra, esse processo levou à partilha dos continentes africano e asiático. Na mesma época, também Estados Unidos e Japão exerceram atividades imperialistas especialmente em suas regiões de influência.

Nativos africanos com peças de vestuário europeu demonstram a interferência neocolonial no continente.

O colonialismo do século XIX diferiu profundamente daquele do século XVI, que se restringiu ao capitalismo comercial, cuja meta era a obtenção de especiarias, produtos tropicais e metais preciosos, e concentrou-se no continente americano. Nesse período, o Estado impulsionou a expansão, segundo os moldes mercantilistas. O neocolonialismo, por sua vez, necessitava de mercados consumidores de manufaturados e fornecedores de matérias-primas, além de as grandes potências buscarem colônias para a colocação de seu excedente populacional e novas áreas de investimentos de capitais. Sua intervenção ocorreu principalmente na África e na Ásia, motivada pelo capitalismo industrial e financeiro, sendo as empresas burguesas e não o Estado seu principal agente e beneficiário.

Grandes beneficiários do colonialismo, os banqueiros e industriais uniram-se, dando origem a grandes monopólios. O capitalismo preparava-se para entrar na fase financeira: as atividades produtivas e comerciais foram submetidas às instituições financeiras através de empréstimos e financiamentos, ou ainda do controle acionário. Assim, no final do século XIX, o **capitalismo industrial** transformou-se em **capitalismo financeiro** ou **monopolista**, e surgiram grandes conglomerados econômicos, que se utilizavam de toda a estrutura política nacional para conquistar e explorar as áreas coloniais. Esse fato originou rivalidades entre as potências pela divisão de mercados que culminariam na Primeira Guerra Mundial, em 1914.

O neocolonialismo

Além da necessidade de novas fontes de matérias-primas (ferro, cobre, petróleo, manganês, trigo, algodão, etc.) e de outros mercados consumidores para a crescente pro-

dução industrial, as principais causas da expansão imperialista do século XIX foram:
- o crescimento demográfico europeu e a consequente necessidade de novas regiões para receber o excedente populacional. Como colonos, essa população continuaria a pagar impostos, contribuindo para a receita do Estado, além de constituir um grande contingente para os exércitos metropolitanos;
- a necessidade de aplicação dos capitais excedentes da economia industrial;
- a obtenção de bases estratégicas visando à segurança do comércio marítimo nacional.

A política colonizadora imperialista fundamentou-se na "diplomacia do canhão", ou seja, foi conseguida pela força, embora travestida de ideais que a justificavam: os colonos eram portadores de uma "missão civilizadora, humanitária, filantrópica e cultural" e estavam investidos de altruísmo, já que abandonavam o conforto da metrópole para "melhorar" as condições de vida das regiões para onde se dirigiam. A missão civilizadora era considerada "o fardo do homem branco", nova versão do pretexto ideológico do século XVI, "levar a fé cristã aos infiéis da América". Tanto no século XVI como no século XIX, o que ocorreu, na verdade, foi a intensificação do mecanismo de exploração internacional.

Também o literato inglês **Rudyard Kipling** (1865-1936) forneceu amplo material de apoio ao imperialismo de seu país. Para ele, a Inglaterra podia suportar como nenhuma outra nação o "fardo do homem branco"; em sua obra, *The white man's burden*, destaca o dever à filantropia da ação colonizadora inglesa, como se constata nos versos:

"Assumi o fardo do homem branco,
Enviai os melhores dos vossos filhos,
Condenai vossos filhos ao exílio,
para que sejam os servidores de seus
[cativos."

Kipling, o maior poeta do imperialismo, chegou a receber em 1907 o prêmio Nobel de literatura.

Kipling, o poeta do imperialismo, apontava a colonização como "o fardo do homem branco".

O darwinismo social

O colonialismo do século XIX, permeado pelo ideal de supremacia econômica e cultural, formulou o mito da superioridade racial, incluindo concepções pseudocientíficas que enalteciam os brancos e a exploração imperialista. Por esse motivo destacou-se a doutrina racista do filósofo inglês H. Spencer, conhecida por **darwinismo social.**

Segundo Spencer, a Teoria da Evolução, de Darwin, podia ser perfeitamente aplicada à evolução da sociedade: assim como existia uma seleção natural entre as espécies, com o predomínio dos animais e plantas mais capazes, ela existia também na sociedade: "A luta pela sobrevivência entre os animais correspondia à concorrência capitalista; a seleção natural não era nada além da livre troca dos produtos entre os homens; a sobrevivência do mais capaz, do mais forte era demonstrada pela forma criativa dos gigantes da indústria, que engoliam os competidores mais fracos, em seu caminho para o enriquecimento".

BRUIT, Héctor H. *O imperialismo.* São Paulo, Atual, 1986. p. 9.

A IDADE CONTEMPORÂNEA (SÉCULOS XVIII E XIX)

Quanto à forma de dominação, era realizada através da administração direta, com a ocupação dos principais cargos governamentais por agentes metropolitanos, ou indireta, por meio de alianças com as elites locais. Em ambas as formas, o que se esperava e se obteve foi a exploração de terras e de mão de obra e o controle da produção e do consumo. Moldando as estruturas econômicas e sociais dessas regiões em função das necessidades externas, as potências hegemônicas contaram com o apoio quase irrestrito das classes dirigentes locais, embora sob uma aparente independência política, transformando a maior parte do planeta em áreas dependentes.

O Paraguai antes da guerra

O Paraguai, durante o século XIX, era uma exceção na América Latina, pois organizou uma economia voltada para as necessidades internas, desenvolvimentista, industrializada e autossuficiente. No governo de Solano López (1862-1870), atingira o fim do analfabetismo, o pleno emprego de seus cidadãos e o desenvolvimento da indústria de base sem, no entanto, contrair dívidas externas. Tal exemplo, entretanto, era perigoso aos interesses imperialistas ingleses que precisavam da sujeição das nações menores. Essa política resultou na Guerra do Paraguai (1865-1870), que fez do Brasil, da Argentina e do Uruguai agentes executores da sujeição do Paraguai ao neocolonialismo inglês. No final da guerra, 70% de sua população masculina havia morrido e a economia do país encontrava-se totalmente desestruturada, o que originou um processo de dependência externa do qual nunca mais se livrou.

Além da Inglaterra, país europeu mais industrializado e o primeiro a entrar na corrida neocolonial do século XIX, participaram também a França, a Rússia, a Holanda e a Bélgica, entre outras. Após a unificação, também a Alemanha e a Itália iniciaram sua participação nesse processo, além de Portugal e Espanha, metrópoles coloniais desde o século XVI.

As disputas entre potências por áreas coloniais agravaram conflitos e estimularam o armamentismo, o que levou à formação de blocos de países rivais, criando a conjuntura tensa e propícia à confrontação geral que aconteceria em 1914, na Primeira Guerra Mundial.

O ambicioso e aventureiro Cecil Rhodes (1853-1902) – na caricatura ao lado – personificou as ambições do domínio britânico no continente africano.

O imperialismo na África

Iniciada a partir da segunda metade do século XIX, a efetiva partilha da África atingiu seu ponto máximo na **Conferência de Berlim** (1884-1885), da qual participaram quatorze países europeus, Estados Unidos e Rússia. Objetivando delimitar fronteiras coloniais e normas a serem seguidas pelas potências colonizadoras, a conferência não conseguiu, contudo, eliminar as divergências entre os países quanto às suas ambições imperialistas.

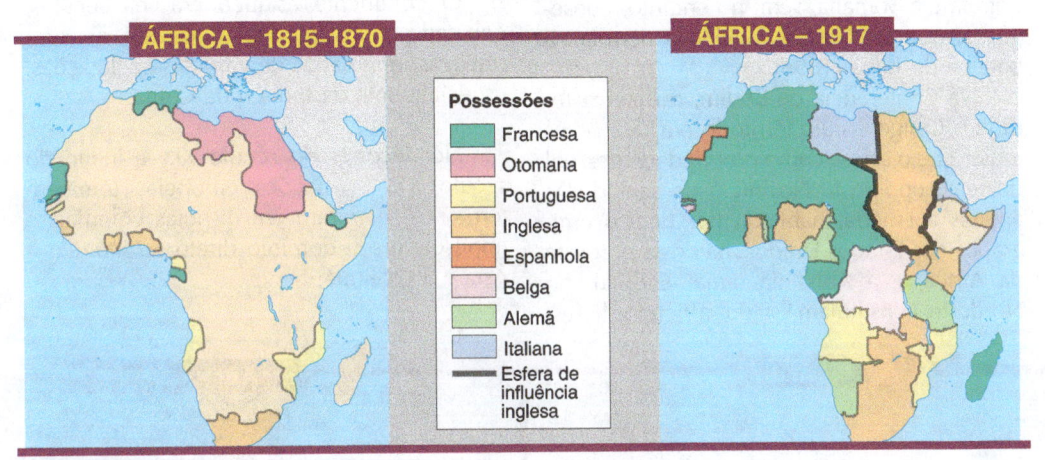

Colonização da África pelas potências europeias. Note as diferenças da intervenção europeia nos anos de 1870 e de 1917.

A **França**, presente na África desde 1830, dominava a Argélia, a Tunísia, o Marrocos, o Sudão (África Ocidental francesa), a ilha de Madagáscar e a Somália francesa. A **Inglaterra**, liderando o imperialismo, realizou o domínio vertical do continente, desde o mar Mediterrâneo, ao norte, até o antigo cabo da Boa Esperança, no extremo sul da África.

Contribuindo para a supremacia britânica no Norte africano, destacou-se a atuação do ministro inglês **Benjamin Disraeli**, que obteve o canal de Suez, cujo controle acionário era originalmente francês e egípcio. Projetado pelo engenheiro Ferdinand Lesseps e construído com o apoio de Napoleão III, o canal encurtava distâncias entre os centros industriais europeus e as áreas coloniais asiáticas, ao ligar o Mediterrâneo ao mar Vermelho.

Em 1875, as ações pertencentes ao governo egípcio foram compradas por Disraeli, passando o canal de Suez, e na prática todo o Egito, a ter dupla administração – dos franceses e dos ingleses. Esse domínio durou até 1904, quando os franceses concordaram em abandonar o Egito, recebendo em troca o apoio inglês para a conquista do Marrocos. Completando o projeto britânico de domínio vertical do continente, em 1885 anexou-se o Sudão, ao sul do Egito.

A presença inglesa na África desdobrou-se em várias disputas coloniais, tendo sido a **Guerra dos Bôeres** (1899-1902) a mais importante. Desde as guerras napoleônicas, a Inglaterra dominava a Colônia do Cabo (África do Sul), entrando em atrito com os colonos holandeses, os chamados bôeres, ou **africânderes**, fazendeiros que tinham fundado as repúblicas livres de Orange e Transvaal. Com a descoberta de diamante e ouro na região de Joanesburgo, no Transvaal, as lutas se intensificaram, pois a descoberta atraiu estrangeiros, muitos dos quais súditos britânicos.

Ambicionando ampliar sua influência no sul do continente, a Inglaterra apoiou as pressões dos exploradores de ouro visando quebrar a autonomia dos bôeres. Em 1899, tinha início a Guerra dos Bôeres, que duraria até 1902, quando a Inglaterra vitoriosa anexou o Orange e o Transvaal às colônias do Cabo e Natal, formando em 1910 a União Sul-Africana.

Alemanha e **Itália**, países que só se unificaram em 1870, empenharam-se tardiamente na partilha colonial africana, restando-lhes regiões de menor expressão. A Alemanha conquistou o Camerun (atual República dos Camarões), o Togo, o Sudeste e o oriente da África, e a Itália tomou o litoral da Líbia, a Eritreia e a Somália, sem, no entanto, conseguir anexar a Abissínia, devido à derrota na batalha de Ádua (1896).

Na Conferência de Berlim, a **Bélgica** tomou o Congo – cujo território era dez vezes maior que o seu –, como propriedade pessoal do rei Leopoldo II. No início do século XX, apenas a Libéria, habitada por negros emigrados dos Estados Unidos, na costa noroeste da África, e a Abissínia (atual Etiópia), no Nordeste, constituíam Estados africanos livres.

O imperialismo na Ásia e na Oceania

O continente asiático era, há séculos, cobiçado pelos europeus, devido às suas riquezas, originárias de variadas civilizações, especialmente da Índia e da China.

No decorrer do século XIX e início do século XX, as nações europeias tomaram territórios, entraram em disputas coloniais e impuseram seu domínio direto ou indireto à Ásia e à Oceania.

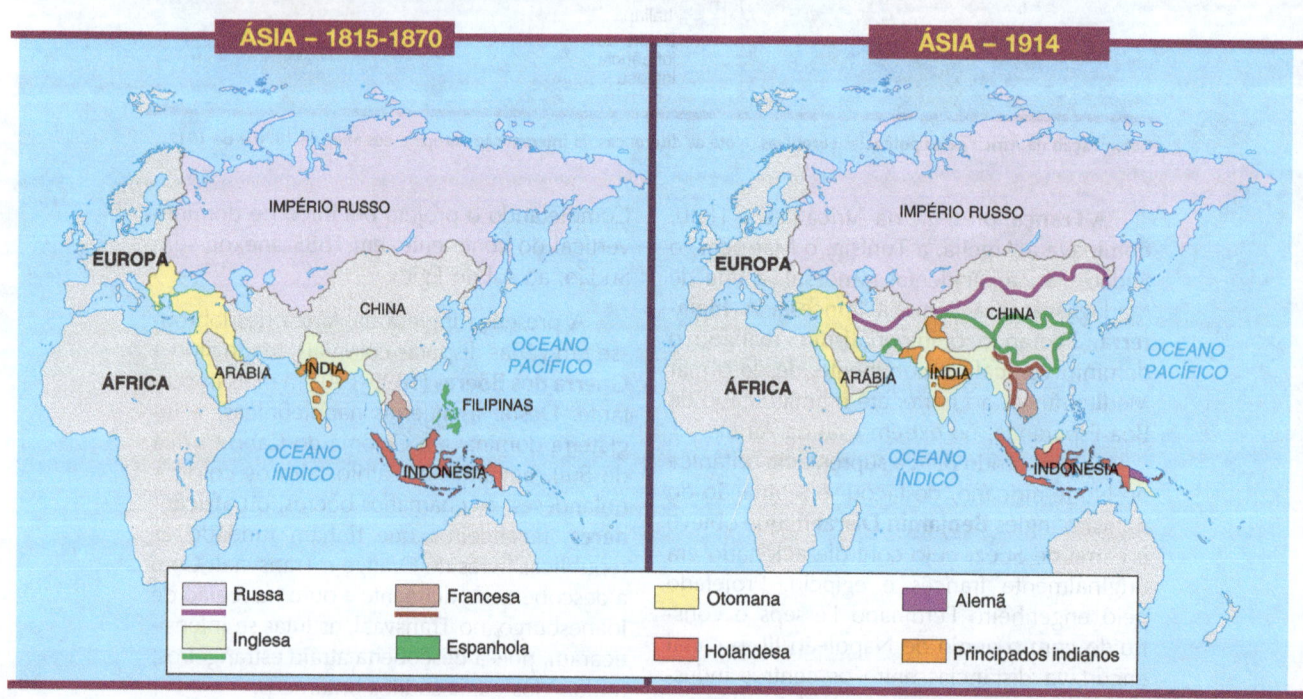

Dominação europeia na Ásia.

Índia

Os portugueses foram os primeiros europeus a chegar à Índia, com Vasco da Gama, em 1498, sendo seguidos no século XVI por holandeses, franceses e ingleses. O predomínio sobre a região, entretanto, coube à Inglaterra, que se apossou definitivamente da Índia, em 1763, com a Guerra dos Sete Anos (1756-1763), anexando, em 1806, a Birmânia (atual Mianma). A região estava sujeita à Inglaterra sob o regime de **protetorado**, que aparentemente mantinha a autonomia política da Índia.

A partir de 1848, os ingleses intensificaram seu controle, impondo ao país uma administração britânica, que construiu estradas e organizou missões políticas e religiosas. A introdução de novas estruturas econômicas afetou profundamente os costumes locais, destruindo a tradicional indústria têxtil indiana, incapaz de concorrer com a produção inglesa de tecidos de algodão.

> "No século XVII, os tecidos leves de algodão representavam 60% a 70% das exportações indianas. Com a industrialização, a Inglaterra produziu máquinas 350 vezes mais rápidas do que um operário indiano. Graças à posição dominante, a Inglaterra pôde introduzir livremente seus tecidos na Índia. O resultado foi que, em menos de um século, a indústria dos algodões indianos havia praticamente desaparecido."
>
> FERRO, Marc. *História das colonizações: das conquistas às independências, séculos XIII ao XX.* São Paulo, Companhia das Letras, 1996. p. 36.

A dominação sobre a Índia ocasionou a ruína da economia tradicional, voltada para a subsistência e para a indústria manufatureira, causando enormes desequilíbrios entre produção e consumo.

A fome na Índia colonial

> "A primeira grande fome registrou-se entre os anos 1800 e 1825 e matou 1,4 milhão de pessoas. De 1827 a 1850 morreram de fome cinco milhões de pessoas. Entre 1875 e 1900, a Índia sofreu dezoito grandes epidemias de fome que mataram 26 milhões de pessoas. Em 1918, houve mais de oito milhões de mortos por desnutrição e gripe."
>
> BRUIT, Héctor H. *O imperialismo.* p. 62-3.

A crescente presença inglesa despertou o nacionalismo indiano, que culminou na **Guerra dos Cipaios** (soldados indianos), em 1857. Os revoltosos foram sufocados em 1859 e a Índia passou a ser colônia britânica, governada pelo vice-rei de Calcutá. Em 1876, Disraeli transformou a Índia em área do Império, sendo a rainha Vitória coroada com o título de Imperatriz da Índia.

No início do século XX, a Inglaterra controlava não só a Índia mas também várias regiões vizinhas, como a Birmânia, o Tibete e o Afeganistão, dominando do mar Vermelho ao oceano Índico. Também a Austrália e ilhas vizinhas faziam parte da cadeia de pontos estratégicos sob controle britânico na região. As conquistas coloniais da Inglaterra levaram-na, em 1900, a possuir o maior império do mundo. Ameaçadas pela emergência de outras potências imperialistas, as colônias britânicas formaram um pacto, em meio à **Pax Britannica**, participando da British Commonwealth of Nations (Comunidade Britânica de Nações), composta por países que, após sua autonomia política, conseguiram também sua libertação comercial unindo-se contra a dominação direta da metrópole, como Austrália, África do Sul, etc.

A rainha Vitória no final de seu longo reinado.

Japão

O Japão viveu isolado do Ocidente até 1542, quando chegaram os primeiros navegadores portugueses, seguidos pelos espanhóis, que organizaram diversas missões jesuíticas na região. Entretanto, houve uma dura reação à presença europeia no país, que acabou por levar ao extermínio, em 1616, de 37 mil cristãos japoneses. A partir de 1648, o Japão fechou seus portos aos estrangeiros e organizou-se sob uma estrutura feudal, isolando-se do resto do mundo por mais de dois séculos.

No século XIX, esse país era dominado por uma aristocracia feudal – **daimios** – que se apoiava numa classe de guerreiros profissionais, os samurais. Apesar das disputas entre os senhores feudais, cabia ao xogunato o comando político efetivo do país, representado pela família Tokugawa, em meio às rivalidades com outros clãs poderosos como os dos Choshu e Satsuma. Enquanto o xogum estava instalado em Edo – antigo nome de Tóquio –, o imperador, o chamado **micado**, exercia um poder apenas formal, vivendo na cidade sagrada de Kioto.

Em 1854, em plena era do expansionismo, uma esquadra dos Estados Unidos, comandada pelo almirante Perry, forçou a abertura dos portos japoneses ao comércio mundial. Sob ameaças militares, foram assinados inicialmente acordos comerciais com os Estados Unidos e, em seguida, com vários outros países.

A abertura comercial japonesa provocou o início da europeização do país, através de profundas transformações econômicas, militares, técnicas e científicas. Com a abertura, o Japão sujeitava-se ao Ocidente, o que ativou o nacionalismo e a oposição ao xogum, já que este permitira a abertura.

Os opositores às transformações, especialmente os clãs rivais do xogunato, uniram-se então ao imperador Mutsu Ito, desejoso de transformar o micado no verdadeiro poder nacional, enfrentando e vencendo os poderes locais feudais ligados ao xogum e enfraquecidos com as mudanças. A vitória de Mutsu Ito promoveu a centralização política e inaugurou uma nova fase na história japonesa, iniciando a partir de 1868 a era do industrialismo e da modernização, a chamada **Era Meiji**.

A Era Meiji e o zaibatsu

Com uma população total de 28 milhões de habitantes em 1868 e sob a liderança do micado, a industrialização no Japão buscou resultados rápidos. Foram incentivadas a fiação da seda por empresários privados (aproveitando-se de uma peste que vitimava o bicho-da-seda na Europa), e a produção de tecidos de algodão, bem como a ampliação da produção agrícola com estímulo ao uso de novas técnicas e fertilizantes.

"Onde se tornava impossível o estabelecimento de uma indústria privada, ou onde estavam envolvidos interesses estratégicos, o próprio governo entrava em ação. As indústrias e comunicações defensivas foram parar nas mãos do governo. A primeira ferrovia Iocoama-Tóquio foi considerada suficientemente importante para justificar um empréstimo em Londres.

Em 1880, o governo fizera generosos investimentos em projetos dessa espécie. Criara impostos até onde podia. Emitira consideráveis somas de dinheiro novo a fim de estimular os negócios e estabelecera a estrutura do futuro desenvolvimento industrial do Japão. Os líderes Meiji, entretanto, afligiam-se por causa da inflação; o valor da moeda corrente baixava progressivamente e julgaram essencial voltar a uma moeda forte."

(SAVELLE, Max (org). *Os tempos modernos.* p. 491.)

Para reverter o emissionismo que impulsionava a inflação, eram necessários recursos em dinheiro, o que levou o governo Meiji a vender suas indústrias para estabilizar a vida monetária nacional. Neste quadro econômico coube às empresas ligadas ao governo, como Mitsui, a Mitsubishi e outras poucas, a aquisição das empresas estatais estratégicas. Conhecidas como zaibatsu, estas empresas controlaram a maior parte dos negócios e passaram a dominar a economia japonesa até o final da Segunda Guerra Mundial.

Processou-se a partir de então uma rápida industrialização, integrada a uma política imperialista sobre a China. Objetivando tomar a região da Manchúria, em 1894, o Japão declarou guerra à China, sofrendo oposição da Rússia, também interessada na região. Em 1904, teve início a **Guerra Russo-Japonesa**, com a tomada, pelos japoneses, de Porto Artur e de parte da ilha de Sacalina. Pelo Tratado de Portsmouth, a Rússia acabou se rendendo à supremacia japonesa sobre a China.

O IMPERIALISMO DO SÉCULO XIX

EXPANSÃO JAPONESA

A expansão japonesa no Extremo Oriente.

No início do século XX, o Japão era um dos países mais avançados e poderosos do mundo, graças à sua dinâmica desenvolvimentista, superior à de muitos países industriais do Ocidente, exigindo, também, a expansão colonialista. O seu expansionismo, depois de esbarrar na Rússia, encontrou pela frente os Estados Unidos, originando atritos entre as duas potências no decorrer das décadas de 30 e 40.

China

Em meados do século XIX, a China representava um atraente mercado consumidor, pois possuía 400 milhões de habitantes. Com uma cultura milenar, uma economia essencialmente agrícola e sob um governo imperial constantemente em crise, acabou subjugada pelas potências imperialistas. A penetração dominadora da Europa, dos Estados Unidos e do Japão realizou-se por meio de várias guerras, dentre as quais a **Guerra do Ópio** (1841).

Os chineses há muito conheciam o ópio, utilizando-o, até o século XVIII, como medicamento. Os ingleses, que dominavam a Índia, onde a droga era produzida em abundância, forçaram mercado para a sua exportação, vendendo-a em grande quantidade, disseminando o vício entre os chineses. Os malefícios do crescente comércio do ópio podem ser avaliados numa petição popular apresentada ao imperador Tao-Kuang em 1838, reclamando pena de morte aos revendedores chineses da droga: "Desde que o império existe, jamais experimentamos perigo semelhante. Este veneno debilita nosso povo, seca nossos ossos; é um verme que corrói nosso coração e arruína nossas famílias".

Em 1839, em Cantão, as autoridades chinesas obrigaram o representante britânico a entregar perto de 20 mil caixas de ópio, que, em seguida, foram jogadas ao mar. A Inglaterra exigiu dos chineses indenização pelas perdas, acusando-os de desacatar sua autoridade e bloquear o livre comércio na região. Como a indenização não foi paga, iniciou-se a Guerra do Ópio. Em 1842, derrotada, a China foi obrigada a assinar o **Tratado de Nanquim**, pelo qual abria cinco de seus portos ao livre comércio, abolia o sistema fiscalizador e entregava a ilha de Hong Kong à Inglaterra.

Hong Kong, de volta 155 anos depois

O território chinês de Hong Kong, que pertence à Inglaterra desde 1842, foi transformado em cessão definitiva em 1860. Também outros territórios tomados pouco depois foram definidos como arrendamento em 1898, pelo prazo de 99 anos.

No início da década de 1980, após sucessivas pressões do governo chinês, alegando ilegitimidade de tratados obtidos sob pressão irresistível, chegou-se a um acordo de devolução integral dos territórios chineses administrados pelos ingleses, em 1997.

Com o pretexto de vingar o assassinato de um missionário francês, um exército franco-inglês, apoiado por norte-americanos e russos, ocupou Pequim e forçou a China a assinar um tratado, pelo qual mais sete portos eram abertos ao comércio internacional.

O Tratado de Pequim (1860) também definia a instalação de embaixadas europeias e o direito de atuação de missões cristãs.

No final do século XIX, o Japão, que vivia o progresso industrial iniciado com a Era Meiji, entra em guerra com a China ao tentar conquistar a Coreia, que fazia parte do território chinês. Diante das vantagens conseguidas pelo Japão com a derrota chinesa e contando com o respaldo de outras potências, a Rússia interveio, conseguindo reformular os termos do tratado assinado, estabelecendo que o Japão ficaria apenas com a ilha de Formosa e receberia uma indenização de guerra.

A **Guerra dos *Boxers*** (1900) foi outro dos grandes conflitos imperialistas que atingiram a China. Os "punhos fechados" ou *boxers*, como eram chamados pelos ingleses, eram chineses nacionalistas radicais que objetivavam libertar o país.

Em 1900, organizaram uma grande rebelião em que morreram cerca de duzentos estrangeiros, inclusive o embaixador alemão. Em represália, uma força expedicionária internacional, composta por ingleses, franceses, alemães, russos, japoneses e norte-americanos, invadiu a China, subjugando o país e obrigando-o a reconhecer todas as concessões já realizadas às potências imperialistas.

Em 1911, o Partido Nacionalista Chinês – Kuomintang –, sob a liderança de Sun Yat-sen, promoveu o fim da monarquia milenar, proclamando a república.

Não conseguiu, contudo, superar os entraves a um desenvolvimento autônomo chinês, principalmente devido à presença internacional imperialista no país, o que acabou sendo determinante para a Revolução Comunista de Mao Tsé-tung, em 1949.

Cartaz de propaganda dos *boxers* mostrando um atentado a uma base estrangeira.

Indochina

Em meados do século XIX, acelerou-se a penetração francesa no Sudeste Asiático, até então restrita à Cochinchina, região sul da Indochina. O Vietnã começou a ser ocupado por iniciativa dos missionários franceses, seguidos pelos soldados de Napoleão III, que completaram a dominação somente em 1865. Camboja e Laos já estavam submetidos aos franceses desde 1863. Com a supremacia francesa na região, foi criada, em 1887, a União Indochinesa, que explorava carvão, chá e arroz. A dominação francesa na Indochina estendeu-se até o início da segunda metade do século XX.

Para as metrópoles imperialistas, a expansão colonialista do século XIX trouxe enormes lucros e a solução parcial para suas crises de mercado, de superpopulação, como também a intensificação de seu desenvolvimento. Conseguiu, ainda, amenizar as divergências políticas e as lutas sociais internas, embora tenha também acirrado as divergências internacionais, conduzindo o mundo à Primeira Guerra Mundial.

Para os colonizados, o imperialismo gerou submissão acompanhada da desestruturação econômica e política, levando à fome, à resistência e às lutas nacionalistas. Surgiam as raízes da segregação racial e social, que seriam as bases de muitas das dificuldades, lutas e conflitos que afligiriam o mundo no século XX.

Durante o século XIX, assinaram-se diversos tratados oficializando o controle imperialista sobre as nações asiáticas. Tratado de Tientsin (1885) entre China e França.

O "outro" na expansão imperialista

O neocolonialismo reforçou a supremacia mundial europeia, a concepção de ser o centro "avançado" sobre os povos "atrasados".

"Acredito nesta raça...", dizia Joseph Chamberlain [ministro inglês] em 1895. Ele entoava um hino imperialista à glória dos ingleses e celebrava um povo cujos esforços superavam os de seus rivais franceses, espanhóis e outros. Aos outros povos, "subalternos", o inglês levava a superioridade de seu savoir-faire, de sua ciência também; o "fardo do homem branco" era civilizar o mundo, e os ingleses mostravam o caminho.

Essa convicção e essa missão significavam que, no fundo, os outros eram julgados como representantes de uma cultura inferior, e cabia aos ingleses, "vanguarda" da raça branca, educá-los, formá-los — embora sempre se mantendo a distância. Se os franceses também achavam que os nativos eram umas crianças, e sem dúvida os consideravam inferiores, suas convicções republicanas levavam-nos, porém, a fazer afirmações de outro teor, pelo menos em público, ainda que estas não estivessem necessariamente em consonância com seus atos.

Todavia, o que aproximava franceses, ingleses e outros colonizadores, e dava-lhes consciência de pertencerem à Europa, era aquela convicção de que encarnavam a ciência e a técnica, e de que este saber permitia às sociedades por eles subjugadas progredir. Civilizar-se.

FERRO, Marc. *História das colonizações: das conquistas às independências, séculos XIII a XX.* São Paulo, Companhia das Letras, 1996. p. 39.

QUESTÕES & TESTES

1 (Esan-SP) Na passagem entre a Idade Moderna e a Contemporânea, há uma etapa que os historiadores têm chamado genericamente de "Era das Revoluções". Nela:

a) fica sacramentado o mercantilismo como forma de operação econômica que perduraria ainda pelos próximos séculos.
b) iniciaram-se também os grandes descobrimentos, que, através das grandes navegações, tanto alargaram as fronteiras do mundo conhecido.
c) foi grande a estabilidade política, dado que os governos europeus não sofreram quaisquer conflitos internos.
d) ganha curso a Primeira Revolução Industrial, ocorrem as primeiras rupturas entre colônias e metrópoles e nestas, o absolutismo sofre grandes abalos.
e) a religiosidade voltou a assumir papel de especial destaque e a nobreza, consequentemente, reassumiu todo o seu prestígio político e econômico.

2 Veja o texto abaixo de Renato Janine Ribeiro (prefácio do livro *O mundo de ponta cabeça* de Christopher Hill, Cia. das Letras, 1987. p. 14-5) e assinale a alternativa correta:

"[...] com a execução do conde Strafford, seu principal apoio militar. A cena é dramática: o próprio conde pede a Carlos que assine a lei mandando matá-lo; o rei cercado pelo povo em seu palácio, temendo menos a morte (é pessoalmente corajoso) do que o enfraquecimento do poder régio, afinal cede; para salvar a própria consciência autoriza outras pessoas a assinarem em seu nome a lei de execução. O suplício é enorme festa popular, presentes dezenas de milhares de espectadores – provavelmente a maior aglomeração humana do século na Inglaterra. Esse episódio atormentará Carlos até o fim da vida – não devemos desconhecer o peso das questões de consciência – e ele subirá o cadafalso, em 1649, certo de que está pagando a dívida a seu fiel servidor, bem como aos bispos".

a) A cena descrita no texto encontra alguma similaridade na França, mais de dois séculos depois, com a radicalidade do governo montanhês.
b) Após o cadafalso real de 1649, estabeleceu-se um governo popular e democrático na Inglaterra, que serviu de fonte inspiradora para a efervescência iluminista do período.
c) A turbulência inglesa apontada faz parte de um amplo movimento político-social que desembocaria na Revolução Gloriosa de 1688-9, reforçando os poderes absolutistas.
d) A Revolução puritana de 1649 serviu para reforçar o poder monárquico de Carlos I e da Igreja anglicana, sepultando os princípios liberais em gestação.
e) A versão francesa da radicalidade política desfechada contra o rei Carlos ocorreria durante a Revolução Francesa, sob a liderança dos girondinos, no período do Diretório.

3 (Unaerp-Ribeirão Preto-SP) A igualdade é branca, a liberdade é azul e a fraternidade é vermelha. Trilogia filmada por famoso diretor de cinema, inspirando-se no ideário revolucionário que deu ao mundo o modelo de democracia representativa:

a) Revolução Russa
b) Revolução Indiana
c) Revolução Francesa
d) Revolução Chinesa
e) Revolução Gloriosa

4 (Puccamp-SP) No contexto da Revolução Francesa, a organização do governo revolucionário significou uma forte centralização do poder: o Comitê de Salvação Pública, eleito pela Convenção, passou a ser o efetivo órgão do Governo ... . Havia ainda o Comitê de Segurança Geral, que dirigia a polícia e a justiça, sendo que estava subordinado ao Tribunal Revolucionário, que tinha competência para punir, até a morte, todos os suspeitos de oposição ao regime. O conjunto de medidas de exceção adotadas pelo Governo revolucionário deu margem a que essa fase da Revolução viesse a ser conhecida como:

a) os Massacres de Setembro.
b) o Período do Terror.
c) o Grande Medo.
d) o Período do Termidor.
e) o Golpe do 18 Brumário.

5 (Uerj-RJ) "Nós habitantes da paróquia de Longeley abaixo-assinados, tendo-nos reunido em virtude das ordens do rei, dia 6 do presente mês de maio de 1789, resolvemos o que se segue:
Pedimos que todos os privilégios sejam abolidos. Declaramos que se alguém merece ter privilégios e gozar insenções, são estes, sem contradição, os habitantes do campo, pois são os mais úteis ao Estado, porque por seu trabalho o fazem viver."
(Cadernos de Súplicas para os Estados Gerais.)

Esta reivindicação dos camponeses franceses às vésperas da eclosão da Revolução Francesa traduzia um desejo comum aos demais membros do Terceiro Estado, a saber:

a) a convocação dos Estados Gerais para dar soluções à crise financeira.
b) a formação de uma democracia rural, composta de camponeses autônomos.
c) a supressão de uma ordem social baseada no privilégio e na sociedade estamental.
d) o advento de uma sociedade igualitária com o estabelecimento do sufrágio universal.
e) a distinção da sociedade fundamentada na proposta de cidadãos ativos e cidadãos passivos.

6 (PUC-SP) "[...] a revolução que não se radicaliza morre melancolicamente, como a burguesa. A rigor, uma só revolução existe, a que se deflagrou em 1789: enquanto viveu, ela quis expandir-se, e, assim, a República Francesa se considerou e se tentou universal – até o momento em que a pretensão de libertar o mundo se converteu na de anexá-lo, em que os ideais republicanos se reduziram ao imperialismo bonapartista."
(RIBEIRO, Renato Janine. *A última razão dos reis*. São Paulo, Cia. das Letras, 1993.)

O motivo pelo qual o conjunto de mudanças políticas que resultou na implantação do regime republicano na França, no século XVIII, pode, genericamente, ser classificado como uma revolução burguesa, é o fato de que esse processo

a) a estrutura social francesa viu-se reduzida a uma polarização entre o bloco de apoio ao Antigo Regime – no qual se encontravam a aristocracia, os camponeses e os trabalhadores urbanos – de um lado, e o bloco de apoio à República operário-burguesa, de outro.
b) a burguesia conseguiu a adesão ideológica da aristocracia, especialmente no que respeita à "abertura das carreiras públicas aos talentos individuais", o que possibilitou a ascensão de seus representantes ao poder de Estado.
c) o comando da burguesia desde o início se revelou como irrefutável, uma vez que ela colocou a serviço de seus objetivos revolucionários os mais variados setores da população, liderando assim uma restauração de Antigo Regime.
d) as vanguardas operário-camponesas colocaram-se ao lado da burguesia, pois tinham claro que suas reivindicações somente alcançariam um patamar de consequência numa sociedade em que as relações burguesas de produção já estivessem desenvolvidas.
e) os resultados políticos das sucessivas convulsões sociais geradas nos quadros da crise do Estado monárquico francês foram, ao final, capitalizados pela burguesia, que pôde assim dar início à viabilização de seus interesses políticos e econômicos.

7 (Cesgranrio-RJ) "Aterrei o abismo anárquico e pus ordem no caos" (Napoleão Bonaparte). Sobre o período napoleônico na França, entre 1799 e 1815, podemos afirmar que:

a) no 18 de brumário (9/11/1799), Napoleão destituiu o Diretório controlado pelos girondinos, assumindo o poder através do Consulado.
b) no Consulado (1799-1804), o confisco e a distribuição de terras da Igreja aos camponeses provocaram o rompimento das relações entre o Clero e o Estado, expresso na Concordata de 1801.
c) no Império (1804-1815), a aliança militar com a Áustria e a Rússia provocou o fim da expansão territorial francesa na Europa e no norte da África.
d) no período dos "Cem Dias" (1815), Napoleão ratificou a paz com a Inglaterra e a Prússia, acatando a legitimidade das fronteiras europeias anteriores à Revolução Francesa.
e) o Decreto de Berlim (1806), ao instituir o Bloqueio Continental, restaurou as antigas aristocracias e monarquias no governo dos países recém-invadidos, como Portugal e Espanha.

A IDADE CONTEMPORÂNEA (SÉCULOS XVIII E XIX)

8 (PUCSP) Relativamente à expansão napoleônica (1805-1815), pode-se afirmar que acarretou mudanças no quadro político europeu, tais como:

a) difusão do ideal revolucionário liberal, ampliação temporária do raio de influência francesa e fortalecimento do ideário nacionalista nos países dominados.
b) isolamento diplomático da nação inglesa, radicação definitiva do republicanismo no continente e estabelecimento do equilíbrio geopolítico entre os países atingidos.
c) desestabilização das monarquias absolutistas, estímulo para os desenvolvimento industrial nas colônias espanholas e implantação do belicismo entre as nações.
d) desenvolvimento do cosmopolitismo entre os povos do império francês, incrementação da economia nos países ibéricos e contenção das lutas sociais.
e) difusão do militarismo como forma de controle político, abertura definitiva do mercado mundial para os franceses, estímulo decisivo para as lutas anticolonialistas.

9 (Unicamp) Num panfleto publicado em 1789, um dos líderes da Revolução Francesa afirmava:
"Devemos formular três perguntas:
– O que é o Terceiro Estado? Tudo.
– O que tem ele sido em nosso sistema político? Nada.
– O que pede ele? Ser alguma coisa."
(citado por Leo Huberman, *História da riqueza do homem*, 1979)

Explique as perguntas e respostas contidas nesse panfleto francês.

10 (Cesgranrio-RJ) A periodização que se convencionou atribuir à Revolução Francesa distingue três fases relevantes na caracterização daquele processo:
– a de luta pela abolição da feudalidade (a Era das Constituições);
– a de proliferação de revoltas populares contidas energicamente por um poder centralizado e voltado para o atendimento das necessidades da população mais pobre das cidades (a Era das Antecipações);
– a de afirmação de uma ordem burguesa, cada vez mais excludente politicamente, e distante dos interesses das classes populares (a Era das Consolidações).

Assinale a opção que *não* associa, de maneira correta, os marcos da Revolução Francesa enumerados abaixo às fases já citadas:

	Era das Constituições	Era das Antecipações	Era das Consolidações
a) Decretação da igualdade civil (Declaração dos Direitos do Homem e do Cidadão).	X		
b) Adoção do voto universal masculino.		X	
c) Fixação do preço máximo das mercadorias.		X	
d) Restabelecimento da liberdade da indústria, do comércio e dos bancos.			X
e) Proibição de associações e coalizões profissionais (Lei de Le Chapelier).			X

11 (UF-Viçosa-MG) Determine e explique as repercussões da Revolução Francesa.

12 (UFSCar-SP) A formulação que segue refere-se a que grande fato histórico?
"O que é o Terceiro Estado? Tudo.
O que é que ele foi até agora na ordem política? Nada.
O que pede ele? Tornar-se algo".

a) Revolução Francesa
b) Revolução Russa
c) Reunião dos Países Terceiro-mundistas
d) Independência Americana
e) Revolução Gloriosa

13 (Unifor-CE) O chamado período do Terror (1793-94), no processo da Revolução Francesa, teve como uma de suas características:

a) o radicalismo político, centrado, especialmente, na figura de Robespierre.
b) a ocorrência de vários golpes de Estado ora à direita ora à esquerda, com sucesso.
c) o afastamento do jacobinos do poder, em face de seu espírito de conciliação.
d) o envolvimento dos girondinos na defesa das ideias de Saint-Just.
e) a preocupação em elaborar uma constituição que protegesse os direitos do homem.

14 (São Leopoldo-RS) Com a morte de Robespierre iniciou-se a fase denominada Reação Termidoriana, que assinala:
a) a ascensão de Napoleão pelo Golpe de 18 de brumário.
b) o início do Terror.
c) o fim da Convenção.
d) a formação da primeira coligação contra a França.
e) a volta da alta burguesia ao poder.

15 (Oswaldo Cruz-SP) Ao analisarmos a França no período que se estende da Revolução Francesa (1789) à queda definitiva de Napoleão Bonaparte (1815), verificamos que o país passou por sérias transformações políticas, econômicas e sociais. Seguem-se alguns acontecimentos desta fase e deverão ser assinalados, apenas, os que se enquadram na Convenção:
1 – Abolição oficial da Monarquia e instituição da Primeira República.
2 – Aprovação da Declaração dos Direitos do Homem e da Constituição Civil do Clero.
3 – Instituição do Comitê de Salvação Pública e adoção de medidas extremas.
4 – Instituição do Tribunal Revolucionário e alteração no sistema de propriedade.
5 – Tomada da Bastilha e confiscação dos bens do clero.
a) 3 – 4 – 5
b) 1 – 2 – 4
c) 2 – 3 – 5
d) 1 – 3 – 4

16 (UFSCar-SP) ''Minha maior glória não consistiu em ter ganho quarenta batalhas; Waterloo apagará a memória de tantas vitórias. O que nada apagará, o que viverá eternamente, é o meu Código Civil.''
Assinale nas alternativas abaixo a que grande personagem da história devemos este pensamento.
a) Napoleão Bonaparte
b) Cromwell
c) D. Henrique, o Navegador
d) Bismarck
e) Luís XIV

17 (UFSCar-SP) ''6 de abril de 1814. As potências aliadas tendo proclamado que o Imperador Napoleão era o único obstáculo ao restabelecimento da paz na Europa, o Imperador, fiel ao seu juramento, declara que renuncia por si e por seus herdeiros aos tronos da França e da Itália e que não há sacrifício algum pessoal, até o da própria vida, que não esteja pronto a fazer, pelos interesses da França.''
Após assinar esse ato de abdicação, Napoleão I:
a) tornou-se duque da Toscana.
b) compareceu perante o Congresso de Viena.
c) foi desterrado em Santa Helena.
d) foi confinado na ilha de Elba.
e) ficou prisioneiro na Inglaterra.

18 (UFPI) No Congresso de Viena (1815), as decisões foram tomadas pelas grandes potências: Rússia, Áustria, Inglaterra e Prússia, tendo como um de seus principais resultados:
a) a difusão das ideias revolucionárias, realizada, principalmente, pela maçonaria.
b) a restauração das fronteiras anteriores à Revolução Francesa.
c) a restauração das antigas monarquias parlamentares, como, por exemplo, a de Portugal.
d) a intervenção do papado em domínios territoriais do Sacro Império Romano-Germânico.
e) o auxílio prestado a movimentos revolucionários embasados nos princípios iluministas.

19 (PUC-MG) O Congresso de Viena, de 1815, reuniu representantes dos países europeus com o objetivo de:
a) apoiar a Doutrina Monroe para impedir a recolonização da América.
b) organizar uma aliança militar para conter a expansão napoleônica no continente.
c) combater as ideias socialistas difundidas pelos operários nas indústrias.
d) reorganizar o mapa político europeu e promover a paz entre os países beligerantes.

20 (Vunesp) "A Ku Klux Klan foi organizada para segurança própria... o povo do Sul se sentia muito inseguro. Havia muitos nortistas vindos para cá (Sul), formando ligas por todo o país. Os negros estavam se tornando muito insolentes e o povo branco sulista de todo o estado de Tennessee estava bastante alarmado."
(Entrevista de Nathan Bedford Forrest ao *Jornal de Cincinnati*, Ohio, 1868.)

A leitura deste depoimento, feito por um membro da Ku Klux Klan, permite entender que esta organização tinha por objetivo:
a) assegurar os direitos políticos da população branca, pelo voto censitário, eliminando as possibilidades de participação dos negros nas eleições.

b) impedir a formação de ligas entre nortistas e negros, que propunham a reforma agrária nas terras do Sul dos Estados Unidos.
c) unir os brancos para manter seus privilégios e evitar que os negros, com apoio dos nortistas, tivessem direitos garantidos pelo governo.
d) proteger os brancos das ameaças e massacres dos negros, que criavam empecilhos para o desenvolvimento econômico dos estados sulistas.
e) evitar confrontos com os nortistas, que protegiam os negros quando estes atacavam propriedades rurais dos sulistas brancos.

21 (UERJ) O Império é o comércio.
Com esta frase, Joseph Chamberlain, estadista inglês, definia o imperialismo no final do século XIX.
Um dos fatores que contribui para a compreensão do imperialismo é:
a) a constituição de impérios coloniais em bases autônomas.
b) a busca de mercados consumidores para as matérias-primas europeias.
c) a procura de terras férteis nas colônias pelos grandes produtores europeus.
d) a necessidade de exportação de capitais excedentes para regiões extraeuropeias.

22 (FEI-SP) Sobre a Revolução Industrial:
I – Ocorreu principalmente por causa do acúmulo de enormes capitais provenientes das atividades mercantilistas.
II – Ocorreu principalmente na Inglaterra (Primeira Revolução Industrial) e mais tarde em alguns países da Europa Ocidental e nos EUA (Segunda Revolução Industrial).
III – Trouxe como consequência a abolição da escravidão em alguns países com objetivo de ampliar os mercados consumidores mundiais.
Assinale, agora, a alternativa mais adequada:
a) I e II estão corretas.
b) III e II estão incorretas.
c) todas estão incorretas.
d) todas estão corretas.
e) I e III estão corretas.

23 (Medicina Rio Preto-SP) As ideias básicas do chamado socialismo científico (1848-1867) definem uma reforma da sociedade a fim de:
a) criar uma estrutura eminentemente fabril que proporcione predominância do campo sobre a cidade.
b) conseguir a harmonia entre todos os homens organizados em comunidades.
c) estruturar a organização social com base em cooperativas agrícolas.
d) eliminar a propriedade privada, assim como o sistema capitalista.
e) gerar uma nova ordem que valorize a espiritualidade do homem.

24 (Fuvest) Indique os pontos comuns aos processos de unificação da Itália e da Alemanha.

25 (Unicamp) Escravidão antiga, servidão e trabalho assalariado são formas que o trabalho humano assumiu em diferentes períodos históricos. Identifique esses períodos e descreva as diferenças entre essas três formas de trabalho.

26 (Mogi-SP) Observe o quadro a seguir, assinalando depois a alternativa certa:

I	II	III
O homem prevalece sobre a sociedade.	O interesse social prevalece sobre o particular.	O interesse particular colabora para o bem-estar social.
A solução da questão social está na liberdade econômica e política.	A solução da questão social está na extinção da propriedade particular.	A solução da questão social depende do estabelecimento do império da justiça e da caridade.
O trabalho é mercadoria.	O trabalho é determinador de preço, sendo seu objetivo e interesse do Estado.	O trabalho é simples atividade do processo da produção.

a) I e II referem-se às características do socialismo marxista e do socialismo cristão, respectivamente.
b) II e III referem-se às características do liberalismo e do marxismo, respectivamente.
c) I e III referem-se, respectivamente, ao liberalismo e ao socialismo cristão.
d) I, II e III não se referem ao liberalismo e ao socialismo.
e) I, II e III referem-se unicamente ao socialismo cristão.

27 (Pelotas-RS) Os autores registram de forma pungente os dramas das populações proletárias que se aglomeravam nas cidades, na época da Revolução Industrial, vivendo em condições subumanas, entregues ao vício, incapazes de se enquadrarem nos preceitos morais da classe burguesa. A vivência desses indivíduos em uma mesma vida miserável proporciona o nascimento de uma série de movimentos sociais, muitos dos quais denunciam os males do capitalismo. Nessa época, um patrão filantropo e sensível ao problema proletário toma iniciativas que virão dar nascimento ao movimento cooperativista. Foi ele:
a) Robert Owen
b) Karl Marx
c) Mikahil Bakunin
d) Georges Sorel
e) Friedrich Engels

28 (UFJF-MG) No período de 1870/1871, o fato mais importante e significativo da história mundial foi:
a) a vitória da Revolução Burguesa na Inglaterra, com a adoção de tarifas protecionistas no comércio com outros países.
b) a vitória da Alemanha na Guerra Franco-Prussiana e consequente unificação desse país.
c) a abolição da servidão da Rússia por Alexandre II.
d) a queda dos Bourbons reacionários na França, motivada pela revolução de caráter burguês.
e) a ocupação de Roma pela França e a consequente criação do Estado do Vaticano.

29 (Fuvest) O que foi a Questão Romana e como foi resolvida pelo Tratado de Latrão, entre Mussolini e o papa Pio XI?

30 (UEPG) Na Europa, na primeira metade do século XIX, surgiram ideias nacionalistas, como afirmação dos princípios liberais aplicados à nação, entendida como um conjunto de indivíduos dotados de liberdades naturais e unidos por interesses e idioma comuns, constituindo uma "individualidade política" com direito a autodeterminação. Na segunda metade desse século, o panorama político europeu caracterizou-se pela política das nacionalidades, e nesse contexto ocorreram as unificações da Itália e da Alemanha. Sobre a unificação da Itália, assinale o que for correto:

01) A ideia de unificação partiu das zonas de crescente desenvolvimento industrial, correspondendo basicamente aos interesses de setores da burguesia, desejosos de constituir um amplo mercado nacional para seus produtos.
02) O processo de unificação se desenvolveu no sentido norte/sul, a partir do Reino do Piemonte-Sardenha.
04) O movimento nacionalista de Mazzini foi derrotado em 1830, mas recuperou força em 1849, com a fundação da República Romana.
08) O caráter popular e a radicalização dos movimentos de unificação nos anos de 1848 e 1849 levaram a burguesia a retirar o seu apoio, o que favoreceu a contrar-revolução.
16) Concluído o processo de unificação, dois importantes problemas permaneceram: a Questão Romana – recusa de Pio IX e seus sucessores em aceitar a perda de seus territórios – e a existência de minorias italianas fora do território unificado.
(A resposta é a soma das respostas corretas.)

31 (Fuvest) "De hoje em diante, os continentes americanos, pela condição livre e independente que assumem e mantêm, não devem estar sujeitos a futuras colonizações por nenhuma potência europeia."
Nesse trecho da mensagem anual ao Congresso dos Estados Unidos, em 1823, o presidente James Monroe estabeleceu princípios básicos da política externa norte-americana.
a) A que "futuras colonizações" se refere o presidente Monroe?
b) Qual a frase que resume a chamada "Doutrina Monroe"?

32 (Fuvest) Quais foram os ideais que nortearam os movimentos revolucionários de 1848 na Europa?

33 (UFSCar-SP) A independência das colônias espanholas da América deveu-se a diversos fatores.
Assinale a opção na qual todos os fatores relacionados contribuíram para essa independência.

a) Política mercantilista da Espanha; influência da independência brasileira; interesse dos Estados Unidos no comércio das colônias espanholas.
b) Monopólio comercial em benefício da metrópole; desigualdade de direitos entre os *criollos*, nascidos na colônia, e os *chapetones*, nascidos na Espanha; enfraquecimento da Espanha pelas guerras napoleônicas.
c) Influência das ideias políticas de Maquiavel; auxílio militar brasileiro à independência dos territórios vizinhos; exemplo da independência dos Estados Unidos.
d) Liberalismo político e econômico, adotado pelas cortes espanholas; enfraquecimento do governo espanhol por causa da intervenção militar francesa; política do Congresso de Viena favorável à independência das colônias.
e) Interesse econômico da Inglaterra na independência das colônias; política de suspensão das restrições às colônias, seguida pelo governo de José Bonaparte; aliança entre *chapetones*, colonos nascidos na Espanha, e *criollos*, nascidos nas colônias, para promover a independência.

34 (Moema-SP) O movimento de emancipação latino-americana foi deflagrado:
a) pela ocupação da Espanha por Napoleão e a consequente deposição do rei Fernando VII.
b) pela Lei Aberdeen, proibindo o tráfego negreiro para as terras castelhanas da América.
c) quando os *criollos* (espanhóis nascidos na América) aderiram ao panamericanismo do Congresso de Caracas, em 1810.
d) quando a Junta de Salvação Pública do Vice-Reinado de Nova Granada levou à frente a guerra contra os "estrangeiros espanhóis".

35 (Fuvest) "Pobre México! Tão longe de Deus e tão perto dos Estados Unidos!"
Comente um caso de atuação dos Estados Unidos em relação ao México que dê razão a esse lamento irônico de um bispo mexicano.

36 (Fatec-SP) A Guerra de Secessão, nos Estados Unidos, iniciada em 1861 e considerada a primeira das guerras modernas, pode ser explicada por:

a) divergências no Congresso Federal sobre as definições dos direitos dos escravos libertos.
b) antagonismo entre Norte e Sul decorrente das formas de organização econômica e social.
c) desavenças relacionadas com a tolerância religiosa decorrente da união de Igreja e Estado em alguns estados do Sul.
d) divergências quanto às questões de organização política dos estados republicanos.
e) conflitos históricos gerados pela maneira de tratar a população índia do Oeste.

37 (Cesgranrio-RJ) A ideia de "fronteira", muito presente na historiografia norte-americana, costuma ser utilizada para:
a) explicar algumas das características básicas da civilização norte-americana (igualitarismo, individualismo, espírito democrático, espaço aberto à livre iniciativa, etc.).
b) indicar o chamado "destino manifesto" da nação norte-americana: a ocupação de toda a América do Norte e o avanço sobre Cuba, Porto Rico, Panamá e Caribe.
c) chamar a atenção sobre a epopeia da expansão das estradas de ferro transcontinentais, rumo ao Pacífico.
d) justificar a aquisição do território do Alasca e a incorporação dos imensos territórios tomados ao México, após a derrota deste último em 1848.
e) significar a posição heroica dos colonos ingleses, nos primeiros tempos da colonização, nos limites do mundo ocidental e às voltas com a hostilidade dos índios e escravos fugitivos.

38 (UFSCar-SP) A "big stick policy", estabelecida nos Estados Unidos da América no início do século XX, consistiu:
1 – numa reforma ampla do sistema policial, a fim de melhor reprimir as revoltas da população negra.
2 – numa política interna com a qual se pretendeu corrigir os excessos do sistema federativo.
3 – numa política externa com a qual se pretendeu reservar o direito de intervir na América Latina.

Assinale a opção correta.
a) Apenas a alternativa 3 está correta.
b) Apenas a alternativa 1 está correta.

c) Nenhuma alternativa está correta.
d) Apenas a alternativa 2 está correta.
e) As alternativas 1 e 2 estão corretas.

39 (Cesgranrio-RJ) A Guerra do Ópio (1841-42) teve como uma de suas consequências:
a) a maior penetração do imperialismo inglês na China.
b) o fechamento dos portos da China ao comércio ocidental.
c) a eliminação da influência colonialista francesa na China.
d) a queda do sistema de mandarinato na China.
e) a instituição de um governo republicano na China.

40 (FGV-SP) O neocolonialismo inglês do fim do século XIX encontrou na Índia e na China dois amplos mercados para exploração. A Índia passou a importar grande quantidade de tecido de algodão, principal produto de exportação da Grã-Bretanha. Na China, quase metade das importações, em 1870, era de ópio fornecido pelos ingleses. Essa penetração estrangeira suscitou a reação desses povos, como se depreende das revoltas:
a) dos Bôeres na Índia e Taiping na China.
b) dos Sipaios na Índia e dos *Boxers* na China.
c) da Manchúria na Índia e dos Bôeres na China.
d) dos *Boxers* na Índia e dos Sipaios na China.
e) de Ghandi na Índia e dos Sipaios na China.

41 (Caxias do Sul-RS) Na análise do Colonialismo Asiático, a chegada do comandante Perry ao Japão, em 1853, com uma esquadra norte-americana, é importante porque:
a) destrói as bases do sistema feudal dominado pelos *Shoguns*.
b) acabam-se as perseguições que antes eram movidas aos católicos portugueses e espanhóis.
c) força a abertura dos portos japoneses ao comércio mundial.
d) destrói a estrutura feudal dos daimios e samurais.
e) tem início uma rigorosa expansão imperialista contra a China e a Rússia.

42 (Fiube-MG) A Revolução Meiji (1868), no Japão, ainda que de caráter político, teve grande ressonância econômica, porque significou:
a) o término dos senhores feudais – os samurais – com o advento da monarquia constitucional.
b) a modernização do país, graças à assimilação da tecnologia ocidental.
c) o início de uma era de expansão imperialista, com a conquista da Mongólia.
d) a abertura dos portos do país aos produtos da indústria inglesa.
e) a desagregação da estrutura do poder do shogunato nos centros urbanos.

43 (Mogi-SP) Correlacione as duas colunas.
1. Os franceses exerceram protetorado sobre esta região africana.
2. A Etiópia sofreu tentativas de ocupação, malsucedidas, em 1889 e foi submetida em 1935 por essa nação europeia.
3. Os ingleses tomaram esta antiga nação africana, depois da abertura do canal de Suez.
4. Os ingleses dominaram esta região, que era ocupada por descendentes de holandeses.
5. Responsabilidade na liderança contra a pressão inglesa que existia desde a Guerra do Ópio.

( ) Sul da África
( ) Argélia
( ) *Boxers*, na China
( ) Itália
( ) Egito

A alternativa certa corresponde à seguinte numeração (obedecendo ao sentido de cima para baixo):
a) 4 – 1 – 5 – 3 – 2
b) 3 – 1 – 4 – 2 – 5
c) 3 – 2 – 4 – 1 – 5
d) 1 – 5 – 4 – 2 – 3
e) 4 – 1 – 5 – 2 – 3

44 (UCS-RS) Numere a segunda coluna de acordo com a primeira.
1. Unificação da Itália
2. Antissemitismo   ( ) Bismarck
3. Regime Ditatorial   ( ) Cavour
4. Santa Aliança   ( ) Disraeli
5. Unificação da Alemanha ( ) Napoleão III
6. Imperialismo Britânico

A sequência numérica correta na segunda coluna é:
a) 5, 1, 6, 3.
b) 2, 3, 5, 4.
c) 3, 1, 6, 4.
d) 5, 6, 2, 4.
e) 1, 4, 6, 3.

45 (Vunesp) "Com plena segurança achamos que a liberdade de comércio, sem que seja necessária nenhuma atenção especial por parte do Governo, sempre nos garantirá o vinho de que temos necessidade; com a mesma segurança podemos estar certos de que o livre comércio sempre nos assegurará o ouro e prata que tivermos condições de comprar ou empregar, seja para fazer circular as nossas mercadorias, seja para outras finalidades" (Adam Smith – *A riqueza das nações*).

No texto, os argumentos a favor da liberdade de comércio são, também, de críticas ao:
a) *Laissez-faire*
b) Socialismo
c) Colonialismo
d) Corporativismo
e) Mercantilismo

46 (PUCSP) A "Primavera dos Povos", como foram batizadas as Revoluções de 1848 na Europa, trouxe uma novidade para o panorama político europeu. Pela primeira vez:
a) a ideia de Revolução foi conjugada com o ideal liberal de uma sociedade cuja organização fosse fundada num pacto social.
b) o regime republicano era instaurado sob o patrocínio exclusivo da burguesia, uma vez que os trabalhadores abdicaram da participação na reordenação política.
c) o proletariado fazia sua aparição política com reivindicações classistas e propostas de mudança da ordem social.
d) o internacionalismo proletário foi experimentado, tendo sido o motivo para a simultaneidade das revoluções em toda a Europa.
e) a proposta de um centralismo democrático na estruturação do Partido Liberal foi testada, tendo como resultado a efetiva conquista do poder por esse grupo.

47 (PUCSP) "A Guerra Civil Norte-americana (1861-65) representou uma confissão de que o sistema político falhou, esgotou os seus recursos sem encontrar uma solução (para os conflitos políticos mais importantes entre as grandes regiões norte-americanas, o Norte e o Sul). Foi uma prova de que mesmo numa das democracias mais antigas, houve uma época em que somente a guerra podia superar os antagonismos políticos." (EISENBERG, Peter Louis. *Guerra civil americana*. São Paulo, Brasiliense, 1982.)

Dentre os conflitos geradores dos antagonismos políticos referidos no texto está a:
a) manutenção, pela sociedade sulista, do regime de escravidão, o que impediria a ampliação do mercado interno para o escoamento da produção industrial nortista.
b) opção do Norte pela produção agrícola em larga escala voltada para o mercado externo, o que chocava com a concorrência dos sulistas que tentavam a mesma estratégia.
c) necessidade do Sul de conter a onda de imigração da população nortista para seus territórios, o que ocorria em função da maior oferta de trabalho e da possibilidade do exercício da livre-iniciativa.
d) ameaça exercida pelos sulistas aos grandes latifundiários nortistas, o que se devia aos constantes movimentos em defesa da reforma agrária naquela região em que havia concentração da propriedade da terra.
e) adesão dos trabalhadores sulistas ao movimento trabalhista internacional, o que ameaçava a estabilidade das relações trabalhistas praticadas na região norte.

48 (Mossoró-RN) O Movimento Cartista, na primeira metade do século XIX, na Inglaterra, tinha entre seus objetivos a:
a) limitação dos direitos reais por um Parlamento livre.
b) eliminação da monarquia, com a organização de uma república.
c) promoção da unificação das nações numa comunidade britânica.
d) obtenção do voto secreto e o sufrágio universal masculino.
e) adoção de uma Constituição escrita que limitasse o poder real.

49 (UCS-RS) A política isolacionista dos Estados Unidos da América após as guerras de independência estava baseada:
a) no chamado Atlantismo.
b) na Doutrina Truman.
c) no Plano Marshall.
d) na Doutrina Monroe.
e) na Aliança para o Progresso.

50 (Unesp) A superioridade da indústria inglesa, em 1840, não era desafiada por qualquer futuro imaginável. E esta superioridade só teria a ganhar, se as matérias-primas e os gêneros alimentícios fossem baratos. Isto não era ilusão: a nação estava tão satisfeita com o que considerava um resultado de sua política que as críticas foram quase silenciadas até a depressão da década de 80." (Joseph A. Schumpeter, *História da análise econômica*.)
Desta exposição conclui-se por que razão a Inglaterra adotou decididamente, a partir de 1840, o:

a) isolacionismo em sua política externa.
b) intervencionismo estatal na economia.
c) capitalismo monopolista contrário à concorrência.
d) agressivo militarismo nas conquistas de colônias ultramarinas.
e) livre-comércio no relacionamento entre as nações.

51 (Unirio) "As grandes empresas não limitam seu controle ao perímetro da fábrica. Elas tentam estendê-lo à vida cotidiana dos trabalhadores, através de todo um conjunto de instituições e de uma política de ordenamento do espaço, chegando até à constituição de verdadeiras cidades industriais. O objetivo destas cidades-fábricas não é apenas, nem mesmo principalmente, a ordem do trabalho, mas a fixação de uma mão de obra, sua manutenção ao melhor custo, sua alocação no trabalho e sua reprodução: pode-se falar de uma eugenética das populações industriais."
(PERROT, Michelle. *Os excluídos da História: operários, mulheres e prisioneiros.* Rio de Janeiro, Paz e Terra, 1998. p. 71.)
Segundo a autora, a racionalidade das relações capitalistas no século XIX europeu pressupõe:

I. o controle sobre o operário;
II. a dispersão espacial do operário;
III. o desregramento das famílias;
IV. a reprodução e a seleção de um contingente humano apto para o trabalho;
V. a militarização de homens;
VI. o desestímulo à prática de consumo.

Estão corretos:

a) I e IV, apenas.
b) II e V, apenas.
c) III e IV, apenas.
d) I, III e V, apenas.
e) II, IV e VI, apenas.

52 (UE-Londrina-PR) "... viam na propriedade comum desses meios a forma de viverem todos bem. Por isso, em suas sociedades visionárias, planejavam que os muitos que executariam o trabalho viveriam com conforto e luxo, graças à propriedade dos meios de produção..."
O texto refere-se a um pensamento, que se desenvolveu nas primeiras décadas do século XIX na Europa, característico do:

a) maoísmo.
b) stalinismo.
c) sindicalismo.
d) marxismo-leninismo.
e) socialismo utópico.

53 (UM-SP) Podemos afirmar que contribuíram para a emancipação da América espanhola:

a) o fortalecimento dos vínculos com a metrópole manifestado no apoio das colônias a José Bonaparte.
b) o desinteresse inglês no mercado das colônias latino-americanas.
c) as ideias socialistas, base ideológica da luta contra a metrópole.
d) as contradições entre a elite *criolla* favorável ao livre comércio e os *chapetones* partidários do monopólio metropolitano.
e) a liderança do movimento em mãos de índios e mestiços, que, após a luta, obtiveram sólidas vantagens sociais e políticas.

54 (Cesgranrio-RJ) Sobre o movimento de unificação italiana, na segunda metade do século XIX, é correto afirmar que:

a) se destacaram duas correntes principais após as lutas de 1848, os republicanos e os monarquistas, estes últimos vitoriosos em 1871.
b) representou a derrota dos interesses dos grupos liberais ligados à industrialização do Piemonte.
c) foi liderada por Garibaldi, que, unindo as forças monarquistas liberais, com o apoio de Napoleão III, formou o reino da Itália.
d) o centro difusor das ideias e da luta pela unificação encontrava-se no Vaticano, em Roma, sendo o papa o principal articulador do estado unificado italiano.
e) a aliança dos revolucionários italianos com os austríacos permitiu a formação de uma coligação militar, que expulsou os franceses dos últimos territórios ocupados no Tirol e na Lombardia.

55 (Fuvest) Simon Bolívar escreveu, na conhecida *Carta da Jamaica* de 1815:

"Eu desejo, mais do que qualquer outro, ver formar-se na América [Latina] a maior nação do mundo, menos por sua extensão e riquezas do que pela liberdade e glória."

Sobre esta afirmação podemos dizer que:

a) tal utopia da unidade, compartilhada por outros líderes da independência, como San Martín e O'Higgins, não vingou por ineficiência de Bolívar.
b) inspirou a união entre Bolívia, Colômbia e Equador que formaram, por mais de uma década, uma única nação, fragmentada, em 1839, por problemas políticos.
c) Bolívar foi o primeiro a pensar na possibilidade da unidade, ideia posteriormente retomada por muitos políticos e intelectuais latino-americanos.
d) essa ideia, de grande repercussão entre as lideranças dos movimentos pela independência, foi responsável pela estabilidade da unidade centro-americana.
e) Bolívar foi uma voz solitária, nestes quase 200 anos de independência latino-americana, ausentando-se tal ideia dos debates políticos contemporâneos.

56 (UERJ) Leia os textos para responder à questão:

MODELOS PRODUTIVOS
(da Segunda Revolução Industrial à Revolução técnico-científica)

TAYLORISMO
– separação do trabalho por tarefas e níveis hierárquicos
– racionalização da produção
– controle do tempo
– estabelecimento de níveis mínimos de produtividade

FORDISMO
– produção e consumo em massa
– extrema especialização do trabalho
– rígida padronização da produção
– linha de montagem

PÓS-FORDISMO
– estratégias de produção e consumo em escala planetária
– valorização da pesquisa científica
– desenvolvimento de novas tecnologias
– flexibilização dos contratos de trabalho

A posição central ocupada pela técnica é fundamental para explicar a atual fase do capitalismo em que se insere o pós-fordismo.

Esta nova forma de organização da produção promove o seguinte conjunto de consequências:

a) retração do setor de comércio e prestação de serviços;
ampliação de um mercado consumidor seletivo, diversificado e sofisticado.
b) intensificação das estratégias de produção e consumo em nível internacional;
redução do fluxo de informação e dos veículos de propaganda.
c) redução da distância entre os estabelecimentos industriais e comerciais;
acelerado ritmo de inovações do produto com mercados pouco especializados.
d) crescente terceirização das atividades de apoio à produção e à distribuição;
elevados níveis de concentração de capitais com formação de conglomerados.

57 (Fuvest) A incorporação de novas áreas, entre 1820 e 1850, que deu aos Estados Unidos sua atual conformação territorial, estendendo-se do Atlântico ao Pacífico, deveu-se fundamentalmente:

a) a um avanço natural para o Oeste, tendo em vista a chegada de um imenso contingente de imigrantes europeus.
b) aos acordos com as lideranças indígenas, Sioux e Apache, tradicionalmente aliadas aos brancos.
c) à vitória na guerra contra o México que, derrotado, foi obrigado a ceder quase a metade de seu território.
d) à compra de territórios da Inglaterra e Rússia, que assumiram uma posição pragmática diante do avanço norte-americano para o Oeste.
e) à compra de territórios da França e da Espanha, que estavam, naquele período, atravessando graves crises econômicas na Europa.

unidade VI

A IDADE CONTEMPORÂNEA
SÉCULO XX E INÍCIO DO XXI

O SÉCULO XX

No final do século XIX, o mundo se sujeitava à supremacia econômica capitalista de algumas potências europeias, sobretudo a Inglaterra. Surgiam, entretanto, indícios do deslocamento desse centro dinâmico, pois alemães e norte-americanos sobrepunham-se aos ingleses na produção de ferro e aço. Nos Estados Unidos, as indústrias química, elétrica e automobilística se desenvolviam consideravelmente, e na Alemanha a indústria bélica prosperava com o programa naval de 1900, que visava conquistar um império colonial.

A Inglaterra, entretanto, detinha, ainda, metade de todos os capitais exportados para investimentos e o maior império colonial, impondo sua hegemonia, a *Pax Britannica*. Buscando não só conservar mas também ampliar os seus domínios e resguardar-se do poderio crescente dos novos centros capitalistas, a Inglaterra equipou-se militarmente. Em 1906, por exemplo, lançou o primeiro navio encouraçado movido a turbina, o HMS Dreadnought, armado com artilharia pesada e canhões de longo alcance. O armamentismo ocorrido nos grandes Estados no início do século XX já indicava tendência a confrontos.

Por outro lado, o imperialismo transformara a África e a Ásia em áreas de disputas coloniais. A Alemanha, por exemplo, exigia a redivisão colonial, a obtenção de domínios condizentes com seu crescimento e poder. Às polêmicas imperialistas juntaram-se outros elementos desagregadores da paz mundial: as minorias nacionais europeias, por exemplo, reivindicavam seu direito de autogoverno, baseando-se nos ideais de unificação dos italianos e alemães. Poloneses, irlandeses, finlandeses e, principalmente, os povos do antigo Império Austro-Húngaro (húngaros e grupos eslavos, como os sérvios, os croatas e os eslovenos) lutavam pela sua independência, envolvendo as grandes potências e ativando suas rivalidades. Também essa situação colaborou para a intensificação do militarismo europeu.

A rivalidade naval e bélica entre o Reino Unido e a Alemanha foi retratada nesta charge.

Os impasses criados pelos interesses capitalistas, pelo imperialismo e pelo nacionalismo conduziram o mundo à Primeira Guerra Mundial (1914-1918) e à desestruturação do capitalismo internacional, fatores que, somados à difusão do marxismo, desencadearam a Revolução Bolchevique de 1917, na Rússia. Ao final da Primeira Guerra Mundial, emergiu um sentimento nacionalista mais forte, representado pelo fascismo e pelo nazismo, gerador de impasses que culminaram num outro conflito mundial: a Segunda Guerra (1939-1945).

Na segunda metade do século XX, como resultado dessa gama de fatos e correntes de ideias, edificou-se uma geopolítica bipolarizada – Estados Unidos num extremo e União Soviética no outro –, concretizando o antagonismo entre capitalismo e socialismo surgido no século XIX. Ao mesmo tempo evidenciaram-se as diferenças entre os países centrais – que detinham o desenvolvimento capitalista – e os complementares – que lhes estavam subordinados econômica e politicamente. De um lado havia países desenvolvidos e ricos, de outro, regiões com dificuldades crônicas, endividadas e empobrecidas – o Terceiro Mundo.

Mesmo depois do colapso do socialismo real e do fim da União Soviética em 1991, a supremacia capitalista globalizada acentuou as desigualdades entre o mundo rico, locomotiva do desenvolvimento econômico, e o mundo pobre e dependente dentro de uma nova ordem internacional. O fosso entre o progresso econômico/tecnológico e a questão social, nascido com a maturidade capitalista na Revolução Industrial, ganhou, no final do século XX, forma global, acrescido ainda da questão da destruição do meio ambiente. Esse panorama, além de fomentar debates e divergências, firmou-se como eixo das atuações intelectuais e políticas nesse início do século XXI.

Eventos e manchetes da última década do século XX. Confirmando ter sido um século bastante violento, estima-se que os conflitos do século XX tenham resultado na morte de 109,7 milhões de pessoas, número três vezes maior que todos os séculos anteriores juntos, segundo cálculos do Programa das Nações Unidas para o Desenvolvimento (PNUD) em seu relatório de 2005.

A PRIMEIRA GUERRA MUNDIAL (1914-1918)

A Paz Armada e a política de alianças

Quando a França foi derrotada em 1870, na batalha de Sedan, perdendo para a Alemanha as ricas províncias da Alsácia-Lorena, houve o despertar de um forte espírito nacionalista, de revanche, que abriu a possibilidade de uma nova guerra europeia. Ao mesmo tempo, a rivalidade inglesa com relação à Alemanha corporificou-se gradativamente e teve suas raízes no crescimento industrial alemão, que colocava em risco a tradicional supremacia capitalista da Inglaterra, e nas pressões alemãs de redivisão colonial.

Grande parte dos orçamentos europeus destinava-se à corrida armamentista, o que transformou o Velho Continente num verdadeiro campo militar, tornando esse período conhecido como **Paz Armada**. A Alemanha, desde a sua unificação, fundamentou a política externa no isolamento da França, criando um sistema internacional de alianças político-militares que cerceassem o revanchismo francês.

Em 1873, Bismarck instaurou a **Liga dos Três Imperadores**, da qual faziam parte a Alemanha, a Áustria-Hungria e a Rússia. Entretanto, as divergências entre a Rússia e a Áustria com relação à região dos Bálcãs, ocasionadas pelo fato de a Rússia apoiar as minorias eslavas da região, desejosas de independência, acabou com essa aliança em 1878. Em 1882, o Segundo Reich firmou a **Tríplice Aliança**, unindo-se ao Império Austro-Húngaro e à Itália, esta em atrito com a França devido à anexação da Tunísia, na África.

Somente na última década do século XIX, a França começou a sair do seu isolamento internacional, conseguindo estabelecer um pacto militar com a Rússia em 1894. No início do século XX, também a Inglaterra se aproximou da França, e, em 1904, formou-se a **Entente Cordiale**, que fundia os interesses comuns dos dois países no plano internacional. A partir de então as antigas hostilidades franco-inglesas foram esquecidas, para que os dois países enfrentassem um inimigo comum: o sucesso econômico da Alemanha, sua expansão colonial e seu exaltado nacionalismo.

Em 1907, a Rússia se aliou à França e à Inglaterra, formando a **Tríplice Entente**. Passavam, assim, a existir na Europa dois grandes blocos antagônicos – a Tríplice Aliança e a Tríplice Entente – que, fortes, fomentaram a tensão que levou os países europeus aos preparativos armamentistas.

Em meio a esses dois blocos, a Itália ocupava uma posição singular, pois era membro da Tríplice Aliança embora cultivasse sérios conflitos com o Império Austro-Húngaro na disputa das regiões irridentas – Trentino, parte sul do Tirol e da Ístria. Devido a isso, a Itália assumiu um comportamento dúbio na política internacional, assinando acordos secretos de não agressão com a Rússia e com a França, países do bloco rival, a Tríplice Entente.

A Questão Marroquina (1904)

Fazendo parte do processo de disputa colonial, a Questão Marroquina resultou num acordo entre França e Inglaterra, que marginalizou a Alemanha e sepultou a Convenção de Madri, de 1880. Esta Convenção tinha estabelecido direitos de exploração da região do Marrocos aos alemães que, agora, eram suprimidos. O acordo franco-britânico de 1904 era o reconhecimento francês dos interesses ingleses no Egito e a contrapartida do apoio inglês para a dominação francesa no Marrocos. Em 1905, entretanto, o *kaiser* Guilherme II desembarcou em Tânger, criando um impasse ao prometer preservar a independência do Marrocos.

> declarou que esperava por um Marrocos independente, sob a autoridade do sultão, que fosse aberto, sem monopólio ou exclusão, à competição pacífica de todas as nações. Em benefício do representante francês, no entanto, acrescentou que sabia como salvaguardar os legítimos interesses da Alemanha no Marrocos e que esperava que essas pretensões fossem reconhecidas pela França."
>
> WATT, D. C. A primeira crise do Marrocos. In: *Século XX*. São Paulo, Abril, 1968. p. 163.

A crise do Marrocos foi resolvida em 1906, na Conferência de Algeciras, na qual se reconheceram os interesses franceses e garantiram-se também os dos alemães naquele país. Novas crises entretanto ocorreram: em 1908, em Casablanca, e em 1911, em Agadir, que foram solucionadas pela cessão do Congo francês à Alemanha, que, em troca, abandonava suas pretensões sobre o Marrocos. Mesmo assim, permaneceu o descontentamento, pois os alemães consideraram pequena a compensação recebida e os franceses ficaram inconformados por cederem uma área colonial.

Na charge, o Marrocos é representado por um coelho disputado avidamente por várias nações europeias.

Guilherme II no Marrocos

"Montado num esplêndido cavalo berbere, com acompanhamento de uma banda militar e com fogueiras de regozijo acesas pelo Kabyle marroquino (tropas irregulares, em todos os sentidos da palavra), o *kaiser* percorreu as ruas de Tânger até a legação alemã. Ali, perante o sultão e o corpo diplomático reunido, ele

A Questão Balcânica

A Questão Balcânica colocou em campos opostos os países da Tríplice Entente e da Tríplice Aliança. A disputa pelos Bálcãs – região entre os mares Negro e Adriático – iniciou-se no final do século XIX, com o desmembramento do Império Turco-Otomano, que se encontrava em rápida desagregação. A intervenção imperialista internacional na região e as lutas nacionalistas dos diversos povos que faziam parte do Império originaram agudas crises locais e internacionais.

A Rússia defendia o **pan-eslavismo**, pretendendo unificar os eslavos balcânicos, libertando-os do Império Turco. Com essa política, a Rússia tencionava dominar a região do mar Negro ao mar Egeu, passando pelos Bálcãs, apresentando-se como protetora e incentivadora da independência das minorias nacionais.

Os russos, entretanto, encontraram resistência do Império Austro-Húngaro, protetor do Império Turco, e da Alemanha, que projetava construir a estrada de ferro Berlim-Bagdá, barrando a descida russa para o sul, pelos estreitos de Bósforo e Dardanelos, pertencentes ao Império Turco.

De outro lado, a construção da estrada de ferro permitiria à Alemanha o acesso às áreas petrolíferas do golfo Pérsico, ameaçando a hegemonia inglesa nessa região.

A Sérvia encabeçou o movimento pan-eslavista balcânico, buscando a independência do domínio turco e idealizando a construção da **Grande Sérvia**. Quando, em 1908, a Áustria anexou as regiões eslavas da Bósnia e Herzegovina, tomadas ao decadente Império Turco, o ideal de unificação eslava tornou-se mais distante, pois seria necessário lutar tanto contra o Império Turco como contra o Império Austro-Húngaro. Nos anos seguintes, a Sérvia, com respaldo russo, fomentou diversas agitações nacionalistas.

POVOS BALCÂNICOS

A diversidade de nacionalidades na região balcânica ajudou a transformá-la no estopim da Primeira Guerra Mundial.

O atentado de Sarajevo

Em 1912, uma coligação de países balcânicos organizou a luta contra o arruinado Império Turco. Contudo, Sérvia, Bulgária, Montenegro e Grécia, países independentes, acabaram se desentendendo quanto à questão da divisão dos territórios. Em 1913, a Bulgária, apoiada pela Áustria, atacou a Sérvia, mas foi derrotada pela coligação desta com Montenegro, Romênia e Grécia. Ao mesmo tempo, os povos eslavos da Bósnia e Herzegovina aproveitavam-se da situação e rebelavam-se, buscando a independência, com respaldo da Sérvia.

Em 1914, o herdeiro do trono austro-húngaro, arquiduque **Francisco Ferdinando**, buscando esfriar os ânimos da região, viajou a Sarajevo, capital da Bósnia, para anunciar a formação de uma monarquia tríplice (austro-húngara-eslava), elevando teoricamente a Bósnia e a Herzegovina ao mesmo nível de importância da Áustria. Pretendendo frustrar o projeto austríaco, os sérvios planejaram, através da organização secreta **Mão Negra**, um atentado: em 28 de junho de 1914, o estudante sérvio Gravilo Princip matou a tiros Francisco Ferdinando e sua esposa. Em represália, o Império Austro-Húngaro deu um ultimato à Sérvia, exigindo a eliminação de todas as organizações nacionalistas locais, frustrando uma solução pacífica para o impasse criado com o assassinato.

> vic-Apis, o chefe do serviço de inteligência do Estado Maior Sérvio."
>
> DEDIJER, Vladimir. Crise europeia. In: Século XX, p. 452.

Em 1º de agosto de 1914, a Áustria declarou guerra à Sérvia. Imediatamente, a Rússia posicionou-se a favor da Sérvia e, a partir de então, o sistema de alianças foi ativado, resultando na entrada da Alemanha, França e Inglaterra no conflito, que se generalizou. Exatamente um mês depois, os grandes exércitos marchavam para a guerra. Sarajevo foi apenas o gatilho que acionou uma arma há muito preparada.

O desenvolvimento do conflito

A Primeira Guerra Mundial foi um confronto bélico sem precedentes históricos, pois envolveu todas as grandes potências do mundo, impondo o recrutamento obrigatório em cada nação, não só para o exército como também para a produção, resultando numa completa mobilização econômica e militar. No esforço de guerra, cada Estado assumiu a administração de sua própria economia e todos os cidadãos tornaram-se soldados. Os tanques de guerra, os encouraçados, os submarinos, os obuses de grosso calibre e a aviação, entre outras inovações tecnológicas, demonstraram que o mundo possuía uma capacidade bélica até então inimaginável.

Em linhas gerais, a Primeira Guerra Mundial apresentou duas grandes fases: em 1914 houve a **guerra de movimento** e, de 1915 em diante, a **guerra de trincheiras**. A primeira fase estava relacionada ao Plano Schlieffen, estratégia alemã elaborada em 1905 que previa a guerra em duas frentes, concentrando todo o esforço bélico primeiramente no Ocidente e depois no Oriente, sem dividir-se. Começaria com uma rápida ofensiva esmagadora contra a França, derrotando-a, em seguida o grosso das operações militares seria realizado na frente oriental, contra a Rússia, acreditando-se numa vitória em poucos meses.

O assassinato de Francisco Ferdinando e sua esposa, em Sarajevo, acionou a confrontação geral da Primeira Guerra Mundial.

> **As organizações nacionalistas**
>
> "Como se sabe, os **Jovens Bósnios** eram uma das muitas sociedades secretas que operavam contra o governo dos Habsburgos. Eles mantinham contatos com organizações similares na Eslovênia (a sociedade secreta Preporod), Croácia e Dalmácia, assim como sociedades secretas na Sérvia; particularmente com a *Ujedinjenje ili smrt* (União ou morte, mais conhecida como Mão Negra). Esta era liderada pelo coronel Dragutin Dimitrije-

Para a execução da ofensiva ocidental, os alemães invadiram a França, atravessando o território belga, o que violou a sua neutralidade. Esse foi o pretexto para a Inglaterra declarar guerra à Alemanha. Os exércitos alemães marcharam em direção a Paris, surpreendendo as tropas francesas. Uma ofensiva russa na frente oriental, entretanto, obrigou o general alemão Moltke a uma divisão de forças. A França salvou-se do fulminante ataque alemão na **batalha do Marne** (1914).

Com o fracasso do Plano Schlieffen, terminava a guerra de movimento, iniciando-se a guerra de posição ou de trincheiras. Outras potências entraram no conflito, posicionando-se ao lado da Entente: Japão (1914), Itália (1915), Romênia (1916) e Grécia (1917). Ao lado dos impérios centrais (Alemanha e Áustria-Hungria) colocaram-se a Turquia (1914) e a Bulgária (1915).

Enquanto na frente ocidental a guerra entrava na fase das trincheiras, cada país defendendo, palmo a palmo, o território conquistado, na frente oriental ocorria uma sequência de grandes vitórias alemãs, como na batalha de Tannemberg, na qual cem mil russos foram aprisionados.

Em 1916, em Verdun, frustra-se uma nova ofensiva alemã contra a França, mantendo-se em geral as posições conquistadas. O ano de 1917, ao contrário, foi marcado por acontecimentos decisivos para a guerra.

As contínuas derrotas russas aceleraram a queda da autocracia czarista, culminando nas revoluções de 1917, que implantaram um governo socialista. Com o novo governo concluiu-se um acordo de paz em separado, o **Tratado de Brest-Litovski**, de 1918, oficializando a saída dos russos da guerra.

BATALHAS DA PRIMEIRA GUERRA MUNDIAL

O início dos conflitos da Primeira Guerra Mundial foi caracterizado pela rápida ofensiva dos soldados na guerra de movimento. O fracasso dessa estratégia resultou na guerra de posição, também conhecida como guerra de trincheiras. Nela, as forças militares ficavam estacionadas numa guerra de desgaste.

Ainda em 1917, a Itália sofreu uma grande derrota para os austríacos, na batalha de Caporetto, sendo neutralizada. Com dois inimigos fora de combate, as potências centrais passaram a se preocupar com a frente ocidental franco-inglesa, e a Alemanha intensificou o bloqueio marítimo à Inglaterra, objetivando deter seus movimentos e o abastecimento da Grã-Bretanha.

Os Estados Unidos, que até então se mantinham neutros, embora ligados à Entente, abastecendo os países europeus de alimentos e armamentos, sentiram-se ameaçados pela agressividade marítima alemã. O afundamento do seu transatlântico Lusitânia e do navio Vigilentia serviu de pretexto para a declaração de guerra contra as potências centrais. A entrada dos Estados Unidos na guerra, em 1917, com seu imenso potencial industrial e humano reforçou o bloco dos aliados. A abundante oferta de novas armas – tanques, navios e aviões de guerra – dinamizou o conflito, levou à retomada da ofensividade aliada que impôs sucessivas derrotas aos alemães.

Assim, graças à superioridade econômico-militar dos aliados, paulatinamente as potências centrais foram sendo derrotadas, e, em novembro de 1918, o próprio *kaiser* renunciava, refugiando-se na Holanda. O novo governo social-democrata da Alemanha assinou o **Armistício de Compiegne**, finalizando a Primeira Guerra Mundial.

Os tratados de paz

O fim da guerra foi conseguido por armistícios, sendo o primeiro realizado com a Bulgária, em 29 de setembro de 1918, e o último com a Alemanha, em 11 de novembro de 1918.

Terminadas as operações militares, os vitoriosos reuniram-se em janeiro de 1919, no Palácio de Versalhes, para as decisões do pós-guerra. A **Paz de Versalhes** foi presidida pelo presidente Wilson, dos Estados Unidos, Lloyd George, da Inglaterra, e Clemenceau, da França.

Antes mesmo do fim da guerra, o presidente Wilson havia concebido um plano para servir de base às negociações de paz, composto de 14 pontos. Baseado na ideia da paz sem vencedores, foi inviabilizado por diversos acordos paralelos e, principalmente, por pressão da França e da Inglaterra. O **Tratado de Versalhes** considerou a Alemanha culpada pela guerra, criando uma série de determinações que visavam enfraquecer e desmilitarizar esse país.

Estabeleceu-se, entre outros arranjos territoriais, a devolução da Alsácia-Lorena à França e o acesso da Polônia ao mar por uma faixa de terra dentro da Alemanha que desembocava no porto livre de Dantzig. A Alemanha perdia todas as suas colônias, a artilharia e a aviação e passava a ter um exército limitado a cem mil homens, além da proibição de construir navios de guerra. Obrigava-se ainda a indenizar as potências aliadas pelos danos causados, num total aproximado de trinta bilhões de dólares, valor que foi sendo renegociado nos anos 20, até ser extinto em 1932, na Conferência Internacional de Lausanne.

Catedral de Reims, na França, em meio a ruínas, no ano de 1914.

O Tratado de Versalhes também oficializou a criação da **Liga das Nações**, no início sem a participação da Alemanha e da Rússia, cuja função seria a de um fórum internacional que garantisse a paz mundial. A Liga nasceu praticamente falida, uma vez que o próprio país que a idealizara e que se transformara agora na maior potência mundial, os Estados Unidos, dela não participava, por discordar de muitas das decisões do Tratado de Versalhes, preferindo assinar com a Alemanha um acordo de paz em separado.

No mesmo ano, com a Áustria, os aliados assinaram o **Tratado de Saint-Germain**, que desmembrou o Império Austro-Húngaro, retirando a saída para o mar da Áustria e forçando-a a reconhecer a independência da Polônia, da Tchecoslováquia, da Hungria e da Iugoslávia. Com a Hungria foi assinado o Tratado de Trianon, com a Bulgária o de Neuilly e com a Turquia, o de Sévres, este último reformado por um outro tratado bem mais tarde, o de Lausanne em 1923, devido à reação turca às imposições de Sévres.

Os tratados de paz impostos aos derrotados, especialmente o de Versalhes, semearam o espírito de revanche e descontentamento que iria desembocar, vinte anos mais tarde, na Segunda Guerra Mundial.

Os estragos da Primeira Guerra

"A Primeira Guerra Mundial, anunciada como a 'guerra para terminar com as guerras', além de preparar conflitos posteriores ainda mais graves, deixou fixa a imagem de devastações e morticínios. Perto de treze milhões foram mortos e vinte milhões feridos. 'As despesas bélicas não apresentam termo de comparação com as das guerras precedentes e as devastações infligidas aos países, em cujos territórios se desenvolveram as operações ou devido à campanha submarina, alcançam números vertiginosos. Levando em conta a alta dos preços, o custo total do conflito representa 30% da riqueza nacional francesa, 22% da alemã, 32% da inglesa, 26% da italiana e 9% da norte-americana'."

CROUZET, Maurice. *História geral das civilizações.*
v. 15. p. 45.

A REVOLUÇÃO RUSSA

Poucas semanas antes da entrada dos Estados Unidos na Primeira Guerra Mundial, tinha início a Revolução Russa de fevereiro de 1917. Inicialmente comparada à Revolução Francesa, por caracterizar uma libertação do país dos grilhões absolutistas, adaptando-o às exigências do século XX, a Revolução de 1917 teria sido também uma demonstração patriótica russa contra os alemães. Contudo, logo ficou patente que a Revolução Russa não tinha paralelo histórico: ao contrário do que aconteceu na Revolução Francesa, a burguesia russa não assumiu o poder. Este ficou com os líderes do proletariado, que comandaram o processo revolucionário, forçando uma ruptura social e política inédita, cujos desdobramentos também se refletiriam internacionalmente.

Os calendários e a Revolução

No começo do século XX, a Rússia czarista ainda utilizava o calendário juliano – instituído por Júlio César em 45 a.C. No Ocidente adotava-se o calendário gregoriano, instaurado pelo papa Gregório XIII, em 1502, e que se diferenciava em 13 dias do juliano. Assim, a Revolução Russa de fevereiro – iniciada dia 23 –, em nosso calendário seria Revolução de março (8 de março), do mesmo modo que a Revolução de outubro, para nós, seria de novembro.

O calendário ocidental só foi adotado na Rússia em 1918, já sob o regime comunista.

Os antecedentes da Revolução Russa

No início do século XX, a Rússia, com uma população superior a 150 milhões de habitantes, vivia um período de profundas contradições, muitas delas decorrentes dos valores impostos pelo Antigo Regime, que se chocavam com os do mundo capitalista emergente. No topo da pirâmide social estavam os grandes proprietários de terras, o clero – membros da Igreja Ortodoxa – e os oficiais do exército, configurando uma organização social baseada na posse de terras e de títulos honoríficos, não havendo o dinamismo das sociedades capitalistas.

As terras, em geral, áreas enormes, pertenciam aos **boiardos**, nobres proprietários que exploravam a grande massa camponesa, cerca de 80% da população russa. Apesar de os Estatutos da Emancipação, elaborados em 1861, terem dado aos servos, os **mujiques**, liberdade pessoal e habilitação para tornarem-se proprietários, cerca de 40% das terras continuavam com a nobreza, enquanto os camponeses viviam em condições miseráveis.

O desenvolvimentismo, as conquistas, o engrandecimento do Estado, típicos do mundo moderno, foram representados na Rússia pelo czar **Pedro, o Grande** (1682-1725). Adotando novas formas de administração e de educação, importando tecnologias do Ocidente e transformando São Petersburgo na capital russa, "a janela para a Europa", implantou o desenvolvimento que incorporava o sentido de progresso ocidental. Esse espírito desenvolvimentista, no entanto, só seria retomado na segunda metade do século XIX, com o encorajamento da industrialização pelos últimos czares russos.

No começo do século XX, na Rússia, a modernização urbana e a industrialização chocavam-se com a estagnação rural, comandada pelos boiardos (foto).

A dinastia dos Romanov, no poder desde 1613, governava de forma absolutista: o **czar** se confundia com o Estado, agindo politicamente em função da grandeza imperial e da ampliação de seu poder, deixando a burguesia atrelada à sua autocracia. O Estado não satisfazia as aspirações burguesas de industrialização e modernização; ao contrário, a burguesia servia ao Estado, fortalecendo o czar. Assim, apesar de os últimos czares se preocuparem com a modernização, atraíram também a oposição ao absolutismo, o que desencadeou a Revolução de 1917.

O czar **Alexandre II**, por exemplo, aboliu a servidão e eliminou as dívidas dos mujiques, sendo, mesmo assim, assassinado por revolucionários radicais, os niilistas. Estes, ao seu tempo, eram um dos mais fortes grupos de oposição contra o czarismo. Seu nome derivava do latim *nihil*, que significa "nada", sintetizando seu ideal de fazer "terra arrasada" sobre toda a ordem existente, então, na Rússia.

> "No caso do fim da servidão, decidido a 18 de fevereiro de 1861, o Czar Alexandre II (1855-81) libertou 40 milhões de camponeses sem alterar substancialmente a estrutura fundiária tradicional, evitando o confisco generalizado e a redistribuição de terras, como reivindicavam os diversos movimentos populares russos.
>
> Mesmo a compra, por parte do governo, de propriedades que seriam distribuídas aos trabalhadores rurais livres dos nobres não conseguiu a simpatia popular, pois as propriedades eram entregues às aldeias (mir) que, por sua vez, repassavam os lotes aos camponeses mediante indenização ao Estado em prestações pagas durante 49 anos, transformando-os, na prática, em verdadeiros servos do Estado. Era um quadro de estímulo à tensão social, já que muitos desejavam bem mais que o conseguido e o czarismo optava por quase nada ceder às reivindicações nacionais."
>
> VICENTINO, Cláudio. *Rússia: antes e depois da URSS.* p. 48-9.

Seu sucessor, **Alexandre III** (1881-1894), destacou-se pela repressão radical contra os anarquistas e marxistas, por meio da **Okrana** (polícia política), encorajando também os investimentos estrangeiros (alemães, belgas, franceses e ingleses), que impulsionaram a industrialização russa, aguçando o contraste entre a estrutura agrária oligárquica czarista e os efeitos modernizantes.

Também **Nicolau II** (1894-1917), o último dos czares, continuou a industrialização fundamentada nos capitais internacionais e viveu o desfecho revolucionário de 1917.

O ensaio revolucionário de 1905

A **Guerra Russo-Japonesa** (1904-1905), de caráter imperialista pela disputa da Coreia e da Manchúria, terminou com uma fragorosa derrota do czar e de seu projeto expansionista. Esse fracasso incentivou as forças de oposição. A primeira evidência de impasse político deu-se em 22 de janeiro de 1905, quando uma manifestação popular pacífica em frente ao palácio de inverno de Nicolau II, em São Petersburgo, foi reprimida violentamente. Os manifestantes buscavam apenas uma entrevista com o czar, para expor-lhe suas queixas, e, mesmo cantando o hino da fidelidade ao governo, o *Deus salve o czar*, acabaram dizimados às centenas.

Tal episódio ficou conhecido como o **Domingo Sangrento**. Uma onda de protestos e intranquilidade espalhou-se pelo império russo, resultando em greve geral e levantes militares, como o do encouraçado Potemkin.

Com o Domingo Sangrento, instalou-se o descrédito e a revolta da nação russa perante o Estado czarista.

O encouraçado Potemkin

O encouraçado Potemkin fazia parte da esquadra russa do mar Negro e rebelou-se contra a autocracia czarista, reivindicando reformas políticas. Era a advertência ao czar de que até as Forças Armadas poderiam abandoná-lo. Esse levante foi mais tarde (1925) filmado pelo cineasta russo **Sergei Eisenstein**, que, pelo tratamento irônico, pelo posicionamento político e pelas técnicas empregadas, imprimiu ao cinema soviético uma originalidade revolucionária, transformando-se num marco importante na história dessa arte.

Em meio a essa situação, o czar foi obrigado a assinar o Tratado de Portsmouth, em 5 de setembro de 1905, pondo fim à Guerra Russo-Japonesa e sujeitando-se a entregar ao

Japão a parte setentrional da ilha de Sacalina, a península de Liaotung e a Coreia. No mês seguinte, o czar lançou o **Manifesto de Outubro**, prometendo ao povo a instauração de uma monarquia constitucional e parlamentar. Com o manifesto, iniciou-se a formação dos **sovietes** – conselhos de trabalhadores – em várias regiões da Rússia, o que ativou a participação popular. Uma das promessas de Nicolau II – a formação do parlamento (**Duma**) – foi cumprida, tendo os parlamentares se reunido em maio de 1906. Entretanto o czar enviou decretos que o colocavam acima da Duma, submetendo-a. As críticas parlamentares levaram-no a dissolvê-la, substituindo-a por outra de caráter censitário, ou seja, estruturada com base na posse de propriedades e organizada pelo ministro Stolypin.

O czarismo tentava a liberalização, mas sempre retornava à autocracia, num movimento pendular que aprofundava o desgaste do regime. Quando em 1911 o ministro Stolypin foi assassinado por opositores radicais, a reação absolutista se impôs completamente, ao restabelecer a monarquia autocrática czarista e conviver com a constituição, a Duma e os sovietes, agora sem poderes efetivos.

Rasputin, místico influente na Corte da czarina Alexandra, sintetizou a desmoralização governamental.

Entre os opositores do czarismo destacaram-se várias agremiações político-ideológicas, entre as quais a dos *narodnikis*, literalmente, "ida ao povo" (populistas), **niilistas** (partidários do anarquismo de Bakunin) e **social-democratas** (defensores dos princípios marxistas). Estes, em 1903, em Londres, no Segundo Congresso do Partido Operário Social-Democrata, dividiram-se em duas facções:
- os **mencheviques** (minoritários) – marxistas ortodoxos que pregavam o amadurecimento do capitalismo, para só então almejar o socialismo. Defendiam uma revolução burguesa contra o czarismo, liderada pela Duma, pleiteando transformações progressivas da sociedade. Entre os seus principais líderes destacaram-se Gheorghi Plekhanov e principalmente Iulii Martov;
- os **bolcheviques** (majoritários) – defendiam a revolução socialista, a instalação da ditadura do proletariado, com a aliança de operários e camponeses. Tinham como líder Lênin e apoiavam-se nos sovietes.

Tais denominações derivaram da presença majoritária ou minoritária naquele Congresso: *bolshe*, que em russo significa "mais", e *menshe*, que significa "menos". A divisão dos social-democratas acentuou-se progressivamente, e, em 1914, houve a separação definitiva. Apesar disso, tanto os bolcheviques como os mencheviques continuavam a catalisar o crescente e generalizado descontentamento da população russa contra o czarismo.

Rasputin e a corte de Nicolau II

A impopularidade de Nicolau II ganhou força, também, graças a sua vida pessoal. O monge da corte, **Rasputin**, por exemplo, transformou-se em figura importante no palácio, chegando até mesmo a interferir em assuntos políticos, pelo fato de ter conseguido a confiança da czarina Alexandra Feodorovna, que lhe atribuía poderes sobrenaturais por cuidar de seu filho Alexis, que era hemofílico. A proximidade entre Rasputin e a czarina e a atuação dele em decisões nacionais suscitaram a intensificação do desprestígio do czar. Em dezembro de 1916 Rasputin foi assassinado pelo príncipe Yusupov, trazendo à tona a desmoralização e a corrupção em que mergulhara a corte governamental.

A Primeira Guerra Mundial e o colapso do czarismo

No início da Primeira Guerra Mundial, a Rússia, como os demais países, esperava que ela fosse breve e que a paz a beneficiasse. Membro da Tríplice Entente (Rússia, Inglaterra e França), a Rússia lutou contra a Alemanha e a Áustria-Hungria, visando a conquista territorial, especialmente na região dos estreitos de Bósforo e Dardanelos, para alcançar o Mediterrâneo. Mas, ao contrário das expectativas, a guerra agravou as contradições sociais e políticas no país.

A Rússia não possuía poderio militar, tecnológico e, muito menos, econômico para enfrentar e vencer os alemães na frente oriental. Assim, ocorreram sucessivas derrotas, pelas quais o czar foi responsabilizado. Estas foram acompanhadas por deserções em massa de soldados na frente de batalha, favorecendo a organização das oposições que se preparavam para a insurreição.

O desastre militar russo foi completo: os alemães conquistaram boa parte de seu território e morreram mais de um milhão e meio de soldados.

No final de 1916, a Rússia estava aniquilada militarmente e desorganizada economicamente, convivendo com o desabastecimento, a escassez e os distúrbios populares. Estavam prontas as condições para a sublevação geral contra a direção nacional de Nicolau II.

A Revolução Menchevique

Em março de 1917, Nicolau II foi derrubado, instalando-se a República da Duma, sob a chefia de **Alexandre Kerensky**, líder menchevique. A partir de julho, o governo provisório estabeleceu uma ditadura que não se preocupou em resolver os problemas mais prementes: a paz e as reformas em todos os níveis.

Representando os ideais de uma revolução burguesa, o governo padecia, contudo, dos compromissos e ligações que sua base de apoio possuía com os aliados da Primeira Guerra. Kerensky manteve, assim, a Rússia na Primeira Guerra, principal fator de desgaste do Estado, fortalecendo a oposição bolchevique baseada na extensa rede de sovietes que unia exército e classes trabalhadoras.

Liderados por Lênin e Trótski, os bolcheviques ganharam popularidade com as **Teses de abril**, enunciadas na plataforma "paz, terra e pão", que propunha a saída da Rússia da Primeira Guerra Mundial, a divisão das grandes propriedades entre os camponeses e regularização do abastecimento interno. Sob o lema "todo poder aos sovietes", Trótski recrutava uma milícia revolucionária em Petrogrado, a **Guarda Vermelha**, entre trabalhadores bolcheviques dos sovietes.

Derrotas e desespero foram constantes entre os russos que lutavam na frente oriental durante a Primeira Guerra Mundial.

A Revolução Bolchevique

Em 7 de novembro (ou 25 de outubro no calendário juliano), os bolcheviques tomaram de assalto os departamentos públicos e o Palácio de Inverno, criando o Conselho de Comissários do Povo, o novo governo russo. No comando do Conselho estavam Lênin, como presidente, Trótski, como encarregado dos negócios estrangeiros, e Stálin, chefiando os negócios internos.

O novo governo teve início com a publicação do *Apelo aos trabalhadores, soldados e camponeses*, redigido por Lênin, o primeiro documento oficial da Revolução, transferindo todo o poder para os sovietes.

O governo de Lênin (1917-1924)

De início, o novo governo nacionalizou as indústrias e os bancos estrangeiros, redistribuiu as terras no campo e firmou um armistício com a Alemanha, em Brest-Litovski. Para sair da Primeira Guerra Mundial, a Rússia teve de perder alguns territórios da Letônia, Lituânia, Estônia, Finlândia, Ucrânia e Polônia.

As mudanças que removiam as estruturas de poder tradicionais, entretanto, ativaram a oposição dos **russos brancos** (mencheviques e czaristas) que, apoiados pelas potências aliadas que não aceitavam a saída da Rússia da Guerra, mergulharam o país numa sangrenta guerra civil, que só terminaria em 1921, com a vitória dos bolcheviques (**russos vermelhos**).

> "Tropas francesas, inglesas, japonesas e norte-americanas desembarcaram no país em socorro aos 'brancos' contra o **Exército Vermelho** bolchevique, mergulhando a Rússia numa sangrenta **guerra civil** (1917-1921)."

> "À quantidade de vítimas diretas das guerras (mundial e civil) acrescentou-se o número de pessoas que pereceram com a fome, o frio e as epidemias, gerando um total estimado entre 15 e 20 milhões de pessoas mortas de 1914 a 1921. Somente em 1920, mais de 3,5 milhões de russos morreram devido a uma epidemia de tifo, e a cidade de Petrogrado, que já possuíra uma população próxima à casa dos 2 milhões, passou a ter menos de 700 mil habitantes."
>
> VICENTINO, Cláudio. *Rússia: antes e depois da URSS*. p. 58.

Durante a guerra civil, o governo de Lênin adotou como política econômica o **comunismo de guerra**, caracterizado pela centralização da produção e pela eliminação da economia de mercado. Seu objetivo era conseguir recursos para enfrentar o cerco internacional e a guerra contra os russos brancos e aliados. As requisições forçadas, com o confisco da produção agrícola rural, anularam os procedimentos de compra e venda de produtos, fazendo desaparecer até o uso de moedas.

Vladimir Ilitch Lênin comandou a Revolução Bolchevique e foi o primeiro presidente da Rússia Socialista.

Em 1921, apesar da vitória bolchevique sobre os russos brancos e aliados, surgiram sérias crises de abastecimento, além de revoltas camponesas diante dos confiscos da produção agrícola. Lênin instituiu então a **Nova Política Econômica** (**NEP**), um planejamento estatal sobre a economia que combinava princípios socialistas com elementos capitalistas. A fim de evitar o colapso total da economia após a guerra civil, a NEP estimulava a pequena manufatura privada, o pequeno comércio e a livre venda de produtos pelos camponeses nos mercados, motivando dessa forma a produção e o abastecimento. Lênin justificava a inserção de componentes capitalistas sob a alegação de que ia se dar "um passo atrás, para dar dois passos à frente", ou seja, era necessário aplicar algumas medidas capitalistas para fortalecer a economia russa e então implantar o regime socialista.

A NEP durou até 1928, obtendo a recuperação parcial da economia soviética e a reativação de setores fundamentais, fazendo crescer a produção industrial, agrícola e o comércio.

Em 1918 foi elaborada uma constituição que criava a República Soviética Socialista Russa e, em 1923, outra, que instituía a **União das Repúblicas Socialistas Soviéticas** (**URSS**), resultado de um acordo de união das diferentes regiões do antigo Império Russo, transformadas em repúblicas federativas e socialistas.

Com a morte de Lênin, em 1924, o poder soviético foi disputado por Leon Trótski, chefe do exército, e Josef Stálin, secretário-geral do Partido Comunista. As divergências ideológicas entre os dois líderes resumiam-se nos seguintes pontos: Trótski defendia a **revolução permanente**, desejando iniciar imediatamente a difusão do socialismo pelo mundo; Stálin, ao contrário, pregava a consolidação da revolução na Rússia, a estruturação de um Estado revolucionário forte – **socialismo num só país** –, para então tentar expandir a revolução para a Europa. Stálin saiu vitorioso e nos anos seguintes marginalizou Trótski e seus seguidores, até eliminá-los.

> **Os funerais de Lênin**
>
> A morte de Lênin, em 21 de janeiro de 1924, causou grande comoção na população soviética, e os dirigentes do país – Stálin, Zinoniev e Kamenev – utilizaram-na para obter ganhos políticos. Os funerais de Lênin são então revestidos "de uma aura nada condizente com a personalidade do morto. Mais parece que sepultam um poderoso czar ou mesmo um hierarca ortodoxo. Nos funerais, toda uma ambientação mística. Mais tarde o corpo será embalsamado, e, para guardá-lo, um grandioso mausoléu é construído numa praça de Moscou, junto ao Kremlin. O que se pretende é impressionar o povo, com a instauração de um verdadeiro culto ao leninismo".
>
> ESTEVÃO, José Carlos e ARRABAL, José. *Stálin*. São Paulo, Moderna, 1986. p. 63.

O governo de Stálin (1924-1953)

Com Stálin, a partir de 1928, a economia soviética viveu a socialização total, com a abolição da NEP e a instauração dos **planos quinquenais**. Elaborados pela **Gosplan**, órgão encarregado da planificação econômica, objetivavam transformar a União Soviética numa nação socialista moderna e industrializada.

O primeiro plano quinquenal (1928-1933) buscou o aumento da produção de maneira global, estimulando a industrialização, sobretudo na área da indústria pesada (siderurgia, maquinaria, etc.). No meio rural foi instalada a coletivização agrícola, implantando-se duas formas de estabelecimentos rurais: os ***sovkhozes*** (fazendas estatais) e os ***kolkhozes*** (cooperativas).

Ao ser implantado o segundo plano quinquenal (1933), os reflexos do primeiro já podiam ser sentidos – os indícios de progresso eram significativos: a indústria de base crescera aproximadamente sete vezes em relação a 1928 e a indústria de bens de consumo, quatro vezes. Foi durante o segundo plano, que visava acelerar o desenvolvimento, que se construiu o metrô de Moscou.

O terceiro plano quinquenal (1938) visava desenvolver a indústria especializada, destacadamente a química. Entretanto, não pôde ser colocado em execução devido à explosão da Segunda Guerra Mundial.

No plano político, Stálin consolidou seu poder assumindo integralmente o controle do Partido Comunista, transformado no poder máximo que supervisionava todos os sovietes.

Os bolcheviques tinham adotado, em 1918, o nome de Partido Comunista Russo, que, em 1925, passou a chamar-se **Partido Comunista da União Soviética** (**PCUS**). Subordinada ao Partido estava a polícia política revolucionária, chamada inicialmente de **Tcheca** (nome advindo das iniciais da organização) e depois, em 1922, transformada em **GPU**, a Administração Política do Estado, sob a chefia de Stálin.

Centralizando todo o poder, Stálin eliminou a oposição de Trótski, exilando-o em 1929. Mais tarde, garantiu seu lugar como supremo mandatário, ao afastar todos os potenciais opositores nos expurgos de Moscou.

Entre 1936 e 1938, julgamento, condenação, expulsão do partido e punição tiveram vários pretextos, mas levaram ao mesmo fim — a instauração da autoridade do Estado stalinista. Sem alarde ou protestos, abafados pelo medo, inúmeros líderes políticos e cidadãos comuns foram aprisionados, executados ou mandados para prisões em regiões remotas, como a Sibéria.

Mesmo fora da União Soviética, Trótski continuou protestando contra Stálin, elaborando panfletos e condenando os "processos de Moscou", a farsa das retratações de acusados, até ser assassinado por um agente da polícia política (GPU) no México, em agosto de 1940.

No plano externo, apesar de apoiar os partidos comunistas internacionais (**Komintern**), a União Soviética foi reconhecida por vários países capitalistas, obtendo uma relativa harmonia na convivência internacional.

Na década de 30, a ascensão e a consolidação dos governos fascistas de Mussolini e Hitler provocariam uma substancial alteração na política mundial, envolvendo a União Soviética nos conflitos do período.

Aspecto de um *kolkhoz* ucraniano na década de 80 e do metrô de Moscou (abaixo).

A REVOLUÇÃO RUSSA

Leon Trótski (esquerda), um dos líderes da Revolução Bolchevique de 1917, acabou exilado e morto a mando de Stálin (direita).

O "Breve Século XX": revolução social x economia de mercado

"Durante grande parte do Breve Século XX, o comunismo soviético proclamou-se um sistema alternativo e superior ao capitalismo, e destinado pela história a triunfar sobre ele. E durante grande parte desse período, até mesmo muitos daqueles que rejeitavam suas pretensões de superioridade estavam longe de convencidos de que ele não pudesse triunfar. E – com a significativa exceção dos anos de 1933 a 1945 – a política internacional de todo o Breve Século XX após a Revolução de Outubro pode ser mais bem entendida como uma luta secular de forças da velha ordem contra a revolução social, tida como encarnada nos destinos da União Soviética e do comunismo internacional, a eles aliada ou deles dependente.

À medida que avança o Breve Século XX, essa imagem da política mundial como um duelo entre as forças de dois sistemas sociais rivais (cada um, após 1945, mobilizado por trás de uma superpotência a brandir armas de destruição global) se tornou cada vez mais irrealista. Na década de 1980, tinha tão pouca relevância para a política internacional quanto as Cruzadas. Mas podemos entender como veio a existir. Pois, mais completa e inflexível até mesmo que a Revolução Francesa em seus dias jacobinos, a Revolução de Outubro se via menos como um acontecimento nacional que ecumênico. Foi feita não para proporcionar liberdade e socialismo à Rússia, mas para trazer a revolução do proletariado mundial. Na mente de Lênin e seus camaradas, a vitória bolchevique na Rússia era basicamente uma batalha na campanha para alcançar a vitória do bolchevismo numa escala global mais ampla, e dificilmente justificável a não ser como tal."

HOBSBAWM, Eric J. Era dos extremos: o Breve Século XX: 1914-1991. p. 63.

A CRISE DE 1929 E O PERÍODO ENTREGUERRAS

A crise capitalista de 1929

Terminada a Primeira Guerra Mundial, os Estados Unidos se transformaram no dínamo do capitalismo mundial: de maior devedor (3 bilhões de dólares) o país passou à invejável posição de maior credor mundial (11 bilhões de dólares). Mais que isso, os EUA produziam mais de um terço da produção industrial mundial e, em 1929, passaram a mais de 42% da produção mundial total. Além disso, permaneceu atraindo população: entre 1900 e 1910, entraram nos Estados Unidos perto de nove milhões de imigrantes europeus. A prosperidade econômica, o *boom* econômico, entretanto, apresentava contradições que se aguçavam crescentemente, levando a uma profunda crise, que se expandiu para o resto do mundo. Embora fizesse parte do processo cíclico de evolução do capitalismo, a crise de 1929 foi diferente das que a precederam (1873, 1895, 1920-1921), pelas profundas alterações que provocou e pelas proporções mundiais que assumiu: falências, desemprego, reformulações políticas que mudaram a face do mundo.

Os antecedentes da crise

Depois de **Woodrow Wilson**, do Partido Democrata, os presidentes norte-americanos seguintes, até 1932, **Warren G. Harding**, **Calvin Coolidge** e **Herbert Hoover**, foram todos do Partido Republicano, fiéis defensores do isolacionismo e do liberalismo econômico.

O predomínio da postura isolacionista entre os republicanos amparava-se na **Doutrina Monroe** – "A América para os americanos" – e, consequentemente, desdobrava-se em "a Europa para os europeus", justificada na amplitude de questões e conflitos, como Primeira Guerra, que, segundo as lideranças norte-americanas, tinham como fonte o continente europeu. Assim, buscando abdicar de um engajamento total nos assuntos internacionais, os Estados Unidos não ratificaram o Tratado de Versalhes e decidiram não participar da Liga das Nações.

Gozando de prestígio político e econômico internacional superior a qualquer outro Estado, a ausência norte-americana foi uma das razões da falência da Liga das Nações e dos impasses europeus que culminaram na edificação dos Estados totalitários nazifascistas. Na outra ponta do isolacionismo, os Estados Unidos baixaram diversas leis restritivas à migração a partir de 1921, reduzindo drasticamente a entrada de estrangeiros no país.

> **Histeria político-ideológica: O "Caso Sacco e Vanzetti"**
>
> "Em janeiro de 1920, o politicamente ambicioso procurador-geral A. Mitchell Palmer ordenou uma série de batidas em organizações radicais alegadamente estrangeiras. Utilizando dossiês reservados compilados por J. Edgar Hoover, diretor do novo Bureau de Investigações, os

> agentes de Palmer prenderam sumariamente mais de 4 mil pessoas em 33 cidades. Cerca de 250 estrangeiros, incluindo Emma Goldman, foram deportados para a URSS a bordo da 'Arca Soviética'. Embora pouca evidência se descobrisse de perigosa atividade revolucionária, numerosos indivíduos, organizações e órgãos do governo transferiram em seguida sua hostilidade dos alemães para os radicais. Ansioso para obter apoio do Congresso para uma lei de sedição em tempos de paz, Palmer chegou a advertir que os revolucionários planejavam derrubar o governo dos Estados Unidos no Dia do Trabalho de 1920. O legislativo de Nova York expulsou cinco representantes socialistas legalmente eleitos; algumas comunidades exigiram que professores primários prestassem juramento de lealdade; vários estados tornaram ilegal hastear a bandeira vermelha do bolchevismo. Em 1921, dois anarquistas filosóficos, os infelizes **Nicola Sacco** e **Bartolomeo Vanzetti**, foram presos por roubo e assassinato com base em provas que pareciam ter respaldo na hostilidade pública a estrangeiros radicais. A despeito de uma apaixonada reação em prol da libertação de ambos, foram finalmente executados em 1927. Meio século depois, foram postumamente perdoados."
>
> SELLERS, Charles, MAY, Henry e MCMILLEN, Neil R. *Uma reavaliação da história dos Estados Unidos.* p. 311-2.

Entretanto, a desigualdade na distribuição da renda acentuou-se, pois, para a maioria da população, o salário continuou estável, impossibilitando um aumento de consumo e incompatibilizando-se com o crescimento da produtividade (de 1923 a 1929 o aumento dos salários não ultrapassou seiscentos milhões de dólares, enquanto a produção industrial aumentou em dez bilhões). Apenas uma elite correspondente a 5% da população detinha um terço da renda pessoal do país.

Assim, a produção do país não conseguia ser toda ela consumida internamente, o que resultou numa grande estocagem de mercadorias. Ao mesmo tempo, a intensa atividade econômica deu impulso à especulação financeira, através da compra e venda de ações de grandes empresas na Bolsa de Valores de Nova York, situada na Wall Street. Em meados de 1929, quadruplicou o valor das ações e mais e mais investidores foram atraídos pela Bolsa, pela especulação, numa espiral crescente.

Publicidade de um modelo Ford. Os Estados Unidos tornaram-se o país mais rico e poderoso de todo o mundo depois da Primeira Guerra Mundial.

Obedecendo ao binômio do Partido Republicano – **isolamento** e **liberalismo** –, os presidentes norte-americanos de 1920 a 1932 assistiram impassíveis a uma evolução econômica em direção ao caos. Para eles, os problemas econômicos seriam superados naturalmente, pois o mercado possuiria uma tendência intrínseca para a racionalidade, não cabendo ao Estado intrometer-se na ordem econômica.

IDADE CONTEMPORÂNEA (SÉCULO XX E INÍCIO DO XXI)

O aumento do número de investidores e do volume de investimentos, contudo, possuía um limite físico. O mercado interno limitado, o externo arrasado pela Primeira Guerra, com os países europeus buscando recuperar-se autonomamente, completavam o impasse econômico. A superprodução acompanhada de um subconsumo levou a especulação financeira a atingir seu limite. O presidente **Hoover**, entretanto, mantinha sua posição liberal, recusando-se a uma intervenção estatal a fim de estancar ou reverter a situação.

A Lei Seca

Coerente com o espírito isolacionista, o Partido Republicano exaltou valores nacionais, assumindo uma política conservadora, que interferia até mesmo no modo de vida da população. É dessa época a 18ª emenda à constituição, chamada **Volstead Act** (1919), proibindo a produção e a venda de bebidas alcoólicas, para "defender o homem americano dos males das bebidas". Entretanto, essa foi também a época do boom econômico do pós-guerra, dos gângsteres e de **Al Capone** – dono da maior organização criminosa de Chicago que controlava a venda clandestina de bebidas.

A Lei Seca acabou sendo completamente desmoralizada pela corrupção e por seus resultados, pois na fazenda do senador Morris Sheppard, autor da Lei Volstead, foi encontrada uma destilaria de uísque, contrariando a essência da própria lei. Em 1933, foi revogada pelo presidente democrata Franklin Roosevelt.

A quinta-feira negra

"Quinta-feira, 24 de outubro, é o primeiro dia em que a história identifica o início do pânico de 1929. Levando-se em conta a desordem, o medo e a confusão, merece ser considerado que 12 894 650 ações mudaram de mãos nesse dia, a maioria delas a preços que destruíram os sonhos e esperanças de seus proprietários."

GALBRAITH, J. K. A grande quebra de Wall Street. In: Século XX. p. 1345.

Do dia para a noite, prósperos empresários passaram a meros possuidores de papéis sem qualquer valor. A desordem econômica irradiou-se, abalando profundamente toda a sociedade norte-americana: 85 mil empresas faliram, quatro mil bancos fecharam e as demissões de trabalhadores alcançaram um total aproximado de doze milhões, disseminando a fome.

A explosão da crise

A crise explodiu em 24 de outubro, quando uma grande venda de ações não encontrou compradores. Os investidores, atemorizados, tentaram livrar-se dos papéis, originando uma verdadeira avalanche de oferta de ações, que derrubaram velozmente os preços, arruinando a todos.

O quarteirão da Bolsa de Valores de Nova York, durante os agitados dias de 1929.

A crise de 1929 abalou todo o mundo, exceto a União Soviética, fechada em si mesma e onde estavam sendo aplicados os planos quinquenais de Stálin. Sua difusão contou com dois elementos básicos: a redução das importações norte-americanas, que afetou duramente os países que dependiam de seu mercado (o café brasileiro é um exemplo), e o repatriamento de capitais norte-americanos investidos em outros países.

Por dependerem do capital ou das importações norte-americanas, a maioria dos países passou a viver agitações políticas e o caos social. Além disso, a concretização da Revolução Russa trazia temores aos governos europeus. Assim, cada país buscou soluções peculiares, quase sempre com o respaldo de governos fortes de direita nazifascistas.

> "Para aqueles que, por definição, não tinham controle ou acesso aos meios de produção (a menos que pudessem voltar para uma família camponesa no interior), ou seja, os homens e mulheres contratados por salários, a consequência básica da Depressão foi o desemprego em escala inimaginável e sem precedentes, e por mais tempo do que qualquer um já experimentara. No pior período da Depressão (1932-3), 22% a 23% da força de trabalho britânica e belga, 24% da sueca, 27% da americana, 29% da austríaca, 31% da norueguesa, 32% da dinamarquesa e nada menos que 44% da alemã não tinha emprego. E, o que é igualmente relevante, mesmo a recuperação após 1933 não reduziu o desemprego médio da década de 1930 abaixo de 16% a 17% na Grã-Bretanha e Suécia ou 20% no resto da Escandinávia. O único Estado ocidental que conseguiu eliminar o desemprego foi a Alemanha nazista entre 1933 e 1938. Não houvera nada semelhante a essa catástrofe econômica na vida dos trabalhadores até onde qualquer um pudesse lembrar."
>
> HOBSBAWM, Eric J. *Era dos extremos: o Breve Século XX: 1914-1991* p. 97.

O *New Deal* (1933-1939)

Devido à crise econômica, em 1932, os republicanos foram vencidos nas eleições nacionais pelo Partido Democrata. **Franklin Delano Roosevelt** foi então eleito presidente dos Estados Unidos, e uma de suas primeiras providências foi acabar com o liberalismo econômico, intervindo na economia, através do *New Deal*, plano elaborado por um grupo de renomados economistas – o Brain Trust –, que se baseava nas teorias de **John Maynard Keynes** (1884-1946).

Franklin Roosevelt, que assumiu o governo no ápice da crise, restaurou a economia norte-americana com a política do *New Deal*.

"Para Keynes, as raízes da Depressão encontravam-se em uma demanda privada inadequada. Para criar a demanda, as pessoas deviam obter meios para gastar. Uma conclusão daí decorrente é que os salários de desemprego não deveriam ser considerados simplesmente como débito do orçamento, mas um meio por intermédio do qual a demanda poderia aumentar e estimular a oferta. Além do mais, uma demanda reduzida significava que não haveria investimento suficiente para produzir a quantidade de mercadorias necessárias para assegurar o pleno emprego. Os governos deveriam, portanto, encorajar mais investimentos, abaixando as taxas de juros (uma política de 'dinheiro barato'), bem como criar um extenso programa de obras públicas, que proporcionaria emprego e geraria uma demanda maior de produtos industriais." (BROGAN, Hugh. "O New Deal". In: *Século XX*, p. 1607.)

Com o *New Deal*, o liberalismo de Adam Smith cedeu lugar ao **neocapitalismo**, que buscava um planejamento econômico baseado na intervenção do Estado. Roosevelt determinou grandes emissões monetárias, inflacionando deliberadamente o sistema; fez investimentos estatais de monta, como hidrelétricas; estimulou uma política de empregos; entre outras medidas, o que ativou o consumo e possibilitou a progressiva recuperação da economia. Dez anos depois, os Estados Unidos chegaram próximos do patamar econômico de 1929.

A política keynesiana da busca do pleno emprego para estimular as economias em recessão, adotada pelos Estados Unidos e depois por diversos outros países industriais, foi seguida da instalação de modernos sistemas previdenciários (a Lei de Seguridade dos EUA foi aprovada em 1935), servindo de base às políticas de bem-estar social desenvolvidas pelos países capitalistas, o **welfare state**, termo que entrou em uso a partir de 1940.

Tal política intervencionista teve predomínio internacional até o final dos anos 1970, quando voltou a ganhar prestígio a completa liberdade de mercado, defendida por teóricos como Friedrich von Hayek, autor de *Caminho da servidão* (1944), e membros da escola monetarista de Chicago, a exemplo de Milton Friedman e Robert Lucas. Com a crise financeira internacional iniciada em 2008 e seus desdobramentos nos anos seguintes, foram retomadas medidas intervencionistas dos Estados na economia.

O totalitarismo nazifascista

Durante o final da Primeira Guerra Mundial e início da Segunda, estruturou-se na Europa um fenômeno político conhecido como nazifascismo – movimento essencialmente nacionalista, antidemocrático, antioperário, antiliberal e antissocialista.

O nazismo, surgido na Alemanha, fundamentou-se teoricamente no livro *Mein Kampf* (Minha luta), escrito pelo ex-cabo da Primeira Guerra, Adolf Hitler, em 1923, e transformou-se em seu programa efetivo de governo, em 1933, quando assumiu o governo alemão. Na Itália, o fascismo se estruturou com Benito Mussolini que ocupou o governo a partir de 1922. Em outros países, formas peculiares de totalitarismo também foram adotadas, como o franquismo na Espanha e o salazarismo em Portugal.

Essas novas formas de governo representaram uma reação nacionalista às frustrações resultantes da Primeira Guerra Mundial, uma maneira de fortalecer o Estado intervencionista, além de atender às aspirações de estabilidade diante das ameaças revolucionárias de esquerda.

O símbolo do fascismo era um machado amarrado a um feixe, que, no Império Romano, indicava autoridade.

A origem da palavra fascismo

"O termo **fascismo**, lançado por Mussolini, vem do italiano fascio, que significa 'feixe'. Na Roma antiga, no tempo dos césares, os magistrados eram precedidos por funcionários – os *littori* – que empunhavam machados cujos cabos compridos eram reforçados

> por muitas varas fortemente atadas em torno da haste central. Os machados simbolizavam o poder do Estado de **decapitar** os inimigos da ordem pública. E as varas amarradas em redor do cabo constituíam um feixe que representava a unidade do povo em torno da liderança."
>
> KONDER, Leandro. *Introdução ao fascismo*. Rio de Janeiro, Geral, 1977. p. 29-30.

A doutrina nazifascista destacava basicamente os seguintes pontos:

- **totalitarismo** – assentava-se no princípio de que "nada deve existir acima do Estado, fora do Estado, contra o Estado". O Partido Fascista ou Nazista representava o Estado e confundia-se com ele, formando a síntese das aspirações nacionais.
- **nacionalismo** – defendia-se que tudo deveria ser feito para a nação, pois esta representava a mais alta forma de sociedade.
- **idealismo** – acreditava-se que pelo instinto e anseios se poderia transformar qualquer coisa que se desejasse.
- **romantismo** – negava-se que a razão pudesse solucionar os problemas nacionais, defendendo-se, ao contrário, que somente a fé, o autossacrifício, o heroísmo e a força o conseguiriam.
- **autoritarismo** – via-se a autoridade do líder, do chefe – o *Duce* ou o *Führer* –, como indiscutível; as nações precisavam de trabalho e prosperidade, não de liberdade.
- **militarismo** – acreditava-se que "a guerra regenera", "a luta é tudo", "a expansão salva".
- **anticomunismo** – culpavam-se os comunistas pelo caos reinante e pelo colapso nacional.

> ### Os slogans nazifascistas
>
> Os slogans nazifascistas eram publicamente invocados e sempre aplaudidos, às vezes em uníssono, pela massa popular em praças públicas:
> "Acredita! Obedece! Luta!"
> "Quem tem aço tem pão!"
> "Mais canhão, menos manteiga!"
> "Nada jamais foi ganho na história sem derramamento de sangue!"
> "É melhor um dia de leão do que cem anos de carneiro!"
> "A guerra é para o homem o que a maternidade é para a mulher!"
> "Um minuto no campo de batalha vale por uma vida inteira de paz!"
> "A liberdade é um cadáver em putrefação!"

No caso alemão havia ainda o **antissemitismo**, a perseguição racista aos judeus justificada pela afirmação de que na Primeira Guerra Mundial os alemães tinham sido traídos pelos judeus marxistas, motivo de sua derrota. Além disso, segundo o nazismo, os judeus ameaçavam a edificação da grande raça ariana (alemã). A repetição dessa mentira deu a ela forma de verdade.

Hitler afirma em *Mein Kampf* que tudo o "que hoje se apresenta a nós em matéria de cultura humana, de resultados colhidos no terreno da arte, da ciência e da técnica, é quase que exclusivamente produto da criação do Ariano", entendido como o homem branco alemão, o grupo humano mais puro, "o fundador exclusivo de uma humanidade superior". Para ele, o judeu, além de ameaçar a depuração do alemão ariano, era visto como antinacional (por sua história), imoral e marxista. Assim, a ideia fundamental do nazismo era expressa na frase: *ein Volk, ein Reich, ein Führer* (um povo, uma nação, um chefe).

O **corporativismo** constituía a peculiaridade do regime totalitário italiano. O povo, produtor de riquezas, organizava-se em corporações sindicais que governavam o país através do Partido Fascista, que era o próprio Estado. Ao contrário da visão da esquerda, negava-se a existência de classes em oposição na estrutura social, e o Estado corporativo deveria buscar a harmonização dos interesses conflitantes do capital e do trabalho dentro dos quadros das corporações.

A intimidade entre o totalitarismo e o capital financeiro e o apoio da alta burguesia a Hitler e a Mussolini são comprovados por vários documentos. No caso nazista, o magnata Krupp explicava que "os empresários alemães empreenderam de todo o coração a caminhada pelo novo curso; que eles, com a melhor disposição e conscientemente agradecidos, compreenderam e adotaram como suas as grandes intenções do Führer, reafirmando-se como fiéis seguidores dele". No caso da Itália, Mussolini contou, para chegar ao poder, com o apoio da Confederação Geral da Indústria, da Associação dos Bancos e da Confederação da Agricultura.

O fascismo italiano

Em 1919, em Milão, Mussolini fundou o Partido Fascista italiano e formou os *squadres*, a milícia armada conhecida como **camisas negras**. Atacando adversários, especialmente os comunistas, os fascistas ganharam apoio da elite e da classe média, expandindo-se por todo o país. Entre as principais razões que propiciaram a ascensão fascista na Itália destacam-se a então crise política e econômica e os efeitos desmoralizantes sofridos pelo país com a Primeira Guerra: perdas financeiras enormes, mais de setecentos mil mortos e quase nenhum ganho territorial.

Grupo de camisas negras, liderados por Mussolini.

O caos econômico causado pela inflação, pelo alto índice de desemprego e pela paralisação de diversos setores produtivos levou à agitação política revolucionária das esquerdas, sucedendo-se greves e invasões de fábricas e terras. Por seu lado, o governo parlamentar, composto pelo Partido Socialista e pelo Partido Popular, não chegava a acordo nas grandes questões políticas, gerando impasses e impopularidade. Nesse quadro de instabilidade, as elites passaram a respaldar a ação dos *squadres* e os fascistas elegeram maior número de representantes no Parlamento, em 1921.

Num discurso de 6 de outubro de 1922, Mussolini definiu as metas do Partido Fascista: "O fascismo italiano representa uma reação contra os democratas que tornaram tudo medíocre e uniforme e tentaram sufocar e tornar transitória a autoridade do Estado. [...] A democracia tirou a elegância da vida das pessoas, mas o fascismo a traz de volta, isto é, traz de volta a cor, a força, o pitoresco, o inesperado, o misticismo, enfim, tudo o que falta às almas da multidão".

Apoiado na crise parlamentar, Mussolini organizou o assalto ao poder. Em 1922, cinquenta mil *squadres*, vindos de toda a Itália, marcharam para Roma exigindo o poder. O rei Vítor Emanuel III cedeu à pressão e o líder fascista passou a organizar o gabinete governamental, no cargo de primeiro-ministro.

Em 1924, por meio de eleições fraudulentas, os fascistas ganharam maioria parlamentar. A oposição, liderada pelo deputado socialista **Matteotti**, denunciou as irregularidades eleitorais, mas foi calada por terror e repressão generalizados, que culminaram no rapto e assassinato de Matteotti pelos camisas negras.

Em 1925, Mussolini tornou-se *Duce*, o condutor supremo da Itália, e com o respaldo da Confederação Geral da Indústria, da Ovra (polícia política fascista) e do Tribunal Especial, concretizou o Estado totalitário fascista, eliminando os principais focos oposicionistas. Impôs leis de exceção, suprimiu a imprensa oposicionista e cassou as licenças de todos os advogados antifascistas.

Mussolini era aclamado com sucessivos brados de "Duce! Duce! Duce!".

Em 1929, Mussolini ganhou também o apoio do clero ao assinar o **Tratado de Latrão**, que solucionava a antiga Questão Romana. Indicando a conciliação entre Igreja e Estado, o papa Pio XI reconhecia o Estado italiano e Mussolini, a soberania do minúsculo Vaticano, composto pelo Palácio do Vaticano, a Igreja de São Pedro e o Palácio de verão de Castel Gandolfo. O catolicismo foi então transformado em religião oficial.

Mussolini, depois de assegurar o pleno poder e cercar-se das elites dominantes, buscou o desenvolvimento. Centrado numa imensa propaganda de massa e na proibição de greves, o governo do Duce apresentou sucessos na agricultura e na indústria até que a depressão mundial de 1929 mergulhou-o em crise. Para superá-la, Mussolini intensificou a produção de armamentos e as conquistas territoriais, ressuscitando a ideia de restaurar o Império Romano. Voltando-se para a África, invadiu a Abissínia (atual Etiópia) e, em seguida, uniu-se à Alemanha e ao Japão em diversas agressões internacionais.

O nazismo alemão

As razões que contribuíram para o êxito nazista na Alemanha são similares às do fascismo na Itália, agravadas pela desastrosa derrota da Alemanha na Primeira Guerra e pela humilhação decorrente do Tratado de Versalhes. Com o final da guerra, o regime dos *kaisers* alemães foi substituído pela **República de Weimar** (1918-1933), que já surgiu marcada pela derrota, pela humilhação e pela crise socioeconômica. Às crescentes dificuldades pós-Versalhes acrescentaram-se as indenizações exigidas pelos vencedores, especialmente a França.

Em 1923, a República de Weimar decidiu cancelar tais pagamentos, resultando na invasão francesa sobre o vale do Ruhr, como represália. Em contrapartida, os trabalhadores alemães desta região entraram em greve, negando-se a trabalhar para os franceses, o que obrigou o governo alemão a não abandoná-los, ampliando a emissão monetária para custear a posição dos trabalhadores. O resultado foi uma espiral inflacionária, a hiperinflação alemã de 1923, a qual chegou a atingir o absurdo índice de 32 400% ao mês. Veja abaixo a escalada inflacionária alemã expressa no preço de uma fatia de pão em Berlim:

A HIPERINFLAÇÃO ALEMÃ

Preço de uma fatia de pão

1918	1922	janeiro/1923
63 marcos	163,15 marcos	250 marcos
julho/1923	setembro/1923	novembro/1923
3 465 marcos	1 512 000 marcos	201 000 000 000 marcos

Em 1919, em Munique, fundou-se um partido totalitário, nos moldes do Partido Fascista italiano, que adotou, logo depois, o nome de **Partido Nacional Socialista dos Trabalhadores Alemães**. Com forte apelo ao sentimento nacional e diante das dificuldades do pós-guerra, o novo partido ganhou crescentes adeptos. Para intimidar os opositores, os nazistas atuavam com uma polícia paramilitar, denominada Seções de Assalto (SA) – os "camisas pardas".

O início do Partido Nazista

"O Partido Nazista foi fundado na Baviera pelo ferroviário Anton Drexler com o nome de Partido Operário Alemão (*Deutsche Arbeiter Partei*). Adolf Hitler compareceu a uma das suas primeiras reuniões como espião militar, e acabou aderindo ao partido, desligando-se das Forças Armadas. Em fevereiro de 1920, Hitler já era o dirigente responsável pela propaganda do partido e mudou-lhe o nome para Partido Operário Alemão Nacional-Socialista (*National-Sozialistiche Deutsche Arbeiter Partei*). Como os socialistas (*Sozialisten*) eram popularmente chamados **sozi**, os nacional-socialistas passaram a ser chamados de nazi (nazista)."

KONDER, Leandro. *Introdução ao fascismo*. p. 44.

Em novembro de 1923, diante do agravamento da situação socioeconômica e da ineficiência da República de Weimar, Hitler e seus seguidores tentaram um golpe, visando assumir o poder. Numa cervejaria de Munique, proclamaram o fim da república, e, embora acabassem todos presos, ganharam ampla publicidade em todo o país. O **Putsch de Munique**, como ficou conhecido o golpe, pareceu, por seu malogro total, o fim do nascente Partido Nazista. Foi, no entanto, apenas um recuo momentâneo na escalada nazista, que contaria mais tarde com circunstâncias propícias ao seu reerguimento definitivo.

Na prisão, Hitler escreveu **Mein Kampf**, obra em que desenvolveu os fundamentos do nazismo: a ideia pseudocientífica da existência da raça ariana – que seria descendente de um grupo indo-europeu mais puro –, o nacionalismo exacerbado, o totalitarismo, o anticomunismo e o princípio do **espaço vital** – que seria o domínio de territórios indispensáveis ao desenvolvimento alemão (não apenas a restauração das fronteiras de 1914, mas também a conquista da Europa oriental).

De 1923 a 1929, o nazismo não teve presença expressiva, até que a quebra da Bolsa de Nova York abalou o mundo, especialmente a Alemanha. Os seis milhões de desempregados surgidos com a crise intensificaram a atuação dos grupos políticos de esquerda, especialmente os comunistas, o que amedrontou a elite e a classe média alemã, que viram na proposta nazista a salvação nacional.

As tropas das SA passaram a agir livremente e a popularidade nazista se impôs. Em 1932, o presidente **Hindenburg** ofereceu a Hitler a chancelaria, o comando do Estado. Elevado ao poder, Hitler visou inicialmente eliminar a forte oposição, especialmente a dos políticos da esquerda. Para tanto, organizou uma farsa: provocou um incêndio que destruiu o prédio do Parlamento, o **Reischtag**, e acusou os comunistas de terem um golpe em andamento, o que lhe permitiu a instalação de uma ditadura totalitária. Os deputados e líderes das esquerdas foram presos e levados para campos de concentração, prisões de extermínio de opositores, de judeus e mais tarde de prisioneiros de guerra.

Na década de 1930, uma das maiores crises da história do capitalismo gerou uma grande depressão que seria a principal motivadora da Segunda Guerra Mundial.

A CRISE DE 1929 E O PERÍODO ENTREGUERRAS

Hitler organizou outras forças, além das SA, para dar-lhe sustentação: as **SS** – Sessões de Segurança – correspondiam à polícia política do partido, mais bem treinada e completamente disciplinada e fiel ao Führer (guia), e a **Gestapo** – polícia secreta do Estado. Hitler eliminou os partidos, os sindicatos, o direito de greve, os jornais opositores e depurou o próprio nazismo, eliminando, na chamada Noite dos Longos Punhais, vários líderes das SA que divergiam de sua absoluta autoridade. Cerca de setenta líderes e cinco mil outros nazistas foram mortos por soldados do exército, pelas SS e pela Gestapo, consolidando a liderança de Hitler. Em 21 de março de 1933, Hitler proclama a criação do **Terceiro Reich** e, com a morte do presidente Hindenburg em agosto de 1934, adota oficialmente o título de **Führer**.

Sob a liderança do hábil **Joseph Goebbels**, agitador fanático e orador mordaz, os nazistas ativaram a propaganda a seu favor, ganhando o apoio de quase toda a nação aos grandiosos planos do Führer. A campanha racista criava um "bode expiatório" e unia a nação alemã aos nazistas ao propor a purificação racial por meio do extermínio dos judeus. A denominada "solução final" multiplicou os campos de concentração, levando ao holocausto, com a morte de milhões de judeus. Toda a sociedade foi envolvida no programa nazista: das crianças aos adultos, nas escolas e instituições, todos eram induzidos a filiar-se à Juventude Hitlerista ou ao Partido Nazista.

A propaganda nazista

Joseph Goebbels foi o porta-voz do nazismo e utilizou-se do rádio, do cinema, do teatro e da literatura para divulgar sua convicção totalitária e fidelidade a Hitler. "Bem educado e muito inteligente, foi um grande mestre na arte de influenciar as massas, um demagogo nato e um tático astucioso na política do poder. Ninguém como ele foi capaz de usar com tamanha audácia a mentira como instrumento político. Até hoje os especialistas no assunto não conseguem concordar a respeito de qual dos dois – Hitler ou Goebbels – foi o melhor orador. Goebbels, ao contrário de Hitler, permanecia totalmente frio, mesmo nos comícios mais intoxicantes. Nunca foi muito popular. Incapaz de controlar sua língua, quase não tinha amigos. Mas o pequeno Schrumpfgermane ('o alemão encolhido') sabia como conquistar respeito."

JANSSEN, K. H. Hitler e seus adeptos. In: *Século XX*. p. 1432.

As manifestações nazistas alardeavam a disciplina e o poderio militar alemão.

A nazificação alemã completou-se com o armamentismo e o total militarismo, que reativou a indústria bélica e o desenvolvimento econômico. A militarização do Terceiro Reich visava à expansão territorial, à conquista do espaço vital, que foi feita à custa de seus vizinhos – Áustria, Tchecoslováquia e Polônia –, forjando o estopim da Segunda Guerra Mundial.

A SEGUNDA GUERRA MUNDIAL (1939-1945)

A Primeira Guerra Mundial – "feita para pôr fim a todas as guerras" – transformou-se no ponto de partida de novos e irreconciliáveis conflitos, pois o Tratado de Versalhes (1919) disseminou um forte sentimento nacionalista, que culminou no totalitarismo nazifascista. As contradições se aguçaram com os efeitos da grande crise de 1929. Além disso, a **política de apaziguamento**, adotada por alguns líderes políticos do período entreguerras e que se caracterizou por concessões para evitar um confronto, não conseguiu garantir a paz internacional. Sua atuação assemelhou-se à da Liga das Nações: um órgão frágil, sem reconhecimento e peso, que deveria cuidar da paz mundial, mas que fracassou totalmente. Assim, consolidaram-se os regimes totalitários, que visavam sobretudo a conquistas territoriais, processo que desencadeou a Segunda Guerra Mundial.

A expansão territorial e o início da guerra

Com os nazifascistas no poder na Itália e na Alemanha, a política internacional foi pouco a pouco configurando-se conflituosa, pois as pequenas nações sentiram-se lesadas em seus direitos territoriais e políticos, ficando à mercê dos Estados mais fortes.

O Japão, mergulhado num militarismo ultranacionalista e descontente com sua limitada posição internacional, invadiu a Manchúria em 1931; em 1935, a Itália invadiu a Etiópia; a Alemanha, desobedecendo as decisões do Tratado de Versalhes, reincorporou o Sarre em 1935, restabelecendo o serviço militar obrigatório, e em 1936 ocupou militarmente a Renânia – zona da fronteira francesa, desmilitarizada pelo Tratado de Versalhes.

Visando evitar confrontos militares, muitas das nações europeias assistiam a esses fatos resignadamente. Assim, a cada nova agressão expansionista dos Estados totalitários, confirmava-se a falência da Liga das Nações e da paz internacional administrada por ela.

A **Guerra Civil Espanhola** (1936-1939) deu a Hitler e Mussolini, associados ao militar golpista espanhol Francisco Franco, condições de testar seus novos armamentos e acabar com a nova República Socialista Espanhola. Esse conflito resultou em mais de um milhão de mortos e consolidou a aliança Hitler-Mussolini, chamada **Eixo Berlim-Roma**.

Tropas italianas em luta na Espanha ao lado dos franquistas.

Guernica

O início da participação nazista na Guerra Civil Espanhola se deu em Guernica, capital da província basca. Essa pequena cidade sempre fora considerada o berço da liberdade, onde reis espanhóis ou seus representantes juravam respeitar os direitos do povo basco.

"No dia 26 de abril de 1937, uma segunda-feira (dia de feira, como era costume em Guernica), às 4h40 da tarde começaram a surgir os Heinkel III, bombardeando a cidade e metralhando as ruas. Depois dos Heinkels vieram os Junkers 52, os velhos espectros da Guerra Espanhola. A população começou a abandonar a cidade, sendo metralhada na fuga. Bombas incendiárias (pesando até quatrocentos e cinquenta quilos) e outros explosivos foram lançados por vagas de aviões a cada vinte minutos, até as 7h45. A destruição foi total."

THOMAS, Hugh. A Guerra Civil Espanhola. In: *Século XX*. p. 1758.

O Japão, pouco depois, uniu-se aos alemães e italianos, já que, em sua expansão na Ásia, entrou em conflito com a União Soviética e outros países imperialistas ocidentais. Formou-se o Eixo Roma-Berlim-Tóquio. Os três países, que encontravam na passividade geral ânimo para novas investidas territoriais, assinaram o **Pacto Antikomintern**, unidade para combater o comunismo internacional.

A primeira manifestação significativa da expansão nazista aconteceu na Áustria, onde os alemães penetraram progressivamente desde 1934 até sua anexação ao Terceiro Reich. Sob o pretexto de união germânica, o Führer efetivou o **Anschluss** (união alemã-austríaca). A meta seguinte era a Tchecoslováquia, sob o pretexto de que a região sul desse país – os Sudetos – contava com população predominantemente alemã. Inglaterra e França, aliados na Primeira Guerra e responsáveis pela criação da Tchecoslováquia, alegando evitar uma confrontação geral, reuniram-se com Hitler e Mussolini. Na **Conferência de Munique**, tendo Chamberlain como representante da Inglaterra e Daladier, da França, os quatro chefes de Estado firmaram um acordo que entregou os Sudetos aos nazistas, ampliando o território alemão em direção ao leste. Chamberlain e Daladier entregaram essa região a Hitler em troco de um compromisso de não realizar qualquer nova expansão sem a aquiescência franco-britânica, confirmando a política de apaziguamento do período. Como afirmou Chamberlain numa entrevista aos jornalistas, "a paz estava garantida", só que ao preço da Tchecoslováquia e por muito pouco tempo.

Chamberlain (à esquerda) e Mussolini, em Munique.

A não participação da Tchecoslováquia na Conferência de Munique e o posterior desmembramento desse país, seguido da ocupação nazista da Boêmia e da Morávia, indicavam investidas mais significativas para o leste, em direção à União Soviética, ativando o clima de desconfiança e militarismo em toda a Europa.

Hitler há muito cobiçava conquistar o **corredor polonês**, a faixa de terra tirada da Alemanha pelo Tratado de Versalhes, que incluía o porto de Dantzig (em polonês, Gdansk), área que dava à Polônia saída para o mar. Receosos das intenções nazistas,

Inglaterra e França resolveram dar apoio e garantias ao governo polonês contra possíveis agressões estrangeiras, obtendo, ao mesmo tempo, a promessa da Alemanha de respeitar as fronteiras com a Polônia.

Tendo obtido a passividade das potências europeias ocidentais e diante do clima de desconfiança em relação à União Soviética, que se via isolada dentro dos sistemas de alianças do continente, Hitler aproximou-se de Stálin, estabelecendo, em 1939, o **Pacto Germano-Soviético** de não agressão e neutralidade por dez anos. Garantindo a neutralidade soviética na possibilidade de um conflito internacional, o pacto representou o lance final nazista em sua agressiva política expansionista. Por meio dele, a Alemanha firmava o compromisso de não agressão aos soviéticos e permitia a anexação dos estados bálticos (Finlândia) e de parte da Polônia Oriental às fronteiras soviéticas, enquanto Hitler, em troca, poderia anexar Dantzig. O pacto priorizou interesses expansionistas, relegando a segundo plano diferenças ideológicas, políticas e sociais entre o nazismo e o socialismo soviético.

Charge retratando o Pacto Germano-Soviético como o casamento entre Hitler e Stálin.

Em 1º de setembro de 1939, Hitler deu continuidade ao seu jogo expansionista, invadindo a Polônia. Inglaterra e França, de acordo com os compromissos públicos assumidos, reagiram, iniciando-se então a Segunda Guerra Mundial.

A eclosão da guerra

Durante 1939, conhecido como ano da "guerra de mentira", não ocorreram grandes batalhas, pois os países se preparavam para a guerra. Em abril de 1940, entretanto, Hitler iniciou a **Blitzkrieg** – guerra relâmpago –, que consistiu em ataques maciços com o uso de carros blindados (divisões *panzer*), da aviação (Luftwaffe) e de navios de guerra.

O avanço militar nazista foi fulminante: a Dinamarca, a Noruega e a Holanda foram ocupadas, e as tropas francesas, inglesas e belgas, empurradas até a cidade portuária francesa de Dunquerque, sendo obrigadas a se retirar do continente.

O irresistível avanço nazista alcançou a França, ocupando Paris em junho de 1940. O primeiro-ministro francês, marechal **Pétain**, assinou a rendição na cidade de Vichy, embora a parte sul do país permanecesse resistindo às forças alemãs. Dominando o continente, Hitler dirigiu-se contra a Inglaterra, iniciando um novo período da guerra.

A estratégia alemã em relação à Inglaterra baseou-se em ataques da aviação, levando a um verdadeiro duelo aéreo entre a Royal Air Force (RAF) e a Luftwaffe, comandada por Hermann Goering. Nesse confronto, as perdas humanas foram enormes – mais de quarenta mil civis mortos em consequência dos bombardeios aéreos –, mas a combatividade da RAF impediu a invasão à Inglaterra.

O primeiro-ministro inglês **Winston Churchill** sintetizou a importância da força aérea britânica na frase: "Nunca tantos deveram tanto a tão poucos".

Enquanto se travava a batalha da Inglaterra, os italianos atacavam o norte africano, tentando tomar o canal de Suez, a fim de romper as ligações da Inglaterra com suas colônias. Italianos e alemães atacaram também a Grécia, a Bulgária, a Iugoslávia e toda a região balcânica.

Apesar de intensos, os bombardeios alemães não conseguiram viabilizar uma invasão e ocupação da Inglaterra.

Com a intenção de obter minérios, cereais e petróleo, fundamentais aos seus planos bélicos, em junho de 1941, Hitler, traindo o pacto de não agressão de 1939 e sem declaração de guerra, marchou sobre a União Soviética. Num ataque surpresa, foram acionados canhões alemães nas fronteiras e efetuados ataques aéreos sobre os aeroportos soviéticos próximos, enquanto grupos de assalto abriam caminho para o exército alemão.

Os generais nazistas contavam com uma rápida vitória sobre os soviéticos, pois nas fronteiras russas havia um exército alemão de três milhões de soldados preparados para a conquista. De fato, inicialmente o exército soviético pouco pôde fazer para deter o avanço dos alemães, mas Hitler não contava com o grande número de soldados russos, nem avaliara o seu vasto território e a resistência das tropas e da população. O sucesso dos primeiros meses levou os nazistas até os subúrbios de Moscou, a capital soviética, mas, no final de 1941, os alemães passaram a experimentar duras e decisivas derrotas.

Desde março de 1941, os Estados Unidos haviam assumido posição contrária ao Eixo, ajudando materialmente a Inglaterra e a França. Em agosto, o presidente norte-americano Franklin Roosevelt assinou com o primeiro-ministro inglês Churchill a **Carta do Atlântico**, selando a solidariedade entre Inglaterra e Estados Unidos. Essa declaração, baseada em princípios liberais e democráticos, como a renúncia ao uso da força na política internacional, a liberdade de navegação em águas internacionais, o respeito à autonomia e às fronteiras políticas, contrapunha-se à política nazifascista.

No Pacífico, desde a invasão da China, a tensão entre Estados Unidos e Japão crescia, aumentando fortemente após o ataque japonês sobre a Indochina. Em dezembro de 1941, os japoneses, ambicionando a plena hegemonia no Pacífico oriental e dando seguimento ao seu expansionismo, atacaram **Pearl Harbor**, a maior base naval norte-americana no Pacífico, precipitando a entrada dos Estados Unidos na guerra.

Cartaz apresentando um samurai, guerreiro japonês, destruindo navios aliados.

Os japoneses sobre Pearl Harbor

O ataque a Pearl Harbor pelos japoneses era produto da convicção estratégica do almirante Yamamoto, que acreditava na absoluta necessidade de destruir a frota americana ali estacionada.

"A primeira bomba japonesa cai às 7h55. A força-tarefa estava estacionada a trezentos e setenta quilômetros das

> ilhas Havaí. Às seis horas, 190 aviões haviam partido para a primeira onda de ataques. A segunda foi levada a cabo com outros 170 aviões, sendo realizada às 5h40. Os danos norte-americanos foram pesados, mas nem todos irreparáveis para a marinha. Foram definitivamente afundados três couraçados. Mais perdas sofreram a força aérea da marinha e do exército. Morreram 2 403 norte-americanos."
>
> VIGEVANI, Tullo. A Segunda Guerra Mundial. São Paulo, Moderna. 1986. p. 38.

O ataque japonês a Pearl Harbor aconteceu na manhã de 7 de dezembro, enquanto diplomatas japoneses e norte-americanos discutiam em Washington a retirada do Japão da Indochina e a normalização de suas relações no Pacífico. O ataque destruiu grande parte da frota americana e deu aos japoneses a posição bélica ofensiva, enquanto os norte-americanos buscavam recompor suas forças. Mesmo assim, no dia seguinte, o Congresso dos Estados Unidos declarou guerra ao Japão, oficializando o confronto no Pacífico.

Até o início de 1942, Alemanha, Itália e Japão dominaram a guerra, executando uma contínua expansão e conquistando gigantescas e estratégicas regiões da Europa, África e Ásia. Mas, a partir de então, iniciou-se a derrocada do Eixo, pondo fim à avassaladora expansão totalitária.

As potências do Eixo chegaram a dominar grandes extensões territoriais na Europa, na Ásia e na África.

O fim da guerra

Na União Soviética, na batalha de Stalingrado, Hitler tentava vencer definitivamente os soviéticos. Mas, ao fim de alguns meses de acirrada luta, a ofensiva nazista foi completamente aniquilada: mais de 250 mil soldados alemães morreram e mais de cem mil foram aprisionados, neutralizando o poderio alemão no leste. Tinha início a inversão da situação da guerra, que levaria a um progressivo avanço soviético contra a Alemanha. Formava-se a **primeira frente** de luta dos Aliados, que marcharia pouco a pouco em direção a Berlim.

> **Stalingrado: (de julho de 1942 a fevereiro de 1943) marco do refluxo nazista**
>
> "O objetivo de Hitler era Stalingrado, o grande centro industrial localizado às margens do rio Volga: o controle de Stalingrado daria à Alemanha o comando de uma rede ferroviária fundamental. A batalha de Stalingrado foi uma luta épica na qual soldados e civis russos disputaram cada edifício e cada rua da cidade. Tão brutais eram os combates que, à noite, cachorros enlouquecidos procuravam fugir da cidade atravessando o rio a nado. Um contra-ataque russo em novembro colheu os alemães numa armadilha. Exausto e sem alimentos, medicamentos, armas e munições, Friedrich Paulus, comandante do Sexto Exército, insistiu com Hitler para que ordenasse a retirada, antes que os russos fechassem o cerco. O Führer recusou-se. Depois de sofrer dezenas de milhares de novas baixas, e tendo uma posição indefensável, os remanescentes do Sexto Exército renderam-se, a 2 de fevereiro de 1943."
>
> PERRY, Marvin (org). *Civilização ocidental: uma história concisa.* p. 740.

A **terceira frente** aliada desembarcou na Normandia, norte da França, no dia 6 de junho de 1944 – o chamado **Dia D**. Sob o comando do general Eisenhower, a chamada Operação Overlord, anulou as forças alemãs estacionadas no norte da Europa, denominadas Muralha do Atlântico, avançando pelo continente e apertando o cerco sobre o Terceiro Reich.

O Dia D: as forças aliadas desembarcam na Normandia, abrindo uma terceira frentre de avanço contra a Alemanha.

No Oriente, os japoneses foram batidos nas batalhas do mar de Coral e de Midway, esta última a primeira grande derrota da marinha japonesa. Enquanto isso, os Estados Unidos restabeleciam o seu equilíbrio bélico e assumiam a ofensiva.

Ao mesmo tempo, os Aliados iniciaram o avanço no norte da África, e, em 1943, um exército anglo-americano derrotou, no Egito, os alemães e italianos comandados por Von Rommell, na **batalha de El Alamein**. Essa vitória deu aos Aliados o controle do Mediterrâneo e possibilitou o desembarque na Itália, abrindo uma **segunda frente** de avanço sobre a Alemanha. Em setembro de 1943, depois de o rei italiano demitir o primeiro-ministro Mussolini, a Itália se rendeu e, no mês seguinte, declarou guerra à Alemanha. A luta na península contra os alemães e fascistas locais duraria até o final da guerra.

> **A Resistência e o Dia D**
>
> Antes do desembarque aliado na Normandia, a luta na França contra a ocupação alemã era feita pela **Resistência**, composta por mais de cem mil membros que dificultavam a dominação nazista e opunham-se aos colaboracionistas de Vichy, para eles traidores da França.
>
> Ataques de surpresa e sabotagens eram os meios constantes da luta da Resistência, e o rádio constituía o principal meio de contato com os Aliados na Europa ocupada.
>
> A decisão sobre o Dia D foi passada em código pela rádio **BBC** de Londres,

através de um verso do poeta francês Paul Verlaine às 21h15 do dia 5 de junho de 1944, alertando sobre o desembarque de mais de três milhões de soldados, prestes a libertar a França. Da luta contra o nazismo nasceram as bases políticas para uma França livre, de duas facções distintas: os comunistas e os centro-direitistas, estes comandados por **Charles De Gaulle**, que se transformaria no líder da França do pós-guerra.

Pouco depois, em agosto de 1944, Paris era libertada, enquanto as **três frentes** convergiam sobre a Alemanha, o centro do Eixo. A frente do leste, composta pelo Exército Vermelho soviético, foi a primeira a chegar a Berlim, dando o golpe final sobre o Terceiro Reich, hasteando, no dia 1º de maio de 1945, a bandeira vermelha no alto do Reichstag.

Poucos dias antes da rendição final (8 de maio), Mussolini e Hitler morreram em circunstâncias dramáticas. O Duce, depois de caçado por populares, foi preso com sua mulher Clareta Petracci, sendo ambos fuzilados e depois dependurados numa praça de Milão em 28 de abril. O Führer, em 30 de abril, suicidou-se com um tiro de pistola, acompanhado pela esposa Eva Braun, que se envenenou.

No Oriente, a luta ainda continuou por mais de dois meses. Os Estados Unidos avançaram progressivamente, cercando o Japão, e ocupando, em 1945, Iwojima e Okinawa. Em 6 de agosto de 1945, já dominando o conflito no Pacífico, mas sob o pretexto de abreviar a guerra, os norte-americanos utilizaram seu mais novo e poderoso recurso bélico: lançaram uma bomba atômica sobre a cidade de **Hiroxima** e, três dias depois, outra sobre **Nagasáqui**: "Depois do calor veio o deslocamento de ar, varrendo tudo ao redor com a força de um furacão soprando a oitocentos quilômetros por hora. Num círculo gigantesco de mais de três quilômetros, tudo foi reduzido a escombros". (WATSON, C. J. H.). A rendição incondicional do Japão foi obtida a 19 de agosto, oficializando o final da guerra.

O avião bombardeiro Enola Gay lançou a bomba às 8 horas e 16 minutos da manhã do dia 6 de agosto de 1945, em Hiroxima, dando início à ameaça atômica sobre a humanidade. Três dias depois foi a vez de Nagasáqui. Era o frio extermínio de centenas de milhares de pessoas em instantes.

A Segunda Guerra Mundial deixou um saldo devastador: um custo material superior a um bilhão e trezentos milhões de dólares, mais de trinta milhões de feridos, mais de cinquenta milhões de mortos e outras perdas incalculáveis. A União Soviética perdeu mais de vinte milhões de habitantes, a Polônia seis milhões, a Alemanha cinco milhões e meio, o Japão um milhão e meio. Morreram, ainda, cerca de cinco milhões de judeus, grande parte nos campos de concentração nazistas.

O mundo que surgiu com o final da guerra estava devastado e dividido entre capitalistas e socialistas, liderados, respectivamente, por Estados Unidos e União Soviética. Mergulhado em novos conflitos, que apontavam um futuro incerto e a perspectiva de um confronto nuclear, iniciava-se para o mundo o período de insegurança e de incerteza da Guerra Fria, a grande herança deixada à humanidade pela Segunda Guerra Mundial.

Os acordos de paz

Antes mesmo de findar a guerra, as grandes potências firmaram acordos sobre seu encerramento, além de definirem partilhas, inaugurando novos confrontos, que poderiam desencadear uma hecatombe nuclear.

O primeiro acordo ocorreu no início da ofensiva aliada e do refluxo do Eixo. Foi a **Conferência de Teerã**, no Irã, em novembro de 1943, que reuniu pela primeira vez os três grandes estadistas da época: Stálin, da União Soviética, Churchill, da Inglaterra, e Roosevelt, dos Estados Unidos. Ali decidiu-se que as forças anglo-americanas interviriam na França, completando o cerco de pressão à Alemanha, juntamente com o leste russo, o que se concretizou no desembarque dos Aliados na Normandia.

Na Conferência deliberou-se também sobre a divisão da Alemanha e as fronteiras da Polônia ao findar a guerra, além de se formularem propostas de paz com a colaboração de todas as nações. Estados Unidos e Inglaterra reconheceram, ainda, a fronteira soviética no Ocidente, com a anexação da Lituânia, da Letônia, da Estônia e do leste da Polônia.

Em fevereiro de 1945, com a guerra prestes a se encerrar na Europa e o Japão recuando, deu-se a **Conferência de Yalta**, às margens do mar Negro, na Crimeia russa. Roosevelt, Churchill e Stálin discutiram a criação da Organização das Nações Unidas (ONU), em bases diferentes das da Liga das Nações, e definiram a partilha mundial, deixando à União Soviética o predomínio sobre a Europa oriental, incorporando os territórios alemães a leste e definindo a participação da União Soviética na rendição do Japão, com a divisão da Coreia em áreas de influência soviética e norte-americana. Separava-se o mundo capitalista do socialista.

Meses depois, em agosto, realizou-se nos subúrbios de Berlim a **Conferência de Potsdam**. Com a rendição alemã, Stálin, Harry Truman, sucessor de Roosevelt, e Clement Attllee, sucessor de Churchill, decidiram pela desnazificação da Alemanha, com a criação do Tribunal de Nuremberg para julgar os criminosos de guerra, a desmilitarização do país e a abolição dos trustes e cartéis que subsidiaram o nazismo.

A principal medida, no entanto, foi a divisão da Alemanha em quatro zonas de ocupação: inglesa, francesa, norte-americana – que mais tarde deu origem à Alemanha Ocidental (República Federal da Alemanha) – e soviética – mais tarde originando a Alemanha Oriental (República Democrática Alemã). Esse mesmo estatuto foi aplicado a Berlim, localizada no interior da zona soviética, que também foi dividida em quatro zonas.

Fixou-se, ainda, em 20 bilhões de dólares a quantia de indenização de guerra devida pelos alemães aos Aliados e decidiu-se pela cessão de Dantzig (Gdansk) à Polônia.

Churchill, Roosevelt e Stálin reunidos em Yalta, em 1945.

A criação da ONU

A carta das Nações Unidas foi redigida pelos representantes de cinquenta países, reunidos em **São Francisco**, nos Estados Unidos, entre 25 de abril e 26 de junho de 1945. A Organização das Nações Unidas passou a existir oficialmente no dia 24 de outubro de 1945, com o objetivo principal de manter a paz e a segurança internacionais e de desenvolver a cooperação entre os povos na busca de soluções dos problemas econômicos, sociais, culturais e humanitários, promovendo o respeito aos direitos humanos e às liberdades fundamentais.

A ONU tem cinco órgãos principais – Conselho de Segurança, Assembleia Geral, Secretariado, Conselho Econômico e Social e Corte Internacional de Justiça – que trabalham separadamente, mas com ampla intercomunicação, coordenando as atividades da organização.

Embora fundamentada na igualdade soberana de todos os seus membros, a forma como a ONU foi estruturada impôs a supremacia das grandes potências. O **Conselho de Segurança**, seu organismo mais importante, tem cinco membros permanentes – Estados Unidos, Rússia (antes de 1991, era a União Soviética), Inglaterra, França e China (inicialmente a China Nacionalista, Formosa, e, a partir de 1971, a Continental, comunista) – e dez membros eleitos pela Assembleia Geral, com mandato de dois anos. Os membros permanentes possuem direito de veto, isto é, a prerrogativa de impugnar qualquer decisão do Conselho, oficializando a supremacia das grandes potências.

A **Assembleia Geral** é composta por todos os países-membros e sua função é discutir os assuntos relacionados com a paz, a segurança, o bem-estar e a justiça no mundo. Não pode tomar decisões, apresentando apenas "voto de recomendação" e função consultiva. Há ainda o **Secretariado**, dirigido pelo secretário-geral, que tem por função administrar a organização e é escolhido pelo Conselho de Segurança e votado pela Assembleia Geral. O primeiro secretário-geral foi Trygve Lie, da Noruega (1946-1952); a seguir Dag Hammarskjöld, da Suécia, (1953-1961); U Thant, da Birmânia (1962-1971); Kurt Waldheim, da Áustria (1972-1981); Javier Perez de Cuellar, do Peru (1982-1991); e o egípcio Boutros Boutros Ghali, desde 1992.

Segunda Conferência Internacional sobre Assistência aos Refugiados na África, realizada em 1984. Numa nova tentativa de resolver os problemas internacionais, a ONU foi fundada logo após a Segunda Guerra.

A ONU possui também um **Conselho Econômico e Social**, ao qual está ligada a FAO (Organização de Alimentação e Agricultura), a Unesco (Organização Educacional, Científica e Cultural das Nações Unidas), a OIT (Organização Internacional do Trabalho), a Unicef (Fundo das Nações Unidas para a Infância), a Cepal (Comissão Econômica para a América Latina), o FMI (Fundo Monetário Internacional), o Gatt (Acordo Geral de Tarifas e Comércio), transformado em OMC (Organização Mundial de Comércio), etc. Finalmente, há a **Corte Internacional de Justiça**, o principal órgão jurídico da ONU, com sede em Haia, na Holanda, composta de quinze juízes eleitos.

Destinada a substituir a Liga das Nações e evitar sua fraqueza e consequente falência, a ONU obteve relativo sucesso, especialmente na área de justiça, embora não tenha conseguido solucionar satisfatoriamente os grandes conflitos internacionais. O direito de veto das grandes potências limita seu caráter retirando-lhe a credibilidade que deveria possuir como organização mundial.

Em 1995, cinquenta anos após a sua fundação, a ONU contava com 185 países-membros e apresentava um saldo de sucessos e fracassos, fora diversos impasses. De um lado, os 1 500 funcionários de seu início passaram a ser mais de cinquenta mil, além de milhares de consultores espalhados por dezenas de agências nos cinco continentes, trazendo à tona dificuldades financeiras para a continuidade de sua atuação. De outro lado, a emergência econômica do Japão e da Alemanha, em meio ao colapso da antiga União Soviética, bem como a importância de países em desenvolvimento, tem ativado uma ampla discussão no sentido de se reformular o Conselho de Segurança, incluindo novos membros.

No seu conjunto – é preciso destacar – a ONU teve um papel significativo na solução de alguns conflitos, na redução de tensões e, especialmente, em suas missões de paz com a atuação dos capacetes azuis (soldados da paz) e das agências especializadas, em poupar milhões de vidas. Neste último caso, é de se ressaltar a atuação da Unicef que salvou e continua a salvar a vida de milhões de crianças, além de manter acesa a chama da consciência internacional para com a grande parte pobre do mundo.

Os primeiros anos do pós-guerra

O fim da Segunda Guerra Mundial apresentou um panorama bem diferente do da Primeira Guerra: neste, a desmobilização militar foi generalizada e a produção bélica cessou. Após 1945, entretanto, as grandes potências não só conservaram os seus exércitos, mas desenvolveram ainda mais a indústria bélica, num quadro em que o armamentismo casava-se com a paz.

O mundo se organizou sobre novas bases, destituindo a Europa da posição de eixo do poder mundial e elegendo Washington e Moscou como novos centros, o que reativou o confronto entre capitalismo e socialismo. As nações tendiam para um ou outro polo de poder, fixando a bipolarização do mundo, marcada pela tensão internacional, alimentada pelo conflito ideológico e político dos Estados Unidos e da União Soviética.

> "A Segunda Guerra Mundial mal terminara quando a humanidade mergulhou no que se pode encarar, razoavelmente, como uma Terceira Guerra Mundial, embora uma guerra muito peculiar. Pois, como observou o grande filósofo Thomas Hobbes, 'a guerra consiste não só na batalha, ou no ato de lutar: mas num período de tempo em que a vontade de disputar pela batalha é suficientemente conhecida'. A Guerra Fria entre EUA e URSS, que dominou o cenário internacional na segunda metade do Breve Século XX, foi sem dúvida um desses períodos. Gerações inteiras se criaram à sombra de batalhas nucleares globais que, acreditava-se firmemente, podiam

> estourar a qualquer momento, e devastar a humanidade. Na verdade, mesmo os que não acreditavam que qualquer um dos lados pretendia atacar o outro achavam difícil não ser pessimistas, pois a Lei de Murphy é uma das mais poderosas generalizações sobre as questões humanas ('Se algo pode dar errado, mais cedo ou mais tarde vai dar'). À medida que o tempo passava, mais e mais coisas podiam dar errado, política e tecnologicamente, num confronto nuclear permanente baseado na suposição de que só o medo da 'destruição mútua inevitável' (adequadamente expresso na sigla MAD, das iniciais da expressão em inglês – *mutually assured destruction*) impediria um lado ou outro de dar o sempre pronto sinal para o planejado suicídio da civilização. Não aconteceu, mas por cerca de quarenta anos pareceu uma possibilidade diária."
>
> HOBSBAWM, Eric J. *Era dos Extremos: o Breve Século XX: 1914-1991*. p. 224.

Os **Estados Unidos** despontaram como um Estado superior a qualquer outro em recursos materiais, financeiros e tecnológicos, como a nação detentora da bomba atômica, do domínio nuclear, com a vantagem de não ter sofrido a devastação e a exaustão da guerra em seu território. Para a União Soviética era vital igualar-se aos norte-americanos a fim de que o socialismo pudesse sobreviver. Assim, embora tivesse saído da guerra com um saldo catastrófico – 1 700 cidades arrasadas, 60 mil quilômetros de estradas de ferro destruídas e mais de vinte milhões de mortos –, Stálin colocou como metas prioritárias de seu governo a reconstrução nacional e a corrida nuclear. Em 1949, a União Soviética alcançava parte de seus objetivos, ao dominar a tecnologia bélica nuclear. A partir daí, a conjuntura internacional estabelecia que as grandes potências seriam as que possuíssem o domínio bélico atômico. Vinte anos depois do final da Segunda Guerra, 25 nações já possuíam *status* nuclear militar.

A Europa, embora devastada, aderiu à nova ordem, compondo com os blocos rivais. Na **França**, após o final da guerra, organizou-se a Quarta República, formada por uma aliança entre os seguidores de De Gaulle, o líder do governo no exílio, e membros dos movimentos da Resistência. O novo governo caracterizou-se pela divisão e instabilidade interna e pela busca contínua da recuperação econômico-financeira.

A instabilidade governamental era produto da diversidade ideológica de seus membros, desde liberais da democracia cristã e social-democratas, defensores de uma ordem capitalista com justiça social, até socialistas e comunistas, os primeiros a favor de uma evolução gradual ao socialismo, e os outros a favor de uma revolução nos moldes bolcheviques. A instabilidade da Quarta República, porém, não evitou que a França se preparasse para se transformar em potência mundial, sobrevivendo às crises internas e também externas da Guerra Fria.

Durante a guerra, De Gaulle dirigia a "França Livre" a partir de Londres. Com a libertação do país, instaurou a Quarta República Francesa.

A **Inglaterra** emergiu da Segunda Guerra com um grande prestígio, mas econômica e politicamente debilitada. Na política interna predominou o confronto entre o governo conservador de Winston Churchill e os movimentos trabalhistas, que defendiam avanços sociais. Em 1945, os trabalhistas conseguiram maioria parlamentar absoluta e a eleição de seu representante, Clement Attllee, como primeiro ministro. A gestão de Attllee se destacou pela política nacionalista, com a estatização de setores de base, e pela implantação de garantias trabalhistas, como a gratuidade dos serviços médicos, espelhando uma posição social reformista. Em 1951, Churchill foi reeleito e os conservadores voltaram ao poder.

Na **Itália**, por meio de um *referendum*, em 1946, ratificou-se o regime republicano, dividido entre democratas cristãos, socialistas e comunistas, com a supremacia dos primeiros.

Na Europa central e oriental, a vitória sobre o Eixo foi acompanhada da instalação do regime socialista, sob tutela soviética. Na **Polônia**, arrasada pela guerra e nutrindo ainda forte sentimento antissoviético, a instalação do socialismo foi difícil e muito tensa, devido ao passado histórico de lutas contra o domínio russo, bem como ao Pacto Germano-Soviético de 1939. Mesmo antes do final da guerra, Estados Unidos e Inglaterra reconheceram o governo polonês, ideologicamente a favor do Ocidente, que acusava a União Soviética de potência ameaçadora, desejosa de conquistar toda a Europa. O grupo de Lublin, membros comunistas da Resistência, ao contrário, era simpatizante da União Soviética.

Quando, em 1944, os soviéticos avançaram para o Ocidente em direção a Berlim, os poloneses do grupo pró-Ocidente tentaram sublevar-se no **levante de Varsóvia**, porém sem sucesso. Stálin, que viu o movimento como uma manobra ocidental, estruturou um governo de pró-soviéticos com o Partido dos Trabalhadores Poloneses do grupo de Lublin. Esse processo, entretanto, desencadeou sérias tensões entre o Leste e o Oeste.

A **Tchecoslováquia**, de 1945 a 1948, caminhou progressivamente para um regime de democracia popular comunista, aliando-se completamente à União Soviética. Num processo semelhante, instaurou-se na **Hungria** a supremacia comunista em 1947. Nos outros Estados do Leste, como Bulgária, Albânia e Romênia, os partidos comunistas ocuparam o poder com a interferência direta da União Soviética.

Na **Iugoslávia**, ao contrário, a hegemonia soviética acabou sendo contestada: foi o primeiro país a optar por um regime democrático popular (comunista), sob o comando do guerrilheiro **Joseph Broz Tito**, que vencera as tropas de ocupação nazista, sem ajuda do exército soviético, e que tinha grande popularidade.

Tito (à direita) governou a Iugoslávia de 1941 até sua morte, em 1980.

Tito tencionava formar a Federação dos Bálcãs, composta por Bulgária, Iugoslávia, Albânia, Romênia, Hungria e Grécia, com Estados livres e unidos buscando o desenvolvimento regional autônomo. Stálin opôs-se ao movimento e, em 1948, o Kremlin – sede do governo soviético – condenou publicamente o regime de Tito, rompendo definitivamente com a Iugoslávia, em 1950. A partir de então, Tito assumiu uma posição neutra no conflito leste-oeste, aproximando-se dos Estados do Terceiro Mundo, os subdesenvolvidos.

Governante de origem croata, Tito estabeleceu o centralismo estatal sob o controle de um partido único e conseguiu harmonizar a convivência das diversas etnias do país, estabelecendo mais tarde, em 1970, a presidência rotativa entre as seis repúblicas iugoslavas: Eslovênia, Croácia, Bósnia-Herzegovina, Sérvia, Macedônia e Montenegro. Com sua morte em 1980, emergiram várias manifestações de descontentamento ampliadas com as transformações do Leste europeu, na crise do "socialismo real". No início dos anos 90, os desentendimentos entre diferentes grupos étnicos acentuaram-se e desembocaram na guerra civil e num conflito entre as repúblicas antes formadoras da Iugoslávia.

A **Conferência de Potsdam** definiu para a **Alemanha** e a capital, Berlim, as zonas de ocupação das quatro potências: os soviéticos ficariam do lado leste; os ingleses, do noroeste; os norte-americanos, do sul, e os franceses, do sudeste. A parte soviética foi transformada em democracia popular, enquanto a parte ocidental, mais tarde unificada, receberia ajuda econômica norte-americana, o que possibilitou o ressurgimento de uma Alemanha potente.

A 5 de junho de 1947, o secretário de Estado norte-americano, George Marshall, anunciou um plano econômico-social – o **Plano Marshall** –, que por intermédio de maciços investimentos pretendia recuperar a devastada Europa ocidental. Além da Alemanha Oriental, a União Soviética dominava sete países do Leste: Tchecoslováquia, Bulgária, Romênia, Polônia, Hungria, Iugoslávia (até 1948) e Albânia, o que significava um território de quase um milhão de quilômetros quadrados e aproximadamente setenta milhões de pessoas.

No Extremo Oriente, o **Japão**, derrotado na guerra, além dos prejuízos materiais e humanos, sofreu ainda a ocupação norte-americana (1945-1952). Os *zaibatsu* – fortes grupos econômicos – foram dissolvidos, juntamente com a grande propriedade e as indústrias bélicas, estabelecendo a desmilitarização; foi imposta também uma constituição parlamentar em 1947, limitando os poderes do imperador Hiroíto. Diante do avanço socialista no Extremo Oriente, o Japão passou a ser considerado aliado, o que alterou profundamente a política de ocupação, que passou a visar à reabilitação do país.

A Revolução Chinesa (1949) e a Guerra da Coreia (1950-1953) reforçaram essa posição, fazendo do Japão o principal aliado dos Estados Unidos na região, o que acelerou o progresso industrial do país: entre 1955 e 1956 o índice de produção industrial japonesa dobrou em relação ao de antes da guerra. O seu progressismo quase ininterrupto forjou a posição japonesa como uma das mais fortes economias do mundo capitalista do final do século XX.

Centro de Tóquio. O grande crescimento econômico do Japão após a Segunda Guerra transformou-o na segunda potência econômica do mundo capitalista na década de 70.

A GUERRA FRIA

No quadro internacional, a oposição entre socialismo e capitalismo foi levada ao extremo após 1945, numa bipolarização política, ideológica e militar que afetou todo o mundo contemporâneo.

As batalhas da Guerra Fria ocorreram em vários pontos do mundo, deixando claro que as relações internacionais estavam naquele momento submetidas aos interesses norte-americanos e soviéticos. Sem constituir um período homogêneo, devido ao agravamento das tensões seguido de distensão entre os polos rivais, a Guerra Fria durou até o fim da União Soviética, em 1991.

A Doutrina Truman e o Plano Marshall

No dia 12 de março de 1947, o presidente norte-americano Harry Truman, num discurso no Congresso, afirmou que os Estados Unidos se posicionariam a favor das nações livres que desejassem resistir às tentativas de dominação. A meta de Truman era combater o comunismo e a influência soviética, oficializando a Guerra Fria. No mesmo ano, o secretário de Estado, George Marshall, reforçou a posição norte-americana ao lançar o **Plano Marshall**, um programa de investimentos e de recuperação econômica para os países europeus em crise após a guerra.

> **O início da Guerra Fria**
>
> "Desde o fim das operações militares na Europa e na Ásia, as desconfianças se agravam, os mal-entendidos, as suspeitas, as acusações se acumulam de parte a parte; as oposições entre os aliados se aprofundaram e culminaram, em alguns anos, em um conflito que, em todos os domínios – salvo o das armas –, assumiu caráter de uma verdadeira guerra; é a Guerra Fria, acompanhada de uma espetacular dissolução de alianças que caracteriza o segundo após-guerra; 1947 marca seu começo e 1953 só assiste aos primeiros sintomas de amenização."
>
> CROUZET, Maurice. *História geral das civilizações*. v. 2, p. 102.

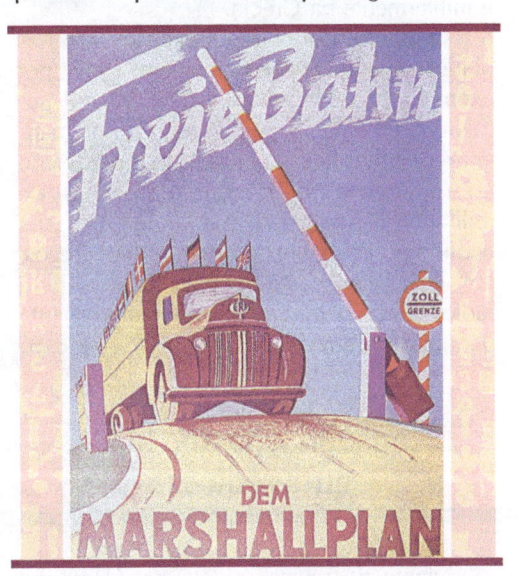

O Plano Marshall ajudou a reconstruir a Europa do pós-guerra e consolidou a liderança econômica norte-americana.

Em represália, a União Soviética criou o **Kominform**, organismo encarregado de conseguir a união dos principais partidos comunistas europeus, além de afastar da supremacia norte-americana os países sob sua influência, gerando o bloco da "cortina de ferro". Complementando a reação soviética, em 1949 foi criado o **Comecon**, uma réplica do Plano Marshall para os países socialistas, buscando sua integração econômico-financeira.

A crise grega

O agravamento das relações leste-oeste teve na Grécia um dos principais pontos de tensão. Ao final da Segunda Guerra, os **partisans**, guerrilheiros gregos, iniciaram uma guerra civil contra o governo Tsaldaris, apoiados pelos Estados socialistas vizinhos. Entretanto, os quarenta mil soldados britânicos que ocupavam o país desde a guerra, apoiando a facção anticomunista, impediram que os guerrilheiros alcançassem a vitória; estes, porém, permaneceram em luta. Em 1947, a situação econômica da Inglaterra obrigou-a a sair da Grécia. Diante do perigo comunista ainda existente e baseados na Doutrina Truman e no Plano Marshall, os Estados Unidos decidiram intervir econômica e militarmente na Grécia.

O apoio norte-americano deu-se nos planos militar e econômico: em 1947, por exemplo, ingressaram na Grécia 23 mil homens e 250 milhões de dólares. Os combates entre os guerrilheiros comunistas e o governo arrasaram o país, causando dezenas de milhares de mortes e a destruição de sua economia. Em 1949, os comunistas gregos, em desvantagem militar, declararam pelo rádio o fim da guerra, abandonando a luta para evitar o fim da Grécia.

A consolidação dos blocos antagônicos

Diante do revigoramento da Alemanha Ocidental, devido aos investimentos do Plano Marshall e à unificação administrativa, a União Soviética revidou, em 1948, impondo um bloqueio terrestre à cidade de Berlim, incrustada na parte soviética. O Ocidente capitalista respondeu com o abastecimento da Berlim capitalista por via aérea, acirrando os ânimos e criando grande tensão internacional. No ano seguinte eram instituídas as duas Alemanhas, a ocidental – República Federal da Alemanha – e a oriental – República Democrática Alemã.

Mais tarde, em agosto de 1961, foi construído o **Muro de Berlim**, que separou concretamente os dois lados da cidade e se tornou símbolo da separação alemã e da Guerra Fria. A derrubada do Muro de Berlim em 1989, em meio ao colapso do socialismo real, por sua vez, ficou sendo o marco do final do período da Guerra Fria. À sua queda, em seguida, deu-se a reunificação da Alemanha.

O Muro de Berlim refletiu, durante anos, a divisão do mundo em dois blocos rivais, caracterizando a Guerra Fria.

Outros fatos significativos somaram-se a essa crescente tensão internacional, como a criação, em abril de 1949, da **Organização do Tratado do Atlântico Norte** (Otan), uma aliança político-militar dos países ocidentais, composta inicialmente por Estados Unidos,

Canadá, Reino Unido, França, Bélgica, Países Baixos, Luxemburgo, Dinamarca, Noruega, Finlândia, Portugal e Itália, aos quais mais tarde juntaram-se Grécia, Turquia e Alemanha Ocidental, opondo toda a Europa ocidental à União Soviética.

Outras organizações similares foram sendo criadas na década de 50, aliando vários outros Estados da Ásia e até da Oceania contra o que chamavam de ameaça comunista. A **Anzus**, que congregava Austrália, Nova Zelândia e Estados Unidos, a **Otase**, que unia Nova Zelândia, Austrália, Filipinas e Tailândia, e o **Cento**, englobando Turquia, Iraque, Irã e Paquistão, foram algumas delas.

Na Europa, surgiram também uniões econômicas, como a **Organização Europeia de Cooperação Econômica**, em 1948, para administrar o Plano Marshall, e o **Benelux**, composto por Bélgica, Países Baixos e Luxemburgo. Em 1951, formava-se a **Comunidade Europeia do Carvão e do Aço** (Ceca), seguida, em 1957, pela **Comunidade Econômica Europeia** (CEE) ou Mercado Comum Europeu (MCE), englobando quase todos os países da Europa ocidental.

Sob estímulo norte-americano, processou-se o entrelaçamento das economias europeias ocidentais visando tornar impossível a revitalização das rivalidades tradicionais: o surgimento de uma comunidade de interesses econômicos integrados na Europa ocidental cimentou a aliança capitalista com o bloco norte-americano na oposição aos soviéticos. Do lado soviético, configurando o alinhamento ao bloco comunista, foi criado, em 1955, o **Pacto de Varsóvia**, que unia as forças militares da Albânia, Bulgária, Tchecoslováquia, Alemanha Oriental, Hungria, Polônia e Romênia. A bipolarização mundial atingia a sua plenitude.

Em meio a essa situação tensa, ocorreram, em 1949, a Revolução Chinesa e a explosão da primeira bomba atômica soviética. No ano seguinte, iniciou-se a Guerra da Coreia, um dos clímax da Guerra Fria, a mais séria ameaça, até então, à paz mundial depois da Segunda Guerra Mundial.

A Revolução Chinesa (1949)

No século XIX, a China foi dominada e explorada por várias potências capitalistas, especialmente a partir da Guerra do Ópio (1841). Essa exploração encontrou apoio nos mandarins, funcionários do Estado imperial, e nos senhores de terra, e embasava-se na filosofia de Confúcio, que pregava o respeito à autoridade e à hierarquia e o culto do passado, mantendo as tradicionais estruturas de privilégios, o que favorecia a dominação.

O século XX iniciou-se com a tentativa de derrubada desses valores e da dominação internacional que estrangulava o povo chinês. A revolta dos *boxers* (1898-1901) foi uma dessas tentativas que, embora fracassada, despertou o descontentamento geral; a chama revolucionária e a conscientização da população de que a dinastia Manchu, que então governava a China e apoiava a dominação internacional, era a responsável pela miséria do país.

O fracasso dos boxers

Na repressão aos boxers, não foram poupados meios e violências, que serviram de estímulo ao ideal de libertação nacional. Guilherme II, o kaiser do Segundo Reich, chegou a ordenar a seus soldados: "Nenhuma misericórdia! Nenhum prisioneiro! Imponham o nome da Alemanha de tal forma que os chineses nunca mais ousem olhar um alemão, nem mesmo de lado".

A derrota dos chineses contou com a colaboração da Corte Imperial, que negou armas aos boxers e apoiou as potências imperialistas. Após a derrota nacional, em "vários jardins e parques públicos chineses, a opressão internacional se sintetizava nos cartazes: É proibida a entrada de cães e chineses no jardim".

COGGIOLA, Oswaldo. *A Revolução Chinesa.* São Paulo, Moderna, 1985. p. 16.

A República do Kuomintang

Em 1911, em meio à ebulição sociopolítica, foi proclamada a República Chinesa, com o estabelecimento de um governo que quase nada pôde fazer diante das potências imperialistas que ocupavam o país. Com o fim da Primeira Guerra Mundial, o domínio das potências europeias foi encabeçado pelo Japão, enquanto o governo republicano, liderado por **Sun Yat-sen**, do Partido Nacionalista (**Kuomintang**), sofria sucessivas pressões regionais pela autonomia, provocadas pelos chefes militares locais, além do contínuo domínio internacional.

Em 1919, um novo surto de contestações assolou o país devido às concessões sobre a China dadas ao Japão pelas potências vitoriosas, no Tratado de Versalhes. Em 4 de maio de 1919, três mil estudantes universitários manifestaram-se contra a aceitação pelo governo das humilhantes exigências japonesas, marchando pelas ruas de Pequim. Os estudantes foram logo apoiados por outros setores, que promoveram greves e manifestações em todo o país. Uma delas ocorreu em 1920, em Xangai, influenciada pela Revolução Socialista Russa, enquanto Chen Tu-xiu fundava o Partido Comunista Chinês, que contava com a participação de Peng-Pai e **Mao Tsé-tung**.

A milenar China continuou sofrendo, no começo do século XX, interferência das grandes potências capitalistas. Sun Yat-sen, fundador do Kuomintang, buscava, sem sucesso, a transformação da China.

No início da década de 20, o governo do Kuomintang conviveu sem grandes atritos com a União Soviética e o Partido Comunista Chinês (**PCC**), que crescia vertiginosamente. O objetivo imediato do governo era a unificação nacional, a luta contra o autonomismo dos senhores locais e as potências imperialistas e, para isso, contava com o apoio dos comunistas.

A partir de 1925, porém, Chiang Kai-shek assumiu o comando das tropas do Kuomintang e iniciou uma política agressiva contra o Partido Comunista, rompendo a frente única. Os chefes militares locais, temendo a efervescência popular e o PCC, passaram a apoiar Chiang Kai-shek, bem aceito também pelas potências imperialistas, que passaram a ver o Kuomintang como vital para o futuro da China. Este esmagou pela força o movimento popular urbano.

Diante das derrotas sofridas nas cidades de Xangai e Pequim, o Partido Comunista, sob a liderança de Mao Tsé-tung e Chu Teh, retirou-se para o campo a fim de organizar suas bases de apoio. Em 1931, proclamaram a República Soviética da China, em Kiangsi, no leste do país, transformado em centro e força do Partido Comunista Chinês.

Enquanto isso, Chiang Kai-shek mantinha a unidade do país à custa de uma série de acordos com os chefes militares locais, que, possuidores de uma independência parcial, comprometiam o próprio governo nacional. A partir de 1930, a crise e as indefinições cresceram, originando uma guerra civil. Aproveitando-se da fragilidade chinesa, o Japão invadiu a Manchúria, em 1931, estabelecendo um Estado-satélite – o **Manchukuo** – no norte do país. O Kuomintang passou a sofrer dupla pressão: do imperialismo japonês e da ameaça comunista no campo.

Em 1934, os nacionalistas organizam uma grande campanha militar para esmagar os comunistas. Fugindo das tropas do Kuomintang, os cem mil homens de Mao percorreram 10 mil quilômetros a pé – a **Longa Marcha** (1934-1935) –, restando ao fim de um ano apenas nove mil. Transformado no líder dos vermelhos, Mao Tsé-tung foi escolhido para secretário geral do PCC, sendo assessorado por Lin-Piao e Chu En-lai.

Diante do insistente avanço japonês, Mao Tsé-tung propôs a organização de uma nova frente única – Kuomintang e PCC –, o que levou a um acordo, concluído em 1937. Até o final da Segunda Guerra Mundial essa frente única deu ao PCC o controle de parte do exército chinês, além de uma crescente popularidade, ao denunciar a corrupção das tropas de Chiang Kai-shek.

O exército do PCC foi ganhando terreno, até que, em janeiro de 1949, entrou vitorioso em Pequim, e em 10 de outubro foi proclamada a **República Popular da China**. Chiang Kai-shek e seus seguidores refugiaram-se na ilha de **Formosa** (Taiwan), onde instalaram o governo da China Nacionalista, que recebeu intenso apoio norte-americano durante a Guerra da Coreia e toda a Guerra Fria. Ao mesmo tempo, os Estados Unidos isolaram a China, negando-lhe reconhecimento diplomático e intercâmbio econômico.

O imperialismo japonês chegou a dominar grande parcela do território chinês.

Liderando as forças comunistas, Mao derrotou o Kuomintang de Chiang Kai-shek.

A Revolução de Mao Tsé-tung

Com a capitulação do Japão na Segunda Guerra em agosto de 1945, Chiang Kai-shek decreta, em 4 de julho de 1946, uma mobilização nacional, a fim de eliminar definitivamente o "perigo vermelho": era o retorno da guerra civil. Os nacionalistas contavam com o apoio norte-americano, que lhes fornecia recursos militares e financeiros, e por isso Chiang Kai-shek passou a ser visto pelos chineses como um "cúmplice do estrangeiro". A União Soviética, enquanto isso, envolvida com seus próprios problemas de pós-guerra, adotava com a China uma política ambígua e hesitante, deixando sem apoio os guerrilheiros do Exército Popular de Libertação, que, mesmo assim, continuaram avançando e atacando o Kuomintang.

A Guerra da Coreia (1950-1953)

A Coreia, dominada pelo Japão durante a Segunda Guerra, foi, após a derrota do Eixo, em 1945, dividida entre norte-americanos e soviéticos. Antes do término da guerra, já se havia determinado o paralelo 38º Norte como limite de atuação militar entre soviéticos e americanos, com o objetivo de acelerar a rendição japonesa em duas frentes. Após a guerra, no entanto, esse limite transformou-se em divisão real, surgindo dois Estados coreanos, sob ocupação de cada uma das duas potências: a República da Coreia, ao sul, sob domínio norte-americano, e a República Popular Democrática da Coreia do Norte, sob ocupação soviética.

A divisão do país, as divergências político-ideológicas e a tensão gerada pela Guerra Fria desencadearam o confronto entre os dois Estados, transformando a região do paralelo 38° em uma área de sucessivos conflitos armados. A vitória dos comunistas de Mao Tsé-tung na China, no final de 1949, serviu de motivação aos coreanos do norte, que, em 1950, invadiram o sul e conseguiram sua capitulação, buscando a unificação territorial da Coreia.

Na ONU, os Estados Unidos e seus aliados consideraram a Coreia do Norte agressora e intervieram, sob o comando do general MacArthur, para conter seu avanço. De outro lado, China e União Soviética deram apoio aos norte-coreanos, deixando, assim, evidente a bipolarização na região. Diante do risco de uma guerra totalmente indesejada, as potências envolvidas forçaram iniciativas para obtenção de um acordo de paz.

Com a morte de Stálin, em março de 1953, abriu-se espaço para mudanças na política externa soviética, ao mesmo tempo que a eleição do novo presidente norte-americano, o republicano Dwight Eisenhower, acelerou as negociações para um armistício. Finalmente, em 27 de julho de 1953, foi assinado um acordo de paz em **Pan Munjon**, restabelecendo as antigas fronteiras.

O custo da guerra foi bastante alto para ambos os lados: a Coreia do Sul sofreu 300 mil baixas militares, os americanos dezenas de milhares e as forças da ONU mais de 17 mil; as baixas chinesas e norte-coreanas estiveram entre 1,5 e 2 milhões, e cerca de 1 milhão de civis pereceram tanto na Coreia do Norte como na do Sul. A paz de Pan Munjon, logo após a morte de Stálin, impulsionou a aproximação entre a União Soviética e os Estados Unidos, encerrando a fase crítica. Para a Coreia, entretanto, a manutenção da divisão em Norte e Sul preservou o clima de confrontação e atritos fronteiriços ao longo das décadas seguintes.

A divisão da Coreia.

Após a guerra contra a Coreia do Sul, a Coreia do Norte contou com importante ajuda soviética e chinesa, mantendo-se ligada apenas aos países do bloco socialista. Entretanto, o reformismo soviético empreendido pelo governo Gorbatchev (1985-1991) gerou discordâncias e as ligações econômicas entre esses países foram enfraquecendo, diminuindo ainda mais com o colapso do socialismo no Leste europeu no final dos anos 1980 e início dos 1990.

Com o final da Guerra Fria, a Coreia do Norte desenvolveu uma política que oscilou entre a aproximação com o mundo capitalista, inclusive com os EUA e com a Coreia do Sul, a postura de distanciamento e a de acirramento de conflitos. Em diferentes momentos de negociações na região, a Coreia do Norte ameaçou deflagrar uma guerra total aos EUA e sofreu sanções econômicas internacionais. Em 2006, a Coreia do Norte realizou testes nucleares com a explosão de uma bomba atômica subterrânea. Em seguida, em face das sanções aprovadas pelo Conselho de Segurança da ONU, retomou a busca de acordos de não agressão e de desarmamento, como contrapartida à liberação de depósitos bancários do país congelados nos EUA e obtenção de empréstimos e fornecimento de petróleo. Em 2007, chegou a firmar acordo no Grupo dos Seis (as duas Coreias, mais China, EUA, Federação Russa e Japão) de desativar todas as suas instalações nucleares. Contudo, em 2009, expulsou técnicos da AIEA (Agência Internacional de Energia Atômica, organização autônoma da ONU) e abandonou o fórum de negociações do Grupo dos Seis, retomando seu programa nuclear com a realização de testes de lançamento de mísseis de curto alcance e, em seguida, nova explosão atômica subterrânea. Em 2010, o clima de confrontação prevaleceu sobre as tentativas de entendimentos, agravando ainda mais a tensão regional.

Por sua vez, a Coreia do Sul, depois da paz de Pan Munjon em 1953, recebeu mais e mais investimentos e tecnologia estrangeira, ascendendo à posição de **tigre asiático**, embora, de início, fosse um país essencialmente agrário e não muito distante da situação econômica de seu parceiro do Norte.

Nos anos 1990, a Coreia do Sul tornou-se o maior construtor de navios do mundo, passou a deter o sexto lugar na produção mundial de automóveis (1993) e viu seu crescimento econômico continuar em alta, ganhando importância internacional na produção de itens de alta sofisticação tecnológica, a exemplo dos *chips* de memória empregados em computadores pessoais. No início daquela década, o país gastou mais em pesquisa e desenvolvimento, proporcionalmente ao seu PNB, do que vários países ocidentais.

O enorme desenvolvimento econômico da Coreia do Sul convivia com diversas leis protecionistas que restringiam o acesso internacional ao seu mercado, cada vez mais contestadas por seus parceiros capitalistas. Em 1997, sua economia sofreu sério revés, com vários países vizinhos, em razão de uma intensa fuga de dólares de investidores internacionais que, ao deixarem de aplicar recursos na região, criaram-lhe enormes dificuldades econômico-financeiras. Essa crise fez explodir manifestações populares crescentes, levando o governo a recorrer à ajuda do FMI, que lhe concedeu aquele que seria o maior empréstimo da história dessa instituição até o momento: 57 bilhões de dólares. Mesmo assim, as dificuldades econômicas continuaram a se avolumar em 1998, quando o PIB despencou de 7,4% (média de crescimento de 1990 a 1997) para -6,8%.

Politicamente, a Coreia do Sul viveu diversos golpes militares, ditaduras e escândalos ligados à corrupção, sendo controlada por indivíduos afinados com os interesses empresariais do país e opostos à vizinha Coreia do Norte.

Com o presidente **Kim Dae-jung**, eleito em meio à crise de 1997 e empossado em 1998, buscaram-se a estabilidade econômica e a normalidade política. Além disso, em junho de 2000, Kim Dae-jung visitou Pyongyang, a capital da Coreia do Norte, realizando um inédito encontro de cúpula com o "grande líder" **Kim Jong-il**, para firmar promessas de ampliação do diálogo e de ajuda entre as duas Coreias. Novas investidas para uma maior aproximação com a Coreia do Norte continuaram com o novo presidente empossado em 2003, **Roh Moo-hyun**.

Depois de sua economia voltar a crescer no início deste nosso século e do pagamento da dívida acumulada durante a crise dos anos 1990, a Coreia do Sul teve como grande ameaça a atuação bélica norte-coreana. A possibilidade de confrontação militar na região e de uso de armas nucleares mostrou-se como uma séria ameaça à paz mundial e à continuidade do desenvolvimento da economia sul-coreana. Mesmo assim, a Coreia do Sul chegou a ocupar a posição de segundo maior produtor de navios do mundo. Acima, foto de fevereiro de 2003, na qual podem ser vistos os chefes das delegações norte-coreana, Pak Chang-ryon, à direita, e sul-coreana, Yoon Jin-shik, à esquerda, chegando ao quarto encontro econômico entre as Coreias, no qual conversaram sobre abertura econômica e suspensão do programa nuclear. Em 2010, novas agressões norte-coreanas reacenderam o clima de pressões e ameaças de guerra na região.

ESTADOS UNIDOS E UNIÃO SOVIÉTICA DURANTE A GUERRA FRIA

As relações internacionais bipolarizadas apresentaram, até a década de 90, um comportamento pendular, ora com tendências ao agravamento, à **tensão**, ora ao apaziguamento, à **distensão**. Ao armamentismo que poderia dar início a uma nova confrontação geral, sempre se seguiram políticas apaziguadoras, de reaproximação entre as duas superpotências. Viabilizavam-se acordos bilaterais de desarmamento nuclear, que afastavam a temível hipótese de uma guerra exterminadora.

A Coexistência Pacífica

O armamentismo e a tensão crescente entre os blocos capitalista e socialista que se estenderam até 1953 e que caracterizaram a Guerra Fria sofreram uma reversão parcial com a morte de Stálin, a política do presidente norte-americano Eisenhower e a paz de Pan Munjon, na Coreia. Instaurou-se então um período de aproximação entre a União Soviética e os Estados Unidos, conhecido como **Coexistência Pacífica**. Esse período iniciou-se com uma série de reuniões de cúpula entre os dirigentes das duas superpotências, para a limitação de armamentos. Até os anos 60, buscou-se diminuir os atritos da Guerra Fria, o monolitismo dos blocos, o alinhamento férreo à União Soviética ou aos Estados Unidos, possibilitando uma multipolarização internacional.

Na Europa, a recuperação econômica de alguns países, como França e Inglaterra, desencadeou manifestações de oposição à condição de simples satélites dos Estados Unidos, o que levou esses países a desenvolverem políticas regionais independentes.

Sob o novo clima nas relações internacionais, incorporando o ideal de neutralidade num conflito leste-oeste, ocorreu, em 1955, a **Conferência de Bandung**, na Indonésia, reunindo os países do Terceiro Mundo – independentes, mas economicamente subdesenvolvidos. Essas nações – muitas delas recém-independentes – posicionaram-se pelo não alinhamento automático e assumiram, como meta prioritária, o desenvolvimento econômico para escaparem de suas velhas dificuldades, sem se envolverem na bipolarização Estados Unidos-União Soviética.

No bloco socialista, o sucessor de Stálin, Nikita Kruschev, procedeu a um processo de **desestalinização**, alterando radicalmente a política interna e externa soviética.

Além disso, o distanciamento entre China e União Soviética, a partir de 1959, dividiu os partidos comunistas mundiais, originando divergências que ativaram a multipolarização, pondo fim à coesão soviética.

Por outro lado, em meio à Coexistência Pacífica emergiram novos focos de tensão, colocando em risco a aproximação entre norte-americanos e soviéticos e até mesmo a paz mundial: a Guerra do Vietnã, a descolonização africana, a Revolução Cubana, a invasão da Hungria pelos soviéticos e o rompimento entre União Soviética e China. A Coexistência Pacífica não pôs, portanto, fim às rivalidades capitalismo-socialismo, mas abriu canais de entendimento, algumas vezes eficazes, outras ineficientes.

A desestalinização comandada por Kruschev (ao centro) reprovava o autoritarismo, a repressão e o culto à personalidade da era stalinista.

"No jargão tradicional dos diplomatas da velha guarda, o afrouxamento da tensão era détente. A palavra tornou-se então familiar.

Ela apareceu primeiro nos últimos anos da década de 50, quando N. S. Kruschev estabeleceu sua supremacia na URSS após alarmes e excursões pós--Stálin (1958-1964). Esse admirável diamante bruto, um crente na reforma e na coexistência pacífica, que aliás esvaziou os campos de concentração de Stálin, dominou o cenário internacional por poucos anos seguintes. Foi talvez o único camponês a governar um grande Estado.

Contudo, a *détente* primeiro teve de sobreviver ao que pareceu um período extraordinariamente tenso de confrontos entre o gosto de Kruschev pelo blefe e os gestos políticos de John F. Kennedy (1960-3), o mais superestimado presidente americano do século. As duas superpotências foram assim levadas a duas operações de alto risco num momento em que – é difícil lembrar – o Ocidente capitalista sentia estar perdendo terreno para as economias comunistas, que haviam crescido mais rapidamente na década de 1950. Não acabavam elas de demonstrar uma (breve) superioridade tecnológica com relação aos EUA com o sensacional triunfo dos satélites e cosmonautas soviéticos? Além disso, não tinha o comunismo – para surpresa de todos – acabado de triunfar em Cuba, um país a apenas algumas dezenas de milhas da Flórida?

HOBSBAWM, Eric J. *Era dos extremos: o Breve Século XX: 1914-1991*. p. 239-240.

Os presidentes norte-americanos de 1945 a 1969

Com a morte de Franklin Delano Roosevelt, o vice-presidente do Partido Democrata, **Harry Truman**, assumiu o governo, sendo reeleito para o período de 1948 a 1952.

Além do intenso crescimento industrial no período, o governo Truman caracterizou--se pelo início da Guerra Fria e suas mais intensas manifestações. A confrontação anticomunista e a necessidade de fortalecer o bloco capitalista deram origem ao Plano Marshall e à Doutrina Truman. No plano político-militar, Truman lançou mão de alianças, como a Otan, e até do enfrentamento, como a Guerra da Coreia. Enquanto isso, do outro lado, os soviéticos conseguiram produzir a bomba atômica (1949) e a Revolução Chinesa (1949) foi vitoriosa.

A resposta a essa situação no plano interno foi a difusão da ideia de que qualquer oposição ao governo era sinal de antiamericanismo ou comunismo, produto de sabotagem e traição nacional. À frente dessa histeria política, estava o senador **Joseph MacCarthy**, que iniciou uma verdadeira "caça às bruxas", forjando processos e delações e disseminando o pânico comunista pela sociedade. O macarthismo atingiu seu auge com o "**caso Rosenberg**", a prisão e o julgamento do casal judeu Ethel e Julius Rosenberg, acusado de passar segredos da bomba atômica aos soviéticos. Depois de um tumultuado processo e da censura e pedidos de clemência de muitos países, foram ambos executados, em 1953. A febre macarthista atingiu todo o país, só refluindo no mandato do presidente Eisenhower.

Eleito em 1952 pelo partido Republicano, **Dwight Eisenhower** foi reeleito em 1956, governando os Estados Unidos até 1960. Na política externa oscilou entre o enfrentamento da Guerra Fria e o entendimento da Coexistência Pacífica. De um lado, seu secretário de Estado **John Foster Dulles** comandou uma política agressiva contra os soviéticos, estabelecendo pactos militares com países alinhados contra o comunismo (Anzus, Otase, Cento) similares e complementares à Otan, fechando o cerco à União Soviética. De outro lado, favoreceu o degelo nas relações com esse país, originando os primeiros acordos do pós-guerra. Enquanto destinava imensas verbas para a construção de mísseis e a exploração espacial, a fim de ultrapassar os soviéticos que haviam lançado o primeiro **Sputnik**, Eisenhower recebia Kruschev em 1959 nos Estados Unidos, para conversações confidenciais e amigáveis.

Internamente, Eisenhower pôs fim ao macarthismo e propiciou grande progresso econômico ao país, apesar dos quatro milhões e meio de desempregados e de taxas inflacionárias ascendentes. Seu governo assistiu também ao crescimento do movimento negro, em luta contra a segregação racial.

Os exageros do macarthismo

Diante da radicalização política internacional, o senador Joseph MacCarthy tornou-se protagonista de uma verdadeira inquisição norte-americana: o anticomunismo, a caça aos opositores de qualquer natureza transformaram-no no homem mais temido do país. Qualquer cidadão tido como suspeito de simpatia aos soviéticos podia ser vítima de perseguição, demissão ou prisão indiscriminada. Foram atingidas perto de 6 milhões de pessoas, desde simples cidadãos até intelectuais, políticos cientistas e artistas, não ficando de fora nem o nada simpático ao regime soviético, Charles Chaplin.

O poderio do senador chegou a tal ponto que acusou de envolvimento numa conspiração o prestigiado General Marshall e, em 1953, conseguiu afastar de um importante cargo federal o Dr. Robert Oppenheimer, que dirigia a construção da bomba atômica norte-americana. Por se opor às pesquisas para a construção da bomba de hidrogênio que MacCarthy apoiava, o pesquisador foi falsamente acusado de laços estreitos com comunistas e simpatizantes. MacCarthy terminou sua carreira política após esbarrar, mais tarde, na força do novo presidente eleito, Eisenhower, que discordava de sua atuação.

Integrante do partido Democrata, **John Fitzgerald Kennedy** venceu o republicano Richard Nixon nas eleições de 1960, governando até 1963, quando foi assassinado.

Dando sequência à política externa pendular, Kennedy manteve, ao mesmo tempo, entendimentos com os soviéticos e diversos enfrentamentos, originando crises agudas, algumas de alarmante ameaça à paz mundial. Ao assumir a presidência, Kennedy teve de enfrentar a questão da vitória de Fidel Castro em Cuba em 1959. Hostil aos norte-americanos, a Revolução Cubana anulou sua tradicional hegemonia naquela ilha.

Desejando reaver a supremacia perdida, em 1961, Kennedy colocou em prática um plano de invasão a Cuba para derrubar Fidel Castro, elaborado pela Agência Central de Inteligência (CIA) durante a administração Eisenhower. A **invasão da Baía dos Porcos**, como ficou conhecida devido ao lugar do desembarque, terminou num fracasso, e Kennedy teve de assumir pessoalmente a responsabilidade da ação, desgastando-se politicamente.

Fidel Castro discursando. A Revolução Cubana (1959) contribuiu para a instabilidade nas relações entre as superpotências.

Temendo novos exemplos de rebeldia na América Latina e buscando conter movimentos revolucionários, diante do latente descontentamento sociopolítico causado pelo subdesenvolvimento e das graves dificuldades econômicas da região, Kennedy estabeleceu um programa de ajuda econômica aos vizinhos do continente, a **Aliança para o Progresso**, intensificando empréstimos e investimentos de modo a garantir a supremacia dos Estados Unidos no continente.

Embora Kennedy tenha se reunido com Kruschev em junho de 1961, mantendo o clima pacífico de coexistência internacional, em agosto agravou-se a tensão, quando foi erguido o **Muro de Berlim**, separando a parte comunista da parte capitalista da cidade alemã e fechando um tradicional caminho de fuga dos alemães orientais para o Ocidente.

No ano seguinte, um outro fato pôs em maior risco a aproximação leste-oeste e mesmo a paz mundial. O centro da crise era novamente Cuba, onde Fidel Castro, inicialmente independente, fizera sua opção pelo socialismo, aliando-se à União Soviética. Kruschev foi acusado de instalar mísseis na ilha apontados para os Estados Unidos; Kennedy então, sob ameaça de invasão da ilha, exigiu a retirada dos mísseis. Diante da gravidade do incidente e de suas consequências, Kruschev, que assumira compromissos de defesa dos cubanos, preferiu recuar, desmontando as rampas para lançamento de mísseis da ilha.

Num esforço de reaproximação, Kruschev e Kennedy firmaram um acordo em 1963 que proibia testes nucleares na atmosfera. Em contraposição, os Estados Unidos intensificaram sua participação na Guerra do Vietnã, buscando conter o sucesso dos guerrilheiros socialistas apoiados pelos soviéticos, em luta contra o colonialismo naquele país do Sudeste asiático.

No plano interno, Kennedy dinamizou medidas de bem-estar social, nas áreas de educação e saúde, e tornou ilegal a discriminação racial, ganhando de um lado imensa popularidade e de outro a forte oposição dos mais conservadores. Sua carreira foi encerrada em 22 de novembro de 1963, quando foi baleado ao visitar a cidade de Dallas, no Texas.

A morte de John Kennedy nunca chegou a ser totalmente esclarecida: foi uma conspiração ou um ato isolado de um delinquente? O assassino, Lee Oswald, foi também, posteriormente, baleado e morto.

Lyndon Johnson, vice-presidente, assumiu o governo após a morte de Kennedy, tendo sido reeleito para o período 1964-1968.

Na política externa, manteve uma atitude ofensiva contra o comunismo, distanciando-se dos soviéticos, e envolveu completamente os Estados Unidos na Guerra do Vietnã, chegando a enviar mais de quinhentos mil soldados para a região. Essa participação fez surgir as primeiras grandes manifestações de protesto da opinião pública contra a Guerra do Vietnã e o intervencionismo de Johnson.

De outro lado, buscando preservar sua hegemonia no continente latino-americano, em constante ebulição sociopolítica, realizou a intervenção militar na República de Sant Domingo, evitando o surgimento de um novo Estado socialista na América.

Internamente, o governo Lyndon Johnson conviveu com a ampliação das manifestações estudantis e populares contra a Guerra do Vietnã, resultado da insegurança de uma sociedade sempre em guerra e à beira de uma hecatombe nuclear. Também foram intensas as manifestações do movimento negro contra o racismo.

A organização dos negros ganhou intensidade com o reverendo pacifista **Martin Luther King**, a partir do final da década de 50, sobrepondo-se a outras organizações radicais, como os muçulmanos negros e os *Black Panthers* (panteras negras). Luther King adotara a doutrina do indiano Mahatma Gandhi, que defendia a desobediência civil e a não violência como meios de conquistas sociais. Com o boicote, no sul do país, aos meios de transportes exclusivos dos brancos, movimentos políticos de intelectuais e de sindicatos, atentados e marchas pelos direitos civis, pouco a pouco parte da maioria branca passou a dar apoio à causa negra e algumas decisões favoráveis foram obtidas nos tribunais.

O "sonho" de Luther King

"Eu hoje lhes digo: mesmo que tenhamos de enfrentar as dificuldades de hoje e de amanhã, eu ainda tenho um sonho. É um sonho que tem profundas raízes no sonho americano. Tenho um sonho que um dia esta nação despertará e tornará realidade o verdadeiro sentido do seu credo. Consideramos esta verdade axiomática – que todos os homens têm igual origem.

Tenho um sonho: o de que, um dia, nas colinas vermelhas da Geórgia, os filhos dos antigos escravos e os filhos dos antigos senhores de escravos poderão sentar-se juntos à mesa da fraternidade. Tenho um sonho: o de que, um dia, mesmo o Estado de Mississípi, um Estado ora sufocado sob o ódio da opressão, será transformado em um oásis de liberdade e de justiça.

Tenho um sonho: o de que meus quatro filhinhos, um dia, viverão numa nação onde eles não serão julgados pela cor da sua pele, mas pela essência do seu caráter.

[...]

Quando permitirmos que a liberdade soe de todos os municípios e de todas as vilas, de todos os Estados e de todas as cidades, estaremos em condições de apressar a chegada daquele dia em que todos os filhos de Deus, homens negros e homens brancos, judeus e cristãos, protestantes e católicos, poderão unir suas mãos e cantar as palavras do velho *spiritual* negro: 'Enfim livres! Grande Deus Todo-poderoso, somos finalmente livres!'."

Discurso de Luther King em agosto de 1963. In: Luther King. São Paulo, Três, 1974. p. 118.

Martin Luther King chegou a receber o Prêmio Nobel da Paz em 1964, mas sua atuação levou-o a ser assassinado em 1968. Reflexo de um período agitado política e socialmente, também em 1968 foi assassinado o senador Robert Kennedy, irmão de John Kennedy, quando estava em campanha para a presidência.

A União Soviética até 1964

Terminada a Segunda Guerra, a União Soviética enfrentou grandes desafios: a reconstrução nacional diante das devastações da guerra e a consolidação de sua liderança no bloco comunista, agora englobando os países do Leste europeu, além de ter de administrar os embates da Guerra Fria.

Com o quarto e o quinto plano quinquenal (1946-1950 e 1951-1955), a União Soviética recuperou o nível de produção anterior à guerra, dando ênfase para a área bélica, e consolidou sua posição de superpotência industrial e militar, reforçando o desenvolvimento do setor de bens de produção e relegando a segundo plano a produção de bens de consumo. A urbanização e a industrialização, entretanto, mobilizavam a sociedade soviética contra os sacrifícios de décadas de reconstrução, abrindo espaços para a exigência de melhorias no padrão de vida, mais bens de consumo e mais autonomia, contrastando com o centralismo stalinista.

Stálin mobilizou todos os recursos do povo soviético, transformando o país numa das maiores potências industriais do mundo.

A mobilização nacional no esforço de desenvolvimento foi conseguida com base no **culto da personalidade** de Stálin, apresentado como o "guia", o "grande líder". Eliminando divergências e oposição, por meio de expurgos, prisões e outras formas de repressão, procurava-se manter o monolitismo político-ideológico. Irradiando-se por todos os países aliados, tal prática levou à expulsão de mais de um milhão de pessoas dos partidos comunistas, muitas das quais foram mortas.

A morte de Stálin em março de 1953, vítima de um derrame cerebral, fez emergir disputas pelo poder na cúpula política soviética, conflitando-se Laurenty Pavlovich Béria (fuzilado pouco depois), Georgü Malenkov e Nikita Kruschev. De 1953 a 1955, **Malenkov** assumiu o governo soviético, seguido por Nikita Kruschev.

O governo de **Kruschev** (1955-1964) destacou-se sobretudo pelo início do processo de desestalinização. No XX PCUS (XX Congresso do Partido Comunista da União Soviética), em fevereiro de 1956, Kruschev condenou o "culto da personalidade", a repressão política e o autoritarismo de Stálin, além de afirmar que "as prisões em massa causavam mal ao país e à causa do progresso socialista". Kruschev defendeu também que os diversos países poderiam chegar ao socialismo por caminhos diferentes do caminho percorrido pela União Soviética, além de considerar ultrapassada a tese de Lênin sobre a inevitabilidade de uma guerra total entre o socialismo e o capitalismo. A desestalinização envolvia a descentralização administrativa e enfatizava a produção de bens de consumo, buscando dinamizar a economia socialista e elevar o padrão de vida da população.

A desestalinização de Kruschev

Iniciada com Kruschev, a desestalinização impulsionou amplas mudanças na União Soviética, propiciando significativos avanços econômicos e sociais. Sua influência alcançou as artes, até então subordinadas ao ideal stalinista, que lhes impunha padrões e diretrizes. O poeta Ievgeni Yevtushenko justificava as transformações, dizendo: "Não tenham medo! Vocês ouvem o rumor da primavera que se aproxima... o gelo está se rompendo".

A descentralização política, a liberalização cultural e a elevação do bem-estar social eram táticas para alcançar eficiência econômica e tecnológica. Kruschev acreditava que a irradiação dos sucessos tecnológicos para o resto da economia era apenas uma questão de tempo. Devido a essa política, os soviéticos tornaram-se pioneiros na corrida espacial ao lançar, em 1957, o primeiro satélite artificial do mundo, o **Sputnik**, e ao concretizar o primeiro voo espacial tripulado, com o astronauta **Iúri Gagárin**, em 1961.

Integrando a política externa à desestalinização, Kruschev lançou a distensão e a Coexistência Pacífica com os norte-americanos e imprimiu maior flexibilidade político-ideológica às relações com seus aliados do bloco comunista. Um exemplo, foi o reconhecimento de Joseph Broz Tito (1955) da Iugoslávia, que divergira de Stálin, admitindo sua política como uma via diferente de desenvolvimento do socialismo.

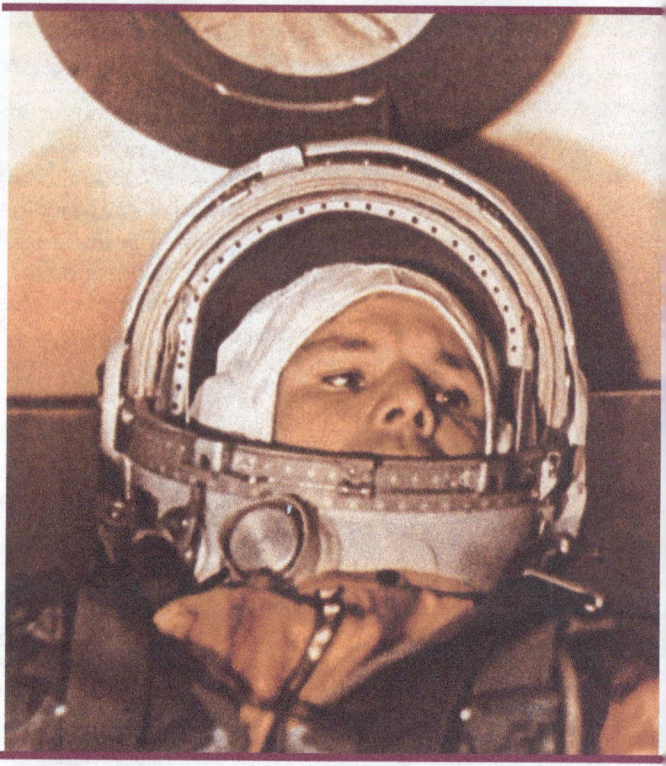

O astronauta soviético Iúri Gagárin. Quebrando o mito ocidental de que somente os Estados Unidos produziam tecnologia sofisticada, a União Soviética foi pioneira na conquista espacial.

Entretanto, ao abalar o centralismo monolítico do bloco comunista, apareceram dissidências externas e pressões internas crescentes contra o reformismo de Kruschev. Em 1956, a agitação política no mundo socialista cresceu descontroladamente: na Polônia, o líder **Wladislaw Gomulka**, destituído do governo no período stalinista, foi reconduzido ao poder; na Hungria, do mesmo modo, Rakósi foi substituído por **Imre Nagy** na direção do Partido Comunista. Sendo forte o sentimento antissoviético que vinha desde o final da Segunda Guerra na Hungria, Nagy, que representava os anseios populares de dinamização e autonomia, tentou retirar o país do Pacto de Varsóvia. Em resposta, os exércitos soviéticos entraram na Hungria, em novembro de 1956, ocuparam Budapeste e, com a morte de aproximadamente duzentos húngaros, derrubaram Nagy, colocando Janos Kadar no cargo de primeiro-ministro.

A intervenção militar soviética encerrou o curto período de liberalização socialista húngara, que ficou conhecido como "Primavera de Budapeste".

Nos discursos, entretanto, Kruschev mantinha a defesa da existência de diferentes vias para o socialismo, elogiando o não alinhamento, o neutralismo, e buscando, dessa forma, aproximar-se dos países do Terceiro Mundo. Já a China, sob a liderança de Mao Tsé-tung, firmou a sua autonomia opondo-se à ideia de coexistência pacífica e acusando as reformas de Kruschev de traição aos princípios socialistas. As divergências sino-soviéticas cresceram, manifestando-se em conflitos de fronteiras e em acusações mútuas. Em 1959, a União Soviética rompeu o acordo nuclear assinado com a China, sendo acusada pelos líderes chineses, a partir de então, de ter-se desviado dos ideais socialistas. Afastando-se cada vez mais da China, a União Soviética retirou a ajuda econômica e técnica que fornecia aos chineses, em 1960. Esse conflito rompia definitivamente o monolitismo socialista comandado pela União Soviética, desgastando o poder governamental de Kruschev.

Em 1961, também a Albânia rompia relações diplomáticas com os soviéticos, aliando-se à China. De outro lado, Kruschev, diante da rivalidade com os Estados Unidos acrescida à chinesa, passou a dar maior apoio aos norte-vietnamitas (vietminhs), na Guerra do Vietnã. Agravando ainda mais a imagem da União Soviética, em 1961, Kruschev ordenou a construção do Muro de Berlim, a fim de interromper o grande fluxo de refugiados da Alemanha Oriental para a Ocidental.

As relações capitalismo-socialismo se agravaram novamente em 1962, com a crise dos mísseis de Cuba, que quase precipitou uma guerra total. Buscando reverter a crescente tensão internacional, Kruschev e Kennedy assinaram em 1963 vários acordos, destacando a proibição de testes nucleares ("sob a água, na atmosfera e no espaço extraterrestre"). Mesmo assim os reveses sucessivos da política de Kruschev minaram seu poder na União Soviética, precipitando sua queda. Em 1964, foi destituído e **Leonid Brejnev**, primeiro-secretário do partido, **Alexey Kossiguin**, presidente do Conselho de Ministros, e **Nikolai Podgorny**, presidente do Soviete Supremo, assumiram o poder soviético, formando uma *troika* (triunvirato) de governo. Retomava o poder a linha centralista da era stalinista da União Soviética.

O FIM DA GUERRA FRIA

Após as diversas crises do final dos anos 60 que atingiram as relações entre União Soviética e Estados Unidos, o sucessor de Lyndon Johnson, Richard Nixon, e o secretário soviético Leonid Brejnev impulsionaram no início dos anos 70 a reaproximação entre os dois países. Instaurando uma nova distensão entre os dois lados, a *détente* (em português, distensão), segundo a linguagem jornalística da grande imprensa, era caracterizada por novos acordos bilaterais, buscando diminuir os riscos de uma guerra nuclear por acidente e amenizar os conflitos leste-oeste.

A partir de 1972, foram assinados tratados que limitavam o poder bélico, até então crescente, das duas superpotências. Esses tratados receberam a denominação **Salt** (Strategic Arms Limitation Treaty – Tratado de Limitação de Armas Estratégicas).

O primeiro deles foi assinado em 1972 e limitou o sistema de mísseis antibalísticos dos Estados Unidos e da União Soviética. Em 1974, foi assinado também o tratado que proibia testes nucleares subterrâneos com potência superior a 150 quilotons. Já no final da década, em 1979, o presidente norte-americano Jimmy Carter e Brejnev realizaram uma nova reunião de cúpula em Viena, assinando o **Salt-2**, que estabeleceu uma redução dos mísseis e bombardeiros estratégicos.

A intervenção soviética no Afeganistão, em 1979, entretanto, reiniciou um período de aquecimento da confrontação entre as superpotências.

A terminologia da era atômica

ABM – Anti-Ballistic Missile – Míssil Antibalístico. Um sistema de mísseis e radares para a defesa de um ataque de mísseis intercontinentais.

ICBM – Intercontinental Ballistic Missile – Míssil Balístico Intercontinental. Foguete baseado em terra, capaz de atingir alvos de 9 mil a 13 mil quilômetros de distância.

IRBM – Intermediate Range Ballistic Missile – Míssil Balístico Intermediário. Também baseado em terra. Raio de ação de 3 200 a 7 400 quilômetros.

SRBM – Short Range Ballistic Missile – Míssil Balístico de Curto Alcance. Base em terra, móvel, raio de ação de até 1 600 quilômetros.

SLBM – Submarine Launched Ballistic Missile – Míssil Balístico Lançado de Submarino. Arma tida como invulnerável. Capaz de atingir alvos de 7 400 a 9 mil quilômetros de distância.

Cruise – Míssil de cruzeiro (velocidade média de 900 km/h), que pode ser lançado de terra, mar e ar. Alcance de 1 600 quilômetros.

MIRV – Multiple Independenty Targeted Reentry Vehicle – Veículo de Reentrada de Alvos Múltiplos Independentes. Trata-se das ogivas nucleares múltiplas dos mísseis intercontinentais, intermediários e submarinos.

Quiloton – Um quiloton (kt) equivale à força explosiva de mil toneladas de TNT.

> **Megaton** – Um megaton (Mt) equivale à explosão de 1 milhão de toneladas de TNT.
> **Fissão** – Reação nuclear.
> **Fusão** – Reação termonuclear.
> **First Strike** – Ataque inicial com armas nucleares.
> **Flexible Strategic Response** – A resposta estratégica flexível é um plano de retaliação nuclear limitado adotado pelos EUA na administração Carter. Objetiva evitar a guerra total.
> **MAD** – Mutual Assured Destruction – Destruição Mútua Assegurada. EUA e URSS tinham capacidade de destruir um ao outro.
> **Massive Retaliation** – A doutrina de retaliação maciça faz parte dos planos estratégicos das superpotências. A expressão foi cunhada em 12 de janeiro de 1954 por John Foster Dulles, secretário de Estado da administração Eisenhower.
> **Balance of Terror** – O equilíbrio do terror designa a política das superpotências em manter a paz pela própria capacidade de destruição recíproca.
> **Estratégia** – É a arte e a ciência de desenvolver e usar os meios militares, econômicos e políticos, durante a paz ou a guerra, objetivando aumentar as chances de vitória e diminuir as chances de derrota.
> **Salt-1 e 2** – Strategic Arms Limitation Treaty – Tratado de Limitação de Armas Estratégicas. EUA e URSS assinaram o primeiro em 26 de maio de 1972 e o segundo em 18 de junho de 1979.
>
> Folha de S. Paulo, 17/11/1985.

No início da década de 80, o presidente norte-americano Ronald Reagan retomou a política do intimidamento (*deterrence*, em francês), com acentuada corrida armamentista.

O revigoramento do clima militarista e bélico frustrou todas as tentativas de acordos entre 1985 e 1986. Contudo, a Europa, temerosa de transformar-se em palco de uma guerra nuclear, pressionou a retomada dos encontros de cúpula entre Estados Unidos e União Soviética.

Ao mesmo tempo, profundas alterações começaram a ocorrer na União Soviética e no seu bloco de aliados. O dirigente soviético **Mikhail Gorbatchev** imprimiu em seu país, a partir de 1985, uma reestruturação econômica (*perestroika*) e uma abertura política (*glasnost*), que remodelariam não só o bloco socialista, com o colapso de suas estruturas, como também as relações internacionais.

Em novembro de 1987, Reagan e Gorbatchev, abrindo uma nova rodada de negociações sobre desarmamento, assinaram um acordo para a eliminação dos mísseis de médio alcance na Europa e na Ásia. Em janeiro de 1988, o governo soviético anunciou o início da retirada de suas tropas do Afeganistão e, no ano seguinte, a abertura política e os efeitos da *perestroika* desmontaram o bloco socialista, acelerando o fim da confrontação tradicional com os Estados Unidos.

No início dos anos 90, aceleraram-se acordos de desarmamento nuclear, e em 1991, o Comecon e o Pacto de Varsóvia foram dissolvidos, ao mesmo tempo em que tiveram início gestões para a remodelação da Otan. Em dezembro de 1991, a própria União Soviética desapareceu, dando lugar à CEI (Comunidade de Estados Independentes), tendo a Rússia como principal herdeira da ex--União Soviética. Ainda no início da década, começava-se a edificação de uma **nova ordem internacional**, que dava supremacia ao capitalismo globalizado.

Os Estados Unidos dos anos 1960 ao início do século XXI

Diante do desgaste de Lyndon Johnson no conflito do Vietnã, Richard Nixon foi eleito pelo Partido Republicano em 1968 e reeleito em 1972, governando o país até 1974.

No governo de Nixon, retomou-se a reaproximação, sem se perder a tradicional ofensividade, com os países comunistas, e iniciou-se mais um período de *détente*, tendo à frente o secretário de Estado Henry Kissinger. Em 1971, o presidente norte-americano admitiu a entrada da China Comunista na ONU e, em 1972, encontrou-se com Mao Tsé-tung. A aproximação com a China era mais um passo ofensivo dos Estados Unidos, ao juntar-se a uma potência vizinha e rival dos soviéticos. Logo após sua visita à China, Nixon foi à União Soviética, onde assinou com Brejnev o importante tratado de limitação de armas estratégicas Salt-1.

Richard Nixon e Chu En-lai. A visita de Nixon à China e à União Soviética caracterizou o degelo nas relações internacionais, sem perder a ofensividade contra o bloco socialista soviético.

O governo de Nixon caracterizou-se também pela pressão da opinião pública quanto à Guerra do Vietnã, o que o levou a adotar a política de **vietnamização da guerra**, ou seja, tentou retirar os soldados americanos do conflito, oferecendo, em contrapartida, armamentos aos vietnamitas, seus aliados no Vietnã do Sul. Em meio a esse projeto, Nixon bombardeou maciçamente o maior reduto inimigo, onde estavam os vietminhs, tentando enfraquecer os comunistas do Vietnã do Norte. Estes, entretanto, avançaram progressivamente respondendo aos ataques.

Apesar da aproximação diplomática com os países comunistas, Nixon não descuidava da supremacia norte-americana sobre os países subdesenvolvidos. Além da questão do Vietnã, os Estados Unidos participaram oficiosamente da derrubada do presidente chileno **Salvador Allende**, de tendências marxistas, em 1972, cujas reformas prejudicavam seus interesses econômicos. Após um golpe sangrento, instaurou-se no Chile a ditadura militar de **Augusto Pinochet**.

Chile: experiência piloto do neoliberalismo ocidental

Com base nos teóricos antikeynesianos Friedrich Hayek (austríaco e autor de *O caminho da servidão* de 1944) e Milton Friedman (norte-americano da escola econômica de Chicago), desenvolveu-se um ataque apaixonado contra qualquer limitação dos mecanismos de mercado por parte do Estado, constituindo a teoria político-econômica denominada de **neoliberalismo**. Sua aplicação começou no governo Pinochet, Chile, e virou bandeira política dos centros capitalistas avançados aliados às elites econômicas do resto do mundo nos anos 80 e 90.

"Aquele regime tem a honra de ter sido o verdadeiro pioneiro do ciclo neoliberal da história contemporânea. O Chile de Pinochet começou seus programas de maneira dura: desregulamentação, desemprego massivo, repressão sindical, redistribuição de renda em favor dos ricos, privatização de bens públicos. Tudo isso foi começado no Chile, quase um decênio antes de Thatcher, na Inglaterra. No Chile, naturalmente, a inspiração teórica da experiência pinochetista era mais norte-americana do que austríaca. Friedman, e não Hayek, como era de se esperar nas Américas. Mas é de se notar que a experiência chilena dos anos 70 interessou muitíssimo a certos conselheiros britânicos importantes para Thatcher, e que sempre existiram excelentes relações entre os dois regimes nos anos 80. O neoliberalismo chileno, bem-entendido, pressupunha a abolição da democracia e a instalação de uma das mais cruéis ditaduras militares do pós-guerra. Mas a

> democracia em si mesma – como explicava incansavelmente Hayek – jamais havia sido valor central do neoliberalismo. A liberdade e a democracia, explicava Hayek, podiam facilmente tornar-se incompatíveis, se a maioria democrática decidisse interferir com os direitos incondicionais de cada agente econômico de dispor de sua renda e de sua propriedade como quisesse. Nesse sentido, Friedman e Hayek podiam olhar com admiração a experiência chilena, sem nenhuma inconsistência intelectual ou compromisso de seus princípios. Mas esta admiração foi realmente merecida, dado que – à diferença das economias de capitalismo avançado sob regimes neoliberais dos anos 80 – a economia chilena cresceu a um ritmo bastante rápido sob o regime Pinochet, como segue fazendo com a continuidade da política econômica dos governos pós-Pinochet dos últimos anos."
>
> ANDERSON, Perry. Balanço do neoliberalismo. In: SADER, Emir e GENTILI, Pablo. Pós-neoliberalismo: as políticas sociais e o Estado democrático. Rio de Janeiro, Paz e Terra, 1995. p. 19-20.

O fim do governo Nixon deu-se com o **caso Watergate**, iniciado em 1972. Membros do Partido Republicano – ao qual Nixon pertencia – foram surpreendidos tentando instalar um sistema de escuta para espionar os escritórios do Partido Democrata, em Washington, no edifício Watergate. Faltavam quatro meses para as eleições presidenciais e ainda não se conhecia o adversário de Nixon – que concorria à reeleição. Denunciado pelo jornal *Washington Post*, que não poupou os envolvidos, nem mesmo a alta cúpula governamental, o escândalo atingiu Nixon e mobilizou toda a imprensa e a opinião pública norte-americana. Comprovado seu envolvimento, foi obrigado a renunciar. Caso não fizesse isso, seria impedido, pelo Congresso, de governar (*impeachment*).

O governo foi então ocupado pelo vice-presidente **Gerald Ford** (1974-1976), que, em 1975, concedeu "perdão pleno e absoluto" a Nixon por todos os delitos que pudesse ter cometido enquanto ocupava a presidência.

Marcado pela derrota norte-americana na Indochina (Vietnã, Laos e Camboja), o governo Ford viveu a plena desmoralização de seu partido, da administração republicana, o que impossibilitou sua tentativa de reeleição. A situação econômica norte-americana caracterizou-se por dificuldades, como a elevação dos preços do petróleo determinada pela Organização dos Países Exportadores de Petróleo (Opep). Dominada pelos países árabes, a Opep aumentou o preço do barril de petróleo de menos de dois dólares em 1970 para mais de dez dólares em 1974, após a derrota árabe diante de Israel na Guerra do Yom Kippur. Os efeitos dessa alta foram sentidos em todo o mundo capitalista, espalhando recessão e dificuldades, minando a liderança norte-americana e o governo Ford.

Eleito presidente pelo Partido Democrata, **Jimmy Carter** (1977-1980) destacou-se pela intensificação dos acordos de distensão com os soviéticos, com a assinatura do **Salt-2** (1979), e pela **política dos direitos humanos**. Essa política internacional motivou a redemocratização de países capitalistas sob ditaduras e intensificou as críticas às liberdades públicas nos países comunistas. Diante das denúncias de violações dos direitos humanos, como tortura, prisões e cerceamento da oposição, Carter chegou a negar créditos para a compra de armamentos a vários países da América Latina sem liberdades democráticas estabelecidas, como Brasil, Argentina, El Salvador e Guatemala.

O governo Jimmy Carter promoveu uma política de defesa dos direitos humanos.

Carter também patrocinou a **Conferência de Camp David**, em 1978, que deu origem a um tratado de paz entre Egito, governado por Anuar Sadat, e Israel, dirigido por Menahen Begin. Com esse tratado, estabeleceram-se relações diplomáticas entre esses países, há anos em guerra. Era o ponto de partida para a pacificação do Oriente Médio, a qual só avançou na década de 90.

No final do governo Carter, emergiram diversas crises internacionais que arruinaram o prestígio da administração democrata. No Irã, em 1979, o xá **Reza Pahlevi**, aliado dos Estados Unidos, foi derrubado e o chefe religioso muçulmano, o aiatolá **Khomeini**, proclamou a República Islâmica do Irã. Pregando um nacionalismo religioso com posições radicalmente antinorte-americanas, o regime de Khomeini ocupou a embaixada norte-americana em Teerã, fazendo vários reféns. Em resposta, Carter tentou uma operação militar para resgatá-los, que, entretanto, fracassou e desmoralizou seu governo.

Na Nicarágua, também em 1979, a Revolução Sandinista derrubou outro aliado dos Estados Unidos, o ditador **Anastácio Somoza**, envolvendo o governo Carter em dificuldades diante do nacionalismo sandinista.

Com a intervenção soviética no Afeganistão, o governo norte-americano adotou represálias como cortes em acordos comerciais e a não participação nas Olimpíadas de Moscou, revertendo a aproximação leste-oeste.

Nas eleições presidenciais de 1980, candidatando-se à reeleição, Carter foi derrotado pelo candidato republicano Ronald Reagan, iniciando um novo longo período de predomínio do Partido Republicano, já que Reagan assumiu em 1981 e foi reeleito em 1984.

> "Dificilmente, o comparecimento à votação chegou à metade do eleitorado. Entre os que votaram, 51% preferiram Reagan. Os democratas conservaram o controle da Câmara, mas os republicanos, pela primeira vez desde 1952, fizeram maioria no Senado. Entre as baixas democratas houve vários liberais importantes no Senado – incluindo George McGovern –, escolhidos para derrota por fundamentalistas protestantes e outros grupos de ação política da "Nova Direita". Os analistas concordam em geral que Reagan beneficiou-se muito com os casos da inflação e reféns no Irã e com um debate com Carter na véspera da eleição. Além disso, o pêndulo eleitoral parecia estar movendo-se para a direita, à medida que uma taxa de natalidade em queda e maior esperança de vida criavam um eleitorado mais idoso e grandes transferências de população aumentavam a influência de elementos politicamente conservadores nos estados da Faixa do Sol, no Sul e no Oeste. Um mandato autêntico constitui raridade na política norte-americana e só o tempo diria se a eleição de 1980, tal como a de 1936, assinalava um grande realinhamento partidário. Os liberais, encontrando consolo no fraco comparecimento dos eleitores às urnas, observaram que apenas um em cada quatro norte-americanos adultos votara em Reagan em 1980, mas o novo presidente podia legitimamente alegar que ganhara por maioria esmagadora. Fora eleito, aparentemente assim acreditava, para repelir a ameaça soviética e desmantelar o estado de bem-estar social."
>
> SELLERS, Charles, MAY, Henry e McMILLEN, Neil R. *Uma reavaliação da história dos Estados Unidos.* p. 439.

Durante o governo Reagan (1981-1989), as relações com a União Soviética, até 1987, foram se tornando cada vez mais difíceis. A partir de então, reiniciou-se uma aproximação que levou a acordos de profundidade inédita nas relações bilaterais.

Logo no início de seu governo, Reagan decretou várias sanções econômicas à União Soviética, em represália à guerra do Afeganistão e à repressão aos movimentos sociais na Polônia, liderados pelo sindicato **Solidariedade**. Ao mesmo tempo, os Estados Unidos retomaram a corrida armamentista, implantando uma política intimidadora aos soviéticos, com a instalação de armas poderosas na Europa, o que fez crescer os protestos populares europeus, oriundos do medo de que o continente se transformasse em arena de um conflito nuclear. Em 1983, os soviéticos retiraram-se das conversações de Viena em protesto aos euromísseis americanos.

Ainda em 1983, Reagan interveio em Granada, na América Latina, afastando um governo que não atendia aos interesses americanos na região do Caribe. Na Nicarágua, até o final da década, intensificaram-se as pressões contra os sandinistas, apoiando-se abertamente os guerrilheiros contrarrevolucionários e fazendo sucessivas ameaças de uma ação militar semelhante à de Granada sobre a Nicarágua.

O governo sandinista da Nicarágua enfrentou um verdadeiro cerco diplomático e militar patrocinado pelos Estados Unidos. Na foto, manifestação pelo sexto aniversário da Revolução Sandinista, em 1985.

Atingindo o ponto mais alto da retomada da corrida armamentista, Reagan iniciou o programa militar **Guerra nas Estrelas**, sofisticado projeto bélico comportando mísseis dirigidos para o céu, que visava montar um escudo protetor sobre os Estados Unidos contra possíveis mísseis inimigos. Sofrendo pressões internas e externas, tal projeto, entretanto, não chegou a ser implantado.

O desenvolvimento econômico interno ocorrido no período e a política de força de Reagan, que recobrou a liderança norte-americana, abalada desde a derrota na Guerra do Vietnã, trouxeram imensa popularidade ao presidente, permitindo sua reeleição em 1984.

Já no final do segundo mandato, Reagan retomou a distensão com a União Soviética, devido a pressões europeias e à política implantada pelo novo governante soviético, Mikhail Gorbatchev. Desse modo, em 1987 foram efetivados acordos de desarmamento nuclear, ratificados na viagem de Reagan à União Soviética no ano seguinte. Internamente, durante o segundo governo Reagan, intensificou-se a política econômica de desmontagem do Estado de bem-estar social, a desregulamentação da economia, a ampliação do desemprego e medidas favoráveis à concentração da renda dos mais ricos, dentro dos princípios do **neoliberalismo**.

Apoiado por Reagan, seu vice-presidente **George Bush** foi eleito pelo Partido Republicano para o período 1989-1993, dando continuidade à política de entendimento com Gorbatchev, em meio à desmontagem do socialismo do Leste europeu, até o desaparecimento da União Soviética em 1991. Reafirmando sua supremacia internacional, no início de 1991, os Estados Unidos praticamente comandaram, sob o respaldo da ONU, a **Guerra do Golfo** contra o Iraque, exibindo a maior capacidade bélica do mundo, através das transmissões via satélite, como se fosse um *show* pirotécnico de ficção transmitido por todas as grandes redes de televisão para todos os países.

Até 1992, o presidente Bush experimentou oscilações internas em sua popularidade, ora ganhando prestígio, com a hegemonia do país depois da queda do bloco socialista, ora perdendo, com sinais de aumento do desemprego e queda da produtividade da economia norte-americana. Nas eleições de 1992, a vitória presidencial coube ao candidato do Partido Democrata, **Bill Clinton**, assumindo o governo em 20 de janeiro de 1993.

Com Clinton, a economia norte-americana apresentou sucessivos índices de crescimento, o que favoreceu a sua reeleição em 1996. Apesar de governar num período de excelente desempenho econômico (1998-1999), foi ameaçado de *impeachment* em função de seu envolvimento com uma ex--estagiária da Casa Branca, Monica Lewinsky. Em fevereiro de 1999, o Senado absolveu o presidente, encerrando o processo.

Nas eleições presidenciais de 2000, o partido de Clinton indicou Al Gore para concorrer com o candidato do Partido Republicano, **George Walter Bush**, filho do ex--presidente George Bush. Numa apuração de votos cheia de irregularidades, com sucessivas recontagens, George W. Bush saiu vitorioso.

Em janeiro de 2001, George W. Bush assumiu a presidência dos Estados Unidos, proclamando, em seguida, a reativação militar, especialmente a montagem de um escudo antimísseis, o *National Missile Defense*. Diversos analistas e especialistas da política internacional chamaram a atenção para a reativação da corrida nuclear tão típica do período da Guerra Fria e do governo Reagan, mas dessa vez com uma nova agravante: a instalação desse sistema, pelo menos em tese, daria aos Estados Unidos a condição de incólume a um ataque-surpresa ou de apto a uma resposta retaliadora deliberada, garantindo a plena superioridade nuclear internacional norte-americana.

> "Quando os chineses iniciaram a Grande Muralha, em 214 a.C., e Adriano contratou seu sistema defensivo no norte da Inglaterra, 300 anos depois, eles estavam reagindo precisamente ao mesmo instinto que está movendo a política norte-americana agora – manter distantes os bárbaros hostis. O Escudo de Defesa Antimísseis é, em termos militares, uma muralha, embora excepcionalmente complexa.
>
> Mas as muralhas têm o hábito de ser vencidas ou contornadas, como qualquer historiador da Linha Maginot poderia confirmar, e esta muralha pode ser evitada com bombas nucleares de baixa potência em maletas ou por alguém numa lancha, disparando em volta da ilha de Manhattan. Portanto, defesa não é, evidentemente, a história toda, e entre as razões que motivaram Bush, é preciso lembrar que sua muralha vai custar entre US$ 60 bilhões e US$ 100 bilhões, a maior parte deles gasta com as indústrias de defesa."
>
> PORTER, Henry. "Falando com as paredes: ao querer afastar os 'bárbaros', os EUA se isolam do mundo." *The Observer*. In: *Carta Capital*. Ano VII, n. 147, 23/5/2001. p. 40.

No dia 11 de setembro de 2001, entretanto, o escudo antimísseis norte-americano foi colocado em xeque: terroristas suicidas destruíram completamente dois grandes edifícios, as torres do **World Trade Center**, em Nova York, e parte do **Pentágono**, nos arredores de Washington. Os ataques, tidos como os maiores sofridos até então pelos Estados Unidos em seu próprio território, foram realizados com aviões de carreira sequestrados e visaram os símbolos do poderio econômico e militar dos Estados Unidos, deixando milhares de mortos e uma forte sensação de vulnerabilidade na nação mais poderosa do mundo.

A situação desdobrou-se na primeira guerra declarada do século XXI, tendo como alvo um **grupo terrorista** fixado no Afeganistão e apoiado pelo grupo governamental Talibã. Durante os meses seguintes, governo e população dos Estados Unidos enfrentaram outras investidas terroristas, dessa vez com produtos químicos e biológicos, como o Antraz, fazendo novas vítimas, o que ampliou o temor e a insegurança. Sem vislumbrar uma medida realmente eficaz contra essas atuações e com dificuldades em descobrir e anular as origens dessas investidas, típicas de uma guerra bioquímica, o quadro de incerteza e receio espalhou-se dos Estados Unidos para vários outros países do mundo, especialmente na Europa.

O período de **guerra ao terror**, iniciado em 2001, que derrubou o governo Talibã no Afeganistão, além de assumir inúmeras medidas policiais, buscando evitar novos atentados terroristas, desdobrou-se em atuações radicais conservadoras, denominadas **Doutri-**

na Bush, que tinham por base a hostilidade e o combate intransigente às "ameaças à civilização". Com a guerra ao terror, passou a prevalecer a ação militar unilateral dos Estados Unidos, atuando muitas vezes acima das leis e da política internacionais.

Essas "ameaças à civilização" eram uma referência aos países que formavam o "eixo do mal", como Iraque, Irã e Coreia do Norte, apontados por Bush como produtores de armas de destruição em massa e patrocinadores do terrorismo internacional.

Proclamando-se líder do "eixo do bem", os Estados Unidos adotaram medidas agressivas e de endurecimento contra rivais, como a transferência de prisioneiros de guerra do Afeganistão para a base norte-americana de Guantánamo, na ilha de Cuba, e a pressão e a ameaça de guerra, especialmente contra o Iraque, enviando centenas de milhares de soldados para regiões vizinhas ao Golfo Pérsico.

Apontado como o maior inimigo dos Estados Unidos, em 2003, o Iraque de Saddam Hussein possuía a segunda maior reserva petrolífera em exploração do mundo, o que – diante de um iminente ataque dos norte-americanos – fez disparar os preços internacionais do barril de petróleo.

Em março de 2003, sem o apoio da comunidade internacional e muito menos do Conselho de Segurança da ONU, os Estados Unidos deram início à invasão ao Iraque contando com o apoio das forças britânicas. Os invasores bombardearam intensamente o Iraque, sobretudo as maiores cidades, como a capital, Bagdá, com mais de 5 milhões de habitantes. O uso de armamentos sofisticados e de tecnologias de última geração ocasionou inúmeras vítimas e destruição generalizada. Os bombardeios aéreos e os ataques das tropas que avançaram rapidamente até chegar à capital, em abril de 2003, justificaram a afirmação do jurista brasileiro Ives Gandra de que, em contrapartida ao "terrorismo às escuras", de Bin Laden, Bush respondeu com o "terrorismo oficial", só diferenciados em dimensão: "o primeiro destruiu duas torres, e o segundo, um país inteiro".

Em 2004 e no início de 2005, vieram a público fotos de maus-tratos e de tortura a prisioneiros iraquianos em bases militares norte-americanas, inclusive na de Guantánamo, Cuba.

Abu Ghraib e Guantánamo chegaram a ser descritas como prisões-inferno, e nelas os prisioneiros são tidos como "combatentes inimigos" e suspeitos de terrorismo. A designação de "combatentes inimigos" buscou eximir os Estados Unidos de obedecer às Convenções de Genebra, ou seja, a legislação internacional sobre os direitos dos prisioneiros. Na foto de 2004, cidadão em Havana observa cartazes que mostram soldados norte-americanos humilhando e torturando prisioneiros em Abu Ghraib.

"O ideal das nações, de uma paz universal representada pela ONU, foi maculado pela declaração de uma guerra que a comunidade mundial (mais de 80%) condenava e que as nações do mundo não autorizaram.

A esperança de que o século 21, como dizia Norberto Bobbio [filósofo italiano] na Era dos Direitos, descortinasse um tempo em que a enunciação dos direitos (século 20) fosse seguida de suas garantias foi definitivamente tisnada, visto que não só a garantia de que cada nação deve escolher seu próprio destino deixou de existir, como, o que é pior, os direitos foram definitivamente sepultados por um país que é o mais forte em armas de destruição em massa e o mais fraco no respeito aos povos e nações do mundo.

Até a figura tirânica desse outro genocida, Saddam Hussein, passou a segundo plano porque o minúsculo e poderoso

> presidente dos Estados Unidos conseguiu demonstrar ser mais eficiente em matar civis do que o déspota iraquiano."
>
> MARTINS, Ives Gandra.
> O terrorismo oficial de Bush. In: *Folha de S.Paulo*.
> São Paulo, 9 abr. 2003. p. A3.

No final de 2004, os inspetores de armas dos Estados Unidos apresentaram ao Senado um relatório confirmando a inexistência de armas proibidas no Iraque, aquelas tidas como de destruição em massa. Depois de meses de investigação, nenhum vestígio foi encontrado do suposto arsenal, derrubando, assim, a principal justificativa para a guerra contra o Iraque.

Reeleito presidente para mais quatro anos no final de 2004, Bush, contudo, reafirmou sua intenção de aprofundar a "guerra contra o terror" e de intensificar a atuação no Iraque, fazendo também ameaças a países rivais, especialmente ao Irã, à Coreia do Norte e posteriormente a Cuba, tidos como governos favoráveis ao terror e participantes do denominado "eixo do mal". Em março de 2006, o governo Bush reafirmou a sua doutrina de ataques preventivos – **Doutrina Bush** – contra países que representassem, segundo autoridades norte-americanas, ameaças aos EUA, citando, além dos países acima, também a Venezuela.

No Iraque, o quadro de violência continuou crescendo, com ataques da resistência iraquiana e investidas dos soldados norte-americanos. Nem a prisão de Saddam Hussein em 2004, as eleições presidenciais iraquianas de 2005, a execução de Saddam Hussein em 2006 e a sucessão de Bush por Barack Obama, do partido Democrata, em 2009, conseguiram refluir a violência na região.

O governo Obama, além de herdar os efeitos desastrosos da política internacional do seu antecessor, também teve de enfrentar uma grande crise econômico-financeira iniciada no último ano do governo Bush, 2008. Tida como a mais profunda crise do sistema desde 1929, o novo governo norte-americano buscou reverter seus efeitos quanto a falências, queda produtiva e desemprego, ativando um intervencionismo estatal na economia com a liberação de trilhões de dólares para empresas e setores em dificuldades. O reformismo da política externa e interna e os altos custos de tais políticas firmavam-se como elementos desafiadores ao sucesso do governo Obama, o primeiro presidente negro dos Estados Unidos da América.

Em 2010, o governo Barack Obama decidiu pelo encerramento dos combates norte-americanos no Iraque e pela retirada parcial das tropas norte-americanas. A guerra produziu mais de 30 mil feridos e mais de 4 mil mortes de soldados norte-americanos, número somente inferior ao da Guerra do Vietnã. Além disso, custou centenas de bilhões de dólares. Do lado iraquiano não existem dados oficiais, mas estimam-se mais de 100 mil mortos[2], além da destruição do sistema de assistência à saúde, da rede hidráulica e de plantações; de escolas semidestruídas e do abandono ou desorganização nas vacinações infantis, ajudando a multiplicar o número de vítimas.

Apesar da manutenção de 50 mil soldados norte-americanos respaldando o governo iraquiano, seguiram-se vários confrontos e atentados, deixando distante uma efetiva pacificação do Iraque.

A União Soviética de 1964 a 1991

Com a queda de Nikita Kruschev, ascendeu ao poder **Leonid Brejnev** (1964-1982), cujo governo retomou internamente o centralismo político-administrativo, reprimindo as dissidências. Externamente, fez uso da força para impor o monolitismo do bloco comunista.

A retomada do centralismo reforçou a máquina burocrática e afetou profundamente a produtividade nacional, fazendo-a perder competitividade tecnológica com o Ocidente, muito mais acentuada, entretanto, na produção civil do que na indústria bélica. Às dissidências respondia-se com força, prisões, silêncio obrigatório e trabalhos forçados, os velhos métodos stalinistas.

Brejnev enfrentou o agravamento das relações com a China e sufocou a liberalização do regime socialista da Tchecoslováquia, invadindo-a em 1968 com as forças do Pacto de Varsóvia.

---

[2] Esses dados foram publicados na revista acadêmica especializada em artigos médicos *Lancet*, segundo artigo do jornal *Folha de S.Paulo*, de 29 out. 2004, sob o título: "Guerra matou 100 mil civis, diz estudo".

A Primavera de Praga (1968)

A Tchecoslováquia era governada por **Alexander Dubcek**, que imprimiu ao país reformas que buscavam um "socialismo humanizado", estimulando a criatividade artística e científica. As lideranças stalinistas foram afastadas, procedeu-se à descentralização e à liberalização do sistema, com amplo apoio de operários, intelectuais e estudantes.

O reformismo tcheco, entretanto, esbarrava na nova conjuntura soviética e internacional: Brejnev revertia a desestalinização de Kruschev e, no plano externo, experimentava o endurecimento com os Estados Unidos, restabelecendo a política de blocos, num retorno à confrontação da Guerra Fria. Como a liberalização de Dubcek implicava autonomismo, colocava em risco a hegemonia soviética, ameaçando o monolitismo dos partidos comunistas nos diversos países do Leste europeu, o que estimularia a oposição e as dissidências.

No dia 20 de agosto de 1968, as tropas do Pacto de Varsóvia cruzaram a fronteira da Tchecoslováquia. Os dirigentes do movimento, tendo à frente Dubcek, foram presos e enviados a Moscou, e mais tarde expulsos do Partido.

Em agosto de 1968, os tanques do Pacto de Varsóvia enterravam o reformismo em curso na Tchecoslováquia.

Em 1969, **Gustav Husák** substituiu Alexander Dubcek como primeiro-secretário do Partido Comunista tcheco e a União Soviética conseguiu, assim, manter seu predomínio numa área tida como estratégica na rivalidade entre as superpotências.

O significado da Primavera de Praga

"Se a crise húngara de 1956 deixou claro ao mundo que nenhum país do Leste pode esperar romper livremente com o Bloco Soviético, a crise da Tchecoslováquia, doze anos depois, ensinou outra lição, a de que até mesmo as reformas internas devem ser levadas a cabo com o máximo de cautela e prudência. Tudo o que parece ameaçar uma brusca alteração no equilíbrio de poder na Europa, como a possibilidade de um país, como a Tchecoslováquia, aproximar-se exageradamente do Ocidente (não que tenha sido a intenção confessa de Dubcek e seus adeptos), despertará a preocupação da superpotência do Leste — e talvez a da superpotência do Ocidente, também. Assim, a aproximação das duas metades básicas em que se acha hoje dividida a Europa só pode se efetivar à luz de um maior entendimento prévio entre a União Soviética e os Estados Unidos."

MORGAN, Roger. A Primavera Tcheca. In: *Século XX*. p. 2859.

O final do governo Brejnev

O principal destaque internacional dos anos 70 foi a retomada da distensão, com a política de *détente* do presidente Nixon, que propiciou, ao mesmo tempo, a aproximação com Pequim e a assinatura de acordos de limitação de armas com os soviéticos, como Salt-1 e Salt-2. A *détente* só foi abandonada quando os soviéticos enviaram tropas de apoio ao governo afegão. Esse endurecimento teria continuidade e se aprofundaria na gestão Reagan.

No bloco comunista, as medidas de força como a Primavera de Praga não eliminaram as crescentes críticas ao centralismo, que se foram avolumando. Em 1976, os partidos comunistas da Europa ocidental manifestaram-se contrários ao dirigismo soviético e à tutela ideológica, divulgando um documento por meio do qual defendiam a passagem do capitalismo para o socialismo de maneira autônoma, independente do Partido Comunista da União Soviética. Era a oficialização do **Eurocomunismo**.

Na Polônia, já nos anos 80, a pressão pela participação do operariado no governo liderada pelo **Sindicato Solidariedade**, dirigido por **Lech Walesa**, reativou a questão do **socialismo democrático**. Ganhando crescente prestígio nacional e internacional, a atividade de Walesa e do Solidariedade acirrou as dificuldades nas relações leste-oeste.

No plano econômico, a União Soviética de Brejnev não só perdera ritmo produtivo, diminuindo as taxas de crescimento – seja na produção industrial e agrícola, seja na produtividade do trabalho, na renda real *per capita* e no PNB (Produto Nacional Bruto) comparativamente aos anos 50 e 60 –, como também envolvia-se cada vez menos no comércio mundial. Para efeito de comparação, o PNB soviético, que crescera 5,7% ao ano na década de 1950, foi declinando para chegar a 2% na primeira metade dos anos 80, época do final do governo Brejnev.

O Sindicado Solidariedade, liderado por Lech Walesa, capitalizou a luta dos poloneses contra o centralismo do PC soviético.

Quanto ao comércio mundial, a União Soviética deixou de exportar principalmente maquinaria, meios de transporte, equipamentos, artigos de metal e metais como fazia nos anos 60, para concentrar-se cada vez mais na venda para o estrangeiro de petróleo e gás, os quais representavam, em 1985, perto de 53% das exportações soviéticas. Na mesma época, 60% das importações soviéticas eram basicamente de máquinas, produtos industriais e metais. Era um quadro que buscava satisfazer as necessidades mais prementes do país, segundo as determinações da *nomenklatura* (a alta burocracia socialista), resolvendo necessidades localizadas, obtendo produtos importados e receitas imediatas, sem atacar com profundidade os impasses produtivos, ampliando a urgência de alteração de rumos.

Quando Brejnev morreu, em 1982, as dificuldades econômicas soviéticas e os entraves burocráticos ao desenvolvimento tecnológico se avolumaram velozmente, tornando-se alvo de crescentes críticas. Enquanto se multiplicavam as dissidências internas, no plano internacional ganhava fôlego a ofensiva anticomunista do governo Reagan. Brejnev deixou em aberto a questão do Afeganistão, onde os soviéticos intervieram para buscar a estabilização do país governado por comunistas aliados e que sofria oposição de inúmeras facções. À condenação feita pela administração Carter, seguiu-se uma grande ofensiva norte-americana, financiando e fornecendo armamentos aos guerrilheiros muçulmanos das montanhas do Afeganistão. No governo Reagan, não poucas vezes, dizia-se que estava criado o "Vietnã" da União Soviética, na medida em que o exército soviético vencia nas grandes cidades afegãs, mas era derrotado no interior, caminhando para a derrota definitiva.

A Brejnev sucederam curtos governos da velha guarda soviética: **Iúri Andropov** (1982-1984) e **Konstantin Tchernenko** (1984-1985), que mantiveram a deterioração política interna e externa e os elevados custos na manutenção da guerra do Afeganistão. À morte de Tchernenko seguiu-se o governo **Mikhail Gorbatchev**, responsável por profundas alterações na política da União Soviética.

O governo Gorbatchev

Fortalecendo-se pouco a pouco com o afastamento de velhos líderes políticos, cujos cargos foram sendo ocupados por novas lideranças, Gorbatchev garantiu o processo de mudança na União Soviética. O novo governo lançou, ainda em 1985, um amplo plano de transformações, sintetizado na política da **perestroika** e da **glasnost**.

> ### O significado de perestroika e glasnost
>
> A palavra russa *perestroika* significa **reestruturação** e passou a ser utilizada, no seu sentido mais geral, indicando mudanças na economia, na sociedade e no próprio socialismo. Para viabilizar-se, a perestroika completa-se com a *glasnost*, que significa **transparência**. Segundo Gorbatchev, ambas permitiriam o estabelecimento de um socialismo humanitário, a partir do rompimento com o "sistema de administração burocrático e autoritário". O socialismo da perestroika, segundo suas palavras, era "uma sociedade com economia eficaz, ciência, tecnologia e cultura avançadas, estruturas sociais humanizadas e democratizadas. Uma sociedade que crie as premissas para a existência criativa das pessoas".

No plano externo, Gorbatchev propôs a desativação das armas nucleares até o ano 2000, deixando clara a sua posição bélica internacional, apresentada no Fórum Internacional da Paz, em Moscou: "Tiramos conclusões que nos obrigam a rever alguns axiomas. Depois de Hiroxima e Nagasáqui, a guerra mundial deixou de ser a continuação da política. Na guerra nuclear perecerão os próprios autores dessa política. Tomamos consciência de que o gênero humano deixou de ser imortal com a acumulação e o aperfeiçoamento das armas nucleares. A imortalidade só voltará com a destruição dessas armas. Nenhum dirigente de qualquer país, seja ele União Soviética, Estados Unidos ou qualquer outro Estado, tem o direito de pronunciar a sentença de morte da Humanidade. Não somos juízes, assim como milhares de milhões de pessoas não são criminosos que devem ser condenados. A guilhotina nuclear deve ser destruída".

Em outubro de 1986, num encontro com Ronald Reagan na Islândia, as conversações tiveram resultado quase nulo diante do programa bélico Guerra nas Estrelas dos norte-americanos. Contudo, em 1987, Gorbatchev assinaria com Reagan um acordo de eliminação dos mísseis de médio e curto alcance, localizados na Europa e na Ásia, além dos entendimentos sobre questões que abrangiam desde direitos humanos até problemas regionais das superpotências. Neste caso, em 1988, a União Soviética retirou-se do Afeganistão depois de oito anos de enfrentamento custoso e desastroso contra a guerrilha financiada pelos Estados Unidos via Paquistão.

Tinha início uma fase de distensão profunda, a mais ampla desde o início da Guerra Fria, indicando uma política de desarmamento geral, firmando garantias contra uma guerra nuclear.

A política externa de Gorbatchev caracterizou-se pela desativação do arsenal nuclear que, inicialmente, contou com a resistência dos Estados Unidos. Na representação ao lado, de 1987, o chargista Plantu ironiza a destruição de mísseis, mostrando Gorbatchev e Reagan jogando seus mísseis num caminhão de lixo e dizendo:
– Gorbatchev: A gente não poderia ter pensado nisso antes?
– Reagan: Pensado em quê?

A partir de 1990, dentro do processo de distensão, reformulou-se o papel de organismos militares montados em meio à Guerra Fria, cujos entendimentos e decisões culminaram no fim das forças do Pacto de Varsóvia, em 1991, bem como gestões para a remodelação da Otan.

A profundidade dos acordos de desarmamento, as transformações ocorridas nos países europeus orientais, o fim do monolitismo e a democratização desfechada pela *glasnost* mudaram o quadro de poder internacional, pondo por terra o clima de confrontação leste-oeste e as alianças geopolíticas bipolares.

No plano interno, Gorbatchev deu início, com sua política de abertura, à mais ampla reforma econômica e política da União Soviética, que se irradiou para os demais países que compunham o bloco comunista. O ponto alto na política interna foi o fim do monopólio de poder do Partido Comunista soviético, o que possibilitou o multipartidarismo e a instauração de eleições diretas para 1994. Tais mudanças políticas, entretanto, estimularam, nas quinze repúblicas que compunham a União Soviética, crescentes movimentos nacionalistas, os quais buscavam, não raramente, a independência e colocavam em risco a própria existência da União Soviética.

No plano econômico, ainda em 1990, visando dinamizar a produção e o desenvolvimento, legalizaram-se as funções de artesãos, comerciantes e restabeleceu-se a propriedade privada no campo, embora com limites. Também efetivou-se a abertura do país às empresas estrangeiras, facilitando a concessão de licenças.

Sofrendo críticas e resistências dos burocratas, detentores tradicionais do poder na União Soviética, Gorbatchev justificava a sua política reformista como a preparação para o futuro, escapando das amarras externas e internas dos governos anteriores.

As mudanças do Leste europeu

Nos demais países do bloco socialista, as mudanças iniciadas pela União Soviética foram rapidamente assimiladas, ganhando dinamismo próprio e mudando a face do Leste europeu.

A **Hungria**, já nos anos 1950, havia proclamado sua neutralidade diante da polarização da Guerra Fria, aberto suas fronteiras e se retirado do Pacto de Varsóvia (união militar dos países socialistas). Por causa dessa política, ela foi invadida pela URSS em novembro de 1956 e seus governantes, destituídos. O governo comunista que lhe foi imposto, sob a chefia de János Kádár, permaneceu no poder de 1956 até 1988. Apesar da intervenção, movimentações populares impulsionaram uma série de reformas liberalizantes nesse período, tornando a nação precursora da *perestroika* soviética. A partir de 1989, a abertura do regime se acelerou, quando se adotou o multipartidarismo e o Partido Comunista mudou de orientação política, transformando-se em Partido Socialista. Em seguida, o país promoveu uma intensa privatização da economia, permitindo também a entrada de capital estrangeiro, que, embora em pequeno volume, ajudou a Hungria a aproximar-se rapidamente das potências capitalistas ocidentais.

Na **Polônia**, o sindicato **Solidariedade**, que desde o final da década de 1970 vinha

O reformismo de Gorbatchev acabou implodindo o socialismo real e a Guerra Fria.

reivindicando o direito de organização, intensifica suas atividades. Em 1989, o governo comunista, enfrentando uma nova onda de greves, reconheceu a legalidade do sindicato e convidou um de seus membros para compor um gabinete de coalizão. O país passou a ser o primeiro a ter um governo de maioria não comunista. No ano seguinte, as reformas econômicas e democráticas avançaram, levando a Assembleia a aprovar um programa de desestatização e reformas à Constituição. Em dezembro de 1990, o líder sindical Lech Walesa tornou-se o primeiro presidente eleito da Polônia.

Na **Bulgária**, um dos países mais dependentes da União Soviética, o governo tentou, na década de 1980, adaptar-se à abertura iniciada pelo governo de Mikhail Gorbatchev. Em 1989, o dirigente comunista Todor Jivkov renunciou após 35 anos no poder, sendo sucedido por líderes reformistas. Nas eleições de novembro de 1991, a União das Forças Democráticas foi vitoriosa e estabeleceu o primeiro governo não comunista búlgaro desde 1944.

Na **Tcheco-Eslováquia**, em 1989, as antigas aspirações democráticas foram reacendidas com as reformas de Gorbatchev na União Soviética. A **Revolução de Veludo**, assim chamada devido à forma pacífica pela qual se processaram as mudanças, começou com manifestações populares que levaram à renúncia do dirigente Milos Jakes, acompanhada da abertura das fronteiras, do pluripartidarismo e de eleições livres, passando o governo a Alexander Dubcek, antigo líder da Primavera de Praga, e Vaclav Havel. Em 1991, teve início a privatização da economia e, em janeiro de 1993, o país foi desmembrado em duas repúblicas, a **República Tcheca** e a **Eslováquia**.

Na **Romênia**, com a subida ao poder de Nicolae Ceausescu, em 1965, instalou-se no país uma ditadura familiar que se manteve pela força de sua polícia política (a Securitate), perseguindo os oposicionistas e as minorias étnicas. Com a abertura do governo Gorbatchev na década de 1980, o país foi levado a um crescente isolamento internacional. Em dezembro de 1989, manifestações populares na cidade de Timisoara, que exigiam mudanças políticas e econômicas, acabaram reprimidas a tiros pela Securitate, causando milhares de mortes e dando início a uma revolta incontrolável. O ditador Ceausescu e sua mulher foram presos e executados sumariamente. No ano seguinte, realizaram-se eleições livres e gerais, seguidas de reformas econômicas.

A **Alemanha Oriental** (República Democrática Alemã), separada da Alemanha Ocidental por mais de 40 anos, representando o maior símbolo da polarização do mundo durante a Guerra Fria, iniciou um processo de reaproximação a partir de 1973 com a entrada dos dois países na ONU como Estados soberanos. Na década de 1980, refletindo as transformações soviéticas, essa aproximação intensificou-se. Em 1989, pressões populares levaram à substituição de Erich Honecker, dirigente de linha dura da Alemanha Oriental. Em seguida, manifestações pró-democracia reivindicavam o fim do Muro de Berlim e o livre trânsito entre os dois países. Em novembro do mesmo ano o muro foi definitivamente derrubado, tendo início o processo de unificação com a Alemanha Ocidental, concluído em outubro de 1990.

Populares de Berlim Ocidental observam soldados da Alemanha Oriental abrindo uma passagem no muro (11 de novembro de 1989).

A **Albânia** foi o último Estado do Leste europeu a implementar mudanças liberalizantes. O país encontrava-se sob ditadura stalinista, liderada por Enver Hoxha, que governou de 1946 a 1985. Nesse período, o país se distinguiu pelo seu isolacionismo. Na década de 1960, a Albânia havia rompido com o governo reformista soviético e se aliado ao socialismo chinês, mas após 1978 ampliou ainda mais seu isolamento por discordar da aproximação da China com os Estados Unidos. Com a morte de Hoxha, seu sucessor, Ramiz Alia, promoveu reformas liberalizantes, embora discordasse do projeto da *perestroika*. Em março de 1991, o Partido Comunista, rebatizado de Socialista, venceu as primeiras eleições livres do país, permitindo que se acelerassem as ligações com o Ocidente capitalista. Em função de sérios problemas econômicos, a oposição, representada pelo Partido Democrata, obteve a maioria dos votos nas eleições parlamentares de março de 1992, pondo fim ao tradicional controle comunista.

Na **Iugoslávia**, deu-se o quadro mais tenso e violento do Leste europeu, mergulhando o país em uma sangrenta guerra civil. Em 1990, com a mudança da ex-Federação Comunista da Iugoslávia para um sistema multipartidário, **Slobodan Milosevic** tornou-se presidente da Sérvia, a república dominante, com forte influência em Montenegro, outra república onde o antigo Partido Comunista, ao qual ele pertencia, também havia vencido. Esta situação permitia-lhe o controle sobre a federação das repúblicas.

O firme controle dos meios de comunicação, a intolerância com os críticos e a preponderância da Sérvia sob o governo de Slobodan estimularam as lutas étnico-políticas como também as ambições separatistas das demais repúblicas (Eslovênia, Croácia, Bósnia-Herzegovina e Macedônia).

A intervenção da União Europeia, que reconheceu a independência das repúblicas, fez com que o governo federal, controlado pelos sérvios, se opusesse ainda mais radicalmente à fragmentação do país, o que dificultou qualquer possível acordo para a pacificação da região.

A ruína do **socialismo real** no Leste europeu desmontou as tradicionais estruturas socioeconômicas da região, aumentando o desemprego, a inflação, as desigualdades sociais e os conflitos étnicos e políticos. A maior parte das novas posições empresariais, nos moldes ocidentais de um comando burguês, caberia aos membros da tradicional burocracia e seus parentes, em íntima associação com os empresários internacionais. A situação de crise da região acrescentou mais uma incógnita quanto à solidez da ordem internacional que se estabelecia em substituição à Guerra Fria.

A guerra civil na ex-Iugoslávia: uma das provas cabais da falácia do "fim da História", proclamada por aqueles que viam no mundo pós-Guerra Fria um novo mundo feito de paz, progresso e sucesso da humanidade.

O fim da União Soviética

O governo Gorbatchev produziu, num curto espaço de tempo, uma verdadeira revolução no bloco socialista, afetando e alterando por completo as relações políticas e econômicas em nível nacional e internacional.

O FIM DA GUERRA FRIA

Na União Soviética, Gorbatchev teve de enfrentar, por um lado, a passividade e a inércia burocráticas, desorganizando a já limitada produção econômica, e, por outro, as pressões dos grupos que desejavam reformas mais rápidas e profundas. Além disso, enfrentou uma crescente impopularidade interna em virtude basicamente de dois fatores: primeiro, o da grande questão do separatismo nacionalista no interior das fronteiras do país; segundo, e mais transbordante, a questão do desabastecimento interno, com filas e manifestações de desespero social, ampliado pelas elites burocráticas, contrárias às reformas, que dirigiam a economia soviética.

Em agosto de 1991, membros da **burocracia conservadora** afastaram Gorbatchev do poder, num golpe que visava reverter o quadro político-econômico da União Soviética, que beirava o descontrole. **Bóris Yeltsin**, presidente da principal república soviética, a Rússia, e líder dos **ultraperestroikistas**, convocou uma greve geral e obteve o apoio de milhares de civis e militares que, estabelecidos em frente ao Parlamento Russo, derrotaram os golpistas.

Tal foi o prestígio obtido por Yeltsin pela vitória contra o golpe, que ele se transformou no principal líder político soviético, sobrepondo-se mesmo ao próprio Gorbatchev que, ao voltar ao poder, se viu obrigado a renunciar ao cargo de secretário-geral do PCUS e dissolver o partido, então acusado de ligações com os golpistas, ficando apenas com o enfraquecido cargo de presidente da União Soviética.

Em meio à velocidade dos acontecimentos, em setembro de 1991, depois das declarações unilaterais de independência das repúblicas bálticas (Estônia, Lituânia e Letônia) e sucessivos distúrbios e conflitos com tropas soviéticas, Gorbatchev reconheceu oficialmente a soberania dos três Estados, que, em seguida, foram admitidos na ONU.

O golpe final contra Gorbatchev deu-se em dezembro de 1991, quando a Rússia de Yeltsin, juntamente com Ucrânia e Bielarus assinaram o Acordo de Minsk (capital de Bielarus), proclamando o fim da União Soviética e a criação da **Comunidade de Estados Independentes** (CEI) que, pouco depois, obteve a adesão de outras ex-repúblicas da União Soviética. Dias depois, em 25 de dezembro do mesmo ano, Gorbatchev renunciava ao cargo de presidente da União das Repúblicas Socialistas Soviéticas, país que, então, já não existia.

Em 8 de dezembro de 1991, Rússia, Ucrânia e Bielarus assinaram o Acordo de Minsk, proclamando a formação da CEI e declarando que "a União das Repúblicas Socialistas Soviéticas como sujeito da lei internacional e da realidade geopolítica não existe mais". Era o verdadeiro golpe sobre Gorbatchev, liderado por Yeltsin.

Destaques dos ex-países socialistas na globalização capitalista

Após a derrocada do socialismo real no Leste europeu e o fim da União Soviética, cada um dos ex-países socialistas viveu graves crises econômicas e políticas. Obrigados a assimilar rapidamente as novas transformações, esses países se viram impelidos para uma reestruturação de seus Estados e de suas economias com o objetivo de se tornarem atraentes aos investimentos do capital ocidental. Embora a grande maioria tenha processado mudanças internas, nem todos foram vistos como mercados atrativos.

A abertura ao capitalismo internacional e a desmontagem da ordem socialista favoreceram a emergência de uma nova elite econômica, uma nova "burguesia", em grande parte descendente das criticadas elites burocráticas que ocupavam os altos cargos administrativos do período anterior. Sem poder contar com o auxílio financeiro da URSS, a União Europeia tornou-se o novo polo de atração econômico e a Otan, o novo paradigma da proteção militar.

Na **Polônia**, nos anos seguintes à vitória do Solidariedade de Walesa nas urnas, as dificuldades da transição para o capitalismo fortaleceram os oposicionistas, ex-comunistas convertidos à social democracia e integrados ao partido da Aliança Esquerda Democrática (SLD), que venceram as eleições parlamentares de 1993 e as presidenciais de 1995. Nos anos seguintes, até 2006, os poloneses ora ratificaram a vitória da esquerda ora dos partidos de centro-direita, refletindo o descontentamento com o quadro social e político do período. Em 1997, foi aprovada uma nova Constituição, que reduziu os poderes presidenciais; nas eleições legislativas, uma coalizão de partidos de centro-direita, Ação Eleitoral Solidariedade (AWS), foi vitoriosa, acelerando as reformas econômicas. Em 1998, o estaleiro de Gdansk, berço do sindicato Solidariedade, foi privatizado e, em 1999, houve a adesão à Otan. Nas eleições presidenciais, Aleksander Kwasniewski, líder da Aliança Esquerda Democrática (SLD), derrotou Walesa nas eleições presidenciais de 1995 e de 2000 e assumiu a meta de integrar a Polônia à União Europeia (UE), o que foi efetivado em maio de 2004. Kwasniewski foi sucedido por Lech Kaczynski, do Partido de Lei e Justiça, de centro-direita, vitorioso nas eleições presidenciais de 2005. No início de 2006, a Polônia apresentava o índice de desemprego mais elevado da Europa, 18%, e tiveram início as discussões para definir a data de adoção do padrão monetário da União Europeia, integrando o país à zona do Euro.

O antigo território da **Alemanha Oriental** firmou um lugar totalmente diferenciado no cenário dos países socialistas pós-União Soviética. Inserida na globalização capitalista, graças à unificação com a Alemanha Ocidental, passou a ocupar de imediato um lugar de destaque no equilíbrio mundial e no processo de formação da União Europeia.

Na **Hungria**, após o fim do bloco socialista, tanto a economia como a política se voltaram para a Europa Ocidental. No plano militar firmou-se, em 1997, o protocolo para sua adesão à Otan. No plano econômico, a transição para o capitalismo se deu em meio a uma grave crise econômica que levou o seu PIB a decrescer entre 1989 e 1996, tendo uma leve recuperação a partir de 1997. Em 1999, 60% do comércio externo era realizado com a União Europeia, projetando a sua integração a esse bloco, que se efetivou em 2004.

Na **Bulgária**, o fim da União Soviética representou a perda de um mercado que absorvia cerca de dois terços de suas exportações. Em 1994, ante as consequências da retração do mercado externo, o governo anunciou um plano de reformas com ênfase nas privatizações. Dois anos depois, o país encontrava-se em uma grave crise financeira, com a desvalorização de sua moeda. Protestos populares ocasionaram a antecipação das eleições em 1997 e a vitória dos anticomunistas, que aceleraram as reformas econômicas com a privatização das terras coletivas. Em 1999, o conflito na Iugoslávia, país vizinho, afetou a navegabilidade do rio Danúbio, trazendo enormes prejuízos para a Bulgária (algo em torno de 13 bilhões de dólares). Em meio às mudanças e crescentes dificuldades, ganharam impulso as conversações entre o governo búlgaro e autoridades europeias visando integrar o país à União Europeia, culminando, em 2005, num acordo para o ingresso em 2007.

A **Romênia**, depois de uma série de manifestações populares desde o final da ditadura Ceausescu, teve promulgada uma Constituição em dezembro de 1991, que instituiu o pluripartidarismo e as bases para a economia de mercado. Com um setor produtivo arcaico, a Romênia ficou praticamente à margem do comércio internacional. Procurando levar o país em direção ao livre mercado, o governo promoveu a privatização de milhares de empresas estatais no final dos anos 1990. Em 2000, iniciaram-se as conversações para juntar-se à União Europeia; em 2004, integrou-se à Otan. Em 2005, o governo da Romênia assinou acordo em que se comprometia a efetivar diversas reformas para integrar a União Europeia em 2007.

A **Albânia** emergiu do fim do socialismo na condição de nação mais pobre do continente europeu. Depois de uma história de extremo isolacionismo, com uma economia essencialmente agrícola, apresentava um dos mais baixos níveis de desenvolvimento humano (IDH) da Europa. Sob uma grave crise econômica, o país conviveu, nos anos 1990, com uma taxa de desemprego que chegou a 25% da população economicamente ativa. Associou-se a isso o agravamento do conflito militar na província iugoslava de Kosovo (de maioria étnica albanesa), que inseriu no país, entre 1998 e 1999, aproximadamente meio milhão de refugiados. O grau de tensão social produzido por essa realidade e as sucessivas crises políticas levaram uma grande parcela da população albanesa a abandonar o país e buscar o exílio principalmente na Itália ou na Grécia. No final de 2005, de acordo com o Instituto Estatístico do país, Instat, cerca de 25% da população da Albânia vivia na pobreza. As conversações entre as autoridades europeias e albanesas resultaram num acordo formal de "associação", no início de 2006, tido como um primeiro passo para o ingresso no bloco da União Europeia. Muitos arriscavam estimar que 2007 poderia ser o ano da entrada da Albânia na Otan e, entre 2010 e 2015, na União Europeia.

Após o desmembramento da Tchecoslováquia, tanto a **República Tcheca** como a **Eslováquia** enfrentaram graves crises econômicas. Na primeira, o momento crucial foi entre o final de 1997 e o começo de 1998, quando o desemprego atingiu 6% da população economicamente ativa. Buscando uma saída para a crise, em junho de 1998, o Partido Social Democrata ganhou as eleições para o Parlamento defendendo a incorporação do país na União Europeia e a adesão à Otan. Em março de 1999, o ingresso na Otan foi ratificado e, em 2004, a **República Tcheca** passou a integrar a União Europeia, deixando para 2010 a realização de novas reformas econômicas para ser aceita na zona do Euro, ou seja, dos países que adotam o padrão monetário da União Europeia.

Já a **Eslováquia**, logo após o desmembramento, viveu uma grave crise política. Em meio a intensas manifestações populares contrárias às reformas econômicas pró-capitalistas, deu-se uma disputa de poder entre o chefe do governo, Michal Kovác, e o primeiro ministro, Vladimir Mérciar. Com o fim do mandato de Kovác, Mérciar passou a acumular os dois cargos e a usar seu poder para impedir a realização de novas eleições, ganhando forte oposição interna. Em meio às pressões, o governo teve que permitir novas eleições legislativas, sendo vencido pela Coligação Democrática. Com ela, o país voltou a postular uma aproximação com a União Europeia. Em 1999, a população, por meio de um abaixo-assinado, exigiu a realização de eleições diretas para presidente. Em maio do mesmo ano, a Eslováquia elegeu seu primeiro presidente por via direta. Em março de 2004, a Eslováquia foi admitida na Otan e, em maio, na União Europeia. No início de 2006, o governo da Eslováquia declarou ser capaz de atender, até 1º de janeiro de 2007, as exigências dos países da União Europeia para ingressar na zona do Euro naquela data.

Entre essas exigências, destacam-se: conseguir manter um déficit orçamentário anual de até 3% do PIB (Produto Interno Bruto); inflação anual de até 2,4%; e endividamento público abaixo de 60% do PIB.

À crise socioeconômica que se instalou na ex-União Soviética e nos países do Leste europeu, com uma inflação galopante e queda da produção nacional, somou-se, em algumas regiões, o conflito étnico-político, destacando-se o da **Bósnia-Herzegovina** e **Croácia**, na ex-Iugoslávia, e o da Chechênia, na Rússia.

> Após a Primeira Guerra Mundial, os povos eslavos do Sul constituíram um reino – a Iugoslávia –, que incluiu principalmente os sérvios, croatas e eslovenos, tendo por capital Belgrado. Nessa época, eram os sérvios que detinham a maior influência e poder regional, cabendo aos bósnios de religião muçulmana, herdeiros das influências do Império Turco-Otomano, que dominara a região por vários séculos, uma posição de sujeição.
>
> Durante a Segunda Guerra Mundial, alemães e italianos chegaram a ocupar a Iugoslávia e a criar um novo Estado na Croácia, o qual, sob a tutela nazifascista, acabou responsável por diversos massacres a várias etnias, especialmente a sérvia. Entretanto, foi também nesse período que emergiu a liderança do croata Tito, comandante do Partido Comunista regional. Derrotou os nazistas e edificou a Iugoslávia da época da Guerra Fria, formada por uma federação estável de seis repúblicas autônomas.

A abertura política dos anos 1990, trazida pela queda do socialismo real, desembocou em eleições nas quais os comunistas foram derrotados em várias repúblicas, mas vencedores em Montenegro e na mais poderosa delas, a Sérvia, sob a liderança de **Slobodan Milosevic**. As repúblicas da Croácia e Eslovênia decidiram abandonar a união (1991), dando início à guerra civil.

Depois da declaração de independência da Croácia e da Eslovênia, em meio à confrontação, o Parlamento de Belgrado decidiu criar, em 1992, a **nova Iugoslávia**, formada apenas pela Sérvia e por Montenegro. Em seguida, a Assembleia da ONU reconheceu os vários novos países da ex--república iugoslava e determinou embargo comercial total contra a Sérvia, em razão do apoio de Belgrado aos sérvios da região da Bósnia, que haviam criado uma república rebelde e se opunham à independência da Bósnia muçulmana e croata.

Nem negociações nem a presença de tropas da ONU ou sanções econômicas impostas pelos Estados Unidos e União Europeia à nova Iugoslávia conseguiram a pacificação da região. Com os bombardeios de suas posições por tropas da ONU e da Otan, os sérvios bósnios chegaram até a sequestrar centenas de soldados das Nações Unidas (os "capacetes azuis"), ampliando a violência na região.

Nesse aspecto, os grupos rivais chegaram a criar e manter "campos de concentração" de prisioneiros, promover extermínio em massa – na prática, "limpeza étnica" – e estupros generalizados, sem deixar nada a dever à barbárie das violências realizadas durante a Segunda Guerra Mundial por nazistas.

Somente em 1995, depois de quatro anos de uma guerra que deixou um saldo de 250 mil mortos, centenas de milhares de feridos e quase 3 milhões de refugiados, é que as diversas facções da guerra civil, pressionadas pelas maiores potências mundiais, assinaram um acordo de paz a ser implementado na região.

A paz – avalizada pelos governos dos Estados Unidos, Reino Unido, França, Alemanha, Rússia e Espanha – determinava a divisão territorial da Bósnia-Herzegovina, cuja viabilização contaria com a atuação de tropas e observadores da ONU e da Otan.

O acordo – chamado pelos norte-americanos de **Acordo de Dayton** (cidade do estado de Ohio, onde foram realizadas as negociações) e pelos franceses de **Tratado de Paris** (local da assinatura do documento) – constituiu, até então, o mais importante avanço para a pacificação e estabilização da Bósnia.

Em 1998, entretanto, ganhou intensidade o conflito separatista de **Kosovo**, província de maioria albanesa (mais de 80% da população), mas controlada pela Iugoslávia. A violência dos confrontos entre os kosovares do Exército de Libertação de Kosovo (ELK) e o exército iugoslavo repetiu-se nas atrocidades dos campos de extermínio e "limpeza étnica", levando à intervenção da Otan, em 1999. Liderada pelos Estados Unidos, a organização militar fez mais de 25 mil incursões aéreas, bombardeando a Iugoslávia e pressionando o seu governante, Slobodan Milosevic, a aceitar um acordo para a pacificação da região. A rendição incondicional da Iugoslávia foi obtida em mais uma guerra com características de *video game* (como a do Golfo) e sem nenhum registro de morte de militar a serviço da Otan.

Milosevic, no entanto, permaneceu no governo, e tiveram continuidade as ações de extermínio em Kosovo, só que dessa vez dirigidas pelos muçulmanos albaneses contra a minoria sérvia local, aprofundando um quadro macabro de destruição, ódio e violência. Para reverter esse quadro, Kosovo foi transformado num protetorado internacional desde 1999, ficando o controle militar a cargo de uma força de paz estrangeira (Kfor) e a administração nas mãos de uma missão da ONU (Unmik).

A sequência de guerras arrasou toda a região da ex-Iugoslávia e, em outubro de 2000, pressões populares levaram ao afastamento de Slobodan Milosevic do poder. **Vojislav Kostunica**, representante da principal coligação de oposição, foi indicado seu sucessor com o apoio internacional, na esperança de pôr fim aos conflitos na Sérvia e promover a reorganização de toda a região, bem como o retorno dos milhares de refugiados que abandonaram as repúblicas da ex-Iugoslávia em direção ao Ocidente durante os anos de guerra, aliviando, assim, a tensão nas fronteiras da Europa desenvolvida.

Em 2001, o ex-líder Slobodan Milosevic foi extraditado para julgamento no Tribunal Internacional de Crimes de Guerra em Haia, Holanda. Esse tribunal fora criado pela ONU, em 1993, para julgamento de crimes de guerra e crimes contra a humanidade ocorridos no território da ex-Iugoslávia, sendo o primeiro organismo internacional dessa natureza desde o imediato pós-Segunda Guerra Mundial (Tribunais de Nuremberg, Alemanha, e de Tóquio, Japão). Além de Milosevic, apelidado de o "carniceiro dos Bálcãs", várias dezenas de outros políticos e militares foram procurados ou presos para serem julgados pelo Tribunal. Quanto a Milosevic, o julgamento, com várias interrupções, iniciou-se em 2002 e continuou até março de 2006, quando foi encontrado morto em sua cela na prisão da ONU, perto de Haia, na Holanda.

Por sua vez, a Iugoslávia deixou de existir oficialmente em fevereiro de 2003, passando a se chamar União da Sérvia e Montenegro. Em 2006, via plebiscito, decidiu-se pela completa separação entre Sérvia e Montenegro e, em 2008, foi a vez de Kosovo, ampliando a fragmentação da ex-Iugoslávia.

A DIVISÃO DA IUGOSLÁVIA

Adap.: SIMIELLI, Maria Elena. Geoatlas. 30. ed. São Paulo: Ática, 2006. p. 67.

Toda a região da ex-Iugoslávia foi profundamente afetada por guerra civil, intervenção e bombardeios da ONU/Otan/ Estados Unidos e sanções internacionais. Nem mesmo a iniciativa do Acordo de Dayton/Paris conseguiu deslanchar uma pacificação definitiva na região, dado o reforço da rivalidade étnica, religiosa e política desenvolvida no pós-Guerra Fria. Em 2006, um plebiscito decidiu pela separação das duas regiões, formando dois novos Estados: Sérvia e Montenegro. Em 2008 foi a vez da separação de Kosovo. Observe no mapa acima a transição dessa separação.

Na **Federação Russa**, denominação adotada pela Rússia, principal herdeira da ex-URSS, seguiram-se crises políticas, econômicas e separatismos, a exemplo da Chechênia, na região do Cáucaso. Transformada em república autônoma com um acordo de paz em 1996, suspendendo a guerra de independência, e tendo população de maioria chechena e religião muçulmana, a Chechênia não conseguiu a aceitação oficial de seu separatismo, o que motivou seguidos enfrentamentos com as autoridades russas.

Em 1999, após atentados terroristas em várias cidades russas atribuídos a muçulmanos apoiados pela Chechênia, o governo de Moscou iniciou uma ofensiva militar contra o território rebelde, sem conseguir, no entanto, a sua completa submissão. Em quase meia década de conflito, morreram milhares de soldados russos e dezenas de milhares de chechenos (de uma população de 1,2 milhão), a maioria entre a população civil; além disso, houve o êxodo de mais de 300 mil refugiados.

Os diversos novos atentados realizados por separatistas chechenos em 2002 levaram Vladimir Putin a convocar um referendo para março de 2003. Entre 100 eleitores chechenos, quase 90% votaram a favor de uma nova Constituição chechena, confirmando sua vinculação à república da Rússia.

Seguiram-se as eleições para presidente (2004) e para o Parlamento (2005) sem que cessassem atentados e enfrentamentos. Em 2006, centenas de guerrilheiros chechenos depuseram as armas diante de uma proposta de anistia russa, enquanto guerrilheiros acusados de ligação com a Al Qaeda de Osama bin Laden continuavam atuando.

Várias outras regiões russas proclamaram sua independência, a exemplo da Tartária e do Dniéster (na Moldova). A diversidade étnica da Rússia, no início do século XXI, era o combustível para a instabilidade sociopolítica. A dificuldade para acordos de paz residia nessa ampla variedade étnica que há séculos prevalece na região. A Rússia conta com o predomínio de russos étnicos (85% de sua população), mas também com diversos outros grupos minoritários distribuídos por seu território, entre eles tártaros, ucranianos, tchuvaques, bashquires, bielo-russianos, casaques, usbeques, ossétios etc.

No plano político, o presidente **Bóris Yeltsin** enfrentou oposição parlamentar, o que levou ao fechamento do Parlamento, em 1993, seguido de eleições, que renovaram o legislativo russo, e da aprovação de uma nova Constituição para o país.

Em 1996, Yeltsin foi reeleito para mais um mandato presidencial, sofrendo forte oposição política e a ameaça de *impeachment*, em 1999, sob a acusação de ser o responsável pelo quadro de progressivo desmoronamento social, econômico e político da região. Porém, através de um estratagema político, Yeltsin renunciou à presidência, em 31 de dezembro desse mesmo ano, assumindo **Vladimir Putin**, então primeiro-ministro. Com essa manobra, Yeltsin salvou-se de uma devassa em suas contas públicas e privadas e, antecipando as eleições, conseguiu eleger seu sucessor.

Em 2004, Putin foi reeleito para um novo mandato presidencial. Em 2008, apoiou o candidato à presidência Dmitri Medvedev, que o sucedeu e também o nomeou Primeiro Ministro.

Na foto, Vladimir Putin ao assumir a presidência da Rússia em 1999.

Putin fora o grande articulador das ofensivas sobre o território checheno, em 1999, associando a sua figura ao sentimento de defesa de tão desgastada soberania nacional russa. Com a imagem de "homem de pulso firme", ganhou o reconhecimento público nas eleições de março de 2000 e ratificou-se na presidência em um momento de grave crise. Os dados eram implacáveis: embora 99% da população fosse alfabetizada, 35% dela vivia abaixo da linha de pobreza; o índice de desemprego era de 12,4% em março de

1999; a inflação, de 40% ao ano (1999), e o mercado negro movimentava 22% do PIB. Até mesmo Putin reconhecia:

"Somos um país rico de gente pobre" (Citado em *O Estado de S. Paulo*, 26 mar. 2000, p. A24). Contudo, em março de 2004, a imagem de autoridade firme de Putin no governo da Federação Russa foi decisiva para que fosse reeleito, obtendo 71% dos votos nas eleições presidenciais.

Retração da economia russa

"A retração econômica russa foi contínua de 1991 até 1998, exceto em 1997, quando houve pequena expansão de 0,18%. O desmoronamento econômico provocou, em 1998, a desvalorização da moeda (rublo) e a decretação da moratória (adiamento do pagamento da dívida externa), ocasionando uma crise financeira internacional e o agravamento das condições sociais internas. Ainda em 1999, a economia russa voltou a reagir, crescendo 3,2%, e a taxa de desemprego recuou para 11%. Em 2000, o crescimento russo chegou a 8,3%. Mesmo assim, pelo menos 26% dos russos continuavam vivendo abaixo da linha de pobreza em 2000, segundo o Banco Mundial. Em 2001, a Federação Russa cresceu 5% e, em 2002, 4,2%. Em 2003, o presidente Vladimir Putin traçou o objetivo de duplicar o PIB russo até 2012, conseguindo o crescimento de 6,9% em 2003 e 7,1% em 2004."

Segundo a agência EFE. Disponível em: <noticias.uol.com.br/ultnot/2005/02/01/ult1767u32997.jhtm>. Acesso em: 1.º fev. 2005.

Mais recentemente, enquanto alguns números da economia russa davam sinais de recuperação, outros continuavam mostrando os efeitos das transformações das últimas décadas. Quanto ao crescimento econômico, dois exemplos comprovam o quadro: o PIB russo cresceu 6,4% em 2005 e 6,7% em 2006, e as reservas internacionais em dólares da Federação Russa chegaram a ultrapassar os 303 bilhões de dólares no início de 2007. Contribui para isso a alta dos preços do petróleo e do gás natural no mercado internacional, considerando que o país é um dos maiores produtores, chegando a fornecer cerca de 25% do gás consumido na União Europeia (UE) em 2006.

Na situação inversa está a queda na expectativa de vida e o reflexo sobre o conjunto da população russa, que diminuiu 1,8 milhão entre o recenseamento de 1989 e 2002. "Neste ritmo, os especialistas da ONU estimam que o país mais vasto do mundo não deve contar mais de 101,5 milhões de habitantes em 2050. Os resultados do censo mais recente, que acabam de ser divulgados oficialmente, mostram também que esta evolução vem acompanhada por uma desertificação das zonas rurais, as quais estão confrontadas ao envelhecimento de sua população" (segundo SUBTIL, Marie-Pierre. In: *Le Monde*, 27 fev. 2004. Trad. Jean-Yves de Neufville na UOL).

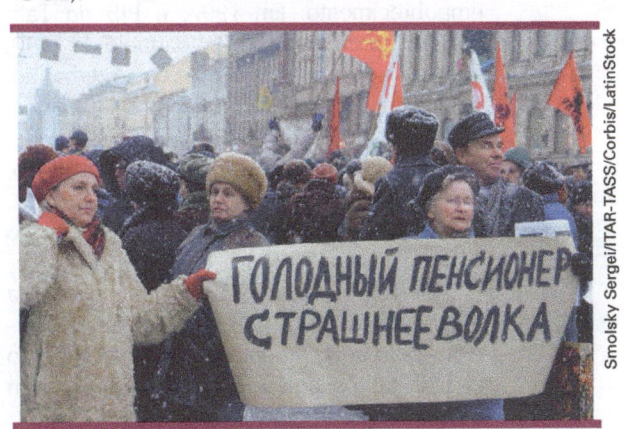

Manifestação de pensionistas na Rússia (em janeiro de 2005) contra as políticas de governo de Putin. No cartaz lê-se: "Um aposentado faminto é mais terrível que um lobo". Observe as bandeiras da velha União Soviética carregadas pela multidão.

A partir da década de 1980, a Rússia – maior país em extensão territorial e segundo com maior arsenal de armas nucleares do planeta (o primeiro pertence aos Estados Unidos) – deixou de ser um dos líderes mundiais e passou à posição de grande incógnita no começo do novo milênio. Isso se deu em razão do processo descontrolado das privatizações e das medidas tomadas para a liberalização da economia, consideradas indispensáveis tanto para a atração dos investimentos de capitais externos como para a inserção do país na lógica do mercado capitalista ocidental. Uma das consequências mais assustadoras dessa realidade foi aquela que levou a máfia russa, por meio da corrupção da burocracia estatal, a controlar, no início do século XXI, entre 60 e 70% dos negócios realizados no país. Concentração de riquezas e ampliação das desigualdades socioeconômicas resultaram, no final de 2005, na existência de algo próximo a 33 bilionários e 88 mil milionários em dólares na Rússia (Conforme *Folha de S.Paulo*, 26 nov. 2006, p. A6).

O pós-socialismo, tanto para o Leste europeu como para as ex-repúblicas soviéticas, representou, de modo geral, dificuldades econômicas e sociais. O PIB de 1997 de cada uma das ex-repúblicas, por exemplo, era inferior ao de 1990, num claro sinal de empobrecimento. Em 1997, o PIB do Tajiquistão representava 32,7% daquele de 1990. O da Moldávia, 40,1%; o do Azerbaijão, 42,2%; o da Ucrânia, 42%; o da Geórgia, 50,2%; o da Quirguízia, 56,2%; o da Federação Russa, 58,2%; o do Casaquistão, 61,8%; o da Armênia, 63%; o de Belarus, 66%; o do Usbequistão, 79,9%; e o do Turcomenistão, 92,5%.

Obrigados a processar uma transição para o livre mercado que lhes permitisse ser absorvidos pelo novo modelo de desenvolvimento capitalista, os países ex-socialistas tiveram contra si a fragilidade de suas economias associada à voracidade dos investidores internacionais. Na grande maioria deles, a situação social advinda dessa combinação levou a realidades muito mais difíceis de equacionar do que as enfrentadas no passado.

> "O resultado foi um desastre completo. Se compararmos os efeitos positivos do colapso da União Soviética e de seu sistema político aos seus efeitos negativos, eu diria que estes últimos são incomparavelmente maiores. E isto certamente vale para a maioria dos russos. Muitos russos mais velhos dizem que preferiam retornar à década de 1970, sob o governo de Brejnev. Um sinal claro do desastre russo é o fato de que a era Brejnev possa aparecer como uma época de ouro para os russos.
>
> No Ocidente, simplesmente não fazemos a menor ideia das dimensões da catástrofe humana que se abateu sobre a Rússia. Ela significa a inversão total de tendências históricas: a expectativa de vida da população masculina caiu dez anos ao longo da última década, e grande parte da economia reduziu-se à agricultura de subsistência. Não creio que tenha acontecido nada de similar no século XX."
>
> HOBSBAWM, Eric J. *O novo século: entrevista a Antonio Polito*. São Paulo: Companhia das Letras, 2000. p. 84.

O SOCIALISMO NA CHINA E EM CUBA

Em 1949, Mao Tsé-tung liderou uma revolução popular que sepultou a velha condição de "quintal do mundo" que caracterizara a China desde o século XIX. A força do sentimento nacional e a atuação do Partido Comunista Chinês criaram uma via socialista independente, que se desgarrou do bloco monolítico soviético e até se rivalizou com ele. Os fundamentos da ideologia marxista indicavam que a revolução se faria baseada no operariado urbano; na China, entretanto, a liderança foi da população rural, camponesa, o que firmou sua singularidade política, em plena Guerra Fria.

A autonomia do socialismo chinês foi conseguida gradualmente, passando por acordos iniciais com a União Soviética e chegando aos atritos e rupturas do final do anos 50 e início dos 60.

Quanto à Cuba, o socialismo foi estabelecido em meio à derrubada de uma ditadura apoiada pelos Estados Unidos, originando um Estado que ativou diversas políticas alinhadas com os soviéticos e o Leste europeu e que mergulhou em profundas dificuldades após o fim da Guerra Fria.

A China comunista

Vitorioso em 1949, o PCC (Partido Comunista Chinês) aproximou-se da União Soviética, assinando no ano seguinte um tratado com Stálin – o Tratado de Amizade, Aliança e Ajuda. No plano interno, o novo governo adotou medidas drásticas, como a nacionalização das indústrias e a reforma agrária, para enfrentar as dificuldades econômicas, que, no entanto, ressurgiram com a Guerra da Coreia, em 1950. O primeiro plano quinquenal, anunciado em 1953 por Chou En-lai, propunha uma nova linha geral de transição para o socialismo, com prioridade para a indústria pesada. Em 1955, a coletivização da agricultura acelerou-se com a organização de um milhão de cooperativas. Atingia-se, assim, o fim do capitalismo, implantando-se as três transformações socialistas básicas: expropriação da burguesia industrial, expropriação do comércio urbano e instalação de um movimento cooperativo no campo.

Com as reformas, apesar de a produtividade industrial ter crescido 400% entre 1949 e 1959, os salários só aumentaram 52%. Mao Tsé-tung, aos primeiros sintomas de que o desenvolvimento socialista estava aquém das exigências sociais e ameaçando o governo do Partido Comunista, proclamou uma liberalização interna. É de maio de 1956 sua frase: "Que cem flores desabrochem, que cem escolas de pensamento rivalizem entre si".

As críticas contra o governo cresceram e o **Movimento das Cem Flores** se intensificou, levando o governo a reagir com uma grande campanha antidireitista que levou milhares de pessoas à prisão. Mao justificou-se dizendo que a Campanha das Cem Flores tinha por objetivo "fazer serpentes saírem de suas tocas".

Iniciado como um processo de democratização, o Movimento das Cem Flores acabou, contraditoriamente, reforçando o poder do Partido Comunista Chinês, que, em agosto de 1957, decidiu-se pelo programa de reformas chamado **Grande Salto para a Frente**.

Este, ao deslocar os subsídios econômicos da indústria para a agricultura, confirmava o predomínio da base camponesa do socialismo chinês.

> Lu Ding Yu, membro do Bureau político do PCC, expressou uma posição totalmente herética para o comunismo guiado mundialmente pela União Soviética: "O proletariado deve conduzir as massas camponesas para levar a término a revolução democrática; a revolução democrática é uma guerra camponesa e uma revolução agrária; a revolução democrática deve transformar-se em socialista pela revolução permanente. Essas ideias guiaram as vitórias ininterruptas de nossa revolução".
>
> COGGIOLA, Osvaldo. *A revolução chinesa.* p. 46.

A mobilização da população foi geral, e até intelectuais e estudantes foram conclamados a trabalhar no campo. Entretanto, mesmo com o crescimento da produção rural em 65%, as dificuldades continuaram obrigando as correções de rumo. Na verdade, o projeto **Grande Salto** teve resultados positivos limitados, uma vez que, nesse mesmo período, as relações sino-soviéticas tornaram-se mais difíceis, intensificando a oposição interna ao Partido Comunista Chinês e as dissidências.

Na década de 50, a China passava por intensas transformações econômicas e culturais.

O conflito sino-soviético

As divergências entre os comunistas chineses e o PCUS (Partido Comunista da União Soviética) já existiam muito antes da vitória revolucionária de 1949. Após a revolução, entretanto, elas se intensificaram, pois Mao Tsé-tung se posicionou pela autonomia política em relação à União Soviética, embora necessitasse de sua ajuda material, mesmo que pequena.

Em 1957, a União Soviética comprometera-se a fornecer armas nucleares à China, através de um tratado, que, no entanto, foi rompido em 1959 pelos soviéticos, envolvidos nos preparativos para um encontro com Eisenhower, dentro da política da coexistência pacífica. A atitude soviética recebeu severas críticas dos chineses, para os quais o imperialismo norte-americano continuava ameaçador. Em represália, a União Soviética retirou, em 1960, seus conselheiros técnicos da China.

> ### As raízes do conflito sino-soviético
>
> "Houve um primeiro empréstimo de 300 milhões de dólares, em cinco anos (1950), e um segundo, de 130 milhões de dólares (1954). O resto, máquinas, equipamentos técnicos, tudo será pago pela China a preço de mercado mundial. Os técnicos soviéticos, por exemplo, eram pagos em dólares americanos. Tudo isso provocou uma drenagem de divisas da China para a URSS. A escassez da ajuda soviética salta aos olhos quando sabemos que, no mesmo período, a URSS emprestou à China 430 milhões de dólares, e à Índia, um país capitalista menor que a China, 680 milhões. Muitos outros países capitalistas eram, proporcionalmente, mais bem-tratados pela URSS do que a China socialista. Os comunistas chineses sabiam disso perfeitamente. Se o conflito não se manifestava abertamente, é porque o PCC continuava contando com a ajuda soviética."
>
> COGGIOLA, Osvaldo. *A revolução chinesa.* p. 52.

À política internacional de Kruschev somavam-se sua priorização da produção de bens de consumo e a desestalinização, as críticas ao culto da personalidade. Tal política distanciava a linha do PCUS da do PCC, pois os chineses buscavam desenvolver a indústria de base e Mao Tsé-tung era apresentado como o grande guia chinês, tornando-se alvo da crítica ao culto da personalidade. O agravamento das relações sino-soviéticas chegou, em 1962, ao ponto de ruptura, quando o PCC acusou Kruschev e o PCUS de "revisionistas", ou seja, os soviéticos estariam modificando as teses marxistas originais, fugindo do socialismo puro.

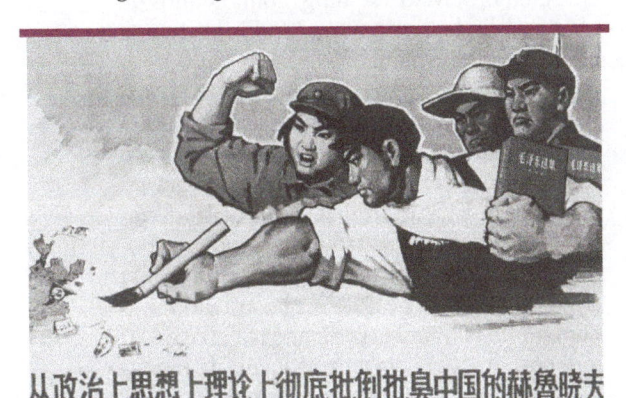

Cartaz chinês de 1967 criticando a política de Kruschov. O conflito sino-soviético derivava de divergências ideológicas, mas afetava pontos políticos e econômicos entre os dois países.

A rivalidade desdobrou-se, em seguida, em conflitos de fronteiras, com soviéticos e chineses encarando-se com muito mais desconfiança do que ao seu inimigo comum – o imperialismo norte-americano. Enquanto o monolitismo socialista se desestruturava, a China tratava pouco a pouco de aproximar-se diplomaticamente dos Estados Unidos. Já nos anos 70, essa política lhe possibilitou o ingresso na ONU (1971) e a visita do presidente norte-americano, Richard Nixon (1972). Com uma política autônoma, os chineses tornaram-se belicamente autossuficientes, adquirindo também poderio nuclear: explodiram sua primeira bomba atômica em 1964 e a de hidrogênio em 1967.

Em 1969, as relações entre China e União Soviética haviam se deteriorado de tal forma que, entre os dois países, existiam somente algumas modestas transações econômicas e questões diplomáticas de rotina. Somente a partir de 1986 registraram-se progressos na reaproximação entre eles.

A Revolução Cultural (1966-1976)

Buscando fortalecer-se pessoalmente, Mao Tsé-tung deu início, em meados da década de 60, a um movimento de expurgos a opositores políticos dentro do governo – a **Revolução Cultural** – que envolveu toda a população chinesa.

Esse movimento, que começou tentando integrar o trabalho manual ao intelectual, ativou o fervor revolucionário, a participação popular, a produtividade e atacou a burocratização partidária e governamental. Logo desdobrou-se em críticas ao PCC, aos opositores de Mao, apelidados de "pró-burguesia", "kruschevistas", atraindo a participação de toda a sociedade contra o inimigo capitalista. Os *dazibaos*, jornais-murais públicos feitos por populares se espalharam pelo país, generalizando o movimento.

A Revolução Cultural logo transformou-se numa luta pelo poder, empreendida pelo grupo maoísta, sustentado pelo Exército Popular de Libertação, liderado por **Lin Piao**, contra o grupo de **Liu Shaochi** e **Deng Xiaoping**, fortes opositores de Mao dentro do Partido Comunista Chinês. Estes e seus seguidores acabaram sendo perseguidos e forçados a fazer autocrítica pública. O movimento cresceu, multiplicando as organizações revolucionárias, que se inspiravam no livro *Pensamento de Mao Tsé-tung*, que ficou conhecido como "Livro Vermelho". Nele firmavam-se as ideias de reeducação socialista, de críticas ao burocratismo, de fidelidade a Mao e permanente alerta contra o inimigo.

A esposa de Mao Tsé-tung, **Chiang Ching**, comandava o Grupo Central da Revolução Cultural, que reprimiu não só os acusados de direitistas como também os ultraesquerdistas, que pretendiam aprofundar ainda mais as críticas e o andamento da própria Revolução. No final de 1967 e início de 1968, consolidou-se a autoridade de Mao, que expurgou do partido seus opositores, entre os quais Deng Xiaoping. Mao sobrepôs-se até mesmo ao PCC, transformando-se no líder máximo nacional, a quem chamavam de "o grande timoneiro".

Cartaz Chinês, 1967

Mao Tsé-tung, como "o grande timoneiro", o líder máximo.

Ampliando seu poder, Mao, a partir de 1970, entrou em choque com Lin Piao, seu sucessor nomeado e chefe do Exército Popular, organização mais forte que o próprio partido. Lin Piao é derrubado do comando militar, morrendo em 1971, segundo versão oficial, vítima de um acidente aéreo quando tentava fugir para a União Soviética.

A efervescência revolucionária chinesa inspirou diversos intelectuais ocidentais, de artistas a cientistas, muitos deles já descrentes nas promessas e na viabilidade do socialismo soviético. Da mesma forma, o próprio movimento estudantil ocidental, muito ativo nos anos 60, culminando no grande movimento de 1968, bebeu muita motivação no otimismo radical difundido pelos chineses e na frustração do desenvolvimento da União Soviética – a Primavera de Praga fora apenas um transbordamento exemplar.

Foi neste contexto que a crítica irônica do Ocidente à Revolução Cultural chinesa produziu a frase: "Com a Revolução Cultural, a China ia de **Mao a Piao**". Entretanto, contrariando expectativas, logo no início dos anos 70, a China continuou sob o controle de Mao graças, especialmente, aos rumos impostos à própria Revolução Cultural.

Em janeiro de 1976, morreu o primeiro-ministro Chou En-lai, habilidoso diplomata e conciliador das várias tendências do PCC, e em setembro, Mao Tsé-tung, com 83 anos de idade, abrindo um novo período de disputa pelo poder na China.

A China que Mao deixou aos seus sucessores, mesmo com os impasses quanto à continuidade de avanços e caminhos a serem seguidos, era bem diversa da que herdara no início da revolução de 1949. É preciso destacar que, quando Mao Tsé-tung assumiu o poder, a China possuía uma população próxima a 540 milhões de pessoas e que, ao morrer, o número de habitantes já alcançava quase 950 milhões, graças à drástica redução da mortalidade infantil. Mais que isso, seis anos depois da sua morte, em 1982, a expectativa de vida média chinesa tinha chegado aos 68 anos, quando em 1949 beirava os 35 anos. Mesmo sem conseguir eliminar o analfabetismo, com mais de um quarto da população marginalizada da formação básica, tinha, no entanto, multiplicado por seis as matrículas nas escolas primárias chinesas.

A China pós-Mao

Em fins de 1976, Hua Kuofeng assumiu o governo chinês imprimindo uma linha política de centro, tornando os partidários de Chiang Ching extrema esquerda e o grupo de Deng Xiaoping, direita. Em 1977, ocorre a reabilitação de Deng e, à medida que se deu sua ascensão no PCC, o grupo de Chiang Ching foi marginalizado, culminando com sua prisão e julgamento em 1981.

Enquanto a esposa de Mao era condenada como responsável pelos excessos da Revolução Cultural (perseguições, imposição de autocríticas, impostos, culto à personalidade), Deng Xiaoping, agora líder do governo chinês, iniciava o período de "**desmaoização**" do país, afastando seus adeptos do governo. No final dos anos 80, a imagem de Mao Tsé-tung perdera totalmente a força que possuíra durante mais de trinta anos.

A meta prioritária do governo Deng Xiaoping era a modernização da agricultura, da indústria, da defesa e das áreas de ciência e tecnologia, isto é, **as quatro modernizações**. São criadas as Zonas Econômicas Especiais (ZEE), abertas a investimentos estrangeiros, e é incentivada a propriedade privada no campo. O modelo torna-se conhecido como **economia socialista de mercado**. Essas medidas atraíram para a China uma imensa onda de investimentos externos, fazendo com que o país intensificasse o início da reversão do predomínio agrário da época de Mao, passando na década de 1980 a ter uma população rural abaixo de 80%.

Durante os anos 1990, especialmente após a morte de **Deng Xiaoping** (fevereiro de 1997) e a liderança política seguinte de **Jiang Zemin**, ficaram patentes duas incógnitas para a continuidade do desenvolvimento chinês. Em primeiro lugar, a questão da maior integração ao capitalismo globalizado e seu enfrentamento com a burocracia herdada da ordem socialista, a corrupção e a ineficiência produtiva. Em segundo lugar, a não simetria entre a abertura econômica e liberdades políticas, além dos efeitos da ampliação das desigualdades sociais com a economia de mercado.

Esse quadro tinha se corporificado de forma evidente nas pressões pela liberalização política na China durante a década de 1980, atingindo seu ápice em abril de 1989, com a ocupação popular da **Praça da Paz Celestial**, no centro de Pequim. Como um novo "assalto ao céu" (busca do paraíso socialista), exigiu-se liberdade de manifestação e de imprensa, num movimento liderado por estudantes em busca da democratização.

A violenta repressão à ocupação da Praça da Paz Celestial por estudantes, em 1989, valeu ao governo de Deng Xiaoping (em entrevista coletiva, à direita) a condenação internacional. À esquerda, imagem de televisão de Pequim em que um estudante tenta barrar o avanço de tanques com seu próprio corpo, em protesto contra o autoritarismo governamental.

Entretanto, o governo adotou uma linha repressiva e não admitiu medidas de ampliação das liberdades políticas nos anos seguintes.

No final dos anos 1990, a China acelerou sua remodelação econômica, destacando-se o 15.º Congresso do Partido Comunista Chinês, de 1997, que rompeu com um dos princípios básicos do comunismo – a propriedade dos meios de produção. Anunciou um plano de privatizações e com a recuperação de Hong Kong (1997) e Macau (1999), que permaneceram por longo tempo como colônias da Inglaterra e de Portugal, respectivamente, a economia de mercado chinesa ganhou força ainda maior. No caso de Hong Kong, a China assumiu o controle da sua política externa e de defesa, comprometendo-se a manter o seu sistema econômico e sua autonomia administrativa até 2047. As altas taxas de crescimento da economia chinesa e a crescente oferta de produtos chineses nos mercados mundiais deveram-se à estratégia de atrair investimentos estrangeiros para as cidades do litoral, oferecendo em troca mão de obra barata.

Neste início do século XXI, sob o comando de **Jiang Zemin** e de **Hu Jintao** (sucessor de Zemin), a China continua ampliando a abertura ao sistema capitalista. Assim, uma certa liberdade econômica – os chineses têm seus próprios negócios, há abertura para investimentos estrangeiros, permissão ao consumismo, liberdade para viajar ao exterior, etc. – contrapõe-se à manutenção de uma estrutura política baseada no regime de partido único e ao controle estatal das comunicações, além da censura e repressão às manifestações contrárias ao partido. Entretanto, o sucesso econômico chinês evidenciou-se na última década com a admissão do país na Organização Mundial de Comércio (OMC) em 2001, a entrada de empresários no PCC e as seguidas taxas de crescimento econômico superiores a 7,5%, chegando a 9,9% em 2005, 10,7% em 2006, 11,9% em 2007, 9% em 2008, ano do início da crise financeira internacional, e 8,7% em 2009. Outro fator visível da pujança da economia chinesa eram as suas reservas internacionais, que passaram de US$ 819 bilhões em 2005 para US$ 1,53 trilhão em 2007 e US$ 2,4 trilhões em 2009. O vertiginoso crescimento alçou o país de 4.ª maior economia do mundo (atrás dos EUA, Japão e Alemanha) à 2.ª posição no final de 2009, abaixo então dos EUA, o que dava respaldo à afirmação repetida por muitos analistas quanto à sua situação: país que experimenta "uma *perestroika* sem *glasnost*".

VARIAÇÃO ANUAL DO PIB CHINÊS (EM %)

2004	2005	2006	2007	2008	2009	2010
9,5	9,9	10,7	11,9	9	8,7	10*

*Estimativa

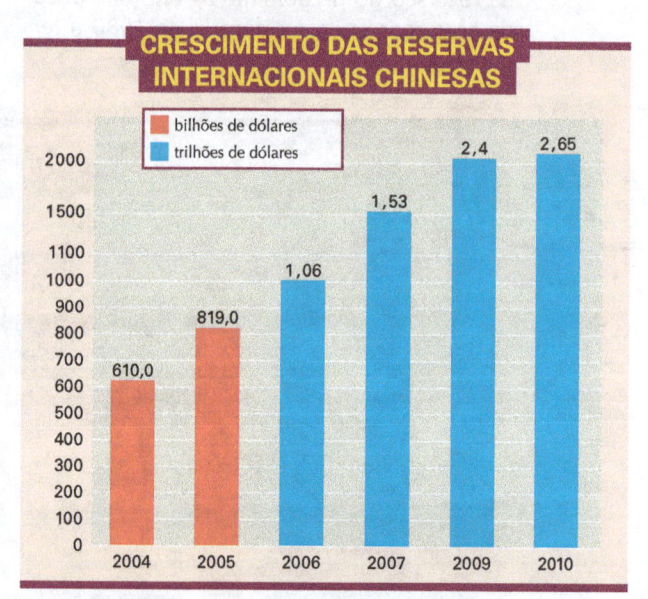

CRESCIMENTO DAS RESERVAS INTERNACIONAIS CHINESAS

	2004	2005	2006	2007	2009	2010
bilhões de dólares	610,0	819,0				
trilhões de dólares			1,06	1,53	2,4	2,65

Folha de S.Paulo, 26 jan. 2005. p. B6; *O Estado de S. Paulo*, 26 jan. 2006. p. B5 e AGÊNCIA EFE. Nova estatal vai administrar reserva de divisas da China. Disponível em: <http://noticias.uol.com.br/economia/ultnot/efe/2007/02/02/ult1767u85605.jhtm>. Acesso em: 2 abr. 2007.

Dados de 2007, disponíveis em: <http://oglobo.globo.com/economia/mat/2008/01/11/reservas_internacionais_na_china_encerram_2007_em_us_1_53_trilhao-327975005.asp>; dados de 2009, em: <www.valoronline.com.br/online/geral/93/288813/reservas-internacionais-da-china-crescem-para-us-24-trilhoes>; dados de 2010, em: <www.dw-world.de/dw/article/0,,14758863,00.html>. Acesso em: 3 mar. 2011.

"O socialismo, afinal, conforme a definição do próprio Deng na nova Constituição adotada pelo Partido em 1992 e amplamente aceita, deve 'desenvolver as forças produtivas, abolir a exploração e alcançar a prosperidade comum'. Liberdade, democracia, autodeterminação ou, em suma, controle sobre as condições da existência humana, são dispensadas sem grandes problemas. E pensar que Cingapura e a Coreia do Sul tornaram-se modelos para o socialismo chinês!

Vivendo transformações econômicas, sociais e culturais sem precedentes – que em grande parte são políticas também –, a China está se dirigindo para algum lugar além do capitalismo ou do socialismo, conforme esses termos são normalmente compreendidos. As perspectivas são muito amplas. Talvez uma mistura de tudo, temperada pelas condições chinesas? Mas mais do que isso, deixando de lado a preservação de sua herança revolucionária e pré-revolucionária e imitando tanto o Ocidente como seus vizinhos altamente industrializados, a China criou e certamente continuará criando novas formas e conteúdos para a vida e convívio social que inexistiam nos sistemas já conhecidos. [...] O chinês comum está agora descobrindo seus desejos e potencialidades e lutando pela sua salvação. Sob o poderoso impacto do fetiche do dinheiro, a nova sociedade florescente na China pode muito bem degradar-se e desmoralizar-se. Por outro lado, contudo, a participação consciente, as iniciativas, as atividades criativas e a autodeterminação de centenas de milhares de pessoas devem ser verdadeiramente libertadoras. É essa gente, homens e mulheres, que está proporcionando oportunidades para o governo e para eles próprios.

Enquanto historicamente a produção avançada de mercadorias eliminava todas as relações pré-capitalistas, o novo mercado está destruindo a China tradicional (embora não 'pré'-capitalistas) em termos de transformação cultural. E isso é uma revolução genuína, pelo menos tão profunda quanto a comunista que a antecedeu. O dinheiro está dissolvendo a comuna, mas certamente este não é o fim da história."

CHUM, Lin. China hoje: o dinheiro dissolve a comuna. In: SADER, Emir, org. *O mundo depois da queda*. São Paulo, Paz e Terra, 1995. p. 381-2.

A Revolução Cubana - 1959

Cuba, cuja luta pela independência foi liderada pelo poeta **José Martí**, foi o último país latino-americano a conseguir libertar-se da Espanha, em 1898. Os Estados Unidos, então sob a política do *Big Stick* de Roosevelt, conseguiram incluir na Constituição cubana de 1901 a **Emenda Platt**, que admitia a possibilidade de uma invasão norte-americana, além de receber dos cubanos uma área de 117 quilômetros quadrados – a baía de Guantánamo, ainda hoje uma base norte-americana em solo cubano. A partir da independência, a tutela político-econômica dos Estados Unidos foi garantida por governos locais ditatoriais, como o de Gerardo Machado até 1933, e o de Fulgêncio Batista, de 1934 a 1958.

Na década de 50, entretanto, a oposição à ditadura cresceu consideravelmente, surgindo movimentos guerrilheiros, sob a liderança de Fidel Castro, Camilo Cienfuengos e Ernesto "Che" Guevara, que a partir de 1956 obtiveram sucessivas vitórias e ocuparam várias cidades e povoados. Em 31 de dezembro de 1958, Fulgêncio Batista, derrotado, fugiu de Cuba, para a República Dominicana.

O novo governo revolucionário, a partir de 1959, definiu uma política de mudanças que se chocava frontalmente com os tradicionais interesses dos Estados Unidos no país. A realização de reforma agrária e nacionalização das refinarias de açúcar, usinas e indústrias – a maior parte pertencentes a norte-

-americanos – levaram os Estados Unidos a suspender a importação do açúcar cubano. Sendo a venda do açúcar vital à economia de Cuba, um novo mercado precisaria ser criado, e o país voltou-se para os soviéticos.

formado por exilados cubanos e mercenários norte-americanos desembarcou na **Baía dos Porcos**, recebendo apoio da força aérea numa tentativa de derrubar Fidel Castro.

A invasão norte-americana foi um completo fracasso, o que aumentou o prestígio de Fidel, que num primeiro discurso ao país após a vitória, anunciou formalmente ao mundo que Cuba passava a se considerar um país socialista. Ao entrar para o bloco socialista, Cuba se tornaria um importante ponto estratégico para a União Soviética, que promoveria a tentativa de instalação de mísseis na ilha. Esse fato desencadeou uma grave crise entre os governos Kennedy e Kruschev, pondo em sério risco a paz mundial. Após rigoroso cerco e ameaça de desembarque, os soviéticos procederam à retirada das rampas para a instalação dos mísseis.

Fidel (em cima) e "Che" lideraram a Revolução Cubana que depôs Fulgêncio Batista.

Num mundo bipolarizado, apesar da fase de coexistência pacífica, a ligação de Cuba ao bloco soviético serviu de justificativa para o presidente John Kennedy tomar medidas radicais. Em janeiro de 1961, os Estados Unidos romperam relações diplomáticas com Cuba e, em abril, um grupo de soldados

A defesa da invasão na Baía dos Porcos

"Em setenta e duas horas, sob o comando direto de Fidel na própria zona de ataque, o desembarque foi frustrado, principalmente porque a previsão do governo norte-americano, convencido pelos grupos exilados em Miami, de que a massa da população se somaria ao ataque e derrubaria o governo revolucionário, não encontrou nenhuma confirma-

> ção na realidade, que, ao contrário, evidenciou a disposição dos cubanos de defender maciçamente o governo."
> SADER, Emir. A Revolução Cubana. São Paulo, Moderna, 1986. p. 53.

Ainda em 1962, Cuba foi expulsa da Organização dos Estados Americanos (OEA), sob acusação de que disseminava a subversão pelo continente, embora contasse com aliados de peso na América, como o México. Simultaneamente, Kennedy lançou para a América Latina a **Aliança para o Progresso**, um programa de ajuda econômica que veiculava ideais norte-americanos, numa tentativa de combater as influências da Revolução Cubana sobre outras regiões do continente.

Aos poucos, estabeleceu-se um isolacionismo forçado sobre Cuba, levando o governo de Havana a apoiar os movimentos guerrilheiros que ocorriam em diversos pontos do continente, buscando subverter os poderes estabelecidos aliados aos Estados Unidos. Nesse processo, foi fundada, em 1967, a Organização Latino-Americana de Solidariedade (Olas), em Havana, em apoio às lutas armadas da América Latina, como na Bolívia, Colômbia e países centro-americanos onde atuava pessoalmente o líder da revolução cubana "Che" Guevara, que acabou morto em outubro do mesmo ano na Bolívia. À atitude ofensiva cubana, os Estados Unidos responderam com uma política de apoio aos golpes militares do continente, implantando governos ditatoriais para afastar o perigo comunista.

No fim dos anos 60 e mais decididamente nos anos 70 e 80, governos progressistas, decididos a escapar do alinhamento automático aos Estados Unidos, restabeleceram relações com Cuba, como o Peru, governado pelo general Alvarado, e o Chile do presidente Allende, governantes de linha socialista. Reflexo das relações internacionais mais amenas, durante o governo de Gerald Ford e de Jimmy Carter, estabeleceram-se escritórios de representação de ambos os países em suas capitais. Todavia, diante da política internacional pendular, com o governo Reagan retomaram-se as pressões e atritos. Os Estados Unidos militarizaram Honduras e El Salvador, como medida de pressão aos sandinistas da Nicarágua, que eram apoiados pelos cubanos.

A nova política de enfrentamento acabou transformando a América Central em uma região de guerra civil, de guerrilhas e crise nos anos 80. No início de 1990, o apaziguamento internacional elaborado por George Bush e Mikhail Gorbatchev motivou, ainda que brandamente, uma reversão desse quadro na região.

A Revolução Cubana, no contexto da América Latina, foi uma via específica da solução aos problemas de miséria e ditadura produzidos pelo subdesenvolvimento, cujas soluções apontavam para o não alinhamento automático com os Estados Unidos durante o período da Guerra Fria. Assim, após mais de 25 anos da Revolução, o governo cubano, a despeito de várias dificuldades, pôde proclamar que conseguira o fim do desemprego, da miséria e que o analfabetismo fora erradicado do país.

Essas conquistas sociais, incluindo a criação de uma estrutura médica considerada uma das melhores do mundo, ficaram seriamente ameaçadas de reversão a partir da desagregação do bloco socialista soviético depois de 1989. Cerca de 85% de todo o comércio internacional da ilha era, até então, realizado com os países socialistas, sendo que perto de 80% das importações de petróleo vinham da União Soviética. A contrapartida cubana para esses mercados centrava-se, basicamente, na venda de açúcar.

Agravando esse quadro geral cubano, os Estados Unidos aprovaram, em 1996, a Lei Helms-Burton (nome advindo dos congressistas que redigiram a lei), que previa sanções a empresas e indivíduos de qualquer país que mantivessem negócios com Cuba, buscando ampliar o isolamento econômico da ilha. Contudo, diversos países parceiros dos Estados Unidos denunciaram essa lei como uma afronta ao direito internacional de livre comércio e até intensificaram seus negócios com Cuba, como México, Canadá e União Europeia.

Também em meados da década de 1990, a enorme retração econômica do Leste europeu, provocada pelo esfacelamento da União Soviética, motivou os dirigentes comunistas cubanos a buscar um reformismo econômico e uma aproximação com a comunidade internacional discordante do bloqueio norte-americano. Após adotar por décadas o lema revolucionário castrista "socialismo ou morte", passavam, pragmaticamente, a dizer "queremos capital e não capitalismo". Outro mecanismo adotado pelo governo cubano foi o incremento do turismo, trazendo divisas que ajudaram a enfrentar a asfixia econômica. Em 2004, mais de 2 milhões de turistas visitaram o país, fazendo o setor turístico ser responsável por 41% da balança de pagamentos de Cuba, empregando cerca de 200 mil pessoas.

Inúmeras pressões da comunidade internacional têm sido feitas para o fim do bloqueio norte-americano a Cuba, mas uma posição contrária é defendida por uma ruidosa comunidade cubana estabelecida na Flórida. Ao concordarem com o isolamento internacional, esses cubanos acreditavam que a pobreza decorrente acabaria por derrubar Fidel Castro. Estabelecidos em grande número nesse estado norte-americano, os cubanos exerciam, no final dos anos 1990, um enorme peso nas eleições locais e influenciavam a política externa dos Estados Unidos.

A Cuba que incomoda: uma opinião de Frei Betto

"Cuba resiste como único exemplo latino-americano de democracia social e econômica. Suspenso o bloqueio americano, abre-se o caminho ao aperfeiçoamento de sua democracia política.

Como me disse o pastor batista Raúl Suarez: 'Ensinaram-me que era pecado beber, fumar e bailar. Ninguém me ensinou que era pecado manter o povo analfabeto, vivendo em favelas, sem educação e saúde'. Graças ao avanço de sua medicina, Cuba é hoje parceira imprescindível do Brasil. Aqui a meningite está sendo evitada com a vacina cubana, única no mundo. Ali se produz a melhor vacina contra a hepatite B, que também importamos.

É o único país em que decresce o número de pessoas infectadas pela Aids. Atualmente são 1119 casos. Enquanto em países capitalistas cientistas sonegam infomações a seus colegas, mais preocupados com a própria fama que em salvar vidas, o esforço coletivo dos cubanos possibilitou que chegassem a uma vacina contra o vírus HIV, neste momento testada em chimpanzés. Estima-se que o país que descobrir a vacina arrecadará, no primeiro ano, cerca de US$ 10 bilhões. Por conhecer a seriedade da medicina cubana é que o laboratório Merck dos EUA, um dos mais importantes do mundo, acaba de estabelecer parceria com Cuba, furando o bloqueio.

Quem considera que democracia se reduz a eleições periódicas não deve esquecer que em Cuba não há massacres do tipo Carandiru, grupos de extermínio, sequestros, desaparecimentos, assassinatos de crianças, aposentados desassistidos e extorsão financeira para acesso à saúde e educação, que são gratuitas. A humanidade pode ser diferente, sem o escândalo do abismo que separa ricos e pobres. Por isso Cuba incomoda quem acredita que encher urnas é mais importante que encher barrigas. Mesmo porque essa gente nunca passou fome. No máximo, teve apetite, com direito a couvert."

BETTO, Frei. Cuba. In: *O Estado de S. Paulo*, 5/4/1995. p. A2.

Nos últimos anos vigorou, em Cuba, uma política pendular de isolamento e reaproximação, de acusações e agravamento de tensões nas relações do governo cubano com vários países, seguidas de abrandamento, especialmente com os Estados Unidos e países da União Europeia. Foi nesse quadro que se integrou a visita do papa João Paulo II à ilha, em 1998, bem como o crescente intercâmbio comercial e os financiamentos canadenses e europeus concedidos ao país. O intercâmbio comercial com a Venezuela, principal aliada de Cuba no continente americano nos últimos anos, também cresceu, passando de US$ 1,4 bilhão em 2004 para perto de US$ 2 bilhões em 2005 e US$ 2,6 bilhões em 2006[3]. Os acordos com o governo venezuelano de Hugo Chávez garantiram a Cuba o abastecimento de cerca de 100 mil barris diários de petróleo consumidos na ilha e o fornecimento de alimentos industrializados em troca de medicamentos genéricos, assistência de equipes médicas e profissionais da educação, implantação de núcleos de produção de vacinas, além de colaboração na criação de centros de processamento de leite de soja para atender às escolas da Venezuela.

Segundo a Comissão Econômica para a América Latina (CEPAL), a receita em divisas por serviços especializados cubanos a outros países cresceu 53% em 2006 e as vendas de medicamentos e produtos biotecnológicos (especialmente vacinas) ficaram em segundo lugar na pauta das exportações, atrás apenas do níquel. Ampliando seus negócios internacionais, os cubanos aumentaram muito as trocas bilaterais com a China, passando de apenas US$ 526 milhões em 2004 para US$ 1,792 bilhão em 2006. Nesse ano, destacava-se o fornecimento de açúcar, níquel e remédios em troca de inúmeros utensílios e ônibus chineses. No geral, estimava-se que mais de 25 mil médicos cubanos atuavam na Ásia, África e América Latina no início de 2007, assegurando crescentes receitas para Cuba. O terceiro país em trocas internacionais com Cuba em 2006 foi a Espanha, com quase US$ 1 bilhão.

Em 2004, diante da pressão internacional, o governo cubano libertou alguns presos políticos, o que levou vários países europeus a retomarem entendimentos com as autoridades cubanas e ampliarem seus negócios com a ilha, apesar do embargo norte-americano. No início de 2005, em nova visita ao país, o papa João Paulo II fez duras críticas a esse embargo. Em 2006, Fidel afastou-se do comando político por problemas de saúde, passando o poder a seu irmão, Raúl Castro.

---

[3] Dados obtidos de: <http://noticias.uol.com.br/ultnot/reuters/2007/02/26/ult729u65157.jhtm>. Acesso em: 1.º mar. 2007.

Os Estados Unidos fariam bem em conversar com nova geração de líderes cubanos

De Wayne Wickham em Havana

Mais de seis meses após o presidente cubano Fidel Castro ter passado "temporariamente" o poder ao seu irmão, Raúl, este país parece estar funcionando no piloto automático.

Turistas do Canadá e da Europa lotam os quartos de hotéis luxuosos no bairro de Havana Velha, na capital de Cuba. À noite, há poucas cadeiras vazias nos restaurantes dos outrora chiques bairros de Vedado e Miramar. [...]

O povo cubano é resistente. Apesar de todos os problemas que afligem o país – e a lista é longa – a população conta com uma expectativa de vida e um índice de alfabetização iguais aos dos Estados Unidos, além de um índice de mortalidade infantil menor que o dos norte-americanos, segundo o Relatório de Informações Mundiais da CIA de 2007. [...]

"A Revolução Cubana é completamente transcendental", disse-me Ruben Remigio, o presidente do Supremo Tribunal de Cuba. "A revolução é maior do que Fidel. Ela não acabará quando a vida de Fidel terminar."

Remigio, 52, faz parte da estrutura de poder cubana que os políticos norte-americanos e os cubanos anti-Castro geralmente se recusam a reconhecer. Para eles, Cuba e Castro têm sido sinônimos durante quase meio século. Mas a estrutura política deste país, na verdade, possui várias camadas das quais o próximo líder, ao se olhar para além de Fidel e de Raúl Castro, provavelmente emergirá.

Um deles é Ricardo Alarcon, o presidente da Assembleia Nacional, que me disse que os inimigos de Cuba estão enganados ao acreditar que este país se desagregará depois que Castro deixar o cenário político. Segundo ele, Cuba já enfrentou com sucesso essa mudança de poder. [...]

Alarcon é um dos vários membros da hierarquia de governo de Cuba, e acredita-se que ele seja um potencial sucessor dos irmãos Castro. Outros nomes mencionados com frequência são Carlos Lage, o tsar econômico do país, e o ministro das Relações Exteriores, Felipe Perez Roque. Esses não são nomes familiares em Washington, mas deveriam ser.

Em 1960, C. Wright Mills escreveu que a maioria das coisas que a população estava lendo sobre Cuba na imprensa norte-americana "estava muito distante das realidades e do significado daquilo que está se passando hoje em Cuba". O seu livro, "Listen, Yankee: the Revolution in Cuba" ("Ouça, Ianque: A Revolução em Cuba"), criticou a ignorância dos Estados Unidos a respeito da ilha-nação.

Passados 47 anos, a sua crítica ainda ressoa. [...]

Embora as empresas de mídia frequentemente divulguem notícias sobre os poucos cubanos que fogem em barquinhos para os Estados Unidos, elas não se dão ao trabalho de publicar reportagens sobre os milhares de indivíduos que obtêm permissão para voar para o exílio todos os anos, segundo um acordo de imigração firmado entre os dois países no início da década de 1990.

Essa cobertura equivocada permite que os políticos em Washington – e os ativistas cubanos em Miami – pintem de demoníaco o regime de Fidel Castro. [...]

Cuba está se aproximando de uma encruzilhada importante. O controle do governo em breve passará da sua velha guarda revolucionária para uma nova geração de líderes. Os Estados Unidos deveriam procurar conversar com esses líderes, e não enfurecê-los.

Tradução: UOL. USA Today, 23/2/2007. In: <http://noticias.uol.com.br/midiaglobal/usatoday/2007/02/23/ult582u766.jhtm>. Acesso em: mar. 2007.

No início de 2007, mesmo com Fidel afastado do governo, mantinham-se os questionamentos e dúvidas sobre os desdobramentos da evolução política da ilha. Regida pelo partido único, o PCC (Partido Comunista Cubano), a estrutura governamental tinha por eixo a Assembleia Nacional, formada por pouco mais que 600 deputados eleitos por um mandato de cinco anos, seguida pelas Assembleias municipais e provinciais, eleitas por um mandato de dois anos. "Nenhum desses representantes eleitos é remunerado, devendo continuar em seu emprego habitual. A Constituição (1976) estabelece o direito de revogação dos eleitos. O Conselho de Estado é eleito pela Assembleia Nacional, que escolhe o presidente entre seus membros." SADER, Emir e outros. (Coord.). *Enciclopédia Contemporânea da América Latina*. São Paulo: Boitempo, 2006. p. 384.

No plano interno, o governo de Raúl Castro manteve o discurso socialista, mas assumiu medidas reformistas, como a libertação de presos políticos e o anúncio do programa de demissão de mais de 1 milhão de funcionários públicos a ser implementado a partir de 2011. No plano externo, o início da presidência norte-americana de Barack Obama serviu de estímulo às expectativas para uma possível normalização das relações EUA-Cuba, especialmente defendida pela maioria dos países do continente americano.

Fidel Castro e Hugo Chávez (foto de 2004, Havana) criaram a Alternativa Bolivariana para as Américas (ALBA), visando uma integração econômica latino-americana. Chávez foi eleito presidente da Venezuela pela primeira vez em 1998 e reeleito outras vezes, obtendo um mandato até 2013. Após sofrer um golpe frustrado apoiado pelos EUA em 2002, Chávez ganhou popularidade e ampliou seus poderes governamentais. Contando com imensos recursos advindos da produção petrolífera, deu início ao que denominou "revolução socialista bolivariana", estatizando empresas e firmando alianças internacionais antinorte-americanas. Em 2010, cresceram os conflitos políticos entre chavistas e opositores e também as dificuldades econômicas decorrentes da queda nos preços internacionais do petróleo exportado.

A DESCOLONIZAÇÃO AFRO-ASIÁTICA

A ebulição política e social após a Segunda Guerra Mundial se estabeleceu também nas regiões em processo de descolonização, pois o fim da guerra demarcava, na prática, o fim dos impérios coloniais. A partir de 1945, o ideal de independência dos povos colonizados transformou-se num fenômeno de massas, com o surgimento de vários países politicamente livres, que, entretanto, mergulharam na dependência econômica, determinando o subdesenvolvimento, o terceiro-mundismo.

Entre 1950 e 1960, mais de quarenta países afro-asiáticos conseguiram sua independência, impulsionados pelo nacionalismo, pelo declínio do poderio europeu após a guerra e pelo apoio da Organização das Nações Unidas, que reconhecia seus direitos. Além disso, havia a posição favorável dos Estados Unidos e da União Soviética, que viam em tal processo uma forma de ampliar suas áreas de influência.

No processo de descolonização firmaram-se duas opções: a libertação por meio da guerra, em geral, com a adoção do socialismo, ou a independência gradual concedida pela metrópole, que passaria o poder político à elite local; esta, articulada com o mundo capitalista, manteria a dependência econômica num regime neocolonialista.

A INDEPENDÊNCIA DE PAÍSES AFRO-ASIÁTICOS

Submetidos por séculos à dominação colonial europeia, os continentes africano e asiático em poucos anos passaram a abrigar algumas dezenas de novas nações.

Em 1955, a **Conferência de Bandung**, na Indonésia, debateu os problemas do Terceiro Mundo e a questão do não alinhamento, reunindo vinte e nove nações afro-asiáticas, que declararam apoiar o anticolonialismo e combater o racismo e o imperialismo.

Bandung substituiu o conflito leste-oeste entre capitalismo e socialismo pelo norte-sul, entre os países industrializados e ricos e os países pobres e exportadores de produtos primários. As nações reunidas definiram publicamente quatro objetivos básicos:

- ativar a cooperação e a boa vontade entre as nações afro-asiáticas e promover seus mútuos interesses;
- estudar os problemas econômicos, sociais e culturais dos países participantes;
- discutir a política de discriminação racial, o colonialismo e outros problemas que ameaçassem a soberania nacional;
- definir a contribuição dos países afro-asiáticos na promoção da paz mundial e na cooperação internacional.

No fundo, a Conferência de Bandung firmava a existência de um bloco multinacional, não alinhado, o denominado **Terceiro Mundo**, sem definir uma política concreta para a superação do subdesenvolvimento e das heranças coloniais.

A Conferência de Bandung

"A Conferência de Bandung, em abril de 1955, representou uma reunião internacional sem precedentes, pois pela primeira vez na história moderna um grupo de antigas nações coloniais, outrora sob o jugo europeu, reunia-se para discutir a princípio seus mútuos interesses e, depois, seus pontos de contraste. As superpotências do pós-guerra, Estados Unidos e União Soviética, foram ignoradas. Nenhuma das nações da Europa ou da América esteve presente, nem sequer as nações latino-americanas, sobre as quais os Estados Unidos vinham mantendo um controle político e econômico praticamente total."

LAYER, I. A Conferência de Bandung. In: *Século XX*. p. 2369.

Destaques da Ásia

Mesmo antes do final da Segunda Guerra Mundial, o nacionalismo indiano e sua revolta contra os ingleses já eram notórios. O controle britânico sobre a **Índia** foi então sendo dificultado pelas campanhas de desobediência civil e não violência promovidas por **Mahatma Gandhi**, o precursor do movimento de independência.

As lutas nacionalistas contra a Inglaterra eram inicialmente lideradas pelo Partido do Congresso (ou Congresso Nacional Indiano), fundado em 1885, que representava a população hindu, e pela Liga Muçulmana, fundada em 1906, que representava a população islâmica. Das greves e sabotagens, Mahatma Gandhi, na década de 20, dirigiu contra os ingleses sua resistência pacífica, ganhando a liderança nacional quando comandou o boicote ao consumo dos manufaturados ingleses, defendendo o uso dos tecidos rústicos de algodão produzidos manualmente na Índia.

Depois de preso e libertado pelas autoridades inglesas (1922-1924), Gandhi promoveu passeatas, o boicote ao sal vendido sob regime de monopólio pela administração inglesa, revelando a inviabilidade da presença colonialista tradicional. A Inglaterra, buscando evitar uma confrontação radical, adotou a estratégia de libertação gradual, para preservar, pelo menos, sua influência econômica.

Os ingleses abandonaram amistosamente a Índia, mas as rivalidades étnicas e religiosas entre grupos muçulmanos e hinduístas dividiram o país em **União Indiana**, essencialmente hinduísta, sob o governo do primeiro-ministro Nehru, e o **Paquistão**, muçulmano, que por sua vez foi dividido em Paquistão Ocidental e Paquistão Oriental, sob o governo de Ali Jinnah. No extremo sul da Índia, na ilha do Ceilão, formou-se, em 1948, o terceiro Estado autônomo, com o nome de **Sri Lanka**, de maioria budista.

A divisão da Índia provocou a migração de milhões de refugiados de um Estado para outro (hinduístas para a Índia e muçulmanos para o Paquistão), o que resultou em conflitos com mais de um milhão de mortos. Em 1948, em meio a um desses confrontos, Gandhi foi assassinado.

Em 1971, o Paquistão Oriental proclamou-se independente do Paquistão Ocidental, constituindo a **República de Bangladesh**, mais recentemente chamada República Popular de Bengala.

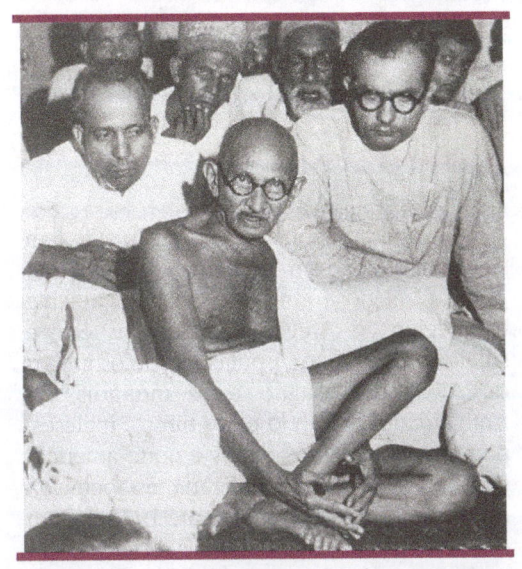

Gandhi lutava pela independência da Índia seguindo o princípio da não violência.

Em toda a região, a independência política não eliminou a condição de miséria da população, constituindo, no fim do século XX, um dos países mais pobres do mundo. Em contraste com o subdesenvolvimento, a Índia buscava instrumentos para firmar sua autonomia nas relações internacionais e alcançou o domínio nuclear, explodindo sua bomba atômica em 1974 e desenvolvendo um complexo programa espacial.

De outro lado, agravando as inúmeras dificuldades nacionais, emergiram constantes e violentos conflitos étnicos, religiosos e políticos, desembocando no extremismo de grupos separatistas que tem instabilizado a região. São exemplos o assassinato, pelos sikhs (hindus habitantes do Punjab), de Indira Gandhi, a chefe do governo, em 1984, e de seu filho Rajiv Gandhi, em 1991, bem como atentados terroristas e confrontos generalizados no Paquistão e no Sri Lanka. Neste último, a população tâmil, minoritária no país, lutava pela criação de um Estado independente, num processo violento que deixou dezenas de milhares de vítimas nas últimas décadas. Em 2002, foram feitas algumas tentativas de conversação em busca de paz, sem grandes avanços. Em 2005, em razão da destruição causada pelo *tsunami* que atingiu o norte e o leste do país no ano anterior, causando profundos danos à economia e ao turismo, os diversos grupos rivais, incluindo os tâmeis, fizeram um acordo para juntos reconstruírem o país, mas sem que novos acordos de pacificação fossem firmados. Quanto ao Paquistão, foram crescentes os confrontos impulsionados por rivalidades étnicas, radicalismos religiosos (hinduístas e muçulmanos), rivalidades políticas e disputas territoriais, especialmente sobre a área de Caxemira, deixando dezenas de milhares de mortos. Nem a demonstração de força do Paquistão, realizando testes nucleares subterrâneos em 1998 em resposta aos testes semelhantes feitos pela Índia, nem os encontros e acordos entre os chefes de governo dos dois países normalizaram as relações bilaterais. O clima de tensão e confronto continuou na região, destacando-se as atuações do grupo Jaish-e-Muhammad (Exército de Maomé), na Caxemira, contra os soldados indianos. Com seguidos atentados suicidas no início do século XXI, esse grupo tinha vínculos com muçulmanos radicais do Paquistão e com os Talebans do Afeganistão.

Outra séria questão indiana diz respeito ao descompasso entre o continuado crescimento econômico desde os anos 1990 e seu quadro social. A modernização indiana das últimas décadas atraiu empresas multinacionais, transformando o país no maior exportador mundial de *softwares*. Além disso, em 2005, o país passou a ter o 10.º maior PIB do mundo, superior a 740 bilhões de dólares. Mesmo assim, pouco menos da metade de sua população continuava vivendo abaixo do limite de pobreza, com uma parte significativa concentrada em favelas ou nas ruas das cidades. Mudanças e permanências tinham se mesclado nessa imensa sociedade composta de mais de 1 bilhão de habitantes, em que à dinamização de alguns setores de ponta da economia indiana juntou-se a estrutura da sociedade tradicional, composta por milhares de castas e dezenas de milhares de subcastas.

> **Os "mortos-vivos" descobriram a revolta**
>
> "Um problema crucial em todos os países subdesenvolvidos que tentam escapar de sua situação é o abismo crescente entre os que têm muito e os que não possuem o mínimo para uma vida digna. Mas na Índia esse problema se agrava porque a injustiça social, já ignóbil, é atiçada por uma instituição existente há 3700 anos, que divide a sociedade em castas, e não em classes.
>
> Não há nenhuma possibilidade de uma pessoa sair de uma casta e transitar para uma outra, porque se nasce numa casta ou noutra em consequência do comportamento que se teve na encarnação precedente.
>
> As castas são numerosas. A mais alta é a dos brâmanes, e a mais baixa, a dos shudras (que significa 'sem cor'). Há ainda os 'sem casta', ou 'intocáveis'. Há também a triste categoria dos párias, muito numerosos, que são forçados a desempenhar as funções consideradas impuras: limpa-latrinas, coveiros, carniceiros, curtidores de peles, empregados domésticos. São verdadeiros escravos, cujas filhas podem ser violentadas à vontade pelos ricos fazendeiros, e os filhos são obrigados a trabalhar até a morte.
>
> Na teoria, a Índia independente suprimiu as castas em 1949. Na prática, porém, elas continuam existindo. Assim, à miséria e à injustiça, acrescenta-se a humilhação daqueles que chamam a si próprios de 'mortos-vivos'. O que acarreta revoltas. Esses 'sem castas', resignados há três milênios (porque as castas são categorias religiosas), descobriram a rebelião.
>
> Por causa da injustiça social, do sistema de castas, dos conflitos tribais, religiosos ou étnicos, o país do apóstolo da não violência, o admirável Mahatma Gandhi, é um dos lugares mais sangrentos do mundo.

> 'No dia em que eclodir a revolução, a humanidade não terá visto nada mais sangrento', declara um indiano de baixa casta que se tornou professor de ciências políticas, Kancha Ilaiah. 'Esse dia chegará, porque nós, os 'mortos-vivos', estamos hoje começando a erguer a cabeça.'"
>
> LAPOUGE, Gilles. In: *O Estado de S. Paulo*, 12/3/1995. p. A22.

Vizinho ao Paquistão, o **Afeganistão** tem sido outro país em permanente convulsão política, religiosa e militar. Geograficamente estratégico, o Afeganistão sempre esteve sujeito a invasões e disputas (desde os gregos de Alexandre Magno e os mongóis, na Antiguidade, passando pelos turcos, ingleses, paquistaneses, até os russos e norte-americanos). A monarquia centralizada, estabelecida no século XVIII e que duraria até 1973, foi um dos alvos nas disputas coloniais do século XIX entre o Império Russo e o Britânico, ficando este último com o domínio regional até a independência do país em 1919.

Com a queda da monarquia em 1973, após a destituição do rei Zahir Shah por Daud Khan, sucessivos golpes militares, conflitos e intervencionismos arrasaram o país, provocando a fuga de milhões de afegãos (cerca de 2,5 milhões). Em 1978, Daud Khan foi assassinado, e, sob a liderança de Mohamed Taraki, instalou-se um regime de partido único inspirado na União Soviética e sujeito à crescente oposição de grupos islâmicos apoiados pelo Paquistão e Irã e armados pelos Estados Unidos.

As lutas entre as facções políticas, étnicas e religiosas culminaram no fuzilamento de Taraki, em 1979, seguido da invasão da União Soviética, em que morreram mais de 15 mil russos e 1 milhão de afegãos. Os soviéticos retiraram-se do país dez anos depois, mantendo o apoio (financeiro e bélico) ao governo de Mohammad Najibullah, que foi obrigado a renunciar, em 1992, quando grupos guerrilheiros tomaram Cabul, a capital do país.

A DESCOLONIZAÇÃO AFRO-ASIÁTICA

Os confrontos continuaram entre as facções políticas e islâmicas rivais, destacando-se o grupo islâmico **Taleban** ou Talibã ("estudante", em persa), milícia que ganhou supremacia sobre cerca de 90% do território do país no final dos anos 1990 e impôs rígidas leis muçulmanas. Esse grupo é formado pela maioria étnica do Afeganistão, os pashtuns, enquanto um outro grupo, conhecido como Aliança do Norte, que tinha o predomínio de três grupos étnicos minoritários – os usbeques, os tajiques e os hazaras –, controlava pequenas áreas ao norte. Segundo a ONU, o Afeganistão aumentara nessa época a produção de ópio – droga extraída da papoula, matéria-prima da heroína – liderando a produção mundial.

Em 1998, os Estados Unidos dispararam mísseis contra alvos no Afeganistão, sob a acusação de serem centros de apoio às ações terroristas internacionais, especialmente do **Al Qaeda** (em português, "A Base"), organização fundada em 1990 e liderada pelo milionário de origem saudita Osama bin Laden. Fundamentalista islâmico, Bin Laden migrara para o Afeganistão, onde obteve ajuda militar e financeira dos EUA no combate aos soviéticos, na Guerra do Afeganistão, durante os anos 1980. No final da década de 1990, controlava uma ampla rede de atuações em diversos países contra o que chamava de "influência ocidental" e interferência dos Estados Unidos no mundo islâmico. Em 1999, a ONU determinou sanções contra o governo Taleban, como restrições aos voos internacionais e exigências de extradição de Bin Laden para julgamento num tribunal internacional.

As torres do World Trade Center atingidas em 11 de setembro de 2001.

Osama bin Laden numa foto de novembro de 2001.

Em 11 de setembro de 2001, no atentado **realizado em Nova York e Washington**, em que as torres do World Trade Center e o Pentágono foram atingidos por aviões sequestrados por terroristas, Osama bin Laden foi acusado pelas autoridades norte-americanas de ser o articulador da ação que ocasionou milhares de mortos nos EUA. O então presidente Bush declarou guerra aos terroristas e aos Estados que os abrigassem, exigindo do Afeganistão a prisão e entrega de seu líder. O desdobramento da crise foi o bombardeio por parte dos EUA sobre o Afeganistão e a derrubada do governo Taleban.

Com apoio de forças militares dos EUA, foi formado um novo governo, que conseguiu a aprovação de uma nova Constituição em 2004, com leis subordinadas às normas islâmicas, e a eleição do presidente Hamid Karzai, reeleito em 2009 para outro mandato de cinco anos. No início de 2011, as forças internacionais possuíam um efetivo de cerca de 130 mil soldados no Afeganistão, maioria norte-americanos, sem conseguir conter os atentados e os ataques dos talibãs. Em maio de 2011, o esconderijo de Bin Laden no Paquistão foi descoberto pelas tropas norte-americanas. Ele foi morto no local durante o confronto.

Bush e Bin Laden em anúncio criado por agência de publicidade para uma revista de grande circulação no Brasil. Os anúncios mostram os rostos desses líderes desenhados com palavras significativas. Observe.

Sudeste Asiático

A **Indonésia**, arquipélago formado pelas ilhas de Java e Sumatra e várias outras menores, foi, desde o século XVII, colônia dos Países Baixos. Seu principal líder no processo de independência foi **Ahmed Sukarno**, reconhecido como governante em 1949. Durante seu governo, em 1955, a Indonésia sediou a Conferência de Bandung, contra o colonialismo.

Sukarno instalou um sistema autoritário de governo, a "democracia dirigida", e realizou uma aproximação com a China comunista em meio ao conflito sino-soviético. Em 1965, num golpe militar, o general Suharto tomou o poder sob o pretexto de evitar a "penetração comunista", mantendo Sukarno nominalmente no governo. Em 1967, afastou-o e assumiu oficialmente a chefia do Estado até sua morte em 1970.

Em 1975, tropas de Suharto invadiram o Timor-Leste (a sudeste do arquipélago), aproveitando-se da retirada de Portugal, transformando a região em uma nova província da Indonésia. Nem mesmo a condenação da ONU pela invasão removeu a ocupação, que enfrentou com violência a luta pela autonomia timorense, liderada pela Frente Revolucionária do Timor-Leste, a **Fretelin**, o que causou várias dezenas de milhares de mortos.

De outro lado, o governo de Suharto abandonou a política nacionalista de seu antecessor, integrando-se à economia capitalista globalizada, entregando o controle, por exemplo, das companhias petrolíferas às corporações internacionais. Em meio à atração de investimentos estrangeiros e busca de crescimento econômico, Suharto continuou no comando político da Indonésia, reelegendo-se em 1993, pela sexta vez, à presidência do país.

Entretanto, quando a Indonésia foi atingida pela crise financeira de 1997 – a crise dos "tigres asiáticos", que envolveu todos os países da região –, Suharto teve de se submeter às exigências recessivas do FMI (Fundo Monetário Internacional) para obter empréstimos, passando a enfrentar violentos protestos populares. Em maio de 1998, Suharto abdicou de seu cargo presidencial, sendo convocadas eleições livres. O sucessor eleito, Abdurrahman Wahid, restabeleceu a democracia e, depois de meses no governo, sofreu processo de *impeachment* por corrupção em 2001, sendo substituído por seu vice, Megawati. Nas eleições presidenciais de 2004, venceu o general Susilo Bambang Yudhoyono; no final do ano, o país foi devastado pelo *tsunami*, resultando em mais de 130 mil mortos e 110 mil desaparecidos.

O início da redemocratização de 1998 e as pressões internacionais abriram espaços de negociação para a independência do Timor-Leste. Um acordo firmado em março de 1999, entre o governo da Indonésia e o de Portugal (que negociava em nome dos separatistas timorenses), sob a mediação dos EUA e da ONU, acertou a realização de um plebiscito popular. Neste, 78,5% optaram pela independência, destacando-se a atuação do líder timorense Xanana Gusmão. Embora tenha sido oficialmente aceito pelo governo indonésio, milicianos armados pelo Exército indonésio atacaram a população timorense, que abandonou o país em massa. A violência impetrada e o êxodo por ela gerado obrigaram a ONU a enviar uma força de paz para intervir na região. Diante da presença internacional e da resistência da população timorense, em outubro de 1999 o Parlamento indonésio ratificou o resultado do plebiscito timorense e a ONU indicou o brasileiro Sérgio Vieira de Mello para chefiar a Missão de Paz (Untaet) enviada para a administração provisória do país até a concretização da independência. Em 2001, foram realizadas eleições livres para a escolha dos representantes que elaboraram a Constituição do país. Nas eleições de 2002, Xanana Gusmão foi eleito presidente.

A **Indochina**, formada por Laos, Camboja e Vietnã, foi domínio francês desde Napoleão III (1860), com o nome de União Indochinesa. Durante a Segunda Guerra Mundial foi ocupada pelos japoneses, e **Ho Chi-minh**, líder nacionalista, fundou a Liga Revolucionária Vietminh para a libertação do Vietnã. Em 1945, após a derrota japonesa frente aos aliados, Ho Chi-minh proclamou a independência do Vietnã, enfrentando, no entanto, a resistência francesa, que buscava reocupar a região. Em 1954, os franceses foram totalmente derrotados na **batalha de Diem Bien Phu**, ao mesmo tempo que a opinião pública francesa pressionava o governo pela saída do Vietnã.

O governo francês convocou então a **Conferência de Genebra** para negociar a paz e reconhecer a independência do Vietnã, Laos e Camboja, também em luta, além de determinar eleições para esses países dentro de um prazo máximo de dois anos. Na Conferência de Genebra, que contou com a participação de grandes potências, como Estados Unidos, União Soviética e China, decidiu-se que, até as eleições de 1956, o Vietnã seria dividido em Vietnã do Norte e Vietnã do Sul, na altura do paralelo 17ºN. O governo do norte caberia a Ho Chi-minh e a capital seria Hanói, enquanto o sul seria governado por Ba-Dai e a capital seria Saigon.

Ho Chi-minh, declaradamente comunista, obteve apoio dos guerrilheiros do sul, os vietcongs, para a unificação nacional. Em meio à polarização do período da Guerra Fria e diante da possibilidade de vitória de Ho Chi-minh nas eleições gerais, o presidente norte-americano Dwight Eisenhower deu respaldo ao governo de Ngo Dinh Diem, sucessor de Ba-Dai, que se transformou em ditador no Vietnã do Sul. Iniciou-se então uma luta que duraria mais de quinze anos e se destacaria pela desigualdade das forças militares envolvidas.

A história recente do Vietnã inclui guerras com potências coloniais, lutas internas e ditaduras sangrentas.

O presidente Lyndon Johnson, valendo-se de uma autorização do Senado norte-americano, decidiu-se pela intervenção total no Vietnã do Sul, para onde enviou, de 1965 a 1968, mais de quinhentos mil soldados, além de bombardear o Vietnã do Norte. No sul, Ngo Dinh Diem, morto em 1963, foi substituído por Nguyem Van-thieu e Cao Ky. Entretanto, a resistência dos vietminhs, o apoio dos vietcongs sulistas e a pressão da opinião pública mundial minaram a disposição de apoio dos Estados Unidos ao Vietnã do Sul.

Durante o governo Nixon, adotou-se a política de "vietnamização da guerra", ou seja, retirada dos soldados norte-americanos da região, substituindo-os por armamentos, entregues aos sul-vietnamitas. Para viabilizar a vietnamização, Nixon buscou debilitar as forças comunistas bombardeando o Vietnã do Norte, embora a investida norte-americana não tivesse o sucesso militar esperado. O caso Watergate e a consequente saída de Nixon do governo, juntamente com vários acordos falhos visando uma saída honrosa dos Estados Unidos da região, levaram as estratégias do governo norte-americano à derrota. Em 30 de abril de 1975, Saigon, capital do Vietnã do Sul, caía nas mãos dos norte-vietnamitas e vietcongs, permitindo a reunificação do país. No mesmo dia, Saigon passou a se chamar Ho Chi-minh. A intervenção norte-americana levou à morte 58 mil norte-americanos e um número estimado de um a três milhões de indochineses, deixando o país quase completamente destruído com os maciços bombardeios ao longo da guerra.

A queda de Saigon

A derradeira derrota norte-americana foi registrada pelos modernos meios televisivos, ao vivo, para todo o mundo. A multidão amedrontada, composta por americanos e seus aliados vietnamitas, dirigia-se para a embaixada norte-americana, imaginando encontrar ali uma saída, um transporte para escapar dos vietminhs e vietcongs, que avançavam incontroladamente sobre Saigon: "E então apareceu o aparelho salvador, um Chinook-46, escoltado por seis helicópteros artilhados-Cobra. Perto dali, no topo do prédio de apartamentos Pittman, muitos civis eram resgatados por outros helicópteros. Era a repetição de cenas dramáticas, registradas pelas câmeras de cinema, fotografia e televisão desde que começara a debandada: helicópteros tentando erguer-se com cachos de gente pendurados por todos os lados. Nos aviões, os fugitivos se agarravam até aos trens de aterrissagem, e eram esmagados pelas rodas quando as recolhiam. Na embaixada americana, a multidão enfurecida chegava até os marines, que não tinham mais para onde recuar. Tiveram então a ideia de lançar gás lacrimogêneo contra a massa, o que lhes valeu um tempo precioso, mas as pás da hélice do helicóptero que os aguardavam aspiravam a fumaça na direção deles próprios, cegando-os — não só a eles, mas a toda a tripulação do aparelho, incluindo o piloto. E foi assim que os últimos interventores militares americanos deixaram Saigon — cegos, num voo suicida. Pouco depois, as tropas norte-vietnamitas e os vietcongs entravam triunfantes em Saigon".

SANTARRITA, Marcos. Vietnã 10 anos depois. In: Revista Fatos. p. 37-8.

Com o fim da Guerra Fria, o Vietnã adotou a *doi moi* (renovação) em 1986, equivalente à *perestroika* soviética, abrindo seu mercado aos países capitalistas, especialmente o Japão. Mantendo o controle comunista no poder, o país tem se aproximado também da China, sua tradicional rival na região.

A normalização das relações entre Estados Unidos e a República Socialista do Vietnã, no entanto, só aconteceu em 1995, em pleno processo de abertura econômica, quando o país se transformava num dos mercados emergentes da Ásia e pretendente à posição de novo "Tigre asiático", jargão internacional referente às dinâmicas economias da região.

As diretrizes liberalizantes na economia, fruto em boa parte das exigências do mercado internacional, tiveram reflexos políticos que levaram o governo do Vietnã a permitir, em 1997, que pela primeira vez candidatos não filiados ao Partido Comunista Vietnamita (PCV) pudessem concorrer às eleições parlamentares.

Contudo, em meio ao processo de transformação deu-se a crise financeira do Sudeste Asiático, atingindo o país em 1998. As consequências foram imediatas: em um ano, os investimentos estrangeiros caíram 64%, desacelerando o crescimento do PIB nacional, que caiu de 8,2% em 1997 para 4,8% em 1999.

Mesmo sob o controle do partido único (PCV), o Vietnã tem buscado aproximar-se da comunidade internacional e dos EUA, na tentativa de inserir-se nas novas transformações da economia globalizada. Essa política, se para os EUA chega a ser uma forma de exorcizar uma guerra que marcou tragicamente a sua história, para o Vietnã é uma válvula de entrada de capitais que, contudo, não permite que o passado seja esquecido. Tanto que, em setembro de 1999, o governo do Vietnã anunciou a conclusão de uma pesquisa que revelou a existência de 15 541 novas vítimas decorrentes das 5,7 mil toneladas de produtos químicos que os EUA tinham atirado sobre o país durante a Guerra do Vietnã. Em novembro de 2000, o presidente norte-americano Bill Clinton visitou o país e, em 2005, trinta anos depois do final da Guerra do Vietnã, foi a vez de o primeiro ministro vietnamita Phan Van Khai visitar os EUA.

Quanto ao **Camboja**, a Conferência de Genebra de 1954 reconhecia a sua independência sob a forma monárquica. O príncipe Norodom Sihanouk, pró-China, governou até 1970, quando foi derrubado pelo general Lon Nol, apoiado pelos Estados Unidos. Era a ditadura pró-Ocidente, a estratégia de Nixon para o Sudeste Asiático. A partir daí, instauraram-se governos instáveis e ditatoriais. Em 1975, o **Khmer Vermelho** (grupo de guerrilheiros apoiados pela China) derrubou Lon Nol, instalando a República Popular do Kampuchea, recolocando no poder Norodom Sihanouk. No ano seguinte, o líder da ala mais radical do Khmer Vermelho, Pol Pot, derrubou o presidente, implantando uma ditadura tão sangrenta que reduziu a população do país à metade.

O governo cambojano de Pol Pot marcou um período de grande violência interna.

Sob o comando do Khmer Vermelho, adotou-se a política de absoluta priorização da agricultura no Camboja, com transferência da população urbana para o campo. (A capital, Phnom Penh, que tinha algo próximo a três milhões de habitantes, acabou reduzida a pouco mais de vinte mil.) Das outras medidas adotadas pelo governo de Pol Pot, sempre caracterizadas pelo extremismo, destacaram-se a abolição da moeda nacional (riel), da religião e da unidade familiar. Nas perseguições generalizadas, fundadas na definição do "ano zero", ponto de partida de um Camboja que "nascesse de novo", suprimindo todos os vestígios da sociedade anterior, eliminaram-se todos aqueles que falassem alguma língua estrangeira, universitários, intelectuais, qualquer um que usasse óculos e pequenos proprietários, chegando, segundo dados oficiais, ao extermínio de 2,8 milhões de pessoas, além de 570 mil desaparecidos.

A ditadura de Pol Pot, apoiada pela China, foi também responsável por um conflito com o Vietnã, que era então apoiado pela União Soviética. Em dezembro de 1978, os vietnamitas invadiram o Camboja, depondo o Khmer Vermelho em janeiro de 1979 e ajudando a fundar o governo de Heng Samrin, que passava o Camboja para a esfera pró-soviética.

Os remanescentes radicais do Khmer Vermelho, que se refugiaram na Tailândia, ainda apoiados pela China e pelos Estados Unidos, continuaram desenvolvendo combates sucessivos no Camboja visando recuperar o controle do país. A fronteira com a Tailândia, no início dos anos 80, vivia a ampliação progressiva dos conflitos e, somente na década de 90, em meio ao reformismo socialista e ao colapso do bloco soviético, começou a normalização das relações sino-vietnamitas e da política do Camboja, sob a tutela da ONU.

Graças aos acordos entre os pró-vietnamitas e o grupo pró-China, buscou-se a estabilização política, apesar da contínua oposição guerrilheira do Khmer Vermelho sob a liderança de Khieu Samphan. Nas eleições multipartidárias de 1993 a frente monarquista foi vitoriosa e Sihanouk transformado em rei do Camboja, ao mesmo tempo em que o Khmer Vermelho era declarado ilegal.

Governando sob uma coalizão instável, em julho de 1997, Sihanouk sofreu um golpe de Estado impetrado por seu primeiro-ministro Hun Sen. Pressões internas e externas levaram novo governante a aceitar, em fevereiro de 1998, um plano de paz liderado pelo Japão. A nova coalizão, com Hun Sen mantido no cargo de primeiro-ministro, enfrentava a permanente instabilidade decorrente das disputas entre diferentes facções políticas, agravadas pelo crescimento do crime organizado e do tráfico de drogas.

Em 2001, acentuando as divergências, o rei Norodom Sihanouk aprovou uma lei, com apoio da ONU, visando estabelecer um tribunal dirigido por juízes locais e internacionais para julgar os crimes perpetrados pelos líderes do Khmer Vermelho. Dentre os diversos implicados estava Khieu Samphan, o principal nome vivo do Khmer, já que Pol Pot morrera em 1998. Muitos políticos ainda em atividade no Camboja temiam desdobramentos dos julgamentos que poderiam vir a envolver outros personagens que tomaram parte daquele governo do Khmer Vermelho. Somente em 2004 a Assembleia Nacional aprovou o tribunal para julgar os dirigentes do Khmer Vermelho; em 2006 foi instalado oficialmente o tribunal pela ONU, com previsão de início dos trabalhos em 2007. Em 2004, o rei Norodom Sihanouk abdicara ao trono do Camboja, alegando problemas de saúde, em favor de seu filho, o príncipe Norodom Sihamoni, ao passo que o cargo de primeiro-ministro continuava em mãos de Hun Sen.

Quanto ao **Laos**, após os acordos de Genebra de 1954, o Pathet Lao (Partido Comunista) chegou ao governo, sendo derrubado em 1958 pelos direitistas, ligados aos norte-americanos. O Pathet Lao, a partir de uma base na selva, organizou a luta armada para recuperar o poder, generalizando o conflito na Indochina.

Em 1975, com a derrota norte-americana no Vietnã, os comunistas reassumiram o governo do país, transformando-o em República Democrática Popular do Laos. Com as profundas mudanças nos regimes socialistas aliados a partir de 1989, o Laos empreendeu a abertura de sua economia aos países capitalistas. Em 1995 foi a vez de os EUA anunciarem o fim de 20 anos de embargo econômico ao país, ampliando os vínculos comerciais. Mesmo assim, privatizações e maior integração comercial continuaram sob o controle do regime de partido único nos últimos anos. Em fevereiro de 2006, o governo do Laos, país com cerca de 6 milhões de habitantes, anunciou que seu território estava livre das plantações de papoulas, plantas de onde é extraído o ópio – base da heroína –, após intensa campanha de erradicação. Esse foi considerado, por autoridades do Escritório das Nações Unidas contra as Drogas e o Crime (UNODC), como um grande passo, já que em 1998 o país possuía mais de 26 mil hectares com plantação de papoulas, volume suficiente para gerar perto de 120 toneladas de heroína em cada colheita.

Oriente Médio

Considerada uma das regiões mais tensas do pós-guerra, devido a conflitos religiosos e políticos, o Oriente Médio também se

A DESCOLONIZAÇÃO AFRO-ASIÁTICA

transformou em palco da disputa entre as superpotências pela supremacia na região. Sua posição estratégica, aliada à existência de imensas reservas petrolíferas, caracterizam historicamente a região como uma área sujeita a impasses e guerras. Os focos geradores desses impasses têm sido, principalmente, o conflito árabe-israelense, a guerra civil do Líbano e conflitos como as guerras do Golfo.

História antiga

A disputa da Palestina entre árabes e judeus tem raízes na Antiguidade, na formação desses povos naquela região. A presença judaica na Palestina remonta ao II milênio a.C., de onde desapareceram em 70 d.C., quando os romanos destruíram Jerusalém, ocasionando a dispersão de sua população pelo mundo antigo, a **diáspora hebraica**.

Em 635, durante a expansão islâmica, a região da Palestina foi ocupada pelos árabes e, mais tarde, em 1516, nas conquistas turcas, passou a fazer parte do Império Otomano.

No século XIX, o domínio internacional imperialista fomentou o nacionalismo árabe pela independência de seus Estados, enquanto os judeus, dispersos pelo mundo e perseguidos em vários países europeus, idealizavam a reconstrução de uma pátria nacional, em seu território de origem, a Palestina, agora território árabe.

O conflito árabe-israelense

Um dos grandes conflitos do Oriente Médio tem sido o confronto árabe-israelense, cujas origens remontam ao período que segue à Primeira Guerra Mundial. Com a derrota dos turcos e a desintegração de seu império, a Liga das Nações aprovou, em 1922, a **Declaração Balfour**, proposta em 1917 pelo chanceler inglês Lord Balfour, que colocou a Palestina sob o governo da Inglaterra. Comprometendo-se a criar o Estado nacional judeu na região, a tutela inglesa ativou a emigração judaica e atritos entre judeus e árabes.

Em 1947, no final da Segunda Guerra Mundial, diante dos crescentes conflitos entre judeus emigrantes e palestinos árabes, a ONU foi incitada a intervir, decidindo pela divisão da Palestina em duas áreas: a judaica, representando 57% da região e a palestina, com 43% da área, o que provocou o protesto dos países árabes vizinhos.

Com a retirada da Inglaterra e a criação, em 1948, do Estado de Israel, aumentou a tensão na região. Os países da Liga Árabe – Egito, Iraque, Transjordânia (atual Jordânia), Líbano e Síria – invadiram a região desencadeando a **Primeira Guerra Árabe-Israelense** (1948-1949).

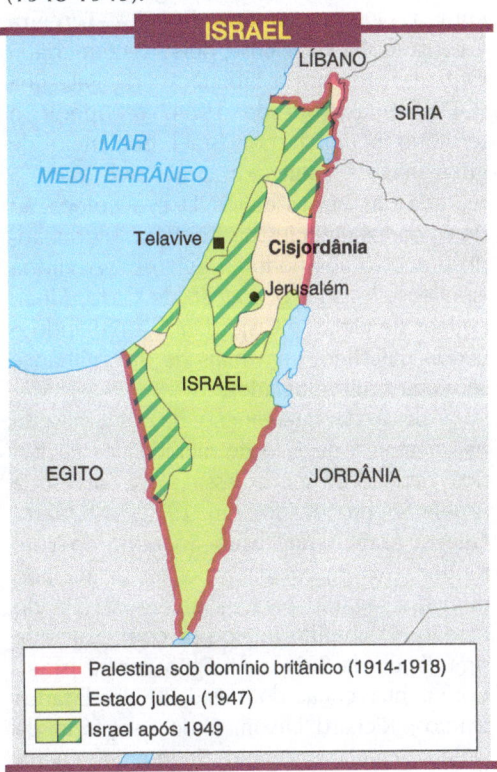

A formação do Estado israelense.

Essa guerra foi vencida por Israel, que ampliou seu domínio territorial sobre a Palestina. Como consequência, quase um milhão de palestinos fugiram ou foram expulsos da região, tendo a situação dos refugiados, que se instalaram em regiões vizinhas, desencadeado a **Questão Palestina**, isto é, a luta dos árabes palestinos pela recuperação territorial.

Em 1956, os crescentes atritos de fronteira entre Egito e Israel e o reconhecimento do canal de Suez como egípcio desencadearam a **Segunda Guerra Árabe-Israelense**, também conhecida como Guerra de Suez. Apesar de o presidente egípcio Gamal Abdel Nasser ter contado com ajuda militar soviética, Israel, apoiado pela Inglaterra e França, saiu novamente vitorioso, conquistando a península do Sinai. Sob pressão dos Estados Unidos e da União Soviética, a ONU enviou à região forças de paz, que obrigaram Israel a abandonar o Sinai, restabelecendo as fronteiras de 1949.

Em 1967, a tensão na região culminou com a Guerra dos Seis Dias, a **Terceira Guerra Árabe-Israelense**, pois a recém-criada Organização para a Libertação da Palestina (OLP) tentava, desde 1964, recuperar o território ocupado por Israel por meio de guerrilhas. A situação agravou-se com a retirada das tropas da ONU e a colocação de soldados egípcios na fronteira, bloqueando o acesso aos portos israelenses. A vitória israelense levou à ocupação de Gaza, Sinai, colinas de Golan e Cisjordânia, ampliando o êxodo palestino, com mais de um milhão e seiscentos mil refugiados.

Apesar da intervenção da ONU, Israel não acatou a decisão de retirada dos territórios ocupados, tendo essa nova investida israelense provocado, em 1973, a **Quarta Guerra Árabe-Israelense** – a Guerra do Yom Kippur –, assim chamada por ter se iniciado num dia sagrado para os judeus, o Dia do Perdão. O conflito iniciou-se com o ataque simultâneo da Síria e do Egito contra Israel. Com a intervenção do presidente dos Estados Unidos, Richard Nixon, e do secretário da União Soviética, Leonid Brejnev, a guerra terminou, com a assinatura de um acordo de paz.

Em 1979, o presidente egípcio Anuar Sadat e o dirigente israelense Menahem Begin, num encontro promovido pelo presidente norte-americano Jimmy Carter, assinaram os **acordos de Camp David**, pelos quais o Egito recuperava o Sinai e inaugurava uma nova fase de relacionamento e negociações.

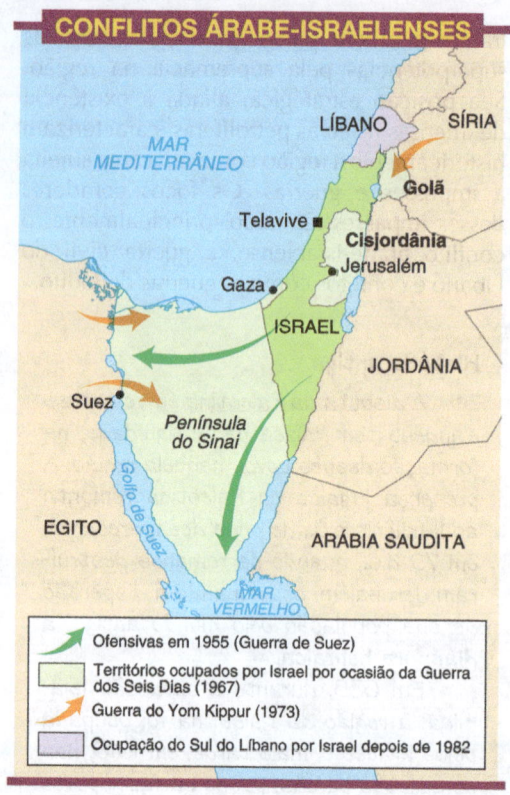

As sucessivas guerras árabe-israelenses e o difícil equilíbrio político da região.

A Questão Palestina, entretanto, sobrevivia, pois os refugiados seguiam lutando pela obtenção de um Estado palestino e pela devolução dos territórios da Cisjordânia e Gaza, ocupados por Israel.

Além da criação de colônias judaicas nos territórios tomados, a ofensiva do governo israelense alcançou, em 1982, Beirute, capital do Líbano, no combate aos guerrilheiros palestinos. No mesmo ano, também se efetivou a retirada israelense do Sinai, conforme determinava o acordo de Camp David. A partir de 1987, nas regiões ocupadas da Cisjordânia e Gaza, teve início o ativismo palestino de resistência e enfrentamento a Israel, movimento conhecido como **Intifada** ("revolta das pedras, em árabe"), confirmando a inviabilidade de Israel pacificar os territórios ocupados.

Foi somente no início dos anos 90 que ganhou força a via política diplomática, levando às negociações entre as partes na região, substituindo a confrontação militar constante. Em grande parte possível devido ao fim da Guerra Fria, à neutralização do Iraque – grande financiador da OLP após a Guerra do Golfo – e à pressão norte-americana contra o radicalismo israelense, os encontros diplomáticos propiciaram o reconhecimento mútuo entre Israel e OLP e, em 1993, a assinatura da paz em Washington, entre os representantes de Israel, Yitzhak Rabin, e da Palestina, Yasser Arafat.

A fase dos acordos para viabilizar uma paz duradoura continuou nos anos 90, mas esbarrou em dificuldades herdadas de décadas de confrontação, como o radicalismo político e religioso (fundamentalismo) tanto dos árabes quanto de israelenses, a questão dos assentamentos e dos refugiados, a delimitação territorial e os ressentimentos. O assassinato de Yitzhak Rabin, em 1995, por um fanático israelense, foi mais um duro lance contra a normalização e pacificação da região.

A Paz de Washington, assinada por Rabin e Arafat, não foi o estabelecimento de uma era de paz para a região, mas a abertura de um caminho para a pacificação.

Em 1993 "Arafat, como Tarquínio". Em 1995, Rabin como Hammami

"Um dos mais convincentes mitos da Antiguidade é a história da Sibila, de Cumas (antiga cidade grega perto de Nápoles). Ela ofereceu nove livros de profecias a Tarquínio, o Soberbo, último legendário rei de Roma. Mas o rei os recusou, e (a profetisa) Sibila queimou três livros, oferecendo ao rei os seis restantes pelo mesmo preço. O rei recusou novamente, então ela queimou mais três e ofereceu os três restantes, ainda pelo mesmo preço. Dessa vez o rei os comprou.

Por que Tarquínio rejeitou a primeira e a segunda oferta de compra? Evidentemente porque o preço pedido era abusivo. Mas por que ele aceitou a terceira oferta, que evidentemente era ainda mais exorbitante? Porque compreendeu que da próxima vez não haveria mais livros para comprar.

Os palestinos receberam uma série de ofertas vergonhosas desde 1917, quando o governo britânico se encarregou pela primeira vez de indicar a terra em que viviam 'como lar nacional para o povo judeu'. Cada oferta apresentada era – segundo o ponto de vista deles – mais revoltante do que a anterior.

[...]

O preço ainda é o mesmo: o reconhecimento de Israel, a aceitação de seu direito de viver em paz e a cessação de toda luta armada ou do terrorismo contra os israelenses. Mas Yasser Arafat, como Tarquínio, decidiu pagar o preço.

Muitos palestinos acham que ele é um louco, ou mesmo um traidor, para aceitar tão pouco, depois de ter lutado tanto. Ele poderá até sofrer o destino de Said Hammami, assassinado em 1978 por um extremista palestino pago por Saddam Hussein.

Mas certamente ele está com razão, ao entender, embora tardiamente, que o mútuo reconhecimento e a coexistência pacífica são um bem que vale a pena pagar, muito embora o preço seja exorbitante."

MORTIMER, Edward. Arafat, como Tarquínio – Financial Times. In: *Gazeta Mercantil*, 20/9/1993. p. 1 e 2.

Em 1995, contudo, Yitzhak Rabin foi assassinado por um extremista israelense.

Conflitos entre palestinos e israelenses continuaram a ocorrer, ao mesmo tempo que se promoviam entendimentos e encontros de cúpula, especialmente em 1999 e 2000. Supervisionados principalmente pelos Estados Unidos, os dois lados discutiam os impasses da região, disputada em décadas de confrontos: desde assentamentos de judeus em territórios ocupados, retorno de refugiados palestinos que estavam nas áreas vizinhas, dos recursos hídricos e das fronteiras, até o domínio da cidade de Jerusalém. Sempre presente havia a questão da criação definitiva do Estado palestino e seu reconhecimento por parte de Israel. Quando a evolução dos entendimentos apontava para um possível acordo final, um novo fato envolvendo o controle da cidade de Jerusalém, ponto crucial para os dois governos, reacendeu o conflito.

A cidade, considerada indivisível pelos israelenses e reivindicada pelos palestinos como futura capital de seu Estado, abriga na sua porção oriental a Cidade Velha, onde estão santuários religiosos do cristianismo (igreja do Santo Sepulcro), do judaísmo (Muro das Lamentações) e do islamismo (mesquita de Omar). Nessa área encontravam-se cerca de 200 mil palestinos e 180 mil israelenses, estes ali instalados pela colonização promovida por Israel. Em dezembro de 1999, numa clara provocação aos palestinos, o novo líder do Likud, Ariel Sharon, fez um passeio pela esplanada das mesquitas na Cidade Velha, alegando que aquele era território israelense. Os palestinos, em resposta ao adiamento da declaração de independência e entendendo a atitude de Sharon como uma negação dos acordos, detonaram uma nova Intifada em 2000.

Em meio aos distúrbios e ao retrocesso das negociações, os ultraconservadores do Likud assumiram o governo, elegendo para primeiro-ministro Ariel Sharon. Do lado palestino ganharam força os movimentos fundamentalistas como o Jihad Islâmico e o Movimento de Resistência Islâmico (Hamas), contrários a qualquer acordo com Israel. As consequências, desastrosas principalmente para a população civil, foram a intensificação dos atentados com carros e homens-bombas, entendidos como única forma de enfrentar o poderio militar israelense e as retaliações militares centradas em bombardeios aos territórios de ocupação palestina.

O crescente radicalismo nos confrontos resultou na ocupação israelense de cidades palestinas, no fechamento da fronteira e no cerco ao presidente da Autoridade Nacional Palestina (ANP), Arafat, em seu quartel-general em Ramallah. Em 2003, sob o patrocínio dos EUA, União Europeia, Federação Russa e da ONU, foi proposto um plano de pacificação, o **Mapa da Estrada**, na tentativa de reverter esse quadro de confronto. Segundo esse plano, nos próximos anos as negociações pretendiam libertar prisioneiros e criar definitivamente um Estado Palestino. Porém, tais tentativas de pacificação foram seguidas de novos choques violentos. Em 2004, após a morte de Arafat, foi eleito para presidência da ANP o moderado Mahmud Abbas, da facção Fatah, e, em 2005, foi conseguido um breve cessar-fogo em razão de Ariel Sharon iniciar a retirada dos assentamentos judaicos da Faixa de Gaza e Cisjordânia. Nos anos seguintes foram feitos ensaios de entendimento, mas ocorreram novas confrontações, em parte devido à vitória do Hamas, partido extremista, nas eleições legislativas palestinas. No final de 2008, após seguidos lançamentos de mísseis da região de Gaza sobre território israelense, uma nova intervenção militar de Israel foi feita sobre a região de Gaza. Até o início de 2011 repetiram-se os ensaios de entendimentos, com atuações mais intensas por parte do novo governo norte-americano, mas sem resultados efetivos de apaziguamento na região.

Guerra do Líbano

O Líbano, que se libertou da França em 1945, é outra região do Oriente Médio sujeita a constantes conflitos político-religiosos. De um lado, estão os muçulmanos – sunitas e xiitas –, que correspondem à maioria da população, e, de outro, os vários grupos cristãos – maronitas, ortodoxos e armênios católicos e protestantes –, que controlam as atividades econômicas e detêm a hegemonia política. Agravando a situação, acrescenta-se a interferência de grupos estrangeiros apoiando cada uma das facções. Os palestinos, representados pela OLP, apoiavam os muçulmanos, e os israelenses alinhavam-se aos cristãos.

A partir da década de 1970, os conflitos se agravaram por pressões político-religiosas dos muçulmanos, que exigiam maior representatividade política, e, também, pela instalação de grupos palestinos no sul do Líbano.

Em 1976, a Síria interveio no norte do país e, em 1982, Israel ocupou o sul, expulsando os guerrilheiros da OLP. Em 1986, os sírios ocuparam Beirute, a capital do Líbano, sem conseguir uma efetiva composição política entre cristãos e muçulmanos.

Em outubro de 1989, a Assembleia Nacional Libanesa, reunida na Arábia Saudita, aprovou um tratado de paz que determinava o desarmamento das milícias e a participação igualitária de cristãos, muçulmanos sunitas e muçulmanos xiitas no governo. Apesar desse entendimento, os combates continuaram até 1990, quando houve uma intervenção mais efetiva da Síria, que a partir de então manteve um grande contingente de militares dentro do país. No sul do território, a guerrilha do Hezbolah, com o respaldo da Síria, continuou a combater o Exército israelense que ainda ocupava a região. Embora lutasse contra a permanência de tropas estrangeiras em seu território, o Líbano havia iniciado uma reconstrução lenta e gradual que lhe permitiu atingir, entre 1990 e 1998, um crescimento do PIB da ordem de 7,7% ao ano, em média – uma das maiores taxas do mundo. Esse reflorescimento refletiu-se principalmente em Beirute, que retomava o papel de polo turístico internacional.

Em 2000, os soldados israelenses deixaram o Líbano e, em 2005, foi a vez dos soldados da Síria. Em 2006, contudo, ocorreram novos confrontos entre o Hezbolah e tropas israelenses, depois do sequestro de dois soldados israelenses pela milícia libanesa. Foi um ano de intensas batalhas, com bombardeios, destruição e milhares de mortes. Até o início de 2007 continuavam os conflitos entre o governo sunita libanês do primeiro-ministro Fuad Siniora, apoiado pela Arábia Saudita – ligada aos Estados Unidos –, e os xiitas Hezbolah, apoiados pela Síria e Irã, apesar da presença de milhares de soldados da força de paz da ONU.

Os interesses pela guerra

"A alternativa positiva seria um êxito simultâneo das forças da paz e do entendimento entre israelenses e palestinos. Poderosos interesses em Israel, nos países árabes e nas capitais metropolitanas opõem-se ferozmente a tal desfecho. Não se requer muita perspicácia para perceber que um acordo Israel-Palestina será o sinal desencadeante de um imenso e generalizado movimento popular de libertação de todo o Oriente Médio. Os privilégios feudais, os grandes negócios petrolíferos, os superlucrativos negócios da indústria bélica, os controles estratégicos, todo o complexo de exploração e dominação do Oriente Médio estará em risco do dia em que israelenses e palestinos decidirem pela 'paz entre nós, guerra aos senhores'.

Quando terminar a guerra atual, uma outra começará, automaticamente, no Oriente Médio. E nem as estrelas serão neutras."

AKCELRUD, Isaac. *O Oriente Médio*. São Paulo, Unicamp/Atual, 1985. p. 73.

Conflito Irã-Iraque

No Irã, a dinastia Pahlevi, no poder desde 1925, foi derrubada em 1979 pelos partidários do aiatolá Khomeini, líder muçulmano da seita radical xiita. Como o xá Reza Pahlevi tinha o apoio dos Estados Unidos, a vitória de Khomeini agravou as relações com os norte-americanos, e, no mesmo ano, a embaixada norte-americana em Teerã, capital do país, foi invadida por militantes xiitas. Somente em 1981, após entendimento com intermediação da Argélia, os cinquenta reféns norte-americanos foram libertados.

Em 1980, o Iraque, independente da Inglaterra desde 1932, aproveitando-se da instabilidade do Irã, invadiu-o, trazendo à tona a tradicional luta pela dominação da região do **Chatt-el-Arab**, pequeno rio, na confluência dos rios Tigre e Eufrates, que liga o Iraque ao Golfo Pérsico. O conflito resultou em elevado número de mortos e em consequências desastrosas para ambos os países.

Em 1988, a ONU estabeleceu um cessar-fogo na região, acelerando o fim do conflito. Entretanto, com o armamentismo desenvolvido durante a guerra com o Irã, o Iraque tornou-se, então, um dos países mais poderosos militarmente do Oriente Médio, juntamente com Egito e Israel.

Guerra do Golfo

Em 1990, **Saddam Hussein**, governante do Iraque, invadiu o Kuwait, iniciando uma nova crise na área. Buscando projetar-se como grande líder das nações árabes, Hussein realizou a anexação sob o pretexto de que o Kuwait era uma ilusão, um Estado fundado pela Inglaterra, um protetorado das potências capitalistas.

Em resposta, respaldadas pela ONU, as grandes potências, tendo à frente os Estados Unidos, declararam guerra a Saddam Hussein. O conflito mudou radicalmente a visão norte-americana sobre confrontação bélica, conhecida por alguns como "guerra tecnocrática", que sobrevaloriza a tecnologia militar e diminui a tradicional importância dos soldados patrióticos ou cidadãos. Foram 42 dias de ataques aéreos, operação denominada pelos norte-americanos de "Tempestade no Deserto". A vitória dos aliados teve um saldo de 150 mil mortos iraquianos e apenas 150 do lado norte-americano.

Com o fim da guerra, a ONU estabeleceu sanções econômicas contra o Iraque, especialmente o embargo sobre suas exportações de petróleo, além de sujeitar o país a indenizações e de obrigar a eliminar seus arsenais de armas nucleares, biológicas e químicas e os mísseis de longo alcance. Sob a acusação de não se submeter aos inspetores internacionais incumbidos da verificação da desmontagem dos armamentos, o Iraque continuou sob embargo e alvo de contínuos ataques aéreos promovidos pelos Estados Unidos e Reino Unido, acarretando mais mortes, destruição, emigrações e colapso econômico. Nem mesmo a autorização da ONU, em 1999, para o aumento das exportações de petróleo em troca de alimentos, medicamentos e reparações pela guerra, programa conhecido por "petróleo por comida", representou um significativo alívio às crescentes dificuldades de sua população.

Como já destacamos no governo Bush, o Iraque foi acusado pelos Estados Unidos de possuir armas de destruição em massa e de patrocinar o terrorismo internacional, sendo por isso invadido, em 2003, pelas forças da coalizão lideradas pelos Estados Unidos e Inglaterra. O país foi ocupado e, logo em seguida, especialistas dos próprios Estados Unidos confirmaram a inexistência de tais armamentos nucleares. Nem a prisão de Saddan Hussein em dezembro de 2004, as eleições presidenciais em 2005 e a execução de Saddam Hussein em 2006 conseguiram refrear a violência dos ataques suicidas

A região do Oriente Médio tem sido palco de frequentes conflitos e guerras civis, envolvendo, inclusive, interesses estrangeiros. Na foto, aviões da força aérea norte-americana sobrevoam um campo de petróleo no Kuwait bombardeado por tropas iraquianas, em 1991.

iraquianos, quase sempre seguidos de represálias das forças norte-americanas e seus aliados, ambas fazendo numerosas vítimas. Os crescentes confrontos dividiram a população em diversas facções políticas e étnico-religiosas rivais. Dessas, destacam-se os xiitas – cerca de 60% da população –, os sunitas – cerca de 20% – e os curdos, algo próximo a 15% da população iraquiana. Radicalismos, agressões e resistência à ocupação estrangeira têm empurrado o Iraque para uma iminente guerra civil generalizada, cada vez mais atraindo o envolvimento de países vizinhos como o Irã, Arábia Saudita, Turquia, Síria, Líbano e Kuwait, entre outros, podendo alastrar o conflito por toda a região. Como afirmara o embaixador dos Estados Unidos em Bagdá, Zalmay Khalizad, "abrimos uma caixa de Pandora e a questão agora é como sair dessa" (*Folha de S.Paulo*, 9 mar. 2006, p. A2). A declaração oficial de encerramento do conflito feita em 2010 pelo presidente norte-americano e a retirada parcial das suas tropas não mostraram ser indicadores efetivos para a pacificação do Iraque.

Alguns destaques da África

O domínio colonial, suas heranças e a turbulência política da descolonização africana, com fronteiras políticas quase sempre distantes das divisões étnicas, religiosas e linguísticas, deixaram sérios impasses sociopolíticos no continente: de um lado, o quadro de subdesenvolvimento e, de outro, a instabilidade institucional.

Dos 53 países africanos, 28 ocupavam as piores colocações entre os 162 países avaliados pelo Índice de Desenvolvimento Humano da ONU (dados de 2001), e pelo menos 20 continuaram imersos em confrontos bélicos. Cerca de metade da população do continente vivia com menos de US$ 1 por dia e, especialmente a região subsaariana, em permanente piora desde a década de 1970. Fome, subnutrição, migrações e epidemias (90% de casos de malária e 70% dos casos de Aids do mundo) completavam o quadro herdado dos séculos de colonização e descolonização.

No início dos anos 1990, não foram raros os exemplos de crises, catástrofes sociais e políticas, a exemplo de **Ruanda**, ex-colônia da Alemanha até a Primeira Guerra Mundial e depois da Bélgica até 1962. Antes da independência, os colonizadores belgas jogaram com os principais grupos étnicos locais, primeiro juntando-se com os tutsis (cerca de 9% da população) e depois estimulando a formação de uma elite entre os hutus (algo próximo a 90% dos ruandenses). Esse quadro aguçou as rivalidades locais que ganharam maior impulso ainda após a independência, nas disputas políticas, sociais e militares. No final do século XX, estimava-se que mais de 1 milhão de ruandenses tinham sido mortos e mais de 2,5 milhões eram refugiados.

As dimensões do deslocamento populacional gerado pelo conflito, principalmente em direção aos campos de refugiados montados por organizações de ajuda humanitária internacionais (como a ONU e os Médicos Sem Fronteiras) no Zaire (atual República Democrática do Congo) e na Tanzânia, espalharam multidões de refugiados pelas estradas e campos dos países vizinhos. A consequência mais trágica desse fenômeno foi o "efeito arrastão": à medida que essas multidões chegavam em regiões que já não possuíam alimentos, alojamentos e estruturas sanitárias (banheiros, esgotos, água, hospitais) para recebê-los, as populações locais eram assoladas pela fome, pela miséria e pelas epidemias (tifo, dengue, Aids). Obrigadas a fugir, tornavam-se, elas também, migrantes e, posteriormente, refugiadas de guerra. O desequilíbrio social propagou-se pela África Central, revivendo antigos conflitos e intensificando os já existentes. Foi assim no ex-Zaire e no Burundi, países onde as etnias tutsis e hutus também entraram em conflito, tornando-se quase uma extensão da guerra em Ruanda. Ali, como fato bastante comum à maioria dos países africanos, inclusive nos que assumiram certa abertura democrática, acrescentavam-se os permanentes regimes fundados na força e não nos direitos de cidadania.

A crise africana

"A crise é, antes de mais nada, institucional: a 'democratização' gerou o pluripartidarismo e uma certa liberdade de imprensa, mas não o princípio fundamental de alternância do poder. [...] Uma vez no poder, um presidente (às vezes um antigo ditador vagamente convertido, às vezes um respeitável 'democrata' festejado pela sociedade internacional) não pretende, de maneira alguma, perdê-lo nas urnas. Suas tropas farão o necessário para mantê-lo. A fraude eleitoral é grosseiramente praticada na maior parte do país — antes, durante ou depois das eleições. Cada apuração realizada nestas condições, ao invés de reforçar a legitimidade da democracia, consolida a ilegitimidade dos governantes, difamando a própria democracia.

[...]

Todos os golpes parecem permitidos. Virar a casaca, fazer intrigas e passar a perna são atitudes corriqueiras. [...] Não é, como acreditam os crédulos idealistas, de falta de experiência política, mas sim, de um excesso de estratégias políticas. O conflito permanente das ambições se dá à custa das ideias.

[...] A incapacidade da maioria dos homens que estão no poder de sair do sistema de ganhos fáceis, a continuidade de saques de recursos do Estado pelos detentores de altos cargos, a precedência dada sistematicamente aos 'favores', 'recomendações' e 'proteções' em todos os escalões do serviço público são traços comuns à maioria dos órgãos de Estados africanos."

SARDAN, Jean-Pierre Olivier de. Decadência dramática dos Estados africanos. In: *Le Monde Diplomatique*. Edição brasileira, ano 1, n. 1. 12/2/2000. Disponível em: <www.diplo.com.br>.

Nem a solidariedade internacional para arrecadação de recursos e donativos, com seus *megashows*, tem revertido a onda de desastres de um continente abandonado, chamado por alguns de o "continente da fome". Representando apenas 1,8% do PIB mundial, o continente africano tem vivido profundas dificuldades econômicas e baixos investimentos internacionais. No limite das dificuldades, destaca-se a região subsaariana como a área mais carente do continente, onde se encontra a maioria da população africana e onde estão 32 dos 35 países em piores posições no cálculo do IDH mundial.

As gigantescas adversidades africanas, contudo, não conseguiram impedir transformações que, na dinâmica histórica, guardam algum potencial promissor na solução de seus principais problemas. É o caso da **África do Sul**, onde, sob a liderança de Nelson Mandela, a luta contra o *apartheid* foi vitoriosa depois de séculos de sujeição. Mesmo com fortes divergências de opositores quanto ao rumo do país, Mandela constituiu-se num exemplo das potencialidades africanas.

Nelson Mandela, principal líder da luta contra o racismo na África do Sul, foi ganhador do Prêmio Nobel da Paz, em 1993, juntamente com o presidente sul-africano na época, Frederik W. de Klerk. No ano seguinte, seria eleito o primeiro presidente negro do país e, ao encerrar seu mandato, em 1999, transferiu o poder democraticamente a seu sucessor, Thabo Mbeki, reeleito ao cargo de presidente em 2004.

No entanto, na maioria dos países africanos predominam epidemias, como a da Aids, subnutrição, instabilidade política, com golpes e contragolpes e seguidos conflitos étnicos. Abandonado também pelo usual desprezo quanto à questão vital da sobrevivência humana, o continente africano deixa exposta a incapacidade da ordem econômica internacional do pós-Guerra Fria de viabilizar soluções sociais eficazes para a maioria da população.

Argélia

De 1952 a 1956 desencadeou-se na África no Norte o terrorismo contra a ocupação francesa. Em 1954, as forças rebeldes da Frente de Libertação Nacional, estimuladas pela derrota francesa na Indochina e pelo apoio da opinião pública internacional, atacaram os franceses em setenta lugares diferentes em toda a Argélia. Numa contra-ofensiva, que envolveu quinhentos mil soldados e após violenta repressão à população árabe, as forças metropolitanas desestruturaram a organização rebelde em Argel, a capital.

Entretanto, enquanto a luta pela emancipação continuava, o governo francês oscilava entre prosseguir com a guerra ou dela desistir. O general francês Salan, responsável pela ordem na Argélia, criou, em Argel, um Comitê de Segurança Pública contrário ao governo de Paris e à sua política oscilante. Decidido a pressionar militarmente a República francesa para que submetesse os argelinos, chegou a desembarcar paraquedistas do exército na ilha da Córsega, próxima ao litoral francês.

A iminência de uma guerra civil na França levou o general **De Gaulle** a assumir o poder e colocar-se à frente do movimento militar, em maio de 1958. Controlando os extremistas, promulgou em outubro uma nova constituição, instituindo a **Quinta República** francesa, e decidiu-se pela negociação. Num plebiscito, em 1961, De Gaulle obteve carta branca para desenvolver conversações em busca da paz e da criação da Argélia livre. A ala conservadora do exército, contrária à independência da região, tentou um golpe de estado – fracassado – contra De Gaulle.

Estabelecendo acordos com os nacionalistas argelinos, a França reconhecia, em 1962, a independência da Argélia. Depois de dez anos de lutas e de aproximadamente um milhão de argelinos mortos, formava-se a República Democrática Argelina, presidida por **Ben Bella**, da Frente da Libertação Nacional.

A independência argelina consolidou-se em 1962 após um longo período de lutas contra a dominação francesa.

A independência não produziu crescimento econômico suficiente para a solução das graves desigualdades sociais e muito menos para a estabilidade política tão almejada. Em 1965, Ben Bella foi deposto por militares, assumindo o poder o coronel **Houari Boumedienne**, responsável por uma política externa pró-União Soviética dentro do contexto de bipolarização da Guerra Fria e, internamente, pela nacionalização de várias empresas petrolíferas francesas.

Com a morte de Boumedienne, em 1978, a Argélia reformulou sua política internacional, reaproximando-se da França, Estados Unidos e outros países ocidentais. Mais tarde, em 1989, foi a vez da abertura política interna, quando, em meio ao pluralismo partidário, ganhou força o grupo fundamentalista islâmico (FIS – Frente Islâmica de Salvação) que pregava a reorganização do país com base no Corão, e que foi vitorioso nas eleições de 1991.

O fundamentalismo de linha iraniana, contrário a qualquer influência ocidental, entrou em choque com o exército, culminando num novo golpe militar em 1992. O governo, controlado pelo Alto Comando das Forças Armadas, colocou os fundamentalistas na ilegalidade, generalizando a perseguição e prisão dos líderes islâmicos. Em resposta, os seguidores da Frente Islâmica recorreram à violência com atentados terroristas, mergulhando o país numa crescente guerra civil.

Nas eleições gerais de 1995, num ensaio de normalização política interna, foi vitorioso o candidato preferido dos militares, **Liamine Zeroual**, em grande parte devido ao afastamento do pleito dos radicais islâmicos do FIS e do boicote eleitoral por outras forças democráticas e socialistas. Zeroual foi ainda apoiado pelo governo francês, pois este temia o surgimento de um outro Irã a apenas algumas centenas de quilômetros de sua fronteira. Tal fato levou os extremistas islâmicos do autodenominado Grupo Islâmico Armado (GIA) a optar por atentados terroristas em Paris.

O governo do presidente Zeroual, mesmo ampliando gestões para entendimento nacional, reforçava a incógnita para a real possibilidade de livrar a Argélia de seu conflito civil, que deixara dezenas de milhares de vítimas fatais. Nem mesmo a formação de uma Assembleia Nacional, em 1997, composta por várias correntes, inclusive a dos muçulmanos tradicionalistas, desmontou o clima de confrontação entre setores do Exército e rebeldes guerrilheiros.

Em 1999, o recém-eleito presidente Abdelaziz Bouteflika propôs a anistia aos grupos divergentes, obtendo em 2000 a adesão do Exército Islâmico de Salvação, que abandonou a luta armada, com cerca de 1,5 mil guerrilheiros se rendendo às forças do governo. Mesmo assim, continuaram as atuações guerrilheiras do GIA e de setores mais duros do Exército. Bouteflika foi reeleito presidente em 2004; no ano seguinte, apresentou a Carta pela Paz e Reconciliação, que foi aprovada em plebiscito pela maioria esmagadora dos eleitores (97%). No início de 2006, o governo libertou prisioneiros do Grupo Islâmico Armado (GIA), favorecidos pela Carta de Paz. Entre eles estava um de seus fundadores, Abdelhak Layada.

Congo

Devastado pelo tráfico de escravos do século XIX, em 1885, após a **Conferência de Berlim**, o Congo passou a ser propriedade pessoal do rei da Bélgica, Leopoldo II. De propriedade pessoal, em 1908, passou oficialmente à colônia belga, servindo a diversos interesses: pilhagem e exploração pelas companhias metropolitanas e estrangeiras, de diamante, ouro, cobre e estanho.

Em 1959, irromperam no país manifestações populares, chegando-se a incendiar Leopoldville, a capital, o que obrigou a Bélgica a conceder a independência ao país. Em 1960, formava-se o Estado Livre do Congo, tendo como presidente **Joseph Kasavubu** e como primeiro-ministro, **Patrice Lumumba**. Embora oficialmente independente, a presença europeia continuava gerando contínuas manifestações.

Soldados belgas e mercenários, financiados pela companhia belga Union Minière e comandados por Moisés Tshombe, declararam independente a província mineradora de Katanga. Lumumba e Kasavubu apelaram à ONU, que enviou emissários de paz à região, sem conseguir entretanto solucionar o impasse, instalando-se a guerra civil. Lumumba tentou uma ofensiva contra Katanga, contando com o apoio da União Soviética, porém sem sucesso.

O presidente Kasavubu, apoiado pelos belgas e pelos Estados Unidos, demitiu Lumumba, substituindo-o pelo coronel Joseph Mobutu. Lumumba foi preso, mas, diante das manifestações populares pela sua libertação, acabou sendo entregue a mercenários de Katanga, onde foi assassinado.

Por sua atuação à frente do Movimento Nacional Congolês contra a Bélgica, Lumumba transformou-se em símbolo da independência africana, num Congo dividido em várias facções rivais, em lutas crescentes, só contidas com a intervenção da ONU e com a entrega do cargo de primeiro-ministro a Tshombe, em 1964, o que assegurou a unidade do país.

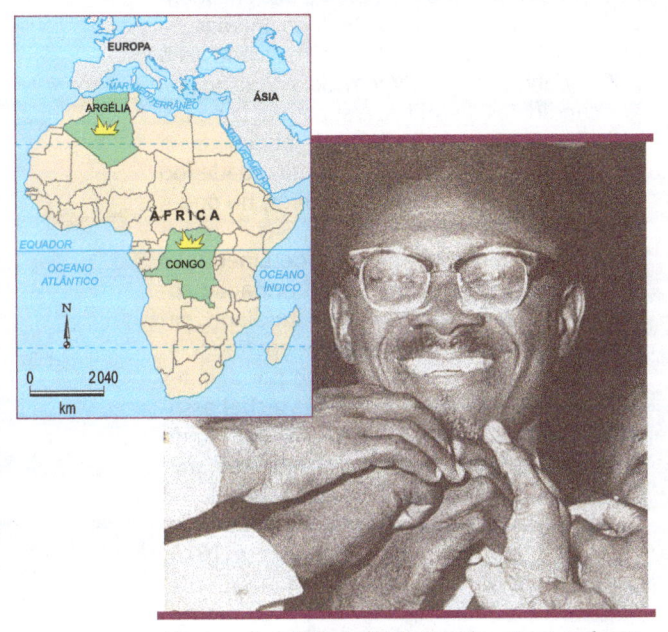

Mesmo após a independência formal, o Congo enfrentou sangrentas lutas internas. Na foto, Patrice Lumumba, símbolo da luta pela libertação africana. No detalhe, as regiões da Argélia e do Congo.

Em 1965, Mubutu assumiu o governo, implantando uma ditadura pessoal. No início dos anos 1970 lançou uma política de "africanização", que mudou o nome do país Zaire. Enfrentando crescentes pressões, internas e externas, contra a ditadura e o nacionalismo, intensificadas especialmente no final dos anos 1980 e início dos 1990, o país mergulhou em sucessivas crises políticas, greves e agravamento do seu quadro socioeconômico. Durante os anos 1990, agravando ainda mais esse quadro, entraram no leste do país mais de um milhão de refugiados ruandeses, da etnia hutu, fugindo da guerra na vizinha Ruanda, que passou às mãos da etnia rival dos tutsis. Mobutu, considerado excessivamente tolerante para com os refugiados que continuavam atacando Ruanda, é deposto por uma revolta de oficiais tutsis do Zaire, apoiados por Ruanda, em 1977. O governo foi entregue a Laurent Desiré Kabila, que mudou o nome do país para República Democrática do Congo. No ano seguinte, um rompimento interno no governo leva a nova guerra civil, em que interesses de vários países da África entraram em choque. Enfraquecido, Kabila pediu auxílio militar para os governos do Zimbabwe, de Angola e da Namíbia, atraídos pela produção de diamantes, petróleo, cobre, urânio e as terras férteis do Congo. Com novas dissidências, o país se transformou em um grande campo de batalha com o envolvimento de 9 países africanos, conflito descrito por alguns como a Primeira Guerra Mundial Africana (segundo Ian Fisher. The New York Times. In: *Folha de S.Paulo*. 19/1/2001. p. A9). No início de 2001, Laurent Kabila foi assassinado, assumindo a presidência seu filho, Joseph Kabila, num governo de transição. No ano seguinte foi negociada a retirada das tropas dos países vizinhos, porém os confrontos e a violência entre as facções rivais não cessaram nem com a crescente presença, desde 1999, das tropas de paz da ONU, chamadas Monuc, que chegaram em 2005 a mais de 18 mil homens, constituindo a maior força de paz do mundo. Em 2005 foi aprovada, em plebiscito, uma nova Constituição, marcando para 2006 as eleições legislativas e presidencial. A vitória, em segundo turno, coube a Kabila, com 58% dos votos. Doenças e guerra civil de 1998 a 2004 resultaram em mais de 4 milhões de mortos (segundo a revista médica *Lancet*, do Reino Unido, In: *Folha de S.Paulo*, 7 jan. 2006. Disponível em: <www1.folha.uol.com.br/fsp/mundo/ft0701200620.htm>. Acesso em: mar. 2007).

As ex-colônias portuguesas da África

As colônias ultramarinas portuguesas foram as que mais tardiamente conquistaram sua independência, todas após 1970. Isso porque Portugal mantivera-se, desde a década de 30, sob a ditadura de Antônio de Oliveira Salazar, que conservara o país por quarenta anos longe dos avanços econômicos, políticos e sociais do período. Quando, em meados da década de 70, ocorreram os movimentos de derrubada das últimas ditaduras europeias – Grécia, Espanha e Portugal –, as lutas coloniais de libertação ganharam força.

Em **Angola**, o Movimento Popular pela Libertação de Angola (MPLA), fundado em 1956 por **Agostinho Neto**, iniciou um movimento guerrilheiro contra o colonialismo salazarista, embora outras organizações de libertação surgissem, como a Frente Nacional de Libertação de Angola (FNLA), dirigida por Holden Roberto, e a União Nacional pela Independência Total de Angola (Unita), chefiada por Jonas Savimbi.

A Revolução dos Cravos (1974), que derrubou a ditadura fascista portuguesa, propiciou a assinatura do **Acordo de Alvor**, marcando a libertação angolana para 1975. Entretanto, a FNLA, apoiada pelo Zaire, ocupou o norte angolano, enquanto a Unita, apoiada pela África do Sul, com respaldo dos Estados Unidos, dominava o sul de Angola.

Ocupando Luanda, a capital, o MPLA proclamou a independência, e Angola passou a ser governada por Agostinho Neto. A luta contra as outras facções continuou, arrasando progressivamente a economia nacional. A normalização do país começou com a distensão internacional do início dos anos 1990 e com o final da Guerra Fria, fato que estimulou a decisão de se promoverem eleições pluripartidárias em 1992. Jonas Savimbi (Unita), porém, não reconheceu a vitória de José Eduardo dos Santos (MPLA), presidente desde 1979, reiniciando a guerra civil.

Em 1996, tentou-se uma composição de governo em Angola formada pelo MPLA e pela Unita, que logo resultou em novos confrontos armados. Em 2001, já se computavam aproximadamente 1 milhão de mortos, milhões de desabrigados e destruição generalizada, persistindo a ameaça, a todos os angolanos, da explosão de alguma das 12 milhões de minas terrestres espalhadas pelo país. Em fevereiro de 2002, Jonas Savimbi foi morto por soldados do exército angolano e, em abril, foi assinado, na Assembleia Nacional de Luanda, um acordo de cessar-fogo. O armistício, que prometia anistia e paz depois de 27 anos de guerra, foi apoiado pelo novo líder da Unita, Paulo Lukamba Gato, e pelo presidente José Eduardo dos Santos. Nos anos seguintes prevaleceu o empenho do governo na reconstrução nacional e na ativação dos negócios regionais, com a participação do país na Comunidade de Desenvolvimento da África Austral (SADC – *Southern African Development Community*), que busca ampliar o livre-comércio e eliminar as barreiras tarifárias entre os países da região.

Fortalecendo a tendência de normalização política do país, o presidente José Eduardo dos Santos anunciou eleições gerais (presidenciais e legislativas) para 2006, logo adiadas. As eleições legislativas só foram realizadas em 2008, dando larga margem de vitória (81%) aos candidatos do MPLA. A supremacia no Legislativo possibilitou, em 2010, mudanças na Constituição, garantindo a continuidade do governo de José Eduardo dos Santos, no poder desde 1979, para além de 2011.

Em **Moçambique**, a Frente de Libertação de Moçambique (Frelimo), de inspiração socialista, fundada por Eduardo Mondlane, em 1962, iniciou a luta pela independência. Com o assassinato de Mondlane por agentes portugueses, em 1969, **Samora Machel** assumiu o comando do movimento, ocupando gradativamente o território moçambicano. Com a revolução de 1974, Portugal acelerou as negociações pela libertação dessa colônia, reconhecendo sua independência em 1975, com Samora Machel na presidência.

A África do Sul, governada por uma minoria branca e alinhada com o bloco norte-americano nos anos 1980, procurou desestabilizar o governo socialista de Samora Machel, através da Resistência Nacional Moçambicana (Renamo), e, apesar da assinatura, em 1984, do Acordo de Nkomati, que estabeleceu a não agressão com a África do Sul, os confrontos continuaram.

Angola, Guiné e Moçambique foram as primeiras colônias portuguesas a conquistar sua libertação. Na foto, angolanos desfilam com o retrato de Agostinho Neto.

Somente na década de 1990, após o país ter iniciado uma abertura política, buscou-se estabelecer acordos entre o governo e os guerrilheiros para a solução da questão moçambicana. Em 1994, foram realizadas eleições multipartidárias, vencendo o líder da Frelimo e sucessor de Machel, Joaquim Chissano. O novo governo definiu como prioridade a reconstrução de Moçambique, tendo em mãos um país arrasado por 14 anos de luta pela independência e seguida por mais 16 anos de guerra civil.

Chissano buscou a reconstrução de Moçambique e conseguiu um relativo êxito no controle da inflação e na aplicação de um programa de privatizações. Reeleito em 1999, deu ênfase às obras de infraestrutura (gasoduto, eletricidade, etc.) e ao crescimento econômico, conseguindo a vitória de seu candidato à presidência da República nas eleições de dezembro de 2004, Armando Guebuza, com mais de 63% dos votos.

Na **Guiné-Bissau** e **Cabo Verde**, a rebelião contra o colonialismo começou em 1961, sob a liderança de **Amílcar Cabral**, do Partido Africano de Independência da Guiné e Cabo Verde (PAIGC), que foi assassinado em 1973. Luís Cabral assumiu então a liderança do movimento e proclamou a independência da Guiné-Bissau, que, embora imediatamente reconhecida pela ONU, só foi oficializada em 1974, depois da Revolução dos Cravos. Cabo Verde separou-se da Guiné-Bissau em 1980, embora não desaparecessem gestões para uma futura reunificação.

No final dos anos 1980 e durante os 1990, os dois países integraram as transformações internacionais do fim da Guerra Fria, abandonando o regime marxista de um só partido e ampliando as liberdades políticas e econômicas: Guiné-Bissau acabou com o partido único em 1989 e instituiu eleições em 1994; Cabo Verde decidiu pelo pluripartidarismo a partir de 1990 e eleições em 1991. Tais mudanças não impediram o agravamento das rivalidades políticas nos dois países. Em Guiné-Bissau, depois de motins e guerrilhas por vários anos, o presidente João Bernardo Vieira foi derrubado por opositores em 1999, seguindo-se eleições gerais, vencidas em 2000 pelo Partido da Renovação Social (PRS), rival do PAIGC. O presidente eleito, Kumba Ialla, ficou no poder até 2003, quando foi derrubado por um novo golpe militar. O novo governo provisório garantiu a realização de novas eleições em 2005, vencidas pelo ex-presidente João Bernardo Vieira. Em Cabo Verde, a longa estiagem e as limitações da produção agrícola, em razão da aridez do arquipélago, têm contribuído para um forte movimento migratório de cabo-verdianos, que abandonam o país em massa. Por outro lado, o governo tem promovido o desenvolvimento turístico, o setor mais lucrativo da economia, inaugurando o aeroporto internacional da Cidade da Praia em 2005.

Em julho de 2001, o conjunto de países do continente africano, por meio da Organização da Unidade Africana (OUA), lançou oficialmente a transformação desse organismo na União Africana (UA). Em julho de 2002, em Durban (África do Sul), foi oficialmente formada a União Africana (UA), com 53 países que escolheram o chefe de Estado sul-africano Thabo Mbeki para seu primeiro presidente rotativo. O objetivo, inspirado no modelo da União Europeia, é instalar um espaço único para seus mais de 900 milhões de habitantes, com um Parlamento continental, um Tribunal pan-africano, um Banco Central e, mais à frente, uma única moeda. Enfim, uma África integrada e forte, como aquela sonhada por muitos de seus predecessores que lutaram contra o colonialismo do século XX. Um desafio imenso para o século XXI, para um continente fundado na pobreza, guerras, rivalidades, disputas territoriais, instabilidade política e mergulhado em epidemias avassaladoras. Na foto, participantes da reunião da OUA, em Lusaka, em 2001: Daniel Arap Moi (Quênia), Nelson Mandela (África do Sul), Muammar Gaddafi (Líbia) e Yoweri Museveni (Uganda). Até 2006, a UA foi cada vez mais ativa na busca da superação dos conflitos políticos, guerras, questões econômicas e pressões junto ao G8 e ao FMI por vantagens para os países do continente africano.

A AMÉRICA LATINA E AS LUTAS SOCIAIS

Os países da América Latina, embora politicamente independentes desde o século XIX, mantiveram laços de dependência econômica com as grandes potências capitalistas mundiais, inicialmente a Inglaterra e posteriormente os Estados Unidos.

As forças reformistas e nacionalistas e também as de extrema esquerda – estas almejando subverter por completo a ordem reinante – confrontaram-se com as forças tradicionais, defensoras da vinculação político-econômica com os grandes centros capitalistas. Assim, o anseio das nações latino-americanas pela democratização e autonomia tem gerado pressões no sentido de reformular as estruturas vigentes. Por isso, ditaduras militares, governos pró-libertação, movimentos reformistas, revolucionários e guerrilheiros têm caracterizado o conturbado quadro político da América Latina no século XX.

ses, que, de 1861 a 1867, tentaram instalar na região o governo Habsburgo de Maximiliano, um prolongamento do Segundo Império napoleônico na América.

Manet, A execução de Maximiliano (detalhe), 1868.

O fuzilamento de Maximiliano de Habsburgo, em 1867, marcou o fim da intervenção francesa no México.

México

O México, após Agustín Itúrbide ter declarado sua independência, em 1821, passou a viver um período de instabilidade política, sob a forma de ditaduras (caudilhismo) e de dependência econômica. As condições sociais se agravaram depois que o país saiu da guerra contra os Estados Unidos, em 1848, tendo perdido quase metade de seu território. Além disso, sofreu intervenções estrangeiras sucessivas, inclusive dos france-

As lutas contra os estrangeiros, que desorganizaram o país, e as condições socioeconômicas que subsistiam desde a época colonial proporcionaram a instalação da ditadura de **Porfírio Días** (1876-1911). Durante o porfiriato, que durou mais de trinta anos, deu-se uma intensa concentração fundiária e grande entrada de capital estrangeiro para a exploração e controle dos recursos minerais e produção de artigos de exportação. Dessa forma, para a população local, em sua grande maioria concentrada nas áreas rurais, aumentaram a miséria e a dependência aos grandes senhores.

No início do século XX, esse quadro levou ao crescimento da insatisfação entre a população, o que provocou greves operárias nas cidades e revoltas na zona rural. Dessas lutas surgiram líderes populares como **Emiliano Zapata** e **Pancho Villa**, que, comandando milhares de camponeses, mobilizaram-se contra os latifundiários, a Igreja e as elites constituídas, reivindicando uma justa distribuição de terras, por meio da reforma agrária. Ao mesmo tempo, parte da elite, sob o comando de **Francisco Madero**, se insurgia contra a ditadura porfirista. Unindo as forças, os exércitos revolucionários depuseram Porfírio Días, em maio de 1911.

Ao lado dos líderes populares, Zapata (à esquerda) e Villa (à direita), Madero, representante da elite econômica, marcou a luta contra a ditadura porfirista.

Eleito presidente, o liberal Madero não implantou a esperada reforma agrária, esboçando apenas tímidas medidas sociais, que mantiveram insatisfeitas as camadas populares. Em 1913, Madero foi assassinado e o general **Victoriano Huerta** reinstalou a ditadura, ligada aos interesses dos Estados Unidos. Pancho Villa voltou a lutar contra as forças federais, enquanto Zapata liderava no sul a revolução camponesa pela reforma agrária. As pressões levaram Huerta a renunciar, em 1914, em favor de um governo constitucional liderado por **Venustiano Carranza** (1914-1915).

Em 1917, foi promulgada a nova constituição do país e Carranza foi eleito presidente. Insatisfeitas com o não atendimento de suas reivindicações, especialmente a redivisão fundiária, as forças populares continuaram em luta. Entretanto, perderam força, especialmente com o assassinato de Zapata em 1919 e o afastamento de Villa em 1920, seguido de seu assassinato em 1923. A Revolução Liberal se institucionalizava.

Na década de 30, a reforma agrária, motivo da Revolução de 1910, ainda não fora realizada: mais de 80% das terras mexicanas estavam em mãos de pouco mais de dez mil mexicanos. As manifestações nacionalistas e as reivindicações sociais encontraram no presidente **Lázaro Cárdenas** (1934-1940) um representante que expropriou terras e companhias estrangeiras, nacionalizou o petróleo e estimulou a formação de sindicatos camponeses e operários. Com tais medidas de Cárdenas, o partido do governo passou a chamar-se **Partido da Revolução Mexicana**, transformado em 1948 no Partido Revolucionário Institucional (PRI), que controlou o país até os anos 90.

A reforma agrária mexicana

"Houve de fato distribuição de terras, mas os camponeses receberam as piores: os ejidos, propriedades outorgadas pelo governo aos camponeses, quase nunca ultrapassavam os quatro hectares e a falta de assistência terminou criando uma agricultura 'revolucionária' de subsistência. Uma 'nova classe' de burocratas já havia se instalado na Cidade do México sobre os escombros da revolução dos sem-terra."

CARLOS, Newton. Folha de S. Paulo. 12/9/1982.

Nestas últimas décadas, entretanto, o latifúndio voltou a dominar a estrutura agrária do país e houve intensa subordinação do país aos capitais internacionais, levando a economia à beira do colapso. De 1980 a 1990, o produto nacional bruto *per capita* caiu 12,4% e, entre 1982 e 1988, o salário real foi reduzido em 40%, chegando em 1990 a um consumo *per capita* 7% inferior ao registrado em 1980.

Diante da imensa dívida externa e do grave quadro inflacionário do país, em 1990, o presidente **Andres Salinas de Gortari** buscou acordos internacionais que atraíssem investimentos estrangeiros, especialmente dos Estados Unidos. A íntima vinculação ao bloco econômico norte-americano possibilitou a integração ao Nafta (Acordo Norte-Americano de Livre Comércio), oficializada a 1º de janeiro de 1994, comemorada como uma passagem para o mundo desenvolvido.

> "A virada continental em direção ao neoliberalismo não começou antes da presidência de Salinas, no México, em 88, seguida da chegada ao poder de Menem, na Argentina, em 89, da segunda presidência de Carlos Andrés Perez, no mesmo ano, na Venezuela, e da eleição de Fujimori, no Peru, em 90. Nenhum desses governantes confessou ao povo, antes de ser eleito, o que efetivamente fez depois de eleito. Menem, Carlos Andrés e Fujimori, aliás, prometeram exatamente o oposto das políticas radicalmente antipopulistas que implementaram nos anos 90. E Salinas, notoriamente, não foi sequer eleito, mas roubou as eleições com fraudes."
>
> ANDERSON, Perry. Balanço do neoliberalismo. In: *Pós-neoliberalismo: as políticas sociais e Estado democrático*. SADER, Emir e GENTILI, Pablo, org. p. 20-1.

A entrada do México no Nafta, uma junção com a economia de dois dos maiores gigantes do capitalismo, Estados Unidos e Canadá, foi imediatamente ofuscada pelo levante do Exército Zapatista de Libertação Nacional (EZLN), o qual tomou várias cidades no estado de Chiapas, uma região empobrecida no sudeste do país. Os zapatistas, como ficaram conhecidos, através de seu líder, o "comandante Marcos", proclamavam a exigência de "pão, saúde, educação, autonomia e paz" para os camponeses da região, ao mesmo tempo que se sublevavam contra o governo e denunciavam o Nafta como pernicioso ao povo mexicano.

O modelo econômico neoliberal adotado pelos países latino-americanos durante a década de 90 sofreu um sério revés com o levante zapatista e com a crise financeira do México.

Os enfrentamentos e sucessivos acordos entre o governo de Andres Salinas e os camponeses revoltosos durante o ano 1994 contaram, ainda, com a turbulência eleitoral durante a campanha presidencial. Foram assassinados dois membros do partido do governo (PRI), Luis Donaldo Colosio, candidato que estava à frente nas pesquisas eleitorais, e, logo em seguida, José Francisco Massieu, secretário do partido, ambos defensores de amplas reformas políticas no país.

Em meio às acusações de envolvimento do governo nos assassinatos, especialmente do irmão do presidente (Raúl Salinas), junto com escândalos de corrupção, a economia mexicana também mergulhou na instabilidade, enquanto as eleições davam vitória ao novo candidato do PRI, **Ernesto Zedillo**, que assumiu o cargo em dezembro de 1994.

No ano seguinte, os escândalos políticos continuaram a crescer, seguidos do agravamento da questão social, do desemprego, da atuação zapatista em Chiapas, da maior instabilidade financeira da história do país e do descrédito do Partido Revolucionário Institucional (PRI). Depois de um ano de mandato, Zedillo tinha em mãos um país em contínua recessão econômica, inflação ascendente, moeda (peso) desvalorizada, queda no poder aquisitivo dos salários e, depois de três planos de ajustes econômicos, mais de 900 mil trabalhadores sem emprego e perto de 8 mil empresas falidas. No final de 1994, a fuga de capitais de curto prazo (dinheiro especulativo) se intensificou, agravando a crise mexicana. Numa reação em cadeia, conhecida como **efeito tequila** (tequila é a bebida tradicional do México), caem em todo o mundo as cotações dos títulos dos países considerados emergentes (Brasil, Argentina, Rússia, entre outros). A propagação instantânea das crises financeiras seria, a partir de então, o novo fenômeno da economia globalizada. Com tal quadro, o México contou com um imenso socorro financeiro internacional, algo próximo a 52,8 bilhões de dólares, vindo especialmente dos Estados Unidos.

Enquanto Zedillo creditava a crise ao seu antecessor, firmava-se o descompasso entre as soluções de uma economia de mercado, tão defendidas na globalização econômica capitalista da época neoliberal, e a área social, abrindo um fosso cada vez maior, que servia de alerta para toda a América Latina.

Nos anos seguintes houve um reerguimento da economia mexicana, apoiado em investimentos internacionais para conter a crise e na implantação do Acordo de Livre-Comércio da Américas (Nafta), que propiciou a transferência de montadoras norte-americanas para dentro de suas fronteiras, em busca, basicamente, de custos menores para sua produção. Conhecidas como **indústrias maquiladoras**, essas empresas montam produtos com componentes que chegam prontos dos Estados Unidos, contando com a mão de obra barata local.

Se o relacionamento com os EUA foi vital para a sobrevivência do México no contexto da globalização, desentendimentos e imposições não foram desprezíveis. Os 3 200 km de fronteira mexicana, por exemplo, firmaram-se como a principal rota de imigrantes ilegais latino-americanos e a principal porta de entrada do narcotráfico internacional para os Estados Unidos. Essa situação, associada ao envolvimento de setores do PRI ao narcotráfico mexicano, levou a uma série de escândalos, que teve seu ponto máximo na condenação, em 1999, de Raúl Salinas, irmão do ex-presidente Salinas, a 50 anos de prisão, por assassinato e envolvimento no narcotráfico.

Em meio às dificuldades sociais e econômicas e com o desgaste do PRI, as eleições presidenciais de julho de 2000 foram um marco político da história mexicana: depois de mais de 71 anos de hegemonia no governo do Partido Revolucionário Institucional (PRI), Vicente Fox, do Partido de Ação Nacional (PAN), venceu as eleições. Já em 2006, venceu para a presidência, com apoio de Fox e do mesmo partido PAN, Felipe Calderón, derrotando por pouca margem de votos Andrés Manuel López Obrador, do Partido da Revolução Democrática (PRD), sob acusações de fraudes e contestações. O crescimento econômico do governo Fox não superou muitas das enormes dificuldades sociais que motivavam o enorme fluxo ilegal de mexicanos em direção aos EUA. Estimava-se que, no início de 2006, 11 milhões de imigrantes mexicanos viviam nos Estados Unidos, segundo o Pew Hispanic Center, metade deles ilegais. A remessa de recursos para o México, advinda desses imigrantes, saltou de 3,67 bilhões de dólares em 1995 para o recorde de 20 bilhões de dólares em 2005, ano em que 464 mexicanos morreram tentando atravessar ilegalmente a fronteira com os EUA. Em 2006, estimava-se algo próximo a US$ 22 bilhões a remessa líquida para o México por parte dos imigrantes.

A situação continuou se agravando no governo de Calderón, que deu destaque à guerra contra o narcotráfico, mas sem resultados animadores até o final de 2010.

Chile

Substituindo o governo de Eduardo Frei, do Partido Democrata Cristão, que se caracterizou por um espírito reformista limitado, liberal, foi eleito **Salvador Allende**, em 1970, da Unidade Popular, composta pela aliança dos socialistas e comunista. Sua vitória foi o resultado de um longo período de lutas populares no Chile, de uma elaborada política de união das forças de esquerda e do debilitamento do grupo conservador chileno, a partir da fraqueza do governo de Frei.

A vitória socialista desencadeou uma mobilização social, com invasão de terras e ocupação de fábricas, pressionando o governo a avançar além de seus propósitos originais. O resultado foi a rearticulação das forças conservadoras, o que provocou sabotagens e instabilidade. Ao mesmo tempo, os Estados Unidos, governados por Richard Nixon, já contrários a um regime socialista no continente, viram-se desafiados com a nacionalização de diversas empresas norte-americanas que atuavam no Chile. Sua resposta foi custear as campanhas que desencadearam a desestabilização do governo Allende, fortalecendo o desejo golpista da cúpula militar chilena. De 1970 a 1973, Washington ajudou os adversários de Allende com mais de oito milhões de dólares.

Em 11 de setembro de 1973, as forças armadas chilenas, sob o comando de **Augusto Pinochet**, bombardearam a sede do governo, o palácio presidencial de La Moneda, numa ação que levou Allende a resistir até a morte.

Salvador Allende iniciou um processo de nacionalização da economia chilena.

Ao assumir o governo, Pinochet estabeleceu uma das ditaduras mais violentas da América Latina: mais de sessenta mil pessoas morreram ou desapareceram do Chile nos anos 70 e duzentas mil abandonaram o país por motivos políticos. Na década de 80, as pressões populares e internacionais sobre a ditadura chilena de Pinochet avolumaram-se e, de 1987 a 1988, diante da distensão nas relações internacionais e do esgotamento político interno, as pressões pela redemocratização tornaram-se irrefreáveis.

A partir dos anos 1990, buscou-se, no Chile, uma transição pacífica para a democracia por meio de eleições presidenciais, vencidas por **Patrício Aylwin Azocar**, candidato pela frente oposicionista Acordo pela Democracia, chamada "Concertación" (CCPD: *Concertación de Partidos por la Democracia*). Seu sucessor foi **Eduardo Frei** (1994), seguido, em 2000, pelo também governista **Ricardo Lagos**, o primeiro de orientação socialista após Allende.

A comunidade chilena na Grande São Paulo chegou a um total de 100 mil pessoas e, com a redemocratização, pouco mais que a metade retornou no início dos anos 90. Em sua atuação de exilados políticos, ao longo dos anos 80, não raras vezes conseguiram atrair a atenção dos brasileiros para a necessária condenação à ditadura de Pinochet.

"Em 1983, um ato em solidariedade ao Chile, com a presença da viúva de Salvador Allende, Horténcia, reuniu o então senador Fernando Henrique Cardoso", o qual vivera três anos no Chile como exilado durante a ditadura militar brasileira, "o deputado Almino Affonso e a então vereadora Luiza Erundina. No ano seguinte um ato litúrgico 'pelas vítimas dos onze anos de ditadura' no Chile encheu a Catedral da Sé. Em 1988, o Sindicato dos Metroviários de São Paulo editou um número especial do seu jornal sobre o plebiscito que aprovaria a realização da eleição presidencial de 1989".

Em julho de 1995, um dos líderes chilenos da Grande São Paulo, Reginaldo Enrique Aravena Parada, presidente do Centro de Estudos Políticos Salvador Allende, promoveu mais um encontro de latino-americanos, discutindo uma carta

> a ser "dirigida ao presidente Fernando Henrique Cardoso. Os dois primeiros parágrafos já anunciavam a mudança operada na comunidade. O primeiro solicitava 'a aplicação efetiva dos acordos bilaterais previdenciários dos trabalhadores do Mercosul'; e o segundo pedia a 'legalização do livre trânsito dos trabalhadores oriundos do tratado e de países que já participam como convidados ou observadores'".
>
> FERNANDES, Maria Cristina. In: *Gazeta Mercantil*, 14/7/1995. p. A3.

Pinochet, contudo, continuou na chefia do exército, deixando o cargo somente em 1998, quando assumiu uma cadeira de senador vitalício no Parlamento chileno. Segundo a Constituição em vigor, elaborada durante seu governo, todo presidente chileno que ficasse no poder por mais de seis anos teria o direito a uma vaga no Senado até o fim da vida, sem necessidade de disputar eleições.

Na economia, o país assumiu as receitas neoliberais desde a época da ditadura de Pinochet, crescendo num ritmo bastante rápido, e continuou na mesma situação com os governos que o sucederam. Os avanços econômicos e a estabilidade financeira fizeram do Chile um dos países considerados bem-sucedidos no processo de economia capitalista globalizada, típica dos anos 1990.

> "Em outras palavras, o caso do exitoso modelo de ajuste tão elogiado pelo Banco Mundial e pelo FMI é suficientemente ilustrativo: em 1988 – isto é, quinze anos depois de inaugurado o experimento neoliberal do Chile – a renda per capita e os salários reais ainda não eram muito superiores aos de 1973, apesar dos imensos sacrifícios impostos pela ditadura e entre os quais haveria que se destacar 15% de desemprego médio registrado entre 1975 e 1985, com um pico de 30% em 1983. Entre 1970 e 1987, a porcentagem de lares abaixo da linha de pobreza aumentou de 17 para 38%, e em 1990 o consumo per capita dos chilenos ainda era inferior ao registrado dez anos antes. Como bem conclui Luiz Carlos Bresser Pereira, 'a sociedade chilena provavelmente não teria tolerado estes custos transicionais se o regime político tivesse sido democrático'. Mas isto não é tudo: dezessete anos de políticas neoliberais não só foram incapazes de diminuir os bolsões de pobreza como, ao contrário, aumentaram consideravelmente a distância que separava ricos de pobres. Jorge G. Castañeda observa com toda a justeza que entre 1978 e 1988 o decil mais endinheirado da sociedade chilena aumentou sua participação na renda de 36,2% para 46,8%, enquanto que os 50% mais pobres baixou a sua de 20,4% para 16,8%."
>
> BORÓN, Atilio. A sociedade civil depois do dilúvio neoliberal. In: *Pós-neoliberalismo: as políticas sociais e o Estado democrático*. SADER, Emir e GENTILI, Pablo, org. p. 97.

Paralelamente a esse sucesso, continuava pendente a responsabilização criminal pelas mortes, torturas e repressão da época da ditadura militar, exigida por vários setores nacionais e organismos internacionais de direitos humanos. Em 1998, em visita à Inglaterra para tratamento médico, o general Pinochet foi preso em resposta à Justiça espanhola, que o julgava por torturas contra cidadãos espanhóis durante seu governo.

O caso – que solicitava extradição para julgamento por crimes contra a humanidade – arrastou-se durante 15 meses, atraindo a atenção internacional. Somente no início de 2000 Pinochet retornou ao seu país, sob fortes ameaças de julgamento por crimes realizados durante o seu governo. Em julho de 2002, a Suprema Corte de Justiça chilena decidiu encerrar o processo contra Augusto Pinochet (86 anos), considerando-o em estado de "demência". Dias depois, ele renunciou ao cargo de senador vitalício, abandonando a vida política. Em 2004, vieram a público as contas milionárias que o ex-ditador possuía em bancos estrangeiros, criadas com recursos obtidos de governos aliados à sua ditadura, como o norte-americano, e de outras transações financeiras ilegais. Pinochet morreu em 2006 sem ser julgado por tais crimes, mesmo ano em que a "Concertación" elegeu o quarto presidente chileno, a socialista Michelle Bachelet. Em 2010, a "Concertación" não conseguiu vencer as eleições presidenciais, tendo sido eleito o opositor Sebastián Piñera.

A América Central

Até a época da independência mexicana (1821), a região incluía o México e, quando ele se separou, ela recebeu o nome de Províncias Unidas da América Central. Em 1838, os interesses das elites locais e os dos Estados Unidos e da Inglaterra, países defensores do lema "dividir para reinar", propiciaram a formação de diversos Estados autônomos na região: Guatemala, Honduras, El Salvador, Nicarágua e Costa Rica, alinhados às tradicionais potências capitalistas, especialmente aos Estados Unidos.

Para garantir seus interesses na região, os norte-americanos fizeram diversas intervenções armadas, como no Panamá, em 1903, garantindo o controle da Zona do Canal, e outras que buscavam sufocar os movimentos guerrilheiros locais, como o do líder camponês nicaraguense Augusto César Sandino, entre 1927-34. Além disso, mantiveram a região sob seu controle por meios econômicos e diplomáticos, desprezando o princípio, defendido pela ONU e pela OEA, de não intervenção e autodeterminação dos povos.

Apesar disso, no final dos anos 70 e principalmente nos anos 80, os movimentos populares cresceram na América Central, abalando a tradicional supremacia norte-americana na região. O principal exemplo dessa nova conjuntura foi a **Revolução Sandinista**, de 1979, na Nicarágua, que derrubou a ditadura de Anastácio Somoza, aliado dos Estados Unidos.

Entretanto, a posição de força dos norte-americanos nunca foi abandonada e, apoiando os "contras" nicaraguenses – ex-soldados somozistas – contra o governo sandinista, obtiveram a desorganização interna da Nicarágua. Nas eleições de 1990, o líder sandinista **Daniel Ortega** foi derrotado, cabendo a vitória a Violeta Chamorro, pró-Estados Unidos.

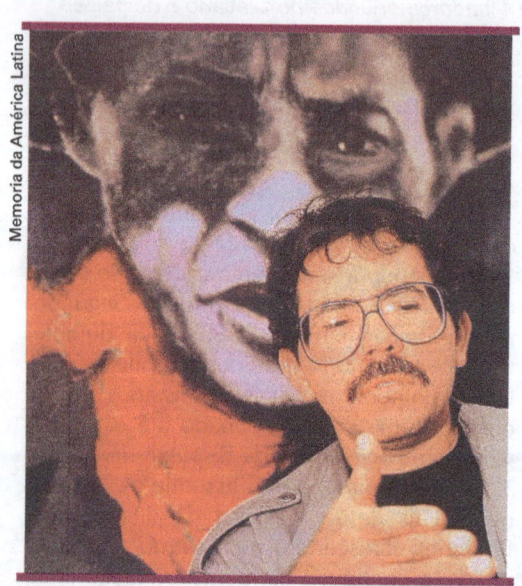

Mesmo depois da derrota nas eleições de 1990, os sandinistas continuaram como importante força política na Nicarágua. Na foto, Daniel Ortega.

Durante sua presidência, **Violeta Chamorro** aproximou-se dos sandinistas, apesar das pressões dos Estados Unidos e de seu próprio partido, a União Nacional Opositora (UNO). Em 1993, a UNO rompeu com a presidente, seguindo-se um agravamento do quadro político e radicalização das facções partidárias na Nicarágua. A própria Frente Sandinista de Libertação Nacional (FSLN), ainda não refeita da derrota de 1990, passou por dissidências, sendo a mais importante a de 1994, quando Ernesto Cardeal, ex-ministro da Cultura do governo sandinista e suspenso de suas funções sacerdotais pelo Vaticano, abandonou o partido. Nas eleições de 1996, Daniel Ortega (FSLN) foi novamente derrotado no pleito presidencial, vencendo

Arnoldo Alemán, da coalizão conservadora Aliança Liberal (AL), sem que mudanças substanciais fossem efetivadas no país.

Rivalidades políticas, descontentamentos e projetos de mudança continuaram presentes na Nicarágua. Em novembro de 2001, o ex-vice-presidente de Alemán, **Enrique Bolaños Gayer**, do Partido Liberal Constitucional (PLC), venceu as eleições presidenciais, derrotando outra vez o candidato sandinista Daniel Ortega. Sob acusação de ter desviado 100 milhões de dólares, o ex-presidente Alemán foi julgado e condenado em 2003 a 20 anos de prisão. Em 2004 foi vez de Bolaños, acusado de irregularidades financeiras que motivaram, em 2005, a realização de reformas políticas por meio da Assembleia Nacional, limitando o poder presidencial e facilitando processos de *impeachment*.

Enquanto os EUA implementavam gestões em 2006 para efetivar acordos comerciais, os Tratados de Livre Comércio com os países da América Central, incluindo a Nicarágua, cresciam os sinais de repetição da tradicional divisão política nicaraguense entre sandinistas e liberais na disputa das eleições programadas para novembro de 2006.

Presidente da Nicarágua é recebido com pedradas por manifestantes

"No segundo dia de fortes protestos na Nicarágua, manifestantes jogaram pedras no presidente Enrique Bolaños quando ele saiu da residência oficial, em Manágua, para tentar negociar.

Segundo a polícia, cerca de 5000 manifestantes cercavam o local. Bolaños não foi ferido, mas uma pedra atingiu seu filho, também chamado Enrique, que foi levado ao hospital.

Morteiros artesanais foram disparados para o ar. Bolaños afirmou aceitar negociar com os setores sociais que pedem uma solução para a alta da gasolina, mas pediu o fim dos protestos.

As manifestações começaram há três semanas por causa do aumento da tarifa dos ônibus e da alta dos preços da gasolina e dos alimentos, com greves escalonadas do transporte público, e se intensificaram anteontem após a divulgação de um documento assinado por 96 dos 152 prefeitos do país pedindo a renúncia de Bolaños por sua suposta incapacidade de controlar os protestos.

Anteontem, conflitos entre manifestantes e a polícia tiveram 22 feridos e 68 presos, e o movimento se estendeu da capital ao norte do país, onde, segundo autoridades, havia bloqueio e protestos dirigidos pela Frente Sandinista de Libertação Nacional.

A estudantes que protestam contra o fato de o governo não ter aumentado subsídios para evitar o aumento da tarifa de ônibus se juntaram trabalhadores do setor de transporte e membros de sindicatos, em sua maioria ligados à Frente Sandinista de Libertação Nacional.

Bolaños disse ontem que não pensa em renunciar. 'Quando me viram pendurar as luvas? Estive aqui durante toda a década de 80, durante a Revolução Sandinista, me caluniaram, me fizeram grosserias e hoje sigo tranquilo, como Johnny Walker', disse, parodiando o slogan do whisky escocês ("*Keep walking*"). Bolaños tomou posse em 2002 para um mandato de cinco anos.

O governo afirma que não pode aumentar os subsídios ao transporte porque o Congresso, dominado pela oposição, cortou o Orçamento e reduziu os poderes de Bolaños. Membros do Partido Liberal Constitucionalista, pelo qual Bolaños foi eleito, se aliaram aos sandinistas contra Bolaños."

Folha de S.Paulo, 27 abr. 2005. p. A14.

As disputas políticas e o descontentamento social continuaram ativando as facções e os projetos de mudanças, sendo que, nas eleições de 2006, Daniel Ortega conseguiu se reeleger à presidência.

O **Panamá**, num amplo movimento nacional pela retomada da Zona do Canal, conseguiu acordos com o governo de Jimmy Carter, pelos quais os Estados Unidos se comprometeram a devolver o canal à soberania panamenha até o ano 2000. De outro lado, evidenciando sua frágil soberania, o país foi invadido, em 1989, por forças norte-americanas, que derrubaram o presidente Manuel Antonio Noriega, acusado de ligações com o tráfico internacional de drogas.

Noriega foi preso e levado aos Estados Unidos para julgamento. Em 1999, era eleita a primeira mulher para a presidência do país, Mireya Moscoso, que, em dezembro, recuperou o controle da Zona do Canal interoceânico, conforme estabelecido no acordo com o governo de Carter. A administração do canal foi repassada por 25 anos a uma empresa de Hong Kong, vencedora da concorrência. Noriega foi condenado a 40 anos de prisão por tráfico de drogas, cumpriu 17 anos nos EUA e, de 2010 em diante, passou a cumprir mais 7 anos de prisão na França por lavagem de dinheiro.

Outra intervenção norte-americana ocorreu no **Haiti**, em 1991, dessa vez para reempossar o presidente Jean-Bertrand Aristide, democraticamente eleito, mas deposto por uma junta militar. A operação contou com 20 mil soldados e garantiu que Aristide cumprisse seu mandato, enquanto emergiam provas do envolvimento da CIA com o governo militar anterior à democratização. A sucessão de Aristide, em 1996, foi a primeira na história do Haiti em que o governo era transmitido por via eleitoral. Embora isso demonstrasse uma tendência democrática inédita, o país convivia com uma taxa de desemprego de quase 70%. O novo governo de Aristide, contudo, não conseguiu reverter o quadro de dificuldades socioeconômicas nem a corrupção e a violência entre facções políticas. Em 2004, ano do bicentenário da independência dessa primeira república negra, Aristide foi deposto e o país mergulhou em confrontos armados, seguidos da intervenção de tropas norte-americanas e francesas, respaldadas pela ONU. Meses depois coube às tropas brasileiras a liderança das forças de paz, a Missão de Estabilização das Nações Unidas no Haiti (Minustah), da qual também participaram militares de outros países latino-americanos, como Argentina e Chile. No início de 2006 foram realizadas eleições presidenciais, vencendo **René Préval**. Continuaram presentes os efetivos militares da Minustah e a expectativa quanto ao efetivo desenvolvimento dessa que é a nação mais pobre das Américas, com o menor índice de desenvolvimento humano do continente. No início de 2010, um forte terremoto abalou o Haiti, causando grande devastação e perda de vidas e dificultando ainda mais a reconstrução do país.

Outros destaques latino-americanos

O duradouro estado de guerra na América Central reforçou o processo de empobrecimento e miséria comum a toda América Latina, ativando por décadas a ebulição político-ideológica no anseio por transformações. Em 2001, estimava-se que a América Central, com seus 34 milhões de habitantes, tinha cerca de 60% de sua população vivendo abaixo da linha de pobreza. De certa forma, ela era a representante do limite extremo da crise político-econômica por que sempre passou o continente. Segundo dados fornecidos pela Comissão Econômica para a América Latina e o Caribe (Cepal), o número de pobres na América Latina chegou a 221 milhões de pessoas em 2004, recuando um pouco em 2005 para 213 milhões, ou seja, 40,6% da população total.

Para o conjunto de países latino-americanos, o empobrecimento de grande parte da população, o desemprego e a instabilidade monetária, juntamente com o sucateamento do parque industrial (envelhecimento e não reposição de maquinário), têm exigido políticas inovadoras bancadas por partidos reformistas e de centro. Substituindo ditaduras após um período de transição democrática, subiram ao poder presidentes eleitos diretamente em quase todos os países da região. As propostas liberais reformistas dos partidos de centro e de direita ganharam corpo, desbancando propostas das esquerdas revolucionárias radicais.

Vila Miséria, uma cidade-favela em Buenos Aires, Argentina. A América Latina apresenta acentuados contrastes socioeconômicos.

De acordo com a política neoliberal, busca-se o saneamento econômico interno, a abertura dos mercados nacionais ao capitalismo internacional e a diminuição do Estado, enxugando-o com a privatização de empresas do governo e da diminuição dos gastos públicos, especialmente os voltados para as políticas sociais. O sucesso econômico, quase sempre divorciado de uma política de bem-estar social, não tem conseguido favorecer a maioria da população, propiciando, cada vez mais, a concentração de rendas e o aumento do poder das megaempresas nacionais ou multinacionais.

A democratização, conquistada em quase todo o continente e sempre em busca de consolidação, apresentou momentâneas baixas, como aconteceu no **Peru**, em 1992. O então presidente Alberto Fujimori fechou o Congresso e tomou em suas mãos todos os poderes nacionais, ignorando a Constituição, anulando direitos e reelegendo-se sucessivamente por três vezes. A última reeleição, em maio de 2000, foi cercada de várias denúncias de fraudes na apuração, com o candidato da oposição se retirando em protesto.

Não tendo condições políticas nem militares para se manter no poder, Fujimori pediu asilo político ao Japão em novembro de 2000. Em 2001, o Congresso do Peru aprovou, por unanimidade, uma "acusação constitucional" contra o ex-presidente, por homicídio, corrupção e sequestro durante os anos de seu governo. A presidência do país passou ao candidato que perdera a eleição anterior, Alejandro Toledo. Sem conseguir grandes mudanças no continuado quadro de dificuldades nacionais, Toledo teve de enfrentar novos escândalos políticos e rebeliões, enquanto o ex-presidente Fujimori continuava refugiado no Japão. Em outubro de 2005, Fujimori surpreendeu a todos, aparecendo na capital chilena, onde foi preso. Nas eleições de 2006, o vitorioso foi o ex-presidente Alan Garcia, que intensificou as gestões para a extradição do "El Chino", nome como é conhecido Alberto Fujimori junto ao governo chileno. Fujimori foi transferido para o Peru em 2007 e condenado a mais de 25 anos de prisão em 2009.

Outro exemplo latino-americano de mudanças e de crescentes dificuldades nos últimos anos é a **Argentina**, cujo governo do peronista Carlos Menem e seu ministro Domingo Cavallo implementou um plano econômico emergencial, em 1991. Foi estabelecida a paridade do peso ao dólar, atrelando a moeda nacional à moeda norte-americana, ao mesmo tempo que foi instituída uma ampla política de privatização de empresas estatais, como o sistema energético e a empresa de petróleo, enquanto o desemprego atingia índices recordes de mais de 18% ao ano.

Ainda em 1991, a Argentina, juntamente com o Brasil, Paraguai e Uruguai, criou o Mercado Comum do Sul, o **Mercosul**, para ativar as economias da região. O ano de 1995 foi definido como a data inicial de uma ampla e livre circulação de mercadorias, serviços, capitais e bens entre os seus membros, o que estimulou enormemente os negócios regionais. A estabilização econômica, que derrubou índices inflacionários que chegaram a quase 5 000% em 1989, deu a Menem suficiente aceitação popular para ser reeleito à presidência da República em 1995. Contudo, as condições sociais foram se agravando nos primeiros anos de seu segundo mandato, gerando maior concentração de riquezas nas mãos de poucos e elevando as taxas de desemprego.

Nas eleições presidenciais de 1999, venceu o candidato de oposição Fernando de la Rúa (UCR e Frepaso – Frente do País Solidário) ao candidato apoiado por Menem. Como novo presidente argentino, Fernando de la Rúa adotou várias medidas de austeridade, afetando ainda mais o emprego e ampliando as dificuldades sociais. Além disso, o governo de De la Rúa ainda enfrentava a questão de a moeda ser mantida ou não atrelada ao dólar e as dificuldades e dinamização do Mercosul.

Nem mesmo a nomeação de Domingo Cavallo, ex-ministro de Menem, para a pasta da economia conseguiu atrair confiança internacional, estabilizar a economia e garantir a paridade dólar/peso. Manifestações de protesto, saques e descontrole administrativo e financeiro aprofundaram a crise, levando De la Rúa à renúncia em dezembro de 2001. Substituído por Eduardo Duhalde no cargo de presidente por um mandato de dois anos, o novo governo argentino adotou algumas reformulações econômicas, como o fim do câmbio fixo, sem que com isso houvesse apoio significativo interno e muito menos das finanças internacionais. Da mesma forma, continuava incerta a estabilização financeira e, pior ainda, não se acreditava numa reversão a curto ou médio prazo do grave quadro social, que alcançara índices inéditos e alarmantes: metade dos 37 milhões de argentinos estava vivendo na pobreza e a taxa de desemprego do país chegou a 21,5% em julho de 2002.

Em 2003, Duhalde foi substituído por Nestor Kirchner, que buscou reverter o caos financeiro e político, obtendo relativo sucesso, a exemplo do pagamento integral das dívidas argentinas para o FMI em 2006 e das expressivas taxas de crescimento do PIB, acima de 8%. Quanto ao Mercosul, o bloco continuou esbarrando em cotas e divergências nacionais. Em 2007, assumiu a presidência a esposa de Kirchner, Cristina Fernández Kirchner, governo marcado por forte oposição e seguidas manifestações dos exportadores de bens agrícolas contra impostos e juros elevados. A partir de 2008, a situação política e social se deteriorou, sob os efeitos da crise internacional. Em 2009, o kirchnerismo perdeu a maioria parlamentar no Congresso, e, em 2010, o súbito falecimento de Nestor Kirchner ampliou as incertezas políticas do governo de Cristina, especialmente quanto às eleições de outubro de 2011.

O **narcotráfico** era outro elemento preocupante na América Latina nos anos 1990 e início do século XXI: uma atividade em expansão no continente e o segundo maior no comércio mundial, movimentando várias centenas de bilhões de dólares por ano. Uma parte significativa das drogas é originária da **Colômbia**, estimada em dois terços da produção mundial. A riqueza desse comércio colombiano tem servido para os seguidos conflitos entre guerrilheiros e a milícia dos "paras", grupos paramilitares de fazendeiros e militares em enfrentamentos típicos da época da Guerra Fria.

No final dos anos 1990, depois de mais de três décadas de guerra civil e dezenas de milhares de mortos, o governo colombiano do presidente Andrés Pastrana (1998-2002) iniciou negociações com grupos guerrilheiros, destacadamente as Forças Armadas Revolucionárias da Colômbia (Farc), buscando a pacificação do país. Sem avanços definitivos nos entendimentos e sob pressão dos Estados Unidos, o presidente Pastrana, em 2000, pôs em andamento no país o **Plano Colômbia**, um programa antidrogas de treinamento militar para destruir plantações de coca e caçar traficantes. Esse plano, que deveria ser finalizado até 2005, foi prorrogado até 2006, sendo responsável pela injeção de mais de 3 bilhões de dólares na Colômbia.

De 2001 a 2006, com Pastrana e seu sucessor Álvaro Uribe, a nação continuou mergulhada na guerra civil iniciada há mais de quatro décadas, num impasse em que nem a guerrilha tinha condições de tomar o poder definitivamente nem as forças governamentais tinham capacidade militar para, apesar da bilionária ajuda norte-americana, derrotá-la. As iniciativas pela pacificação, especialmente as de 2004 e 2005, com prisões aos envolvidos e anistia àqueles que depunham as armas, não tiveram os efeitos esperados. Além disso, um outro aspecto fundamental do Plano Colômbia, destacado por muitos críticos, era a novidade quanto à ingerência direta dos Estados Unidos na América do Sul, especialmente na área amazônica, podendo vir a ser um perigoso precedente para sua maior infiltração na região.

Entre as bases programadas pelos EUA na região estão a de Malambo, Palanquero e Apiay, esta distante apenas 400 km da fronteira brasileira. Ao combater os guerrilheiros colombianos, o presidente Álvaro Uribe conseguiu unir o bloco conservador do país e reforçar a aliança com os EUA, ativando seguidos atritos com governos vizinhos de esquerda, como o de Hugo Chávez, da Venezuela, Rafael Correa, do Equador, e Evo Morales, da Bolívia, entre outros. Em 2009, cresceu a oposição aos acordos de Uribe com os EUA quanto à ampliação das bases militares norte-americanas na Colômbia, quadro de possíveis atritos de governos latino-americanos com o governo de Barack Obama.

América Latina não teve uma real redemocratização

"Não há uma real democratização na América Latina. Quem diz é Milton Santos, 73, um dos maiores geógrafos do Brasil de todos os tempos. 'A redemocratização tem sido um equívoco' afirma.

Autor de importantes obras como A cidade nos países subdesenvolvidos, o professor emérito da USP (Universidade de São Paulo) acaba de publicar Por uma outra globalização, livro no qual procura saídas para o chamado Consenso de Washington (Orientação neoliberal preconizada pelo Fundo Monetário Internacional, sediado na capital dos EUA). [...]

Folha – Que mudanças foram registradas na AL depois do processo de redemocratização dos últimos dez anos?

Santos – A redemocratização tem sido um equívoco. Não há uma real 'democratização' na América Latina. Revivem aquelas instituições que, no passado, eram democráticas e formavam sistema. Hoje elas não formam um sistema. A população sabe perfeitamente que a chamada 'democracia' não funciona.

Está havendo na América Latina um consumo eleitoral. No passado, isso era muito significativo, enquanto uma nova conquista. Os governos latino-americanos mantiveram o processo eleitoral, mas não o resto. A garantia de cidadania plena para todos se reduziu junto com os direitos sociais. Então a democracia que deveria ser restabelecida não foi. Ainda assim continuamos dizendo que estamos nos redemocratizando. E não estamos. Estamos apenas cumprindo um processo eleitoral que é um processo de consumo como qualquer outro. É a 'Democracia do Procon'. Não é propriamente uma democracia, porque a ampliação dos direitos efetivos não foi feita.

Folha – Em que se baseia o discurso que conquistou os governos da América Latina?

Santos – É um discurso ideológico. Quando o governo diz que a inflação diminuiu, ele pode repetir o quanto quiser. A população não leva mais a sério. Quando o governo mmostra o sistema de valores macroeconômicos que funciona às mil maravilhas, quem da população se impressiona com isso? Só os que vivem disso.

A população recebe diariamente o bombardeio econômico feito pela mídia, mas não muda sua apreciação em relação aos que é sua própria vida. É isso que fica cada vez mais claro no Brasil e na América latina."

BEHAR, Marcelo Bicalho. In: *Folha de S.Paulo*, 30/7/2000. Caderno Mundo, p. A24.

Refletindo os novos tempos, os muitos movimentos revolucionários nascidos no período da Guerra Fria estavam em composição com os governos locais, outros em claro refluxo, alguns em extinção ou, talvez, até em latência. Deles, tão destacados pela imprensa internacional como representantes da turbulência ininterrupta continental, citavam-se o da Unidade Revolucionária Nacional, da Guatemala e Cidade do México; da Força Popular Revolucionária Lorenzo Zelaya e os Chinchoneros, de Honduras; da Frente Patriótica Manoel Rodriguez e Movimento da Esquerda Revolucionária (MIR), do Chile. Porém, os mais famosos eram os seguintes:

- **Sendero Luminoso**: fundado em 1969 no Peru, com base na guerrilha rural, buscava a criação de um Estado indígena soberano. Com forte inspiração maoísta chinesa, desde o início dos anos 1990 tinha sido a organização guerrilheira mais ativa de todo o continente, sofrendo um forte revés no governo Fujimori, com a prisão de vários de seus principais líderes.
- **Movimento Revolucionário Tupac-Amaru**: fundado em 1984 no Peru, por estudantes universitários, seguia os ideais marxistas sem o radicalismo dos senderistas, apresentando-se até como seu rival no norte do país.
- **Frente Farabundo Martí de Libertação Nacional (FMLN)**: criada em 1980, em El Salvador e Honduras, buscava a implantação de um regime comunista tradicional, como o soviético. Depois de 12 anos de guerra civil, a FMLN assinou com o presidente de El Salvador, Alfredo Cristiani, o fim dos confrontos (1992), sob a intermediação da ONU. Graças a concessões de governo e guerrilheiros, foram possíveis a democratização do país, garantias contra esquadrões da morte e aparelhos repressivos do Exército e abandono de ações armadas terroristas. O sucessor de Cristiani, Armando Calderon Sol (1994), continuou implementando os acordos de paz obtidos.
- **Movimento 19 de abril (M-19)**: fundado em 1970 na Colômbia, combatia o governo defendendo a instalação de um regime popular nacional. No início dos anos 1990, junto com outros grupos revolucionários, buscou o fim da confrontação militar e a consolidação democrática, conseguindo a legalização de sua atuação como partido político.
- **Forças Armadas Revolucionárias da Colômbia (Farc)**: fundada em 1965 na Colômbia. Utilizou a zona desmilitarizada de 42 000 quilômetros quadrados no sul do país desde 1998 até 2002 quando passou a sofrer ataques das forças governamentais.
- **Exército de Libertação Nacional (ELN)**: movimento guerrilheiro da Colômbia que também se utiliza de sequestros como forma de angariar fundos para seus objetivos.

O radicalismo revolucionário na América Latina quase sempre representou a ação extrema contra o agravamento de desigualdades e injustiças. Na foto, guerrilheiros peruanos do Sendero Luminoso.

A NOVA ORDEM ECONÔMICA INTERNACIONAL

O fim oficial da União Soviética, em dezembro de 1991, apenas formalizara o encerramento do período da Guerra Fria, situação, na prática, já efetivada com a queda do Muro de Berlim, em novembro de 1989, e ratificada pelos acontecimentos seguintes que puseram fim ao bloco socialista.

A partir de então, instaurou-se um novo mundo, baseado em novas relações econômicas e geopolíticas, que não mais trazia a anterior marca da divisão leste-oeste nem mais o velho confronto entre o bloco capitalista e o socialista. Apresentando novas características, destacadamente a completa hegemonia da ordem capitalista vitoriosa, e compondo o que alguns preferiram chamar de **nova ordem internacional**.

A globalização capitalista

Desde antes dos anos 60, o capitalismo ingressara numa nova fase de desenvolvimento, baseada numa dinâmica produtiva com sofisticada tecnologia. As suas bases principais eram a **microeletrônica** – que envolvia a computação, comunicações e robótica –, a **biotecnologia** e a **química fina**.

Chamada por alguns de **Terceira Revolução Industrial**, a nova etapa produtiva passou a exigir ainda mais investimentos nas pesquisas e na implementação tecnológica, cuja viabilização passou a depender, principalmente, de **grandes conglomerados empresariais**, possuidores de enormes volumes de capitais. Em tal situação, acentuaram-se os processos de fusões, aquisições e parcerias de empresas, exigindo, em contrapartida, grande retorno de investimento, o que passou a ser, em parte, garantido por lucros obtidos nos amplos mercados desprovidos de barreiras nacionais protecionistas.

Paralelamente ao processo típico de concentração de capitais, procedeu-se à irradiação mundial dos negócios, globalizando mercados. Na região asiática emergiu outro fator inovador dessa nova ordem internacional: o caso chinês, cuja economia em contínuo crescimento – cerca de 10% ao ano desde 1978 – transformou o país num dos mais dinâmicos eixos comerciais do mundo. Entre 2007 e 2008, o Produto Interno Bruto (PIB) da China superou o da Alemanha, passando a ser a terceira maior economia mundial, ficando atrás apenas dos EUA e Japão. Apesar da crise internacional, em 2009 o PIB chinês cresceu 8,7%, chegando a US$ 4,9 trilhões, e aproximou-se do PIB do Japão, de US$ 5 trilhões, ultrapassando-o em meados de 2010, fazendo da China a segunda maior economia do mundo.

> "Não faz muito tempo – quinze ou vinte anos atrás –, empresa transnacional era uma espécie de palavrão ou sinistra ameaça ao bem-estar ou à independência dos países.
>
> Hoje, a forma que vai assumindo a economia mundial do próximo milênio é crescentemente o resultado da influência de cerca de quarenta mil dessas empresas-matrizes com 250 mil filiais no exterior.
>
> [...]

O neoliberalismo e o "Estado mínimo"

Com o dinamismo econômico de empresas ligadas a amplos mercados, a preocupação com a qualidade e os preços dos produtos, em meio à competitividade capitalista, passaram a ser decisivos para a garantia de lucratividade. Pouco a pouco caíam as reservas de mercado que tinham sido conseguidas com barreiras protecionistas favorecedoras de apenas algumas empresas privilegiadas.

Num mundo de gigantes empresariais, grande parte das médias e pequenas empresas tiveram de orientar-se pelas decisões estratégicas das grandes empresas transnacionais, numa subordinação de iniciativas, a exemplo das terceirizações e franquias. Baixar custos produtivos e adequar-se ao mercado passaram a ser prioridades decisivas das unidades produtivas na busca do sucesso econômico. Assim, transferir atividades de uma empresa a outra, fixando-se na área de atuação principal, como contratar outra empresa que fizesse a segurança, por exemplo, em vez de realizá-la com funcionários próprios, terceirizando serviços, passou a ser uma constante. Da mesma forma, o direito de uso de uma marca de produtos ou serviços já consagrada no mercado – as chamadas franquias – também irradiou-se por quase todos os países e regiões.

A globalização, impulsionada pela derrubada do obstáculo socialista, estimulou a formação de **blocos econômicos**, associações regionais de livre mercado que derrubaram antigas barreiras protecionistas, várias dezenas deles nascidos nos anos 90. À frente dessas organizações estão o **Nafta** (North American Free Trade Agreement – Acordo Norte-americano de Livre Comércio), sob a liderança dos Estados Unidos e envolvendo Canadá e México, a **UE** (União Europeia), tendo a economia alemã como a mais forte e dinâmica, e o **bloco do Pacífico**, sob comando do Japão. Através do Gatt (Acordo Geral de Tarifas e Comércio) e depois da OMC (Organização Mundial de Comércio) – sucessor do Gatt a partir de 1995-96 –, a

---

Dessa forma, torna-se cada vez mais claro que, além do seu papel clássico de possibilitar o aumento da produção e a geração de empregos, o investimento estrangeiro passou a ser uma das principais modalidades de acesso a mercados, tecnologia e financiamento, uma vez que todos esses elementos tendem a fazer parte de um pacote único.

É por essa razão que até países como a China e o Vietnã se engajaram na competição para atrair investimentos, por intermédio da liberalização de suas leis e do fornecimento de garantias em tratados internacionais.

Dois exemplos bastam para provar o ponto. Durante o período 1991 a 1994, apenas cinco dentre 373 mudanças no regime legal sobre investimentos estrangeiros em mais de cinquenta países não foram no sentido da liberalização. Ao mesmo tempo, de um total de cerca de novecentos tratados sobre investimentos entre 150 países, aproximadamente 60% foram concluídos a partir de 1950 e nada menos de 299 a começar de 1994."

RICUPERO, Rubens. Secretário Geral da UNCTAD – Conferência das Nações Unidas sobre Comércio e o Desenvolvimento. Quem tem medo das transnacionais. In: *Folha de S. Paulo*, 16/12/1995. p. 2.2.

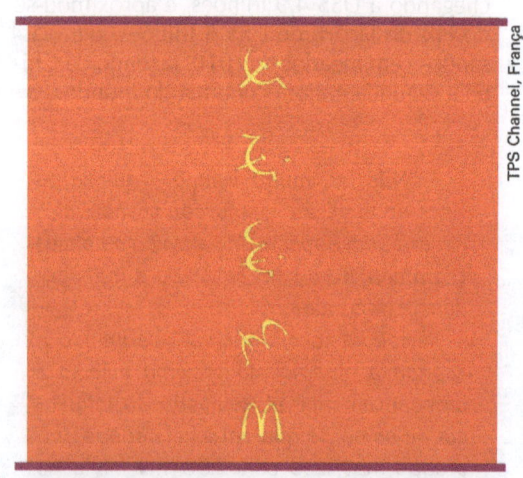

1917-1997. A revolução Russa tem 80 anos é o título desse cartaz comemorativo elaborado por um canal de televisão francês dedicado a documentos e debates sobre história. Reflita sobre o que o autor desse cartaz buscou mostrar.

superação econômica das barreiras nacionais ganhou cada vez maior intensidade, abrindo caminhos para integrações até entre os próprios blocos econômicos regionais.

Tais tendências econômicas recentes estimularam vários especialistas a fazer projeções de que a produção econômica dos **BRIC** (Brasil, Rússia, Índia e China)[4] poderá superar a do **G7** (grupo dos sete países mais ricos da época final da Guerra Fria: EUA, Japão, Alemanha, Reino Unido, França, Canadá e Itália) em alguns anos; e a produção da China poderá superar a dos EUA; configurando um deslocamento econômico que certamente poderá alterar a correlação de forças internacionais.

Às associações econômicas regionais, com diminuição ou eliminação dos protecionismos e atração de investimentos internacionais, acrescentou-se a limitação dos gastos governamentais, com a prevalência da economia de mercado e a busca de um "**Estado mínimo**", redirecionando sua atuação e tamanho, especialmente com as privatizações.

A crescente força privada e a crise do Estado intervencionista deram impulso, por sua vez, às pregações neoliberais, cujos principais defensores são o austríaco **Friedrich Hayek**, ganhador do Prêmio Nobel de Economia em 1974, com suas ideias antikeynesianas, seguidas pelos norte-americanos Milton Friedman, Prêmio Nobel de Economia em 1976, e Robert Lucas, Prêmio Nobel de Economia em 1995, entre outros. Na política, as condições favoráveis ao neoliberalismo só se efetivaram com os governos conservadores de **Margareth Thatcher**, a partir de 1979 no Reino Unido, **Ronald Reagan**, a partir de 1980 nos Estados Unidos, e **Helmut Kohl**, a partir de 1982 na Alemanha, irradiando-se, em seguida, por todo o mundo.

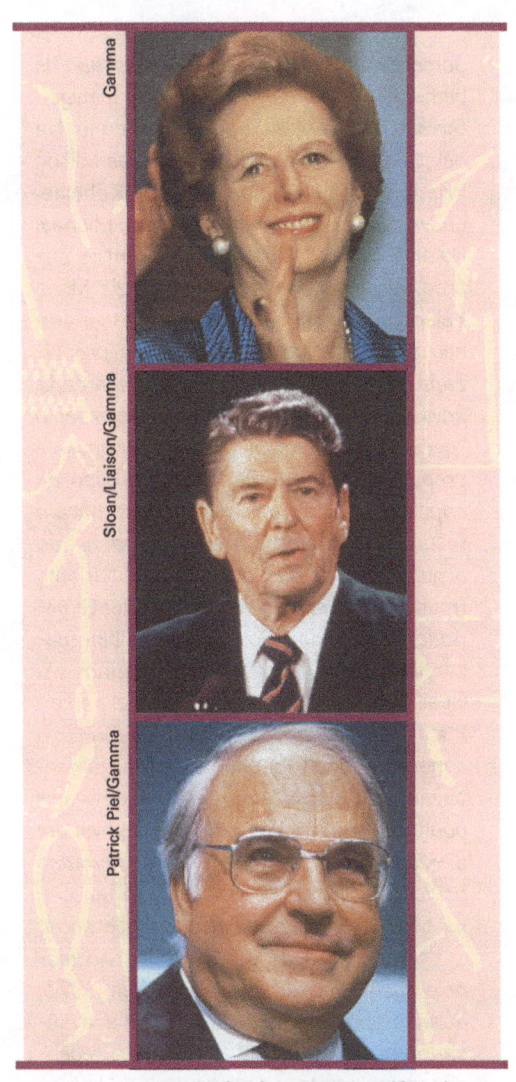

Durante os governos de Thatcher, Reagan e Kohl surgiram as condições políticas para a implementação do neoliberalismo.

"Foi uma reação teórica e política veemente contra o Estado intervencionista e de bem-estar. Seu texto de origem é O caminho da servidão, de Friedrich Hayek, escrito já em 1944. Trata-se de um ataque apaixonado contra qualquer limitação aos mecanismos de mercado por parte do Estado, denunciadas como uma ameaça letal à liberdade, não somente econômica, mas também política. [...]"

Pouco "depois, em 1947, enquanto as bases do Estado de bem-estar na Europa do pós-guerra efetivamente se construíam, não somente na Inglaterra, mas também em outros países, neste momento Hayek convocou aqueles que compartilhavam sua orientação ideológica para uma reunião na pequena estação de Mont Pèlerin, na Suíça. Entre os célebres participantes estavam não

---

[4] A junção da primeira letra dos nomes desses países, dando origem à sigla BRIC, foi feita pelo economista Jim O'Neill, chefe do banco de investimentos Goldman Sachs, numa referência a suas economias como as mais promissoras de desenvolvimento econômico.

somente adversários firmes do Estado de bem-estar europeu, mas também inimigos férreos do *New Deal* norte-americano. Na seleta assembleia encontravam-se Milton Friedman, Karl Popper, Lionel Robbins, Ludwig von Mises, Walter Lipman, Michael Polanyi, Salvador Madariaga, entre outros. Aí se fundou a Sociedade de Mont Pèlerin, uma espécie de franco-maçonaria neoliberal, altamente dedicada e organizada, com reuniões internacionais a cada dois anos. Seu propósito era combater o keynesianismo e o solidarismo reinantes e preparar as bases de um outro tipo de capitalismo, duro e livre de regras para o futuro. [...] Hayek e seus companheiros argumentavam que o novo igualitarismo (muito relativo, bem-entendido) deste período, promovido pelo Estado de bem-estar, destruía a liberdade dos cidadãos e a vitalidade da concorrência, da qual dependia a prosperidade de todos. Desafiando o consenso oficial da época, eles argumentavam que a desigualdade era um valor positivo — na realidade imprescindível em si —, pois disso precisavam as sociedades ocidentais. Esta mensagem permaneceu na teoria por mais ou menos vinte anos.

A chegada da grande crise do modelo econômico do pós-guerra, em 1973, quando todo o mundo capitalista avançado caiu numa longa e profunda recessão, combinando, pela primeira vez, baixas taxas de crescimento com altas taxas de inflação, mudou tudo. A partir daí as ideias neoliberais passaram a ganhar terreno."

ANDERSON, Perry. Balanço do neoliberalismo. In: SADER, Emir e GENTILI, Pablo, org. *Pós-neoliberalismo: as políticas sociais e o Estado democrático.* p. 9-10.

mercado internacionalizado. O novo modelo de pensamento social e político, o neoliberalismo, era impulsionado, principalmente, a partir do principal eixo da ordem capitalista, os Estados Unidos, com medidas que visavam influir nas atuações de governos, organismos internacionais e grupos econômicos, naquilo que se convencionou chamar de **Consenso de Washington**. Esta denominação tinha sido criada em 1989 por um ex-funcionário do Banco Mundial e FMI, o economista inglês John Williamson, durante a preparação de uma conferência pelo Institute for International Economics (IEE), de Washington. A conferência, como exigia o Congresso norte-americano, buscava negociar o refinanciamento da dívida externa de vários países em troca de reformas, especialmente centradas na abertura das economias nacionais ao capital internacional e o fim das regras que impediam a livre circulação de mercadorias e investimentos, entre outros aspectos.

"Essa ideologia baseia-se no pressuposto de que a liberalização do mercado otimiza o crescimento e a riqueza no mundo, e leva à melhor distribuição desse incremento. Toda tentativa de controlar e regulamentar o mercado deve, portanto, apresentar resultados negativos, pois restringem a acumulação de lucros sobre o capital e, portanto, impedem a maximização da taxa de crescimento. Em minha opinião, ninguém nunca conseguiu justificar de maneira satisfatória essa concepção. Talvez fosse possível dizer que um mercado capitalista livre produz uma taxa de crescimento maior que a de qualquer outro sistema, mas ainda assim permaneceria a dúvida quanto a este ser o melhor mecanismo para distribuir a riqueza.

Para os profetas de um mercado livre e global, tudo que importa é a soma da riqueza produzida e o crescimento econômico, sem qualquer referência ao modo como tal riqueza é distribuída."

HOBSBAWM, Eric J. *O novo século: entrevista a Antonio Polito.* São Paulo, Companhia das Letras, 2000. p. 78.

Cumprindo a nova lógica do capitalismo globalizado, foram implementadas políticas de venda de empresas estatais por todos os países, as privatizações, ampliando os espaços econômicos empresariais e a subordinação dos Estados minimizados à lógica do

Por todo o mundo, a adoção do Consenso de Washington envolveu ainda a redução dos gastos públicos com saúde, educação, previdência e outras políticas sociais, significando, para os países desenvolvidos, a desmontagem do Estado de bem-estar social e, para os países dependentes, chamados de "emergentes" ou "em desenvolvimento", o agravamento geral do quadro social. Esse fato acentuaria as fraturas sociais de desigualdades entre extremos de pobreza para a maioria e riqueza para um reduzido número de pessoas. Da mesma forma, ampliou-se o descompasso entre países e regiões quanto à produção e usufruto das novas tecnologias. Em 2000, tomando um exemplo extremo, somente a cidade de Tóquio, no Japão, possuía mais telefones que todo o continente africano.

A "Terceira Revolução Industrial" trouxe a questão do **desemprego**, como decorrência do uso de altas tecnologias produtivas (robótica, informatização, etc.), ou como resultado da reformulação e otimização produtiva empresarial, incluindo-se o remanejamento e demissão de funcionários e o enxugamento estatal.

Em 1995, os trabalhadores franceses levantaram-se contra as medidas de reforma da previdência social, paralisando o país quase por completo.

Diferentemente da Primeira Revolução Industrial, iniciada no final do século XVIII, e da Segunda, do século XIX, a época do capitalismo global encontrou boa parte dos movimentos trabalhistas e sindicais em refluxo e fragilizados. Além disso, a globalização abriu a possibilidade de escolha da mão de obra mais barata em qualquer parte do mundo, em função da enorme oferta de trabalhadores e das reestruturações produtivas.

Assim, graças à alta tecnologia, boa parte do trabalho em massa nas grandes indústrias passou a ser feita de forma intensiva e com menos mão de obra, diminuindo a filiação de trabalhadores às organizações sindicais. De certa forma, a própria força ideológica da sobrevalorização do mercado em detrimento das políticas sociais também teve a sua contribuição na fragilidade do movimento trabalhista.

Os neoliberais defendem que essa atual condição do trabalho e do trabalhador será irreversível enquanto a prioridade for a modernização e a ampliação da economia de mercado. Já os antineoliberais reclamam por medidas dirigidas ao alívio das dificuldades sociais, que, a seu ver, só poderão ser garantidas pela ação governamental, dos sindicatos e da população. Defendem ainda que somente com o aprimoramento contínuo da democracia os cidadãos garantirão ampla participação nas decisões que lhes dizem respeito e maior eficiência do Estado no âmbito da promoção da justiça social e da garantia das liberdades individuais.

Crise de 2008: na economia e na teoria econômica

Paul Krugman, colunista do *New York Times Magazine* e ganhador do Prêmio Nobel de Economia de 2008, teceu os seguintes comentários sobre os economistas e a crise de 2008, cujos desdobramentos continuaram por 2009:

"É difícil acreditar agora, mas pouco tempo atrás os economistas estavam parabenizando a si mesmos pelo sucesso da própria profissão.

Esse – suposto – sucesso era tanto teórico quanto prático, proporcionando à profissão uma era dourada.

Do ponto de vista teórico, eles pensaram ter resolvido suas disputas internas. Assim, num estudo publicado em 2008 intitulado O estado da macro (ou seja, a macroeconomia, o estudo de questões econômicas mais amplas, como as recessões, por exemplo), Oliver Blanchard, do MIT, atual economista-chefe do Fundo Monetário Internacional, declarou que teríamos chegado a uma 'ampla convergência de visões'.

E, no mundo real, os economistas acreditavam ter tudo sob controle: o 'problema central da prevenção das depressões foi resolvido', declarou em 2003 Robert Lucas, da Universidade de Chicago, no seu pronunciamento presidencial endereçado à Associação Econômica Americana. Em 2004, Ben Bernanke, ex-professor de Princeton e atual presidente do Federal Reserve (o BC dos Estados Unidos), celebrou a era da Grande Moderação no desempenho econômico durante as duas décadas anteriores, a qual atribuiu, em parte, às melhores decisões tomadas na política econômica.

No ano passado, tudo desabou.

Na sequência da crise, as fissuras na profissão dos economistas aumentaram, tornando-se fendas jamais vistas antes. Lucas chamou os planos de estímulo do governo Obama de 'charlatanice econômica', e seu colega de Chicago, John Cochrane, diz que tais planos têm como base 'contos de fada' já descartados. Como resposta, Brad DeLong, da Universidade da Califórnia, em Berkeley, escreveu sobre o 'colapso intelectual' da Escola de Chicago, e eu mesmo já escrevi que os comentários feitos pelos economistas de Chicago são o produto de uma Idade das Trevas da macroeconomia, durante a qual foi esquecido um conhecimento adquirido a um custo elevado.

O que houve com a profissão dos economistas? E para onde ela vai a partir do ponto atual?
[...]

Operadores trabalham na Bolsa de Valores de Nova York momentos após a sua abertura, em 13 de outubro de 2008.

Eis o que acho que os economistas precisam fazer. Primeiro, eles precisam enfrentar a inconveniente realidade de que os mercados financeiros estão muito aquém da perfeição; que eles estão sujeitos a extraordinários delírios e à loucura das multidões. Segundo, eles precisam admitir que a ciência econômica keynesiana ainda é o melhor arcabouço teórico de que dispomos para compreender as recessões e depressões. Terceiro, eles terão de se esforçar ao máximo para incorporar as realidades das finanças à macroeconomia.

A visão que deve emergir conforme a profissão repensa seus fundamentos pode não ser muito clara; certamente não será arrumada; mas temos de manter a esperança de que ela terá a virtude de estar, ao menos, parcialmente correta."

KRUGMAN, Paul. Como puderam os economistas errar tanto? In: O Estado de S. Paulo, 6 set. 2009. p. B8 e B9.

A ordem monetária internacional

Para as relações comerciais e financeiras no âmbito dos blocos econômicos mundiais, tornou-se imprescindível o uso de um regime estável de taxa de câmbio (paridade entre moedas) e de uma moeda capaz de circular livremente pelos países-membros, sem obstáculos criados por políticas nacionais.

Entre as dificuldades enfrentadas pelos defensores da reformulação monetária, estaria a questão de regular a emissão dessa moeda única internacional e determinar as taxas cambiais na conversão das atuais moedas para a nova.

Foi nesse contexto que algumas uniões comerciais internacionais discutiram a questão monetária. No caso da União Europeia, os países-membros definiram a criação de uma moeda regional (euro), assinando o Acordo de Maastricht (1992), reforçado pelo Acordo de Madri (1995), instituindo o novo padrão monetário regional a partir de 2002.

Outro sério problema para os Estados na economia globalizada é o volume gigantesco dos valores financeiros em circulação pelo mundo: tanto podem estimular fortemente a economia deste ou daquele país, com imensos investimentos de capitais, quanto sufocá-la, com a saída dos capitais aplicados. Em 2003 e 2004, por exemplo, a movimentação diária mundial de moedas estava entre US$ 1,2 trilhão e US$ 1,9 trilhão[5] e em contínuo crescimento. Além disso, as reservas internacionais (recursos acumulados em moedas estrangeiras pelos bancos centrais ao redor do mundo), em 2009, segundo o FMI, eram estimadas em US$ 6,8 trilhões, e apenas um seleto grupo de países possuía, cada um, quantias monetárias superiores a US$ 200 bilhões. Nesse grupo sobressaíam a China e o Japão, que, juntos, tinham mais de US$ 3 trilhões, grande parte desse valor aplicado em papéis do tesouro norte-americano.

Nesse quadro monetário internacional têm surgido propostas para sua alteração, visando maior garantia de estabilidade nos fluxos e valores. Um exemplo é a sugestão feita em 1995, e reiterada nos anos seguintes, pelo **G24**, grupo dos 24 países representantes das nações em desenvolvimento da América Latina, África e Ásia. Na proposta, tomando o FMI como avalista, seria criado um novo padrão monetário internacional baseado num valor médio de uma cesta composta das cinco principais moedas do mundo. O contexto dessas discussões pode ser mais bem compreendido se for traçado um breve histórico da ordem monetária internacional ao longo do século XX.

Até meados dos anos 1990, a economia mundial, em contínua expansão, contou com várias ordens monetárias, espelhando as transformações históricas do capitalismo.

Do padrão-ouro à supremacia do dólar: o sistema Bretton Woods

Do século XIX a 1914, o mundo capitalista ocidental contou com um sistema monetário sustentado no **padrão-ouro**. Isso significava que todas as moedas nacionais eram convertidas em quantidades fixas e padronizadas de ouro, o que determinava as respectivas taxas cambiais nas relações comerciais e de fluxos de capitais entre as nações. Essa foi a época da predominância internacional da libra esterlina inglesa.

Com a Primeira Guerra Mundial, a conversibilidade foi abandonada em meio às crescentes emissões monetárias dos vários países, originando as taxas flexíveis em vigor na década de 1920. Tal sistema definia a relação entre as moedas, obtida com base em seus valores em 1914, multiplicados pelo diferencial de inflação entre elas.

A ordem flexível permitiu amplos fluxos de capitais especulativos, provocando profundas oscilações, que afetaram o intercâmbio internacional de mercadorias e de serviços e os próprios valores monetários. Ao mesmo tempo, deu-se a ascensão da supremacia internacional do dólar norte-americano, expressando a liderança dos Estados Unidos no mundo ocidental.

---

[5] Segundo dados apontados por Michael R. Sesit (*The Wall Street Journal*, em *O Estado de S. Paulo*, 29 jul. 2004, p. B12); e por Marcos Antonio Cintra (*Folha de S.Paulo*, 6 nov. 2004, p. B2).

Próximo do final da Segunda Guerra Mundial, em 1944, a ordem monetária internacional foi novamente reorganizada no **Acordo de Bretton Woods**, que criou o Fundo Monetário Internacional (FMI) e o Banco Mundial. Nessa localidade do estado de New Hampshire, Estados Unidos, reuniram-se representantes de 44 países, incluindo a antiga União Soviética, e definiu-se um regime de câmbio em que o ouro e o dólar eram transformados no eixo central do sistema monetário internacional.

O Acordo de Bretton Woods determinava que os Estados Unidos garantiriam a conversão do dólar em ouro entre os bancos centrais dos países, baseada na paridade de 35 dólares por *onça-troy* de ouro (exatamente 31,104 gramas). Na foto de 1944, os representantes reunidos em Bretton Woods.

No fundo, o dólar substituía a posição que fora antes ocupada pela libra esterlina. Esse sistema, porém, começou a apresentar dificuldades pouco tempo depois, principalmente devido à emissão progressiva de dólares por parte dos Estados Unidos, a fim de garantir recursos para financiar seus gastos públicos, como os programas sociais do presidente Kennedy e a política externa, principalmente a Guerra do Vietnã.

A emissão descontrolada de dólares resultou em inflação exportada para a economia mundial, atraindo, por um lado, os protestos de várias personalidades internacionais, especialmente do presidente francês Charles de Gaulle, e, por outro, a crescente troca das reservas em dólares de vários países por respectivas quantidades em ouro, colocando em risco as próprias reservas dos Estados Unidos.

Em 1971, o presidente norte-americano Richard Nixon quebrou o Acordo de Bretton Woods simplesmente suspendendo a conversibilidade do dólar ao ouro, e pouco depois desvalorizando o dólar e liberando seu preço em relação ao ouro e a outras moedas.

O reinado do dólar: o antissistema Bretton Woods e as crises

Em 1976, na reforma monetária da Jamaica, oficializou-se outra ordem monetária internacional, que deixava livre a taxa cambial dos países. Era um antissistema Bretton Woods, inspirado nos monetaristas (neoliberais) norte-americanos liderados por Milton Friedman, em que prevaleciam as taxas flutuantes das moedas, livremente determinadas pelos mercados.

Foi dentro desse antissistema que, na década de 1970, ocorreu uma acentuada desvalorização do dólar em relação a algumas moedas fortes, especialmente o iene (Japão) e o marco alemão, situação que só foi revertida durante os anos 1980 com o governo Reagan. Graças ao pagamento de altas taxas de juros aos investimentos feitos nos Estados Unidos, foram atraídos enormes capitais internacionais, sem, contudo, anular os constantes *deficits* norte-americanos.

O grande fluxo de recursos para os Estados Unidos dispensava a emissão de moeda e até servia para cobrir despesas. A partir de 1985, o governo norte-americano, sob o comando do secretário do Tesouro James Baker, retomou passo a passo a normalização da taxa cambial do dólar, desvalorizando-o em relação ao iene e ao marco alemão e conservando a taxa cambial flutuante. Essa medida, que facilitava as idas e vindas do capital especulativo, resultou em violentas oscilações das taxas cambiais das nações.

Um exemplo das consequências desestabilizadoras que podem ser provocadas pela entrada de grande volume de investimentos seguida de fuga de capitais especulativos aconteceu no México, em 1994-1995, obrigando o governo desse país a buscar ajuda financeira internacional, especialmente nos Estados Unidos e em órgãos internacionais.

O empenho norte-americano visou, antes de tudo, evitar uma completa quebradeira no México, cujas dificuldades, temia-se, poderiam irradiar-se para todo o Nafta. Para o México, mesmo assim, a crise derrubou o PIB em mais de 7%, dobrou o desemprego e fez a inflação saltar de 7,1%, em 1994, para mais de 48%, em 1995. O "efeito tequila" – como ficou conhecido – respingou por vários outros países latino-americanos.

> O humor latino-americano esteve presente até mesmo nas graves crises financeiras, a exemplo de expressões populares usadas na imprensa escrita e televisiva do Brasil. Os casos mais insistentes foram o do "efeito tequila" em referência ao México e do "efeito Orloff", ligado à crise argentina. Eram expressões que partiam dos nomes populares de bebidas (tequila e uma marca de vodca) e seus efeitos de ressaca, associando-as à irradiação de crises econômicas locais para outros países vizinhos.

A especulação monetária repetiu-se com uma onda de novos colapsos financeiros, como aconteceu, em 1997, em alguns países do Sudeste Asiático; em 1998, na Rússia; e em 1999, no Brasil. Foi nessa situação de crise que nasceu o **G20**, grupo que congrega representantes das grandes economias dos países emergentes e desenvolvidos, com o objetivo de obter estabilidade financeira e política para evitar novas crises internacionais. Mesmo assim, os rastros de frequentes crises continuaram. Entre os anos 2000 e 2002, foi a vez da Turquia e da Argentina, provocando efeitos em vários outros países, inclusive o Brasil. Até mesmo a situação norte-americana após os atentados terroristas de setembro de 2001 serviu de palco para acentuadas oscilações nos investimentos, o que reforçou a volatilidade do sistema financeiro internacional. Vários países, buscando evitar depender de empréstimos internacionais (FMI) ou de ataques especulativos nos últimos anos, empenharam-se em acumular reservas, alguns deles chegando a socorrer a entidade em 2009, diante do alastramento da crise iniciada em 2008.

Essa crise de 2008 tem sido apontada como a mais grave da economia capitalista desde 1929. Iniciou-se nos Estados Unidos, no final do governo de George W. Bush, prosseguindo no início do governo Barack Obama em 2009. Irradiando-se pelo mundo, a crise abalou as crenças num mercado autorregulado e nos fundamentos neoliberais, reativando o intervencionismo estatal para conter colapsos econômicos ainda mais intensos e profundos por todo o sistema internacional. Estimava-se que, em meados de 2009, o volume de recursos despejados pelos tesouros e bancos centrais do planeta teria chegado a US$ 9 trilhões, socorrendo bancos e empresas. Propagaram-se as desvalorizações de bens e perdas de investimentos, somente nos Estados Unidos estimava-se a evaporação de US$ 13 trilhões no valor de suas propriedades e mais de 6 milhões de empregos perdidos, e a taxa de desemprego parecia rumar para "o nível mais alto registrado desde 1940[6]".

No início de 2010, nos destaques sobre economia internacional, ganhavam espaço as crises financeiras dos países do sul da Europa, cujas dívidas externas públicas e privadas somavam mais de US$ 3,4 trilhões, a maior parte delas tendo como credores os bancos dos Estados Unidos, Reino Unido, Alemanha e Suíça. Esses países em crise financeira eram chamados de *Piigs* (acrônimo de Portugal, Itália, Irlanda, Grécia e Espanha), uma forma depreciativa referente às cinco economias (em inglês tem sonoridade e escrita semelhante a "porcos"), cujas dificuldades, e diante da possibilidade de calote, poderiam irradiar a crise para todo o sistema da Zona do Euro.

Para dar conta dessa situação, na Europa discutiam-se medidas de socorro e mesmo da criação de um Fundo Monetário Internacional Europeu, apesar de todas as dificuldades e divergências entre seus Estados-membros. Juntando com o conjunto internacional, firmava-se a convicção de que o sistema monetário internacional continua à mercê da força de seu gigantismo, mantendo-se a possibilidade de futuras e sérias crises.

---

[6] KRUGMAN, Paul. Como puderam os economistas errar tanto? In: *O Estado de S. Paulo*, 6 set. 2009. p. B8.

Norte e Sul: desigualdades e meio ambiente

A globalização e suas políticas neoliberais ao mesmo tempo que motivaram surtos de otimismo desenvolvimentistas em alguns setores sociais, também atraíram críticas quanto a seus efeitos sociais e sobre o meio ambiente. Entre os aspectos mais criticados estava o agravamento das desigualdades econômicas e sociais em todo o mundo. Contribuíram para isso: as privatizações; a globalização financeira, enquanto os instrumentos de regulação, os bancos centrais nacionais, estavam fragmentados em cerca de 190 nações; o enxugamento do Estado; a diminuição de custos na produção; a transferência de centros produtivos para regiões mais atraentes do ponto de vista financeiro. Somados, esses fatores provocaram processos de dinamização comercial e financeira e, ao mesmo tempo, altos índices de desemprego e de concentração de renda, com bolsões de riqueza ou de pobreza e miséria. Outra área que tem causado preocupação relaciona-se ao agravamento dos problemas ambientais e ao aproveitamento dos recursos naturais, que parecem incompatíveis com o crescimento econômico mundial. Um possível controle do problema exigiria uma atuação planetária, porém prevalece uma teimosa ausência de regras e falta de ação de órgãos internacionais, resultando na incapacidade de uma atuação efetiva mundial.

Estudiosos insistem na não sustentabilidade do meio ambiente perante a dinâmica de nossa sociedade produtora/consumista. Um exemplo contundente são as mudanças climáticas como decorrência do consumo dos recursos naturais, muito além do que a natureza consegue repor. Estima-se que a elevação da temperatura do planeta neste século, devido ao efeito estufa advindo principalmente pela emissão de poluentes, será de 1,4 a 5,8 graus, ampliando o número e a dimensão dos furacões, inundações e secas, provocando a elevação dos oceanos e o desaparecimento de diversas ilhas e regiões. Segundo Nicolas Stern, ex-economista chefe do Banco Mundial, as mudanças climáticas poderão resultar numa recessão econômica mundial jamais vista, uma perda de cerca de 20% do Produto Bruto Mundial.

Poluição lançada por uma grande usina, Xangai, China, em 28 de janeiro de 2010. Os impactos causados pela poluição têm desencadeado sucessivos protestos na China.

Como destaca o jornalista Washington Novaes[7], segundo dados levantados sobre o ano de 2005, as emissões de gases que provocam o efeito estufa chegaram a 25 bilhões de toneladas, sendo 25% desse total por parte dos EUA, numa evolução mundial que tem crescido acima de 1% ao ano desde o ano 2000. São questões que escapam às tradicionais divisões ideológicas, já que nem o capitalismo nem o socialismo se mostraram capazes de criar padrões de produção e consumo sustentáveis e matrizes enérgicas compatíveis com as necessidades e possibilidades do planeta.

Segundo relatório do Programa das Nações Unidas para o Desenvolvimento (Pnud) da ONU, 80% da produção e do consumo estão nos países industrializados, que abrigam menos de 20% da população mundial. O Brasil é o quarto maior emissor de poluentes do planeta, sendo que 75% desses poluentes decorrem dos desmatamentos, queimadas e mudanças no uso do solo, principalmente na Amazônia.

---
[7] Disponível em: <www.camara.gov.br/internet/tvcamara/defaut.asp?selecao=MAT&Materia=44814&velocidade=100k>. Acesso em: 8 mar. 2011.

No final do século XX, a **Organização Internacional do Trabalho** (OIT) divulgou que estavam desempregados ou subempregados mais de 30% da população economicamente ativa (PEA) do mundo, formada por cerca de 1 bilhão de pessoas. Taxas elevadíssimas de desemprego atingiam inclusive países europeus desenvolvidos, como Espanha, França e Alemanha. Destacando somente o número de desempregados que haviam sido registrados em 2007, a OIT chegava a um total de 179,5 milhões e, diante da crise internacional iniciada em 2008, estimava-se um acréscimo de 39 a 59 milhões para 2009, chegando a mais de 220 milhões em todo o mundo.

Nos Estados Unidos, as áreas sociais mais pobres e os bolsões de miséria e marginalidade agrupavam principalmente os negros e imigrantes latino-americanos. Esses grupos eram caracterizados por falta de recursos, criminalidade, doenças, pouca escolaridade, desemprego e baixos salários. No conjunto mundial, segundo o Banco Mundial, o total da população que vive com renda individual inferior a US$ 1,25 (o novo método para definir a linha de pobreza) chegou a 1,4 bilhão de pessoas em 2005, 25% da população mundial.

Nesse quadro, ou o Estado estava desempenhando cada vez menos a função de garantir o bem-estar e de agir para atenuar as diferenças sociais, ou estava se mostrando impotente para controlar a piora da situação. No início do século XXI, os grupos humanos menos favorecidos, especialmente as crianças dos países pobres, eram as principais vítimas de uma realidade injusta e concentradora de renda. Confirmando tal situação de extremos quanto à riqueza, em 1999 as 225 maiores fortunas do mundo equivaliam à renda anual de 2,5 bilhões de pessoas.[8] Em janeiro de 2006 já eram 793 pessoas nesse grupo em todo o mundo, 102 a mais que 2005, com mais de US$ 1 bilhão em propriedades e investimentos, tendo juntos um valor total acumulado de US$ 2,6 trilhões.

Numa ordem internacional em que o mercado passou a ser o eixo da vida, da organização social e da política, não é de estranhar a crescente valorização do consumo, definidor do *status* social, orientador de objetivos e metas individuais, e a destruição do meio ambiente em virtude da exploração mal planejada dos recursos naturais. Com uma população mundial de cerca de 6,7 bilhões de habitantes em 2008, acrescentava-se o aumento de aproximadamente 70 milhões a cada ano, potencializando as fragilidades do meio ambiente.

---

[8] RAMONET, Ignacio. Introducción. In: Geopolítica do Caos. *Le Monde Diplomatique*. Edición Española. Madri: Editorial Debate, 1999. p. 24.

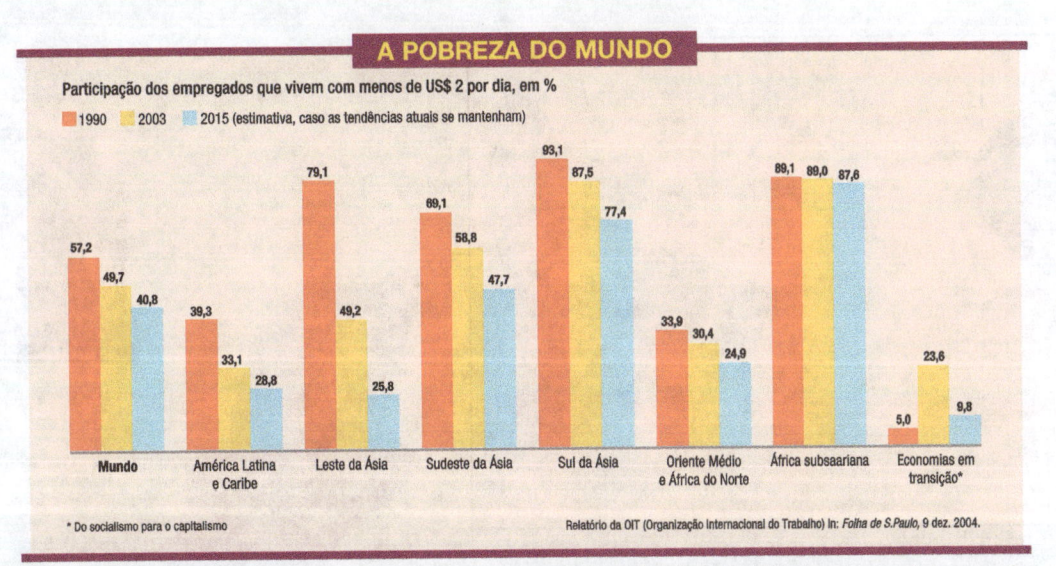

A POBREZA DO MUNDO

Participação dos empregados que vivem com menos de US$ 2 por dia, em %

1990 | 2003 | 2015 (estimativa, caso as tendências atuais se mantenham)

Região	1990	2003	2015
Mundo	57,2	49,7	40,8
América Latina e Caribe	39,3	33,1	28,8
Leste da Ásia	79,1	49,2	25,8
Sudeste da Ásia	69,1	58,8	47,7
Sul da Ásia	93,1	87,5	77,4
Oriente Médio e África do Norte	33,9	30,4	24,9
África subsaariana	89,1	89,0	87,6
Economias em transição*	5,0	23,6	9,8

* Do socialismo para o capitalismo

Relatório da OIT (Organização Internacional do Trabalho) In: *Folha de S.Paulo*, 9 dez. 2004.

Além do grave quadro de desemprego mundial, soma-se o seguinte: da totalidade dos trabalhadores empregados no mundo (2,8 bilhões) em 2003, quase a metade (1,39 bilhão – 49,7%) ganhava menos que 2 dólares por dia, algo próximo a 168 reais por mês, em valores de março de 2006. Desses, perto de 550 milhões ganhavam menos que 1 dólar por dia. Veja no gráfico que houve uma diminuição bastante pequena do número de trabalhadores que vivem na pobreza (renda inferior a 2 dólares por dia).

A CULTURA EXPLOSIVA DO SÉCULO XX

A Idade Contemporânea, iniciada no final do século XVIII, assumiu o caráter turbulento de sua origem: a Revolução Francesa e suas consequências e sucessivas crises. A explosão dos acontecimentos intensificou a mudança de valores durante o século XIX, gerando uma cultura conturbada, que passou da exaltação de sentimentos do romantismo à rebeldia e intransigência do realismo e à revolução impressionista.

O século XIX apresentou a desilusão com o humanismo nascido no Renascimento, rompendo com atitudes e padrões consagrados. As condições de vida derivadas do industrialismo, o progressismo acompanhado do desemprego, da miséria, encontraram amplo reflexo nas artes, e até um eloquente libelo nas obras realistas.

Na pintura, o impressionismo (e seus desdobramentos) foi o último movimento renovador antes da arte moderna do século XX, caracterizando-se como um período de transição ao rejeitar técnicas clássicas e buscar outras que permitissem a reprodução da natureza e da realidade em seus detalhes, como os reflexos luminosos e as cores vivas.

Obras impressionistas: *Ensaio de balé* (detalhe), de Degas, e as esculturas *O pensador* e *O beijo*, de Rodin.

Claude **Monet** (1840-1926), o verdadeiro líder da revolução impressionista, apresenta o mundo como um jogo de aparências, em movimento, em que a intensidade luminosa sob a decomposição cromática tira a importância do objeto, que parece se evaporar no ar e na luz. Edouard **Manet** (1832-1883), Auguste **Renoir** (1841-1919), Camille **Pissarro** (1830-1903), Edgard **Degas** (1834-1917) e Henri de **Toulouse-Lautrec** (1864-1901) foram outros grandes representantes da pintura impressionista.

Na escultura, Auguste **Rodin** (1840-1917), com a pressão de seus dedos, produziu obras como *Balzac*, *Burgueses de Calais*, *A mão de Deus*, peças que dão a impressão de atemporalidade e grandeza. Na música, Claude **Debussy** (1862-1918) cria o recurso das "manchas sonoras", timbres orquestrais que procuram representar a neve, as chuvas, os rios, as árvores, enfim, a natureza.

Diretamente relacionada com o caráter veloz e turbulento deste nosso século, a arte moderna incorporou as rápidas mudanças que afetaram a sociedade e a economia. Os movimentos artísticos do século XX, ao contrário dos de períodos anteriores, como o gótico, que durou quase trezentos anos, ou o barroco, que se estendeu por aproximadamente duzentos anos, foram de curta duração, muitas vezes superpondo-se uns aos outros. Passando da brevidade do século XIX, em que se vai do romantismo ao realismo literário e ao impressionismo pictórico, atinge-se a velocidade do século XX, com suas diversas escolas artísticas, os seus diversos "ismos".

Os que avaliam a virtude criadora de uma época pela variedade das suas expressões com certeza verificarão que nenhuma outra época foi tão fértil como a nossa. As duas guerras mundiais e suas consequências serviram de matrizes, sensibilizando os padrões artísticos e permitindo uma renovação constante através da exploração inédita de manifestações passadas e da criação de novas variantes. Emergia uma nova cultura, marcada pela desilusão, indignação, interrogação e revolta.

Em meio às frustrações e traumas da convulsão histórica e das destruições bélicas do século XX, surge na música o atonalismo de Arnold **Schoenberg** (1874-1951), refletindo a profusão de ruídos e sons de nosso tempo, com base numa escala de doze sons (sete tons e cinco semitons) denominada dodecafonismo. Na pintura salientou-se a escola cubista, iniciada com Pablo **Picasso** (1881-1973) e Georges **Braque** (1882-1963), a qual, abstraindo formas geométricas dos objetos, denotava a multiplicidade de perspectivas, de pontos de vista.

Pablo Picasso, *Guernica* (detalhe), 1937.

A dor e a revolta causadas pelo bombardeio à cidade basca de Guernica, retratadas por Picasso.

O grito de Guernica

"Lembro-me do grito de estupefação que soltei quando me vi subitamente diante de Guernica em 1962. Esse quadro, por sua própria natureza, corroborava minhas convicções. A tela está coberta de seres que explodem, gritam, choram, se contorcem; um cavalo aparece aos derradeiros estertores da agonia. A gigantesca cena, quase inteiramente monocrômica, sufocou-me com sua estarrecedora tensão.

Como se sabe, o imenso quadro é a mensagem indignada de Picasso ao mundo e é sua amargurada denúncia da matança da população civil da cidadezinha espanhola de Guernica com o bombardeio indiscriminado da aviação nazista."

OKAMOTO, Taro. Um grito de cólera. In: *O Correio da Unesco* n. 2. Rio de Janeiro, Fundação Getúlio Vargas, 1981. p. 18.

No período entre a Primeira e a Segunda Guerra Mundial teve início o **surrealismo**, escola artística fundada por André Breton, em Paris, ao romper com o dadaísmo. Enquanto dadaístas mantinham como meta principal a destruição, a negação, os surrealistas julgavam necessário ir mais além, criando uma nova cultura. Com base nas descobertas da psicologia moderna, que reconhecera a existência de uma infraestrutura irracional a sustentar a alma humana, o surrealismo nasceu, segundo Breton, como "automatismo psíquico puro", ou seja, com a "ausência do controle exercido pela razão, com exclusão de toda preocupação estética e moral".

Outro movimento artístico do início do século foi o **dadaísmo**, que, eminentemente contestador e radical, propunha enterrar os convencionalismos estéticos, lutar contra todas as formas de organização social e heranças históricas. Na literatura dinamitou-se a linguagem, associando-se palavras inassociáveis, enquanto na pintura, entre outras obras, reproduziu-se a *Mona Lisa* acrescida de bigode e palavras obscenas. Entre seus principais representantes estão Tristan **Tzara** (1896-1963), André **Breton** (1896-1970), Salvador **Dalí** (1904-1989) e Marcel **Duchamp** (1887-1968), entre outros.

René Magritte, *As belas realidades*, 1964.

André Breton afirmava que "o surrealismo busca desarrumar o cotidiano, propor o insólito contra a rotina, retificar a lei e a ordem".

Man Ray, *Regalo*, 1961.

Para os dadaístas, um objeto comum, como um ferro de passar roupa, podia transformar-se numa obra de arte.

Entre os mais destacados surrealistas estão Max **Ernst** (1891-1976), Yves **Tanguy** (1900-1955), René **Magritte** (1898-1967), Juan **Miró** (1893-1983), Paul **Klee** (1898-1940), Salvador **Dalí** (1904-1989), Paul **Delvaux** (1897-1994) e Marc **Chagall** (1887-1985).

De outro lado, emerge o entusiasmo do **futurismo**, uma arte em sintonia com a "era das máquinas, da velocidade e das grandes massas agitadas pelo trabalho ou pela rebelião", que se definia esteticamente como "renovador, antitradicional, otimista, heroico e dinâmico", adotando como lema "demolir os museus e as bibliotecas". Sob a liderança de Filippo T. **Marinetti** (1876-1944) na literatura, o futurismo ligou-se a Mussolini e exprimiu os anseios artísticos do fascismo: "Nós queremos glorificar a guerra – única higiene do mundo –, o militarismo, o patriotismo, o gesto destrutor dos anarquistas, as belas ideias que matam, e o menosprezo da mulher".

Giacomo Balla, *Velocidade do automóvel, luz, barulho (detalhe)*, (1913)

O futurista glorificava o progresso, as máquinas e o militarismo. Exemplo da pintura futurista italiana de Giacomo Balla.

Na pintura futurista destacou-se Carlo **Carrà** (1881-1966), exaltando as formas criadas pela máquina, e na música, Bailla **Pratella** (1880-1955) e Luigi **Russolo** (1885-1947) enfatizando a arte dos ruídos, uma música que buscava espelhar os sons da vida moderna. Russolo chegou a classificar os ruídos, criando um instrumento para reproduzir explosões, sussurros de vozes humanas e sons de animais.

Nos anos 30, destacou-se também o **realismo socialista**, adotado como estilo oficial e imposto pelo regime soviético. Seus seguidores perseguiam uma arte que representasse a realidade do desenvolvimento revolucionário, estimulando ideologicamente os objetivos socialistas.

Artista desconhecido, *Lênin fala aos trabalhadores da fábrica de Putilov em maio de 1917*.

A arte oficial socialista visava enaltecer os ideais do regime.

Os setores artísticos incorporaram, à sua maneira, as diversas tendências e a turbulência social e política do período. As imagens de Picasso integravam-se às superposições tonais da música de Igor **Stravinsky** (1882- -1971) e Béla **Bartók** (1881-1945). Também a música aleatória de John **Cage** (1912-1992), que se baseava no uso casual de elementos sonoros, compunha-se com a estética do subconsciente do dadaísmo e do surrealismo.

A insegurança social, posterior à Segunda Guerra Mundial, agravada pela Guerra Fria, em meio ao progressismo, aguçou ainda mais a inquietação artística, o que levou ao surgimento frenético de inovações, confundindo-se com a velocidade dos nossos dias.

Nos anos 50, emergiram do surrealismo novas correntes diferenciadas, como o **tachismo**, da palavra francesa *tache*, que significa borrão ou mancha, a **pop art**, arte popular urbana que, visando expressar a sociedade de consumo e a cultura de massa, tomou os Estados Unidos como centro de seu desenvolvimento.

A flacidez da arte

Já se disse que ser moderno é fazer parte de um universo onde tudo o que é sólido desmancha no ar. E na arte tal afirmação ganha validade a cada instante. "Na medida em que existe alguma lei observável na história coletiva da arte, ela é, tal como a lei da vida do artista, individual, a lei não do progresso mas da reação. Seja em grande ou em pequena escala, o equilíbrio da vida estética é permanentemente instável."

COLLINGWOOD, R. G., cit. por READ, Herbert. *História da pintura moderna*. Rio de Janeiro, Zahar, 1980. p. 9.

Andy Warhol, *Marylin Monroe*, 1962.

Ligados à vida urbana, surgiram os variados estilos artísticos das últimas décadas do século XX. Para a *pop art*, a obra do norte-americano Andy Warhol é emblemática.

A CULTURA EXPLOSIVA DO SÉCULO XX

Dos anos 60 aos 90, surgiu uma variedade de tendências e estilos que, chamados genericamente de **pós-modernismo**, desembocaram em muitos outros movimentos artísticos – **novo realismo**, *fluxus*, *minimal art*, *body art*, **transvanguarda, neoexpressionismo**, entre outros, além de expressões como arte conceitual e mesmo arte por computador.

No campo musical, após a Primeira Guerra Mundial, vale destacar a música norte-americana, notadamente o *ragtime*, o *blues* e o *jazz*, criada pelos negros que, longe de seu país de origem, viviam como escravos nos campos de plantações de algodão e fumo de Nova Orleans.

O *blues* – música de caráter melancólico – e o *ragtime* – versão negra das polcas e valsas europeias – são a origem do *jazz*. Essa forma musical data dos fins do século XIX e início do XX. No entanto, o primeiro disco de *jazz* surgiu em 1917 – o *Dixieland jazz one-step* –, fazendo do estilo "Nova Orleans" o sucesso de então. É desse período a formação musical de **Louis Armstrong** (1900-1971), o maior jazzista de todos os tempos.

Louis Armstrong foi, por algum tempo, o único ponto de referência obrigatório para qualquer músico de *jazz*.

A partir dos anos 30, o *jazz* fundiu-se com a indústria do disco, e após a Segunda Guerra Mundial apresentou uma certa elitização, destacando-se o trabalho requintado do trompetista **Miles Davis** (1926-1991) e **Ray Charles** (1932-2004). Os ricos arranjos do *jazz* do período chegavam a incorporar compositores clássicos, entre eles Debussy, Ravel, Stravinsky, Schoenberg e outros, como apresentava o Modern Jazz Quartet nos anos 50.

Outro movimento musical que cresceu nos anos 1950 e avançou vertiginosamente até a atualidade foi o **rock'n'roll**, com origens na mesclagem do *jazz* com folclore norte-americano. Literalmente *rock'n'roll* quer dizer "balançar e rolar" e vinha da gíria usada pelos negros com conotação sexual. Incorporando novos instrumentos musicais, como a guitarra elétrica, o *rock* arrebatou os jovens e tornou-se um importante canal de expressão de suas ideias. Entre os primeiros ídolos estão Elvis Presley (1935-1977), seguido de Bob Dylan (1941), Joan Baez (1941) e, nos anos 1960, as bandas inglesas Beatles (1962) e Rolling Stones (1964). O *rock* se juntava ao comportamento questionador da juventude, que dirigia suas contestações para a ordem e instituições vigentes – o *American way of life* –, negando valores tradicionais, a indústria cultural e os meios de comunicação de massa, enfim, impulsionando o movimento da **contracultura**. Incertezas da Guerra Fria, a bomba atômica, as propostas *hippies* e seus ideais coletivizadores, o "Paz e Amor", o "Sexo, drogas e *rock'n'roll*", os grandes festivais de música – destacando-se Monterey em 1967 e Woodstock em 1969 – acabaram desembocando na absorção pelo sistema do movimento de contestação como parte da indústria do entretenimento.

"Foi um fenômeno único na História. Nunca, como nos anos finais da década de 60, a música teve tanta importância, figurando no centro de profundas mudanças no indivíduo e na sociedade. Pela primeira vez o mundo se via à beira de uma revolução que não seguia o caminho político, nem militar. Era uma espécie de guerrilha cultural, um movimento espontâneo e insinuante que, se apossando dos meios de comunicação ou até criando canais alternativos, conquistava adeptos por toda parte e ameaçava colocar a utopia no poder. Foi um sonho de uma noite de verão e durou pouco. Mas, ao se deixar devorar pelo Sistema, a contracultura injetou nele para sempre uma série de novos valores e as coisas nunca mais seriam como antes."

MUGGIATI, Roberto. *Rock: da utopia à incerteza (1967-1984)*. São Paulo, Brasiliense, 1985. p. 7. (Coleção Tudo é História)

A interação da música nesse fenômeno cultural, bem como os tentáculos que a unia à dinâmica capitalista, pode ser observada pelo montante de dinheiro envolvido nas vendas de discos nos EUA, entre 1955 e 1973: "... subiram de 277 milhões de dólares em 1955, quando o rock apareceu, para 600 milhões em 1959, e 2 bilhões em 1973".

Citado por HOBSBAWM, Eric J. *Era dos extremos: o breve século XX: 1914-1991*. p. 321.

Nos anos 1970, ganhou intensidade a fragmentação dos estilos, como o de Pink Floyd, que usava sintetizadores em estúdios, e o *heavy metal* (literalmente, "metal pesado"), com suas guitarras amplificadas e *shows* em grandes espaços. Dentre outras vertentes que confirmam a variedade, estão: o *punk*, um dos mais agressivos estilos do movimento musical de contestação desde os anos 1960; o *reggae* jamaicano, decorrente da aproximação com o Caribe, tendo à frente Bob Marley; o *hip hop* e o *rap* (nos seus diferentes significados, a palavra *rap* remete tanto à ideia de "pancada seca" como de "criticar duramente"), manifestação da cultura negra com raízes no Bronx, em Nova York, a qual contesta a realidade urbana dos guetos; o *funk*, que fundia as músicas originais dos negros norte-americanos com a discoteca do final dos anos 1970, tendo como pioneiro James Brown;

os movimentos *dark* e *gothic*, com suas vestimentas sombrias que expressam as incertezas dos anos 1980; entre tantas outras.

Foto de Ziggy Marley: Marcelo Marley/AJB

Dois momentos da *música pop do século XX*: o lendário Elvis Presley na década de 50 e um cantor de *reggae* na década de 90.

"Filhos da crise econômica e do desemprego, os *punks* varreram tudo à sua passagem a partir de 1977... ou esforçaram-se por fazê-lo. Rejeitaram as estrelas e a competência técnica, clamaram em alto e bom som que era mais importante ter algo a dizer do que saber como dizê-lo. Usam os cabelos curtos, rompendo com os estereótipos hippies, e cantam o cinza urbano e o tédio. A urgência e a provocação estão na ordem do dia. Os Sex Pistols escandalizaram insultando a rainha em plena celebração de seu jubileu, o Clash fez de suas canções panfletos esquerdistas, os Stranglers manipularam fantasmas sádicos, os Buzzcocks proclamaram a dificuldade de amar quando reina o egoísmo, os Jam pareceram ser novos Who. Como em 1963, novos grupos estouravam a cada semana, pelo menos na Inglaterra. Os Estados Unidos não

> acompanharam o pique, anestesiados pelos programadores de rádio sobreviventes da era hippie. Somente Nova York ferveu junto com os ingleses."
>
> MASSIN, Jean. História da música ocidental. Rio de Janeiro, Nova Fronteira, 1997. p. 1119-20.
>
> "Os negros americanos não rejeitam as aquisições do rock e da eletrônica no funk, graças a Chic, Earth Wind & Fire, Prince, Michael Jackson, George Clinton e Rick James. No espírito, um fenômeno comparável ao do punk acontece no Bronx, o bairro mais desamparado de Nova York. Os jovens do gueto, sem condições de ter instrumentos, habituam-se a contar sua vida misturando as melhores passagens de seus discos favoritos: é o rap, literalmente 'papo', 'conversa'.
>
> Mas o rock propriamente dito continua vivo, mergulhando de novo em sua história a fim de permanecer jovem. Há conjuntos que simultaneamente fazem reviver os anos 50, como os Stray Cats, os meados dos anos 60, como os Plimsouls e os Fleshstones, os anos glitter, como o grupo Bauhaus, e até mesmo os anos punk. Pode-se ver nisto indícios de uma falta de inspiração, ou o sinal de que essa música sabe manter vivas suas jovens tradições – provavelmente, até que uma reviravolta promova novo questionamento radical."
>
> Idem, p. 1121.
>
> "O paradoxo do rap é que a música é ouvida não só por pessoas que de fato vivem em situações de perigo mas também por pessoas que levam uma vida tradicional, que estudam medicina ou direito. Em meados dos anos 90, o rap fez o que, na indústria musical, é chamado de crossover, isto é, os consumidores de rap, que eram predominantemente negros, passaram a ser predominantemente brancos.
>
> Hoje os maiores consumidores de rap são estudantes universitários brancos. Isso significa que qualquer rapper negro hoje sabe que sua audiência principal será branca e de classe média. Isso é diferente do que ocorria com a primeira geração, em que pessoas de lugares miseráveis cantavam para outras de lugares igualmente miseráveis.
>
> Somente alguns intelectuais como eu e alguns artistas ficaram interessados nessa música. O grupo Blondie se interessou e tentou incorporar o rap, e acredito que teria tido sucesso não fosse o fato de Chris Stein, guitarrista da banda e marido da vocalista Debbie Harry, ter desenvolvido uma doença terrível que basicamente fez com que o grupo acabasse. Foi uma doença neurológica que o inabilitou por dez anos. Uma das coisas que eles estavam fazendo era incorporar o rap na sua forma de rock and roll."
>
> BERMAN, Marshall. Rap: o canto à beira do precipício. In: Folha de S.Paulo, 14/10/2001. Caderno Mais!. p. 7.

Em meio à variedade de estilos e estrelas, somavam-se as tendências nacionais que tiveram representação obrigatória no imaginário das populações do Terceiro Mundo. E isso pode ser constatado pela riqueza de estilos da música popular brasileira e pela importância que ela e seus artistas tiveram na história musical do Brasil. Ressalte-se ainda a pesquisa de novas linguagens que muitos desses artistas internacionais foram buscar em regiões como Índia, Brasil, países da África negra e do Caribe. Era o começo do que se convencionou chamar de World Music.

O **cinema** foi outro importante testemunho dos anseios e incertezas do século XX, com importante influência como meio de comunicação de massa. Desde a primeira projeção do filme dos **irmãos Lumière**, em 1895, em um salão de café parisiense, até o início do século XXI, o cinema continuou exercendo um papel destacado nos corações e mentes dos indivíduos.

Um último aspecto que escolhemos entre as manifestações culturais dessa era turbulenta do mundo contemporâneo é o **conhecimento histórico**. Nele, uma das certezas firmadas no século XX foi a da amplitude das fontes históricas, correspondente a toda produção material e intelectual humana. Rompendo com a historiografia do século XIX, em que a história era feita fundamentalmente com textos, impunha-se aos historiadores perseguir todos os vestígios do passado, buscando desvendar as especificidades dos contextos históricos. Pintura, cinema, fotografia, entre outras, entraram para o rol das fontes, com seus desafios e complexidades à decodificação do conhecimento histórico.

> "Ainda no século XIX, o historiador francês Fustel de Coulanges afirmava: 'Onde o homem passou e deixou marca de sua vida e inteligência, aí está a História'. Qualquer tipo de marca."
>
> CARDOSO, Ciro Flamarion e MAUAD, Ana Maria. *História e imagem: os exemplos da fotografia e do cinema*. In: CARDOSO, Ciro Flamarion e VAINFAS, Ronaldo (orgs.). *Domínios da história: ensaios de teoria e metodologia*. Rio de Janeiro, Campus, 1997. p. 401.

Parte integrante do quadro explosivo da cultura do século XX, por sua vez, o conhecimento histórico contou com as descolonizações nesse século. Na África e na Ásia, a descolonização impulsionou mudanças quanto à forma de escrever e explicar a história: as novas nações soberanas buscaram recuperar sua visão da dominação, para dar um sentido ao processo de libertação e de construção nacional. Da mesma forma, no final do século XX, vários grupos humanos tidos como oprimidos passaram a pesquisar, escrever e valorizar suas histórias: os negros nas sociedades (aberta ou veladamente) racistas, as mulheres nas sociedades patriarcais e machistas, os trabalhadores, as minorias étnicas, os homens e as mulheres com diferentes opções sexuais, etc. Alguns criticavam o que chamavam de fragmentação da história, o seu esmigalhamento; outros argumentavam que o que estava ocorrendo não era uma busca da história (considerada ciência, método e crítica), mas de memórias que serviam às necessidades de afirmação dos grupos. Outros, ainda, afirmavam que a história finalmente tinha encontrado uma multiplicidade de eixos ou focos.

> Mas a síntese de uma história universal, única, homogênea, que trazia apenas uma teoria da história, da sociedade e do homem, estava em crise irreversível. Nas palavras do historiador francês contemporâneo Marc Ferro:
>
> "O espelho quebrou. A história universal morreu, está morta por ter sido a miragem da Europa, que a dimensionou na medida de sua própria mudança. Os outros povos dela só participavam, a título de passageiros, quando a Europa andou por eles: no Egito, por exemplo: antes de nascer, depois sob Roma, no tempo da Cruzada ou de Bonaparte, de Mehmet-Ali ou de Nasser. Verdade para o Egito, verdade também para a Índia, a Armênia e que sei eu: a história deles só era História quando se cruzava com a nossa".
>
> FERRO, Marc. *A manipulação da história no ensino e nos meios de comunicação*. São Paulo, Ibrasa, 1983. p. 290.

De qualquer forma, ficava a questão de que, como as demais manifestações culturais, todo conhecimento histórico é relativo a uma época e sociedade e, assim, as compreensões e questões hoje colocadas não seriam exceções.

QUESTÕES & TESTES

1 (Mauá-SP) O assassinato do arquiduque F. Ferdinando da Áustria serviu como causa imediata da Primeira Guerra Mundial. Pode ser indicado como uma de suas causas:

a) os choques entre França e Inglaterra, disputando o nordeste da África.
b) as disputas entre Alemanha e Áustria-Hungria, como decorrência da reação austríaca à vitória alemã na Guerra das Sete Semanas.
c) os desentendimentos entre França e Itália devido à Questão Romana.
d) os choques entre Alemanha e Rússia, como decorrência de movimentos nacionalistas por ela liderados.
e) as crises balcânicas entre Áustria-Hungria e Iugoslávia, que disputavam o domínio da região.

2 (UFRGS-RS) A Primeira Guerra Mundial (1914--1918) teve como fator principal a competição econômica entre potências industriais europeias, o qual se apresentou sob a forma de rivalidades político-diplomáticas. Nesse sentido opunham-se:

a) Alemanha e Áustria.
b) Inglaterra e Alemanha.
c) Rússia e França.
d) Alemanha e Rússia.
e) Romênia e Alemanha.

3 (UFRS) Com o final da Primeira Guerra Mundial, o Tratado de Versalhes ocupou-se, principalmente:

a) da criação de uma organização internacional destinada a garantir a paz: a Sociedade das Nações.
b) dos problemas ligados ao reconhecimento do novo Estado surgido da Revolução Soviética.
c) da regulamentação da paz com a Alemanha, incluindo a cessão de territórios, indenizações e desarmamento.
d) do desmembramento do Império Austro--Húngaro, formando-se novos Estados: Áustria, Tchecoslováquia, Iugoslávia e Hungria.
e) da reorganização das fronteiras das nações balcânicas, devido à desagregação dos impérios Turco e Austro-Húngaro.

4 (Mauá-SP) O Tratado de Versalhes, assinado em 28 de junho de 1919, conforme a opinião de muitos historiadores contribuiu para criar uma situação propícia à eclosão da Segunda Guerra Mundial. Justifique essa afirmativa.

5 (Fatec-SP) A Revolução Russa aconteceu no penúltimo ano da Primeira Guerra Mundial. O partido social-democrata, baseado no socialismo marxista, dividira-se, por volta de 1903, em duas facções: a primeira delas, liderada por Lênin, e a segunda, por Martov. Responda, abaixo:

a) Como se chamavam essas facções?
b) O que a facção liderada por Lênin propunha, especificamente, para o problema da propriedade e da participação da Rússia na guerra? Se preferir, coloque a "frase de efeito" que sintetizava as Teses de Abril, plataforma da Revolução em 1917.

6 (Vunesp) "A estrutura rural da sociedade fazia dela uma grande aldeia serva. Contavam-se, em 1861, quando da emancipação por Alexandre II, quarenta e sete milhões de servos miseráveis e místicos, contra cem mil famílias nobres, de uma nobreza de funcionários, proprietários de imensos domínios." O texto acima refere-se:

a) à França pós-revolucionária.
b) à Inglaterra quando da Revolução Industrial.
c) ao Império Austro-Húngaro.
d) à Alemanha do século XIX.
e) à Rússia czarista.

7 (PUCSP) A disputa pelo poder na União Soviética entre Trótski e Stálin, após a morte de Lênin, em 1924, teve como eixo a discussão sobre:

a) a expansão ou não da revolução socialista mundial como forma de consolidar internamente o regime.
b) a questão da autonomia das nacionalidades da Rússia Branca.
c) as propostas de priorizar os investimentos sociais sobre as necessidades da industrialização.
d) a extinção dos planos quinquenais, sobretudo os relativos à coletivização.
e) o poder dos sovietes de soldados e camponeses na administração provincial.

8 (UFPI) A crise de 1929, iniciada nos Estados Unidos, deve ser entendida como:
a) decorrente da dependência da economia norte-americana em relação à economia mundial.
b) consequência do mau planejamento dos economistas adeptos do liberalismo.
c) uma crise do sistema capitalista, que, produzindo para o lucro, sem que os consumidores tivessem condições de consumir, provocou uma crise de superprodução.
d) uma crise advinda do fato de os produtos serem produzidos em pequena escala e do poder aquisitivo do consumidor ser muito grande, em face do que as mercadorias começam a faltar no mercado.
e) um erro da tentativa de recuperação econômica idealizada por Roosevelt e seus assessores diretos.

9 (Cesgranrio-RJ) Em março de 1921, Lênin afirma: "É necessário abandonar a construção imediata do socialismo para se voltar, em muitos setores econômicos, na direção de um capitalismo de Estado."
Tendo em vista as etapas da Revolução Russa, podemos interpretar essa declaração no sentido de:
a) representar o abandono do comunismo de guerra e o início da Guerra Civil.
b) traduzir o insucesso dos planos quinquenais e o retorno a uma economia capitalista.
c) indicar a impossibilidade do socialismo num só país, daí a volta ao capitalismo monopolista.
d) introduzir a Nova Política Econômica, caracterizada por algumas concessões ao capitalismo, a fim de possibilitar o avanço do socialismo.
e) aceitar a introdução de métodos capitalistas na produção e o retorno à iniciativa privada.

10 (Cesgranrio-RJ) A adoção do *New Deal* nos EUA, após a crise de 1929, permite-nos afirmar que:
1 – o sistema capitalista enfraqueceu-se, pela impossibilidade de conviver com o planejamento e o dirigismo estatal.
2 – o intervencionismo do Estado na economia não se confunde com o socialismo, nem conduz, necessariamente, ao autoritarismo.
3 – alterou-se a relação entre a produção agrária e a fabril, pela importância maior concedida à primeira.
4 – a distribuição de seguros aos desempregados contribuiu para a diminuição da tensão social.
Estão corretas somente as afirmações:
a) 1 e 2
b) 3 e 4
c) 2 e 4
d) 1, 2 e 3
e) 2, 3 e 4

11 (Fuvest) O que foi o *New Deal* aplicado nos EUA durante a presidência de F. D. Roosevelt? Indique dois de seus aspectos.

12 (FEI-SP) Fascismo e nazismo têm em sua origem algumas causas comuns. Entre estas causas pode-se apontar:
a) o ideário da "raça pura".
b) conflitos entre burguesia e nobreza.
c) crises econômico-sociais com as consequentes greves, tumultos e agitações que favoreceriam a tomada do poder pelas esquerdas.
d) as consequências do fracasso das ofensivas dos dois países contra a Tríplice Aliança, durante a Primeira Guerra Mundial.
e) a luta pelo poder entre partidos fortes da direita.

13 (Fuvest) Associe a situação interna da Itália à ascensão do fascismo ao poder em 1922.

14 (Vunesp) A ideologia fascista é sobretudo sentimental, fato que podemos observar nos mitos dos quais se serviram certas sociedades históricas:
a) do Japão, baseada no programa da "Grande Ásia", e da China, fundamentada na superioridade da sua civilização.
b) de Portugal, baseada na lembrança do papel civilizador do europeu, e da Itália, que perseguiu o mito da "Grandeza Romana", que seria preciso reencontrar.
c) da Alemanha, alicerçada na superioridade cultural do alemão, e da Espanha franquista, que propugnou a união dos povos latinos.
d) da Itália, com o mito do reencontro da grandeza do Império Romano, e da Alemanha, com o mito histórico da pureza racial.
e) da Itália e da Alemanha, unidas emocionalmente em torno do "chefe", a personificação viva da nação.

15 (Fuvest) "Ontem, 7 de dezembro de 1942, uma data que viverá marcada pela infâmia, os EUA foram repentina e deliberadamente atacados pelas forças navais e aéreas do Japão."
(*The New York Times*)

a) A que ataque se refere a notícia do jornal?
b) Quais os motivos da agressão japonesa?

16 (Unirio) "(...) Quando perguntados, em janeiro de 1939, quem os americanos queriam que ganhasse, se irrompesse uma guerra entre a União Soviética e Alemanha, 83% foram a favor de uma vitória soviética, contra 17% de uma alemã. Num século dominado pelo confronto entre o comunismo anticapitalista da Revolução de Outubro, representado pela URSS, e o capitalismo anticomunista, cujo defensor e principal exemplar eram os EUA, nada parece mais anômalo do que essa declaração de simpatia (...). A situação histórica era sem dúvida excepcional e teria vida relativamente curta (...)."
(HOBSBAWM, Eric J. *Era dos extremos*. O breve século XX: 1914-1991, 2. ed. São Paulo, Companhia das Letras, 1996. p. 145.)

Podemos compreender as afirmações do autor se levarmos em consideração que o(a):

a) final da década de 30 viu fortalecer-se, na opinião pública norte-americana, um movimento simpatizante do regime soviético, por sua política de acolhimento aos povos de origem semita, movimento este denominado macarthismo.
b) regime alemão, ao exacerbar o princípio do individualismo, acreditava que "os povos vigorosos e dotados de vontade" tinham direito ao expansionismo, o que se contrapunha à democracia liberal americana.
c) regime alemão se voltava contra o princípio do racionalismo, consagrado a partir da Filosofia das Luzes do século XVIII, o qual se constituiu no fundamento ideológico tanto das democracias liberais quanto do próprio socialismo.
d) crescimento da simpatia norte-americana pelo regime soviético pode ser explicado por uma decorrência direta dos efeitos da NEP que, em última instância, significaram uma grande abertura da economia soviética para relações com o Ocidente.
e) simpatia da maioria dos norte-americanos pela posição soviética se explicava pela ascensão de um regime democrático e pluralista, plenamente vinculado às diretrizes que nortearam a Revolução de Outubro.

17 (Fundação Lusíadas-SP) Realizar o "Anschluss" era um velho sonho dos nazistas. E isto começou a ser conseguido por Hitler em março de 1938. A expressão entre aspas e a data são suficientes para elucidar o sonho nazista de:

a) ocupação da região do Reno, desmilitarizada pelo Tratado de Versalhes.
b) anexação do Corredor Polonês, restabelecendo a ligação com a Prússia.
c) repúdio total às imposições do Tratado de Versalhes.
d) ascensão de Hitler ao poder.
e) marchar sobre a Áustria, a sua anexação e a concretização da ideia do pangermanismo (reunificação das etnias alemãs).

18 (UF-Viçosa-MG) Os países chamados "do Eixo", durante a Segunda Guerra Mundial, eram:

a) França, Holanda e Bélgica.
b) Alemanha, Rússia e Itália.
c) Estados Unidos, França e Inglaterra.
d) Alemanha, Itália e Japão.
e) Alemanha, França e Inglaterra.

19 (Fac. Med. Ribeirão Preto-SP) A Segunda Grande Guerra (1939-45), a partir de 7 de dezembro de 1941, adquire um caráter mundial quando os:

a) os russos tomam a iniciativa de anexar o território dos Estados bálticos.
b) alemães invadem a região mediterrânea da África.
c) japoneses atacam a base norte-americana de Pearl Harbor.
d) franceses, por determinação de Pétain, ocupam o sudeste da Ásia.
e) chineses cedem a maior parte do seu território às tropas do Eixo.

20 (Fatec-SP) Em maio e junho de 1942 aconteceram, respectivamente, as importantes vitórias de Mar de Coral e Midway que, seguidas da tomada de Guadalcanal nas ilhas Salomão, impediram a queda da Austrália e ilhas havaianas, durante a Segunda Guerra Mundial.

Responda:
a) Quais foram os principais oponentes nessa frente de guerra do Pacífico? Qual foi o lado vencedor nas batalhas citadas?
b) Qual foi o importante acontecimento que iniciou a luta nesse setor da guerra e ainda em 7 de dezembro de 1941 pôs a pique quase toda uma frota além de destruir aviões antes mesmo que levantassem voo?

21 (UF-Uberaba-MG) O ano de 1949, para os povos do Extremo Oriente, e mesmo para a história mundial, reveste-se de um significado especial, porque assinala:
a) a realização da Conferência de Brazzaville, que promoveu a independência das colônias europeias na Ásia.
b) a passagem da China para um regime socialista, com a vitória militar de Mao Tsé-tung.
c) o surgimento de novas forças políticas no cenário mundial – o Terceiro Mundo – após a reunião de Bandung.
d) o término das chamadas guerras de libertação que por vários anos afetaram a Indochina.
e) a emergência do japão como grande potência em virtude de sua associação militar com os Estados Unidos.

22 (FGV-RJ) O conceito de Guerra Fria, aplicado às relações internacionais após 1945, significa basicamente:
a) o conjunto de lutas travadas pelo povo iraniano contra a dinastia Pahlevi.
b) a fornação de blocos econômicos rivais: o MCE e o Comecon.
c) as disputas diplomáticas entre árabes e israelenses pela posse da península do Sinai.
d) a rivalidade entre dois blocos antagônicos, liderados pelos EUA e URSS, respectivamente.
e) o conjunto de guerras pela independência nacional ocorridas na Ásia.

23 (UFPA) Em relação ao quadro apresentado pelo mundo após terminar a Segunda Guerra Mundial, é possível assegurar-se que:
a) a reorganização imediata da França e a sua participação ativa na política do pós-guerra já indicavam a efetiva liderança que os franceses exerceriam na Europa dos anos de 1950.
b) isolada em relação à política mundial, a União Soviética, sob o governo de Stálin, tratou de consolidar as posições conseguidas durante o conflito, organizando, para tanto, as chamadas Repúblicas Soviéticas.
c) abalados pelo esforço econômico despendido durante o conflito, os Estados Unidos viram a sua hegemonia econômica, no Oriente e na América Latina, serem partilhadas entre Inglaterra e França.
d) a situação da Alemanha e o papel que ocuparia no processo da reorganização da política mundial representaram dois dos mais delicados fatores a pesar na nova balança das relações internacionais.
e) objetivando assegurar a sua hegemonia econômica e política sobre a Europa, os Estados Unidos proclamaram que a navegação pelo Atlântico Norte ficaria permanentemente sob a fiscalização e o controle norte-americano.

24 (Cásper Líbero-SP) Após a Segunda Guerra Mundial, a Europa viu-se dividida em dois blocos de influências: Estados Unidos e União Soviética. Em decorrência, ambas as potências criaram organismos que se opunham mutuamente, a saber:
a) Otan × Kominform; Plano Marshall × Pacto de Varsóvia.
b) Nasa × KGB; Otan × Comecon.
c) Otan × Pacto de Varsória; Plano Marshall × Comecon.
d) Otan × Pacto de Leningrado; Plano Marshall × Comecon.

25 (Cesgranrio-RJ) Após o término da Segunda Guerra Mundial, o lançamento do Plano Marshall, pelo governo norte-americano, constituiu manobra estratégica fundamental no interior da Guerra Fria nascente entre os EUA e a URSS, pois o Plano Marshall:
a) era um instrumento decisivo, tanto econômico quanto político-ideológico, da luta contra o perigo do avanço ainda maior do comunismo na Europa arrasada do pós-guerra.
b) visava principalmente deter as ameaças soviéticas sobre os países do Oriente Médio, cuja produção petrolífera era vital para as economias ocidentais.
c) representava uma retomada, em moldes mais eficazes, da tradicional política da "boa vizinhança" dos EUA em relação à América Latina, vinda dos tempos de Roosevelt.

d) garantia, para os norte-americanos, o retorno a uma política isolacionista, voltada para os seus interesses internos, deixando por conta dos europeus ocidentais as tarefas da reconstrução.
e) assegurava a livre penetração dos capitais norte-americanos no continente europeu, inclusive nos países da Europa Oriental.

26 (UF-Ouro Preto-MG) Leia o texto abaixo.

"Os povos de certo número de países do mundo tiveram recentemente de aceitar regimes totalitários impostos, à força, contra a sua vontade. O governo dos Estados Unidos tem lavrado amiudados protestos contra a coerção e a intimidação, na Polônia, na Romênia e na Bulgária, em flagrante desrespeito ao acordo de Ialta. Devo também consignar que em certo número de países têm ocorrido fatos semelhantes."

(Discurso pronunciado pelo presidente dos Estados Unidos, Harry Truman, no Congresso norte-americano, em 12/3/1947.)

Com base em seus conhecimentos, apresente as características políticas e econômicas do pós-guerra que justificavam as palavras do presidente norte-americano.

27 (Cescem-SP) A "coexistência pacífica" entre os Estados Unidos e a União Soviética sofreu sério revés em 1962, em virtude:
a) da interferência da China comunista na pacificação do Vietnã.
b) do rompimento das negociações de Pan Mun Jon para unificação da Coreia.
c) do fracasso da reunião entre Eisenhower e Stálin, em Genebra.
d) da intervenção da Rússia no processo de descolonização da África.
e) da instalação de foguetes em Cuba, por decisão de Kruschev.

28 (Fatec-SP) O macartismo na década de 1950 nos Estados Unidos foi um movimento que visava:
a) conceder igualdade de oportunidades às minorias negras norte-americanas.
b) afastar de cargos públicos e de posições importantes na economia e na sociedade elementos que pudessem ter simpatias pelo regime soviético.
c) levar à presidência da República o general Douglas McArthur, o comandante em chefe das forças aliadas no Pacífico durante a Segunda Guerra Mundial.
d) impedir a integração racial nos Estados do Sul dos Estados Unidos durante a presidência do general Eisenhower.
e) conter o expansionismo soviético através de uma delimitação clara das zonas de influência norte-americana.

29 (Fuvest) Em termos de política internacional, o que significa a *détente* entre os EUA e a URSS?

30 (FGV-SP) Mikhail Gorbatchev, após assumir o poder em março de 1985, tornando-se secretário-geral do Partido Comunista da União Soviética, desencadeou uma série de mudanças para que a URSS ingressasse "no novo milênio de maneira digna, própria a uma grande e próspera potência". Nesse processo, os termos *perestroika* e *glasnost* ganharam destaque, constituindo a pedra de toque dessas mudanças. *Perestroika* e *glasnost* significam, respectivamente:
a) reestruturação e abertura.
b) revolução e anistia.
c) imperialismo e abertura.
d) reestruturação e pluripartidarismo.
e) privatização e fechamento.

31 (UFPI) Considere as seguintes afirmativas.
I – Desde 1985 a URSS vem sendo governada por Mikhail Gorbatchev, cuja vitalidade e estilo de vida em nada lembram a gerontocracia das décadas anteriores.
II – Gorbatchev tem desenvolvido a *perestroika*, política interna que visa renovar a administração e a economia soviética.
III – A *glasnost*, política de abertura, preocupa-se, no plano internacional, com a beligerância do governo Reagan e faz tentativas para melhorar o relacionamento diplomático com a China.

Assinale:
a) se apenas I é correta.
b) se apenas II é correta.
c) se apenas III é correta.
d) se apenas I e II são corretas.
e) se I, II e III são corretas.

32 (FGV-SP) A Grande Marcha empreendida nos anos 30 por Mao Tsé-tung e seus seguidores foi:
a) uma fuga dos contingentes comunistas que estavam sendo perseguidos pelas tropas do Kuomintang.
b) uma fuga dos seguidores de Mao perseguidos pelas tropas japonesas que invadiram a Manchúria.
c) uma tentativa das tropas comunistas de cortar as linhas de abastecimento das tropas nacionalistas.
d) uma tentativa das tropas de Mao de cercar as tropas japonesas que haviam invadido a Manchúria e o norte da China.
e) a marcha empreendida pelos comunistas sobre Nankim para derrotar as tropas do Kuomintang.

33 (Vunesp) A intervenção norte-americana na guerra da independência política de Cuba, em 1898, resultou:
a) na retirada de tropas e capitais norte-americanos que predominavam na ilha.
b) na industrialização de Cuba, rompendo com a dependência herdada do período colonial.
c) na submissão da ex-colônia ao imperialismo holandês.
d) na Emenda Platt, que reconhecia o direito dos EUA intervirem para salvaguardar seus interesses naquele país do Caribe.
e) na emancipação gradual dos negros escravos que havia naquela ilha.

34 (FEI-SP) No processo de descolonização da África, as últimas etapas envolveram as colônias portuguesas, nas quais organizaram-se para esse fim vários movimentos populares. Entre esses movimentos, o MPLA (Movimento Popular para a Libertação de Angola) foi fundado por:
a) Amílcar Cabral.
b) Ben Barka.
c) Eduardo Mondlane.
d) Agostinho Neto.
e) Modibo Keita.

35 (Unifor-CE) A independência da Índia foi conseguida por Gandhi através:
a) das atividades militares comandadas por Nehru.
b) da luta de guerrilhas nas montanhas do Punjab.
c) do apoio industrial das várias classes indianas.
d) da desobediência pacífica ao colonialismo inglês.
e) da aliança política celebrada com o Paquistão.

36 (UFSCar-SP) "Nenhum africano pode atuar como membro de um júri eleito para juízo criminal, mesmo sendo o acusado um africano."

"É ilegal que uma pessoa branca e uma negra tomem juntas uma xícara de chá num Café de qualquer lugar..., exceto se tiver autorização especial para isso."

"Nenhum africano tem o direito de adquirir a propriedade de terras... nem é intenção do governo outorgar tal direito aos africanos, mesmo em relação às terras que lhes são reservadas."

Os trechos de leis apresentados anteriormente evidenciam a realidade social, econômica e política vivida pelo povo de um país africano nos dias atuais, às vésperas do ano 2000. Essa situação de injustiça humana caracteriza:
a) a democracia relativa de Moçambique.
b) o *apartheid* na República da África do Sul.
c) o parlamentarismo monárquico na Nigéria.
d) a democracia racial de Angola.
e) as *towships* da Guiné-Bissau.

37 (Fuvest) Explique as condições políticas que levaram à construção do Muro de Berlim, em 1961, e à sua derrubada, em 1989.

38 (Centec-BA) Após a independência, a economia dos países latino-americanos caracterizava-se essencialmente pela:
a) independência em relação ao capital internacional.
b) permanência de uma economia colonial, voltada para abastecer o mercado interno.
c) independência tecnológica, especificamente de bens duráveis.
d) manutenção de uma economia agrário-latifundiária e exportadora.
e) dependência em relação ao capital internacional luso-espanhol.

39 (UnB-DF) Assinale as corretas. Constituem movimentos significativos do século XX:
(0) a ruptura com as arcaicas estruturas imperiais da Rússia e o esforço dos revolucionários na implantação e consolidação do regime socialista nesse país.

(1) a eclosão dos conflitos armados de 1914-18 e 1930-45 e a substituição do critério europeu de política internacional para um critério mundial.
(2) a implantação de regimes totalitários na Europa entre 1922 e 1939, associada às dificuldades das democracias liberais em solucionar as crises do capitalismo.
(3) o processo de unificação da Itália e da Alemanha, num quadro de crescimento industrial e ideológico nacionalista.
(4) o processo de descolonização na Ásia e na África e a emergência de uma tendência terceiro-mundista defensora do princípio de autodeterminação nacional.
(5) a formação de dois blocos ideologicamente antagônicos que passaram a disputar a supremacia econômica e militar mundial e em torno dos quais configura-se um foco permanente de tensão.
(6) o surgimento de um movimento de defesa dos interesses americanos, justificando teoricamente através da Doutrina Monroe.

40 (Escola Superior de Agricultura de Mossoró-RN) A Segunda Guerra Mundial (1939-45) terminou, efetivamente, com:
a) a rendição do Japão, depois da explosão de bombas atômicas em Hiroxima e Nagasáqui.
b) a rendição incondicional e conjunta da Alemanha, da Itália e do Japão.
c) a reunião de São Francisco, onde se estabeleceram as bases para a ONU.
d) o acordo com a Itália e o Japão, rendição incondicional da Alemanha.
e) o acordo com a Itália e tomada de Berlim pelas tropas soviéticas.

41 (Escola Superior de Agricultura de Mossoró-RN) Uma das possíveis explicações para o fracasso da chamada "Paz Wilsoniana" (1919-22) está no fato de que:
a) a Rússia assinou em separado com a Alemanha o Tratado de Brest-Litovski, provocando a desconfiança das Potências Aliadas.
b) as potências vencedoras da Guerra de 1914-18 ignoraram o princípio da autodeterminação e deixaram de atender às reinvidicações nacionalistas de povos que integravam os Impérios Centrais.
c) a Inglaterra e a França estabeleceram uma política externa única e a impuseram às demais nações europeias, provocando grandes insatisfações.
d) o Tratado de Versalhes considerou a Alemanha e as demais Potências Centrais como as únicas culpadas pela Primeira Guerra Mundial, o que gerou nos alemães profundo espírito revanchista.
e) a chamada Pequena Entente, formada pela Tchecoslováquia, Iugoslávia e Romênia, recusou-se a participar de um cinto de segurança para bloquear o expansionismo da Rússia.

42 (UFAC) Leia os enunciados abaixo e a seguir assinale a alternativa correta.
I – As independências na América e a Revolução Francesa fazem parte de um mesmo contexto revolucionário, cuja inspiração era o liberalismo.
II – A Revolução Industrial marcou a vitória da produção capitalista, dando início à fase do Capitalismo Liberal (1760-1870/80) caracterizada como a etapa de subordinação da economia aos princípios do "laissez-faire".
III – No quadro histórico geral do século XIX, na Europa, destacam-se transformações profundas como a tomada de consciência, por intelectuais de origem burguesa, da miséria e injustiça geradas pelo capitalismo em expansão, com a entrada em cena da "questão social" e a produção de utopias reformistas e propostas revolucionárias.
a) somente a afirmativa I é correta;
b) somente a afirmativa II é correta;
c) somente a afirmativa III é correta;
d) somente as afirmativas I e III são corretas;
e) todas as afirmativas são corretas.

43 (Escola Superior de Agricultura de Mossoró-RN) A situação da Espanha, em 1936, com a eleição de Manuel Azaña, tornou-se crítica, em virtude:
a) do envolvimento de Francisco Franco com elementos de esquerda, na revolta do Marrocos espanhol.
b) do desenvolvimento de um programa de reformas sociais, que provocou a reação das forças de direita.

c) da perda da influência política que tinha a Frentre Ampla, que reunia os partidos do Centro.
d) da interferência de Hitler e Mussolini no desenvolvimento da política externa da Espanha.
e) da eclosão de greves operárias de apoio ao movimento separatista dos bascos.

44 (UCS-RS) A chamada *Primavera de Pequim*, ocorrida em junho do ano de 1989, pode ser entendida como:

a) revolta popular anticapitalista e anti-imperialista.
b) movimento democrático de cunho antiburocrático.
c) revolta camponesa contra o Estado.
d) movimento de reforma semelhante à *perestroika*.
e) movimento nacionalista de cunho antissoviético.

45 (VUNESP) "Um conjunto de normas mais ou menos semelhantes se impôs na Argentina após 1976, no Uruguai e no Chile, depois de 1973, na Bolívia quase ininterruptamente, no Peru, de 1968 até 1979, no Equador, de 1971 a 1978."
(Clóvis Rossi)
Assinale a alternativa que melhor expressa o conjunto de normas de exceção que marcaram a trajetória político-institucional dos países latino-americanos, indicados no texto.

a) Dissolução de partidos e sindicatos, com objetivo de estabelecer uma nova ordem democrática e popular.
b) Domínio político das organizações guerrilheiras.
c) Extinção dos partidos políticos, intervenção nos sindicatos e suspensão das eleições diretas.
d) Política externa alinhada automaticamente à União das Repúblicas Socialistas Soviéticas e ao bloco do leste.
e) Formação de uma frente parlamentar, para revisão constitucional.

46 (VUNESP) Num de seus últimos discursos, o presidente dos Estados Unidos, Franklin Delano Roosevelt declarou o seguinte: "A conferência da Crimeia foi um esforço bem-sucedido das três Nações principais de encontrar um terreno comum para a paz. Ela representa o fim do sistema da ação unilateral, das alianças exclusivas, das esferas de influência, do equilíbrio de forças, e de todos os outros expedientes que há séculos são experimentados – e falham".

a) Quais as "três Nações principais" a que se refere Roosevelt?
b) Caracterize sucintamente as relações internacionais do pós-guerra que contrariaram as previsões otimistas de Roosevelt.

47 (VUNESP) No processo de implantação do socialismo na URSS houve dois momentos distintos, tomando-se o ano de 1928 como referência. No primeiro, por iniciativa de Lênin, foram toleradas algumas práticas capitalistas. No segundo, a partir de 1928, tiveram início os planos quinquenais e a era estalinista.

a) Qual a denominação do programa leninista que facultou a restauração de algumas práticas capitalistas?
b) Discorra sobre duas prioridades do primeiro plano quinquenal (1928-1933).

48 (PUC-SP) "Circo russo na cidade: não alimentem os animais."
(Graffiti nos muros de Praga, em 1968.)
"Os conselhos eram: ignorem os soviéticos, tratem-nos como coisas, beijem e namorem sob seus narizes. Vivam. Mas façam em torno deles barragens invisíveis."
(GODFELDER, Sonia. *A Primavera de Praga*. S. Paulo, Brasiliense, 1981.)

A indisposição dos tchecos, em relação aos soviéticos na circunstância indicada pelas citações acima, era devida:

a) à grande presença, em território nacional, de dissidentes soviéticos asilados pelo Estado, os quais gozavam de privilégios não desfrutados pelos cidadãos tchecos.
b) à interrupção, por parte da URSS, do fornecimento de gêneros alimentícios e material bélico, para que a Tchecoslováquia mantivesse sua superioridade frente aos poloneses.
c) à histórica discriminação dirigida pelos tchecos aos povos eslavos e que foi reativada com a atuação da Igreja Ortodoxa Russa.
d) à intervenção militar praticada pelo governo soviético na Tchecoslováquia, como resposta a uma tentativa da sociedade tcheca de ampliar as liberdades individuais no interior de um regime comunista.

e) à iniciativa tcheca de romper com o regime comunista e negar a influência da URSS, optando pela aliança com o governo americano e pela reorientação da economia, no sentido de sua estatização.

49 (Unicamp) "Uma família isolada mudava-se de suas terras. O pai pedira dinheiro emprestado ao banco e agora o banco queria as terras. A companhia das terras quer tratores em vez de pequenas famílias nas terras. Se esse trator produzisse os compridos sulcos em nossa própria terra, a gente gostaria do trator, gostaria dele como gostava das terras quando ainda eram da gente. Mas esse trator faz duas coisas diferentes: traça sulcos nas terras e expulsa-nos delas. Não há quase diferença entre esse trator e um tanque de guerra. Ambos expulsam os homens que lhes barram o caminho, intimidando-os, ferindo-os."

(STEINBECK, John. *As vinhas da ira*, 1972.)

a) De acordo com o texto, como pode ser caracterizada a situação do camponês norte-americano após a crise de 1929?
b) Cite duas medidas adotadas pelo programa de reformas de Roosevelt (*New Deal*) para solucionar os problemas sociais criados pela crise de 1929.

50 (Unicamp) Em 1933, o movimento nazista assume o poder na Alemanha, transformando Hitler no chefe da nação e fundador do III Reich. O Estado alemão deixa de ser nazista somente ao fim da Segunda Guerra Mundial.

a) Quais os princípios nazistas que levaram à união do povo alemão num único Reich?
b) Qual o papel da guerra na política do III Reich?

51 (Unicamp) "Um dos exemplos do estado de pânico total que dominou a sociedade norte-americana naqueles anos iniciais da década foi a 'cruzada anticomunista' que levou o nome de Macarthismo por causa do senador Joseph MacCarthy."

(FENELON, Déa. *A Guerra Fria*, 1983.)

Explique o que foi o Macarthismo e as suas relações com a Guerra Fria.

52 (Fuvest) Sobre a crise do capitalismo, na década de 1930, e o colapso do socialismo, na década de 1980, pode-se afirmar que:

a) a primeira reforçou a concepção de que não se podia deixar uma economia ao sabor do mercado, e o segundo, a de que uma economia não funciona sem mercado.
b) ambos levaram à descrença sobre a capacidade do Estado resolver os problemas colocados pelo desemprego em massa.
c) assim como a primeira, também o segundo está provocando uma polarização ideológica que ameaça o estado de bem-estar social.
d) ambos, provocando desemprego e frustração, fizeram aparecer agitações fascistas e terroristas contando com amplo respaldo popular.
e) enquanto a primeira reforçou a convicção dos defensores do capitalismo, o segundo fez desaparecer a convicção dos defensores do socialismo.

53 (Fuvest) "Mas, um socialismo, liberado do elemento democrático e cosmopolita, cai como uma luva para o nacionalismo." Esta frase de Charles Maurras, dirigente da Action Française, permite aproximar o seu pensamento da ideologia:

a) fascista.
b) liberal.
c) socialista.
d) comunista.
e) democrática.

54 (Unioeste-PR) A respeito da realidade capitalista do final do século XIX e início do século XX, selecione a(s) alternativa(s) abaixo que esteja(m) incorreta(s). (A resposta é a soma das alternativas incorretas.)

(01) A chamada Segunda Revolução Industrial, do século XIX, ocorreu na Grã-Bretanha, cujos avanços científico-tecnológicos fomentaram a manufatura.
(02) Segundo Lênin, a Primeira Guerra Mundial é o resultado de uma nova fase do capitalismo, isto é, do imperialismo, com suas formas de expansão em regiões periféricas.
(04) A Guerra de Secessão, de 1861-65, resultou na separação (secessão) de vários estados mexicanos, que passaram a pertencer aos EUA.
(08) Segundo Ernesto Che Guevara, um país subdesenvolvido (outro lado da moeda do imperialismo) pode ser comparado a "um anão de cabeça enorme e tórax potente, pois é *subdesenvolvido* na medida em que suas pernas fracas e seus braços curtos não combinam com o resto de sua anatomia".

(16) Os países da África e da Ásia não passaram pelo processo de neocolonização, pois não faziam parte da órbita do capitalismo ocidental.

(32) Com a proclamação das suas independências, os novos países latino-americanos iniciaram um processo de desenvolvimento interno, para os quais o auxílio da política externa norte-americana do governo Lincoln (Doutrina Monroe) foi fundamental.

55 (UM-SP) A nova ordem internacional vem gradativamente se estruturando a partir do final da década de 80 e início da década de 90. Assinale a alternativa que não faz parte das configurações atuais.

a) A hegemonia dos países com capacidade econômica produtiva apoiada no desenvolvimento tecnológico.
b) A concentração de renda gerada pelo capitalismo beneficiou apenas uma pequena parcela da população.
c) O surgimento de movimentos nacionalistas com características separatistas em várias regiões europeias.
d) O crescimento, em alguns países, da imigração proveniente das áreas capitalistas sem recursos ou de antigos países socialistas, que estimula movimentos de xenofobia.
e) A eliminação das diferenças sociais e concretização de bases igualitárias na maior parte das áreas europeias e americanas.

56 (UFJF-MG) Sobre os conflitos que atingiria a antiga Iugoslávia, marque a alternativa errada:

a) trata-se de um dos mais antigos conflitos europeus, cujas raízes, dentre outras, encontram-se na diversidade étnica dos povos que habitam as várias unidades políticas da região;
b) um dos momentos significativos dos conflitos na região ocorre às vésperas da I Guerra Mundial, com as chamadas Guerras Balcânicas;
c) a crise do Leste europeu favoreceu a fragmentação da região, levando à eclosão das rivalidades nacionais;
d) após a II Guerra Mundial, com a liderança de Tito, a Iugoslávia manteve-se unida sob uma economia capitalista;
e) um traço marcante do conflito é a diversidade religiosa que opõe, genericamente, cristãos-ortodoxos católicos e muçulmanos.

57 (Unaerp-Ribeirão Preto-SP) "O controle é poder. A paciência uma virtude a ser conquistada." Buscando desenvolver campanhas de desobediência civil e não violência, este líder conseguiu romper o controle britânico e ser o precursor do movimento de independência de seu país, sintetizando nestas palavras dirigidas a um inglês a sua doutrina: "Para fazer triunfar a nossa causa, estamos prontos a derramar o nosso sangue – não o vosso".

Referimo-nos à:

a) Revolução Chinesa de Mao-Tsé-tung.
b) Revolução Moçambicana.
c) Revolução Cubana de Fidel Castro.
d) Revolução Indiana de Gandhi.
e) Revolução Mexicana de Zapata.

58 (Cesgranrio-RJ) "Morre um homem por minuto em Ruanda. Um homem morre por minuto numa nação do continente onde o *Homo sapiens* surgiu há milhão de anos... Para o ano 2000 só faltam seis, mas a humanidade não ingressará no terceiro milênio, enquanto a África for o túmulo da paz." (Augusto Nunes, in: jornal *O Globo*, 6/8/94.)

A situação atual de instabilidade no continente africano é o resultado de diversos fatores históricos, dentre os quais destacamos o(a):

a) fotalecimento político dos antigos impérios coloniais da região, apoiado pela Conferência de Bandung.
b) declínio dos nacionalistas africanos causado pelo final da Guerra Fria.
c) acirramento das guerras intertribais no processo de descolonização que não respeitou as características culturais do continente.
d) fim da dependência econômica ocorrida com as independências políticas dos países africanos, após a década de 50.
e) difusão da industrialização no continente africano, que provocou suas grandes desigualdades sociais.

59 (UM-SP) Recentes acontecimentos neste país, tais como a revolta dos zapatistas e o assassinato de um candidato a presidente, provocaram reflexões sobre a maior revolução de massas da história latino-americana, que teve entre seus líderes Pancho Villa, Emiliano Zapata e o liberal Francisco Madero.

Apoiado na legitimidade revolucionária, o Estado bloqueou o avanço da democracia política, não solucionando também as desigualdades sociais; um único partido controla o poder há décadas.

O texto lembra qual revolução?

a) Revolução Cubana
b) Revolução Nicaraguense
c) Revolução Mexicana
d) Revolução Peruana
e) Revolução Dominicana

60 (FGV-SP)

I – Fulgêncio Batista, apesar de sair do Governo em 1959, permanece em Cuba até a tentativa de invasão norte-americana, através da baía dos Porcos, em janeiro de 1966.

II – O processo insurrecional que culminou com a vitória de Fidel Castro e seus companheiros, no final dos anos 50, tem início em julho de 1953, com a tentativa de assalto ao quartel Moncada.

III – Em janeiro de 1962, a Conferência da Organização dos Estados Americanos (OEA) decide o bloqueio econômico e político a Cuba, por proposta dos Estados Unidos da América.

IV – Cuba e Porto Rico, a exemplo da maioria dos países latino-americanos, conseguiram suas independências no final do século passado através de lutas sangrentas comandadas por líderes oriundos das classes populares.

Acerca da história política cubana é correto apenas o afirmado em:

a) I e II.
b) I e III.
c) I e IV.
d) II e III.
e) II e IV.

61 (UE-Londrina-PR) Nos anos 80, a resistência sul-africana contra o *apartheid* ganhou cada vez mais apoio internacional. O Governo de Pretória começou a receber diversas pressões para reformar o código racista e libertar da prisão os líderes negros do CNA, como:

a) Agostinho Neto.
b) Sam Nujoma.
c) Nelson Mandela.
d) Bob Geldof.
e) Desmond Tutu.

62 (UE-Londrina-PR) Ao tipo de Estado criado por Mussolini, cuja organização estava fundamentada no sistema de sindicatos patronais e de trabalhadores, deu-se o nome de:

a) democrático.
b) republicano.
c) oligárquico.
d) parlamentar.
e) corporativo.

63 (PUC-SP) O Estado soviético, formado após a Revolução Russa, cuidou de expurgar da cultura desse país toda e qualquer manifestação artística que estivesse, no entendimento das autoridades, associada ao chamado "espírito burguês". Foi criada, então, uma política cultural que decretava como arte oficial apenas as expressões que servissem de estímulo para a ideologia do proletariado. Dessa forma, foi consagrado um estilo conhecido por:

a) expressionismo soviético – que, através de uma orientação estética intimista, procurava expor a "alma inquieta dos povos eslavos", que passaram a integrar a União das Repúblicas Socialistas Soviéticas.

b) abstracionismo proletário – que, através da decomposição geométrica do real, exprimia a "ordenação sincrônica da sociedade comunista".

c) realismo socialista – que, através de composições didáticas, esteticamente simplificadas, procurava enaltecer a "combatividade, a capacidade de trabalho e a consciência social" do povo soviético.

d) romantismo comunista – que, através de um figurativismo apenas sugestivo, procurava realizar a "idealização do mujique", o camponês russo típico, como representante das raízes culturais russas.

e) concretismo operário – que, através de uma concepção criadora autônoma – não resultante de modelos –, utilizava elementos visuais e táteis, com o objetivo de mostrar a "prevalência do concreto sobre o abstrato" – ideia básica no materialismo dialético.

64 (Catanduva-SP) A respeito das transformações estruturais recentes, pelas quais passou o Leste europeu, assinale a alternativa correta.

a) A Polônia foi o país onde as transformações foram marcadas por uma grande instabilidade e grandes convulsões políticas.

b) Foi no final dos anos 80, especialmente pelos desdobramentos da política de Gorbatchev, que as estruturas socialistas do Leste europeu começaram a ruir.
c) Na tentativa de propiciar uma maior estabilidade às ex-repúblicas soviéticas, em 1991, foi criada uma organização econômica de ajuda comum, o Comecon.
d) O primeiro efeito econômico da política reformista de Lech Walessa foi um grande desenvolvimento industrial acompanhado de expressiva queda da inflação.
e) A Bulgária foi o primeiro país da ex-União Soviética a fazer mudanças no sentido de uma autonomia, e que se traduziu no grande aumento de sua produção industrial, em 1990.

65 (UM-SP) Pela primeira vez na história, o mundo encontrava-se inteiramente partilhado, direta ou indiretamente, submisso às grandes potências europeias e aos Estados Unidos da América. Em 1905, estavam conquistados 90% da África, 56% da Ásia, 100% da Austrália, 27% da América e 90% da Polinésia. Esta situação terminaria por provocar:

a) o avanço cultural dos povos conquistados, beneficiados pela civilização europeia, dado o seu caráter anti-imperialista.
b) o choque de imperialismos entre grandes potências, resultando na Primeira Guerra Mundial.
c) a preservação das identidades culturais e fronteiras étnicas dos povos submetidos.
d) o prejuízo da burguesia metropolitana que financiava esta expansão.
e) a redução dos salários dos trabalhadores europeus em concorrência com a mão de obra cara nas áreas recém-dominadas.

66 (UE-Londrina-PR) Nas relações internacionais após 1945, os Tratados de Genebra, de 1954, representam:

a) o fim da presença do colonialismo francês, na Indochina.
b) o encerramento da Guerra da Coreia.
c) a divisão definitiva do Vietnã em dois Estados independentes.
d) o início dos preparativos para as eleições gerais, para a reunificação do Vietnã.
e) o início da Coexistência Pacífica entre URSS e EUA.

67 (UF-Viçosa-MG) O início da década de 1990 assistiu ao processo da desagregação do mundo soviético e do "bloco socialista". São acontecimentos relacionados a esse processo, exceto:

a) A "Queda do Muro de Berlim".
b) A "Primavera de Praga".
c) Os conflitos de nacionalidades na antiga Iugoslávia.
d) O desmembramento da antiga Tchecoslováquia.
e) A autonomização das repúblicas e a questão das nacionalidades na antiga URSS.

68 (UF-Uberlândia-MG) Com relação à história de Cuba, no século XX, assinale a alternativa verdadeira.

a) A ditadura estabelecida sob a presidência de Fulgêncio Batista (1951-1959) caracterizou-se pela violência e pela repressão.
b) Fidel Castro era membro do Partido Comunista Cubano e, como os demais membros do partido, defendia a implantação da "ditadura do proletariado" na ilha, para combater o governo de Batista.
c) Desde 1952, muitas das organizações das camadas subalternas da população, como sindicatos, tiveram autonomia para eleger seus próprios dirigentes, sem interferência do poder estatal.
d) Cuba foi o único país latino-americano que não teve presidentes da República que pudessem ser identificados com os interesses do imperialismo e dos Estados Unidos da América.
e) As reformas de 1960 prepararam o caminho para a implantação de uma democracia liberal fundada na livre concorrência e no pluripartidarismo.

69 (UF-Uberlândia-MG) Ronald Reagan foi eleito presidente dos EUA nas eleições de 1980 e reeleito para o mesmo cargo nas eleições de 1984. Acerca deste período conhecido como "Era Reagan" marque a alternativa que não é verdadeira.

a) Para atender o seu eleitorado, formado basicamente pela parcela mais rica do país, Reagan colocou em prática uma política econômica conservadora, conhecida por "reaganomics".

b) Como Reagan representava a ala mais conservadora do Partido Republicano, no início de seu mandato a guerra fria foi retomada, reiniciando-se a política de confronto com a União Soviética.
c) As relações conflituosas entre EUA e Líbia antecederam o governo Reagan, porém, com sua posse, as provocações se multiplicaram, de ambas as partes.
d) Os recursos militares americanos foram ampliados com o objetivo de efetivar a Iniciativa de Defesa Estratégica (conhecida como projeto Guerra nas Estrelas).
e) O escândalo Irã-"contras" não só abalou o prestígio de Reagan como redundou na cassação de seus direitos políticos, por doze anos, pelo Congresso norte-americano.

70 (UERJ) E somos Severinos
iguais em tudo na vida
morremos de morte igual
mesma morte Severina:
que é a morte de que se morre
de velhice antes dos trinta,
de emboscada antes dos vinte,
de fome um pouco por dia.
(João Cabral de Melo Neto. *Morte e vida severina*.)

O canto das populações mais pobre, notadamente no campo, explica, em parte, o êxodo rural e a concentração urbana de meados do século XX na América Latina. Este processo desenvolveu mudanças em vários níveis, dando origem ao que se convencionou denominar de populismo. A alternativa que caracteriza o populismo é:
a) expressou a participação autônoma das classes trabalhadoras, tanto rurais quanto urbanas
b) rompeu com a histórica tradição da intervenção militar nos governos latino-americanos
c) recebeu forte apoio norte-americano, interessado na abertura que se realizou ao capital estrangeiro
d) contou com a liderança dos setores agroexportadores, como forma de se recuperar das consequências da crise de 1929
e) deu forma a um Estado administrador do conflito social, absorvendo e cooptando o trabalhador dentro de um projeto nacionalista

71 (UF-Viçosa-MG) A Revolução Mexicana iniciou-se em 1910, com os movimentos de oposição ao governo ditatorial de Porfírio Días, institucionalizando-se no governo Lázaro Cárdenas (1939-1934), com a criação do Partido Revolucionário Mexicano (PRM), hoje chamado de Partido Revolucionário Institucional (PRI). Sobre a Revolução Mexicana, todas as afirmativas abaixo são corretas, exceto:
a) Constituiu-se num processo do qual participaram segmentos sociais que reivindicavam a reforma agrária e a democracia política de cunho burguês.
b) Foi apoiada pelo movimento camponês, que reivindicava o direito à posse da terra.
c) Contrapôs-se ao governo ditatorial de Porfírio Días, apoiada pelos latifundiários, comerciantes, banqueiros mexicanos e investidores estrangeiros.
d) Apresentou caráter anticapitalista, acarretando a socialização da terra e da indústria.
e) Acarretou a nacionalização das companhias de petróleo e estradas de ferro, bem como a formação de sindicatos operários e camponeses.

72 (Fatec-SP) "Os sofrimentos dos combatentes e da retaguarda levaram-nos a associar espontaneamente o regime capitalista e a guerra, a considerar que esta guerra não era a 'sua guerra'; o prestígio das classes dirigentes, que não souberam evitar o conflito, nem abreviá-lo ou poupar as vidas humanas, debilitou-se tanto mais quanto o enriquecimento rápido e espetacular de toda uma parte dessas classes contrastava com o luto e a aflição das massas. Por um momento submergidos, no início das hostilidades, pela vaga nacionalista, os conflitos de classe reaparecem, mais vigorosos e exacerbados por quatro anos de miséria. As classes dirigentes têm consciência do fato, e o medo do contágio revolucionário cria em seu meio um intenso terror que se manifesta na vontade de destruir este novo Estado, onde, pela primeira vez, o socialismo transporta-se do terreno da teoria para o das realidades. A união do mundo branco está rompida; doravante não haverá mais neutros; conscientemente ou não, é em relação à Revolução Russa – objeto de receios e repulsa para uns, de esperança para outros – que se classificarão governos, partidos e simples particulares."
(CROUZET, M. *História Geral das Civilizações 15 – A Época Contemporânea*)

A partir da descrição do autor, é correto afirmar que:
a) o socialismo seria a única solução para evitar uma luta de classes.
b) o medo do socialismo levaria o empresariado a apoiar ações contrárias, e isso provocou, mais tarde, o estabelecimento do fascismo e do nazismo.
c) a passagem das ideias do socialismo à prática levou toda a Europa a se conscientizar do perigo comum.
d) a união do mundo branco rompeu-se, e, após a Revolução Russa, provocou reflexos imediatos na libertação dos povos coloniais.
e) a Europa saiu da guerra mais nivelada politicamente, pois a guerra acabou com as grandes fortunas, dando chances para uma estabilização socioeconômica.

73 (Enem) Em 1999, o Programa das Nações Unidas para o Desenvolvimento elaborou o "Relatório do Desenvolvimento Humano", do qual foi extraído o trecho a seguir.

"Nos últimos anos da década de 90, o quinto da população mundial que vive nos países de renda mais elevada tinha:
86% do PIB mundial, enquanto o quinto de menor renda, apenas 1%.
82% das exportações mundiais, enquanto o quinto de menor renda, apenas 1%.
74% das linhas telefônicas mundiais, enquanto o quinto de menor renda, apenas 1,5%.
93,3% das conexões com a Internet, enquanto o quinto de menor renda, apenas 0,2%.
A distância da renda do quinto da população mundial que vive nos países mais pobres – que era de 30 para 1, em 1960 – passou de 60 para 1, em 1990, e chegou a 74 para 1, em 1997."

De acordo com esse trecho do relatório, o cenário do desenvolvimento humano mundial, nas últimas décadas, foi caracterizado pela:
a) diminuição da disparidade entre as nações.
b) diminuição da marginalização de países pobres.
c) inclusão progressiva de países no sistema produtivo.
d) crescente concentração de renda, recursos e riquezas.
e) distribuição equitativa dos resultados das inovações tecnológicas.

74 (UM-SP) Há vinte anos, terminava a Guerra do Vietnã, um dos mais importantes conflitos desde a Segunda Guerra Mundial.
Leia atentamente as alternativas abaixo.
I – O uso de tecnologia sofisticada para alterar o ambiente natural, o desrespeito à vida de civis, o auxílio a um governo corrupto colaboraram para o desgaste e derrota moral norte-americana.
II – Cerca de 58 mil mortos e 300 mil feridos, o drama de veteranos que não conseguiam superar os traumas de guerra foi o saldo deixado pela luta aos EUA.
III – A opinião pública internacional e interna, ativistas, intelectuais, pacifistas e liberais questionavam não apenas a guerra, mas o *"american way of life"*.
IV – Em 1976, o Vietnã foi unificado sob o domínio comunista, dando início à reconstrução do país, passando Saigon a se denominar Ho-Chi-Minh.
Responda:
a) se todas as alternativas forem corretas.
b) se todas as alternativas forem erradas.
c) se apenas I, II e III forem corretas.
d) se apenas IV for correta.
e) se apenas I e III forem corretas.

75 (GV-SP) Relacione os presidentes dos Estados Unidos com os fatos ocorridos durante seus respectivos governos:
1) Richard Nixon
2) John Kennedy
3) Franklin Roosevelt
4) Geoge Bush
5) Harry Truman
I) Invasão da Baía dos Porcos (Cuba)
II) Bomba Atômica contra o Japão
III) Caso "Watergate"
IV) "New Deal"
V) Guerra do Golfo
O relacionamento correto é:
a) 1-III; 2-V; 3-I; 4-II; 5-IV
b) 1-III; 2-I; 3-IV; 4-V; 5-II
c) 1-III; 2-I; 3-V; 4-II; 5-IV
d) 1-III; 2-I; 3-II; 4-V; 5-IV
e) 1-V; 2-IV; 3-I; 4-II; 5-III

76 (PUC-SP) Diáspora é o termo que designa a dispersão dos hebreus por várias regiões do mundo, após serem expulsos de seu território no século II. Somente depois de 1948, com a criação do Estado de Israel, esse povo pôde voltar a se reunir num mesmo país. Entretanto, essa reconquista vem sendo, há quase meio século, motivo de contendas entre os israelenses e o povo ocupante daquela região. O ano de 1995, talvez, seja o marco do apaziguamento desses conflitos, uma vez que acordos têm sido realizados por seus líderes, sob a chancela da diplomacia internacional – o que, infelizmente, não impediu o assassinato do primeiro ministro de Israel.

O povo que provocou a dispersão dos hebreus no século II e o povo que manteve o confronto com os israelenses desde 1948 são, respectivamente,

a) os egípcios e os iranianos.
b) os romanos e os palestinos.
c) os palestinos e os egípcios.
d) os romanos e os iranianos.
e) os egípcios e os palestinos.

77 (Enem)

I. Para o filósofo inglês Thomas Hobbes (1588-1679), o estado de natureza é um estado de guerra universal e perpétua. Contraposto ao estado de natureza, entendido como estado de guerra, o estado de paz é a sociedade civilizada.

Dentre outras tendências que dialogam com as ideias de Hobbes, destaca-se a definida pelo texto a seguir.

II. Nem todas as guerras são injustas e correlativas, nem toda paz é justa, razão pela qual a guerra nem sempre é um desvalor, e a paz nem sempre um valor.

BOBBIO, N. Matteucci, e PASQUINO, G. *Dicionário de Política*, 5. ed. Brasília, Universidade de Brasília/ São Paulo, Imprensa Oficial do Estado, 2000.

Tropas da Aliança do Tratado do Atlântico Norte (Otan) invadiram o Iraque em 1991 e atacaram a Sérvia em 1999.
Para responder aos críticos dessas ações, a Otan usaria, possivelmente, argumentos baseados:

a) na teoria da guerra perpétua de Hobbes.
b) tanto na teoria de Hobbes como na tendência expressa no texto II.
c) no fato de que as regiões atacadas não possuíam sociedades civilizadas.
d) na teoria de que a guerra pode ser justa quando o fim é justo.
e) na necessidade de pôr fim à guerra entre os dois países citados.

78 (UFG)

O lançamento da bomba atômica sobre Hiroxima e Nagasáqui, em 6 de agosto de 1945, provocou a rendição incondicional do Japão, na Segunda Guerra. Nesse momento, o mundo ocidental vivia a dualidade ideológica, capitalismo e socialismo. Nesse contexto, o lançamento da bomba está relacionado com:

a) o descompasso entre o desenvolvimento da ciência, financiado pelos Estados beligerantes, e os interesses da população civil.
b) a busca de hegemonia dos Estados Unidos, que demonstraram seu poder bélico para conter, no futuro, a União Soviética.
c) a persistência da luta contra o nazifascismo, pelos países aliados, objetivando a expansão da democracia.
d) a difusão de políticas de cunho racista associadas a pesquisas que comprovassem a superioridade da civilização europeia.
e) a convergência de posições entre norte-americanos e soviéticos, escolhendo o Japão como inimigo a ser derrotado.

79 (Fatec-SP)

O "Anschluss", ou seja, a anexação da Áustria aos domínios alemães em 1938, ocorreu por meio:

a) de uma ofensiva militar denominada blitzkrieg, que arrasou as forças armadas austríacas.
b) do pacto Ribentrop-Molotov, que dividiu a bacia do Danúbio entre a Alemanha e a União Soviética.
c) da troca da região pelos Sudetos da Tchecoslováquia, numa negociação com a Itália de Mussolini.
d) de uma série de pressões diplomáticas, envio de tropas e de um plebiscito realizado entre a população austríaca mas controlado pelas autoridades nazistas.
e) da compra da região junto ao império austro-húngaro e do compromisso da incorporação do oficialato austríaco ao exército alemão.

80 (PUC-RJ) A Guerra Civil Espanhola (1936-1939) foi uma das experiências que, nas suas particularidades, representou grande parte das contradições políticas do cenário europeu, durante o entreguerras (1919-1939). Sobre esse acontecimento, podemos afirmar que:

I. na década de 1930, a sociedade espanhola foi palco de crescente polarização, no tocante à promoção de determinadas reformas sociais, entre os nacionais-socialistas, agrupados na "Falange", e diversas facções políticas de esquerda, reunidas na "Frente Popular".
II. com a vitória da "Frente Popular", nas eleições de 1936, militares conservadores e nacionalistas, sob o comando do General Francisco Franco, iniciaram a guerra civil que culminou com a vitória dos grupos franquistas, em 1939, e a implantação de regime ditatorial, em vigor até 1975.
III. o bombardeio da vila de Guernica, em 1937, pela aviação alemã, em apoio à ofensiva das tropas de Franco, tornou-se, na tela pintada por Pablo Picasso, um dos episódios símbolo das atrocidades que caracterizaram a Guerra Civil Espanhola.
IV. o governo republicano da "Frente Popular", a despeito dos apelos realizados, pouca ajuda recebeu de governos e/ou voluntários estrangeiros, não oferecendo resistência ostensiva ao golpe militar franquista.

Assinale a alternativa correta:
a) Apenas as afirmativas I e IV estão corretas.
b) Apenas as afirmativas II e IV estão corretas.
c) Apenas as afirmativas I, II e III estão corretas.
d) Apenas as afirmativas II, III e IV estão corretas.
e) Todas as afirmativas estão corretas.

81 (PUC-MG) "Hitler considerava que a propaganda deveria ser popular, dirigida às massas, desenvolvida de modo a levar em conta o nível de compreensão dos mais baixos. [...] O essencial da propaganda era atingir o coração das grandes massas, compreender seu mundo maniqueísta, representar seus sentimentos."
(LENHARO, Alcir. "Nazismo, o triunfo da vontade". São Paulo: Ática, 1990. p. 47-48.)
Considerando o trecho apresentado, assinale a afirmativa INCORRETA:

a) A liberdade de imprensa foi suprimida, e a comunicação passou a ser controlada pelo partido nazista, que incorporou a vontade do povo alemão.
b) O esporte e os grandes espetáculos públicos foram explorados pelo nazismo como forma de reafirmar a superioridade racial ariana.
c) O projeto cultural do nazismo estimulava valores tipicamente cosmopolitas, em detrimento das expressões tradicionais locais e dos costumes rurais.
d) O nazismo recorreu à construção de grandes obras arquitetônicas como forma de promover a coesão das massas e a consciência nacional.

82 (PUC-PR) Em alguns países europeus, após a Primeira Guerra Mundial, houve enérgica inflação. As consequências dela, somadas ao receio do bolchevismo e à exacerbação do nacionalismo, propiciaram o surgimento de governos de tendência:
a) anarquista.
b) esquerdista.
c) conservadora.
d) liberal.
e) social-democrata.

83 (UEL-Londrina-PR) "A guerra europeia que se iniciou no 1º de setembro de 1939 foi a guerra de Hitler. Historiadores continuarão a discutir as forças sociais, econômicas e políticas que o levaram a assumir uma série de riscos calculados que culminaram em uma guerra em grande escala."
(KITCHEN, Martin. Um mundo em chamas. Rio de Janeiro: Zahar, 1993. p. 11.)
Com base no texto e nos conhecimentos sobre o tema, considere as afirmativas a seguir.

I. Hitler, apesar do poder absoluto que detinha no Estado Maior Alemão, foi forçado a agir em um contexto socioeconômico, no qual era dependente do apoio ativo de seus subordinados.
II. Hitler se encontrava em pleno comando da política externa alemã, e suas ações levaram em conta as circunstâncias sociais históricas e culturais de sua época.
III. A guerra implementada por Hitler resultou de sua insanidade e de seus interesses pessoais, o que isenta, assim, a sociedade

alemã de qualquer responsabilidade sobre os resultados da empreitada.

IV. As decisões de Hitler bem como a política interna e externa por ele encetada foram respaldadas pelas elites diplomáticas e militares e pelas classes hegemônicas alemãs.

Estão corretas apenas as afirmativas:
a) I e III.
b) I e IV.
c) II e III.
d) I, II e IV.
e) II, III e IV.

84 (UF-RJ)

I. "A frase 'os judeus devem ser eliminados', com suas poucas palavras, meus senhores, é muito fácil de ser dita. Para aqueles que têm que levá-la a efeito, é a mais difícil, a mais dura das tarefas que existem. (...) Nos perguntaram: e o que acontecerá com as mulheres e as crianças? (...) Eu não acho justo, eliminar os homens – falando claro, matá-los ou fazer que os matem – e deixar vivas as crianças deles que um dia se vingarão sobre nossos filhos e netos. A difícil decisão de eliminar este povo da face da terra teve que ser tomada."

II. "O principal inimigo do povo alemão se encontra exatamente na Alemanha: o imperialismo alemão (...). Ao povo alemão está colocada a tarefa de enfrentar este inimigo em seu próprio país; de enfrentá-lo na luta política, em conjunto com o proletariado de outros países, cuja luta se trava em seu próprio país contra seus próprios imperialistas."

(Fontes: Himmler, H. *Geheimreden 1933-1945*. Frankfurt/M, Berlin, Viena: Propylaen, 1974; e K. Liebknecht
In: Bartel, H. et al. *Geschichte der Deutschen Arbeiterbewegung*. Berlim: Dietz, 1966. p. 452-453.)

Os textos traduzem, respectivamente, princípios dos seguintes movimentos políticos contemporâneos:
a) I. Anarquismo; II. Socialismo
b) I. Nazismo; II. Socialismo
c) I. Salazarismo; II. Anarquismo
d) I. Fascismo; II. Franquismo
e) I. Franquismo; II. Fascismo

85 (UFC-CE) Analise as afirmações a seguir sobre a Grande Guerra de 1914-1918 e suas consequências.

I. Embora sua ação militar tenha ocorrido sobretudo na Europa, ela envolveu, direta ou indiretamente, grande parte do mundo, e americanos, canadenses, australianos, neozelandeses, indianos e africanos lutaram também na guerra, na Tríplice Entente.

II. As grandes perdas humanas e a desestruturação da produção atingiram todos os países do mundo, provocando um enfraquecimento generalizado das economias e um vazio de poder, com o fim da hegemonia europeia.

III. Após a guerra, uma onda revolucionária atravessou a Europa que, nas décadas seguintes, vivenciou o colapso dos valores e instituições liberais, com a instalação de regimes autoritários.

Com base nas três assertivas, é correto afirmar que somente:
a) I é verdadeira.
b) II é verdadeira.
c) III é verdadeira.
d) I e II são verdadeiras.
e) I e III são verdadeiras.

86 (PUC-MG) Em 22/06/1941, os alemães abriram nova frente de batalha. Por determinação do Füher, numa ação militar que ficou conhecida por Operação Barbarossa, o exército alemão tem como meta:
a) atacar a União das Repúblicas Socialistas Soviéticas, vista por Hitler como o último baluarte à sua política expansionista.
b) submeter a Polônia, ponto estratégico para a passagem do exército nazista em direção ao leste europeu.
c) anexar a Áustria, atendendo aos apelos nacionalistas da população de maioria alemã estabelecida nesse território.
d) controlar a região dos Sudetos, palco de exacerbadas manifestações, na luta pela defesa da unidade alemã.

87 (PUC-PR) Apesar de possuírem zonas de influência no mundo, alguns países estavam insatisfeitos e, aliados, entraram na Segunda Guerra Mundial. Esses países eram:
a) Japão, Espanha e Itália.
b) Estados Unidos, Itália e Inglaterra.
c) Rússia, Letônia e França.
d) Alemanha, Itália e Japão.
e) França, Inglaterra e Itália.

88 (Unifesp-SP) Para o historiador Arno J. Mayer, as duas guerras mundiais, a de 1914-1918 e a de 1939-1945, devem ser vistas como constituindo um único conflito, uma segunda Guerra dos Trinta Anos. Essa interpretação é possível pelo fato:
a) de as duas guerras mundiais terem envolvido todos os países da Europa, além de suas colônias de ultramar.
b) de prevalecer antes da Segunda Guerra Mundial o equilíbrio europeu, tal como ocorrera antes de ter início a primeira Guerra dos Trinta Anos, em 1618.
c) de, apesar da paz do período entreguerras, a Segunda Guerra ter sido causada pelos dispositivos decorrentes da Paz de Versalhes de 1919.
d) de terem ocorrido, entre as duas guerras mundiais, rebeliões e revoluções como na década de 1640.
e) de, em ambas as guerras mundiais, o conflito ter sido travado por motivos ideológicos, mais do que imperialistas.

89 (Fuvest) "... a morte da URSS foi a maior catástrofe geopolítica do século. No que se refere aos russos, ela se tornou uma verdadeira tragédia."
(Vladimir Putin, presidente da Rússia, abril de 2005.)
"Para mim, o maior evento do século XX foi o colapso da URSS, que completou o processo de emancipação das nações."
(Adam Rotfeld, chanceler da Polônia, abril de 2005.)
As duas declarações:
a) coincidem, a partir de pontos de vistas opostos, sobre a importância do desaparecimento da União Soviética.
b) revelam que a Polônia, ao contrário da Rússia e dos demais ex-países do Pacto de Varsóvia, beneficiou-se com o fim da União Soviética.
c) mostram ainda ser cedo para afirmar que o desaparecimento da União Soviética não foi historicamente importante.
d) consideram que o fim da União Soviética, embora tenha sido uma tragédia, beneficiou russos e poloneses.
e) indicam já ser possível afirmar, em caráter definitivo, que o fim da União Soviética foi o acontecimento mais importante da história.

90 (PUC-MG) Em 1989, o líder soviético Mikhail Gorbatchev visita a ilha de Cuba. Nos tempos da *perestroika*, o presidente russo tem como meta:
a) reaproximar o líder cubano do governo norte-americano com o objetivo de derrubar o bloqueio econômico imposto à ilha caribenha.
b) convencer Fidel Castro a abrir o regime para garantir o ingresso de Cuba na nova ordem mundial capitalista.
c) informar ao dirigente cubano a retirada dos investimentos soviéticos em Cuba, devido à grave crise econômica em curso na URSS.
d) integrar a URSS à nova Organização Latino-Americana de Solidariedade patrocinada pelo ditador Fidel Castro.

91 (UF-MG) Considerando-se a fragmentação territorial da ex-Iugoslávia, é CORRETO afirmar que esse processo:
a) foi um desdobramento dos choques entre as diversas nacionalidades que, até então, compunham o país.
b) decorreu da queda da Monarquia, responsável pela unidade política e pela integridade territorial do país.
c) resultou da luta da Sérvia, apoiada pela Bósnia, contra Montenegro, de população majoritariamente muçulmana.
d) derivou da resistência da Federação à política de Tito, que transformou o país em uma República Social Democrata.

92 (Unesp 2006) "... a ampliação do comércio foi acompanhada de um retardamento drástico do progresso econômico real. Entre 1960 e 1980, a renda *per capita* média mundial subiu ainda em 83%. Nas duas décadas seguintes, a taxa de aumento desceu exatamente para 33%. Esse freio no crescimento atingiu os países em desenvolvimento de modo particularmente duro. Na América Latina, onde a renda *per capita* cresceu 75% de 1960 a 1980, os vinte anos seguintes trouxeram nada mais que 6%".

(Christiane Grefe. "Attac: o que querem os críticos da globalização", 2005.)

O texto apresenta um quadro da situação econômica mundial contemporânea. Entre os fatores capazes de explicar os dados referentes aos últimos vinte anos, destacam-se:
a) o afluxo e a súbita retirada do capital financeiro, que determinam o ritmo do crescimento econômico de países em desenvolvimento.
b) a retração das trocas econômicas e a falta de dinheiro líquido e de capital nos mercados dos países capitalistas centrais.
c) a nacionalização de empresas estrangeiras e a ampliação da legislação trabalhista nos países em desenvolvimento.
d) a emergência de regimes anticapitalistas na América Latina e a suspensão do pagamento de suas dívidas para com os credores.
e) a intervenção estatal na esfera econômica e a redução internacional dos conflitos, o que provocou a queda na produção de armamentos.

93 (UERJ-RJ) "A General Motors classifica o complexo industrial de Gravataí (RS) como o mais moderno e eficiente do grupo em todo o mundo. Com todas as inovações tecnológicas, a produtividade da nova fábrica deve ser uma das mais altas. Até os líderes sindicais americanos foram conferir de perto se o novo conceito de produção pode provocar desemprego. De fato, o número de postos de trabalho é reduzido na fábrica, mas cresce na cadeia de fornecedores."

(Adaptado de *Exame*, 14/06/2000.)

Nas últimas décadas do século XX, ocorreram mudanças na estrutura produtiva, inclusive no setor secundário. Tais transformações, consideradas por muitos autores como a Terceira Revolução Industrial, produziram impactos na dinâmica do mercado de trabalho e, consequentemente, do movimento sindical.

A correta associação entre as transformações na estrutura produtiva e na organização sindical, no período referido, está descrita em:
a) automação – redução no número de sindicatos patronais.
b) flexibilização – desaparecimento dos interesses por categoria.
c) terceirização – enfraquecimento da articulação entre os trabalhadores.
d) desindustrialização – precariedade de legitimação das centrais sindicais.

BIBLIOGRAFIA

AARÃO FILHO, Daniel. *A construção do socialismo na China*. São Paulo: Brasiliense, 1981.
AKCELRUD, Isaac. *O Oriente Médio*. São Paulo: Atual Unicamp, 1985.
ALENCASTRO, Luiz Felipe de. *O trato dos viventes: formação do Brasil no Atlântico Sul*. São Paulo: Companhia das Letras, 2000.
ANDERSON, Perry. *Passagens da Antiguidade para o feudalismo*. Porto: Afrontamento, 1982.
ANDRADE, Manuel Correia de. *O Brasil e a África*. São Paulo: Contexto, 1997.
ANJOS, Rafael Sanzio Araújo dos. *Territórios das comunidades remanescentes de antigos quilombos no Brasil. Primeira configuração espacial*. Brasília: Editora & Consultoria, 2005.
ARAÚJO, Kelly Cristina. *Áfricas no Brasil*. São Paulo: Scipione, 2003.

•

BARDI, Pietro Maria. *Gênios da pintura – góticos e renascentistas*. São Paulo: Abril, 1980.
BARK, William. *Origens da Idade Média*. 3 ed. Rio de Janeiro: Zahar, 1974.
BOBBIO, Norberto. *Dicionário de política*. 5 ed. Brasília: Editora Universidade de Brasília, 1993.
BRUIT, Hector. *O imperialismo*. São Paulo, Atual, 1986.
BURNS, Edward. *História da civilização ocidental*. 22. ed. Porto Alegre: Globo, 1978.

•

CAMERA, Augusto; FABIETTI, Renato. *Elementi di Storia 1: dal XIV al XVII secolo*. 4. ed. Bologna: Zanichelli, 1997.
CARDOSO, Ciro Flamarion. *A América pré-colombiana*. São Paulo: Brasiliense, 1981.
_____. *O Egito antigo*. São Paulo: Brasiliense, 1982.
CHAUÍ, Marilena. *Convite à filosofia*. São Paulo: Ática, 1994.
CHEVALIER, Jean-Jacques. *As grandes obras políticas — de Maquiavel a nossos dias*. Rio de Janeiro: Agir, 1980.
CLARK, Kenneth. *Civilização*. São Paulo: Martins Fontes, 1980.
COGGIOLA, Oswaldo. *A Revolução Chinesa*. São Paulo: Moderna, 1985.
CORREIO da Unesco. *A África e sua história*. Rio de Janeiro: Fundação Getúlio Vargas, ano 7, n. 10-11, out./nov. 1979.
CROUZET, Maurice. *História geral das civilizações*. São Paulo: Difel, 1975.

•

D'AMORIM, Eduardo. *África: essa mãe quase desconhecida*. São Paulo: FTD, 1997.
DEL PRIORE, Mary; VENÂNCIO, Renato Pinto. *Ancestrais: uma introdução à história da África Atlântica*. Rio de Janeiro: Elsevier, 2004.
DEYON, Pierre. *O mercantilismo*. São Paulo: Perspectiva, 1973.

•

ESTEVÃO, José Carlos; ARRABAL, José. *Stálin*. São Paulo: Moderna, 1986.
EYDOUX, Henri-Paul. *A procura dos mundos perdidos: as grandes descobertas arqueológicas*. São Paulo: EDUSP, 1973.

•

FERRO, Marc. *História das colonizações: das conquistas às independências, séculos XIII ao XX*. São Paulo: Companhia das Letras, 1996.
_____ (Org.). *O livro negro do colonialismo*. Rio de Janeiro: Ediouro, 2004.
FISCHER, Ernest. *A necessidade da arte*. 3 ed. Rio de Janeiro: Zahar, 1971.

FLORENZANO, Maria Beatriz. *O mundo antigo: economia e sociedade.* São Paulo: Brasiliense, 1982.
FOLHETO da peça *Tartufo, o pecado de Molière.*
FREITAS, Gustavo de. *900 textos e documentos de história.* Lisboa: Plátano, 1975.
FREMANTLE, Anne. Idade da fé. In: *Biblioteca de História da Universal Life.* Rio de Janeiro: José Olympio.

•

GALEANO, Eduardo. *As veias abertas da América Latina.* Rio de Janeiro: Paz e Terra, 1979.
GIORDANI, Mario Curtis. *História da África anterior aos descobrimentos.* Petrópolis: Vozes, 1985.
GODECHOT, Jacques. *A Revolução Francesa: cronologia comentada.* Rio de Janeiro: Nova Fronteira, 1989.
GRAYLING, A. C. Financial Times. *Caderno da Gazeta Mercantil,* 17/2/1995.
GRIMBERG, Carl. *História Universal Daimon.* Madrid: Daimon, 1981. 12 vol.

•

HAUSER, Arnold. *História social da arte e da literatura.* Lisboa: Jornal do Foro, 1954.
HERNANDEZ, Leila Leite. *A África na sala de aula: visita à história contemporânea.* São Paulo: Selo Negro, 2005.
HERÔDOTOS. *História.* Brasília: UnB, 1988.
HILL, Cristopher. *O eleito de Deus.* São Paulo: Cia. das Letras, 1988.
HOBSBAWM, E. J. *A era das revoluções.* Rio de Janeiro: Paz e Terra, 1977.
_____. *Era dos extremos.* São Paulo: Cia. das Letras, 1995.
_____. *Era dos impérios.* Rio de Janeiro: Paz e Terra, 1988.
HOURANI, Albert Habib. *Uma história dos povos árabes.* São Paulo: Cia. das Letras, 1994.
HUBERMAN, Leo. *História da riqueza do homem.* Rio de Janeiro: Zahar, 1979.

•

IBAZEBO, Isimeme. *Explorando a África.* São Paulo: Ática, 1997.
ILIFFE, John. *África. Historia de un continente.* Madrid: Cambridge University Press, 1998.

•

JAEGER, Werner. *Paideia — a formação do homem grego.* São Paulo: Martins Fontes, 1989.
JOHNSON, Paul. *La Historia del cristianismo.* Buenos Aires: Javier Vergara, 1989.

•

KONDER, Leandro. *Introdução ao fascismo.* Rio de Janeiro: Graal, 1977.
_____. *O que é dialética.* São Paulo: Brasiliense, 1981.

•

LARROYO, Francisco. *História geral da pedagogia.* São Paulo: Mestre Jou, 1974.
LEAKEY, Richard. *Origens.* Brasília: UnB, 1980.
LOVEJOY, Paul E. *A escravidão na África: uma história de suas transformações.* Rio de Janeiro: Civilização Brasileira, 2002.
LUTHER KING. São Paulo: Editora Três, 1974.

•

MAESTRI FILHO, Mario. *História da África negra pré-colonial.* Porto Alegre: Mercado Aberto, 1988.
_____. *O escravismo antigo.* São Paulo-Campinas: Atual-Unicamp, 1986.
MARX, Karl. *Contribuição à crítica da economia política.*
_____. *O 18 de Brumário.* Rio de Janeiro: Paz e Terra, 1978.
_____. *O capital.* Rio de Janeiro: Civilização Brasileira, 1971.

McCRORY, Martin; MOULDER, Robert. *Revolução Francesa para principiantes*. Lisboa: D.Quixote, 1983.
MICELI, Paulo. *O feudalismo*. São Paulo-Campinas: Atual-Unicamp, 1986.
MOUSNIER, Roland. *História geral das civilizações — Os séculos XVI e XVII*. São Paulo: Difel, 1973.
MUMFORD, Lewis. *A cidade na história*. Belo Horizonte: Itatiaia, 1965.

•

NOVINSKY, Anita. *A Inquisição*. São Paulo: Brasiliense, 1982.

•

PALMER, Alan. *Bismarck*. Brasília: UnB, 1982.
PERRY, Marvin. *Civilização ocidental — uma história concisa*. São Paulo: Martins Fontes, 1985.

•

RAMONET, Ignacio. Introducción. In: *Geopolítica do Caos*. Le Monde Diplomatique. Madri: Editorial Debate, 1999.
READ, Herbert. *História da pintura moderna*. Rio de Janeiro: Zahar, 1980.
RODRIGUES, João Carlos. *Pequena história da África negra*. São Paulo: Globo, 1990.

•

SADER, Emir (Org.). *O mundo depois da queda*. São Paulo: Paz e Terra, 1995.
_____. *A Revolução Cubana*. São Paulo: Moderna, 1986.
_____; GENTILI, Pablo. *Pós-neoliberalismo: as políticas sociais e o Estado democrático*. Rio de Janeiro: Paz e Terra, 1995.
SANDRONI, Paulo (Org.). *Dicionário de economia*. São Paulo: Nova Cultural, 1989.
SAVELLE, Max (Org.). *Os tempos modernos. História da civilização mundial*. Belo Horizonte: Villa Rica Editora, 1990.
SÉCULO XX. São Paulo: Abril, 1968.
SELEÇÕES Reader's Digest. *História do homem nos últimos dois milhões de anos*. Lisboa: 1975.
SELLERS, Charles; MAY, Henry; McMILLEN, Neil R. *Uma reavaliação da história dos Estados Unidos*. Rio de Janeiro: Zahar, 1990.
SILVA, Alberto da Costa e. *A enxada e a lança: a África antes dos portugueses*. Rio de Janeiro: Nova Fronteira, 1996.
SILVA, Francisco C. T. *Sociedade feudal: guerreiros, sacerdotes e trabalhadores*. São Paulo: Brasiliense, 1982.
SOBOUL, Albert. *A Revolução Francesa*. São Paulo: Difel, 1974.
SOUSTELLE, Jacques. *A vida quotidiana dos astecas*. Belo Horizonte: Itatiaia, 1962.
SUPERINTERESSANTE *especial*. n. 2, São Paulo: abril-julho/1989.

•

TUCHMAN, Bárbara. *Um espelho distante: o terrível século XIV*. Rio de Janeiro: José Olympio, 1991.

•

VICENTINO, Cláudio. *Rússia: antes e depois da URSS*. São Paulo: Scipione, 1995.
VIGEVANI, Tullo. *A Segunda Guerra Mundial*. São Paulo: Moderna, 1985.

WILSON, Edmund. *Rumo à estação Finlândia*. São Paulo: Cia. das Letras, 1986.

RESPOSTAS DOS TESTES

Unidade I
A Antiguidade Oriental

1. a	16. a	29. a
2. b	17. c	30. b
3. d	18. b	31. e
4. c	19. b	32. b
6. b	20. d	33. c
7. b	21. c	34. a
8. c	22. c	35. c
9. c	23. d	36. b
11. soma = 12	24. a	37. c
14. a	25. e	38. c
15. d	26. e	

Unidade II
A Antiguidade Clássica

1. d	14. c	23. e
2. e	15. c	24. e
3. d	16. d	27. 3
4. d	17. a	30. e
6. b	18. c	31. c
7. F, F, F, F	19. c	33. c
9. c	20. b	34. d
12. d	21. a	35. e
13. soma = 77	22. a	

Unidade III
A Idade Média

1. c	14. c	30. c
2. c	15. d	32. e
4. b	17. d	33. e
5. d	18. d	34. d
6. e	19. a	35. e
7. a	21. e	38. soma = 13
10. b	22. e	39. soma = 20
11. c	23. e	40. a
12. b	25. a	
13. d	26. b	

Unidade IV
A Idade Moderna

1. a	24. d	45. b
2. a	25. e	46. d
3. a	26. d	47. a
5. e	27. e	48. soma = 62
8. e	28. e	49. 1) a 2) b
10. e	29. a	50. a
11. b	30. c	53. e
12. c	31. c	54. d
14. d	32. c	55. c
17. e	33. c	56. d
18. c	34. d	58. soma = 69
19. d	37. d	59. soma = 18
20. b	38. c	60. c
21. a	40. d	
22. d	41. c	
23. d	44. d	

Unidade V
A Idade Contemporânea
(séculos XVIII e XIX)

1. d	20. c	43. e
2. a	21. d	44. a
3. c	22. d	45. a
4. b	23. d	46. c
5. c	26. c	47. a
6. e	27. a	48. d
7. a	28. b	49. d
8. a	30. soma = 31	50. e
10. e	33. b	51. a
12. a	34. a	52. e
13. a	36. b	53. d
14. e	37. b	54. a
15. d	38. a	55. c
16. a	39. a	56. d
17. d	40. b	57. c
18. b	41. c	
19. d	42. b	

Unidade VI
A Idade Contemporânea
(século XX e início do XXI)

1. d	*23.* d	*42.* e	*63.* c	*79.* d
2. b	*24.* c	*43.* b	*64.* b	*80.* c
3. c	*25.* a	*44.* b	*65.* b	*81.* c
6. e	*27.* e	*45.* c	*66.* a	*82.* c
7. a	*28.* b	*48.* d	*67.* b	*83.* d
8. c	*30.* a	*52.* a	*68.* a	*84.* b
9. d	*31.* e	*53.* a	*69.* e	*85.* e
10. c	*32.* a	*54.* soma = 53	*70.* e	*86.* a
12. c	*33.* d	*55.* e	*71.* d	*87.* d
14. d	*34.* d	*56.* d	*72.* b	*88.* c
16. c	*35.* d	*57.* d	*73.* d	*89.* a
17. e	*36.* b	*58.* c	*74.* a	*90.* c
18. d	*38.* d	*59.* c	*75.* b	*91.* a
19. c	*39.* 0, 2, 4, 5	*60.* d	*76.* b	*92.* a
21. b	*40.* a	*61.* c	*77.* d	*93.* c
22. d	*41.* d	*62.* e	*78.* b	